便宜置籍船論

便宜置籍船論

逸見 真著

学術選書 1033
法律学編 海商法

信 山 社

はじめに——問題の所在

　船舶[1]も国籍を有している[2]。船舶の国籍は、船舶がある国に登録されることによって与えられる。船舶はこの国籍を船舶に付与している国、いわゆる旗国[3]より様々な制約を受ける。

　国際法上、船舶の登録に関する条件の規定、登録船舶への統制や制約は原則、国内管轄事項[4]とされ、実際に船舶に対して国籍を与えている国が独自に定め得るものである。

（1）　船舶は、その機能としては船舶所有者、運航者（自己の計算において船舶を使用し、その運航を支配する者）、船員、装備の設置者、船客、荷主、保険業者など多くの利害関係者が複合して、単一の輸送共同体を構成するものであるが、国際法上は独自の単位として扱われ、固有の国籍または内国性（self-containing unit）を持つ（山本草二『海洋法』（1997年）104頁）。

　　国籍を有する船舶は、商船、漁船等の私船の他、軍艦、官庁船等の公船も含めて区別はない。但し、本論文での「船舶」は、国際海運における商船を対象とする。

（2）　船舶が国籍を持つということは、ある国家に属していることを意味している（山本敬三「船舶の国籍に関する一考察」『広島大学政経論叢』26巻5号（1977年）151頁）。但し、国際法は、船舶の国籍について具体的な規則を持たない（古賀衛「旗国主義の周辺的問題」『西南学院大学法学論集』21巻（1989年）41頁）。この点については、第Ⅱ部「真正な関係」において議論する。

（3）　船舶はその国旗を掲げる権利を有する国の国籍を有する。つまり、ある国の国旗を掲げる権利を有するときはその国の国籍を有するのである。このような意味より船舶の国籍は、国旗によって表示されるということができる。このことは船舶がその国旗を掲げる権利を正当に有する場合についてである。国旗と国籍との関係は一般に広く認められた慣行であり、国際法上で確立している（横田喜三郎『海の国際法(上)』（1959年）322頁）。この意味から、旗国（Flag State）という言葉が出てきたものと思われる。尚、「船舶登録要件に関する国際連合条約（United Nations Convention on Conditions for Registration of Ships）」では「旗国とは、船舶が掲げており、かつ、掲げることができる旗の属する国をいう。」と定めている（2条「定義」）。

（4）　「海洋法に関する国際連合条約」（United Nations Convention on the Law of the Sea, 1982年4月30日採択、1994年11月16日発効、以下、国連海洋法条約という）94条1項。

はじめに——問題の所在

　わが国において日本の国籍、船籍[5]を有する日本籍船は、わが国の船舶所有者[6]の所有にある船舶であることが定められている。外国人、外国法人のみの所有にある船舶の登録は認められない、厳格なものである。この基準を満たした船舶は、船舶所有者による日本籍船としての、船籍港を管轄する登記所への登記[7]及び運輸局への登録[8]を経た後、登録料、トン税、所得税等の各種課税の納付、わが国が批准する国際海事条約を基礎とした国内法の遵守、海員組合との乗組員配乗や賃金に関する労働協約の締結等、多種多様な規制と制約を受ける。これらの規制や制約は、必然的に船舶の所有や運航に係わる経費を増大させ、国際海運[9]において船舶自体が持つ国際競争力——船舶が如何に安価に貨物や旅客を運送できるかの指標に大きな影響を与えることとなる。

　産業としての国際海運は自由な国際競争下にあるため、船舶所有者、傭船者、荷主に国境はない。船舶所有者たる海運企業の商行為の手段は船舶である。現在の国際海運における船舶所有者の経営においては、如何にして所有船舶の経費を節減し、船舶自体の国際競争力の向上を図るかが重要な課題となっている。先進海運国、所謂、伝統的海運国（Traditional Maritime Nations）[10]は、その登

（5）　船舶の持つ国籍を船籍という（志津田氏治『現代海商法の諸問題』（1994年）132頁）。

（6）　船舶所有者には二義がある。広義には単に船舶の所有権を有する者を総称し、狭義にはこの内、商行為をなす目的を以って、船舶を航海の用に供する者をいう。後者は正確には自船艤装者または利用船主というべきものであって、海商企業の主体として海商法上重要な役目を有するのは後者に限る。自ら船舶を利用しない単なる船舶所有者は、船舶という資本を所有してこれに対して賃借料を取得する資本家である地位を有するのに止まり、海商企業の主体となるものではない。商法上の船舶所有者は狭義に解されるを要する（田中誠二『海商法詳論』（1985年）70頁）。本論文における船舶所有者は断りのない限り海運企業を指し、従って意味するところも狭義の船舶所有者とし、必要のない限り船主等、同意の言葉は用いないこととする。

（7）　船舶登記規則2条、商法686条「船舶の登記」

（8）　船舶法（明治32年3月8日、法律第46号）5条「新規登録と船舶国籍証書」

（9）　わが国と外国及び外国相互間の航海を「外航」といい、外航によって行われる輸送を外航海運という（運輸省海上交通局編『平成12年度版 日本海運の現況』（2000年）140頁以下）。外航の対極にあるのが内航である。外航、内航の区別は、国内より見た海運の稼動域に留意した表現であると思われる。外航海運を国際的に論ずる場合には、国際海運という名称が好ましい。本論文では外航海運と同義として、国際海運という表現を使用する。

（10）　西欧や米国、日本等、第二次世界大戦以前より、国際海運に従事する一定規模以上

はじめに――問題の所在

録船舶に対してわが国と大差のない政策を採っているが、その他の内にある一定の国では大きく異なる施策が講じられている。例えば中南米に位置する小国であるパナマでは、船舶の登録に関する制約がない。自国民はもとより、外国人や外国法人の所有にある船舶の登録も認められている。またパナマの国籍を有するパナマ籍船は、日本の船舶と比較して登録税、トン税他の課税が免除または低料金であるばかりでなく、乗組員の配乗や賃金についての規制も極めて緩やかである。このためパナマ籍船は、日本籍船と比較してその所有、運航経費にかかる、海運企業[11]たる船舶所有者の負担が小さく[12]、国際海運における競争上、優位な立場にある[13]。

パナマのような、自国船舶に対する規制や制約の緩やかな国を一般に便宜置籍国と呼び、このような国が国籍を付与している船舶を便宜置籍船[14]という。その便宜置籍船とは、現代の国際海運に就航している船舶数において趨勢を極

の自国の商船隊を有している海運国をいう。

[11] 海運企業は単に船舶所有者としての企業活動を行うのみではない。その船舶の保有形態は自社保有船、傭船、運航受託船の三種に大別できる。自社保有船は、海運企業が造船所に発注、建造した船舶を所有運航する他、中古船を購入して所有する形態も含まれる。これらは一般に社船と呼ばれ、海運企業単独の所有の他、他の企業との共有の下に運航される場合も少なくない。傭船は他企業の所有船を借用するものであり、一般に定期傭船契約による傭船、裸傭船契約による傭船が主たる形態である。運航受託船とは他の船舶所有者よりその所有船舶の配船運営を委託される形態をいう。受託者は本船の運航に関する一切の手配を受託し、その有利運航にあたる。法的性質としては寄託の混合した委任契約とされている。海運企業はこのような保有形態にある船舶を、更に貨物または旅客の手配によって運送に従事させる運航（自営運航）、定期傭船契約や裸傭船契約によって他企業へ貸し出す貸船、他企業にその運航を委託する運航委託等の各種の事業形態に服させて企業活動を行っている（稲垣純男『海運業会計』（1991年）3〜9頁）。

[12] 山岸寛「オープン登録の意義と検証」『海事交通研究』43号（1994年）所収、59頁

[13] 山岸寛・前掲59頁

[14] UNCTAD（国際貿易開発会議）、OECD（経済協力開発機構）などでは、便宜置籍に代えて、自由登録、オープン登録（Open Registry）という言葉がより一般的に使われている。また国連でも、1981年から自由登録という言葉が採用されている（水上千之『船舶の国籍と便宜置籍』（1994年）142頁）。自由登録とは外国船舶所有者に船舶の登録を開放するものであるが、登録国との関係は受け入れ国によりかなりの相違が見られ、その形態によって便宜置籍船、オフショア、裸傭船と三種類に大別できる（山岸寛・前掲注(12)61頁）。

vii

はじめに——問題の所在

めている商船の形態である[15]。主として伝統的海運国の船舶所有者が、旗国による登録船舶への課税を含めた諸々の運航経費の節減を目的とするばかりに、便宜置籍国への置籍を選択する。その結果として便宜置籍船は、実質的な船舶所有者や荷主、乗組員の国籍や就航航路とは殆ど関係を持たない国の国籍を有する船舶となる。即ち、国籍を付与する国である旗国とは政治的、経済的、技術的にも実質的な繋がりを持たない、形骸化した国籍の下で運航される船舶となるのである。わが国を初め、伝統的海運国の船舶所有者、海運企業にとり、所有船舶の便宜置籍化は、国境のない国際海運における競争の中での生き残りを賭けた手段の一つとなっているといっても過言ではない[16]。この傾向は日本の船舶所有者のみに現れているものではない。他の伝統的海運国でも同様な状況が見られている。

便宜置籍船の最たる問題は、その国籍が形式的なものに過ぎない点である。伝統的海運国の船舶所有者は、船舶の運航コスト節減のために、主として便宜置籍国に形式的な船舶所有会社——ペーパー・カンパニーを設立して船舶を所有する。便宜置籍船の実質的な船舶所有者の多くは、当該船舶を実際に運航し

---

[15] 近年では船舶の所有から運航に至るまでの過程で、便宜置籍の及ぼす経済的影響は無視できないものとなっている（山岸寛・前掲56頁、同「便宜置籍国の船腹の動向と登録の誘致(上)」『海事交通研究』94号（1987年）12頁）。

[16] 1986年以来、日本の海上貿易を維持するわが国の商船隊はほぼ2,000隻前後で推移している（2004年の船腹量は1,896隻）。この商船隊の内訳は日本籍船、仕組船（仕組船とは、船舶所有者が日本の造船会社の船台を外国船主に斡旋して、場合により建造資金保証等も行い自己の希望する船型構造の船舶を建造させ、これを相当長期に渡って定期傭船または裸傭船し、自己の船隊に加える計画船をいう（大木一男『用船契約の実務的解説』（1993年）11頁））、単純外国傭船に区分される。わが国に登録された日本籍船は1972年に1,580隻を数えていたが、1986年には957隻となる程に年々減少を続け、1995年には218隻に、1999年には154隻、そして2004年には99隻と100隻を切って二桁台にまで落ち込んでいる。日本商船隊の全体の規模に大きな変化はないため、日本籍船の減少の分、仕組船と外国傭船が増加した勘定になる。仕組船と外国傭船は外国籍船である。2004年の外国籍船数は1,797隻であり、その内パナマ、リベリア籍の便宜置籍船の占める隻数は8割近くとなっている（この内、パナマ籍船は1,327隻と商船隊の70％を占め、二位のリベリア籍船92隻に大差を付けている。その他の便宜置籍国としてキプロス、香港の名前を見ることができる（国土交通省海事局編『平成17年度版 海事レポート』（2005年）75～77頁））。日本の外航海運における便宜置籍船は、必要な存在どころか既に日本海運の中核を成していることが判る。

はじめに――問題の所在

て利益を得ている伝統的海運国にある所有者である[17]。しかし船舶の国籍は登録された国の国籍となるため、便宜置籍船の国籍は便宜置籍国の国籍となる[18]。

---

(17) 現在の便宜置籍船の実質的所有者は、伝統的海運国のみに集中するとは限らない存在となっている。例えば東南アジアでは台湾、香港、シンガポールやマレーシア等、ある程度の発展を遂げた国の個人資産家がビジネスとして便宜置籍船の所有者となり、その所有船舶を海運市場に投下して短期的な傭船を繰り返しながら利益を得るか、日本等、伝統的海運国の海運企業が長期に傭船して実際の運航を行う場合も少なくない。

(18) 筆者が海運企業に仕える身として、船長職を預かる船舶の殆どは便宜置籍船となる。何れもわが国の海運企業が実質的に所有する外国籍船である。その便宜置籍船の国籍が、如何に形骸化したものであるかを以下に示す。

　例えば、その外国籍船がタンカーであるパナマ籍の便宜置籍船である場合、その船舶の名義上の所有はパナマ法人であるが、当該パナマ法人はペーパー・カンパニーであり、その親会社である日本の海運企業によって実質的に支配されている。本船に運航管理を行う船舶管理会社は海運企業の系列であって、パナマには事務所すらない。本船に関わる荷主であり傭船者である石油企業も日本の法人である。本船の運航や荷役に対する指示はこれらの海運企業、船舶管理会社、荷主より与えられる。当然ながらペーパー・カンパニーであるパナマの旗国法人より受ける指示は殆どない。本船の建造もわが国の造船所であり、本船に船級を与えているのもわが国の日本海事協会である。このような船舶の貨物である原油の積み地はペルシャ湾等に代表される外国であり、揚地の多くは日本の港である。積揚地共に、本船がパナマに寄港することはまずないといって良い（荷主の特例の指示に拠る場合が考慮できるものの、前例がない）。本船の乗組員も、幹部職員は日本人船員、下級船員は外国人船員であるがフィリピン人であってパナマ人ではない。パナマは旗国の義務として本船に関わる様々な証書を発給するが、それらの殆どは旗国より発給業務を委任された船級協会が代行する。乗組員はパナマの船員免状を有するが、これらは乗組員の国籍国の発給した免状を差し替えたものに過ぎない。唯一、パナマが執行する旗国としての監督は、年に一度、本船を訪船、本船の現状を検査して必要な指摘、指導を行うパナマ・インスペクターの派遣である。しかし日本に寄港した本船を訪れるインスペクターは、委託された日本の代理店より派遣される日本人であり、検査も本船の停泊時間に制約されて、数時間で終了する簡易なものにしか過ぎない場合がある。

　本船のような船舶が、何故パナマから国籍を付与されたパナマ籍船であるのか、そして本船にとって、パナマの旗国たる意義はどこにあるのかと、本船の運航に際して常々考えてきた。便宜置籍船について、現代の海運における必要性とその成立の過程を省みれば、理論上納得のいく仕組みではある。しかし船舶の現実的な運航に当たってみれば、当該船舶が国籍を付与され、その保護と統制を受ける旗国と理由ある繋がりを全くといって良い程、持たない船舶の存在には、訝しい気持ちを拭い去ることができないのである。

はじめに──問題の所在

　便宜置籍船のこのような形骸化した国籍は、登録船舶に対する旗国の規制と管理の欠如を生んだ。便宜置籍国が自国籍船に対して実効的な管理を行わないために、船舶の安全基準が満たされず、強いては海難事故を呼び起こし、大規模な貨物の損失や人身事故、海洋汚染を引き起こす温床となっているとされてきた。また便宜置籍船の船員については、船舶所有者の運航経費削減の対象とされ、低賃金且つ過酷な環境の下に雇用される途上国船員の保護の欠落と、その質の低下が指摘されてきた[19]。国際海運における便宜置籍船の数が激増するに連れ、世界的な船腹過剰、安全軽視、労働差別や海洋汚染等の問題もまた激増した。殊に海難について見れば、1970年代より80年代にかけて、主たる海難の殆どが便宜置籍船によってもたらされたものであった。

　そのような便宜置籍船問題も、これまでの国際社会の取り組みが効を奏し、便宜置籍船に起因した大規模海難は減少している。

　現在の国際社会における船舶に起因した問題は、サブ・スタンダード船[20]に基づいたものであると認識されている。国際基準に達しない船舶が、海難、環境破壊、人命の損失他、様々な問題の元凶となっているとする考え方である。サブ・スタンダード船の内訳は、便宜置籍船の他、伝統的海運国の登録船舶や発展途上の新興海運国の船舶までをも含み、旗国や登録の形態による差別のないものである。便宜置籍船の陰に隠れていた伝統的海運国の登録船舶による事故や、規制と管理に不慣れな新興海運国の登録船舶による事故をも考慮した捉え方である。しかし伝統的海運国の登録船舶による事故は一定の割合を越えることはなく、新興海運国の船舶の運航水域は、一般的に旗国周辺水域と限定的であるため、国際社会における脅威として捉えられることは少ないといえる。一方の便宜置籍船については、現在においても依然として大規模な海難事故の主犯であり続けている現実がある[21]。便宜置籍船によって顕在化した問題は、

---

(19) 1958年に始まったITF（International Transport Workers' Federation、国際運輸労働者連盟）の便宜置籍船ボイコット運動（FOCキャンペーン）は、現在も尚、全世界で継続されている。ITFの活動については第Ⅳ部で触れる。

(20) 船舶の耐用年数に近く、通常の運航に合致しない乗組員数で、且つ資質の劣る船員を配乗した、劣悪な労働条件を適用している船舶と規定し得る（山岸寛・前掲注(15)13頁）。条約の制定によって問題の幾つかは改善を見ているといえるが、サブ・スタンダード船の根絶には至っていない。端的にいえばサブ・スタンダード船とは、国際条約の基準に適合しない船舶である。

はじめに——問題の所在

その数が減少しているとはいえ撲滅には至っていない。国際海運に占める便宜置籍船の勢力を見た場合、この傾向は当然であるともいえる[22]。

　さて、便宜置籍船の台頭からこれまでの間、国際的な便宜置籍船への対応の中で、船舶の国籍自体の考え方が変質しつつあることを指摘しなければならない。便宜置籍船の経済性に依拠したその国際的容認と、国際海運における便宜置籍船の趨勢が、船舶の国籍の概念そのものに影響を与えている事実である。かつては船舶と国家を結び付ける法的紐帯として、国籍は国籍国の確固たる法制下、所有や運航において当然に国籍国と本質的な繋がりのある船舶に付与されるべきものと考えられていた。しかし現在の船舶の国籍は、国籍付与のための実質性如何よりも、国際条約に基づく国際的協調[23]を母体とした、国籍付与後の旗国による管轄権の強化の拠り所として変質しているものと考えられる。換言すれば、海難に代表される船舶に起因した問題は国際的な規制によって主導されるべきものとされ、船舶の国籍の問題は国内管轄事項として、敢えてその実質性の如何にまで踏み込む必要はないとする国際社会の対応が表れていると思われる[24]。

(21)　最近の事件では、1999年12月、フランス西岸沖において荒天により沈没、フランス沿岸に海洋汚染をもたらしたタンカー、エリカ号（マルタ籍の便宜置籍船）の事件がある。この事件では船齢25年の老朽化を軽視した船級協会と、監督能力のなかった旗国（便宜置籍国）に批判が集中した（海事産業研究所『海外海事情報』1107号（2000年）18頁）。また2002年、スペイン沖で損壊、沈没したプレステージ号（バハマ籍の便宜置籍船）による海洋及び沿岸国の大規模汚染事故も指摘することができる。

(22)　2001年の統計に従えば、登録船舶の全損を受けた32ヶ国の内、便宜置籍国は13ヶ国であった。これを隻数に換算すれば、便宜置籍船の全損は58％に及び、その総トン数では63％に達している現実がある。その最大の損失国は、便宜置籍国であるパナマであった（Z. Oya Özçayir, Port State Control, 2nd Edition, 2004, p.27）。

(23)　船舶をめぐる国際法制上の諸問題は、(1)水上交通の道具であること、(2)それぞれの業務を以って運航されていること、(3)旗国の主権または管轄権を伴伴して運航されていること、(4)公海及び外国の多様な管轄水域を移動すること、(5)国有または私有財産であること、(6)衝突を含む海難事故の可能性があること、(7)海洋環境の汚染源となり得ること、であり、現在の国際条約はそれぞれの条約の目的に応じて、船舶のこれらの局面または要因を単独または複合的に処理している。船舶規制に関する諸条約については第Ⅳ部で触れる。

(24)　便宜置籍船の問題のみを殊更に糾弾すべきではないとして、便宜置籍船制度を容認する考えも示されている。例えば下山田博士はその著書の中で、便宜置籍船における労働

はじめに——問題の所在

　国際条約に依存した、国際的な規制の協調に衣を借りての形骸化した船舶の国籍の放置は、単に旗国による登録船舶への規制と管理に悪影響を及ぼすことに止まらない、更に深い問題を発生せしめていると思われる。その深い問題とは、船舶の国籍の基礎を脅かすものである。これまでは便宜置籍国が、その登録船舶を海難に至らしめることを防止するための規制と管理の実行について十分な責任を果たせないとする問題が、国籍の形骸化に起因しているとの一致した認識があった。しかし形骸化した船舶の国籍は、登録船舶への規制と管理の有効性のみならず、およそ国籍という拠り所を基礎とした多くの問題に影響を与えている。

　例えば、便宜置籍国の実質性のない登録船舶所有者は、実質的な船舶所有者の存在を不明確なものとする場合が少なくない。船舶や傭船、運送契約に端を発した法的問題の責任を担うべき船舶所有者の追求において見られる事例である。また便宜置籍船の引き起こした不法行為としての海難の処理についても、実質的な船舶所有者の責任が求められる必要性が認められている。登録船舶所有者の背後にある実質的な船舶所有者を追及する問題の多くは、旗国の国境を越えての処理が必要となる。

　旗国主義は長らく、公海における旗国の排他的な権能を確保するものとされてきた。しかし時代的な要請として、公海が自由なる領域から管理される領域として認識されるようになると、旗国主義の性格の一つが旗国の有すべき義務の表象として表されるようになる。この義務の履行において、便宜置籍国の消極性や懈怠が認められるようになった。これまでは登録船舶に対する規制と管理のための能力や資力の欠如が、便宜置籍船の一般的な問題の原因とされてきた。便宜置籍国の消極性や懈怠が問題の原因と考えられるようになれば、旗国の執行に期待された登録船舶への国際的な規制が及び難くなる。船舶の起こした海難処理のための対処、船舶上の刑事事件に対する管轄権行使としての対処に齟齬が生まれる可能性もある。

　また形骸化した国籍が、法の適用の前提に影響を及ぼしている事例がある。

　　問題の進展の過程に焦点を当てながら、国際規制と便宜置籍国の努力によって安全運航に関わる便宜置籍船の問題点は改善されているとし、便宜置籍—自由置籍制度を評価する考えを著している（下山田聡明『自由置籍と国際運輸労働者連盟』（2003年）245頁以降）。

はじめに——問題の所在

船舶における旗国法や旗国主義の適用は、船舶と旗国との間の実質的な繋がりがその適用の根源にあるべきとする、法適用の合理性への影響である。この考え方は、船舶の法的な関連事項について、船舶の国籍と適用対象の連結性を考慮しない、旗国法や旗国主義の機械的な適用は、それらの法構造の本来の姿ではないとする理解に依拠したものである。

便宜置籍船の問題は、主として以下の二点の特徴を有している。

第一に、上記に例示した如く、一局面または限定された局面では表し切れない性質のものである。国際海運が船舶という輸送手段によって支えられ、その船舶の総数に占める割合が無視できない存在となっている便宜置籍船の問題とは、様々な問題が複雑に錯綜した多面的なものである。国際海運に関連した法領域では、条約に代表される国際法とそれを取り込んだ国内法の区分のみならず、税に関する行政法としての公法と、運送、傭船契約に表される私法の領域に分割される他、国内及び国際刑法、海洋に関する環境法、労働に関する社会法等、幾多の個別的な法体系が見出せる。便宜置籍船とはこれらの殆どの領域に直接に、また間接に関係し、影響を与えている存在である。当然ながら一つの問題の局面が打開できたとしても、他の局面が放置されたままであれば便宜置籍船による問題の解消には至らない。

第二に、世界経済に貢献する便宜置籍船の存在意義——運航コストの節減によって旅客、貨物運賃が低く押さえられ、最終的に諸国の消費財の低廉化が導かれている点を無視してはならない。当然ながらこの主張は、便宜置籍制度と便宜置籍船の存在を肯定する考え方に結び付く。かつての国際社会で、また現在でも一部の国際組織によって主張され続けている便宜置籍船を否定する考え方への単純な同調は、国際海運の現実を無視したものと捉えられかねない。

便宜置籍船の存在の否定という一方的な考えを取ることなく、多面的且つそれらの局面に錯綜した便宜置籍船の問題を解決するためには、複数の問題に共通した原因の見極めとその是正が考慮されなければならないだろう。問題の局面を個別的に解消するのではなく、多くの問題に共通した原因の是正を図る手法の採用である。便宜置籍船が及ぼす問題の根源的な原因の追求と、その是正のための手段の模索が必要となるものと思われる。

本書は便宜置籍船の問題を中心として、上記の事例に見られる船舶の国籍の

xiii

はじめに——問題の所在

形骸化が及ぼす法的な複数の問題を指摘しつつ、それらの問題解決のための認識として、船舶の国籍には旗国と登録船舶との間に実質性があってしかるべきとする、筆者の考えについて述べるものである。

本書の構成は、以下の通りである。

第一に、船舶の国籍の意義について検討する。国際組織や国家による実行を例示しつつ、公海の秩序維持に関係した船舶の国籍の形成とその目的について触れ、本来の船舶の国籍がどのような意義を有しているかについて検討する。その意義とは時代的な要請によって変化するものの、当該意義が船舶の国籍の実質性を基礎として認識されるものであることを示す。併せて船舶の国籍が自然人の国籍の類推適用であるとの考え方に基づき、自然人の国籍における実質性の必要性について検討する。そして船舶、自然人と双方の国籍に共通する意義についてまとめ、国籍という概念に必要とされる重要性——国籍の有すべき実質の重要性を指摘する。

第二に、船舶所有者が船舶の旗国を選択するにつき検討する要素を列挙しつつ、船舶所有者の船舶の国籍に対するどのような要求が、便宜置籍の選択に至るかを示す。船舶所有者の要求が確立させた便宜置籍国の法制についてまとめ、船舶所有者の所有船舶の置籍における要求が、船舶の国籍の実質性を失わせることである旨を述べる。加えて本来は、便宜置籍船の規制のために国際法に導入された「真正な関係」——旗国とその登録船舶との間には実質的な繋がりを要するとした考え方が、結果的に便宜置籍船の趨勢化に果たした原因とその過程について述べる。そして国内管轄事項である、船舶の国籍付与に関する国際基準の策定が如何に困難であったかを指摘する。最後に現在における「真正な関係」の解釈とこれを取り巻く国家実行についてまとめ、伝統的海運国においては尚も実質の必要性が、その国籍に認められていることを述べる。

第三に、船舶の国籍に影響を与える諸問題として、便宜置籍船による主たる法的な問題と、それらの問題への対処を掲げる。例示として、便宜置籍船の実質的な船舶所有者の責任の追及における国際的な動き、実質的な船舶所有者の不明確性のもたらす私法上の問題、国際私法における連結点としての旗国法における問題について述べる。また旗国主義について、便宜置籍船の海難による海洋環境の破壊に対する国際的な対応、船上の刑事事件に関する問題を掲げ、便宜置籍国による旗国管轄権の問題を取り上げる。そしてこれらの事例は、便

はじめに――問題の所在

宜置籍船という船舶登録の形態の生んだ、形骸化した国籍が存在する限り、解消が困難であることを示したい。

　第四として、サブ・スタンダード船への対処、内実は便宜置籍船に対する国際組織、便宜置籍国、伝統的海運国、船舶所有者や傭船者の取り組みを概観して、現在の便宜置籍船の問題についての国際社会の規制についてまとめる。これらの規制や取り組みが網羅的、急進的、偏面的、個別的な複雑な対応であり、その効果は現れつつも新たな問題を抱え、ターゲットとしての便宜置籍船の問題の解消には至っていないことを示す。そして終章として本論文を総括し、旗国の担うべき登録船舶に対する義務より、便宜置籍船に欠如した船舶の国籍の有すべき実質性の重要性を説き、その実質性を補うものに言及する。

目　次

はじめに——問題の所在 (v)

第Ⅰ部　船舶の国籍の意義 …………………………………… 1

第1章　公海と船舶の国籍 ………………………… 3

第1節　公　　海 ………………………………… 3
1. 海洋の区分と公海の法的地位の確立 (3)
2. 公海の自由 (7)
   (1) 帰属からの自由　(2) 使用の自由
3. 公海の自由の修正 (11)

第2節　船舶の国籍 …………………………… 14
1. 船舶の国籍とその定義 (14)
2. 法人・航空機の国籍 (16)
   (1) 法人　(2) 航空機
3. 船舶への国籍の付与 (20)
4. 船舶の登録とその機能 (21)

第3節　公海に対する船舶の国籍の影響 ……………… 25
1. 公海における船舶の国籍の役割 (25)
2. 船舶の国籍の実質的効果 (29)
   (1) 国家政策の適用　(2) 管轄権の帰属　(3) 国家経済の基盤
   (4) 国威の発揚　(5) 安全保障　(6) 外交政策の判断基準
   (7) 国際私法上の連結点
3. 公海自由の原則の例外 (35)
   (1) 海賊行為　(2) 公海からの無許可放送　(3) 奴隷輸送
   (4) 麻薬または向精神薬の不正取引　(5) 無国籍船　(6) 国籍不明の船舶　(7) 追跡権　(8) 例外的な方策　(9) 特別条約の下での権利　(10) 甚大な汚染事故
4. 自由なる公海から管理される公海への変貌 (44)

目　次

　　　〔小　括〕……………………………………………………………………*48*

　第2章　自然人の国籍と船舶の国籍 ……………………………………*51*

　　第1節　自然人の国籍 ……………………………………………………*51*

　　　1　国籍の機能とその定義（*51*）
　　　2　国籍の原則とその取得（*54*）
　　　　⑴　国内管轄の原則　⑵　国籍唯一の原則　⑶　国籍自由の原則
　　　3　機能的国籍としての「ノッテボーム事件」（*59*）
　　　　⑴　事件の概要　⑵　実効的な国籍　⑶　国籍の重要性　⑷　国籍の親近性
　　　4　忠誠義務と政治的要素（*66*）

　　第2節　船舶の国籍と自然人の国籍 ………………………………………*69*

　　　1　自然人と船舶の国籍（*69*）
　　　2　他国領域における船舶の権利保護（*74*）
　　　3　政治的裁量の及ぼす影響（*76*）
　　　4　船舶と自然人の国籍の機能についての比較検討（*78*）
　　　　⑴　外交保護権の行使　⑵　国籍唯一の原則　⑶　国籍自由の原則　⑷　無国籍の取り扱い　⑸　国籍の決定要素　⑹　国家への忠誠　⑺　国際私法上の連結点　⑻　商行為における優遇

　　　〔小　括〕……………………………………………………………………*83*

　　　1　自然人の国籍の船舶への類推の是非（*83*）
　　　2　国籍の実質性（*85*）

第Ⅱ部　便宜置籍船と「真正な関係」………………………………………*89*

　第1章　便宜置籍船 ………………………………………………………*91*

　　第1節　便宜置籍船と船舶の便宜置籍化の目的 ……………………*91*

　　　1　便宜置籍船の定義と便宜置籍国の特徴（*91*）
　　　2　便宜置籍船の台頭と現在の趨勢（*94*）
　　　3　船舶への国籍付与のための立法主義（*96*）

4　便宜置籍船の所有と運航形態（99）

　　5　船舶の便宜置籍化の目的（102）

　　6　法律回避（104）

第2節　船舶の国籍選択のための検討要素 …………………………105

　　1　船舶の国籍の選択（105）

　　2　法制的要素（106）

　　　(1) 所有法人　(2) 法人の設立　(3) 船舶の適格性

　　3　経済的要素（109）

　　　(1) 税　(2) 運航経費　(3) 資本市場へのアクセス

　　4　政治的要素（114）

　　　(1) 政府の安定性　(2) 一定の国への輸送活動の制限　(3) 国旗差別　(4) 徴用　(5) 海軍保護のための移籍　(6) 自国貨物の輸送

　　5　その他の要素（117）

　　　(1) 乗組員の労働問題　(2) 乗組員の配乗及び資格　(3) 傭船者の意向　(4) 船舶建造・修理場所の選択　(5) 乗組員の国籍に対する規制　(6) 受容力　(7) 評判

第3節　便宜置籍国の実際の法制 ……………………………………123

　　1　便宜置籍国の法制（123）

　　2　パナマの法制（124）

　　　(1) 船型及び船齢　(2) 所有　(3) 法人の設立　(4) 裸傭船登録　(5) 就航制限　(6) 配乗要件　(7) 課税　(8) 抵当権及び約定担保権　(9) 国籍証書の取得　(10) 登録解消手続き

　　3　リベリアの法制（130）

　　　(1) 船型及び船齢　(2) 所有　(3) 法人の設立　(4) 裸傭船登録　(5) 就航制限　(6) 配乗要件　(7) 課税　(8) 抵当権及び約定担保権　(9) 登録解消手続き

第4節　裸傭船登録 ……………………………………………………133

　　1　便宜置籍船と裸傭船登録（133）

　　2　裸傭船登録の利用目的（135）

　　3　裸傭船登録の条約実行における問題（137）

目　次

　　　　　(1) 船舶登録要件条約における船舶の二重登録　(2) 二重登録による船舶の国籍国と旗国との分離　(3) 金融的な裸傭船契約
　　　4　自然人の国籍における重国籍と裸傭船登録（140）
　第5節　便宜置籍船の功罪 ……………………………………………143
　　　1　便宜置籍船の経済的な貢献（143）
　　　2　便宜置籍船による問題（144）
　　　　　(1) 海運経済への影響　(2) フラッギング・アウトを受けた国の税収入の喪失　(3) 乗組員に関する雇用・労働問題　(4) 安全運航の阻害　(5) 法的処理における問題　(6) 安全保障上の問題
　　　3　便宜置籍国法制の特異性（147）
　〔小　括〕 …………………………………………………………………147

第2章　「真正な関係」 ………………………………………………151

　第1節　国際条約における船舶の国籍の形成 ……………………151
　　　1　船舶の国籍要件の嚆矢（151）
　　　2　海洋法草案における船舶の国籍（154）
　第2節　「真正な関係」 ……………………………………………155
　　　1　「真正な関係」の公海条約への挿入（155）
　　　2　IMCO海上安全委員会の構成に関する国際司法裁判所判例（159）
　　　　　(1) 事案の概要と判決　(2) 判例の評価
　　　3　国連海洋法条約における「真正な関係」と現在の解釈（166）
　　　4　条約の解釈（170）
　　　5　「真正な関係」の問題（173）
　　　6　「真正な関係」に関する国家実行（176）
　　　7　国内管轄事項と「真正な関係」（178）
　　　8　「真正な関係」を定める旗国の裁量（182）
　　　9　伝統的海運国の方針転換と「海運自由の原則」のもたらしたもの（184）
　　　10　慣習国際法（188）

第 3 節　船舶登録要件条約 …………………………………………191
　　1　発展途上国による便宜置籍船の排除行動（191）
　　2　UNCTAD における「真正な関係」と船舶登録要件条約の成立（193）
　　3　船舶登録要件条約の内容（194）
　　4　船舶登録要件条約の制定内容の実際（196）
　　5　船舶登録要件条約の問題と評価（197）
第 4 節　現在の「真正な関係」……………………………………199
　　1　「サイガ号事件」（199）
　　　(1) 事案の概要　(2) 本件における「真正な関係」(3) 判例の評価
　　2　現在の「真正な関係」の評価（202）
　　3　「真正な関係」の国内法への影響（203）
　　4　国内法における実行（205）
　　　(1) 登録要件の緩和　(2) 中間的な登録制度　(3) 厳格な登録制度の維持　(4) わが国の対応　(5) 配乗要件
〔小　括〕……………………………………………………………210
　　1　「真正な関係」の明確化の過程（210）
　　2　「真正な関係」のもたらしたもの（213）

第Ⅲ部　便宜置籍船が影響を与える諸問題 …………215

第 1 章　便宜置籍船の船舶所有者と国籍 ……………………217

第 1 節　便宜置籍船の船舶所有者に対する法的対処 ……………217
　　1　多国籍企業としての海運企業（217）
　　2　便宜置籍法人への法人格否認の法理の適用（219）
　　3　パナマ子会社の法人格否認（221）
　　4　わが国における法人格否認法理の判例傾向（224）
　　5　米国における法人格否認法理の判例傾向（226）
　　6　アレストにおける議論（228）
　　7　法人格否認法理の適用された米国判例「アモコ・カディ

目　次

　　　　　　　ス号事件」(228)

　　第 2 節　便宜置籍船所有者の実質性 ………………………………………232

　　　1　船舶所有者の実質性における問題 (232)

　　　　(1)「フルムーン号事件」(2)「ジャスミン号事件」(3)「カム
　　　　フェア号事件」

　　　2　戦時における影響 (240)

　　　3　法人・航空機の国籍の形骸化と対処 (241)

　　　　(1) 法人　(2) 航空機

　　　4　船舶の国籍の形骸化と擬制 (244)

　　第 3 節　旗　国　法 ……………………………………………………………245

　　　1　旗国法とその意義 (245)

　　　2　旗国法の準拠法たる根拠 (247)

　　　3　便宜置籍船による影響と旗国法主義への批判 (248)

　　　4　船舶の物権の準拠法としての旗国法 (250)

　　　5　法廷地法の採用 (252)

　　　6　公海上における船舶の衝突の準拠法 (254)

　　　　(1) 加害船舶と被害船舶の旗国法とを累積的に適用する説

　　　　(2) 船舶の衝突に関する準拠法としての旗国法採用への反論

　　　7　旗国法の意義 (257)

　　〔小　括〕 …………………………………………………………………………260

　第 2 章　管轄権の問題 ……………………………………………………………265

　　第 1 節　海洋環境の保護と旗国主義 …………………………………………265

　　　1　旗国主義と旗国管轄権 (265)

　　　2　便宜置籍船による海難事故と規制の強化 (267)

　　　3　旗国主義の優位性と批判 (270)

　　　4　海洋汚染防止のための国際条約の制定 (271)

　　　5　汚染損害に対する厳格責任と船舶所有者の責任の明確化
　　　　(275)

　　　6　国際海運における海洋汚染防止のための措置による負担
　　　　(278)

7　新たな管轄権の設定《281》
　　　　(1) 寄港国管轄権　(2) 沿岸国管轄権
　　　8　国連海洋法条約における旗国主義《285》
　第2節　管轄権の域外適用 …………………………………………287
　　　1　人間環境宣言における国家管理の原則《287》
　　　2　私人・私企業に対する国家責任《289》
　　　3　領域使用の管理責任《290》
　　　　(1)「アラバマ号事件」　(2)「トレイル溶鉱所事件」　(3)「コルフ海峡事件」
　　　4　属人的管轄権の拡大《296》
　　　5　国家管轄権の域外適用《297》
　　　6　域外適用の問題点《300》
　　　7　域外適用における属地主義の緩和《301》
　　　8　便宜置籍国に対する域外適用《303》
　　　9　海洋環境の保護に対する旗国の義務《305》
　第3節　刑事法と旗国管轄権 ………………………………………306
　　　1　旗国主義と属地主義《306》
　　　2　領域主権と旗国主義との交錯《309》
　　　3　わが国における便宜置籍船上での犯罪《311》
　　　　(1) 事案の概要と経緯　(2) 法的問題　(3) 法改正による対処
　　　　(4) 本船運航関係者の問題　(5) 外国人船員同士の問題
　　　　(6) 本件との類似事件
　　　4　海上における規制の手段《317》
　　　　(1) 臨検　(2) 追跡権
　　　5　海上犯罪に対する多数国間条約の原型と近時の条約実行《319》
　　　6　わが国における追跡権の拡大《321》
　　　7　公海上の外国船内犯罪における限界《323》
　　　8　航空機における実行《327》
　　　9　便宜置籍船と旗国主義《328》
　　　10　便宜置籍国による対応の消極性と旗国主義《330》

目　次

　　　〔小　括〕 ……………………………………………………………… *332*

第Ⅳ部　国際社会における対応・総括 ……………………………… *335*

　第1章　国際社会における対応 ……………………………………… *337*

　　第1節　国際海運における対応 ……………………………………… *337*
　　　1　IMO（国際海事機関）の働き（*337*）
　　　2　主たる IMO 条約（*339*）
　　　　(1) SOLAS 条約　(2) MARPOL 条約　(3) STCW 条約
　　　3　IMO 条約の特色（*343*）
　　　　(1)「暗黙の改正手続き」条項　(2)「如何なる有利な取り扱い
　　　　も行わない」条項　(3) 二つの条項の作用　(4) 国際法におけ
　　　　る第三国の拘束
　　　4　IMO 条約への批判（*349*）
　　　5　ISM コードの制定（*350*）
　　　6　便宜置籍船の労働条件（*353*）
　　　　(1) ILO による対応　(2) ITF による便宜置籍船排除
　　　7　寄港国による規制（*358*）
　　　　(1) ポート・ステート・コントロール　(2) 寄港国のために確
　　　　立された制度の評価
　　第2節　便宜置籍国・伝統的海運国・船舶所有者による対応 … *362*
　　　1　便宜置籍船国による対応（*362*）
　　　　(1) 便宜置籍国による安全性確保への努力　(2) 便宜置籍国に
　　　　よる IMO・ILO への加盟または条約批准
　　　2　伝統的海運国による第二船籍制度の創設（*364*）
　　　　(1) 第二船籍制度の実際　(2) 第二船籍制度の評価　(3) 便宜
　　　　置籍国の対応
　　　3　わが国のフラッギング・アウト防止策（*371*）
　　　　(1) 国際船舶制度の創設　(2) 国際船舶制度の効果
　　　4　欧州におけるトン数標準課税方式の採用（*374*）
　　　　(1) トン数標準課税方式導入の目的　(2) トン数標準課税方式

の評価
　　　5　船舶所有者による国際標準規格の取得（*375*）
　　　6　企業による検船（*377*）
　〔小　括〕……………………………………………………………………*379*

終　章　総　括……………………………………………………………*383*

　第1節　便宜置籍船と自国籍船 …………………………………………*383*
　　　1　「公海自由の原則」の脆弱性（*383*）
　　　2　現在の便宜置籍船の評価（*384*）
　　　3　自国商船隊の構成要素としての便宜置籍船（*386*）
　　　4　伝統的海運国の自国籍船についての考え方（*387*）
　　　5　安全保障の問題（*388*）
　第2節　旗国の責任と役割 ………………………………………………*391*
　　　1　便宜置籍船による旗国主義への影響（*391*）
　　　2　便宜置籍国の旗国としての消極性（*393*）
　　　3　現代における国際海運の時代反映（*395*）
　　　4　旗国による規制と管理の重要性（*396*）
　第3節　船舶の国籍の実質性 ……………………………………………*399*
　　　1　船舶への国籍付与要件としての船舶所有者主義に対する
　　　　　疑問（*399*）
　　　2　船舶の国籍概念の解釈（*402*）
　　　3　旗国とその登録船舶との間の実質性（*403*）
　　　4　伝統的海運国の便宜置籍国に対する責任（*404*）
　　　5　実質性の養成（*406*）
　　　6　旗国に対する愛着（*409*）

あとがき（巻末）
引用文献・論文・条約・法令・判例（巻末）
索　　引（巻末）

便宜置籍船論

第Ⅰ部　船舶の国籍の意義

　船舶の国籍を論ずるに当たっては、第一に公海の意義について検討しなければならないと思われる。
　海洋の大きな部分を占める公海は、公海自由の名の下に、全ての国に開放された無主地であった。如何なる国家も、この領域に対する管轄権を主張することは許されなかった。これは西欧中世以来の長い海洋法史の中で培われた、慣習であった。
　船舶の国籍は、この公海自由の原則を支える手段の一つとしての役割を担ってきた。もともと、船舶の国籍は、公海の秩序維持の指標として捉えられてきたのである。公海は何れの国家権力の支配にも服さない自由な領域であり、公海という無主地における秩序の確立のために、船舶の国籍は極めて重要な役割を果たすものと認識されてきた。
　しかしこのような公海の意義は徐々に変容を遂げる。長い歴史の中で確立された公海制度は、現在、汚染や乱獲の問題を処理できないとの国際的な批判を巻き起こしている。国連海洋法条約における排他的経済水域の成立に見られるように、この批判によって、公海であった広大な領域の法的意義に修正が加えられている。そして公海の法的意義への修正によって、船舶の国籍の機能も修正を余儀なくされるようになっている。その機能の修正とは、公海における船舶の国籍の有する排他性への規制、換言すれば船舶の国籍に基づいた旗国主義の有する排他性への制約であった。
　この部の前半では、公海自由の原則の意義と船舶の国籍の概念について述べる。そしてその公海の意義が、海洋の利用に対する現代的な要請によって変容する経緯を辿りつつ、この現象に伴って船舶の国籍がどのような影響を被っているかにつき、国際組織や国家による実行を示しつつ、概観することとしたい。
　また一方で、船舶の国籍はその「国籍」という用語によって、自然人の国籍と合い比べられることが少なくない。自然人の国籍の船舶への類推は、その前提において批判があるものの、自然人の国籍の機能が船舶へ類推される意義を

検討することは価値あるものと考える。検討の目的は、第一に、国籍の国内管轄、国籍の自由、国籍の唯一という基本原則に基づいた、自然人の国籍の機能とは如何なるものであるか、またこれら基本原則は船舶にも同様に指摘できるか否か、第二に、自然人の国籍に内在するどのような機能が船舶にも見出せるものか、即ち自然人の国籍と船舶の国籍とに共通した機能とは何か、である。共通した機能とは、両者に存在するもの、またあるべきものを意味する。その存在する、またはあるべきものの基礎となるものとは、国籍を付与する国と国籍を受ける対象である自然人、船舶との間を繋げる実質性であると思われる。これらの点についての検証を行いたい。

第1章　公海と船舶の国籍

第1節　公　　海

1　海洋の区分と公海の法的地位の確立

　本書の舞台は海洋、即ち海である。

　太平洋、大西洋、インド洋と主要な海洋の部分を加えた面積は361,059,000平方kmに及び、平均深度は3,759 mと記録されている[25]。

　一般に海洋といわれる広大な水域も、法的な性質によって幾つかの領域に区分される。

　陸岸より見ると、陸と海との境である基線[26]より測定して12マイル[27]を越えない範囲の幅で定められる領域を領海（Territorial Sea）という[28]。内水

---

[25]　和達清夫『海洋大辞典』（1987年）509頁。これには欧州地中海やバルト海、ペルシャ湾の如き内海、オホーツク海、日本海、東シナ海等の沿海を含まない。

[26]　国連海洋法条約5条「通常の基線」。領海の幅を測る基点となる通常の基線は、海岸に沿った低潮線である。しかし国家がこの基線を実際に決定する統一的な基準はない（Ian Brownlie, Principles of Public International Law, 5th edition, 1998, p.180。本書には島田征夫他訳『国際法学〈第4版〉』（1992年）として邦訳がある）。領海基線が潮の高い時の線、すなわち高潮線ではなく低潮線とされている結果、潮の干満の差の大きな海域では、高潮線を基準とする場合に比べて基線を海側に大きく押し出すことになり、領海及び他の沿岸水域の外側の限界も海側に出ることとなる（水上千之「領海基線について」大國仁先生退官記念論集『海上犯罪の理論と実務』（1993年）所収30頁）。「領海及び接続水域に関する条約」（Convention on the Territorial Sea and the Contiguous Zone, 1958年4月29日採択、1964年9月30日発効。以下、領海条約という。）では「沿岸国が公認する大縮尺海図に記載されている海岸の低潮線とする。」（3条）と定められ、この規定が国連海洋法条約に引き継がれている。

[27]　1マイルは距離の単位であり1海里、1,852 mに相当する。

[28]　国連海洋法条約3条「領海の幅」。現在、全ての国はその海岸線に隣接する一定の幅の海域——領海に対して、条約の義務及び一般国際法における規則に服しつつ、主権を行使することを主張している（Ian Brownlie, supra note 26, p.177）。この12マイルの

第Ⅰ部　船舶の国籍の意義

(Internal Water) とはその領海の基線の陸地側にある水域をいう[29]。領海の外側には、領海の基線から200マイル以内で定められた排他的経済水域（Exclusive Economic Zone, EEZ）がある[30]。また全体が一または二以上の群島より成る国を群島国とし、その水域は群島水域として規定されている[31]。そして公海（High Seas）とはこれら領海、内水、排他的経済水域、群島水域を除くその他の海洋の部分をいう[32]。伝統的な公海制度では、海洋は領海と公海とに二分されていた。即ち沿岸国の管轄権が許される水域と、何れの国の管轄も許されない無主地としての水域に二分割されていたのである。この伝統的な制度は、近現代の国際的な論争を経て現在の海洋の区分が確立される礎となった[33]。

　　　数字が国際法の規定として初めて確定したのは、1982年に採択された国連海洋法条約であった。また領海の外側にはその基線より24マイルの範囲で接続水域を定めることができる（同条約33条「接続水域」2項）。
(29)　国連海洋法条約8条「内水」。群島水域に於ける場合等、若干の例外がある。
(30)　国連海洋法条約57条「排他的経済水域の幅」
(31)　国連海洋法条約46条「群島用語」、47条「群島基線」
(32)　「公海に関する条約」（Convention on the High Seas, 以下、公海条約という）に於ける公海の定義は「いずれの国の領海又は内水にも含まれない海洋の全ての部分をいう。」（1条）とされていた。公海条約後に制定された国連海洋法条約には「いずれの国の排他的経済水域、領海若しくは内水又はいずれの群島国の群島水域にも含まれない海洋のすべての部分に適用する。」（86条）として、公海に適用される規定を定めている（第7部）。国連海洋法条約では新たに排他的経済水域（第5部）、群島水域（第4部）が定められたため、海洋における公海の部分は公海条約の成立時よりも狭くなっている。
　　　船舶航行の観点からすれば、古来、航海中の船舶が海洋において取り決められた何れの領域にいるかを見極めることは容易ではなかった。陸地の見えない洋上での本船位置の算定は、最近まで天体に頼る等していたため、その位置の精度には一定の誤差が含まれて当然との理解があった。しかし現在では、GPS（Global Positioning System）という高精度の衛星船位測定システムが導入され、簡易に且つ正確に本船位置が把握できるようになっている。これにより船長は、自己の指揮する船舶が航海する領域を正確に把握して、如何なる法的な権利を持ち、義務を負っているかの判断が容易となったといえる。
(33)　古賀教授は、公海の範囲については二つの可能性が存在すると説明する。即ち領海外の海域、領海、及び経済水域外の海域である。国連海洋法条約上の公海制度が全面的に適用される海域と、沿岸国の管轄権によって機能的に制限されるが、それ以外については公海制度が適用される海域とが存在することとなる。これは資源の利用を含めた公海使用の自由が認められる海域と、資源の利用について制限される海域が存在することを意味する。航行の自由や海賊の取締まりといった伝統的な公海制度は、これらの海域の何れにも適用される。この限りで公海とは領海外の海域をいうとする定義があて

第 1 章　公海と船舶の国籍

　公海の最大の特色は、公海が沿岸国であるか内陸国であるかを問わず、全ての国に開放されていることである(34)。これは慣習法化した法理であり、現代の国際法の基礎となっている(35)。

　しかし過去、常にその法理が唱えられてきた訳ではない。

　15 世紀及び 16 世紀の間における幾多の発見大航海がもたらした結果の一つが、どの国がどの陸地を所有し、また何れの国が海洋の何れの部分の権原を持つかにつき、欧州列強によって制限なく主張され、混乱を招いたことであった。一時、英国は自国の諸島を取り囲み、且つノルウェーよりスペインに至る大西洋の部分に権原を主張した。初期の英国王の一人であったエドワード Ⅲ 世は、自らに海洋王の名を求めた。デンマークも勝るとも劣らず、グリーンランド、アイスランド及びノルウェーで囲まれた海域が自国のものであると主張した(36)。

　国家政策の観点より見れば、ある国は外国船舶に対して、その国の沖合の領域を航行する条件として通行料の支払いを課徴する権利を主張した。それらの

はまるように思われる、と述べる（古賀衞「公海制度と船舶の地位」林久茂・山手治之・香西茂『海洋法の新秩序』(1993 年) 所収、201 頁）。しかし公海制度の下にある航行の自由は、領海においても無害通航権として認められている国際慣習より、海賊の取締りと並べて公海、領海の区別が為される理由とされることには疑問なしとしない。

　古賀教授はまた、公海の定義を確定する必要があるか否かについても疑問があるとする。即ち、今日の海洋法は空間の区分よりもある海域において如何なる管轄権が行使され得るかを重視しているのであり、その意味では管轄権の内容によって異なる公海の範囲が存在し得ると考えられるから、と説く（古賀衞・前掲 201 頁）。

(34)　国連海洋法条約 87 条「公海の自由」。本条文は公海条約 2 条「公海の自由」を引き継いだものである。

(35)　公海条約前文及び 2 条「公海の自由」

(36)　Burdick H. Brittin, International Law for Seagoing Officers, 4th edition, 1980, p.122. 他にもイタリア諸国は数世紀に渡って、地中海をわが湖であると主張した。そしてこれらの主張の最たる例が、ローマ法王が 1494 年、スペインとポルトガルに大西洋を整然と割り当てた歴史的な事実である。

　布施教授は上記のローマ法王の執行について、この割り当ては領有を認めたものではなかったという。両国の主張とも、本質は管轄権 (imperium) であり、領有権 (dominium) までを要求したものではなかった。そして真の意味においての領有は、近代領域主権国家が成立、つまり国家が中世封建秩序を支えていた自然法の拘束から逃れ、自らの国家意思に基づく実定的な法体系によってのみ拘束されるようになる近代まで待たなければならない、とする（布施勉『国際海洋法序説』(1988 年) 23 頁）。

第Ⅰ部　船舶の国籍の意義

主張は漁民にその水域での活動を認め、外国の船舶に対して沿岸国軍艦への礼譲を求めるためでもあった[37]。

早くも16世紀に始まった探検航海の時代、欧州の各国によって主張されてきた、海洋を狭めるこれらの概念に対する反論が巻き起こった。この動きは17世紀には学説上の論争に発展したが、その中でもオランダ人グロティウスは1609年に「自由海論」を著し、海洋は自由であることを主張した[38]。当該論争では、沿岸水産業を凌駕した外洋での物資輸送や植民地輸送の重要性、洋上への観念的な主権の主張に取って代わった現実の海軍力の発展等、実際の国家実行に後押しされた海の開放が勝ることとなる[39]。

このような流れを経て18世紀には、海洋主権（Maritime Sovereignty）への極端な主張の多くが放棄された。そして19世紀の前半、国家水域とは法的に相違し、どのような国家によっても占有されない領域としての公海の概念が確立した[40]。公海の自由の理論的な基礎がグロティウスの「自由海論」を通して触れられて以来、公海が全ての国に開放されるべきであるという考え方が、数世紀に渡って徐々に確立されていったのである[41]。

---

(37)　R.R.Churchill and A.V.Lowe, The law of the sea, 3rd edition, 1999, p.204

(38)　グロティウスはいう。「空気は二つの理由によってこの種類のものに属する。すなわち、第一に、それは占有されないということである。第二に、共通の使用が、すべての人に認められなければならない、ということのためである。同じ理由にもとづいて、海洋の部分もすべてのものに共通である。つまり、それは非常に広大であるために、なに人によっても占有されえないと共に、また、航行の見地からみても、漁業の見地からみても、ともにすべてのものの使用に適しているからである。」と（伊藤不二男『グロティウスの自由海論』（1984年）225頁）。

これに対する反論としては、英国人ジョン・セルデンの「閉鎖海論」（1635年）が著名である。セルデンはその著書の中で、海については古来より私的な領有が認められてきたとして、過去からの諸国の慣行を整理し、英国による周辺の海洋の領有を正当化しようとした（横田喜三郎・前掲注（3）、1959年）。

グロティウスは資源の再生産性と非枯渇性を掲げ、セルデンは漁獲の乱獲による枯渇の危険性に注目した。このような両者の海洋論争は、国際法での海洋の管轄と利用を関連付ける伝統的な領域論の形成に対して貢献があった（山本草二『〈新版〉国際法』（2000年）339～340頁）。

(39)　R.R.Churchill and A.V.Lowe, *supra* note 37, p.204

(40)　*Ibid*., p.205

(41)　G.P.Pamborides, International Shipping Law, Legislation and Enforcement, 1999, p.41

2　公海の自由

　一口に公海の自由とはいえ、その自由も幾つかの性質を有している。公海の自由とは以下、二つに分けられる。

　(1)　帰属からの自由　　公海が諸国に開放されているということは、公海が何れの国家の領有にも属さない自由な領域であることを意味している。

　公海条約は「公海の自由」について、

「公海は、すべての国民に開放されているので、いかなる国も、公海のいずれかの部分をその主権下におくことを有効に主張することができない。公海の自由は、この条約の規定及び国際法の他の規則で定める条件に従って行使される。」（2条）

と定める[42]。ほぼこの規定を引き継いだ国連海洋法条約では、どの国も公海の部分に対する継続的な占有と支配に基づく領域主権の取得や、属地的な国家管轄権を行使してはならないとされている[43]。

　このように「公海の自由」の本質の一つは、いかなる国も公海の上に主権を獲得してはならないという[44]、その帰属についての自由である。実際にも公海は慣習国際法上、万民の共有物として全ての国に開放されてきた[45]。それ故、公海を規律する現代の法は、公海が個別的または集団的にも、一部の国家の支配による取得を許していないとする規則に、その基礎を置いている[46]。

　(2)　使用の自由　　公海の自由の一つが、国家による帰属からの自由であるならば、残る自由は公海を使用する自由である。但し、その自由とはまた、公海において何をしても良いとされるものではない。支配を除いたその他の自由にあっても、その濫用は禁じられている。その自由は具体的に、公海条約、国連海洋法条約の規定、及び国際法の他の規則によって制限される。

---

[42]　公海条約は「公海の自由」に含まれるものとして、航行の自由、漁獲の自由、海底電線及びパイプラインを敷設する自由、公海の上空を飛行する自由を挙げ、「これらの自由及び国際法の一般原則により承認されたその他の自由は、すべての国より、公海の自由を行使する他国の利益に合理的な考慮を払って、行使されなければならない。」（2条）とする。

[43]　国連海洋法条約89条「公海に対する主権についての主張の無効」

[44]　Malcom N. Shaw, International Law, 4th edition, 1997, p.418

[45]　横田喜三郎『国際法』（1990年）114、126頁以降

[46]　Ian Brownlie, *supra* note 26, p.212

第Ⅰ部　船舶の国籍の意義

　海洋法における公海使用の自由は、主として海商の自由として論じられているものと思われる。嘗てグロティウスは、その「自由海論」の中で通商を行う自由について述べている(47)。彼は、通商は万民法によって如何なる人の間においても自由であるとした。そして公海の自由の理論的な構築の手段の一つとして、この通商の自由を用いている。その前提として、公海の自由に含まれる「航行の自由」が挙げられる(48)。

　公海では資本主義の下での自由競争が積極的に保障された。そして　諸国が、公海の自由を享受できる使用権を、私人または私企業等に譲与することが容認された。一般の商船は、正にこのような自由の名の下に、公海の担う役割を実現する主要な手段となった(49)。現実にも、領海や排他的経済水域を離れて、公海上を航行する船舶の内に占める商船の割合は高い。これが今日の国際海運で確立されている「海運自由の原則」に帰結する。

　「海運自由の原則」とは、「公海の自由」とそれに付随した「航行の自由」との自然自由貿易思想の下に、公海における国際海運活動の自由、即ち国際海運が携わる経済活動に対する政府による干渉からの自由の保障を意味している。船舶は、国際開港に自由に出入りし貨物の運送ができることを保障されている。国際海運における経済活動の安定及び公海秩序の維持に関して、如何なる政府からも干渉を受けず、あくまでも当事者の自主的な規制に委ねられるべきであるというものである(50)。しかし営利を追求する当事者の自主性にのみ依存し

---

(47)　グロティウスは「通商を行う自由は、第一の万民法にもとづくが、その第一の万民法は、永久不変の自然的な性質を有するものであるから、従って、それは廃止されることができない。もしかりにそれが廃止されうるとしても、すべて民意の合意によらなければ、それは不可能である。従って、他の二つの民族が相互に契約を結ぼうと欲しているのを、ある別の民族が何らかの方法で、これを正当に妨害することができる、などということは、とうてい考えられないことである。」という（伊藤不二男・前掲注(38) 262頁）。

(48)　公海条約2条「公海の自由」、4条「航行権」、国連海洋法条約87条「公海の自由」(a)

(49)　山本草二「海の国際法における船舶の地位」『国際問題』97号22頁

(50)　篠原陽一他『現代の海運』(1985年) 182頁。現在、国際条約で定められ、船舶を管理する者が自己及びその船舶に対して自主的に規定を定めるISMコード (International Safety Management Code) は、正にこの自主的な規制を実現したものといえる。ISMコードについては第Ⅳ部で触れる。

第 1 章　公海と船舶の国籍

ては、公海の秩序維持の徹底は図れないであろう。海運の自由を尊重しつつ、船舶の有する国籍を通して、旗国（Flag State）がその登録船舶への管轄権を行使する。そして船舶という媒体を経て、旗国がそれぞれに公海における秩序の維持を図ることこそ、公海の自由を確保する最も実効的な施策ということができると思われる。この秩序の維持とは、公海上にある船舶が、旗国以外の国家によって不当に停船や航路の変更を強いられたり、臨検を強要されたりする、船舶への干渉の排除である[51]。視点を変えれば、旗国はこの公海秩序の維持のために、その登録船舶に対して実効的な管轄権を行使しなければならないのである。

　また公海では、商船の活動を通じて得られる経済的な利益と、公海の法的地位を維持しようとする国際公益との一致が見られる。しかもそのような国際公益は、各旗国が自国の船舶に対してその国内法・属人的管轄権を個別に適用すること——旗国主義を平行して貫けば達成できるとの判断が働いていた[52]。逆に旗国主義の採用は、公海における秩序維持という国際社会における有効性

---

(51)　例えば、米国連邦最高裁の判決である *The Marianna Flora, The vice Consel of Portugal Supreme Court of The U.S., 24U.S. 1; 6l.ED.405;1826U.S.* では、全ての船舶は、自己の有する合法的な作業を行うため、妨げられることがないという疑うべくもない権利の下に、海洋を航行することができる、と判示された。

(52)　山本草二・前掲注(49)22頁。旗国主義とは、公海における航行の自由は通航する船舶の旗国が持つ絶対的な権利であり、他国は船舶による公海の不適正または違法な使用について、その旗国の国家責任を追及したり、制裁や対抗措置をとることはあっても、国際法上特別の根拠のない限り、外国船舶による公海の使用そのものに介入したり、妨害を加えたりすることは許されない、とする主義をいう（山本草二・前掲注（1）102頁）。旗国主義を明文化した条文が公海条約 6 条「船舶の国旗」1 項である。

　　旗国主義は公海における秩序維持のために採用された理論であるが、ほぼ海洋の全体において採用されていると考慮して良い。領海における旗国主義の表れは、外国船舶に認められている無害通航権である。例えば「ニカラグア事件」（*Military and Paramilitary Activities in and against Nicaragua（Nicaragua v. United States of America), 1986, ICJ*, Robert McCorquodale and Martin Dixon, Cases and Materials on International Law, 2003 pp.544~545）では、米国がニカラグア領海に敷設した機雷の違法性をめぐる審議が為されたが、国際司法裁判所は、外国船舶は沿岸国の港湾への出入りを試みるために、領海における無害通航権を有している、そしてこれを超える海域においても航行に必要な全ての自由が認められている、と判じた（広部和也「ニカラグア事件」波多野里望・尾崎重義編著『国際司法裁判所―判決と意見』第 2 巻（1964～93 年）」（1996 年）所収、275 頁）。

第Ⅰ部　船舶の国籍の意義

のみではなく、国家利益の確保の点でも妥当なものとされている。船舶は国家の経済維持のための重要な要素であり、専ら旗国の国内法——旗国法に基づいた管轄権に服しつつ、他国による権力の介入を受けずに仕向け港へ航海しなければならないという、国家的な必要性に基づいたものであった[53]。このような背景の下、公海を航行する船舶は偏にその旗国の規制に服し、既定の航海計画に従って、人員と貨物を仕向け地へ迅速且つ安全に輸送することを任務としている[54]。海洋の自由が国際法上の原則として確立した背景には、船舶による安定した海上輸送が維持されなければならないという、近代資本主義の下での経済発展の追及・要請の前提たるべき事情があったのである[55]。

以上、公海の自由とは、公海が如何なる国家の領域の対象にもならないという「帰属からの自由」、如何なる国家も自由に使用することができるとする「使用の自由」から構成されていることが理解できる。そしてそれらの自由とは、船舶の航行の自由が保障されなければならないとする、国際社会の要請を基礎として確立されたものであった。

---

[53]　公海条約6条「船舶の国旗」。このような経済原理の尊重は、国連海洋法条約の他の条項にも現れている。220条「沿岸国の執行」では、沿岸国の法令に違反した外国船舶に対しては、沿岸国が違反船舶に対して乗船、臨検あるいは拿捕等の措置を取り、その船舶と乗組員を司法手続きに付して処罰できるよう、一定の範囲内で定めている。しかし拿捕された外国船舶とその乗組員が、沿岸国の国内の裁判所における審理の間中、拘束され続けるならば、商船は停船により、漁船は漁期を失い船舶所有者が多大の損害を被ることとなる。条約にはこのような観点より、拿捕された船舶と乗組員が、妥当な供託金の支払いまたは他の金銭上の保証の後、速やかに釈放されるための制度が設けられている（第7節「保障措置」等、高林秀雄『国連海洋法条約の成果と課題』1996年、230～231頁）。

[54]　山本草二「海洋法と国内法制」1988年、79頁

[55]　田中則夫「国連海洋法条約にみられる海洋法思想の新展開」林・山手・香西編・前掲注(33)所収、63頁。この点は、航海の自由を理解するに当たって特に重要であるといって良い。小田教授も、公海の自由の原則は、歴史的には航海や漁業などの利益を保護するものとして、いわば交通もしくは生産の手段としての海洋利用という限定的な目的のために形成されたもの、ということが見過ごされてはならない、公海においては何をすることも自由であった訳ではなく、航海や漁業こそが国際社会において保護されるべき利益であり、それを侵害するような行為が違法と考えられた、と述べている（小田滋『海洋法の源流を探る』(1989年) 71頁）。

3　公海の自由の修正

　公海の管理体制は公海自由の原則に依拠している。しかしこのような自由原則は、例えば領海、内水の基準となる直線基線の考え方が新たに制定され国連海洋法条約に反映されたように、現代の国際法に確立された機能的な海洋管理に見合うよう、修正されてきた[56]。

　欠くことのできない従物の理論によって強化される一般的な国際法の規則は、内水及び領海を沿岸国に帰属させている。これは沿岸国の固有の権利としての結果である[57]。それ以外の公海上への権利の拡張は、歴史的な権限及び時効を基礎として発生してきた。

　公海は原則、万民の共有物である。その上への権利の拡張に対しては、他国からの一般的な黙認または承認を受けなければならない[58]。このような慣行は決して新しいものではない[59]。公海の自由が一般的な規則であり続けるためには、承認や黙認、他国によって受容される長期間に渡る利用や、沿岸国の領水と境を接する公海の部分が、沿岸国の主権に服しめられるとする権利の取得も、考慮される必要がある[60]。例えば「漁業事件」[61]では、ノルウェーが

---

[56]　Satya N. Nandan C.B.E. and Shabtai Rosenne, United Nations Convention on the Law of the Sea 1982, A Commentary, Vol.3, 1995, p.27

[57]　Ian Brownlie, *supra* note 26, p.163

[58]　*Ibid.*, p.163

[59]　このような慣習の成立は、公海の概念が確立する以前にも見られている。中世イタリア諸都市による沿岸海域の領有に関しては、先占を権原とする海洋の取得が関係諸国により承認されてきたことを根拠とする法理論によって、少なくとも長期に渡る実行に裏付けられた、沿岸海域に対する権能行使が是認されるようになったと考えられる（明石欽司「海洋法前史」栗林忠男・杉原高嶺編『海洋法の歴史的展開 第1巻―現代海洋法の潮流』(2004年) 所収、32頁）。

[60]　Malcom N. Shaw, *supra* note 44, p.419

[61]　*Anglo-Norwegian Fisheries case, ICJ 116, 1951.* Robert McCorquodale and Martin Dixon, *supra* note 52, pp.354～355. ノルウェーは本土の海岸にそって無数の島嶼、小島、岩礁の連なりの最も外側の地点を結んで引かれる直線基線を用いて、外国漁船の操業を禁止する水域を設定、これに違反した英国漁船を捕獲した。英国はノルウェーの措置に対して直線基線の確定方法に抗議、国際司法裁判所へ提訴した。判決はノルウェーが用いた漁業水域画定のための措置、及び直線基線の双方共、国際法に違反しないとして英国の訴えを退けた（尾崎重義「漁業事件」波多野里望・松田幹夫編著『国際司法裁判所―判決と意見 第1巻（1948～63年）』(1999年) 所収、84～100頁）。

第Ⅰ部　船舶の国籍の意義

外国漁船の操業を禁止する水域の設定に直線基線を用いたことに対して、同国が当該制度を長期に渡って中断なく適用してきたこと（恒常的で長期間の慣行によって十分に凝固していた）、国際社会の黙認があったこと、局地的な区域に明確に限定された歴史的権限に依拠していることを理由として、その正当性が認められた。このような経緯を経た直線基線は、国連海洋法条約の規定として採用されている(62)。

「漁業事件」における国際司法裁判所による判断は、このような一国の一方的な措置が国際法に反していたとしても、関係する国家の同意や黙認によって影響を被ることはない、そして国際社会でのそのような措置の公然化が対抗力を有し、終には国際立法となって他国に対抗できるようになる旨、容認した(63)ものと表現できる。

直線基線の形成過程に示された慣習に拠れば、公海の自由は絶対ではないことが判る。上記の「漁船事件」でも明らかなように、少なくとも一定の国により受容される長期間に渡る利用が、他国により承認または黙認され続けることによって、慣習として承認されることが示されている(64)。そしてそのような

　　このような慣行は、陸地における国境の画定についても見出せる。1992年の「陸地、島及び海の境界紛争に関する事件」(*El Sadvador v Honduras, Land, Island and Maritime Frontier Dispute Case, 1992*, Robert McCorquodale and Martin Dixon, *supra* note 52, pp.250~253) では、当事国国家による実効的な占有があった事実を基礎として、これに対する他方の当事国が黙認したことにより、領土における権限の確認が為されたとみなすべきであると判じられている（東寿太郎「陸地、島及び海の境界紛争に関する事件」波多野里望・尾崎重義編著・前掲注(52)所収、364～376頁）。
(62) 国連海洋法条約7条「直線基線」。同条5項は、基線が採用される地域に特有な実質的な経済利益であって、長期間の慣行によって明確に証明されているものを考慮することが可能とする等、社会科学的な条件にも言及している。
(63) 山本草二「一方的国内措置の国際法形成機能」『上智法学論集』33巻2・3合併号（1993年）63頁
(64) このような考え方は、欧州の古来に由来するのかも知れない。ローマ法において、正式なローマ市民法の下にあっては「重要な物（手中物）」の譲渡は、後に見られるように単に引渡し（traditio）によって行われたのではない。「一人のローマ人が他人に所有権を譲渡する場合には、古代においては形式上も実質上も、取得者が一方的に取ること（mancipatio, manucapere）として考えられていた。」。手でつかみ保持すること、それに他者が異議を唱えないこと、それがあくまで重要であった。このような考え方は、古代ゲルマンの社会においても変わらなかった、という（山内進「ヨーロッパ法史における所有と力」山内進編『混沌のなかの所有』（2000年）23頁）。

慣習の成立によって、公海は部分的にその性質を失う、つまり帰属の自由の侵食は避けられないとの結果を見ることとなる。Higgins は、国家はまた一方的慣行によって慣習国際法の形成に貢献することができる、と述べている[65]。

海洋法の分野における第二次大戦後の動向を見れば、上記のように既存の法規より逸脱するような形によって沿岸国がその管轄権の拡大を行い、関係国の同意・黙認の存否に拘わらず、それら多くの内容が新たな国際法の規則として実定化していったことが理解できる[66]。

一方の使用の自由、国際海運による経済活動への政府干渉からの自由についても、侵食が見られる。この侵食は一定の国家実行や、国際機関の主導の下、国際条約の制定を通して実施されている。安全保障等の国家の政策的事情、船舶の安全、海洋環境の保護を名目に、船舶による港湾への出入港の制限や、公海上での旗国主義が規制を受けることによって表されている。

元来、公海の自由が法として成立したのは、その自由が国際正義にかない、世界法として承認されるに相応しいものであったからに他ならない[67]。公海使用の自由の主張についても、その利用において国際正義に反した承認し難い状況が無制限に発現するようになれば、自由は自由たり得なくなるといわざるを得ない。公海において人類の生命や財産が侵害され、特定の国家の安全を脅かす行為や設備が持ち込まれるようになるとすれば、それらによって引き起こされる障害を排除するために、公海の自由とて制限を受けるようになろう。この点については後述したい。

---

[65] Rosalyn Higgins, Problems and Process International Law and How we use it, 1994, 初川満訳『ヒギンズ 国際法』（2003 年）50 頁。Higgins はこの事件について、もしも英国が正当に異議を申し立てていたら、出現する法の慣習的規則に拘束されなかったであろうとの結論を導き出すべきではないとする。その理由として、異議の役割とは新しい法的なルールの形成を遅らせるか、または対抗することによって一方的な行為を妨げるものであるとの前提を置いた上で、もしも何らかの一般的に適用されるルールが出現した後は、異議を唱えた国とて永久的な免除を主張することはできない、とする（Rosalyn Higgins, 初川満訳・前掲 50 頁）。

[66] 村瀬信也「国家管轄権の一方的行使と対抗力」村瀬信也・奥脇直也編『山本草二先生古稀記念 国家管轄権—国際法と国内法』（1998 年）67 頁

[67] 飯田忠雄『海上警察権論』（1961 年）191 頁

第Ⅰ部　船舶の国籍の意義

第2節　船舶の国籍

1　船舶の国籍とその定義

船舶は国籍（nationality）を有している。

「船舶の国籍」について、国連海洋法条約では、

　「いずれの国も、船舶に対する国籍の付与、自国の領域内における船舶の登録及び自国の旗を掲げる権利に関する条件を定める。船舶は、その旗を掲げる権利を有する国の国籍を有する。その国と当該船舶の間には、真正な関係が存在しなければならない。」

と規定する（91条1項）。

この規定の目的は、船舶を何れかの国に登録させ、その国の旗を掲げる権利を与えることにある。国旗を掲げることは、船舶の国籍の視覚的な証拠であり象徴でもある[68]との伝統的な理解がある。条文の前半では、何れの国も船舶

---

[68]　Richard M.F. Coles, Ship Registration, 2002, p.5。Brownlie は「公海の共同使用のために実施可能な管理体制の維持において、国旗の法律及び船舶にとっての国旗を掲げる必要性は非常に重要である。」と述べている（Ian Brownlie, *supra* note 26, p.428）。

　　国際法は、船舶の国籍をその掲げる旗によって視覚的に確認する権利を定めている。この権利は近接権と呼ばれ、旗国以外の国が公海上の外国船舶に対して接近し、その船舶の国旗と国籍との確認を行うものである。旗国以外の国によって行使できる特定の権力行為とされている（山本草二『国際刑事法』（1991年）246頁）。このように船舶における国籍の意義は重要なものである。海上において船舶が旗国の排他的な管轄権を有するという旗国主義の下では、他国は本船の外部より、国旗を通してその船舶の正当な国籍を確認しなければならない。国旗が国籍の視覚的確認の手段とされているのはこのような理由に依る。

　　国籍の視覚的証拠としての国旗について、横田教授は「自国の旗を掲げる船舶は、自国の国籍をもつ船舶である。船舶の国籍は国旗によって表示されるので、ある国の国旗を掲げることは、その国の国籍をもつことを意味する。船舶については、一般に国旗が非常に重要と考えられる」とし、また「『自国の国旗を掲げる船舶』と『自国の国籍をもつ船舶』とは、実質的には同じことで、単に言葉の上の差異にすぎない。」とする（横田喜三郎・前掲注（3）313頁）。わが国の船舶法には「国旗掲揚の制限」として「日本船舶ニ非サレハ日本ノ国旗ヲ掲クルコトヲ得ズ」（2条）と定めている。英国商船法では英国旗について定め、あらゆる英国船舶が掲揚する権利を有する旗は英国商船旗である旨、定めている（Merchant Shipping Act 1995, 2条）。また不適切な旗について詳細に定めると共に、漁船以外の英国船舶に英国商船旗またはその他の適当な国旗の掲揚

14

へその国籍を付与する条件について定めるよう規定する。船舶は、掲げる権利を与えられた旗を有する国の国籍を持つのである(69)。そして条文の後半では、船舶に国籍を付与する国と、登録船舶との間にあるべきものとしての「真正な関係」が挙げられている。

この条項の内の「真正な関係」は、船舶の国籍と共に、特に旗国とその国の旗を掲げる船舶との間にある「関係」について述べたものである。この「関係」とは、海事・船舶の全ての局面における規律を維持するための主要な要素(factor)であると理解して良い。また旗国の国籍を有する船舶に適用され得る旗国の規則に対する違反を、その国の責任に帰するために、旗の所在国——旗国によるその登録船舶への一般的な管轄権と統制の実行のための要素でもある(70)。ここにいう要素とは、複数ある構成要素の内の一つの意味ではなく、事物の成立や効力等に必要不可欠な根本的条件であると認識したい(71)。

先に掲げた国連海洋法条約91条のタイトルは、「船舶の国籍」である。船舶の国籍は、船舶と旗国との間の法的連結を意味する言葉として、伝統的に使用されてきた表現である(72)。しかし本条では、船舶の国籍の定義や概念については述べられていない。また単に国籍とはいっても、その定義付けが容易でないことも事実である。公海条約や国連海洋法条約を含めて、船舶の国籍の定義を置く条約、法律は少ない(73)。国内法においても、船舶の国籍の定義を定めるものは見出すのに難しい。英国商船法では「英国籍船(British Ship)」が用

を義務付けている(5条)。
　国旗が国籍を象徴する例としては、オスマン帝国が自国海運において「帝国領海内においてオスマン帝国の旗を掲げた定期汽船を運航することの物質的・精神的利益」を強調したとの記録がある(小松香織『オスマン帝国の海運と海軍』(2002年)59頁)。これらは国籍の明示というよりも、国威の発揚としての国旗の利用と解釈できる。
(69)　Satya N. Nandan C.B.E. and Shabtai Rosenne, *supra* note 56, p.104
(70)　*Ibid.*, p.104
(71)　「真正な関係」の問題については第Ⅱ部にて詳述する。
(72)　Satya N. Nandan C.B.E. and Shabtai Rosenne, *supra* note 56, p.106
(73)　国連海洋法条約、船舶登録要件条約共に、船舶の国籍の定義は為されていない。SOLAS条約(1974年の海上における人命の安全のための国際条約)、MARPOL条約(1973年の船舶による汚染の防止のための国際条約に関する1978年の議定書)等、現在の主要な国際海事条約においても、船舶の国籍についての定義を見出すことは困難である。

いられ(74)、「船舶の国籍」なる用語は用いらず、その説明もない。わが国の船舶法においても、「日本船舶」の用語が用いられている(75)のみである。

自然人の国籍について見れば、国籍とは個人の特定国家の構成員たる資格をいい、一国の国籍を持つ個人をその国の国民という。従って国籍とは、国家と個人との間の政治的、公法的な紐帯であるといわれる(76)。この自然人に対する国籍の考え方より発展して、船舶の国籍についても、船舶と旗国とを結び付ける法的紐帯としての理解がある。そして旗国は、自国船舶への国籍の付与によって自国籍船の旗国への帰属を義務付け、旗国の管轄権に服せしめると共に、自国籍船に対する外交上の保護義務を負うと理解される(77)。実務の上では、船舶が旗国の公簿に記載――登録されることにより、当該船舶に付与される旗国の国籍が表現されることとなる(78)。

2 法人・航空機の国籍

ここで船舶と同様、国籍を持つものについて触れておこう。

自然人ではない、船舶と同様に国籍（nationality）を持つものとして法人、航空機が挙げられる。

(1) 法　人　　国内法や国際法の規則への適用を目的として、特定の国への法人の帰属は、一般的に国籍の概念に基礎を置く。

法人の国籍は実質的国籍と形式的国籍とに分けることができる。実質的国籍とは会社の実質的な支配者たる自然人の国籍や、会社の実質支配株主の国籍を

---

(74) Merchant Shipping Act 1995
(75) 船舶法1条「日本船舶の範囲」。判例でも「日本船舶とは船舶法1条にいう日本船舶をいう」とされている（最高裁第一小法廷 昭和58年10月26日判決 刑事判例集37巻8号1228頁）。
(76) 溜池良夫『国際私法講義（第2版）』(1999年) 90頁
(77) 栗林忠男「船舶の国籍付与とその法的効果」『船舶の通航権をめぐる海事紛争と新海洋法秩序』2号所収、1頁
(78) 榎本喜三郎『船舶登録要件の史的研究』(1988年) 11頁。手続上、国家は登録によって船舶に国籍を付与するのであり、理論としての登録という概念は、国家が登録の下に船舶と船舶所有者を管理するという、秩序の強制のための制度として有効である（David F. Matlin, "Re-evaluating the Status of Flags of Convenience under International Law" 1991 榎本喜三郎訳『海事産業研究所報』356号（1995年）12頁）。わが国の国籍を有する船舶の登録については、船舶法5条「新規登録と船舶国籍証書」に規定されている。

以ってその法人の国籍とするものである。形式的国籍とは、法人の設立準拠法を国内法とする国の国籍を以って、その法人の国籍とする考え方に依拠している。通常、形式的国籍は実質的国籍と一致することが多いとの認識が、法人の国籍の基礎となっている[79]。

　法人は、人間の集合体と個としての人間との間にある本質的類似性に着目し、その人間の集合体たる法人を一人の人間として処理しようとする、法的な擬制である[80]。国家による自然人に対する外交保護が、法人に対しても適用されていることよりすれば、法人に国籍が与えられる意義も見出せる[81]。

　国籍という、個人について発展した概念の法人への取り込みは、ある局面では厄介なところがあるも、現在では十分に機能しているといえる。例えば、米国会社法における指摘は、株式会社という法的主体は、自然人と全く同様に自らの名義で事業を行うことができる、というものである。事業を行い、資産を取得して契約を締結し、且つ債務を負担する等、これら全ての行為を、個人の資格ではなく会社の資格において行うことができる。更に法的主体としての法人は、あたかも人であるかのように訴え、または訴えられることができ、税金を支払い、自己の名義で営業許可を申請し、銀行口座、印章を持つ他、諸々の行為を行うことができる、とする[82]。

---

(79) 田代有嗣・吉牟田勲『海外子会社の法律と税務』(1988年) 21頁。私法上の法人、特に株式会社については国籍付与の基準（連結点）として、大要三つの立場がある。(1)法人の設立準拠法を基準としてその国籍を決定する立場、(2)事実上の本拠地（主たる事務所の所在地）の法を基準とする立場、(3)経営支配権（多数株主または会社の実効的支配を確保する者の国籍）を基準とする立場、がある。各国はこれらの基準の何れかを自由に用いて法人の国籍を付与する。そのため法人についても重国籍が生じ、国家管轄権の域外適用をはじめ各種の困難を生ずる。この重国籍の場合には結局、自然人の場合と同様「実効的な国籍」により解決されることとなる（山本草二・前掲注(38)510頁）。

(80) 笹倉秀夫『法哲学講義』(2002年) 428頁。笹倉教授は本質的類似性として、統一した持続意思を持ち、権利義務の主体となり得る点を挙げている（笹倉秀夫・前掲419〜428頁）。

(81) 自然人に対する外交保護権の基礎となるものがその国籍とされているように、*Panevezys-Saldutiskis Railway Case, PCIJ, Ser A/B No.76 (1939)*) では、法人に対する外交保護権も国籍を通して行われるべきことが述べられている（Robert McCorquodale and Martin Dixon, *supra* note 52, pp.421〜422）。

(82) Robert W. Hamilton, The Law of Corporations, 1991, 山本光太郎訳『アメリカ会社法』(1999年) 17頁

第Ⅰ部　船舶の国籍の意義

　自然人の国籍との主たる相違点は、会社のために国内法制を創造する国内法のシステムにおいて、法律上の規定が欠如していることである。国内の国籍法は自然人のためのものであって、会社とは関係を持たない[83]。
　会社の国籍に関する主たる論点は、会社及びその株主に関して、国籍を付与した国が外交的保護を行う権利についてである。会社の国籍に言及する国内法の重要な領域は、憲法、敵国に対する通商や租税に関する法、国際私法である[84]。私法の領域を除けば、法人の国籍は、その国籍国による外交保護が必要となる可能性を含む法領域に依拠したものといえよう。
　(2)　航空機　　航空機も自然人、船舶と同様に、所属国への帰属関係を示す法的紐帯、即ち国籍を持つ。航空機は船舶と同様、移動体である。その存在形態は法人と異なり、船舶により近似したものであるといえる。
　航空機の国籍は、登録国がその航空機につき管轄権を及ぼす根拠であると共に、当該航空機について条約による要請の確保の他、国際法上の責任を負う根拠となる。またその国籍は、そのような航空機の国際法制上の位置付けを背景としつつ、登録国の国内法令を航空機及び航空機上で為された行為に及ぼす連結点ともなっている[85]。
　航空機に国籍を認める理由は、その活動の性質上、航空機が他国の主管管轄に曝される度合いが強いことより、関係各国での飛行権の交換や外交的保護、監督、取り締まり等のために、航空機とその所属国との間に法的リンケージを設定しておく必要があるためである[86]。
　航空機の国籍は、1919年の国際航空条約、所謂、パリ条約において明文化された。この条約は国際航空法の基礎となり、領空主権の確立、航空機の国籍

---

(83)　Ian Brownlie, *supra* note 26, pp.421-426。このような論点は、船舶の国籍についても言及できる。

(84)　*Ibid.*, p.426

(85)　山本条太「民間航空機の諸側面を巡る国際法上の枠組み」国際法学会編『日本と国際法の100年——陸・空・宇宙』2巻（2001年）所収160〜162頁

(86)　栗林忠男『現代国際法』（2000年）348〜349頁。この点で、外洋上に比較的長く滞留することが多い船舶のように、乗組員・旅客・積荷等からなる有機的共同体の個性を国際的に識別するという側面は希薄である（栗林忠男・前掲349頁）。しかしこのような特質は大要、船舶においても変わらない。移動する物体が共通して持つ特質であるといえよう。

及び登録、航空の安全性に関する規定等、航空法の重要な原則を規定した[87]。この国際航空条約の規定が受け継がれ、現在も航空機は登録を受けた国の国籍を有するとして、その国籍の決定に登録国主義が採用されている[88]。そして航空機の登録またはその変更は、その登録国の法令に従って行われるものとして国内管轄に服するべきと規定されている[89]。登録国は、国籍の付与によって登録が許された航空機に関する管轄と責任を有する。他方で、飛行が行われる外国の領域においての、航空機に対する不明確な管轄や責任は回避されなければならないとの国際的な合意によって、登録＝単一国籍の方式が重要な意義を担って遵守されてきた[90]。国際慣習法には航空機の国籍に関する規則は存在しない。このため必要な規定は全て条約に定められるとする、国際的な配慮が為されている。

　船舶の国籍と異なり、航空機の国籍には航空機とその登録国との間に「真正な関係」は要求されていない。これは航空機の登録が原則として実質的な国籍と一致し、便宜置籍船のような形式的な国籍の付与された航空機が存在しないことによった[91]慣行であった。しかし国際海運同様、国際航空業界は国際競争の下に置かれている。航空機の海外子会社による運航や、自社航空機への外国人乗組員の導入が図られるようになると共に、現在、益々その傾向が高まっている。国際海運における便宜置籍船の運航や乗組員の配乗に類似した現象が、国際航空業界においても見聞されるものである[92]。

---

(87)　坂本昭雄・三好晋『新国際航空法』(1999年) 2～3頁

(88)　Convention on International Civil Aviation 国際民間航空条約 17 条

(89)　国際民間航空条約 19 条

(90)　長田祐卓「領空制度と航空協定」国際法学会編・前掲注(85)、所収 132～133 頁

(91)　但し、長期間に渡って賃貸されることにより、登録国との関係が希薄となる航空機は少なくないため、登録国主義は部分的に修正され、賃貸航空会社の本国にその航空機に関する管轄と管理の権限を移転できるものとしている（村瀬信也・奥脇直也・古川照美・田中忠『現代国際法の指標』(2000年) 109～110頁）。船舶における裸傭船に類似した傾向であると思われる。

(92)　国際海運に対比した国際航空業界における特色は、第一に、領空主権の排他性等のために、海洋の自由と同様の空の自由が確立途上にあること、第二に、各国が国籍の付与についての要件等を定めるものの、国際民間航空条約等の要件として船舶の場合に見られる「真正な関係」の存在を規定していないことである（手塚和彰『外国人と法』(1999年) 238頁）。

第Ⅰ部　船舶の国籍の意義

3　船舶への国籍の付与

公海の自由あるいは航行の自由は、海洋利用に関する国家の権利義務の基礎であると共に、船舶が特定の国と法的に結び付けられる方法に関する、国家の権利義務の基礎でもある。

国際法上、各国が船舶に対する国籍の付与、自国の領域内における船舶の登録及び自国の旗を掲げる権利の条件を定めなければならないとされている[93]ことは、既に見た。何れの国も、船舶に対して自国の国籍を付与するための条件を定めることが要求されている。しかし国籍の付与については「真正な関係」の存在以外、それ以上の詳細な要求は為されていない。実際の国籍の付与に付帯する条件については、個々の国の自由裁量に委ねられているとの理解がある[94]。簡潔に表現すれば、船舶への国籍付与のための要件は、船舶に国籍を与える国の国内法の定めによるのである。国家はその裁量によって、船舶に対する国籍付与の要件を定めてきた[95]。

伝統的にも国際法は、船舶が特定の国の国籍を有する場合の条件を規律する規則を持たなかった[96]。国際法は、如何なる条件に基づいて船舶に国籍を付与するかを決定する権能を、各国に委ねてきた[97]。この権能は義務を有してもいた。国家は海洋の自由に基づく管轄権の原則——旗国主義の実施の確保のために、慣習国際法に基づき、その登録船舶に自国の国籍を付与する条件を定める義務を負うものとされてきた。国家はその登録船舶を通じて海洋の自由を謳歌する前提として、登録船舶に対して国籍要件を定める義務を負うのである。

「海運自由の原則」の視点より見た船舶への国籍の付与は、国際海運による安定した経済活動が確保されるための前提として海洋の使用の自由が認められる場合、海運による利益を何れかの国に帰属させる効果を伴うものである。この効果を受ける権利について、旗国以外の主体に対しては利益の享受は認めら

---

(93)　国連海洋法条約 91 条「船舶の国籍」1 項

(94)　Satya N. Nandan C.B.E. and Shabtai Rosenne, *supra* note 56, p.106

(95)　水上千之・前掲注(14)14 頁

(96)　その試みとしては 1986 年に制定された、船舶登録要件条約がある。本条約については第Ⅱ部にて検討する。

(97)　栗林忠男・前掲注(77) 4 頁。国籍を付与する際に、船舶とその各構成要素、特に船舶所有者や船員の国籍との一致を条件とするかどうかも旗国の自由である（山本草二・前掲注（1）106 頁）。

れていない(98)。船舶における国籍主義は、国際海運による国家的な利益享受のための手段でもあった(99)。国際法が船舶の国籍について唯一問題としてきたのは、船舶が国際法の主体である何れかの国の国籍を持つか否かであった。そして何れの国の国籍をも持たない場合に、当該船舶は国際法上の権利を主張し得ないということのみであった。

4　船舶の登録とその機能

　国家は通常、登録という手段によって、及びその国の国旗を掲げることを認めることによって船舶へ国籍を与えている。

　船舶の登録の黎明は古い。その起源は帝政時代のローマ法に見出すことができる。その後、この慣行は中世イタリアの都市国家へと広まった。現在の英国における登録は、17世紀から18世紀、より具体的には、1660年はチャールズⅡ世の航海条例へと遡る。この航海条例の目的は、英国国旗を掲げた外国船舶による商業特権の享受の防止であった(100)。このように国によって定められた船舶の登録のための制度は、国際社会の中での国家の政策的な意向の反映でもあった。

　一般に、登録国または旗国の表現は、船舶に国籍を付与した国と同義である(101)。国家は元来、船舶への国籍の付与につき、国内管轄権として完全な自由裁量を有してきたものと見られる。この慣行は判例上でも確認されている。1905年の英国とフランスとの間の判例である *Muscat Dhows case* では、常設仲裁裁判所によって、商船への国籍の付与のための条件は個々の国家の専属的な権利であるとされた(102)。このような権利は、比較的最近の米国判例である

---

(98)　古賀衞・前掲注(2)46頁

(99)　旗国は自国籍船への政治的、政策的な干渉を押さえつつ、海運の自由を保障することによって、海運の得た恩恵を得る。その恩恵とは税収や安全保障等、船舶に対する直接的な利益のみならず、人員輸送や貨物の輸出入によってもたらされる利益も包括されると解される。

(100)　Richard M.F. Coles, *supra* note 68, 2002, p.2

(101)　これが国際法における一般的慣行であったが、船舶登録要件条約において二重登録が認められ、旗国と国籍国が分離する現象が認められることとなった。この点については第Ⅱ部で述べる。

(102)　R.R.Churchill and A.V.Lowe, *supra* note 37, p.257.
　　　Case of the Muscat Dhows: Great Britain v. France, 1916, Hauge Court では、マス

第Ⅰ部　船舶の国籍の意義

Lauritzen v. Larsen でも確認された。この判例では、登録国のみが登録の正当性と有効性に異議を唱え得ることを、米国は確固としてまた問題なく擁護してきたとして、*Muscat Dhows case* の判示が支持された[(103)]。これらの一連の判例で示されていることは、船舶に対する国籍の付与は国家の権利であると共に、その正統性を判ずるのも国家の権利であるとした、国内管轄事項に属するものとしての主張であった。

実務の上から見れば、船舶に対して国籍としての国家の特性を付与することは登録、即ち国家の公的な記録への船舶の登録が基礎となる。例えば多くの国際海運に関する条約の履行にあたって、特定の国での船舶の登録は、その国と国籍を有する船舶との間での十分な連結要素となっている[(104)]。そしてどの国も、その国籍を所有しその国旗を掲げる船舶の詳細が記載された登録簿（船籍

　　カットのスルタンの臣民によって所有される帆船に対する、フランス国旗を掲げる権利の付与の適法性について論じられた。英国によって、そのような付与は条約の義務を侵害すると共に、帆船による奴隷輸送への従事を可能とするためのカモフラージュとして利用された、との訴えが為された。裁判所は、フランスが帆船にその国籍を与える権利は事実、1892年の条約によって制限されたと認めたが、それ以前には「フランスには、マスカットのスルタンの臣民に属する船舶にフランス国旗の掲揚を認める権利があった。船舶はそれ自身の法制と管理規則にのみ拘束される。」とし、「一般的にいえば、その旗を掲げる権利やそのような付与を規律する規則を定める権利を誰に与えるかは、各々の統治者に属している。」と述べた（Richard M.F. Coles, *supra* note 68, p.8-9）。この事件ではまた、船舶への国籍付与について、国家の恣意的な政策が反映され易い現実が示されていると思われる。

　　また *Virginius* 号事件では1873年、米国籍であった本船が、公海上において当時スペイン領であったキューバでの反乱を援助した嫌疑によって、スペイン軍艦により拿捕された。スペインは、本船がキューバによって所有されて以来、詐欺によって米国の国籍証書を得たに違いなく、米国国旗による保護は与えられていなかったと主張した。米国は、本船が米国国旗を掲げる権利を付与されていたかの問題は、純粋に米国の管轄権の問題であるとし、旗国裁判所のみが国旗を掲げる権利を判断する管轄権を有すると主張した。結果、スペインは米国のこの主張を受諾して本船を返還すると共に、合計8万ドルの賠償金を支払った（*Ibid.*, p.9）。

(103)　*Lauritzen v. Larsen, 345U.S. 571; 73S. Ct. 921; 97L. Ed. 1254; 1953 U.S.* では、国際法の下、各々の国は自国のために、商船に対してその国籍を付与する条件を決定することができる、そのようにすることによって、当該船舶についての責任を受け入れると共に権利を主張する、その国籍は船舶の有する証書と旗によって、世界に示される、とされた。

(104)　Richard M.F. Coles, *supra* note 68, p.2.

簿）を保持している⁽¹⁰⁵⁾。個々の国は、登録簿への船舶の記載のための条件を定めている。そのような記載は、一般的にその国の国籍を所有し、国旗を掲げ、その国籍を証明する文書を船舶へ発給するための必要条件である⁽¹⁰⁶⁾といえよう。

　加えて登録は、船舶の国籍の証となるべき必要条件としての機能を有するのみではない。国内法におけるこの登録の機能は、公法的機能と私法的機能に分けることができる。

　Coles は登録の公法的機能として、a）船舶を特定の国に割り当て、その目的、例えば安全規定、乗組員の配乗及び船舶の運用のため、単一の管轄権に服せしめること⁽¹⁰⁷⁾、b）船舶に対する国旗を掲げる権利の授与⁽¹⁰⁸⁾、c）旗国に拠る政治的な保護、所謂、外交的保護及び領事援助を得る権利、d）船舶が旗国海軍による保護を受ける権利、e）旗国の領海内における一定の行為、例えば船舶が沿岸漁業、旗国港間における貿易であるカボタージュに従事する権利、f）戦時における船舶への戦争法規の適用と中立性の決定、を含めて指摘している⁽¹⁰⁹⁾。

　これらの公法的な機能を概観すれば、その機能の多くが国家の政策の下でのものであることが理解できる。管轄権の行使は船舶の旗国への帰属を決定付けるものである。国旗の掲揚はその帰属の表出と共に、国威の発揚と認識できる。

---

(105)　国連海洋法条約94条「旗国の義務」2項(a)。全ての国で共通の要件とされているものは、権限のある機関によってその国の港に備えられた船籍簿に登録が行われ、必要な手続きを踏んだ旨の証明書が船舶所有者に送達されることのみである（山本草二・前掲注(49)24頁）。しかし旗国の管轄権と管理の実効的行使は、単純な行政上の形式だけではなく、登録や登録証明書の付与以外の関係が事実において存在しなければならない（横田喜三郎・前掲注(3)322頁）。その意味で、登録こそは国籍取得の最小限の要件であると考えられる（山本敬三・前掲注(2)161頁）。そのような形式的な登録証書についても、例えば英国船舶の登録証書は、船舶の合法的な航海のために使用され得るものとして、如何なる私的権利や請求権を確保する目的を以って留置等の手段として利用してはならない、と定め、国家によって付与された、単なる登録証書ではない権威ある実体であることが示されている（Merchant Shipping Act 1995, 13条）。

(106)　Richard M.F. Coles, *supra* note 68, p.2
(107)　国連海洋法条約94条「旗国の義務」3項(b)
(108)　国連海洋法条約91条「船舶の国籍」1項
(109)　Richard M.F. Coles, *supra* note 68, pp.6～7

外交的または海軍による保護、領海における操業の許認可等は、国家の政策に基づくものであろう。旗国に登録される船舶が商船という私有船であっても、一度、登録が為されれば登録船舶はその旗国の政策に組み込まれることを、Coles は指摘している。そしてその政策の多くは、船舶に対する国家の権限を基とした規制となって表れていることが理解できる。国家はこれらの公法的な機能を通して、自国籍船が他国によってその権利を侵犯されないよう、強いては自国の権利や権益が侵害されないように図っているのである。国家による登録船舶の保護とは、国家の権利や権益に対する、他国による侵害からの保護と解釈しても良いと思われる。

　また私法的機能として、a）登録された船舶所有者の所有権の保護、b）抵当債権者のような、船舶の上に担保権を持つ者の間での優先権の所有または維持の保護、を挙げている[110]。私法的機能とは、公法的機能の前提となるものと思われる。商船の如き私有に属する船舶の登録には、その所有権や抵当権の保護も念頭に置かれなければならない。別言すればこの考慮は、登録という国家的行為の安定性が図られることにも繋がると思われる。船舶所有者は、その所有船舶に対する自己の権利が保護されることを条件として、旗国より登録を通じて国籍の付与を受け、その国籍を基礎として旗国の要請する公法的機能に服するのである。

　公法がもし船舶を、その掲げる旗の属する国の主権を運ぶ、浮かぶ社会とした、動的な観念の中に見るとすれば、私法は船舶を、法が保護に値するとみなす権利を有する一人または複数の人々の移動可能な財産の一つとした、動産の静的な観念に見る[111]と表現することも可能と思われる。動的な観念とは、国土としての領域と異なり海洋を移動する船舶の特質に依拠した考え方である。静的な観念とは、債権や物権の対象としての船舶の安定性を意味しているものと思われる。何れも船舶の運航にとっては必要不可欠な法的概念であると見な

---

(110)　*Ibid.*, pp.6～7。Coles の公法・私法の分類は、典型的なもののようである。公法は国家の立法に関する法、国家の行政に関する法、国家の司法に関する法がその典型とされ、一方で私法を代表するものは一般法としての民法とその特別法としての地位に立つ商法であるとされる（三ケ月章『法学入門』（1982 年）214 頁）ならば、船舶の登録としての機能は、多かれ少なかれそれらの何れかまたは全ての法を根拠とした、法的意義を有していることとなろう。

(111)　Richard M.F. Coles, *supra* note 68, p.6

第3節　公海に対する船舶の国籍の影響

1　公海における船舶の国籍の役割

「公海の自由」たるをもって、国家はその主権や管轄権に公海の領域を服せしめることはできない。この法理によって、国家は他国の船舶による合法的な目的のための公海の利用を妨げる権利を持ち得ない、との援用が導かれる[112]。この考え方は諸国にとって、自国の国旗を掲げる船舶を通じて公海上で活動する結果として、自国籍船が他国から干渉を受けないことを要求する、旗国の有する権利によって表現される。これが公海自由の原則であり、またその核心であるといえる[113]。この権利によって、公海上の船舶は原則として旗国の排他的な管轄権の下に置かれることとなる[114]。

上記の考え方を逆の視点から捉えてみたい。公海の所有や管理が如何なる国にも認められていないのであれば、公海の秩序を維持する手段は何かとの問題が生まれる。もし公海にある船舶が如何なる権力の下にも立たないのであれば、船舶が公海でどのような不法や不当な行為を行ってもその取り締まりは期待できず、公海に無秩序と混乱の状態が現出する[115]。そのような環境の発生の防止と共に、海洋の秩序を維持するための最も重要且つ効果的な手段の一つが、船舶の国籍の持つ機能の実践である。

Brownlieは公海における秩序維持のための重要な要素として、(1)船舶の国籍に依拠した船舶上への旗国の排他的管轄権（反する条約の規定は別とする）、(2)自国の旗を掲げる船舶の権利を識別するための（旗国軍艦またはそれと同等の権利を有する公船による（筆者付記））近接権、(3)慣習的な規則や条約によって、公海における秩序の維持や一般的な安全に関する義務を旗国に課すこと、を挙

---

(112)　R.R.Churchill and A.V.Lowe, *supra* note 37, p.205

(113)　村上暦造「海上執行措置と旗国管轄権」村瀬・奥脇編・前掲注(66)576頁

(114)　国連海洋法条約92条「船舶の地位」1項。旗国管轄権とは公海それ自体に対する管轄権ではなく、単に船舶に対する管轄権である。より詳しく述べれば、公海上にある自国の船舶またはその船舶内にある人、財産及び事象に対する旗国の管轄権である（村上暦造・前掲574頁）。

(115)　横田喜三郎・前掲注(3)327頁

げている(116)。そして法の保護を受ける権利は、その船舶の行為への旗国の責任と釣り合っていると唱えている。即ち船舶が享受する権利と共に船舶が服すべき義務を示すものとして、船舶の国籍は国家が旗国管轄権を船舶の上に行使すべき旨の明示である(117)ともいえる。

　ChurchillとLoweも、船舶の国籍には、国家に登録船舶のための外交的保護を行使する権利が付与されている一方、船舶による作為や不作為の結果が旗国に帰順すると共に、その結果に対して旗国が国際法に責任を有する、と示している(118)。先の国内法における登録の公法的な機能はまた、国際法に対しても責任を負っているのである。公海における船舶の国籍とは、旗国の国内法に準拠した旗国の政治的、社会的な権利を行使する根拠である。同時にまた、国際法において、公海の秩序維持のために旗国に課せられた国際社会に対する責任の帰属を表わすものと理解して良い。公海における船舶は、一般的に国籍を付与した国の法——旗国法と国際法に従うのみである(119)。船舶の国籍は公海の秩序維持という名の下に、旗国が国際社会における規制の対象に服しつつ、登録船舶への権利と義務を行使する根拠であり、旗国の視覚的認識の指標ともなるのである。船舶の国籍は船舶の権利と義務を明確にし、その最終的な責任を旗国に置く指標であるといっても良いであろう。船舶の国籍とは、旗国とその登録船舶との繋がりの礎なのである。このような観点からすれば、無国籍の船舶が公海上における臨検や拿捕に対抗する法による保護を受けない(120)のは、

---

(116) Ian Brownlie, *supra* note 26, p.234

(117) R.R.Churchill and A.V.Lowe, *supra* note 37, p.257

(118) *Ibid.*, p.257

(119) 榎本喜三郎・前掲注(78)10頁。しかしこのような法の適用構造は、公海上の船舶においてその旗国法と国際法の相克を生むことともなる。単純に国際法を享受した旗国法であれば問題の多くは生じないだろうが、国家の政治的、恣意的な意向の反映された旗国法が国際法と相容れない状況を生み出す可能性は少なくないだろう。

(120) Ian Brownlie, *supra* note 26, p.235，しかしながらそのような船舶は完全に法の外にあるのではなく、その乗組員は人間性の基本的な考慮によって保護される、とBrownlieはいう。

　Naim Molvan v. Attorney General for Palestine（1948 A.C. 351）は、無国籍船に関わる判例である。1948年、Asya号は旗国の国旗を掲げず国籍に関する文書も保持していなかったために、パレスチナの沖合100マイルにおいて英国の駆逐艦によって拿捕された。本船はパレスチナで効力を持つ移民条例に反してユダヤ人の開拓移民を上陸させ

第1章　公海と船舶の国籍

当然であるといえる。

　かつての理論では、公海上の船舶は旗国の領土と同じ地位に置かれていた。旗国はその船舶に対し、自国の領土と同じように管轄権を行使することができるとする「浮かぶ領土（Floating Territory）」、所謂、「船舶領土論」が唱えられていた。この理論では船舶を旗国の領土と同一視し、船舶の「領土性」あるいは「領域性」が、他国による自国船舶への干渉を排除するための根拠として利用された。国家の領域は、その領域性故に、領域内にある全ての者に対し他国の主権・管轄権の介入を排除するという排他性を備えている。「船舶領土論」は、船舶をこの国家領域と同一視することにより、旗国管轄権の排他性を主張したものである。この理論は、旗国船舶に対する旗国管轄権を行使する根拠として用いられると共に、旗国管轄権の排他性を説明する根拠として用いられた[121]。例えば、公海上での船舶による衝突事件の判例である「ローチェス号事件」[122]では、「公海上の船舶は、旗国の領土と同じ地位に置かれる。従って公海上の船舶内で発生した事件は、あたかもそれが旗国の領土内で発生したかのようにみなされなければならない。」と述べられている。このような考え方は、少なくない国内判例においても踏襲された[123]。しかしこの説は、各国の

ようとし続けた。パレスチナの裁判所は、本船が公海上で拿捕されたにも拘らず、本船の没収を命じた。控訴審において枢密院は、公海自由の法理が無国籍船にまで適用されるとする主張を退けた（H. Edwin Anderson, III, The Nationality of Ships and Flags of Convenience: Economics, Politics and Alternatives, 1996, 21 Nar. Law. 139, Tulane University, The Maritime Lawyer）。この判例の意味するところは、国籍を付与された船舶のみが、公海自由の原則を享受し得るとするものである。

(121)　村上暦造・前掲注(113)577頁。この見解は、船舶は物としては母国（旗国）の支配下に置かれ、空間としては母国の一部であるから、船舶上の全ての出来事は自己の国家領域における出来事と同様に理解すべきものであるとする。そしてこのような見解は、公海においては各国の法秩序の関係が消失することによって、公海上にある船舶を法秩序のある規律の下に置く必要性より生じたとされる（伊藤寧「海上犯罪と旗国主義に関する若干の考察」片山信弘・甲斐克則編『海上犯罪の理論と実務』（1993年）101頁）。

(122)　*Case of the SS Lotus, PCIJ Series A. No.10, 1927, No.9*, Robert McCorquodale and Martin Dixon, *supra* note 52, pp.270~271、佐藤幸夫 「船舶の国籍」『海洋法・海事法判例研究』所収（1991年）2巻22頁

(123)　カナダ領域にあった米国籍船上での襲撃事件を判じた1893年の米国の判例である「米国対ロジャーズ号事件」では、「船舶は恒常的に一国の領域管轄から、他国の側へと

第Ⅰ部　船舶の国籍の意義

主権の及ぶ内水においても主張されるに至る。その後の判例では *Chung Chi Cheung v. The King* において、外国領水内に入った船舶を旗国の「浮かぶ領土」と見る見解が明確に否定された(124)。そして現在では、港湾における沿岸国の主権を基本原則として認めた関係上、「船舶領土論」は擬制に過ぎないものとされ、大勢としてその支持を失っている(125)。

　　移動する。しかしそれらの船舶は、その船内での業務に関する限り自国の国内にあるものと見なされる。それらは構造的にその属する国の領土の一部を構成する。」とされた（杉原高嶺「外国船舶に対する刑事・民事裁判権」『海洋法・海事法判例研究』1巻所収（1990年）1巻141～143頁）。

　　Ervin v. Quintanilla et ai. では、「船舶が擬制的に、その掲げる旗の主催者の領域の一部と看做され、公海または領海において、その主権者の管轄権に服する」と示された（栗林忠男・前掲注(77)、21頁）。

(124)　*Chung Chi Cheung v. The King* (1939) では、外国領水内における船舶内犯罪について旗国管轄権の領域性に基づく排他性が認められなかった。判例は、沿岸国管轄権が競合的に及ぶ場合があることを示した上、進んで公海上にある場合であっても、旗国管轄権の排他性の根拠を船舶の領域性に求めることを否定した（村上暦造・前掲注(113)、578頁）。伊藤教授は、船舶を浮かべる領土とする法的可能性の存在を否定し、もし船舶が公海を離れて外国の領海、内水に所在する場合には、同一場所において異なった領土主権は存在し得ないことを理由とする。そしてもし船舶領土説を公海上に限るとしても、船舶が領土であるならばその上部の空間及び下部の海面・海底は必然的に旗国の領土に加えられなければならず、このような考え方は公海における各国の主権の喪失、あるいは公海占有禁止という国際法の原則に対する許されざる侵害を意味することとなる、と説く（伊藤寧・前掲注(121)101頁）。

(125)　しかし現在でもこのような「船舶領土論」を唱えている国は皆無ではない。デンマークはその一つであり、自国籍船を領土の一部と捉えている。そしてそれ故に、デンマーク籍船がその旗を掲げることは権利ではなく義務であるとする（Kaare Bangert, Denmark and the Law of the Sea, Tullio Treves Ed., The Law of the Sea, The European Union and Its Member States, 1997, pp.122）。

　　そもそも実効的な自然人の国籍の考え方が、個人の法的な関係の基礎を形成するものとして、その社会的な基盤を重要視しているといって良い。自然人の国籍に関する条約の幾つか（例えば「無国籍の減少に関する条約」（Convention on Reduction of Statelessness 1961年8月30日採択 1975年12月13日発効）10条「領域の譲渡の場合」）が、国内法のみではなく常居所や住所に依存している。自然人の国籍の判断は社会への帰属が重要であり、その社会の安定にも領土的な領域との関係が大切であるとの考え方に依るのである（Ian Brownlie, *supra* note 26, pp.563～564）。

　　他の法領域においても、このような考え方に根拠を置く理論がある。例えば国際私法上の準拠法概念である不法行為地法が、この理論を論拠としている。不法行為に関して

現在、「船舶領土論」は既に古い考え方となっている。しかし船舶の国籍の有する基本的な機能——船舶に対して何れの国が管轄権を行使するか、更にどの国の法律がその船上における行動を規制するかについて、船舶の国籍が決定を下す根拠となっていることに変わりはない。換言すれば、公海における法秩序は、国籍を基礎とした旗国の自国籍船舶に対する管轄権の行使を通じて維持されてきたのである(126)。船舶の国籍なくしては、国家がその登録船舶の公海上における行動を規制する法制度は機能しないといえる。その意味においても船舶の国籍の存在意義は高く、また国籍を与えた旗国の果たすべき役割は決して軽視できないものと思われる。

2　船舶の国籍の実質的効果

先に船舶の国籍の有する法的な機能について挙げた。

ここでは更に、船舶の国籍の様々な意義について検討しよう。

船舶の国籍の機能は法的なものに限定されない。その機能とは、船舶の国籍の働きを構成する因子の有する固有の役割を表わすものと考えることができる。一方で船舶の国籍の意義とは、国籍の価値や重要さを表わすものと思われる。とはいえ機能と意義の区別はつき難く、はっきりしない項目も多いと思われる。一つの機能が国籍の価値として認められ、あるいは別の機能が国籍の重要性の認識を広める役割を担う等、機能と意義との間に単純な分水嶺は引き難い。以下、機能という抽象的な役割につき、船舶の国籍の意義として認められる事項につき、そのより具体的な内容について整理する。

(1)　国家政策の適用　　自国の海運業の育成と維持は、国家にとって重要な政策課題となることが少なくない。外航海運政策は政府が国家権力を基盤として行う経済政策であり、当該政策の一環として企業政策、市場政策、海運助成、労働政策及び対外的な政策等、類型化された諸政策を総合的に表現した産業政策でもある(127)。また自国籍船を中心とした商船隊の確立と維持のため、国家

　　は、事実発生地法が準拠法として一般に適用されなければならず、この原則は公海における異国籍の船舶の衝突についてもまた異ならないため、両船舶は等しく不法行為地となる。この場合、当該船舶は所属国の延長とみなされる（山戸嘉一「海商」西賢他『国際私法講座　第三巻』所収（1964年）791頁）。

(126)　水上千之・前掲注(14)153頁

第Ⅰ部　船舶の国籍の意義

より国籍を付与された船舶はその国の行政上、海運業の振興・助成の具体的な対象となる。助成は単に商船隊の形成に資する(128)のみならず、商船隊の技術的な近代化に欠かせない(129)。また同時に登録料その他の課税の対象ともなり、

---

(127) (1)企業政策は海運企業活動に対する各種の規制の実施、介入をいい、(2)市場政策は価格政策とも呼ばれ、企業活動市場に対して国家が介入を通して規制を行うことである。(3)海運助成・補助政策は、船腹の拡充策を主目的に、海運政策の柱として国家が最も力を入れる政策である。(4)労働政策は船員政策である。(5)対外政策は、海運に対しての国際的な協調、調整を意味する（篠原陽一他・前掲注(50)135～137頁）。(3)は、補助を与える自国籍船の建造を自国の造船所に限定する等、自国造船業の新興にも繋がる政策として位置付けることができる。

(128) 自国の海運業の振興を図る補助金制度は、自国籍船を有する国の多くで行われてきた。その補助も逓送補助金、運航補助金、建造補助金等、用途は様々であった。例えば第二次世界大戦以前の不定期船に対する運航補助金について見れば、1932年にイタリア、1933年にドイツ及びオランダ、1934年にフランスが実施している。これより先、第一次世界大戦前の1914年以前の補助金制度を実施した国には、英国、フランス、ドイツを初めとする欧州諸国、メキシコ、ロシア、米国、スウェーデン、日本などがあった（S.G.Sturmey, British Shipping and World Competition, 1962, 池田知平監訳『英国海運と国際競争』(1965年) 33頁）。第二次世界大戦後も英国は1945年に初年度特別償却、1954年に投資控除制度、1966年に投資助成制度等の助成策を、税制として1945年に年次償却（定額法）、1949年に年次償却（定額法・定率法）を制定した。米国は大戦中の1936年に商船法を改正、運航差額補助、建造差額補助を導入、1970年には再び商船法を改正しこれらの補助に加えて連邦船舶抵当保険を定めている。他にも西ドイツ、フランス、イタリア、オランダ、ノルウェー、ギリシャ等、殆どの伝統的海運国において助成策が講じられている（海事産業研究所編『諸外国における戦後海運助成史』(1972年) 17～21頁）。戦後のわが国の助成は、1947年の船舶公団発足を基点とし、同年に設立された復興金融公庫の海運向け資金を活用して効率的な船腹の拡充が図られた。これによって実施されたのが、船腹拡充方策の中心となった計画造船――国の計画的な資金援助の下に、民間海運企業が行ってきた船舶の建造であった（運輸省編『日本海運戦後助成史』(1967年) 43頁）。

　　以上を見ても、近代的な海運として自国海運を擁する国の殆どが、補助金を給する助成を行ってきたことが理解できる。

(129) 船舶の技術革新を促進するに当たり、国家助成が効果を及ぼした例を挙げよう。1800年代の半ば、新たに登場した蒸気船は帆船に比べて馬力と速力、更には確時性に優れていた。加えて風向きや潮流に関係なく、最短距離で航行できるとの利点が注目され、「七つの海」を支配する大英帝国の殖民と支配を支える交通手段となった。しかし他方、帆船に比べて建造コストが嵩み、且つ常時石炭の補給を必要とするため運航コストの上昇も指摘された。英国は諸般を検討した結果、帝国の社会経済体制の確立・維持を目的に、海軍省を通じて植民地各地を連結する郵便汽船航路の建設を計り、代表的な民間蒸

国家の税収の一翼を担う。

　(2)　管轄権の帰属　　通行中の船舶に関連する犯罪その他の違法行為について、刑事・民事管轄権の帰属を定めると共に適用する[130]。他国の管轄権との抵触はそれ自体、国家の利害に影響を及ぼすものである。船舶及びその貨物の有する価値、乗組員に対する管轄権の帰属は、これらの対象を他国の管轄権より外交的に保護することに繋がる。

　(3)　国家経済の基盤　　国籍の付与は、先に掲げた海運・労働・造船政策を含む総合的な政治的要請の他、嘗ての保護主義に代表される経済的な観点からの要請も反映されてきた[131]。自国海運への保護主義の導入は既に旧態化しているが、自国の商船隊の維持が国際貿易におけるインフラストラクチャーであることに変わりはない。商船隊が、経済的に自国の国際収支に影響を与える特質を有することは見逃し得ない。自国の商船隊の維持が、旗国の貿易収支に対する貢献を生むことも考慮されなければならない[132]のである。

　　　気船会社に高額な補助金と航路独占権を付与する政策を採用した。この政策により、外洋航路での蒸気船が帆船よりも優位に立ち、帆船に代わって海運の中心となることが可能となった（北正巳『近代スコットランド鉄道・海運業史』（1999年）139頁）。結果的に汽船は海運の効率を引き上げ、運賃は大きく引き下げられ、また船舶の建造コストも引き下げた。1900年に至るまでに、汽船は帆船に比して年間、貨物で四倍、航程で三倍の作業を行った。汽船は生活の質を変え、世界を通じた新しい貿易の機会を与えた(Ronald Fope, A History of British Shipping, 1990, pp.332～333)。
(130)　山本草二・前掲注(38)422頁
(131)　例えばW. S. Lindsayに依れば、19世紀半ばの英国海運は、重商主義的な経済政策に裏打ちされた保護主義の下にあった。この保護主義を形作っていた航海条例の主要点は、消費財として英国へ輸入される欧州の一定の商品は主として英国船舶で輸入されること、同様にアジア、アフリカ、米国産の消費財商品は主として英国船舶によって輸入されること、英国沿岸貿易は英国船舶にのみ開放されること、英国領植民地間の輸送は英国船舶のみが行えること、英国本国より英国植民地への輸送は英国船舶のみが従事できること、主として英国船舶がアジア、アフリカ、米国所在の英国領植民地への輸送に従事できること、欧密院条例による承認がなければ外国船舶は一切、英国領殖民地との通商に参加することはできないこと、英国女王は英国船舶がある外国より差別税を賦課された場合、当該外国船舶に対しても全く同率の差別税を賦課する権限を有すること、であった（豊原治郎『アメリカ海運通商史研究』（1967年）97～98頁）。
(132)　S.G.Sturmeyは英国海運の存在意義について分析した。国際的に取り引きされる商品の買い手が、終局的にはその商品の運賃を負担するとの仮定に基づけば、英国商船隊がなければ英国の輸入品の運賃は、全て英国の国際収支の負担となる。この負担は英国

第 I 部　船舶の国籍の意義

(4)　国威の発揚　　本来、海運企業は国家を超えた自由な国際的存在であるが、ナショナル・インタレストを代弁するナショナル・フラッグの活動には、国家の意図・利害が直接に反映されてきた[133]。先進国の植民地支配が完全に終焉した現在、また国際海運も極度に自由貿易が進んだ環境下にある中では、自国籍船によるどれ程の国威の発揚が求められているのかとの疑問もある。しかし近時においても尚、戦時の船舶徴用や国籍の変更等の政策が継続されていることを考慮すれば、この要素は依然として命脈を保っているといえる。

(5)　安全保障　　国家の緊急時における安全保障に関連した要素である[134]。商船の徴用権は、登録国の専属的な権限に属している。自国の戦争遂行のため、国家が自国籍船を徴用することによって、自国の海上補給路の維持を図る政策は度々行われてきた[135]。第二次世界大戦後、欧州や米国においてその自国籍

　　　の必要とする海運サービスのコストに英国海運業が非英国商品を運送して得た外貨の純受け取り分を加えたものとなる。その結果として出た数字が、英国商船隊のない場合の国際収支に対する犠牲の総額となる。従って商船隊が消失した場合に国際収支にかかる余分の犠牲は、英国の商品と旅客の運送に対して、既に外国人に支払っている額を差し引くと求められる。この正味の結果が国際収支に対する海運業の貢献ということとなる（S.G.Sturmey、池田知平監訳・前掲注(128)232頁）。

(133)　小風秀雄『帝国主義下の日本海運』（1995年）7頁。近代に入り、蒸気船が出現したことは世界の歴史に所謂「交通革命」をもたらし、海軍力と海運力とが国家の命運を左右するに至った。換言すれば、資本主義的世界経済システムにおいて、中枢となるか周辺として従属するかの帰趨は、軍・民両面の制海権にかかっていた（小松香織・前掲注(68)9頁）。

(134)　林久茂『海洋法研究』（1995年）15頁。
　　　わが国における戦前のタンカー会社のカルテルであった日本タンカー協会について、以下の記録がある。太平洋戦争までは、わが国海軍という重要な荷主が日本のタンカー船隊の育成に理解をもっていたため、当該カルテルは有効に働くことができた。新たにタンカーを所有する会社は、このカルテルに入らなければ海軍の積荷及びその有利な運賃を獲得することはできなかった。1929年、海軍は軍縮と財政緊縮のためにそれまでの政策を転換、海軍保有船から民間船舶への傭船へと移行した。具体的に海軍は、民間の高速タンカーを優先的に利用すると共に、一定の高速船に対しては割増運賃を支払うこととした（脇村義太郎「両大戦間の油槽船」中川敬一郎編『両大戦間の日本海事産業』所収（1985年）266、272頁）。これも政府による安全保障政策の現れであろう。

(135)　第一次大戦当時、英国では多くの英国籍船が国家による徴用を受けた（S.G.Sturmey、池田知平監訳・前掲注(128)59頁）。朝鮮戦争、ベトナム戦争においては、商船隊の活躍が戦争を支えるために必要不可欠であったとの指摘がある（Erwin Beckert und Gerhard Breuer, Offentliches Seerecht, 1991, pp.457）。最近では1982年のフォークラン

第 1 章　公海と船舶の国籍

船舶が減少し続けた際にも、この要素は国家的論議の対象となってきた。現代においても、自国の海上生命線（Sea Lane）維持のための自国商船隊の確保、所謂、安全保障としての自国籍船の確保を規定する法律は少なくない[(136)]。

　　　ド紛争時、英国によって多くの民間船舶が徴用を受けている（R.R.Churchill and A.V. Lowe, *supra* note 37, p.261）。
　　　わが国では 1874 年の台湾出兵時、明治政府が日本船舶の徴用及び外国船舶の傭船を以って軍事輸送に使用する予定にあったが、外国船舶の徴用はその国籍国である英米から厳重な抗議を受け断念された。また政府は、西南戦争においても徴用を行ったとある（小風秀雄・前掲注(133)118・201 頁）。
　　　わが国における徴用を近代の主たる戦争において顧みれば、日清戦争では政府徴用船として延べ 66 隻、合計 15 万 3 千トンが徴用された。日露戦争においてはわが国商船の大部分が徴用されたとされ、陸軍用で延べ 44 万トン、海軍用で 23 万トン、合計 67 万トンが徴用を受けた。しかしわが国における船舶徴用が最大を極めたのは、何よりも太平洋戦争においてであった。徴用トン数は開戦時の 1941 年に陸軍徴用として 216 万トン、海軍徴用として 174 万トン、1942 年に陸軍に 215 万トン、海軍に 186 万トン、1945 年は陸軍に 8 万トン、海軍に 29 万トンと推移した。太平洋戦争時においては、戦前の現有船及び戦時建造船が戦時海運に使用され、陸海軍徴用船以外の船舶も完全に国家の統制下に置かれた。海運統制は 1937 年の夏、運賃の激騰及び日支事変の勃発を契機とし民間自治統制として発足し、漸次、官民協力体制に切り替えられた。更に太平洋戦争の開戦と共に軍の徴用船以外は「特別法人　船舶運営会」の管理とされ、戦力増強及び国民生活維持を目標として物動計画が立てられ、内外海上輸送に差し向けられた。結果、この戦争で失われた船舶（戦難）は実に 2,467 隻、829 万トンに及び、徴用船の多くが失われた（浅原丈平『日本海運発達史』（1978 年）434 ～ 441 頁）。
　　　安全保障のための徴用は、船舶と同様に国籍を有する航空機についても見られる現象である。米国では 1951 年の朝鮮戦争以来、民間予備航空機団が発足、航空企業との契約によって有事の際の兵員、軍事物資の輸送のために約 500 機に及ぶ民間航空機を徴用し得る制度を置いている。この制度は外国人による航空企業の所有、支配に対して広汎な制限を課すことを目的としたものであり、最近では湾岸戦争時に利用された。本制度は国内航空市場を自国の航空企業のために留保するとの政治的、経済的要請に依るものである（長田祐卓・前掲注(90)136 頁）。
(136)　米国や英国の商船隊は、非常時における国防のための輸送手段として位置付けられてもいる（森久保博「アメリカ系便宜置籍船と国際法」『杏林社会科学研究』1 巻 1 号（1984 年）67 頁、山岸寛「便宜置籍船と英国海運(上)」『海事産業研究所報』243 号（1986 年）8 頁）。
　　　米国は 1984 年の海運法（Public Law 98-237 Mar. 20, 1984）に、安全保障を目的とした米国籍船隊に関する規定を置いた。その 2 条 3 項には「国家安全保障上の要請を満たし得る、経済的に健全で且つ能率的な米国籍定期船隊の発展を奨励する。」と規定された。この規定は 1998 年の改正海運法にも引き継がれている。その他にも、例えばオースト

(6) 外交政策の判断基準　対外政策の一環として、自国の港湾・水域への立ち入りと産品の輸送につき、外国船舶に対する最恵国待遇の付与、沿岸貿易の規制、戦時における敵性の認定の基準となる(137)。

以上は、国家政策、国家管轄に属する事項である。このように船舶の国籍に依る効果は、その属する国家の方針、法制と深い繋がりのあることが理解できる。

(7) 国際私法上の連結点　準拠法の指定等において重要な基準、連結点となっている(138)。連結点としての国籍の概念は、何れの国にも共通した一定の普遍的な概念に他ならない(139)。

　リアは、非常時における必要な物資の自国への供給を保護するために、船舶の利用を確実とすることを目的として、自国商船確保のための規定を置いている（Seeflaggengesetz 1957, BGBl. No.187/1957, Gerhard Hafner, Austria and the Law of the Sea, Tullio Treves, *supra* note 125, p.32）。

　わが国の法制には、安全保障の手段として自国商船の維持を図る規定は存在しない。但し政府の審議会において、日本籍船の確保の目的の一つとして、国際的な紛争等により必要な船舶の調達が困難となることを考慮すると、不安定な要素を有する外国船舶への依存は国家の安全保障上、極めて危険であるため、日本人船員の乗り組む日本船舶を一定量確保しておく必要がある、と報告されている（運輸政策審議会総合安全保障部会議事録1983年2月）。その具体的な規定の制定されない理由には、海運界労使の反対が根強い等、嘗ての太平洋戦争において徴用された、わが国商船隊の悲劇的な結末が影響しているとも思われる。

(137)　山本草二・前掲注(38)422頁、同・前掲注(54)83頁、山本敬三・前掲注（2）152頁。具体的には旗国の国旗掲揚が認められ（わが国では船舶法2条）、旗国の港湾に入港ができる（船舶法3条）。

　船舶の敵性の認定について、海上武力紛争法サンレモ・マニュアル（San Remo Manual on International Law Applicable to Armed Conflict at Sea）では、「商船が敵国の国旗を掲げ、または航空機が敵国の標識を掲げているという事実は、その敵性の決定的な証拠である。」（112条）とされる。商船が敵国の旗の下で運航されているなら、即ち当該商船がその敵国の国章やその国籍を示す他の視認できる目印を掲げているなら、それは敵性を有し拿捕と没収の対象となる。この場合には所有権といった他の基準は関係がない（San Remo Manual on International Law Applicable to Armed Conflict at Sea 竹本正幸監訳『海上武力紛争法　サンレモ・マニュアル解説書』（1997年）168頁）とみなされている。

(138)　諸国の国際私法上、連結点として最も広く使用されているのは国籍、住所及び常居所である（山田鐐一『国際私法』(1982年) 91頁）。

(139)　山田鐐一・前掲92頁

私法上の効果としては、国際私法における連結点が挙げられる。

　船舶の国籍は、単に公海の秩序維持としての国際的な役割を担うのみではない。国籍を根拠とした船舶の用途やその目的には、旗国の政治的、経済的な意向も色濃く反映されている。これらの旗国の意向は、旗国管轄権の排他性を基盤としている。公海の自由という国際的な慣行は、旗国の政治的、経済的な意向を、原則として外部の干渉を受けずに直接的に旗国船舶に及ぼすことを可能としてきた。反面、これらの政治的、経済的な国家政策の色彩の度合いが高まる程、公海における国際的な規制や、旗国外の管轄水域において他国の管轄権との摩擦を生ずる可能性も高くなる。

3　公海自由の原則の例外

　これまでは船舶の国籍に依拠した旗国管轄権の排他性を基として、公海の秩序維持が図られていることを示すと共に、旗国の政治的、経済的な政策が投影されている船舶の国籍の機能と意義について論じてきた。

　この旗国管轄権の排他性には例外があることを知らなければならない。公海の自由の原則には例外があるのである。その例外とは、公海上の船舶への他国の権力の拡張であり、国際組織による規制である。それらの公海上の船舶への権力の拡張や、公海における自由に対する規制は、旗国主義への直接的な規制として作用することとなる。

　公海の自由を制限する一般的な例外とは、例えば軍艦がその所属国を旗国としない船舶の国籍を確認するために、公海上で接近する権利として慣習国際法の中で認められてきたものである[140]。船舶を識別するためのこの近接権は、公海における他国船舶への乗船や臨検の権利を具体化するものではなかった。この行為は軍艦の旗国と商船の旗国との間に交戦状態がない場合であり、且つこの行為を許容しない特別条約の規定の存在しない場合にのみ採られるものである[141]。

　同様な公海自由の原則の例外について、具体的には以下の例がある。
　(1)　海賊行為　　海賊行為とは、公海における私有の船舶、航空機の乗組員、

---

[140]　Malcom N. Shaw, *supra* note 44, p.422

[141]　*Ibid.*, p.422

第Ⅰ部　船舶の国籍の意義

または旅客が私的目的のために行うすべての不法な暴力行為、抑留または略奪行為をいう[142]。排他的な旗国管轄権、公海の自由の最たる例外がこの海賊行為に対する規制である。この例外は、欧州列強の貿易や植民帝国の生命線を維持していた船舶を守るにおいての、共通の利益より生まれた[143]。海賊は古くより、刑法の適用としての世界主義[144]の対象とされている。即ち公海における海賊については、如何なる国も犯罪地、犯人または被害者の国籍の如何を問わず、世界的法益を侵害する行為として自国の内国刑法の適用が認められている。しかし海賊について具体的な規定が置かれたのは公海条約であり、そう古い時代のことではない[145]。海賊に関する国際条約における規定が比較的新しいのも、刑法の原則である罪刑法定主義に準じた規定の確立が、国際条約という形態となじまない法的な性格に拠るからである、との説がある[146]。

　(2)　公海からの無許可放送　　1960年代初頭、北海に錨泊する船舶から洋上放送が行われ、当該船舶に無線局免許を付与していない国によってその放送が受信される事態が生じた。この海賊放送は公海上の外国船舶に拠っていたため、沿岸国は取り締まりのための管轄権を行使できなかった。このような事態の再発防止のために、公海上において不正に行われる無許可放送への対処として、国連海洋法条約に規定が取り入れられた。規定は、すべての国は、公海からの許可を得ていない放送の防止に協力する旨、定めている[147]。この規定は

---

[142]　国連海洋法条約100条「海賊行為の抑止のための協力の義務」～107条「海賊行為を理由とする拿捕を行うことが認められる船舶及び航空機」

[143]　Ian Brownlie, *supra* note 26, p.209。海賊は現在でも実際に増加し続けている問題であり、南東アジア、南アメリカ、アフリカ、地中海及びインド洋に著しい。国際海事機関（IMO）や沿岸国、国際海運による対策が継続して実施されている。

[144]　森下忠『新しい国際刑法』（2002年）58頁。即ち世界主義の下、犯罪の行われた場所、犯人または犠牲者の国籍に拘らず、どの国にも告発された者を裁判へ送る権限が付与されている。この主義は17世紀、海賊についての慣習国際法に示された（Antonio Cassese, International Criminal Law, 2002, p.284）。そして海賊行為が世界主義にかかる犯罪として認められたのは、1889年のモンテビデオ国際刑法条約13条であった（森下忠『国際刑法の潮流』（1985年）18頁）。

[145]　14条「海賊行為の抑止」、15条「海賊行為」

[146]　森下忠『国際刑法の基本問題』（1996年）38～39頁

[147]　国連海洋法条約109条「公海からの許可を得ていない放送」。「許可を得ていない放送」とは、国際的な規則に違反して公海上の船舶または施設より行われる、音響放送またはテレビジョン放送のための送信であって、一般公衆による受信が意図されたもの

1965 年に署名された、「国家領域外の無線局より送信される放送の防止のための欧州協定」に基づいたものである(148)。これらの規定に基づき、旗国、放送設備の登録国、行為者の国籍国の他、放送の受信国や混信国についても刑事裁判権が認められた。規定は公海上の容疑船舶に対する臨検、拿捕、押収等の強制措置の執行を可能とした。いい換えればこれらの違法行為の摘発のために、旗国主義の排除が認められることとなったのである(149)。

(3) 奴隷輸送　奴隷輸送は相当の歴史を有するものと思われるが、国際法に具体的な規制が加えられるに至ったのは、実質上、20 世紀に入ってからであった。その理由は奴隷取引が公然と為され、その輸送が貿易の一旦を担っていたことによる。奴隷の取引は 18 世紀以前には合法であったばかりではなく、極めて利益の上がる有益な商行為でもあった(150)。人道的な立場によって規制されたのは 19 世紀の初頭であった(151)。

1800 年代、奴隷輸送に従事する船舶の臨検を相互に認める二国間条約の成立が相次いだが、他国による臨検を好まなかった国も少なくない。奴隷輸送を行う船舶はそのような条約の締結に踏み切らなかった国の旗を掲げて、他国権力による臨検と拿捕を回避しようとした(152)。

をいう (109 条 2 項)。

(148) 公海上の無許可放送に抗して、掲げる旗の国籍如何に拘わらず、無許可放送を行う船舶における者のみでなく、認められない放送に従事またはこれを援助する自国民を処罰するための当該法が制定され、その効果を上げた (R.R.Churchill and A.V.Lowe, *supra* note 37, p.211)。これらの船舶上の放送局の多くは、便宜置籍船や無国籍船にあったことが指摘されている。

(149) 無許可放送に従事する船舶に関係する者の他、放送の影響を被る者をも広く包含していることより、旗国主義が普遍的に排除される一例となったといえよう。

(150) 薬師寺公夫「公海上犯罪取締りの史的展開」栗林・杉原編・前掲注(59)216 頁

(151) 山本草二・前掲注(68)319 〜 320 頁。歴史上、奴隷輸送の禁止が困難であった背景には、奴隷輸送が貿易という商行為の一環として実行されていたことが挙げられる。「アンテロープ号事件」(*The Antelope case, 1819, USA*) では、奴隷を取引するという慣行が社会の状況や欲望によって正当化され得るということ、あるいはある国民の国内政策の一部を形成し得るものであるということを否認し得ないとして、奴隷貿易が合法的なものと判じられた (清水良三『現代国際法諸説』(1990 年) 59 〜 65 頁)。

(152) 清水良三・前掲、57 頁。このような目的の下での旗の変更は、規制の回避のための一定の目的の下での旗の変更であり、便宜置籍行為であるといっても誤りではなかろう。

第Ⅰ部　船舶の国籍の意義

　現在は国際条約において、いずれの国も自国の旗の掲揚を認めた船舶による奴隷の運送を防止し、また処罰するため、並びに奴隷を輸送するために自国の旗を不法に使用することを防止するため、実効的な措置を取らなければならない(153)と定められている。

　奴隷の海上輸送を禁ずる原則は、多くの条約や協定に規定されている。公海条約、国連海洋法条約の規定は1890年「ブラッセル反奴隷法」の規定を引用したものである(154)。これらの条約では、奴隷の輸送の防止と処罰のための措置を取るよう各国に義務付けられたと共に、公海上において奴隷取引に従事する外国船舶に対しての臨検が認められた(155)。

　⑷　麻薬または向精神薬の不正取引　　すべての国は、公海上の船舶が麻薬または向精神薬の不正取引を行っていると信ずるに足りる合理的な理由がある場合には、その取引を防止するため他国の協力を要請することができる(156)。この規定は国連海洋法条約で初めて制定された。但し、公海上での取り締まりでは原則として旗国主義が維持され、船舶の旗国外の国が取り締まりを行うに当たっては、旗国の同意が必要とされている(157)。

　⑸　無国籍船　　先に述べた通り、国籍を持たない船舶は公海上において臨検の対象となる(158)。もともと無国籍の船舶には、適用されるべき旗国主義を管轄する旗国が見出せない筈である。しかし公海上の無国籍船についての対処は、判例上、慎重な対応が求められてきた。公海上の船舶を無国籍と断定するには国際的な実務慣行における障害、それは船舶が原籍の旗国登録を閉鎖され他国の登録に入る裸傭船の慣行等も加担していたが、主として無国籍の確認が容易ではないこと、及び旗国主義が厳格な排他性に依拠していたことが挙げられる。

　元来、無国籍船に対してはどの国も管轄権を行使することができなかった。

---

(153)　公海条約13条「奴隷の輸送」、国連海洋法条約99条「奴隷の運送の禁止」
(154)　Rene-Jean Dupuy and Daniel Viges, A Handbook on the New Law of the Sea, Vol.1, 1991, p.417
(155)　公海条約22条「臨検、国旗の確認」1項、国連海洋法条約110条「臨検の権利」1項
(156)　国連海洋法条約108条「麻薬又は向精神薬の不正取引」
(157)　国連海洋法条約108条2項
(158)　国連海洋法条約110条「臨検の権利」

公海上の無国籍船に対して行使し得る管轄権について、認められた基本原理がなかったためである(159)。無国籍船であることによる最も重要な結果は、旗国より与えられるべき保護を欠き、国際法制度の中で船舶の有する利益を増進し、またはそれを保護する法的存在と結ばれていないことである(160)。例えば旗国の刑法が属地主義に基づいて適用され、同様に船舶に対する管轄権として採用される場合、公海上の無国籍船には適用される刑法が存在しないとの結論が導かれる(161)。これは国家のみが他の国家に対して行動を起こすことができるとする、国際法上の原則に基づいた解釈である(162)。

(6) 国籍不明の船舶　船舶の掲げる旗は、国籍の指標としての役目を担っていることは既に述べている。そのような意味からも、船舶における旗の重要度は大きい。例えば二国以上の旗を便宜的に使用しつつ航行する船舶は、その何れの国の国籍をも、第三国に対して主張することができないものとされている。またこのような船舶は無国籍船とみなされる(163)。正当とみなされない旗、認められない意図を持つ旗の下での船舶の航行上の権利は剥奪される。そのような船舶の行為は、二またはそれ以上の旗の下での航行であるものとみなされるのである(164)。

---

(159) R.R.Churchill and A.V.Lowe, *supra* note 37, p.214. 国際法は長い間、無国籍船に対して、海賊行為に対するものと同様な規則を確立しなかった。その理由として、公海の法制度全体が全ての船舶は国籍を有することを当然の前提としているためであるといわれる。実際にも無国籍船はそう多くなく、従来より極めて例外的な状況において且つ短期間生じたに過ぎなかったため、国際法上の規制の必要性がそれ程、重視されなかったと考えられる（水上千之『海洋法―展開と現在』(2005年) 154頁）。

(160) このような無国籍船の固有な性質が、無国籍船に対する公平な裁きの欠如を招来するとの指摘もある（H. Edwin Anderson, III, *supra* note 120）。

(161) これを裁判権の消極的衝突という（森下忠・前掲注(144-1)37頁）。

(162) David F. Matlin, 榎本喜三郎訳・前掲注(78)11頁。
例えば無国籍船の定義として、米国法は、a) 船長または責任のある者が主張する登録について、主張された登録を有する旗国によって当該登録が否定された船舶、b) 米国法の適用可能な規定を実施する権限が与えられた米国の官憲の要求に対し、船長または責任を有する者がその船舶の国籍または登録の主張ができない船舶、c) 船長または責任を有する者が登録を主張し、主張された登録国が断定的且つ明白に本船がその国籍を有することを示さない船舶、を挙げる（U.S.C. App.1903(c)(2)）。

(163) 国連海洋法条約92条「船舶の地位」2項

(164) R.R.Churchill and A.V.Lowe, *supra* note 37, p.213。英国商船法は船舶の掲げる旗で

第 I 部　船舶の国籍の意義

　上記の内、奴隷取引、無許可放送、無国籍または他国の旗を掲げる、もしくは旗の掲揚を拒否した船舶が、臨検を行おうとする軍艦と同一の国籍を有する場合について、当該軍艦による臨検が認められている。しかしその実行には厳格な条件が付帯している(165)。掲げられた事例は、何れも旗国による保護の対象から除外されたものである。それらの対象は強い違法性を帯びている。その違法行為の取り締まりのためには旗国の処罰を待つか、船舶自体が取り締まるべき旗国を欠くか、または便宜置籍国のような旗国の登録船舶に対する法執行能力が疑われ、処罰を要求し難い等の理由によって対象船舶の旗国主義が否定されるか等され、何れの国にも管轄権が認められたものである。

　海賊行為に代表される普遍性の原則に抵触する犯罪は、一般的に殆どの国の国内管轄権において犯罪として扱われ、同時に国際秩序に対する攻撃の一つとして認められる行為であることが、その要件となっている(166)。

　(7)　追跡権　　沿岸国の権限のある当局は、外国船舶が自国の法令に違反したと信ずるに足りる十分な理由があるときは、当該外国船舶の追跡を行うことができる(167)。海洋法における追跡権は既に国際法の規則となり、国連海洋法条約の締約国のみならず、非締約国をも慣習法として拘束するものである。追跡権の目的は、犯罪による被害を被った国の司法へ、その犯罪者を授けることにある(168)。追跡権は海賊、奴隷輸送、無許可放送、無国籍船等の公海上の法

　　　違法性を導くものを挙げ、それらの旗を掲げる英国船舶は国王や政府機関より保護を受けられず、船長または船舶所有者、及びその両者は罪に服するべきことが規定されている (Merchant Shipping Act 1995, 4 条)。

(165)　国連海洋法条約 110 条「臨検の権利」。その条件は、条約上の権限に基づいて行われる干渉行為によるものを除くほか、公海において完全な免除を与えられている船舶 (95 条「軍艦」及び 96 条「政府の非商業的役務にのみ使用される船舶」) 以外の外国船舶に遭遇した軍艦が、当該外国船舶を臨検するにおいて、上記の違法な行為を疑うに足りる十分な根拠のある場合に限るとされている。

(166)　Rosalyn Higgins, 初川満訳・前掲注(65) 90 頁。Higgins は、奴隷輸送も普遍性の強い犯罪行為であるとの認識を置いている。

(167)　国連海洋法条約 111 条「追跡権」。追跡権の執行には条件が付帯する。外国船舶またはボートが追跡国の内水、群島水域、領海または接続水域にある時に開始されなけばならず、また中断されない限り、領海または接続水域の外において引き続き行うことができる。領海または接続水域にある外国船舶が停船命令を受ける時に、その命令を発する船舶も同様に領海または接続水域にあることは必要ではない、とされる。

(168)　Nicholas M. Poulantzas, The Right of Hot Pursuit in International Law, 2nd edition,

秩序に反する行為を取り締まるための重要な手段の一つ——逃亡を図って拿捕を免れようとする行為の防止のための、不可欠な手段として確立されたものといえよう。

　上記の事例は、国際海運において比較的に長期の慣行を経て認められたものであった。その理由は、沿岸国による恣意的な追跡によって、旗国主義が侵害されるのを恐れた諸国の抵抗があったためであった。追跡権は、沿岸国による国家権力の執行であると見ることもできると思われる。

　さて、以下の事項はこれまでの事例と趣が異なっている。事例の何れもが、最近の国家実行や国際機関の実行によって為されている旗国主義の例外である。

(8)　例外的な方策　　国家は安全保障上、時に自国の防衛のために必要であるとした場合に、公海上の外国船舶に対する干渉を正当化してきた。このような干渉は、例えば1956年より62年までの間、フランスの取ったアルジェリアへ向かう船舶に対する臨検、1962年に米国によって行われた、キューバ諸島への違法な武器の輸送に対する臨検等の例に見られる如く、主として自国に不利を招く武器の輸送に従事する船舶に対して実行されてきた[169]。しかし平時でさえも、国家は公海上における執行管轄権について、単独で例外的な方策を採ることが示されてきた[170]。例えば英国は、接続水域や他の水域についての権利の主張とは別に、安全や防衛を理由として船舶を抑留するために武力を用いる権利を主張している。英国の多くの権威はまた、この主張を支持している[171]。またこのような対応は、国家のみによって行われるものではない。国連安全保障理事会の決定した期間において、国連加盟国が公海上の船舶の停止と捜索を実施してきたように、国際組織によっても行われている。イラク、ハ

2002, p.2
(169)　R.R.Churchill and A.V.Lowe, *supra* note 37, p.217
(170)　1992年に米国の取ったハイチからの難民の阻止、1986年以降の米国による麻薬密輸の阻止等が挙げられる（*Ibid.*, p.217）。しかしこの点に関して根拠となる法規は不明確である（Akehurst's Modern Introduction to International Law, 7th revised edition edited by p. Malanczuk，長谷川正国訳　エイクハースト＝マランチェク『現代国際法入門』（2000年）304頁）。
(171)　Ian Brownlie, *supra* note 26, pp.241。しかしBrownlieはまた国際法委員会の見解を紹介し、安全保障なる言葉は非常に曖昧であり、この権利の濫用が為される可能性があるとして、安全保障の概念を国際的に認める必要性は存しないとする（*Ibid.*, p.201）。

イチやセルビアに対して科された国連による制裁を、それらの国々が回避しようとすることに対抗するために実施された手段が例示できる(172)。

(9) **特別条約の下での権利**　過去、一定の国の間における条約の締結によって、公海の自由が制限を受けた事例は少なくない。特に制定が目立ったのは、20世紀に入ってからであるといえよう。その代表的な目的は、麻薬や禁制品の密輸の阻止に関するものであったが、二国または複数国の間の条約として締結されているところに、現代の多国間条約との相違があるといえる(173)。この特別条約は、公海上にある船舶の旗国主義を、一定の条件の下で反故とするものである。例示すれば、1924年、禁酒法時代の米国は英国との間でLiquor Treatyを締結した。本条約は米国の禁酒法に抵触した英国船舶について、英国の旗国としての優先的な裁判権を認めつつ、一方では米国の副次的な裁判権をも認めた(174)。このように英国の国会の制定法や枢密院令によって、米国の官憲に対して「英国政府のために」英国船舶を取り締まる権限が認められた例は珍しくなかった(175)。

(10) **甚大な汚染事故**　もともと公海の使用の自由が全ての国に認められている関係上、諸国は公海を清浄に保ち、全ての国民の利益のために平等に使用し得るよう、保持する義務が存在していたといえよう。このような義務は条約

---

(172)　R.R.Churchill and A.V.Lowe, *supra* note 37, p.217
(173)　*Ibid.*, p.219
(174)　公海における伝統的な旗国主義との調整を図ったものである（奥脇直也「国家管轄権概念の形成と変容」村瀬信也・奥脇直也編・前掲注(66)所収、22頁）。公海上の外国船舶に対する法令の励行が認められた条約には、わが国と米国との間に締結された、「酒類輸送取締ニ関スル条約」（1929年11月22日発効）がある。本条約は米国の法令に違反して、酒精飲料を米国へ輸入する日本籍船またはその内にある者を取締まるために、日本船舶に米国の官憲が立ち入って検査できるとするものであった。
(175)　村瀬信也『国際立法』（2002年）348頁。英国と米国は1981年に、カリブ海及びメキシコ湾の限定された領域と米国の東海岸より150マイルまでの領域において、麻薬の輸送に従事していると疑われる英国籍船の差し止めを容易にする合意を締結した。この合意は公海上における船舶の臨検、捜索、拿捕を規定した。
　1988年に締結され1990年に発効した「麻薬及び向精神薬の不法取引に対する国連によるウィーン条約」は、加盟国は不法取引の鎮圧のため他国の援助を要請することができるとし、航行の自由にある他の加盟国の船舶の臨検の許可を請うことができると規定する。このウィーン条約は、1995年の海上による不法取引における欧州合意会議に引き継がれている。

の制定を待つまでもない当然の法理であった[176]。その法理に反して、過去、公海における外国船舶の惨事に基因した多くの海難事故によって、海洋が汚染されてきた。海洋における汚染事故の多くは、海洋に面した沿岸国への実際の被害として発生する。このような現実からも度々、旗国管轄権の排他性に対する更に強化された例外は、甚大な汚染の脅威に曝されている沿岸国のために存在するといわれている[177]。例えば、1967年に発生した「トリー・キャニオン号事件」による海洋汚染に対する英国の執行が、1969年の「油による汚染損害についての民事責任に関する条約」の他、その後の国連海洋法条約へも規定された。国連海洋法条約では、著しく有害な結果をもたらすことが合理的に予測される海難、これに関連する行為の結果としての汚染、またはその恐れから自国の沿岸、関係する利益を保護するため、実際に被ったまたは被るおそれのある損害に対し比例した措置について、慣習上及び条約上の国際法に従い、領海を越えて執行する国家の権利が認められている[178]。この権利は慣習国際法として存在すると共に、一定の国内法において主張し得る権利として規定されている[179]。

　以上に見てきた通り、公海の広大な領域に対して、その自由の上に特別な管理体制を敷こうとする、多くの試みが為されていることが判る。

　上記に挙げた公海自由の原則の例外は、国際組織や国家による実行が積み重ねられるに連れ、単なる例外の域より這い出て正規の規定として盛り込まれるようになった。先に例示した実行の多くは、何れの項目も公海における自由を公海の不正な利用に対する局面から、あるいは自国の権益を守るための国家的

---

(176) 飯田忠雄・前掲注(67)31頁

(177) R.R.Churchill and A.V.Lowe, *supra* note 37, p.216

(178) 国連海洋法条約221条「海難から生ずる汚染を回避するための措置」。この措置は、国際違法行為の外的な状況に基づく違法性阻却事由である緊急状態（Necessity）でもある。緊急状態とは、国家が重大且つ切迫した危険から自国の存立、その他の重大な利益を保護するために、敢えて国際義務に違反した行動をとることをいう。その行動は、唯一の保護手段であり、他の方法がないこと、及びその義務により保護される相手国の本質的な利益を害するものではないことを条件とする（杉原高嶺・水上千之他『現代国際法講義 第3版』(2003年) 326頁)。「トリー・キャニオン号事件」において、英国が公海上で座礁した外国船舶に対して、重大且つ急迫した油汚染より自国の利益を保護するために、当該船舶を爆撃した行為がこの緊急事態に当たるとされた。

(179) R.R.Churchill and A.V.Lowe, *supra* note 37, p.216

第Ⅰ部　船舶の国籍の意義

要請の側面から規制したものである。例示の中の海賊行為を除けば、その法的な根拠を持つに至るまでの成長は最近のことであったといえる。しかし何れの規制もが、既に多国間、あるいは二国間条約における規定として取り込まれている。これらの規制は、公海の自由を侵食する違法行為に対すると同時に、国際組織や国家利益の優先のためには、自由を制限しても規制を強めなければならないと、止むを得ず到達した措置であったとも表現できよう。

それらの規制の先には、船舶という公海の秩序維持の媒体がある。その媒体たる、公海を利用する船舶が量的に拡大し、技術的に発展し続けた一方で、一部の船舶が不法な目的、違法な手段として利用されるようにもなった。規制とは、そのような時代的な過程においての要請の表れであったとも表現できる。即ち、規制の直接的な原因の一つは、一部の船舶が公海の秩序維持に供しえなくなったことであった。秩序を維持すべき媒体が、旗国の排他的な管轄権を隠れ蓑として、一定の違法行為のために秩序を乱す尖兵と化す現象が見出されるに至る。

他方の国家や国際組織による一方的な規制は、純粋に政治的な判断に基づいた実行であるといえる。安全保障や国際義務違反を理由とした一定水域での旗国主義の制限は、今や公然とした国家行為や国際行為となっているかのようである。国家による制限は主観的な実行に過ぎないとしても、国連傘下の国際組織による実行は、旗国主義の新たな限界を定めることとなるものと思われる。最早、旗国主義とは公海における普遍的な権利ではなくなっているのであろうか。

海賊や奴隷輸送を初め、麻薬の不正取引、無許可放送、海洋汚染の何れにしろ、その行為は船舶を舞台として行われる性格のものである。いうなればこれらの規制は船舶に対する規制でもあり、究極には船舶の国籍の有する排他的な管轄権の縮小に集約されることとなる。

4　自由なる公海から管理される公海への変貌

これまで見てきたように、17世紀に源を持つ公海自由の原則は、時を経るに従い徐々にその意義が修正されてきた。当初は公海の絶対的なテーゼであった「自由」は、様々な制約を受けながら縮小されていった。かつての自由なる公海は現在、管理される公海へと変容しつつある。

第 1 章　公海と船舶の国籍

　船舶の国籍は公海の自由を維持するための手段として、旗国の排他的管轄権の下にあった。しかしその自由が制限を受けるに連れて、船舶の国籍に依拠した旗国の排他的な権利も制限を受けるようになった。ではこのような公海の自由の変化が、船舶の国籍に与えている影響とは何か。

　18世紀より20世紀の前半期までは、公海の自由を原則とした実定法上の公海の地位が確立されると共に、この原則が国家実行においても最大限に生されていた時代であった。それはこの原則が、重商主義経済政策より近代資本主義体制に移行した西欧経済の発展の要請に、最も適う原理だったからである[180]。

　このような思想が変化の過程に追い込まれたのは、第二次世界大戦後であった。一つは海底の占有の動きであり、一方の一つは漁業に対する規制であった。海底の占有には既に国連海洋法条約に一章として規定されている如く、国際法の一部となっている。如何なる国も深海底とその資源に対しては、自国の主権や主権的権利を主張することは許容されず、同時に国家、自然人、法人の領有は認められていない[181]。特に公海漁業の規制は進展し続けてきた。現在の公海における漁船についての旗国主義は、制限に次ぐ制限を受け、漁業の自由はほぼ望めない状況となっている[182]。「漁業管轄事件」は沿岸国の漁業管轄権の主張を整理する必要があるとして、その点を指摘している[183]。

---

(180)　杉原高嶺「海洋法の発展の軌跡と展望」栗林忠男・杉原高嶺編・前掲注(59)所収、278頁

(181)　137条1項。第11部「深海底」としてまとめられ、第1節「総則」、第2節「深海底を規律する原則」、第3節「深海底の資源の開発」、第4節「機構」、第5節「紛争の解決及び勧告的意見」で構成される。

(182)　公海漁業の規制の分野においては、「公海自由の原則」とその系としての旗国主義の原則を基本的に維持すべしとの立場（遠洋漁業国）が一方の極に、他方の極には科学技術の急速な発達の中で限られた漁業資源を保存し、最大の持続的漁獲を確保するためには、沿岸国の管轄権を大幅に拡大し、旗国主義の抜本的な変容という方向で管轄権の再配分を図るべきだとの立場（沿岸国）がある。両者のせめぎあいを通ずる力関係の動態的なバランスの中で、全体的に見ると旗国主義の一部変容が段階的に進行していると捉えることができると考えられる（小松一郎「公海漁業の規制と国家管轄権」村瀬信也・奥脇直也編・前掲注(66)所収212頁）。

(183)　*Fisheries Jurisdiction* (*Federal Republic of Germany v. Iceland, I.C.J., 1972 ～ 1974*, 国際司法裁判所の「漁業管轄事件」判決では、近年沿岸国の漁業管轄権の拡大がますます注目を受けるようになったと指摘され、裁判所は多数の国が漁業範囲の拡大を主張していることを知っている、とされた。そして、第三次海洋法会議の招集は、漁

第 I 部　船舶の国籍の意義

　さて、公海の自由の原則について見てみれば、これまでに触れた諸国による「帰属からの自由」と「使用の自由」も、国連海洋法条約において縮小乃至は制限された。

　第一に、自由を行使できる領域が減少した。かつての公海と領海の二元構造の間には、接続水域、排他的経済水域の現出を見た。これらの領域は陸地の縁辺部より海洋側へと進出したため、その分、公海の領域は縮小したこととなる[184]。「帰属からの自由」の制限について、排他的経済水域等の制度の形成過程を概観すれば、何れも初めは一国の一方的な国内措置に端を発していた。当初は多くの国が、そのような一方的な措置を公海自由の原則等に対する国際法違反であると非難した。しかし時日の経過に連れ、一定の範囲で国家間にその措置の有する「対抗力」が認められるようになった。更には国際慣習法化の進展、また条約化の達成と共に、排他的経済水域が合法的な制度として定着するに至る。先に見た「漁業管轄事件」の如くである[185]。

　第二に、使用の自由も制限を受けている。公海の自由は条約規定事項である。しかし今日、その何れにおいても一定の条件が加わっている。国連海洋法条約では、当該自由の中でも船舶の国籍について最も関係の深いと思われる「航行の自由」[186]について、多くの制限が取り込まれた[187]。

　　業と海洋生物資源保存の問題を含む、世界的な規模で海洋法の法典化を続けることを、全ての国が望んでいることによる、とした（山村恒雄「漁業管轄事件」波多野・尾崎編著・前掲注(52)所収、93 頁））。
(184)　それぞれ領海及び接続水域は第 2 部、排他的経済水域は第 5 部と、国連海洋法条約に規定された。排他的経済水域の幅は、領海の幅を測定するための基線より 200 マイルを超えてはならないと規定された（57 条「排他的経済水域の幅」）。
(185)　村瀬教授はこのような一方的な国内措置について、第二次大戦後の国際関係の急激な変化と進展に対応すべく、国際法の不完全性を補完、克服するという急迫性の要請に応えるための新たな国際立法方式である、という。また教授は、このような方式が望ましいものではないとしながらも、長期を要する条約の締結や慣習法の形成による通常の法の定立様式では十分な対応が不可能である場合も多く、一つの国際法形成のあり方として認識すべきである、とする（村瀬信也・前掲注(66)212 頁・75 ～ 77 頁）。
(186)　公海条約 2 条「公海の自由」、国連海洋法条約 87 条「公海の自由」1 項に規定
(187)　既に見てきた、国連海洋法条約には 94 条「旗国の義務」における旗国の船舶管理義務の強化、108 条「麻薬または向精神薬の不正取引」に規定された麻薬の不正取引の防止、109 条「公海からの許可を得ていない放送」の海賊放送の取締まり、無国籍船について規定した 110 条「臨検の権利」、沿岸国の権利の拡大としての 111 条「追跡権」、

第 1 章　公海と船舶の国籍

　こうした規制制度の導入は、海洋がその価値としての再認識を受けていることを意味している[188]。この再認識とは、船舶の国籍の排他性、所謂、旗国主義に依拠する公海の自由の慣行が、一定の国家実行、国際組織による実行により狭められることによって実施されてきたといえよう[189]。現在の国際社会の有する船舶に起因した問題の解決は、その国籍の排他性の制限に結び付くものなのである。海賊、無許可放送、国籍不明、奴隷や麻薬輸送等の世界的に認知された犯罪行為に対する実行はもとより、自国の防衛や海洋汚染防止に対する国家権益の保護のための実行まで、船舶の国籍の性格を制限する要素として働いている[190]。FindleyとFarberがその著書の中で、G.Hardiniによる「広場の悲劇」の一説を引用しつつ、「公共の広場での自由は全ての人に荒廃をもたらす」と述べているのが印章深い[191]。

　このような公海自由の原則に対する例外の伸張を促している要素の一つとして、旗国の消極性を挙げることができる。例えば、船舶を被告とした刑事裁判において、国際法の解釈・適用上の矛盾、抵触があったとしても、判決が確定してしまった場合、これに抗議を為し得るのはその船舶の旗国のみであるとする慣習がある。そのような権利を有する旗国が争わない限り、必然的に法廷地国（沿岸国）における国家実行は集積する一方となる[192]。このような旗国の

　　　第 12 部「海洋環境の保護及び保全」に規定された船舶による汚染に対する規制の強化の条項を挙げることができる。
(188)　杉原高嶺・前掲注(180)288 頁
(189)　今日の旗国主義は、これに対抗する様々な管轄権の主張に侵食されているといえる。この主張は、一方では領海や海峡のように空間を基準として為されることもあり、他方では公海上の船舶に対する管轄権行使として現れている。またその一部は汚染防止といった機能的に独立した領域として発展しつつある。これらは全て、公海制度の歴史的な展開である（古賀衛・前掲注(33)221 頁）。
(190)　Lorenzo Schiano di Pepe, Port State Control as an Instrument to Ensure Compliance with International Marine Environmental Obligations, Andree Kircher edited, International Marine Environmental Law, 2003, p.149
(191)　R.W. Findley and Daniel A.Farber, Environment Law in a nutshell, 1988，稲田仁士訳『アメリカ環境法』（1992 年）51 頁
(192)　明石欽司「日本の国際法実行における管轄権拡大の態様」片山・甲斐編・前掲注(121)、所収 240 頁。明石教授はまた、公海自由の原則が国際合意の誠実な遵守の下に、あるいはそれすらも無視して確実に侵食されているという事実は、法理論の問題として今一度、考察が加えられねばならないだろう、とする（明石欽司・前掲 240 頁）。

47

消極性は、便宜置籍国による対応に見出すことができる[193]。

　国家の政策の影響を受けるその管轄権に基づいた船舶の国籍の排他性は、他国や国際組織の政策、新しく認められた他国の管轄権によって修正を受けるようになったのである。その修正とは、総体的に船舶の国籍を拠り所とした旗国の権利の縮小として示された。そしてこのような修正を国際社会が許した、事例によっては主導していることが、今日までの国際社会における特筆すべき現象であったといえると思われる。

〔小　括〕

　船舶の国籍の機能は、その国籍の意義に基礎を置いている。意義とは国家政策・経済の基盤の他、管轄権の帰属、国威の発揚、そして安全保障と、船舶が旗国に対して担うべきものである。旗国はそのような国籍の意義を船舶に求めつつ、自国籍船に対して外交的保護を行使する。このような国籍の意義とは、旗国と船舶との間の単なる法的紐帯に止まる性質のものではないであろう。意義というべきものには、その存在の根拠がなくてはならないだろう。そこには船舶が旗国との法的紐帯を超えた一定の結び付きを有しているとの前提が必要であるように思われる。単純に登録という手続きのみによって国籍は付与されるとする理解に、先の国籍の意義は求めようもない。

　公海自由の原則の例外は、その多くが旗国の付与した国籍の意義を喪失したものである。海賊、公海上の無許可放送は、それらの使用に供される船舶が旗国の管理を外れて無法に落ち、また無国籍船や国籍不明の船舶は、それらに管轄権を及ぼすと共にそれらを保護すべき旗国自体を喪失したものである。例外的な方策には、自国籍船上への旗国の政策が他国の干渉によって制限を受けた場合が含まれ、特別条約の締結は自国籍船に対する他国の国家政策による干渉を許した事例である。そして甚大な汚染事故への対処とは、旗国による登録船舶への規制と管理には頼れないとした寄港国、沿岸国の強権の表れである。

　旗国の頼みとする国籍の意義がその本来の役割を失えば、船舶の国籍のもう一つの役割である公海の秩序維持にも影響が及ぶ。旗国による登録船舶に対す

---

[193]　本書の目的の一つは、その便宜置籍国の消極性を事例して明らかにすることである。

る権利と義務が何らかの形で障害を受けた時、国際社会は旗国の有するその登録船舶への排他的な管轄権を規制し、公海の自由を制限して公海を管理するようになった。船舶の国籍の意義とは単なる旗国の権利ではなしに、旗国が登録船舶に対して持つべき義務をも包括する。その旗国による義務の履行に国際社会が信頼を失い出した時、公海の「自由」は「管理」へと変貌していくのである。

　公海自由の原則の例外は、その自由の変貌の過程と結果を端的に示した諸例であるように思われる。

第2章　自然人の国籍と船舶の国籍

第1節　自然人の国籍

1　国籍の機能とその定義

　全ての者は国籍を取得する権利を持っている。また全ての者はこの国籍を恣意的に奪われることはなく、国籍を変更する権利も否定されることはない[194]。

　先に述べた通り、国籍という言葉自体、本来は自然人のものであり、船舶の国籍はその擬制に過ぎず、自然人の国籍と同様の法的性質を有するものではないとの考え方が一般的であろう。では自然人の国籍とはどのような性質を有し、どのような機能を持つのであろうか。ここで自然人の国籍の基本的な概念について、若干の考察を行うこととしたい。

　一般に比較法における比較方法は、比較される諸項間に比較可能性がある場合にのみ、適用されるという。比較可能性とは、その諸項間における構造的類似性、または機能的等価性として捉えられる[195]。自然人と船舶、それぞれの国籍の比較は、比較法の如き体系的なものではない。しかしそれぞれの機能に共通な等価性を吟味するとするならば、その価値は比較法的な考え方と大きな相違はないのではないか。抽出すべきと思われるのは、国籍としての機能の等価性である。船舶の国籍が自然人の国籍の擬制であるのならば、自然人の国籍の性質や機能は、少なからず船舶の国籍にも見出せるのではないかと考えるからである。そして双方に共通する性質や機能の程度が一定以上、見出せるとす

---

(194)　世界人権宣言15条「国籍の権利」。また市民的及び政治的権利に関する国際規約には、全ての児童は国籍を取得する権利を有すると定める（24条「児童の保護」3項）。
(195)　大木雅夫『比較法講義』（2001年）96頁。大木教授はまた「機能的比較法は卓越した考え方ではあるが、それを絶対視することはできない。そもそも比較法において用いられる方法は、研究の目的に左右されるものなのであるから、必要に応じて歴史学的、社会学的、統計学的方法その他種々の方法もまた独創的に用いられてよいのである。」という（大木雅夫・前掲100頁）。

れば、自然人の国籍の持つ意義もまた、船舶の国籍についての意義として抽出できるのではないかと考える。

自然人の国籍とは、人を特定の国家に属せしめる法的な紐帯であり、人は国籍によって特定の国家に所属し、その国家の構成員となるものとされる[196]。このように国籍とは「個人が特定の国家の構成員となる資格である」と同時に、「人を特定の国家に属せしめる法的な紐帯である」との二つの内容によって構成されている。これらの二つは個人と国家の繋がりを異なった方向より捉えている。国籍について、一つは個人が国家の構成員となる資格として、別の一つは、国籍が個人を自国に所属させるための法的紐帯として捉えられている。国籍は国家によって与えられるものであるから、後者は国家によって所属せしめられると読み替えても良いであろう。両者を概観すれば、個人と国家は国籍を連結点として、それぞれに主体としての立場に立っている。国籍とは個人とその並列的な関係において、双方向的な性質を有するものとも表現できる[197]。即ち国籍とは、個人を主とするか、国家を主とするかによってその意味合いが異なるのである。そしてこれら二つの考え方の一方が優位に立った場合、その表現が国籍の定義として表出される傾向がある[198]。

---

[196] 江川英文・山田鐐一・早川芳郎『国籍法』（1997年）3頁、山本敬三・前掲注（2）150頁

[197] 細川も、国籍は個人の特定の国家の構成員たる資格であり、またしばしば、個人を特定国家に所属せしめる法的紐帯ないし法的関係ともいわれる、とする（黒木忠正・細川清『外事法・国籍法』（1988年）237頁）。

[198] 奥田教授は、国籍より生ずる権利義務は国により時代によりさまざまであるから、あたかも一定の権利義務の発生を前提としているかのような定義は望ましくないとして、「個人が特定の国家の構成員である資格」という、より普遍性をもった定義を採用したい、とする（奥田安弘『国籍法と国際親子法』（2004年）33頁）。

「国家の構成員としての資格」の観点では、P. Malanczuk は国籍について、国際法の一定目的上、国の所属員たる資格である、と定義する（P. Malanczuk、長谷川正国訳・前掲注(170)426頁）。田畑教授は、個人が特定の国家に所属するための資格であって、国籍を有する個人はその国家の国民となる、とする（田畑茂二郎『国際法新講　上』（2001年）236頁）。宮崎教授は、個人がある国家に所属する地位を「国籍」と呼び、その国家の国籍を持つ者を国民と呼んでいる、とする（宮崎繁樹『国際法綱要』（1998年）132頁）

「人を特定の国家に属せしめる法的紐帯」の観点では、山本教授は、国籍は私人（自然人・法人を含む）が特定の国に所属し、現在地にかかわりなくその属人的管轄権に服

第 2 章　自然人の国籍

　国家が存立するためには国民、領土及び統治機構が必要である。国民の存在は国家存立のための不可欠の要件であるから、世界の何れの国においてもその様相は一律ではないといえる[199]ものの、国籍の概念は存在する[200]。近代国家の形成においては、その非常に重要な一要素である国家の構成員を法的に把握するための制度として、国家の構成原理との相対的な関係の下で、国籍法制が確立される傾向があったと指摘できる。近代国家の至った相対的安定期において、国籍法制にとっての第一次的な重要性は、自国民の法的範囲の確定であったとの経緯が見逃せない[201]。このような観点よりすれば、国籍とは国家から個人への一方的な性質が勝るものであるともいえる[202]。しかし国籍の定

　するための法的な紐帯となるものである、とする（山本草二・前掲注(38)502頁）。藤田教授は、国籍は国家と個人との間の政治的、公法的紐帯であり、個人の国家に対する人的忠誠をつくりだし、国家の人的管轄権を基礎づける、とする（藤田久一『国際法講義Ⅱ』(1996年) 3頁。）。栗林教授も、国籍とは法的観点からは、個人をある国の構成員＝国民たらしめる資格または地位をいう、とする（栗林忠男・前掲注(86)204頁）。

(199)　イスラム国家の場合には、国籍概念が全く異なるものである。それは国家を前提とする国籍制度的なものではなく、イスラム教であるか否かの宗教の区別を前提とする、宗教登録制度であったという。このような制度においても、当然に一定の実効的支配の存在を確立したものとしての、領土の存在を前提としていることはいうまでもないとされ、一定の領土主権を前提とした国籍登録的な意味合いのものであったとする。しかし後に国家的概念が生じてくると、国家の構成要因としての国民の概念が生じ、その中に宗教的要素が重複するようになってきた。即ち、地理的・領土的な概念たる国家と精神的・心情的概念の宗教という、二つの噛み合わない要素の交錯により、複雑な様相をもってきた、とされる（古賀幸久『イスラム国家の国際法規範』(1996年) 81〜82頁）。

(200)　黒木忠正・細川清・前掲注(197)237頁

(201)　柳井健一『イギリス近代国籍法史研究』(2004年) 63頁。歴史的に考える場合、近代国家における国籍法制の成立が、各国における国家形成のある局面、とりわけ当該国家の共同体としての根本原理や中核的な価値と、一定の関連性を持ち得てきたと考えることができる。また一度確立した国籍法制は、その後、制度内在的な理由からむしろ構成員を法的に定義し画定するという技術的な側面へとその重点を移していく。その結果として、政治共同体としての近代国家の創生期を経た後、国籍法制はそのような技術的な制度として一定の独立性を獲得することとなろう（柳井健一・前掲、63〜64頁）。

(202)　折茂教授は興味深い検討を行っている。身分法の持つ民族的性質を承認する観点より、「民族的性質」―ないし「民族性」―に該当する外国語は「Nationality」などに他ならないと思われるが、これらの言葉は別に「国籍」という意味にも用いられ得るのが普通である。即ち、それらの言葉は別には「民族性」という―いわば社会的な―意味と、「国籍」という―いわば法学的な―それとが共に含まれているものとみてよい。そして

義はそれぞれの国家が定めるべき性質のものとされ[203]、確定的なところのないのが現状であるともいえよう[204]。

わが国の場合、憲法第三章の冒頭に「日本国民たる要件は法律でこれを定める。」と規定（10条）されている。憲法上、国民たる資格を国籍といい、その要件を定める法律は国籍法である。日本国籍を取得する要件は国籍法によって定められていることとなる[205]。

2　国籍の原則とその取得

自然人の国籍には以下の主たる原則がある。

(1)　国内管轄の原則　　個人が特定の国家の国籍を取得し、また喪失するかについて国際法は直接規定せず、それぞれの国内法の規定に委ねている。「国籍法の抵触についてのある種の問題に関する条約」（以下、国籍法抵触条約という。）[206]では、「何人が自国民であるかを自国の法令によって決定することは、

人が身分法の民族的性質を認め、その法の分野における諸事項を規律すべき準拠法は、当事者の「Nationality」を基準として定めらるべしと結論しようとするときに、その「Nationality」というのが、右に述べた社会学的な意味のものでなければならないことはおそらくこれを理解するに難くない。けだし民族の概念と国家のそれとは必ずしも一致するものではなく、ひとつの民族が複数の国家に分属し、またひとつの国家が複数の民族を抱擁していることは、今日あえて異とするに足らないところである。右にのべた法学的な意味の「Nationality」は、そのような一ひとつの政治的共同体としての一国家に対する人の帰属関係をあらわすものに他ならないと思われる、としている（折茂豊『属人法論』（1982年）288頁）。

(203)　柳井教授はこのような定義について、国籍という概念それ自体は、あくまでも国家の構成員である個人と国家との結び付きを表象する形式的な法概念であるとする。そしてその具体的な内容、即ち、第一にどのような原理に基づいて国籍が定義されるかといった問題についての解答を、このような定義自体から導くことはできないとし、結局この点は、当該個人が所属するところの国家の性質によって、具体的な内容が決定されることとなる、と指摘する（柳井健一・前掲注(201)63頁）。

(204)　布井も米国法において、「国籍」や「市民権」という用語は、重要な権利と義務を付与された人の資格を示す法的、政治的な用語であり、この資格は一定の法規によって与えられる訳であるが、用語に対して明確な定義付けを行うことは難しい、とする（布井敬治郎『米国における出入国及び国籍法　上巻』（1985年）304頁）。

(205)　野中俊彦・中村睦男・高橋和之・高見勝利『憲法Ⅰ』（2003年）205頁。日本国民の要件としての国籍を取得する範囲には、a）出生による取得（2条）、b）準正による取得（3条）、c）帰化による取得（4条）がある。

各国の権限に属する」（1条）と定めている[207]。即ち、国籍を国内法として規定する国籍法は、国際法上の制限を受けないのが原則である。国際条約、国際慣習及び国籍に関して一般的に認められた法の原則と一致する限り、他の国により承認されなければならないとの条件が付帯する。「チュニス・モロッコ事件」における常設国際司法裁判所の勧告的意見では、ある事項が国内管轄権に属するか否かの問題は本来、相対的なものであり、国際関係の発展に依存する、そして国際法の現状よりすれば、国籍の問題は原則として国内管轄権の留保領域に属すると考えられる、とされた[208]。しかし国家が国籍の取得・喪失についてどのように規定しても差し支えないといった、無制限な自由が与えられている訳ではないとの理解がある。国家には国籍の取得・喪失について規定する広汎な自由が与えられてはいるものの、その自由には国際慣行による一定の限界があることを知らなければならない[209]。

---

[206] Convention on Certain Questions relating to the Conflict of Nationality Laws, 1930年4月12日署名、1937年7月1日発効

[207] 1997年の「国籍に関する欧州条約」（European Convention on Nationality, 1997、以下、欧州国籍条約という）でも、同様の条項が置かれている（3条「国家の権限」1項）

[208] 1923年の常設国際司法裁判所の判例である「チュニス・モロッコ事件」（*Nationality Decrees issued in Tunis and Morocco, PCIJ Series B No.4, 1923*）における勧告的意見がその背景にある。1921年、チュニス及びモロッコにて交付された法令により、これらの一つの国に生まれ且つ両親の少なくとも一方がその地域に生まれた者にフランス国籍を付与、兵役の義務を課すこととなったことに英国が反対し、裁判所に勧告的意見を求めた事例である（Ole Spiermann, International Legal Argument in the Permanent Court of International Justice, 2005, pp.149 〜 160）。

[209] 田畑茂二郎・前掲注(198)236 〜 237頁。「チュニス・モロッコ事件」の勧告的意見では概要、国籍の如く国内管轄事項として原則、国際法によって規律されない事項であっても、国際法上、各国の負うべき他国に対する義務により、自国の有する国内法を定める排他的な権利が制限されることは起こり得る、同様に専ら当該国家に属するものとされる管轄権も、国際法上の諸規則によって制限され得る、とも述べられている（Ole Spiermann, *Ibid.*, pp.149 〜 160）。欧州国籍条約は、その点を明確に規定している（3条「国家の権限」2項）。

　管轄権について述べれば、一般的に国家は、その国籍を有する者にその国籍を根拠として属人的管轄権を、その国家の領域に居住していることを根拠として属地的管轄権を行使する。属人的管轄権には本国に対する忠誠義務、参政権、兵役義務、教育を受ける義務等がある。属地的管轄権には国内での生活や活動を規制する立法権、生活上の紛争

(2) 国籍唯一の原則　　人は必ず国籍を持ち、且つ唯一の国籍を持つべきであるとの要請がある[210]。例えば重国籍は、複数の国籍を有する個人が何れの国家に対して忠誠を誓わなければならないか、また何れの国家の外交的保護を受け得るか等、重国籍者に対して実際に様々な不便と困難をもたらすこととなる[211]。しかしこれには自然人同士の結び付きを根拠とした反論もある。例えば、もし国籍唯一の原則が徹底され、家族の滞在する国の国籍を親が有し、未成年の子が他国の国籍を有する場合には、子の在留資格が否定されて家族関係に危機が生ずる可能性のあることが例示できる。自然人が少なくとも一つの国籍を持つことは望ましいものの、唯一のみでなければならないという原則は、人間としての論理から引き出すことは困難であるとするものである[212]。

この原則は重国籍を対象とするのみならず、無国籍の者をも対象としている。無国籍者はその居住する国家によって不当に取り扱われた場合、通常の外国人のように、国籍を付与している本国の外交的保護を求めることができない[213]。

や犯罪についての民事・刑事裁判権等の司法権、警察権、課税権他の行政権、居住国の政府機関によるそれらの規制に服する義務が挙げられる。国籍を有する者がその国籍国の領域より出れば、その所在国の属地的管轄権に服する反面、国籍国の管轄権からは開放される。但し属人的管轄権には依然として服する義務がある（宮崎繁樹「外国人」山崎真秀・中山研一・宮崎繁樹『現代の国家権力と法』(1978年) 所収、222〜223頁）。

[210] 江川・山田・早川・前掲注(196)18頁。国籍法抵触条約の前文には、国際的共存団体の全員に、各個人が一個の国籍を有すべきであり且つ一個のみを有すべきであることを認めさせること、が記載され、条文においては、第三国では二個以上の国籍を有する個人は、一個の国籍のみを有するものとして待遇される（5条）、意志表示なしに取得した二個の国籍を有する個人は、放棄しようとする国籍の所属国の許可を得て、国籍の一を放棄することができる（6条）、国籍離脱の許可を受けた名義人が既に一の他の国籍を有するときに限り、またはそうでない場合には名義人が新たに一の国籍を取得するときから許可を与えた国の国籍の喪失をもたらすものとする（7条）、と定めている。

「無国籍の減少に関する条約」ではその前文に、国際的協定により無国籍を削減することが望ましい、と定められた。

[211] 近年、一定の地域において、この原則は崩れつつあるといえる。欧州国籍条約は、重国籍者の国際的な増加を鑑みて、国籍の唯一原則に修正を加えている。これは労働や結婚他の様々な理由によって、国家間を移動する者が多くなり、それらが他国に定住することによって重国籍者となる傾向が高まっていることによる（第Ⅱ部第1章参照）。

[212] 芹田健太郎『永住者の権利』(1991年) 129頁。国籍唯一の原則は理論としては筋の通ったものであるが、このような現実的な問題を惹起する可能性があることが知れる。

[213] 田畑茂二郎・前掲注(198)237〜238頁。無国籍は自らの意志によって国籍を離脱

(3) 国籍自由の原則　　国籍の取得や喪失は、個人にとって重大な義務の負担や権利の喪失を生むため、重要な論点となっている。国籍自由の原則または国籍非強制の原則が国籍立法の理想とされていることにより、国籍の得喪については個人の意志が尊重されることが望ましい[214]。しかし国籍は、決して単に個人の自由意志のみにかかるものではなく、個人の意志に基づいて国籍を取得する場合にも、またこれを離脱する場合にもそこに一定の条件が置かれるべきである。何故ならば、国籍の得喪の大部分は、個人の意志とは無関係に行われるからである。ただ一定の限られた場合においてのみ、個人の意志が関係してくるに過ぎない[215]。そのような国籍得喪の自由は、それが国内法における憲法上の権利であるか否かはともかくとして、今日各国においては一般に広く認められていると共に、国際法において人権として宣言されるに至っている[216]。

　先に掲げた国籍の二つの局面、即ち個人が国家に属する資格、及び国家が個人に与える法的紐帯を見ると、上記の三原則は後者の立場に軸足が置かれているように思われる。国内管轄の原則は、文字通り国家による国内法の定めに依る。国籍唯一の原則は徴兵や外交保護において、国家実行が他国の実行と交錯する恐れが生じないための原則であるとも捉えられる。国籍自由の原則の結果として現れる国籍の得喪の多くは、個人の意思に拘わらずに行われることが多いとされる。上記の国家政策に基づいた国家の実行に抗するが如く、国内管轄原則は国際判例で示された通り、国際慣行による一定の制限を受け、国籍が唯一であるべきについては人間的な倫理の観点からの解決が図られている。そして国籍の自由原則には、その自由を制限する国家実行を規制するための条件が付帯されるべきと、国籍における国家性を規制する国際条約を中心として、国家実行からの自然人の保護が図られているのではないか。このような国際法の

する場合の他、各国の国籍法が相違しているために、その意志に基づかないで発生することがしばしばある。その意味においては、国際法上の保護を欠くこととなるといわなければならない（田畑茂二郎・前掲238頁）。

(214)　溜池良夫・前掲注(76)92頁。特に国籍を欲しない者に、国籍を強制することは避けなければならない（溜池良夫・前掲92頁）。

(215)　江川・山田・早川・前掲注(196)21頁。そのような場合において、個人の自由意志を尊重することが国籍立法上の要請であるといわねばならない。

(216)　柳井健一・前掲注(201)231頁。前記した世界人権宣言の規定を参照（15条2項）。

第Ⅰ部　船舶の国籍の意義

動向は、国家による個人への国籍の一方的な付与という、国籍の有する性格を示すものであると思われる。

　国籍の取得に関していえば、何れの国の国籍立法においても、出生による国籍の取得が規定されている[217]。

　出生による国籍取得とはいえ、その条件は諸国の立法上、同一ではない。それらを大別すれば、血統主義と生地主義に分類することができる。

　血統主義は、子がその出生に際し親の血統に従って親と同じ国籍を取得する主義である。国家が、自国民から生まれた子に自国の国籍の取得を認める主義をいう。生地主義は、子がその出生に際し、その出生地国の国籍を取得する主義である。国家が自国で生まれた子に、自国の国籍を認める主義をいう[218]。

　一方で、出生後の国籍の取得も認められている。その中でも帰化とは、個人の意思に基づき国家が行政行為によってその者に国籍を付与することをいう。帰化は家族法上の原因等に基づいて、本人の志望如何にかかわらず当然に国籍を付与する場合は勿論のこと、一定の条件の下に、当事者の意思表示に基づいて国籍を付与する場合を含める。要するに帰化とは、国籍自由の原則を具体的に実行する手段に他ならない。個人主義思想の発展、特にフランス革命による自由思想の尊重という見地より、次第に国籍変更の自由が広く認められるようになった。国籍の取得や喪失に関して、できる限り個人の自由意志が尊重されなければならないという、所謂、「国籍非強制の原則」が、帰化という形を取って実現されているといえる[219]。しかしその実行には、特定の条件を具備する外国人は当然、帰化する権利を有するものとする主義と、法定の条件を具備するときでも、帰化の許否の決定は専ら行政機関の権限に属するものとする主義とがある[220]。この帰化にも、先に見た国籍の二つの局面が明確に表れているといえる。帰化とは、個人がその意思に基づいて特定の国家の構成員とな

---

[217]　江川・山田・早川・前掲注(196)59頁

[218]　血統主義は血統関係によって、国家の構成員たる資格を付与し、生地主義は地縁関係によって構成員としての資格を与える主義である。わが国の国籍法は血統主義を原則とし、例外的に生地主義を認めている（2条）。

[219]　山本敬三『国籍』（1979年）130頁

[220]　江川・山田・早川・前掲注(196)、96頁。帰化について、わが国の国籍法は後者の立場を取る（江川・山田・早川・前掲96頁。）。このように帰化については、国籍の付与に政治的な裁量が認められる。

る手段である一方、国家が個人を自国に属せしめる手段としての位置付けでもある。

また、国籍自由の原則は帰化という形を用いて、国籍の形式化をもたらしてもいることが、指摘されなければならない。国籍変更の自由は、個人の意思を最大限に尊重し、個人の欲しない国籍を強制しない点において国籍法の理想とも表現できる。しかし国籍変更の自由の具現としての帰化が、場合によっては安易に扱われ、国籍概念の形式化、形骸化に対して大きな影響を与えている[221]のも事実であろう。

3　機能的国籍としての「ノッテボーム事件」

国籍には上記に示したような一般的な概念をいう一般的国籍と、特定の法律または特定の条約の意味における国籍、即ち特定の目的のためのみに認められる機能的国籍がある。機能的国籍とは、個々の法律や条約で特定の目的のためのみに認められる国籍を意味するのであり、常に例外的なものとして限られた場合に、しかも明確に定められた場合にのみ使用されるべきものである[222]。この機能的国籍を取り扱った国際司法裁判所の判例に、「ノッテボーム事件」[223]がある。

(1)　事件の概要　　この事件は、帰化によってリヒテンシュタインの国籍を取得したノッテボームが、居住国であったグァテマラによって敵国人（ノッテボームの旧国籍はドイツだった。）とされ、身体及び財産に不法な扱いを受けたとして、本人の国籍国であったリヒテンシュタンがグァテマラに対して損害賠償を請求したものである。

ノッテボームは1881年にドイツで生まれ、出生によりドイツ国籍を取得し

---

[221]　山本敬三・前掲注(219)222頁
[222]　江川・山田・早川・前掲注(196) 7頁。このような概念に対して奥田教授は反論する。機能的国籍の概念に疑問を呈し、一般的に国籍の機能とされているものが必ずしも国籍だけを基準としているとは限らず、逆に国籍の機能が絶対的であるわけでもなく、全ては個々の法分野の趣旨及び目的に沿って考えられるべきである、とする（奥田安弘・前掲注(198)43頁）。
[223]　*Nottebohm*（*Liechtenstein v. Guatemala*）, *Judgment of 18 November 1955*, Robert McCorquodale and Martin Dixon, *supra* note 52, pp.422～423，波多野里望「ノッテボーム事件」波多野・松田編著・前掲注(61)所収、161～179頁

た。

　彼は1905年にグァテマラへ移住し事業に従事したが、仕事でドイツを何回か訪れると共に、兄が居住していたリヒテンシュタインを訪問したことがあった。1939年、ノッテボームがリヒテンシュタイン滞在中、ドイツがポーランドに侵攻して第二次世界大戦が始まった。彼はその後、直ちにリヒテンシュタインへの帰化を申請した。この申請は認められ、リヒテンシュタインより国籍証明書が交付された。その後、同国より旅券の支給を受けたノッテボームは、1940年の初めにグァテマラに帰り、経済活動を再開した。

　1941年、グァテマラはドイツに宣戦を布告し、ノッテボームは敵国人として逮捕され米国へ移送された。大戦終了後の1946年、米国から解放されたノッテボームはグァテマラへ帰ろうとしたが、同国政府によって入国が拒否されたためリヒテンシュタインへ向かった。その後の1949年、彼の財産はグァテマラの国内法によって没収を受けた。ノッテボームの要請の下、リヒテンシュタインはこの事件を国際司法裁判所へ提訴した。

　本事件は管轄権に関する判決が為され（1953年11月8日）、その後本案についての判決が出されている（1955年4月6日）。

　管轄権については11対3を以って、リヒテンシュタインはグァテマラに対して外交保護権を行使し得る立場にないとの判決が下った。本案判決は大約、以下のように述べている。

　「グァテマラは同国に居住していたドイツ国民であるノッテボームが、住所を変更せずにリヒテンシュタインの国籍を取得したことは承認できない旨を明らかにしている。しかし誰にどのような条件で国籍を付与するかは、リヒテンシュタインに限らず全ての主権国家の国内管轄事項である。ただ、国籍の単なる付与と外交保護権の行使とは同一ではない。何故なら国家が外交保護権を行使し、本裁判所へ提訴することは、その国家がみずからを国際法の次元に置くこととなるからである。とすれば、ある国家が外交保護権を行使し得るか否かを決定するのは国際法であるということとなる。

　国際仲裁裁判所も第三国の裁判所も、二重国籍の場合には二つのうち、本人との実質的な結び付きの強い方の国籍を認めてきた[224]。また帰化を付与され

---

　　(224)　判決は、もし国籍の付与が完全に国内管轄事項であり国際的な仲裁にも司法的解決にも馴染まないとすれば、二重国籍の場合には解決が不可能となる。従って現実には

たにも拘らず、帰化した国を長い間、離国している国民や旧国籍国に再び住所を移した国民に対して、帰化を許与した国は外交保護権の行使を控えるというのが国家慣行である。

このように国籍が国際的レベルでの承認を受けるということは、決して各主権国家が国籍を自由に付与できるという原則と抵触する訳ではない。ただし外交保護権を行使しようとする国と保護を受けようとする個人の間に『真正な結合』（genuine connection）が存在しない限り、国籍という法的な絆が存在するという理由のみでは、各国共、自己が付与した国籍の効果を他国に認めさせることはできない[225]。

（ノッテボームのこれまでの行動を見れば、）一方でリヒテンシュタインとの間には心情的結び付きが完全に欠如しており、他方でグァテマラとの間には帰化によっては些かも揺るがないだけの長期に渡る密接な関係が確立していることが立証されている。要するにノッテボームの帰化は、国際関係において認められた『国籍』という概念を無視して許与されたものであり、『帰化の許与』という重要な行為の結果をグァテマラが重視しなければならないだけの『真正さ』に欠けていたといわざるを得ない。本件における帰化は、交戦国民から中立国民となることを目的としたものに過ぎず、ノッテボームがリヒテンシュタインの国民の一員となり、同国の伝統と利益と生き方を守り、財政的以外の義務を履行し権利を行使することを目的としたとは到底、理解されない。

よってグァテマラはこのようにして取得された国籍を認める義務がなく、リヒテンシュタイン[226]はグァテマラに対してノッテボームに関し外交保護権を行使することができず、従ってその請求は受理不能である。」。

(2) 実効的な国籍　「ノッテボーム事件」では、国籍が付与される者とその国家との間には密接な関係、所謂「真正な関係」があるべきとの結論が導か

　　　仲裁裁判官は、原告国によって付与された国籍が、果たして被告国にその国籍を承認する義務を負わせるだけの条件を整えていたか否かを認定してきた、という。
(225)　判決は、国籍法抵触条約5条が、第三国において生じた二重国籍の問題を解決するためには、個人との「真正な関係」の有無を考慮すべきであると述べている、とする。
(226)　溜池教授に依れば、リヒテンシュタインは会社法の法律回避行為に利用されるとして有名であり、国際的にリヒテンシュタイン会社といわれ、租税回避のためのオアシス会社とされているという（溜池良夫・前掲注(76)196頁）。国籍にしろ、会社の設立にしろ、実体のない登記や登録は、この国の専売であるのであろうか。

れている。即ち、国籍を付与するためには、付与される者と付与する国家との間に実効的な関係が必要と、説かれているのである。

諸国の国内法は、一般的に居住し、住所を得、永住を希望する移民や、国家の領域に伴われる民族集団の構成員であることを、個人とその国籍との間の連結要素としている。この原則は、特定の主権国家の政治的、外交的な保護の存在と共に、領域への定着に依存する等の実効的な関係に基づいたものである。この原則は、国家の継承や諸国の継続における多くの国家実行の基礎として、条約の中によく見られる国家の所属民の概念を支持するものと考えられる[227]。本件について国際司法裁判所は、国籍に関する社会的な基礎や法的な政策における見解を、真正な、または実効的な関係に基づいた判決の重要性を示すことにより展開している[228]。

Brownlieは本件について、適切な見地からすれば、国際的な領域において国籍に関係する資料に本来備わっていた、根本的な概念の自然な反映である、とする。それは国内法の規則を離れて適用されなければならない諸原則を意味し、その主たる点は「国際法の一般原則」を基礎として作られ、通常の慣習的な規則として分類され得る規則を基礎として作られているのではない、という。Brownlieに依れば国際法の一般原則とは本来、多くの規則からの抽出である。多くの事例において、これらの原則は、国家実行へと繋がるのを辿ることが可能である。しかしこれ以上、国家実行へと直接的に結び付け難いとして、非常に長い期間に渡って一般的に受け入れられてきたものである、とする[229]。別言すれば、個々の条約または慣習国際法の根底に共通に認められ、実定国際法規の基盤を構成するものとして援用される原則である[230]。国際法を構成する

---

(227) Ian Brownlie, *supra* note 26, p.412

(228) *Ibid.,* p.414

(229) Brownlieは国際法の淵源の一つとして「国際法の一般原則」を挙げている。この種類の例として、同意、互恵主義、諸国の平等、裁定と合意の終局、合意の法的な有効性、信義則、国内管轄権と海洋の自由の諸原則を挙げている（*Ibid.,* p.19）。Brownlieは「真正な関係」が正にこの「国際法の一般原則」を基礎としたものであるという。一方、山本教授は、慣習国際法の存在と形成の証拠を提供する意味において条約の法源性を認め、慣習国際法としての「真正な関係」が規定された条約として国籍法抵触条約（1条「国民の範囲の決定」、5条「重国籍に対する第三国の取り扱い」）を挙げている（山本草二・前掲注(38)51～52頁）。

(230) 山本草二・前掲60頁

慣習国際法[231]とは、外交や行政と共に国内法を推定させる証拠として重要視され[232]、法の一般原則[233]が仲裁や司法等、国際裁判所の判例に依拠する[234]のに比べて、国際法の一般原則とはそれらの何れにも入らない、既に国際法の基礎のレベルに昇華した原則であるといえよう。このような一般原則を上位に据えて、国際法規範の上下構造を構えようとする考え方がある。一般国際法の強行規範（jus cogens）として定め、これに抵触する国際法を排除しようとするものである[235]。このような Brownlie の見方よりすれば、「真正な関係」とは単なる指導原則ではない。諸国がその国籍条件を定めるに当たって、採用しなければならない条件であるとしても過言ではなかろう。

　判例の説く国籍の実効性とは、国籍が実際に効力や効果を持つことである。国籍が有効――国籍の原則の有する効力や効果を外部へ発現するためにはまた、国籍を付与された者が、付与された国籍の効果を享受できる資格を持たなければならないと思われる。その資格とは、国籍とそれが付与される者との間にある「真正な関係」である。領域への居住、民族としての出生や血統という、実質的な繋がりであると思われる。

　国籍の定義について見れば、先に挙げた二つの局面共、この国籍にあるべき実質性とは直接的な関係を持たないと思われる。個人が国家に属する資格、及び国家が個人に与える法的紐帯の何れにしても、国籍の実質性そのものではない。国籍の実効性とは、これらの定義の局面を支える条件である。個人が国家に属するにしろ、国家が個人に国籍を与えるにしろ、その条件として国家と個人との間に「真正な関係」がなければならないとされるのである。Brownlieの主張に従えば、国籍の定義に基づいた有効性は、「真正な関係」を欠く場合

---

(231)　国際司法裁判所規定38条1項b
(232)　Ian Brownlie, *supra* note 26, pp.4～5
(233)　国際司法裁判所規定38条1項c
(234)　Ian Brownlie, *supra* note 26, pp.15～18
(235)　*Ibid.*, pp.514～517。ウィーン条約法条約53条「一般国際法の強行規範に抵触する条約」では、「締結の時に一般国際法の強行規範に抵触する条約は、無効である。この条約の適用上、一般国際法の強行規範とは、いかなる逸脱も許されない規範として、また、後に成立する同一の性質を有する一般国際法の規範によってのみ変更することのできる規範として、国により構成されている国際社会全体が受け入れ、且つ認める規範をいう。」と定める。

に有効ではなくなることとなる。その「真正な関係」の連結点が居住や住所、そして永住していること、または永住する強い意志、民族としての出生や血の繋がり等によって証明されない場合、その者と国籍国との実質的な関係は希薄なものとなり、その国籍は国籍たりえないとの推定が働くともいえよう。

(3) 国籍の重要性　　国籍の持つ国際法上の重要性の一つは、外交保護に関する権利である[236]。ある国の国籍を有する者が他国による侵害を受けた場合に、国籍国はその者に対して外交保護を行う権利を有する。その国と十分な関係を有する国民や法人が、他国による権利の侵害や損害を被った場合の国籍の一般的且つ重要な機能は、外交保護権の執行を通して国家の法的な利益を確立することである[237]。

もう一つの重要性は、国籍がその国の国内管轄権に服する[238]ということである。このような国籍の特色は、国籍が国内法の定めによるとする原則を裏付ける根拠となっているともいえよう。しかしBrownlieは、国籍の条件の定めは国家の裁量に属するが、他国に対するその有効性は国際法によって決まると説き、国籍の問題が国の排他的な権限に含まれない、とする[239]。彼は併せて、国家には国内法を国際法の義務と一致させる責務があるとしてもいる。その意味において、「真正な関係」は国際法の一般原則であるとの理解があるものと思われる。このような国籍の概念は条約にも定められている。国籍法抵触条約には、国民の範囲を決定する各国の法令は、国際条約、慣習国際法及び国籍に関して一般的に認められた法の原則と一致する限り、他の国により承認されなければならないとの規定がある[240]。

(4) 国籍の親近性　　Brownlieはまた、法の理論的な解釈より離れて、本

---

[236] *Ibid.*, p.386

[237] *Ibid.*, p.482。この法的な利益の確立が具体的に何を意味するかについて、Brownlieは明らかにしていない。この件に関してHigginsは、ある者の人権を侵害する行為というものは、その者が国籍を有する国に対して為された危害として見なされるべきではない、とする（Rosalyn Higgins, 初川満訳・前掲注(65) 104頁）。これには、国家による外交保護は人権の擁護に基礎が置かれるべきであるとの考え方が表れている。しかし国家による個人への国籍の一方的な付与の性質が強い場合、即ち、政治性の強い場合、国家は個人の人権の擁護を積極的に押し進められるのであろうか。

[238] Ian Brownlie, *supra* note 26, p.386〜387

[239] *Ibid.*, pp.387〜389

[240] 1条。しかし本条約に「真正な関係」の文言を以って規定された条文はない。

件の判決は関係する個人の生活と国家の国民と社会、そして愛着という社会的な事実との間における関係より、実効的な国籍の原則を提示している、そして「真正な関係」という幅のある理論が、より頻繁に参照された「現実的且つ実効的な国籍」及びその類似と密接に関係して現れている、と説く[241]。「真正」への言及には、特定の国との事実関係の質と重要性を考慮すべきことを強調する意図がある[242]。愛着とは国籍を受ける国に居住し、生活することによって培われるその国への特別な思いをいい、その愛着が国籍を実効的なものとする要素ともなることが示されているように思われる。

「ノッテボーム事件」判決を考慮すれば、国籍の実質性は、国籍に関する三原則に対してどのような影響を及ぼすものであるのか。

判決が「真正な関係」をして、国家と個人との間の実質性を要求したもので

---

[241] Ian Brownlie, *supra* note 26, p.422
[242] 一方、「真正な関係」についての批判では、「真正結合理論」とは本来、二重国籍の場合に適合されるべき原則であるとの見解がある。

二重国籍の場合には、当該理論によってどちらかの国籍国による外交保護権が拒否されても、もう一つの国籍国による外交保護が可能である、とされる。そして「真正結合理論」を唯一の国籍にまで徹底して適用しようとすれば、本件の場合、ノッテボームにとってドイツよりもグァテマラの方がより密接な関係にあるため、ノッテボームは何れかの時点にてグァテマラの国民となったであろうとも述べている（波多野里望・前掲注(223)178頁）。しかしBrownlieは、実効性の原則は二つの紛争当事国の二重国籍に制限を受けるわけではない、とする（Ian Brownlie, *Ibid.*, p.422）。即ち二重国籍を持つ者について、より実効性の高い国籍こそが本来の国籍となるべき考え方が導き出される。この考え方は条約においても反映されている（国籍法抵触条約には、第三国は（中略）その領域内では、個人が有する国籍の内、右の個人が常住的で主要な居所を有する国の国籍、または事情に照らし右の個人に事実上最も関係が深いと認められる国の国籍のみを認めることができる、と規定されている（5条）。また「二重国籍のある場合における軍事的義務に関する議定書」では、二以上の国の国籍を有する個人で、その一国の領域に居住し且つその国に最も密接な関係を持つ者は、他の国における軍事的義務をすべて免除される、とする（1条）。）。

本件についてのもう一点の批判は、国籍と外交的保護権とを切り離し、個人と国籍国との結合関係が希薄な場合、その国は自国民である個人との間に一層密接な事実上の結合関係を有する国に向かっては、外交的保護権を行使することが認められないという規則の存在が、国際法上証明できるか否かについてである。ノッテボームの場合には、既に帰化によってドイツ国籍を喪失しているから、もしリヒテンシュタインの外交的保護を受けることができないとすれば、どの国の保護も受けられなかったこととなり（田畑茂二郎・太寿堂鼎『ケースブック国際法』（1988年）38頁）矛盾が生ずる。

あれば、国籍の国内管轄、国籍唯一、国籍自由の各原則は大きな制約を受けると思われる。国籍の三原則の中でも、特に国籍選択の自由は、その言葉とは裏腹に限定的なものとなる。自然人はその国籍を選択する自由を有するものの、その自由とは一定の条件下――その自然人が実質的な繋がりを有する国籍を選択するべきとされる自由でしかない。

　三原則の精神が個人のための原則であるとされるのであれば、国家と個人との間の実質性とは如何なるものとなるのであろうか。もともと個人の自由であるべき権利には、それが国際法上容認された条件、例えば人権が重視されるべきとの条件が付着するのみで、国家と個人との関係は特段に考慮されずとも良いものと思われる。国家と個人との関係が如何なるものであろうとも、個人は個人としての権利を有し、付与された国籍を背景にその権利を行使し得る。しかしその国籍が個人との間に「真正な関係」を有さない場合、その国籍は実効的たり得るか。国籍が形骸化したものである限り、その国籍は実効的たり得ず、従って個人の権利主張も希薄なものとなると、判例は示しているのである。

　「真正な関係」とは判例の示した如く、国家による個人への国籍付与という一方的な措置のための制限的な指導原則（Brownlie はより厳格な表現を採る。）であると同時に、国籍を求める個人の権利に関わる条件である。実際にも、国籍三原則は「真正な関係」によって影響を受けるのである。

4　忠誠義務と政治的要素

　国籍の付与において要請される要素を考慮する場合に、忠誠（allegiance）義務もまたその重要な要素の一つである。

　封建時代における忠誠義務の思想は、領民たる資格を住民たる資格から分離して国籍概念の形成を導く一つの重要な理念であった。封建制度の崩壊後、国民主権の思想の台頭と共に誕生した近代国民国家において、封建制度に由来する忠誠義務を基礎とした臣民の概念は、国民共同体たる国家の構成員としての国民の概念に置き換えられていった[243]。現在は国籍に自由の原則が置かれている以上、忠誠心すらも必要とされない概念であるかのようには見える。では今や忠誠義務や、これをかしずく個々の国民がはぐくむ忠誠心は封建時代の特

---

(243)　江川・山田・早川・前掲注(196) 4 頁

徴であったと断言できるのか。

　忠誠という語は明らかに封建時代の遺物であり、服従と従順を意味したものであった。しかし現在の用法では通常、服従という意味合いより離れて国家に対する協力を意味する語[244]として理解されている。また国際的平面では依然として、個人の保護に責任を負う国家に対する個人の忠誠心を否定しない傾向が見られる。Higgins は社会契約の原理より、個人が国家へ示す忠誠と引き換えに、国家が個人の自由と安全及びその財産を守るという考え方がある、とする[245]。刑法観念における能動的な属人主義、即ち犯罪地の如何を問わず、自国民が罪を犯したときに内国刑法の適用を認めるという一般的な属人主義の近代的な理由付けについて、国家に対する国民の忠誠関係に根拠を見出す例がある。国家は国外においても、その国民を本国法に従わせる権能を有しているとの理解が、その例示の下地となっている[246]。

　裁判所が国籍の問題を取り扱う時に、個人の利害関係やその意志に言及する場合、忠誠心の問題を考慮しなければならない[247]とする考え方もある。例えば米国は、自国に対する帰化申請を認める条件の一つとして忠誠義務を定めている[248]。米国の実行は合衆国憲法や法令に対してであり、かつての君主に対

---

[244]　布井敬治郎・前掲注(204)304頁

[245]　Rosalyn Higgins, 初川満訳・前掲注(65)161頁

[246]　森下忠・前掲注(144 - 1)43頁。森下教授は更に論を進めて、忠誠の観念を持たない自国民、例えば国外に長期間居住することによって、国籍国への執着を全く意識しない自国民に、忠誠を求めるのは困難であろうとする。そして自国民の概念を拡大し、能動的属人主義を自国内に住居を有する外国人を含めた住居主義に転じ、内国刑法の適用を基礎付ける連結点は国籍ではなく、内国における住居であるべき、と説く（森下忠・前掲44頁）。

[247]　Ian Brownlie, *supra* note 26, p.421 〜 422.

[248]　米国の移民国籍法（Immigration and Nationality Act）は、国民に忠誠義務を求めるものである。同法337条は帰化嘆願者による宣誓を定めているが、その(a)(2)は「(帰化)嘆願者が以前に臣民または市民であった外国の君主、主権者、国家、もしくは主権に対するすべての忠誠心及び忠節（allegiance and fidelity）を、絶対的且つ全体的に破棄及び断念すること。」と定め、更に(4)は「真実の信念及び忠誠を上（合衆国憲法及び法律）に対して保持すること。」と定めている。このような法令は、合衆国国民とは国家に永久的忠誠義務を負っている者のことである、と定義付けている。合衆国の国民とは「合衆国市民を含み、更に合衆国市民でなくとも、合衆国に対して永久的忠誠義務を負っている者を指す」というように定義付けられる（布井敬治郎・前掲注(204)306頁）。

第Ⅰ部　船舶の国籍の意義

する忠誠とは異なるものである。しかし上記の米国の実行には、依然、国民となる者はその国家に対して忠誠を誓って当然との考え方が、横たわっているように思われる[249]。

一方、かつての国籍における忠誠義務は、国籍を離脱する自由を制限する傾向を持っていた。この概念は封建時代、臣民が国王に対して負う忠誠義務という原理によって一貫して表象されてきた[250]。しかし現在の国籍は国籍自由の原則の下、その離脱は制限されていない。国際法におけるこの原則が遵守される限り、国家に対する永久的な忠誠というものはありえない。国籍の離脱と共に忠誠義務も消滅すると判断して良い[251]と思われる。

忠誠心同様、国籍法制の決定には、国の政治的、政策的意図が反映されることが少なくない。

もともと自然人の国籍の基礎に、その国の領土を置く考え方がある。所謂、国籍の実効性をその者の常居所や住所に求める理論である。この考え方は領土問題の解決に、政治的な現実を直視しなければならない現実を捉えたものである[252]。領土が国家の構成要素の一つであれば、国籍付与の対象となる国民の

---

[249]　この点は日本人として理解し難いところである。筆者はこれまで、日本人として国家に対する忠誠心を持つべきとする教育を受けた記憶はなく、また意識した覚えもない。ただ日本人船員としての職にあるわが身を考えた場合、一船員としての教育を国の教育機関で受け、国より海技免状を受有して日本籍船（自分が日本国籍を有している事実より、外国籍船における乗船とて変わるところはない。）に乗船しその職務に携わる。船舶の安全航行と貨物を預かって、誇張していえば国の生命線の一端を担う船員としての大所的な思いが、その忠誠たるものに繋がるのではないかと、ふと思うことがある。

[250]　柳井健一・前掲注(201)233頁。英国では国王に対する忠誠義務の永久性、あるいは忠誠不解消の原理の下、国籍を離脱する自由は1870年に制定された帰化法まで認められることがなかった（柳井健一・前掲232頁）。

[251]　しかし永久的な関係とは、一時的な関係と異なり法によって国家、あるいは個人の行動によって断ち切られたとしても、尚、継続されていくべき性格のものではないかとの指摘がある（布井敬治郎・前掲注(204)306頁）。国籍を失っても、当該国家に生起した個人の愛着や信念を通じた忠誠は存在するとの理論は、全く的外れな指摘ではないであろう。ではそのような忠誠とはどのようにして実現されるのであろうか。国籍という足がかりを失った忠誠とは、個人的な愛着や信念といった不明確、不透明な存在に過ぎず、最早、忠誠足り得ないのではないかと思われる。

[252]　Ian Brownlie, *supra* note 26, p.564。Brownlieは、このような領域を基礎とした考え方は、国際法上の国家承継の結果として、国籍の変更の規定に基づくものであった、とする。しかしこの領域を基礎とした考え方は、現在においても国籍の実効的な原則を

範囲を、その領土内における長期的な、あるいは唯一の居住に求めるのは当然の帰結ともいえるだろう。

しかし長期、唯一という一定条件の領土内居住を超えて、政策的な目的のために国籍を与える例がある。例えば1608年から1844年までの近現代の英国では、経済政策的な見地、より詳しくは国内産業の創出、維持及び発展、さらには通商の拡大及び植民地の経営という目的のための有為な人材を国外から調達する目的で、帰化立法が制定されてきた[253]。この例示を見ても、国籍を考える場合、これに影響を与える政治的または政策的な意図は無視できない要素であると理解できる。政治的、政策的な目的に従って国籍の要件を定める国は決して珍しくはない。寧ろそのような目的を考慮せずに、国籍要件を定める国は少ないと思われる。政治的意図の反映は、国籍立法の不可欠な要素であるといえると思われる[254]。

第2節　船舶の国籍と自然人の国籍

1　自然人と船舶の国籍

法の実行の手法として取り上げられる事象として、船舶自体が自然人と同様な扱いを受ける例、所謂、船舶の擬人化[255]が挙げられる。

導き、尚、主たる理論であり続けていることは周知の通りである。
[253]　柳井健一・前掲注(201)232頁
[254]　Rumpfは政治について「政治とは国家の生命である。政治とは運命である。存在の実現である。その国家の統合である。政治とは、ひとつの技術（国家技術・実現の技術）である。政治は善なるものや正しきものに関係しているのであるから、倫理学と一体をなすものである。戦争の前段階であり、戦争は他の諸手段をもってする政治の継続である。国家の可能な処置の本質である。国家に関するすべてのものである。狭い意味においては、国家の本質的な利害に関するすべてのもののことである。公務にたずさわることである。社会の外的形式の一定の形成をねらいとするすべてのものである。」と述べている（Helmut Rumpf, Regierungsakte Im Rechtsstaat, 1955, 竹内重年訳『法治国における統治行為（改訂版）』(2002年)）。非常に抽象的ではあるものの、この考え方に依れば、政治とはおよそ国家を形成する事象、国家が為す事象の全てを包括する存在であると理解できる。このような抽象論を受け入れるとすれば、政治が国籍の条件を定めるに当たってその意図を反映することは、極めて当然のことであるように思われる。
[255]　H. Edwin Anderson, III, *supra* note 120

第Ⅰ部　船舶の国籍の意義

　船舶には人と同じく名称の付与が定められているのと同時に、人の戸籍同様、旗国の国内港に船籍を持っている[(256)]。船舶間の海難救助では、救助船が一つの権利主体として、救助を受けた船舶の船舶所有者に救助料請求権を有する例がある[(257)]。海上衝突予防法では、衝突を避けるための注意等を怠ることについての責任主体に、船舶を加えている[(258)]。また英米法には船舶を一個の人格として擬制し、船舶所有者や船舶賃借人を相手とせず、船舶自体を被告とする対物訴訟理論がある[(259)]。

　このような擬人化は国際条約にも見られ、領海及び接続水域に関する条約では「すべての国の船舶は、領海において無害通航権を有する。」として、船舶を所有人格とした規定がある[(260)]。公海条約には「何れの国も、自国の旗を掲

---

(256)　わが国の船籍については船舶法4条「船籍港及び総トン数測度」、名称については船舶法7条「国旗掲揚及び名称等表示の強制」に定めがある。但しパナマのように、特定の港にその籍を置く船舶を定めず、国籍のみ与える国もある。

(257)　田中誠二・前掲注(6)538頁

(258)　海上衝突予防法39条

(259)　志津田氏治・前掲注(5)133頁、志水巖『船舶と債権者』(1988年)14頁。このような無生物への原告適格の認定は、英米法の特徴といって良い。船舶の国籍が自然人のそれの類推適用であるとの視点から見れば、対物訴訟理論の有効性も認められるものであるといえよう。

　その特徴を更に裏付ける実行として、米国においては対物訴訟理論の他、動物を原告とした訴訟も提起されている。例えば *Loggerhead v. Turtle v. Volusia Country Council, 1995* は、法に保護されている動物（アオウミガメ）に、自己自身の権利として訴えを提起する原告適格を認めている（山本浩美『アメリカ環境訴訟法』(2002年)142頁）。

　山本助教授は指摘する。周知の通りわが国の民法上、権利能力を有する者は全ての自然人と法人であると定められている（我妻栄『新訂民法総則』(1965年)43頁）。民事訴訟法上も民法の規程に準拠するとして、この権利能力を有する者が訴訟の当事者となり得ると定めているものと思われる（民事訴訟法28条）。これにより、わが国の訴訟においては対物訴訟なるものは認められないと解せられる。上記同様に動物の判例について、東京高等裁判所はオオヒシクイの当事者能力について、訴訟の当事者となり得る者は法律上、権利義務の主体となり得る者でなければならないとされ、当事者能力の概念は時代や国によって相違があるのは当然であるものの、わが国の現行法では、その当事者能力は認められないと解せざるを得ない、とした（東京高等裁判所　平成8年4月23日判決　判例タイムズ957号194頁）。わが国の裁判所において、船舶を原告または被告として認めるか否かについては、これと同様の解釈が為されるものと思われる。

(260)　14条「無害通航権」1項

げる船舶について（中略）、海上における安全を確保するために必要な措置を執るものとする。」と規定する[261]。上記の公海条約の条項には、必要な措置を執るべき対象として船舶所有者や運航者、船長と乗組員等、およそ船舶の運航に関係する者が挙げられている[262]。このように船舶に関係する者の集合体として船舶を考慮した場合、船舶を擬人化してそれに国籍を付し、旗国の管轄権に収めようとするのが、現在の国際条約における対処である。旗国がその国籍を与えた船舶を媒介とした、旗国による登録船舶関係者への管轄権の行使として理解できる[263]。船舶とその船上の何れの者、及びその運航に携わり、または利益を有する全ての者が、旗国に結合する一つの実体として取り扱われる

---

[261] 10条「航行の安全」1項

[262] 10条1項は、(a)に乗組員の採るべき必要な措置、(b)に船舶所有者や運航者の執るべき措置、(c)にその両者の採るべき措置を定める。

[263] H. Meyers, The Nationality of Ships, 1967, p.13。このような考え方による国籍の付与は、その船舶の関係者が旗国に国籍を持つか、旗国に長期間に渡って居住する等の条件が伴われなければならないとするのが一般論であろうとするMeyersは、今世紀初頭までの国際条約では、船舶に関係する者の国籍は旗国にあるとの推定が為されていたとする（*Ibid.*, p.11）。

同様な考え方は判例でも示されている。1923年の米国連邦最高裁判決 *Cunard SS. Co v. Mellon, 262U.S. 100. 124（1923）*は、米国の領海外において酒類の輸送に従事していた行為が連邦憲法と禁酒法に抵触し、差し止め対象となるものとされた。その判示の中で、商船は領域の一部ではあるが、旗国の管轄権は住所、登録やその国旗の使用によって確定された、船舶の持つ国籍に基づいたものである、それは領域主権よりもむしろ属人的な性格を持つものとされ、船舶所有者の属人性が国籍付与の基礎とされていると示された。この考え方は、旗国主義の基礎をもまた、肯定するものである。

しかしこの理論は、その船舶に関係する者、船舶所有者や傭船者、乗組員の国籍がその船舶の国籍と異なる場合、理論的な根拠を失うこととなろう。便宜置籍船の場合が正にそれであり、現代の国際海運では上記の考え方自体、その拠り所を失っているといえると思われる。

国連海洋法条約における実行は、Meyersの主張した理論は考慮されていない。94条「旗国の義務」、217条「旗国による執行」では、船長及び他の乗組員、並びに他の船上の関係者に対して旗国が適当な管轄権、規制を行使して初めて、旗国の義務が履行されるとしている。即ち登録船舶に関連する者や法人について、旗国が専断的な管轄権を執るべき旨が定められている。これらの条文には関与する自然人、法人の国籍についての考慮はなされていない。最も、船舶登録要件条約では、船舶の所有者や運航者も旗国の管轄の下、即ち旗国の国籍を有するべきとしているが、本条約は未発効である（本条約については第Ⅱ部で触れる。）。

第Ⅰ部　船舶の国籍の意義

のである[264]。述べるまでもなく、これらの関係する者の国籍の検討は必要とされない[265]。

　一方で、船舶の国籍を自然人の国籍や法人の国籍と同様に扱うことに対する反論も強い。一般に船舶と自然人、法人それぞれの国籍の間の類推は否定されている[266]ようである。法律書のいくつかは、船舶に「国籍」という専門用語を用いることの妥当性について疑問を呈している。船舶は自然人と同様、自己同一性を持つ特質を有しているにも拘らず、具体的には法的な人格を欠いている[267]等の異論より導かれる反論である。別な視点では、例えば、単に船舶とその旗国との関係を表わす用語として用いる国際条約や国内法もあり、船舶について「国籍」なる用語を用いることは、国家と国民との法律関係の用語法との類似性から誤解を与えることとなるとの考え方もある[268]。そしてまた、生

---

(264)　*Judgment of The M/V "SAIGA (No.2) Case" (Saint Vincent and The Grenadines v. Guinea) 1st July 1999*,「サイガ号事件」para.No.106。「サイガ号事件」の判示は、国連海洋法条約がその 292 条「船舶及び乗組員の速やかなる釈放」において、条約が船舶を一つの単位として捉えている、としている。

　　　米国の排他的経済水域において、外国漁船による無許可操業が発生した場合、被処罰者はその漁船の船長または船舶所有者となっている。この規定は現実にその違反を犯すのが船長または船舶所有者であるという理由ではない。条文は「外国船舶は許可なく 200 海里水域以内で漁業を行ってはならない」といった規定で表されている。即ち無許可操業を船舶による違反としてとらえ、人による違反としてはとらえていないものの、船舶による違反である以上、その運航に責任を負う船長または船舶所有者が責任を負うとする意味である（川名一徳「漁船『第 68 大安丸』禁止区域内操業事件」海上保安大学校海上保安事件研究会編『海上保安事件の研究―国際捜査編』1992 年、所収 175 頁）。これも、そのような考え方の表れの一つであるといえよう。

(265)　「サイガ号事件」para.No.106

(266)　Satya N. Nandan C.B.E. and Shabtai Rosenne, *supra* note 56, p.106。江川・山田・早川教授も、ときとして法人や船舶、航空機についても、特定の国家との関係を示す基準として、例えば法人国籍とか船舶の国籍とかいうように、国籍の用語が使われることがあるが、本来、国籍という概念は自然人に関するものであり、こうした用法における国籍は本来の意味のものではない、とする（江川・山田・早川・前掲注(196) 6 頁）。同様な趣旨として、山本敬三・前掲注(2)151 頁、奥田安弘・前掲注(198)35 頁、榎本喜三郎・前掲注(78)163 頁～166 頁、志津田氏治『多国籍企業の法と経済』(1984 年) 21 頁。

(267)　Rene-Jean Dupuy and Daniel Viges, *supra* note 154, p.401.

(268)　佐藤幸夫・前掲注(122)22 頁

命のない物体に人間的特性を要求される程に不合理、とする旧態依然とした反論もなくなってはいない[269]。

そもそも擬制とは、実際には異なるものについて、何らかの重要な構成要素に関する類似性——本質的類似性に基づき、それを敢えて同様なものとみる考え方である。擬制を利用する目的は、簡便さを求めるため、理解の促進のため、あるいは論理的首尾一貫性の実現のためである[270]。

これを船舶の国籍について見れば、国家は船舶に国籍を与えることにより、その船舶に関係する自然人、法人への管轄権の行使を容易にした。条約における船舶の擬人化、人としての擬制は、その規定の内容の理解を助ける技巧であるとも考えられる。また船舶への国籍の付与を通して、無主地である公海上の秩序維持が図られている。公海上の秩序維持には、現行海洋法上、旗国主義を嵩じる船舶の国籍という媒体が不可欠なのである。

自然人の国籍の船舶への類推に対する反論の一つは、生命を宿す自然人と単なる物体に過ぎない船舶との間には、国籍があってしかるべきとの根拠が見出せないとする考え方に依拠しているようである。その船舶に係わりある者、法人への旗国管轄権の行使を前提とするとの説明をもってしても、このような反論をねじ伏せることはできないようである。もとより船舶に国籍を与える目的は、物体としての船舶に自然人としての国籍を吹き込むという意味合いではない。

擬制という概念が、擬制によって簡便さや理解、納得のための手掛かりが得られることに依拠している限り、擬制は避けられない[271]、意義あるものともされる。擬制の基礎にあるものが本質的な類似性であり、自然人、物体の如何に拘わらず、両者に共通した類似性が見出されるのであれば、擬制は成立する

---

(269) David F. Matlin, 榎本喜三郎訳・前掲注(78)15頁
(270) 笹倉秀夫・前掲注(80)419～426頁。笹倉教授は擬制の分類として、(1)法の世界において本来はそうでないものを敢えてそうだとする簡便のための擬制（結婚した未成年者が青年に達したものとみなす民法の規定（753条「婚姻による成年」）等）、(2)理解し易くするための擬制（例えば、視角上提示できないもののモデルとしての作成）、(3)法学上でつじつまを合わせるために利用した論理的首尾一貫性のための擬制（損害賠償の請求について胎児は既に生まれたものとみなす民法の規定（721条「胎児の損害賠償請求権」）等）、を挙げ、それらの共通項として本質的類似性を示している。
(271) 笹倉秀夫・前掲427頁

第Ⅰ部　船舶の国籍の意義

と判断できる。

　これを比較の上での機能的等価性という表現を用いれば、より鮮明に理解できると思われる。機能という点に注目すれば、最早その全体像として固有の性質、例えば生命の有無等、比較検討すべき必要はなくなるものと思われる。生身の自然人と鉄でできた船舶の本来的な異同、生命のあるなしに固執する必要はなくなるのである。両者の比較においてはそれらの有する機能について検討し、共通項を抽出すれば良い。

2　他国領域における船舶の権利保護

　歴史的に見て、国家は国籍を市民へ与えたと同様に、船舶へも付与してきた。大きく捉えるならば国家による船舶への国籍付与の目的は、旗国による船舶の保護と規制であったといえる。

　この国家実行の理由として、第一に、船舶所有者はその所有船舶が保護されることを必要とした——船舶が公海を航行する際には、海賊を含む本船外部からの多くの危険に曝されていたことが挙げられる。また他国の水域にある船舶についても、水域の管轄国より不当な執行を受けないように図られる必要があった。船舶への国籍の付与は、船舶上の利益を脅かす個人または他国に対して、その船舶が旗国の保護下にある旨の顕示となった。この外交的保護の必要性の見地からも、各国の国内法は船舶の離国性という特性を認め、その保護のために法的な人格を受け入れ、船舶へ与えたといえるだろう。第二に、国籍の付与によって船舶の上に旗国管轄権が示されることとなり、他の旗国船舶と共に旗国の規則によって統治されるに至った[272]。これによりこの法人格は、船舶が国家の管轄権の下にあるべきとする、自然な結末に辿り付いた。事実、諸国の国家実行はこの原則に適合し、また一致している。またこのような船舶における実行は、個人の国籍の問題において国際法により支持を受けた実行と同一のものであった。結果的に海洋法の領域における、船舶が国籍を有するという原則の適用は、（人たるものへ付与されるべき国籍を、無生物に導入するが如き）驚きを醸し出すものとはならなかった。そしてこの原則自体、時を置かずして国際法の原則に昇華していった[273]ことが指摘できると思われる。

(272)　G.P.Pamborides, *supra* note 41, p.1
(273)　*Ibid.*, p.p.1-2

では船舶に国籍が付与されるべき理由の一つとして挙げられる、船舶の離国性とは、例えば船舶が旗国外の他国領域にある場合、如何なる効果を伴うものなのであろうか。

国家の領域に対する管轄権は、原則として排他的且つ包括的なものである。反対に、国家はその領域内で外国及び外国人の権利が損なわれないように、相当の注意を払わなければならない義務を負っている。そしてそのような注意を怠った結果として生じた損害について、国家は責任を負うものとされている。伝統的な国際法の使命として、国境を越えた人間、商品及び資本の自由な移動の確保のためには、国家がこのような義務を負う必然性が見出せる[274]。領域国の義務についての国際判例である「チュニス・モロッコ国籍法事件」は、領域主権は結果としての義務であり、自国の領域内における他国の権利、即ち平時、戦時の何れに拘わらず、自国以外の国の侵すことのできない権利の保護を図る義務である、領域主権はその領域における他国の活動を認めないという、消極的な局面に限られるものではない、領域主権は人間が生存する空間を他国の国民にも配分しなければならない、その理由は、国際法が最低限の保護をあらゆる場所において、あらゆる国民に保障するために必要であるからである、と述べている[275]。

これを自然人について考えてみれば、外交保護権は自然人に国籍を付与した国の権利である。同時に、他国の領域に入域した自然人の権利についてのこの保護権による擁護は、領域国の義務でもある。外国人としての自然人は、原則として国籍を有している。領域国による外国人の権利の保護は、当該外国人が他国の国籍を有していることが前提となるものと思われる。このように他国における外国人の権利の保護は、領域国がその属地的管轄権を留保しつつ、外国人の国籍を基礎とした属人的管轄権を尊重することに見出せる。

船舶も同様に、公海を経て他国の領域に入る。船舶の入域した国の管轄権は、その船舶がその領海、内水の何れにあるとに拘わらず、原則として旗国主義の執行を認めている。船舶による経済活動の円滑化を図るため、国際礼譲が敷か

---

(274) 松井芳郎「国家管轄権の制約における相互主義の変容」村瀬・奥脇編・前掲注(66)所収、41頁

(275) *Nationality Decrees issued in Tunis and Morocco, 1923, PCIJ, Series B No.4 (1923)*, Ole Spiermann, *supra* note 208, pp.149〜160

れていることによる。その旗国主義の基礎は船舶の国籍にある。旗国主義は船舶にとっての属人的管轄権の現れなのである。上記の判例による国際法の原則からすれば、船舶に対して国籍という概念が導入された根拠を見出すことができるものと考える。但し、他国水域にある船舶が旗国主義を主張するためには、その船舶が国際法に則り行動することが条件となる。そのためにも旗国は国際法に準拠した国内法に基づき、自国籍船を適正に規制、管理しなければならないのである。

3　政治的裁量の及ぼす影響

国籍が政治的影響を強く受けることは、既に述べた通りである。

Rampfは「法と政治の理論的な区別は、社会的な諸関係すなわち国民的・国際的生活の現実においては、政治と法が解き放ち難い関係にあり、また、あらざるを得ないということが認識されているときにも、全ての実定法は『法』という鋳型に刻み込まれた政治（社会的生活および社会的弁証法としての）にすぎないということが認容されているときにも、法意識の解明に役立つ。」と述べ、興味深い示唆を与えている[276]。法における一般論として論ずることができるか否かはさて置き、このような認識は国籍という概念において通用する考え方であると思われる。またBeckertとBreuerは、船舶が旗を掲げる権利とは、国家が船舶を旗国の法秩序の下に置くという、広範囲に渡る一連の行政行為の表れである、と指摘する[277]。

船舶の国籍とその法制の概念は、船舶の国際基準への適合を確実にする伝統的な役割に加え、一貫して国家の広範囲に渡る政策的な目的の実行として表現されてきた。この概念は、旗国の政治的主権と共に発展を見たともいえよう[278]。

国家的視点より見て、国籍制度は国際関係の中で、国家による対人高権行使の対象に関わる国家利益の問題として扱われることが多い[279]。船舶の国籍に

---

[276]　Helmut Rumpf, 竹内重年訳・前掲注(254)23頁
[277]　Erwin Beckert und Gerhard Breuer, *supra* note 135, pp.167〜168
[278]　H. Edwin Anderson, III, *supra* note 120
[279]　柳井健一・前掲注(201)263頁。柳井教授はいう。とりわけ国籍の渉外的効果が問題となる場合には、個人が国籍を根拠に自己の権利・利益の擁護に努めたとしても、そ

第2章　自然人の国籍

ついて論じる場合、このような国家利益の問題がクローズ・アップされるのが、安全保障における商船隊の価値と、その具体的手段である徴用であるように思われる。諸国では船舶の徴用について、一般法の範疇を越えた超法規的な措置によって実行される、としている。例えば、英国における大権は、今日でも尚、王位の一つの属性として考察されている。そしてその大権の権能は、原則としてその権能につき議会に対して責任を負っている内閣によって行使される[280]。フランスにおける統治行為としての戦争権を具体化した緊急法の諸概念は、平和状態の法律に則って定義されるものではなく、緊急事態の間は、全ての個人的権利と利害は共通の防衛の必要によって吸収されなければならないと宣言している[281]。

このような政治性の超法規的な考え方は、個々の国家の行為に止まらない。欧州人権条約は、国連による世界人権宣言において主張された権利の普遍的且つ効果的な承認、及びその遵守の確保を目的としている[282]。この条約は、戦争その他の国民の生存を脅かす公の緊急事態の場合には、その事態の緊急性が必要とする限度において、条約に基づいた義務から逸脱することができるとの規定を有している[283]。

　　の権利主張の実効性を背後から支えるだけの力量を持った国家、あるいは国際組織などの存在なしには、そのような権利主張が認められることは困難である。このような傾向は国籍の取得あるいは保有が、国際法レベルにおいて人権として保障されるようになった今日でも、依然として同様なのではないか、としている（柳井健一・前掲263頁）。

(280)　英国の裁判所も政治の領域を認識しており、裁判所が審査しない政治的行為を認めている。国家的利害が法の適用に影響を与える、限界不明確な領域が認められているのである。英国では裁判所機構と行政機構全体、実体法と手続法、憲法までを含めて統治行為に対して対内的にも対外的にも十分な活動の自由を保障している。英国における重大な政治の固有の領域は、国王の大権である。大権において裁量と恣意とは分けることができない。大権には戦争を遂行し、講和し、封鎖と船舶抑留を定める権限が含まれる（Helmut Rumpf, 竹内重年訳・前掲注(254)139〜165頁）。

(281)　最高フランス行政裁判所や権限裁判所、破毀院は、常に一定の統治行為を非司法的なもの、裁判官による判決を免れたものと認めてきた。これらの行為がどのようなものであるかいうことについては法律に記載されているのではなく、フランスの公法学によって判決より発展せしめられたものである。統治行為の本質は、その裁量的な性格の内にある。戦争権とはこの統治行為の理論の機能を受けている（Helmut Rumpf, 竹内重年訳・前掲53〜94頁）。

(282)　条約前文

法に対する政治とは何なのか。Rumpfは、政治とは社会学的な考察と現実感覚においてはその社会的な闘争と権力の性格という点において、緊張に満ちた予測できない社会的力学として、国家の生ける存在であるとする。そしてそのような政治とは、緊急不可欠、不可抗力、異常な状態あるいはそれに似たものと考えられる状況下では、法律的な規範を引き裂くものであるという[284]。わが国の判例にも、このような統治行為を認めたものがある[285]。

以上を見ても、国家より付与される国籍は、国家による保護のための基礎となる反面、その付与された対象が国家の政治的な判断によって、国家的な目的のために法の枠を超えて利用される根拠となるものと理解できる。

4　船舶と自然人の国籍の機能についての比較検討

これまで見てきた自然人の国籍と船舶の国籍について、その共通の機能についてまとめ、比較することとしたい。

(1) 外交保護権の行使　国家は外国にある国民に対して、外交保護権を行使する権利を有する。即ち、外国に在留する国民が不法・不当な扱いを受け、その身体や財産を侵害され損害を受けた場合に、本国はその者のある在留国に対して、一定の要件の下に適当な救済が与えられるよう、要求することができる[286]。Brownlieは、この点につき、もしも国民が、他国が責任を有する機関によって権利侵害や損害を被った場合には、侵害を被った国民の本国は、その

---

[283]　15条「緊急時の適用除外」。条約を制定した委員会は、国家の緊急時においては、締約諸国は、通常の場合であったなら条約によって認可されている合法性の範囲外にあるであろうような権限を行使することによって、国民の存在そのものを救おうとする試みを行うことができるべきであるとし、この条項を挿入した、とする（清水良三・前掲注(152)91頁）。

[284]　Helmut Rumpf, 竹内重年訳・前掲注(254)53～94頁

[285]　わが国における平和条約の無効の是非について争われた事件では、主権国としてのわが国の存立の基礎に、極めて重大な関係をもつ、高度政治性を有する条約の無効の有無について法的判断をするには、司法裁判所は慎重であることを要し、その法的判断は、当該条約が一見極めて明白に違憲無効であると認められない限りは、裁判所の司法審査権の範囲外のものであると解するを相当とする、とされた（最高裁判所第1小法廷　昭和49年2月7日　選挙無効請求上告事件、昭45(行ツ)115（訟務月報20巻12号65頁））。

[286]　江川・山田・早川・前掲注(196)10頁

危害が国家の領域や共有物、即ち公海、宇宙空間、または無主地の何れに於いて発生したか否かに関わりなく、国際的な場において請求を起こすことができる、としその重要性を協調している。そして外交的な保護及び請求権の国籍を正当化する正しい方法は、国籍の関係が確かに存在することであると述べ、また現在の法においてこれに代わる、または保護を確立する優れた手段が一般に欠如していることである、として、国民と国籍を与える国家との間の確かな関係が必要である旨、説いている[287]。これは自国に登録された船舶に対する外交保護権の行使とも一致する[288]。

このような考え方は法人にも当てはまる。国際法は、自然人の国籍の考え方を法人に対する国家の外交的な保護の行使に類推させている。伝統的な解釈は、その国の法律に準拠して法人が設立され、且つその主たる営業所がその領域内にある場合、国家はその法人に外交保護権を行使する[289]。自然人、船舶、法人とその行使の対象の如何に関わらず、外交的保護が国籍を基礎とする理解は普遍的なものであるといえよう。

(2) 国籍唯一の原則　自然人、船舶の両者共、必ず国籍を持ち且つ唯一のものであるべきである。しかしこの原則には、自然人と船舶との間に開きがあることが知れる。自然人には、一定の経緯によって二重国籍や無国籍が生ずる可能性があり、実際にも国際社会の問題として顕在している。比べて船舶の国籍は唯一且つ不可欠なものであり、二重国籍や無国籍の船舶は、公海上での他国の干渉に抗することができない[290]。既に述べたように、自然人の国籍につ

---

[287]　Ian Brownlie, *supra* note 26, p.522, p.524。

[288]　国連海洋法条約19条「無害通航権」、90条「航行の権利」等。
　　船舶の外交保護の事例として、「マヤゲス（Mayaguez）号事件」がある。ベトナム戦争の最中の1975年5月、カンボジアに拿捕された米国商船であったマヤゲス号とその乗組員の奪還のため、米国は本船が拿捕係留されていたコータン島に海兵隊を派兵、本船を奪還すると共にその乗組員を救出、米軍艦船に収容した（浜谷英博『米国戦争権限法の研究』（1990年）59～60頁）。

[289]　*Barcelona Traction, light and Power Company, Limited, Second Phase-Judgment of 5 February 1970, ICJ*,「バルセロナ・トラクション電力会社事件」, Robert McCorquodale and Martin Dixon, *supra* note 52, pp.424～427

[290]　船舶の唯一の国籍については、国連海洋法条約92条に規定。唯一の国籍は国際慣行であって、条約成立前より確立していた（榎本喜三郎・前掲注(78)324頁）。但し後述するように、船舶の二重国籍については条件付で認める国がある。

いては、多重の国籍により複数の国家によって課される義務が抵触することの回避、無国籍による外交保護の根拠の喪失回避等、主として人権の問題に依拠している。一方の船舶の国籍は、旗国主義の下での旗国の排他的な管轄権の行使、旗国の適正な規制と管理に任じた公海の秩序維持がその目的とされている。国籍が唯一であるべきとする根拠は、それぞれに異なるものである。

(3) 国籍自由の原則　　国籍の得喪には、個人の自由意志が尊重されるのと同様、船舶の国籍の変更にも制限はない。当然ながら、その自由意志とは自然人においては本人自身の意志であるが、無生物の船舶ではその所有者の意思となる。一般に自然人の国籍の変更は、兵役や課税等の不利益の回避である。これに対して、船舶の国籍の変更も徴用や租税の回避他、規制に基づいた国際競争上のハンデの回避と、同様の目的の下に行われるものである。加えて船舶には、その売買による船舶所有者の変更や一部違法な目的のための変更等、自然人とは異なる目的のための国籍変更が少なくない。正に便宜置籍船の存在とは、この原則が生み出している存在といえよう[291]。

(4) 無国籍の取り扱い　　無国籍が、何れの国家によっても外交上の保護を期待し得ない[292]点は、自然人、船舶共に同様である。

(5) 国籍の決定要素　　これまで見た通り実体法上、自然人も船舶もその国籍の決定は各国の国内管轄事項とされている[293]。国家が如何なる個人に国籍

---

[291] 国籍変更の自由は、個人の意志を尊重し、個人の欲しない国籍を強制しない点において、近代国籍立法の一つの理想とされているが、このことが国籍の形式化をもたらしたことも否定できない事実である、との指摘もある（山本敬三・前掲注（2）173頁）。

[292] 無国籍者は、領域国から不当な待遇を受けても外交的保護を与えられず、また領域国が国外退去を求めても、引き取り義務のある本国が存在しない（島田征夫『国際法』（1993年）185頁、横田喜三郎・前掲注(45)202頁。無国籍の人に対しては細川清・前掲注(197)251頁)。

　　また無国籍船に対する国際法上の保護も与えられない。例えば *United States v. Marino-Garcia 679 F. 2d 1373, 1378 n.4（11th Cir. 1982）* では、国際法上の保護は旗国を有する船にのみ与えられ、刑事管轄権に関する国際法上の諸原則は、無国籍船に対しては遵守される必要がない、とされた（落合誠一「公海上の無国籍船に対する刑事管轄権」『新海洋法制と国内法の対応』3巻（1988年）151頁）。人の無国籍は、公法上の権利関係が原則的に否定される可能性と私法上の多くの不利益を示し、法的に、従って社会的にも孤立することを意味する。よって国家は、無国籍をなくすための努力をしなければならない（萩野芳夫『国籍・出入国と憲法——アメリカと日本の比較』（1982年）375頁）とされるが、船舶の無国籍についても同様なことがいえるのではなかろうか。

を与え自国民とするかは、一国の伝統、経済、人口政策、安全保障上の要請等によって決定される。また帰化立法は、国家の政策的な見地より確立されることが珍しくない。これら国家にとって重大な問題となる国籍の決定は国際法上、各国独自の権限に委ねられ、原則として国際法上の制限を受けない[294]。

船舶への国籍付与も、海運、労働、造船政策を含む総合的な政治、経済的な観点からの要請に服している。

(6) 国家への忠誠　自然人と同様に、船舶に対しても忠誠を求める例がある[295]。自然人に対する忠誠の究極的な要求は徴兵であろう。安全保障上、国家に対する忠誠義務は、兵役の義務として表現される。この義務は、自国の国民に対してのみ課せられるのが諸国において共通に認められる慣行である[296]。兵役の義務は、国家の自国民に対する召還権として、普遍的慣行ともいわれた[297]。同様に、船舶に忠誠が求められる場合は、旗国の安全保障を命題とした船舶の徴用においてである。船舶の徴用に対して船舶所有者が忠誠を示すには、第一に、徴用を発する旗国に船舶が登録されていることもさることながら、第二に、船舶所有者その者または法人が旗国の国籍を有すること、またはその企業の本拠地が旗国にあることが重要な前提となるものと思われる。このような実行は船舶に対してのみに限らず、国籍を有する会社・企業も、その国籍を付与した国家による徴用の対象とされる[298]。これらを見れば、徴兵、徴用は

---

(293)　横田喜三郎・前掲注(45)196頁、同・前掲注(3)322頁

(294)　溜池良夫・前掲注(76)90～91頁。国籍法抵触条約では、何人が自国民であるかを自国の法令によって決定することは、各国の権限に属する（1条）とされ、個人がある国の国籍を有するかどうかに関するすべての問題は、その国の法令に従って決定される（2条）、と定めている。しかし「チュニス・モロッコ国籍法事件」でも述べられたように、実際の国家実行にあっては国内管轄事項でも国際的な規制を受けることが知られている。

(295)　米国の1984年海運法（The Shipping Act of 1984）では「国家安全保障上の要請を満たすことのできる、経済的に健全で且つ効率的な米国籍定期船隊の発展を奨励する。」（2条「政策宣言」3項）と規定されている。本規定は1998年の改正海運法にもそのまま引き継がれている。

(296)　江川・山田・早川・前掲注(196)10頁。個人の意思の如何に関わりなく国家が兵役義務を課すことのできるのは、自国民に対してのみである（芹田健太郎・前掲注(212)124頁）。例えばわが国の明治憲法20条は、そのような国民に対する兵役義務を定めていた。

(297)　広部和也「国家管轄権の競合と配分」村瀬・奥脇編・前掲注(66)128頁

国籍を基礎とした国家実行であることが理解できる。

　(7)　**国際私法上の連結点**　国籍は、私法上の権利として、準拠法決定のための連結点としての機能を営む。例えば、わが国際私法は人事、親族、相続等の準拠法として当事者が国籍を有する国の法、即ち本国法が適用されることを原則としている[299]。船舶も、その国籍に基礎を置く旗国法が、国際私法上の準拠法として利用されることが多い。このような準拠法決定のための連結点としての国籍の機能においても、自然人、船舶共、変わるところはない[300]。

　(8)　**商行為における優遇**　各種の通商条約は、商行為に携わる自然人の保護や優先について規定する[301]。これらの条約では、外国人としての自然人の取り扱いにつき、最恵国待遇の適用によって平等化している。しかし通商条約の特徴により、人の移動は物や資本の移動に付随するものとして捉えられている。換言すれば当該条約における自然人の移動は、経済の論理に引きずられているといえる[302]。同様に船舶の待遇についても通商条約に規定がある。特に船舶の場合には、旗国主義が船舶の商行為を保護する役割も担っていることを指摘したい。広くいえば、公海の自由に付随した海運自由の原則そのものが、船舶の商行為を保護する目的の下にある。

　これらの比較検討を通して見れば、国籍の内、国籍国と実質的な関係を有することが要求される事項、または必要とされる事項が少なくないことが判る。

---

(298)　国際司法裁判所による *Elettronica Sicula SpA（ELSI）Case（United States v Italy）ICJ, 1989*, Robert McCorquodale and Martin Dixon, *supra* note 52, pp.430 〜 431, 1989年の「シシリー電子工業会社事件」では、米国会社が株主であったイタリアの法人に対して、その所在地であったパレルモ市の市長が一定の期間徴用することを決定、企業に命じている（関野昭一「シシリー電子工業会社（ELSI）事件」波多野・尾崎編著・前掲注(52)所収、335頁）。この事件の意味するところには、大変興味深いものがある。例えば、船舶の所有法人が徴用を受けた場合、その所有船舶も自動的に徴用対象とされるのか否かである。

(299)　江川・山田・早川・前掲注(196)13頁

(300)　田中誠二・前掲注(6)162頁、江川・山田・早川・前掲 13頁。旗国法の問題については第Ⅲ部で述べる。

(301)　1953年の日米通商条約では、何れの国民も両国の領域の間における貿易を営み、もしくはこれに関連する商業行為を行う目的の下、一方の国の領域に入り及びその領域に在留することが許される、と規定されている。

(302)　芹田健太郎・前掲注(212)138頁

国家による外交保護権の行使は、その対象となる自然人、法人の国籍に依拠している。国際私法における連結点も、国籍の有する重要な要素であるといえる。そして忠誠の表明は、国家に生命や財産を懸ける行為を通して具現されることからも、国籍国との間の実質的な関係があることを前提としていると思われる。また国籍の決定要素とは、国籍の付与対象への国の伝統や経済、政治政策の表れとして、国籍の実質性を形成する要素でもあるといえよう。

〔小　括〕

1　自然人の国籍の船舶への類推の是非

　船舶の国籍を考察する場合、必然的に自然人の国籍に関する一般的な理論が想起される[303]。国家と個人との間を繋ぐ国籍の機能について述べた判例である「ノッテボーム事件」が、国家と船舶とを結ぶ国籍の概念形成にも引用されている[304]。自然人と船舶の国籍の共通点を概観すれば、両者は同様な、または類似した機能を有していることが確認できる。その根拠とはもともと、自然人の国籍の船舶への類推によって生まれたものであった。そのような類推は、船舶が直面する様々な法的処理のために有効であると評価されている。

　自然人も船舶も、国籍を得ることよりその国籍国の保護を受け得る。反面、

---

(303)　山本敬三・前掲注（2）172頁

(304)　既に見たように、自然人への国籍付与の基準の決定は本来、国内問題であって、国際法が介入できるのは国内法を他国に対してどこまで有効に主張し強制できるか、その国際的な対抗力の有無・条件の決定に限られるとされ、具体的には、自国民の被った損害についての外交保護権の行使と国際的請求の提起等、国家が国籍付与の効果をもって相手国に対抗し得るためには国際法上、国籍国と国民との間に「真正な関係」が存在することを要件とするとの判断である（山本草二・前掲注(38)218頁）。

　このような考え方への反論として、船舶の場合は領域内外の移動を常態としており、個人の国籍のような定住による結合を規定できないとして、国家と個人のつながりから船舶における「真正な関係」の内容を類推することは困難であろうとする意見もある（古賀衛・前掲注（2）43頁、David F. Matlin, 榎本喜三郎訳・前掲注(78)15頁。）。しかし現代社会の自然人にしろ、その多くが国境を越えた移動生活に従事していることを考慮すれば、国際的な移動云々を以って「真正な関係」の類推を否定することはできないと思われる。寧ろ、常に移動するという特性を有する船舶は、その移動水域において管轄権の抵触を招くことより、旗国主義の実効性の維持のためにも、旗国とその登録船舶との間においてこの理論が不可欠となるものと思われる。

第 I 部　船舶の国籍の意義

両者共、国籍国の恣意的な政策の影響を受け、また国籍国の政治的な束縛から自由を得ようとする存在である。国家より自由とされる自然人、船舶共、両者に共通した国籍の概念の中にあるものは、その条件を取り決める国家の意思である。またその意思が政策となって個別に、時として強く表出されるという国家実行における性格である。国籍という概念そのものには国家政策や国家による規制が反映され易いのである。それらは本来、国家から自由である筈の存在より自由を奪い去る作用として、自然人、船舶へ影響を与えている。

　人権としての観点からも、自然人としての個人は生来、国家より自由な存在である。国家は安全秩序の維持のために必要な限りにおいてのみ、個人の領域に介入できることとされている。そしてこの介入とは、国籍の実効性が命令と服従という権力関係によって保障されることであった[305]。このような概念は、船舶についても当てはまるものである。船舶は国家より自由である。国家は海運の自由を尊重しつつ、安全保障の必要性に応じて船舶に強権――徴用を発動する。自然人と船舶との間にある明確な相違は、人権という概念が船舶にはないことである。

　人権は生命を宿す自然人に特有なものである。この相違こそ、自然人の国籍の船舶への援用が正当なものではないとした、根強い否定論を支持する背景となっているものとも思われる。自然人と船舶とは異質なものであるから、それぞれの国籍の意義や内容の一部は変質せざるを得ない。自然人、船舶のそれぞれの基礎として国籍が置かれることについての異論は、国籍が生命体に固有のものとの考え方に依拠する限り消し去ることはできないだろう。自然人の国籍は、国家政策から人権としての考え方に変貌しつつある[306]との見方がある一

---

[305]　田村悦一「自由裁量とその限界」(1967 年) 266 頁
[306]　(人の) 国籍を決定するのは、国家目的から政策的に決めることのできる国家の権利であるとする考え方から、国籍は人間の尊厳の土台から、個人の尊重の上に決定されるべきものだという個人の権利の考え方へと進んできた (萩野芳夫・前掲注[292]、375 頁) との指摘がある。

　しかしそのような人権の捉え方も、また困難であるようである。Higgins は言う。「人権の完全に普遍的な概念というものは存在し得ないといわれる。何故ならばこの世界における様々な文化や政府システムを考慮に入れることが必要だからである。思うに、この考えは主に国家によりそしてまた他者に西欧的な考え方を押し付けまいと気遣っているリベラルな学者により、押し進められている論点の一つである。人権についての非普

方、船舶所有者による商行為の手段としての船舶に、同じような立場の昇華は望まれるべくもない。

　船舶にとっての国籍に代替されるものがあれば、この議論に解決の糸口が見つけられるかも知れない。現代の国際社会はそのような代案を見出してはいない。しかしそれ以上に、生命ある者が国籍を擁すべきとの考え方とて、必ずしも理論立てた主張に支えられてはいない。現在の国籍なるものは、自然人に固有のものであるとはいい切れないものと思われる。むしろ自然人、船舶と国籍を保持する主体について、それらの有する特質を個別に理解しつつ、それぞれの国籍の意義を評価すべきだろう。これらの考慮より、船舶と国家との間に設定される法的関係を「国籍」と呼ぶことは、不合理なことではないと思われる[307]。

2　国籍の実質性

　Brownlie はその書の中で一貫して、自然人の国籍の基礎となるものはその実質性、即ち、国家とその自然人との間の関係であると説いている。同様に法人にとっても、当該法人に国籍を付与する国家との結び付きにおいて重要な要素は実効性であるとする。その実効性の具体例として、国家領域における居住、常居所の存在を挙げている。このようにして Brownlie は、国籍なるものの基礎を、国籍を付与する国家との間の繋がりに置いている。その実効性とは、国籍が実際に効力や効果を持つことである。国籍を付与された者が、付与された国籍の効果を享受できる資格とは、国籍とそれが付与される者との間にある「真正な関係」であり、より具体的には領域への居住、民族としての出生や血統という、実質的な繋がりであると思われる。国籍の有する機能、例えば帰化の受入れや外交的保護の行使は、国籍の持つべき実質性の有無を判断して実行されるものである。実効性を実質性と読み替えることに異論はない。

遍的相対論的見解は、実際に非常に国家中心主義的な見解の一つである。そして人権は人の権利であり、国家とか国家群が各自の政治的経済政策及び文化が関係している限りでは、各々異なる行動をするであろうという現実に左右されはしない、という事実を見失っている。」（Rosalyn Higgins，初川満訳・前掲注(65)15頁）と。全く同じことが、国籍という概念についても言及できるものと思われる。
[307]　水上千之・前掲注(14)20頁

第Ⅰ部　船舶の国籍の意義

　自然人の国籍に、その成立根拠としての実質性が必要であるといっても、その国籍が類推され適用された船舶の国籍にも、同様に実質性が必要であるとの単純な解釈は成り立たないであろう。しかしこれまでの議論に立ち返れば、国家と個人、国家と船舶との関係における本質的な意義に大きく変わるところはない。その意義とは、船舶の国籍が単なる形式的、名目的なものでは済まされないという概念の存在である。公海における法秩序の維持のために、自国籍船舶に対する旗国管轄権の存在意義がある。同じく自国籍船舶に対して旗国の有する経済上、社会上、行政上における義務がある。それらの権利・義務の基礎たるべき、旗国と船舶との間に存在すべき法的紐帯としての実質性こそが、船舶の国籍の概念を形作るものと理解して良いであろう。*Muscat Dhows case* や *Lauritzen v. Larsen* で示された、船舶に対する国籍の付与は国家の権利であると共に、その正統性を判ずるのも国家の権利であるとする国内管轄事項としての主張は、正にこのような実質性を根拠としたものであった。

　その国籍の重要性が求められる舞台としての公海は、嘗ての自由が制限され、管理を受ける客体に変容しつつあることが知れた。自由の制限は公海の帰属、航行の自由の双方に向けられた総論的なものである。中でも航行の自由への制限は、公海の秩序維持の役目を担いつつ公海の自由を享受していた船舶の国籍の排他的な権利、旗国の権利への規制をもたらすこととなった。これらの規制は国家や国際組織による実行を通じたものであり、国際社会の政治的、社会的動向に追随した規制が公海に導入されたことによる。これら規制の数々はますます厳格なものとなりながら、伝統的海運国の一部によって、または国際組織によって主導されている。船舶の公海における排他的権利を制限する規制は、その権利の基礎である船舶の国籍の意義にも影響を与えずにはおかない。

　上記に掲げた船舶の国籍の機能への影響は、国際社会における外部的な作用に拠るものである。一方、内部的な作用による影響についても検討しなければならない。それは船舶の国籍自らの変容である。その変容とは、具体的に述べれば便宜置籍という、船舶の特殊な置籍形態によってもたらされた、船舶の国籍概念の変質である。船舶の国籍への外部的な作用の一部は、この内部的な作用によってもたらされた諸事情が引き金となって発生したものと解しても良い。その意味より、公海の自由を束縛する原因の一つは、船舶の国籍の内的変化に拠るものである。

第Ⅱ部では上記のもう一つの要因である船舶の国籍の変容、即ち便宜置籍船の発生とその法制のメカニズムについて検討を加えたい。

第Ⅱ部　便宜置籍船と「真正な関係」

　船舶の国籍の問題を考える場合、便宜置籍船について検討を加える必要がある。現代における船舶の国籍の概念は、この便宜置籍船という極めて特徴的な存在によって大きな影響を受けているからである。便宜置籍船の特徴とは、端的にいえば、船舶と旗国との間に実質的な繋がりのない特異な性質を有するところに絞られる。この便宜置籍船のもたらした影響によって、船舶の国籍概念は大きな変質を見た。従い、船舶の国籍の問題を取り扱う場合、便宜置籍船の存在の検討を避けて通ることはできないと思われる。

　簡単に便宜置籍船を表現すれば、一定の国に低額の税金を支払うことによって国籍を受け、公海を航行するための国籍要件を満たしつつ、他方で国家による一般的な安全基準や労働条件の制約から免れることにより、船舶の運航における利潤を追求する方便である、といえる[308]。

　このような便宜置籍船の歴史は古い。海運という商行為がローマ時代以前にまで遡ることができる[309]という深遠な流れの中で、船舶の登録先を何らかの理由によって便宜的に変更する行為は繰り返されてきた。現代の国際海運における便宜置籍船をいうにおいては、第二次世界大戦後におけるその激増と、その激増の理由や背景に焦点が絞られることに異論を挟む余地はない。この部の前半では一般的な国籍選択の条件から、便宜置籍船の法制について検討を加える。

　また便宜置籍船の規制を目論見つつ、その解釈の不明確性の故、結果的には便宜置籍船の趨勢をもたらしたといえる「真正な関係」の概念についても検討したい。国際条約に謳われた「真正な関係」は、先に掲げた自然人の国籍についての国際判例である「ノッテボーム事件」からの引用であった。この理論は船舶の国籍の基礎として、旗国と登録船舶との間に認められなければならない

---

(308)　古賀衛・前掲注(2)48頁
(309)　黒田英雄『世界海運史』(1979年)3頁以降

実質的な関係をいい、国連海洋法条約に取り入れられている(310)。しかしその内容は具体的に明文化されていない。

「真正な関係」が誕生した背景には、公海条約審議の当時、国際海運に台頭していた便宜置籍船問題への対処があった(311)。しかし「真正な関係」はその不明確さの故に、実質的には便宜置籍国を中心とした旗国の裁量を制約するには至っていない。そして「真正な関係」の払拭できない抽象性は様々な政治的、学問的議論を生ぜしめ、現在に至っている。「真正な関係」とはどのような経緯の基に国際法に取り入れられたか、「真正な関係」が如何なる問題を有しているか、「真正な関係」の影響とは如何なるものかについて分析する。

---

(310) 国連海洋法条約91条「船舶の国籍」
(311) 林久茂・前掲注(134)16頁

第 1 章　便宜置籍船

第 1 節　便宜置籍船と船舶の便宜置籍化の目的

1　便宜置籍船の定義と便宜置籍国の特徴

便宜置籍船（Flag of Convenience）(312)の定義、またはより婉曲的な表現である自由置籍（Open Registry）(313)の定義として、国際法上、公式に確定したものはない(314)。

---

(312)　「Flag of Convenience」が最初に明記されたのは、1954 年の OECD（経済協力開発機構）のレポートであった（榎本喜三郎『『便宜置籍船』問題論叢』（1993 年）407 頁）。これ以降、「Flag of Convenience」は世界的に流布してきた呼称であるが、国際的に統一され承認されたものではない。日本語である「便宜置籍船」はこの英語名の訳であり、「Flag of Convenience」が国際法において確定された名称でない以上、「便宜置籍船」という名称も公式なものではないといえよう。例えば便宜置籍船を容認する米国は、「Flag of Convenience」の用語を使用せずに「Flag of Necessity」と呼んでいる（便宜置籍船は船舶所有者が自らの所有船舶を競争に耐えせしめ、生き残り得るだけの利益が生ずるように便宜置籍国に再登録するという観点に立つ限り、「Flag of Necessity」＝「必要な国旗」といわれてきた、とする（David F. Matlin, 榎本喜三郎訳・前掲注(78) 9 頁、嘉納孔「便宜船籍と『ジェヌイン・リンク』」『神戸法学雑誌』14 巻 15 号（1965 年）653 頁））。その他複数の呼び名が認められるものの、何れも法的に定められた呼び名ではない。このように「便宜置籍船」の名称には批判はあるも（山内惟介『海事国際私法の研究』（1988 年）149 頁等）、殆どの邦文献で引用され使用されている。現在の時点では、他の確定的な名称の利用を確認し得ないところより、「便宜置籍船」の用語の使用に特段の問題はないと思われる。

(313)　その国で自由に船舶を登録することが可能となったとの意味において、「自由置籍」という用語を使用するのが妥当とする説もある（下山田聡明・前掲注(24) 3 頁）。「Open Registry」に対してそれまでの伝統的海運国の登録制度を「Closed Registry」と呼ぶこともある。その相違は外国船舶の登録が可能か否かに依拠していた（H. Edwin Anderson, III, *supra* note 120）。本書では邦語として「Flags of Convenience（FOC）」に「便宜置籍船」、「Flag of Open Registry」に「便宜置籍」の呼称を用いることとする。

(314)　Richard M.F. Coles, *supra* note 68, p.15、　林久茂・前掲注(134)16 頁、宇多一二

第Ⅱ部　便宜置籍船と「真正な関係」

　多くの研究者がその定義の確立を試みている(315)が、Boczek は「機能的に便宜置籍船とは、船舶を登録する者にとってその理由は何であれ、便利且つ好都合な条件の下、船舶の外国の所有と外国の運航の登録を許す国の旗である」と端的に定義している(316)。別の論を見れば、山内教授はその著書の中で、便宜置籍船は「実質的な船主が、その所有にかかる船舶を、本来登録すべきであるとされる自国に登録した場合に生ずる不利益を回避するため、またはいずれか他の国に登録することによって、自国への登録では得られない便宜を享受するため、当該船舶をみずから、または形式的な外国法人を通じて他国に登録」されたその船舶をいうとしている(317)。便宜置籍船における実質的な船舶の所有者の国籍と船舶の国籍との乖離は、便宜置籍の仕組それ自体の中において必然的な前提条件とされているのである(318)。

　「UNCTAD における便宜置籍船の排除問題について」『海事産業研究所報』199 号（1983年）7 頁

(315)　山内惟介・前掲注(312)12 頁。便宜置籍船について、ITF（International Transport Workers' Federation、国際運輸労働者連盟）は「船が伝統的海運国と考えられない国の旗を掲げ、船の所有権や管理が、掲げている旗の国とは別なところにある場合、これは便宜置籍船と考えられる。」と表現した（1968 年第 29 回 ITF 世界大会採択、木畑公一『便宜置籍船―海の多国籍企業―』（1974 年）5 頁）。山本教授は「実際には他国の国民が所有・支配し外国人の船員を配乗した船舶で、国籍付与の条件の緩い法律を持つ国に登録されたもの」とする（山本草二・前掲注（1）106頁）。榎本博士は「国際貿易のため、海上輸送に従事する外航船で、その所有者（個人、会社その他の組織・団体、以下同じ）によって、意図的にその船舶を、所有者の所属国以外の国において登録（置籍）する船舶である。」とし、便宜置籍船の目的として「それは所有者がそうすることによって、FOC 船主は自国（所有者の所属国）と船舶を登録する国（FOC 国）との間の、財務事項（本船登録料、年間手数料、諸種の税金等直接経済的側面）、労務事項、金融事項等における水準格差を利用し、その他社会的諸条件の相違や行政上の法令・規則・その取締り、監督の緩・厳の差を利用して、自由な海運企業経営を営むために行うものである。」とする（榎本喜三郎・前掲注(312) 2 頁）。

(316)　Richard M.F. Coles, *supra* note 68, p.17

(317)　山内惟介・前掲注(312)12 頁

(318)　谷川教授は便宜置籍船について「実質的な所有者が意図的に、自己が船舶所有者として又は形式的船舶所有者を使って、実質的船舶所有者の国籍の所在国とは異なる国において船舶登録をし、その船舶がその置籍国の法令に基づきその国の旗を掲げて航行する形態を出現せしめているのである」とする（谷川久「旗国法の基礎の変化と海事国際私法(1)」『成蹊法学』22 号（1984 年）22〜5 頁）。

先の Boczek は1970年に英国の海運調査委員会において、便宜置籍国についての報告を行っている。即ち便宜置籍船の登録国の特徴として、(1)便宜置籍船の登録国は、自国の国民以外の者による登録船舶の保有とその支配の双方、もしくはその一つを認めている。(2)登録が簡易である。海外の領事館を通じて船舶を登録しても良い。同様に重要なことは、船舶所有者の選択に任せた登録の移転に制限がないことである。(3)船舶の運航に依る所得への課税がないか、または低率である。通常、トン数を基準とした登録料及び年間手数料が、徴収される船舶所有者の唯一の負担金である。(4)便宜置籍国は、予測する限りどのような場合にも、自国では全ての登録船舶を必要としない小国である。しかし多数の船舶からの収入が、その国民所得と国際収支に相当の影響を与えるものとなる。(5)登録国は、自国の政府の規則や国際規則を有効に施行する力も行政機構も有さず、登録会社を管理する能力もなく希求もしていない、とまとめた[319]。

実際の慣行に照らし合わせると、(1)については元来、船舶登録とは自国籍船の登録のための制度であり、他国の船舶の登録は認められないとする基本的な理念があった。便宜置籍国では所有船舶にかかる規制を逃れようとする船舶所有者の船舶、即ち外国船舶を受け入れている。(2)登録は極めて容易であり、登録の申請より仮船舶国籍証書の発給まで、数日を要するのみである便宜置籍国も少なくない。(3)便宜置籍船の経済的な運航を支えている。(4)通常、自国籍船の登録はそれ自体、自国海運における商船隊の構成を意味するが、便宜置籍船はその置籍国の海運とは関連を持たない。(5)現在、この点の指摘には改善が見られるものの、便宜置籍国の国力よりして実効的な管理を行うことの困難性は克服されていない。

Boczek の報告から35年以上を経過した現在、便宜置籍国を評した上記の内容の一部には改善または進展が見られてはいる。しかし原則として、その実態には大きな変化がないまま、今日に至っているといって良い。そしてこのような船舶の登録形態が、現在の国際海運における趨勢となっているのである。

---

(319) Committee of Inquiry into Shipping Report, 1970, Richard M.F. Coles, *supra* note 68, p.18

第Ⅱ部　便宜置籍船と「真正な関係」

2　便宜置籍船の台頭と現在の趨勢

ここで便宜置籍船の歴史について概観しておこう。

その嚆矢は、西インドとの交易において、スペインの採った排他的な独占を回避するため、英国の商船がスペイン国旗を利用した記録にまで遡ることができる。17世紀にはニューファウンドランド沖合において、英国による漁業規制を回避するために英国漁民がフランス国旗を利用する等、漁業の世界でも用いられた[320]。また18世紀には、ギリシャ南部のペロポネソス貿易に従事していたゼノアの船が、フランス国旗を掲げていた記録がある。このゼノアの船は、フランスの領事料が値上がりするとその国旗をオーストリア旗に変える等した[321]。その利用の目的は、現在の便宜置籍船のそれと大きく異ならなかったといえよう。

わが国に便宜置籍船が現れたのは明治年間である。不定期船の船舶所有者が、関税定率法の改正によって、外国船購入に課されることとなった輸入関税を免れるために、その所有船舶の籍を変更した。日露戦争の結果、新たにわが国の租借地となった関東州、あるいは併合された朝鮮への置籍が考えられ、これによって関東州置籍船や朝鮮置籍船が現れたものである。その目的は上記のゼノア船と同じく、船舶に課される税の回避にあった[322]。

現代の便宜置籍船の黎明は、今世紀初期の1922年、米国に成立した禁酒法による規制の回避を目的に、米国籍船がパナマに移籍されたことに始まる[323]。

1930年代の欧州の政治的緊張は、1935年に25隻のダンチヒ自由市の登録船をパナマに移籍せしめた。他にもスペイン市民戦争の間、多くのスペイン籍船がパナマ籍船となった。また少なからぬギリシャの船舶所有者は、英国やその

---

[320]　Richard M.F. Coles, *supra* note 68, p.18
[321]　黒田英雄「便宜置籍船の諸問題」『海事産業研究所報』255号（1987年）8頁
[322]　萩原正彦『傭船契約論』（1982年）89頁。またこの時期におけるわが国での便宜置籍は、中古船の輸入手段として利用された記録がある。両大戦間、わが国船腹は増大したが、その内訳は大量の中古船の輸入と大戦中・戦後のストック・ボート建造の結果であり、大連置籍船や解体用船舶等、様々な形態をとって継続された、とある（中川敬一郎「両大戦間の日本海運業」中川編・前掲注(134) 9頁）。
[323]　1922年、ユナイテッド・アメリカ社は定期遊覧船二隻の巡航を計画したが、禁酒法によって米国籍船でのアルコール類の販売、輸送が禁止されていた。この規制を逃れるために同社が遊覧船二隻の船籍をパナマに移したことから生まれた（H. Edwin Anderson,III, *supra* note 120）。

第1章　便宜置籍船

他の国によって為された内政干渉に端を発した経済封鎖を回避するため、その所有船舶をパナマ籍に振り替えた。そして戦争に入る前のギリシャ籍船にとって負担となっていた高額な船員費は、ギリシャの船舶所有者をしてパナマを旗国とさせ、その置籍を増進させた[324]。

近時の船舶の便宜置籍化は、1960年代から70年代前半の国際海運において現出した、最も顕著な業界的特色の一つであった[325]。その後、便宜置籍船の増加は一旦は低迷するも、1982年以来、再び増勢に転じ[326]、今日に至っている。便宜置籍船の規模も1949年には世界の船腹量の4.2％に過ぎなかったものが、1984年には伝統的海運国に登録された船腹と肩を並べるまで成長した[327]。そしてその発生から約80年を経た現在、便宜置籍船は国際海運に従事する船腹の46.5％を占めるに至っている[328]。パナマから始まった便宜置籍国も、今や大小27カ国に及んでいる[329]。

---

[324]　Richard M.F. Coles, *supra* note 68, p.18-19
[325]　織田政夫『海運要論』(1996年) 26頁
[326]　山岸寛・前掲注(15) 3頁。全体的に見れば、便宜置籍船は1950年代から40年間に渡って絶えず増加の基調にあった（山岸寛・前掲注(12) 83頁）。
[327]　便宜置籍船の増大と共に伝統的海運国の世界船腹量に占める割合は減少し、1950年に81％、1981年には50％となった（山岸寛「1980年代初頭の便宜置籍船(下)」『海外海事研究』77号（1982年）45頁）。
[328]　織田政夫「海運産業の成長と存続の条件」『海事交通研究』47集（1998年）25頁
[329]　ITFの定める便宜置籍国である。1997年時点の主要な内訳として、アンティグア・バルブダ、アルバ島、バハマ、バルバドス、ベリーズ、バミューダ、カンボジア、カナリー諸島、ケイマン島、クック諸島、キプロス、ドイツ第二船籍、ジブラルタル、ホンジュラス、パナマ、レバノン、リベリア、ルクセンブルグ、マルタ、マーシャル諸島等がある（The International Transport Workers Federation "FLAG OF CONVENIENCE CAMPAIGN REPORT 1997" p.51）。

　便宜置籍国としての認定は、活動内容を異にする国際機関毎に多少の差異がある。それは認定する国際機関が、便宜置籍国の特質をそれぞれの活動の観点より定めるためである。1992年、OECDは香港、シンガポール、フィリピンを含む15ヶ国を挙げ（山岸寛・前掲注(12) 64頁）、UNCTAD（国連貿易開発会議）はリベリア、パナマ、キプロス他を挙げる（山岸寛・前掲注(15) 3頁）。これらの指定国は絶えず変化し、例えばITFは2000年10月、その配下の公正慣行委員会において、新たにボリビアと赤道ギニアを便宜置籍国として指定することと決定した（海事産業研究所編・前掲注(21) 3頁）。これらの国際組織の定める便宜置籍国に何れも共通して見られる国は、リベリア、パナマ、キプロスである。

3　船舶への国籍付与のための立法主義

既に見たように、船舶へ国籍を付与する要件の決定は国内管轄事項に属している。

各国で採用されている国籍付与のための立法主義は、下記のように幾つかに大別できる。

かつての船舶への国籍付与のための立法主義は、船舶が建造された国の国籍が与えられる製造地主義、乗組員の国籍に基づく船舶乗組員主義、船舶の所有者の国籍を基にした船舶所有者主義に大別された[330]。現在は船舶所有者主義、または船舶所有者主義と船舶乗組員主義の混合主義が、一般的な立法主義となっている。

製造地主義は、自然人の国籍にいう生地主義に当たる。この主義はもともと、国が船舶建造のための助成措置を行うことを条件に、船舶所有者がその所有に掛かる新造船を自国の造船所へ発注し、竣工した船舶に国籍が付与されるものであった[331]。しかし現在はより発展した「海運自由の原則」に則り、船舶建造に国境がなくなったことによってその現実性は薄れている。一般的な海運実務において、船舶所有者は所有船舶の建造の他、その修理についても、自国を含む複数国の造船所より見積もりを取り付け、本船の就航予定海域に近く且つ経費の最も安価な造船所に発注するのが常である[332]。

船舶乗組員主義とは、船舶の旗国の船員の配乗を意味する。しかし現在の国際海運では、自国の登録船舶へ自国船員の全乗を義務付ける伝統的海運国は皆無となっていることに加えて、便宜置籍船に配乗される乗組員もコストの安い途上国船員——旗国外船員に求められている。伝統的海運国の多くは混乗といわれる形態、即ち一般には幹部職員等、少数の自国民船員に他多数の途上国船員との乗組員構成を採用している。そのような実務慣行からも、途上国海運を

---

(330)　志津田氏治・前掲注（5）137頁

(331)　この主義は、自国の商船隊の育成を図ろうとする国家政策が色濃く反映されたものであったといえよう。

(332)　しかしわが国の海運実務上、実質的な船舶所有者の自国造船所において、その所有船舶を建造したいとする傾向は根強く残っている。契約から竣工までの造船所と船舶所有者との交渉が、母国語を通じて行えるという利点のみならず、船舶所有者にとり造船契約には規定し難い、わが国における商行為慣行——例えば「融通が効く」等の面を無視し得ないとされることに依る。

除いて乗組員主義が厳格に採用される余地はなくなってきているといえる[333]。

残る船舶所有者主義は、伝統的海運国を始めとして、現在も多くの国で採用されている主義である[334]。自然人の国籍においての血統主義に該当する。この船舶所有者主義は登録船舶の(1)自然人によっての所有[335]、(2)合名会社のような会社によっての所有[336]、(3)有限会社や持ち株会社、組合または株式会社のような法人格を与えられた物的会社（association of capital）による所有[337]、の三種に大別される。現在の国際海運においては、上記(3)の形態による所有が多く採用されている。自国民所有の要件は最近、一般的に緩和される傾向にあ

---

[333] この途上国海運には便宜置籍国を含めない。

　　伝統的海運国の登録船舶における混乗形態の採用は、乗組員の人件費の削減が目的である。わが国商船隊においても、1985年のプラザ合意による急激な円高に伴い自国船員全乗の維持が困難となり、混乗政策に切り替えられた。

　　日本海運における本格的な混乗主義は、まだ20年を経過したに過ぎないが、例えば英国において、このような混乗の法制化の起源を求めれば、18世紀にまで遡ることができる。1707年に制定された「米国への貿易を奨励する法律」（Act for the Encouragement of the Trade to America）は、外国人である海員及び船員が、連合王国に所属する船舶へ乗務することを奨励する法律であった。この法律では一定期間、英国船舶に乗り組んだ外国人船員は連合王国生来の臣民とみなされる旨、定められた（柳井健一・前掲注(201)131頁）。このような政策を見れば、もともと混乗政策とは、自国船員の絶対数の不足につき、その供給が困難であることに基いて導入されたものということができる。

[334] 志津田氏治・前掲注（5）137頁以降

[335] UNCTAD（United Nations Conference on Trade and Development、国連貿易開発会議）の定義に依れば、自国に居住している自国民によって完全に所有されていること、または自国に居住する外国人が少数参加していることは許されるが、自国民によって大部分が所有されていることが要求される（Economic Consequences of the Existence or lack of a Genuine Link between Vessel and Flag of Registry, United Nations, 1977、竹本正幸訳「便宜置籍船と多国籍企業（UNCTAD報告書『船舶と登録国間の真正な関係の存在又は欠如の経済的影響』（1979年）18頁）」。）

[336] その社員が旗国の国民であること、または社員の過半数が自国民であることが要求される（Economic Consequences of the Existence or lack of a Genuine Link between Vessel and Flag of Registry、竹本正幸訳・前掲19頁）。

[337] 登録国の法律に基づいて設立されること、本社または主たる営業所が登録国に所在すること、その法人の株式が登録国の国民によって所有されていること、主要な役員が登録国の国民であること等の条件が、個別的または複合的に結合することが要求される（Economic Consequences of the Existence or lack of a Genuine Link between Vessel and Flag of Registry、竹本正幸訳・前掲19頁）。

第Ⅱ部　便宜置籍船と「真正な関係」

る[338]が、伝統的海運国の多くはこの主義に基づき、自国籍船に対して国籍を付与している。

　船舶所有者が自然人である場合には、自国民の意義を決定するにつき、一般国籍法の基準に依る。船舶が法人に属する場合は、船舶の国籍決定のためにどのような法人を自国法人と認めるかが問題となる[339]。現在の海運界においては殆どの船舶が法人（会社）の所有であるため、船舶所有者となる法人の国籍を明確化することが、船舶の国籍を定める上で不可欠なものとなっている。

　現在の伝統的海運国の主たる法制では、法人設立の準拠法、住所もしくは本店の所在地、役員、出資者の国籍を標準としている。各国ではこれらを種々に組み合わせて、自国法人を定める立法主義を確立しているのである[340]。伝統的海運国の法制が船舶の所有に掛かる場合、その主たる要件は船舶所有者としての実質性を兼ね備えさせ、その実質性を基礎として、所有船舶に国籍を付与しようと試みられていることが理解できると思われる。例えば、わが国の船舶所有者となる資格要件は、厳格な部類に属する。日本籍船の所有は、わが国の市民または法人であり且つわが国の国民により支配、運営されている法人に限定される等、自国籍船への国籍を付与する要件として厳格な制約が定められている[341]。

---

(338)　欧州各国で採用されている第二船籍制度は、その緩和傾向の表れであるといえよう（第Ⅳ部参照）。

(339)　田中誠二・前掲注（6）164頁

(340)　田中誠二・前掲164頁。それらの主義は以下のように大別できる。(1)以前の英国に見られる自国法によって設立され、且つ住所もしくは本店の所在地を自国内に有する法人を自国法人とする主義、(2)わが国やドイツ、フランスの如く、自国の領域内に住所を有し、且つその役員の全てまたは一部が自国民をもって構成される法人を自国法人とする主義、(3)ノルウェーやスペインの、自国内に住所を有し、且つその法人を構成する出資者が一定の程度において自国民たる法人を自国法人とする主義、(4)そして米国が例えられる、法人が自国の法規に従って設立せられ、役員が一定の程度において自国民をもって構成され、且つ出資者が一定の範囲において自国民となる場合に自国法人とする主義、である（田中誠二・前掲164頁）。

(341)　わが国の船舶所有の要件は船舶法1条に「日本船舶の範囲」として定められ、わが国国民の所有にある船舶、わが国の法令によって設立された船舶の属する法人の代表者の全員、及び業務を執行する役員の3分の2以上がわが国の国民であることを必要とする主義である。また日本国籍の喪失についても商法に明文の規定（702条「船籍喪失と持分の買取り・競売の請求」）を起き、船舶所有者の持分の移転や国籍の喪失によっ

船舶所有者主義と船舶乗組員主義の混合主義とは、船舶所有者主義の形を採りながら、登録船舶に配乗される乗組員について、船長、職員の全てまたは一部等に自国籍船員の配乗を求める主義をいう。当該主義を採用する国も少なくはない。

便宜置籍船への国籍付与、即ち便宜置籍国の立法主義は実質上、以上の何れにも属さない特殊なものである。自国民や自国法人による船舶所有権支配、自国船員の配乗を要求しない、または形式的な要求を課すに止まるものである。最終的に何れの者にも開放された自国への登録のみによって、国籍の付与が認められる。この主義は便宜置籍制度として、外国人や外国の会社が実質的に所有または管理している船舶に対して自国への登録を開放するために、国籍付与のための条件としての船舶の所有、所有会社の設立、船員配乗に関する要件を極めて緩やかなものとしている。その立法主義は、伝統的海運国同様に自国内に船舶の所有法人の設立を義務付けるものから、登録業務を担う国内弁護士の任命で良いとするもの等、多種多様である。何れも一般的な便宜置籍船が便宜置籍国での法人所有とされていることから、形式上は船舶所有者主義が励行されていると判断される。

4 便宜置籍船の所有と運航形態

便宜置籍船の所有、運航には様々な形態があるが、ここに一般的な形態を述べる。

便宜置籍船の所有の多くは法人によって為される。その法人は旗国の法人であるが、ペーパー・カンパニーとして存在する。当該旗国法人にはその旗国外に、便宜置籍船の実質的な所有法人である旗国法人の親会社が存在する。外国の親会社は受益船舶所有者（beneficial owner）[342]として、ペーパー・カンパニーである子会社を通して、所有する便宜置籍船を実質的に支配する。実質的

　　て、所有に係る船舶の国籍が失われる場合、共有者の買取や競売を認める等し、船舶の国籍の維持が図られている。このような船舶の国籍維持のための政策は、諸外国でも見ることができる（志津田氏治編・前掲注(266)31頁）。

(342)　その他の日本語訳として「享益的所有権者」（山戸嘉一「便宜置籍と『ジェヌイン・リンク』」『神戸法学雑誌』14巻4号（1965年）666頁）、「実質的支配船主」（志津田氏治・前掲注（5）139頁）、「行動主体者」（山岸寛「フラッギング・アウトの構造とその受入れ国の経済的役割」『海事交通研究』（1991年）61頁）等、様々な呼称がある。

第Ⅱ部　便宜置籍船と「真正な関係」

な支配とは、所有船舶を実際に運航してその運航より利益を得ることを指す。即ち一般的な便宜置籍船には、便宜置籍国に登録されている名義上の船舶所有者と、当該船舶の運航から金銭的利益を得る者、会社または組織である受益船舶所有者——二種類の船舶所有者があることとなる。所有船舶の便宜置籍化を目論む船舶所有者は、自らを親会社として便宜置籍国に子会社を設立[343]し、その子会社を便宜置籍船の名義上の所有者とするのである。この便宜置籍国の登録所有者は形式上の所有者であり、他国の受益所有者が真の船舶所有者、実質的所有者となる[344]。便宜置籍船の運航は旗国の所有法人に依るのではなく、荷主からの貨物運送の委託を受けた旗国法人の親会社が直接に、あるいは船舶管理会社を介する等して便宜置籍船を支配、運航している。旗国法人はペーパー・カンパニーの名の通り、便宜置籍船の実際の運航には全く関与していない[345]。

---

[343]　便宜置籍船は1カ国にのみ集中して移籍されるとは限らない。海運企業は政治的・経済的及び社会的条件を考慮して、多数の選択肢の中から登録国を決定する（山岸寛・前掲88頁、宮脇哲也「過剰船腹と便宜置籍船」『海運』1985年4月号22頁）のが慣行となっている。この点については後述する。

[344]　Behnamは、便宜置籍船が、旗国外の船舶所有者によって実質的に運航されていることに問題がある、と指摘する（Awni Behnam, Ending Flag State Control, Andree Kircher edited, International Marine Environmental Law, 2003, p.128）。

[345]　便宜置籍船の所有、運航形態は様々である。例えばフィリピン人乗組員によって運航される一般的なパナマ船籍の便宜置籍船の所有・運航を考えた場合、(1)海運企業（実質的な船舶所有者）はまずその国籍をパナマに置くため、パナマに所有法人を設立してその船舶をパナマに登録する。次に海運企業は(2)パナマ法人との間に本船を借り受ける定期傭船契約、または裸傭船契約を締結して、本船を自社の運航する船隊に組み入れる（定期傭船では乗組員の配乗が行われた後の傭船となり、裸傭船の場合には傭船の後に乗組員の配乗が行われる。）。(3)一定の荷主との間に運送契約に準じた定期傭船契約を結び、傭船料によって本船からの収益を上げるか、不特定多数の荷主との定期または航海傭船契約を通じて収入を得るかの他、その運航形態と収益方法を選択する。一方、本船管理については、(4)船舶管理会社との間で本船の管理契約を結び、その管理を委託する。(5)船舶管理会社は本船乗組員としてフィリピン人乗組員を配乗するために、フィリピンの船員派遣会社と派遣雇用契約を結び、本船への船員派遣を受ける（船舶所有者は、派遣船員が現地のITF傘下の組合に所属し、本船の竣工までにITFより船員賃金、労働条件が不当なものではないとする認証を受ける）と共に、(6)配乗船員を統括して安全・荷役・船体管理を行い、本船の運航実務を管理する（わが国大手・中堅の海運企業は、外国の船員派遣会社を所有または出資して直接、間接的に支配し、供給船員の数、

第 1 章　便宜置籍船

　一方、船舶の実際の運航には技術的な管理が必要となる。一般に「海技」と呼ばれるこの技術は本船管理を意味し、その本船管理は更に運航管理、船員管理、船体管理に大別される。運航管理とは法令遵守の下、本船の安全運航、安全荷役を期して本船を管理する。船員管理とは本船に対する船員の配乗管理を、船体管理とは本船の船体・機器の検査や修理、保守整備による管理を意味する。便宜置籍船を含む船舶の運航実務は、上記の管理を担う船舶管理業によって実施されている。船舶管理は海運業の中でも特殊な業態であり、管理者の経験が重視される。わが国の主たる海運企業は、一般にその系列に自社の支配する船舶のための船舶管理会社を有し、自社の幹部を役員として、また自社の雇用船員を管理技術者として当該管理会社へ派遣し、会社の運営にあたらせている(346)。このような船舶管理会社に、その海運企業が親会社として、実質的な支配を及ぼす便宜置籍船の実務的な管理を委託しているのが常である(347)。
　上記のような一般的な便宜置籍船の所有と管理を見れば、形式上の船舶所有

　　給与の双方の面において、運航支配船舶への安定した船員の供給を図っている。)。
(346)　親会社の船舶を管理する企業をインハウス船舶管理会社、資本関係が希薄な船舶を顧客とする船舶管理企業を独立系船舶管理会社という（海事法研究会編『海事法』(1999 年) 331 頁)。
(347)　国際海運には、船舶管理を業とする企業も少なくない。またこれらの企業は、資本関係を有する一定の船舶所有者から委託を受ける船舶管理に止まるものではない。国際的な船舶管理企業は、多国籍の不特定多数の船舶所有者と船舶管理契約を取り交わし、船舶管理に携わっている。船舶の登録同様、現在の船舶管理業にも国境はないといえる。これは船舶に対する所有と管理の分離を意味し、業態としての船舶管理は船舶所有者業務の代行となる。
　　例えば、一隻のみを所有する等の小規模資本の船舶所有者が、そのための管理要員を抱えて船舶管理を行うことは非効率であるといえる。しかしまた現在の船舶管理は、安全運航、船員管理、船体機器管理の何れにおいても、例年のように改定されて複雑化する国際条約に対応しなければならない業態である。船舶所有者にとり、船舶管理を専門とする企業に所有船舶を託して管理を乞い、本来、船舶所有者として抱えるべき要員や施設を削減できることの意義は大きい。独立した船舶管理業の発展は、現在の国際海運における船舶運航の効率化を具現した一面であり、「海運自由の原則」の名の下に発展した一つの現象であると思われる。その反面、船舶管理会社は、船舶を投機的に扱う船舶所有者や債権回収を図る船舶所有者（銀行等）によって活用されることが少なくない（海事法研究会編・前掲 331 頁)。このような海運実務における現象が、船舶所有者と船舶との間の繋がりを弱め、実務上、便宜置籍船という形式的な国籍の発展を支えてきたと指摘できると思われる。

第Ⅱ部　便宜置籍船と「真正な関係」

者は、日常業務を何ら行っていない旗国法人たるペーパー・カンパニーと、実際に経営管理業務に携わる船舶管理会社（経営管理所有者と命名できる）に分けることができる。そして受益（実質的）所有者はこれらのペーパー・カンパニーを通じて所有を管理支配、経営管理所有者を通して間接的ながら、本船運航の管理支配を行っている[348]。便宜置籍船はこのようにして、本船の実質的な船舶所有者であり、且つ旗国法人の親会社である海運企業によってほぼ完全に掌握されていることが判る。

5　船舶の便宜置籍化の目的

　伝統的海運国の船舶所有者は自己の船舶を便宜置籍化することにより、所有船舶にかかる所有・運航経費を削減して、所有船舶の国際競争力の向上を図っている。これこそが、第二次世界大戦後の国際海運において、便宜置籍船が激増した最大の理由である。

　伝統的海運国の船舶所有者が、その所有船舶を便宜置籍とする主たる目的を整理すれば、(1)伝統的海運国と比較して安価な、船舶の登録料やトン税を含む、税制上の優遇措置の享受、(2)外国人船員配乗の規制が緩和されているか、または規制自体がない、(3)外国人、それも途上国の期間雇用船員の雇用と、これによる自国船員の採用の削減によって得られる、伝統的海運国における社会保障制度に基づく経費負担の回避[349]、(4)船舶登録要件の緩和と簡易な登録、が挙げられる。伝統的海運国の船舶所有者はこれらの目的のためにその所有船舶を便宜置籍化し、本船における低廉な資本費と労働力を結び付け、且つランニング・コストの最小化を図っている。船舶所有者による所有船舶の便宜置籍は、経済的な合理性にかなった企業行動といえるだろう。

---

[348]　何れにしろ便宜置籍船とその運航は、受益所有者の下に置かれている（志津田氏治・前掲注（5）139頁）。そのような実質的所有者の国籍は米国、ギリシャ、日本、香港等に多い特色がある。わが国はパナマ籍船で1位、リベリア籍船で2位、キプロス籍船で10位、バハマ籍船で9位を占めている（山岸寛・前掲注(12)81頁）。

[349]　人件費は、単純に船員への実質的な給与に止まらない。船舶の登録国の社会保険や年金、あるいは有給休暇等の内容如何によって著しく変動する。伝統的海運国では人件費に占めるその割合が高く、便宜置籍国では低い。従って人件費の高い伝統的海運国では、これらの社会的な経費も人件費の重要な部分を占め、海運産業の国際競争力や企業体力にまで影響を及ぼすこととなる（山岸寛・前掲注(136)13頁）。

第 1 章　便宜置籍船

　上記の理由の中でも大きな影響を与えるのが、運航費の内に占める乗組員配乗に係わる船費である。例えばわが国に籍を置く日本籍船への船員の配乗では、全日本海員組合との協定の下、一定数の日本人船員の配乗が為されなければならない。一方の便宜置籍国では船員の労働組合が結成されていない。このため便宜置籍船の船舶所有者は、船員の国籍の選択とその配乗はもとより、賃金や労働条件に至るまで全ての決定権を手にすることができる[350]。労働協約上、日本人船員の配乗を考えなければならない日本籍船と、旗国の配乗要件に縛られずに、人件費の安価な途上国船員を配乗し得る便宜置籍船の国際競争力との差は、極めて大きいといわざるを得ない。自国船員の雇用を主張する国に国籍を置く船舶、即ち伝統的海運国の登録船舶と比較して、便宜置籍船に関わる運航費用を大幅に下げることが可能となる[351]。

---

[350]　山岸寛・前掲12頁。
　　日本商船隊の運航船舶について、その形態別に年間の運航経費を比較検討してみたい。日本人船員と外国人船員の配乗船で比較した場合、日本人船員を最小配乗した近代化船は11名での運航を達成している（当該近代化船は2000年10月を最後に姿を消した。その主たる理由は、乗組員数があまりにも省力化されたことによって、船舶の運航上の保守整備に影響が出始めたことによる。）が、その年間船員費は282万米ドルである。日本人と外国人との運航、所謂、混乗船において、5名の日本人に18名の東南アジア船員では181万米ドル、政府の指導の下、国際船舶として登場した運航形態では日本人2名（船長・機関長）と東南アジア船員21名で113万米ドルとなる。一方、標準的な商船における配乗人員となる23名全員の全てを東南アジア船員とした場合、その船員費は64万米ドルとなる（日本船主協会編『日本海運の現状』（2005年）19頁）。これだけの比較を見ても、日本人船員と途上国船員の人件費の格差は歴然としている。
　　このような自国船員と外国人船員との人件費の格差の問題は、他の伝統的海運国も同様に抱えている。米国においても船員費が運航費の半分を占める中で、便宜置籍船での低い人件費の享受は、便宜置籍船に米国船舶を移籍する主要な目的となっている（David F. Matlin, 榎本喜三郎訳・前掲注(78)21頁）。英国海運についても同様である（山岸寛「海運の構造転換とフラッギング・アウト対策」『海事交通研究』34号（1989年）96頁以降）。欧州経済共同体が1987年に調査したところに拠れば、1,500TEU（Twenty-footer Equivalent Unit(s)）のオランダのコンテナ船運航に占める直接経費において、人件費は54％に達していた一方、燃料やその他の主要な経費は21％に過ぎなかった。また30,000載貨重量トンのばら積み船が、英連邦籍の乗組員で構成された場合の人件費は635,362ポンドとなり、同じ船舶がフィリピン人船員に置き換えられITFによって許容された給与を受ける場合、その額は279,841ポンドまで引き下げることが可能となる（Richard M.F. Coles, *supra* note 68, p.46）。
[351]　現在は、日本籍船が便宜置籍国に移籍されるに従い、海員組合は日本の船舶所有

6 法律回避

　抵触法における法律回避の問題がある。伝統的海運国の船舶所有者が行う、所有船舶の便宜置籍化が、この行為に該当しないかとの議論である。

　法律の回避とは、抵触規定によって準拠法として本来適用されるべき法律の内容が、当事者にとって不利となるような場合に行われる。不利となる法律の適用を逃れるためにその当事者が国籍、住所等の連結点を故意に変更し、新しい法律の適用によって有利な結果を享受しようとする[352]ものである。この法律回避は、国際私法における問題として取り扱われている。

　法律回避が成立するためには、ある国家の法律の適用を回避して、別の国の法律の適用を受けるという当事者の悪意の意思が存在し、そのための連結点の変更が故意に為される必要がある[353]。便宜置籍船は、実質的な船舶所有者によるそのような行為によって生まれるものとして良い。

　わが国では一般に、法律回避を問題とすることに対して消極的な立場が取られている。法律回避の成否が当事者の善意・悪意によるものであるとしても、実際にこれを知ることは困難であること、国際私法の機能より見て、特別の定めのない限り、準拠法の適用は客観的に為されるべきであり、当事者の内心の意思は問題とすべきではないとする理由に拠る[354]。便宜置籍船の問題も一種の法律回避ではあるが、税法その他の公法の回避の問題が主眼とされている。旗国法選択の問題を除けば、国際私法上の問題としての議論の必要性は軽薄なものとなるといえよう[355]。

　　者が実質的に支配する便宜置籍船に対して、配乗される外国人船員の労働条件を改善すべく努めている。従って、わが国の船舶所有者がその所有船舶を便宜置籍したとしても、船員の配乗とその賃金の決定が全く自由となる訳ではない。
(352)　山田鐐一・前掲注(138) 140頁
(353)　山田鐐一・前掲 140頁
(354)　山田鐐一・前掲 141 ～ 142 頁、溜池良夫・前掲注(76) 197 ～ 198 頁。Neuhaus もまた、類似的なところを述べている（Paul Heinrich Neuhaus, Die Grundbegriffe des internationalen Privatrechts.-2., 1976, 櫻田嘉章訳『国際私法の基礎理論』（2000年）206 ～ 208頁）。法律回避の理論は、当事者による内国法の回避を問題とするのが普通であり、国際私法上、本来ある外国法によるべき場合に、当事者が法律回避行為によって別の国の法律に依ったという場合を問題としない。しかし法律回避の理論が内国法の回避のみを問題とするのであれば、それは内国法偏重の考え方であり、国際私法の精神に反するといえる（溜池良夫・前掲198頁）。

便宜置籍船のような具体的な対象につき言及し得るが如く、法律回避の容認について Neuhaus はより明解に説明している。第一に、特に外国の法律をめぐって行われる場合には、時にはある法律行為が一般に不公平と感じられる法律に対する唯一の対策であることとして、公式に容認、あるいは公に許可される。第二に、その反社会的な性格を憂慮しながらも、それを利用することが稀であるので、一般的に利用し得る態様程には危険ではない、特に費用のかかる回避形式がしばしば黙認される。第三に、既成事実を甘受することが小さな悪であるということもある、とする[356]。第一の点については、船舶の登録に関する国内規制が、登録船舶の国際競争力を削ぐものである場合には、他国の登録に求めても良いとの解釈が成立するが、現行の便宜置籍は公式に認められたものではない。第二の点は便宜置籍船の趨勢には当てはまらないものの、その他の点は船舶の便宜置籍化という法律回避の説明にはなるものと思われる。第三の点は、正に現在の便宜置籍制度が問題を有しつつもそれを否定するには及ばないとする、国際海運の対応を象徴している[357]。

便宜置籍制度の利用を国際私法上の法律回避に照らせば、法律回避の有効性よりこれを問題とする議論には至らないといえる。しかしその行為をより具体的に分析すれば、便宜置籍制度の利用が一般的に是認される法律回避行為にあたるか否かの判定は、簡単なものではないとも思われる。

第2節　船舶の国籍選択のための検討要素

1　船舶の国籍の選択

船舶所有者はその所有船舶を登録するに当たり、登録して国籍を受ける旗国を選択する必要がある。本来であれば正統な船舶所有者主義に基づき、船舶の国籍はその実質的な船舶所有者の国籍として、自動的に選択されるべきであるとの理解があった。しかし船舶及び船舶所有者と実質的な関係を有する国の国

---

(355)　溜池良夫・前掲200頁。旗国法の問題は第Ⅲ部で取り上げる。
(356)　Paul Heinrich Neuhaus, 櫻田嘉章訳・前掲注(354)204〜205頁
(357)　Neuhaus は便宜置籍船について、これを違法な法律回避行為と認めて船舶の競争力を喪失させるよりは、便宜置籍制度の利用は小さな悪であるとした方が良い、とする（Paul Heinrich Neuhaus, 櫻田嘉章訳・前掲205頁）。

籍が付与されるべき原則は、曖昧にされている(358)。そして実質的な関係の有無よりも、所有船舶の運航において船舶所有者に利する法制を有する旗国の選択が優り、この選択としての慣行が現在の国際海運の常道となっている事実がある。この選択の対象となる旗国が便宜置籍国である。船舶所有者による所有船舶の国籍の選択とは、便宜置籍という国籍の形態がもたらした行動であるといえよう。

　船舶所有者が旗国を選択するに際して考慮すべき事項がある。所有船舶に対して、どの旗国がどのような利点を与えてくれるかの検討である。船舶所有者はこの十分な検討の後、決定した旗国に所有船舶の登録を行うこととなる。

2　法制的要素

　船舶所有者が、その所有船舶を便宜置籍国に登録する基礎となる要素について、概観する。伝統的海運国の実質的な船舶所有者と、登録船舶との繋がりを隠すための検討要素でもある。便宜置籍国への船舶の登録において考慮されるべき、重要な要素であるといっても良い。

　(1)　所有法人　　一般的に便宜置籍船は、その所有の目的のために設立され、船舶以外の財産を持たない旗国の法人によって所有されている。通常、複数の便宜置籍船を運航しようとする船舶所有者は、便宜置籍国にその各々の船舶についての所有法人を設立する(359)。幾つかの便宜置籍国が、自国の旗の下にある船舶は、自国に設立された法人によって所有されるべきとの原則を規定していることに拠る(360)。

---

(358)　国連海洋法条約91条「船舶の国籍」
(359)　一隻につき一所有法人を設立する慣行は、1800年代後半の英国において発達したとする説がある。船舶の売買において、一隻の資本を64分割する方法が古くより取られていたが、新しい株式会社法の規定の下、一隻につき一株式会社が設立されることにより整備されることとなった。またそのような会社の多くは共同で運営された。この手法の有利性は、衝突の如き予測できない事故における海事賠償に対する管理責任、特に安価な船舶が高価な船舶に対して高額な損害を与える責任のリスクを引き下げるところにあった、とされる（Ronald Fope, *supra* note 129, p.316）。
(360)　リベリアはこのような規則を適用しているが、特別な場合においては所有権の放棄が認められる。その場合には商事会社法の下、所有法人は外国の海事法人として記録される。キプロスは一般的な規則として、その国民または設立され国内に登録された事務所を有する法人によって、所有船舶の株式の半分以上の所有が要求されている。その

便宜置籍船の所有形態には様々なパターンがある。実務慣行上の形態を挙げようとすれば枚挙に暇がないが、伝統的海運国で取られている類型的なパターンを絞り込めば、(1)便宜置籍国に設立された会社によって名目的に所有されている船舶を他国、一般には伝統的海運国の親会社が所有する形式、(2)便宜置籍船の所有法人が他の便宜置籍国の法人に所有され、且つその便宜置籍国の親会社が伝統的海運国の親会社に所有されている形式、(3)伝統的海運国の船舶所有者がその所有船舶を便宜置籍国の法人に売却し、伝統的海運国の船舶所有者がその売却船舶を長期にチャーターバックされる形式等、に分類される[361]。実際の慣行はこれらの類型が複雑に入り組み、実質的船舶所有者が判別し難い状態を呈していることも珍しくない[362]。(1)は良く新造船の置籍に利用される。(2)は乗組員の国籍を意図的に選定する際に利用され易く、(3)は不経済船の処理に利用されることが多い[363]。

便宜置籍国において設立される法人の第一の特色は、その法人が隠れた利益資本に関係しつつ、それらを不透明にしていることである。また管理と統制の実効的な所在地を隠蔽する働きもしている[364]。即ち、船舶所有者にとり、そ

他の国、例えばパナマやバハマでは船舶のような輸送機関の所有権について、その運航者は完全な自由を有する。但し、所有法人が旗国に設立されていようとなかろうと、隠された利益資本に直接の繋がりを持つ便宜置籍は存在しない（Richard M.F. Coles, *supra* note 68, p.44）。

(361) 水上千之・前掲注(14)160頁以降
(362) 便宜置籍国の法人の親会社たる、伝統的海運国の法人とて、単一であるとは限らない。伝統的海運国の複数の法人がそれぞれに資本を提供して便宜置籍国法人を所有する形態も良く行われている慣行である。
(363) チャーターバック船の本来の意味は、船舶所有者が自己の保有船舶中、採算の悪化した、または不経済船を外国の船舶所有者に売却し、その際の条件の一つとしてある期間これを定期傭船することを約束し、その傭船料を売船代金の一部に充当する等、の方法を行う船舶をいう（大木一男・前掲注(16)11頁）。
(364) 水上千之・前掲注(14)159頁、黒田英雄・前掲注(321)15頁、森久保博・前掲注(136)72頁。例えばパナマでは、定款が商業登記簿に登記されていることが要求される以外に、会社の決算報告書を含め、その他の会社書類の登記登録は要求されない。従って株式を無記名式とし、会社の取締役、役員をパナマ弁護士等に指定すれば、そのパナマ会社を実質的に支配している者が誰であるかを確認する方法がない（馬木昇『パナマ便宜置籍船の法律実務』（1993年）4頁）。リベリアの会社の場合、役員や幹部の登録はない。従って第三者には、これらの者の身元を確かめる方法がないこととなる。パナマやキプロスでは、法人の役員や幹部の名前が記録されてはいるものの、法人の真の経営

の所有船舶の運航によって利益を生むことを可能とする法人構造とは、(a)受益的な所有の隠蔽により、受益船舶所有者の居住国における納税義務を免れ得ること、(b)隠蔽によって租税回避を容易にする効果のみではなく、その他の事項に関する責任、安全、環境保護や労働条件に関する法の遵守を怠ることへの責任を回避する効果も有すること、である(365)。

(2) 法人の設立　便宜置籍国における便宜置籍船の所有会社となる株式会社の設立、運営、清算は極めて容易である。会社の設立が容易であることは、船舶の登録もまた容易であることである。伝統的海運国における所有会社の設立のように、手続きの煩雑さや所定の日数を掛けずに済むのである。また便宜置籍国には、登録された船舶の外国人所有に制限を設けていない国が多い。登録船舶の生む利益的な所有に関して制限を加える便宜置籍国もない。そのような登録の多くが、当然のことながら関係する国内法の範囲内での所有会社の設立を要求しているのみである(366)。

(3) 船舶の適格性　一般に便宜置籍国は、受け入れる船舶について型式、大きさ、船齢についての制限を設けている。船舶の型式では多くの登録国が、自己推進性を条件としている(367)。大きさについても多くの便宜置籍国が最小制限を設けている。登録料は一般的に船舶のトン数を基礎としているため、トン数の大きい船舶程、登録料が高くなる。便宜置籍国が登録される船舶の大きさに下限を設定することは、理に適っているといえよう(368)。中でも船齢、即

　を隠蔽したいと願う船舶所有者にとって、適当な名義人を指名することについて障害がない（Richard M.F. Coles, *supra* note 68, p.44）。

(365)　Richard M.F. Coles, *supra* note 68, p.44。その座礁によって英国沿岸に原油汚染をもたらしたアモコ・カディス号において、旗国であったリベリア当局による取調べに対し、船舶所有者が証言を拒否した例がある（*Ibid.*, p.44）。

(366)　そのような要求を課している国にキプロス、リベリア、バヌアツがある。リベリアの場合、正当な理由の提示を受け且つ所有会社がリベリア商事会社法の下、外国の海事法人として登録される場合、所有権放棄の要求が認められる。バヌアツは所有権放棄に関して自由な政策を採っている。またパナマ、バハマ、バルバドス等は、所有に関する制限を課していない（*Ibid.*, p.49）。

(367)　スクリュー・プロペラ及びこれを動かす機関を備えていることをいう。自己推進力を持たない油井やバージ等は、その登録に制限を受けることが少なくない。

(368)　リベリアは1,600純トン数を最小とし、バハマは小規模なトン数の船舶の登録には特別な許可を必要としている。一方、パナマやバヌアツ、キプロス等、制限を設けて

ち船舶が建造されてから経過した年数に関する制限は重要であり、多くの国が制限を規定している(369)。船齢が高じた船舶は海難を起こす可能性も高くなる。老齢船が起こした海難、例えば大規模な海洋汚染等に対しては、これまでも当該海難を誘発した船舶の旗国の登録や管理体制が国際批判の対象となってきた。それらの事例も、便宜置籍国が船齢制限を課す理由の一つとなっている。逆をいえばそのような船齢制限のない、またはあっても伝統的海運国の制限より厳格ではない制限が、便宜置籍国への登録の魅力の一つなっていることに異論はない。船齢が高じて減価償却の終わった船舶の採算性は高い。そのような船舶が便宜置籍国に誘致されれば、安価な課税によって更にその採算性が高じ、当該船舶の国際競争力を高めることとなる。

3　経済的要素

　船舶所有者が所有船舶に掛ける経費に関する要素である。船舶所有者が最も関心を示す要素であるとも表現できる。伝統的海運国からの登録船舶のフラッギング・アウト（flagging out）の理由、またそれらの船舶の便宜置籍国へのフラッギング・イン（flagging in）の直接的な目的といっても良いであろう。

(1)　税　　伝統的海運国の如くの成熟した市場経済の占める社会では、海運業への課税とその他の業種への課税との間に原則、差別はない。伝統的海運国における船舶の登録は、同時に登録船舶の運航がその国における税収を基とした財政管理の下に置かれることを意味している。

　便宜置籍国に登録した船舶所有者に共通して見られる負担は、その所有船舶の登録時に課される船舶のトン数に基礎を置いた登録料と、トン税等の年間徴収費用のみである(370)。

　船舶への課税、具体的に登録料と年間トン税は、便宜置籍国が登録船舶より得られる主要な収入源でもある。乗組員配乗に規制のない便宜置籍国にとって、船舶の登録誘致は、これらの課税内容の如何に左右されるといって良い。現在、

　　　いない国もある（Richard M.F. Coles, *supra* note 68, p.49）。
(369)　バハマは12年、キプロスは15年、パナマやリベリアは20年の制限を設定している。
(370)　山岸寛・前掲注(342)79頁。登録料は船舶の登録時の支払いのみで良いが、トン税は毎年支払うことを要求される。

第Ⅱ部　便宜置籍船と「真正な関係」

全ての便宜置籍国が概して、同様な便宜を供与している中で、便宜置籍国による最初の登録料や年間経費の引き下げは激しさを増す傾向がある[371]。しかし便宜置籍国では一般に各種産業の発達が立ち遅れているため、登録船舶からの登録料とトン税の収入は、国家財源に著しく貢献するのも事実である。殆どの便宜置籍国の国家予算が比較的小規模であることを考えると、登録船舶の収める登録料とトン税の収入は、国民経済の成長にとって重要な役割を担うこととなる[372]。従ってこれらの収入源の引き下げは、便宜置籍国の収入にも大きな影響を与えるものとなる。

その一方で、便宜置籍制度を有する国は、登録後のその旗の下での船舶の運航より得られた利益に課税しない[373]。船舶を便宜置籍の下に登録することによって、船舶所有者がその便宜置籍国における課税から免除されることはない

---

(371)　例えばリベリアでは最近、トン数に基づいた初期登録料の概念を廃止し、船型に関わらず一律2,500米ドルの徴収方法を取り入れた。大型船にとっての潜在的な節約には特筆すべきものがある（Richard M.F. Coles, *supra* note 68, p.51）。

(372)　山岸寛・前掲注(342)79頁。

(373)　Richard M.F. Coles, *supra* note 68, p.43。このような税制が、便宜置籍国をタックス・ヘイブン（tax haven、租税回避地）とさせている所以である。但し、船舶の便宜置籍国への登録は、単に租税回避のみが目的とされている訳ではない。

　タックス・ヘイブンとは、主として無税または軽課税等の課税上の特典が享受できる特定の国、または地域をいい、1950年頃よりバハマ・ケイマン諸島、バミューダ等において活発な利用が始まったといわれ、通常は発展途上国または地域に特定されている。タックス・ヘイブンの概念は幾つかに分類できるが、その一つの特徴は、国内源泉所得には通常の課税を行うが、国外に源泉のある所得を免除する、所謂タックス・シェルターと呼ばれる国外源泉所得免除国として位置付けられるところにある（大崎満『国際的租税回避—その対応策を中心として』（1990年）13頁）。便宜置籍国はこの概念に一致する。

　現在、伝統的海運国の多くはタックス・ヘイブン対策税制を確立し、自国法人のタックス・ヘイブン利用による租税回避に規制を設けている。米国が1962年、内国歳入法において、被支配外国法人の特定の所得を米国の親会社の所得とみなして課税することとしたのを皮切りに1970年代にカナダやドイツ、1980年代にはフランス、英国も導入した。わが国は1978年、米国の立法を参考として対策税制を制定している（宮武敏夫『国際租税法』（1993年）127〜128頁）。従って現在の便宜置籍国への船舶の登録では、租税回避的な効果の期待は薄いものとなっているといって良いであろう。しかし便宜置籍国というタックス・ヘイブンの利用により、傭船契約、リース契約を通じた所得や価格の操作等が行われる可能性があるとの指摘もある（大崎満・前掲32頁）。

が、登録船舶の運航によって得られる登録国外での利益には課税されないのである。このような便宜置籍船への課税の手法は、船舶所有者にとって登録国を選択するにあたっての有利な検討要素となると共に、実際の船舶の運航やその船舶の売買による資本利得（キャピタル・ゲイン）から生まれた利益の、真の受益者の特定を不可能にもしている[374]。

(2) 運航経費　船舶の運航に要する経費として、乗組員の給与その他乗組員に関する諸費用、修繕費用、船舶消耗品費用の直接船費の他、船体に関する船舶保険料、船舶が不法行為を為した相手方第三者保険、積荷に関する保険、乗組員の傷病を取り扱う船主責任相互保険料が挙げられる[375]。

この内、修繕費や消耗品費用は、船種別に相違があると共に、船齢に比例して増加する傾向を持つが、国籍の選択によって影響を受けるものではない。保険料は、船舶の国籍の選択が影響を与える性質を有するが、船舶所有者の国籍選択の努力が反映されるものの、その変動は極端に大きなものではない[376]。残る乗組員関係費、即ち船員費は、乗組員の国籍の選択如何によって大きな差を生むこととなる[377]。伝統的海運国の国籍を有する船員の雇用には、高額な

---

(374) Richard M.F. Coles, *supra* note 68, p.43。2000年、OECD会議は、便宜置籍を置く多くの国を含んだタックス・ヘブンに関するブラック・リストを作成した。そしてOECDの中での国際標準の確立と、受益的な資本や船舶所有者の強制的な開示、税情報の交換への進展を図る計画の開始が、2001年から2005年の間に実行されるべきとして、大掛かりな対策の予定表が提案されている（*Ibid.*, p.43～44）。

(375) 川上博夫・中橋誠『外航海運の営業実務』（1994年）79頁

(376) 船舶が通常予想される危険に堪えて安全に運航されるために、旗国は自国籍船の構造、装備、運航に対して基準を設定し、その遵守を監督する。船舶の国籍の選択は、旗国が登録船舶の安全を如何に監督するかについて影響を与えると考えられてきた。以前のわが国の保険会社は、便宜置籍船への保険付保において日本籍船とは異なる条件を設定する場合があった（東京海上火災保険株式会社編『損害保険実務講座3　船舶保険』（1983年）158～159頁、186頁）が、現在は原則、船舶の国籍による保険料の差異は設けていない。

(377) 船員費とは、船舶を運航するために必要な船員に関わる船舶所有者負担の一切の合計をいう。その内訳は船員賃金の他、退職手当、年金、食料、法定福利費等の付帯費用、休暇または待機中の船員に関する予備員率によって規定される。これらの船員費を構成する要素は、その導入並びに基本レートが殆ど全面的に「国内的環境条件」を反映して導き出されるため、船員費の水準は国によって大きな相違を示す。船員費のこのような性質は、海運国間のコスト競争力に格差を生み出す主要な要因の一つとなっている。この船員費の特色は、乗組定員の縮小、予備員率の低減、外国人船員の配乗等を通じて、

労働コストが強いられる。船舶所有者にとってはこの雇用の回避が、その所有船舶を便宜置籍化する最大の目的である[378]とも表現できる。配乗される船員の国籍の自由な選択は、通例、経済発展の途上国にその籍を置く便宜置籍船の直接的な運航経費の削減において、最大の効果を生んでいるといって良い。このように運航経費への考慮は、所有船舶を便宜置籍化するにあたって特に重要な要素と捉えることができる。

　一般に伝統的海運国における船舶の登録は、乗組員給与についての労働組合との交渉、雇用レベルの調整等の条件を含み、船舶所有者に対して他国の国籍を有する乗組員の雇用に制限を与えている。一方の便宜置籍国における登録は、乗組員の国籍や給与相場の決定について船舶所有者に自由を与えている[379]。

　同様に配乗要件も極めて緩やかである[380]。

　現在は、発展途上にある一定の国が船員供給国となっている[381]が、便宜置籍船における途上国船員の雇用は、その途上国における雇用の創出のみに止まらない。便宜置籍船の船員に対して、伝統的海運国の船舶所有者によって支払われる船員給与は低額である。船員からの家族への送金が外貨獲得の確実な手

　　　船舶所有者が常にまた全面的に且つ効果的に費用管理を行えるコスト分野であることを示している。それだけに船員費は、船舶所有者にとってコスト削減努力の効果が最も期待できる領域であり、船舶所有者の合理化努力が向かうコスト領域となっている（織田政夫・前掲注(325)19 ～ 20 頁）。

(378)　国際海運はその発展の過程において、乗組員の雇用経費の削減に不断の努力を重ねてきた。経済成長期には一隻当たりの定員の削減が図られた。わが国商船の一隻当たりの平均的な乗組員の推移は、1960 年に 48.0 人、1975 年では 30.4 人となり、1982 年には 23.7 人と省力化して、ほぼ現在の運航に必要な乗組員構成（22 名前後）を達成した。これらの省力化への最大の貢献は、ディーゼルによる機関の改良、操船のための自動操舵、航海計器におけるジャイロ・コンパスやレーダー、電波計器の発達等、船舶の運航技術の進歩が挙げられる（篠原陽一他・前掲注(50)51 頁）。船舶の運航に必要な定員数を求めた場合、現在の段階をして定員削減の限界に達しているといって良い。残された更なるコストの削減手段は、乗組員の国籍の選択であった。

(379)　現在では、伝統的海運国の船舶所有者が有する便宜置籍船の乗組員についても、伝統的海運国の船員組合が賃金の是正を含めた労働条件の改善を図ろうと努めていること、既に指摘した如くである。

(380)　山岸寛・前掲注(12)73 頁

(381)　これらはインド、パキスタン、フィリピン、スリランカ、ベトナム、ミャンマー、中国等のアジアの国々に加えて、ロシア、ウクライナ、ポーランド他の東欧の国々も、新たな船員供給国となっている。

段となることによっても、労働供給国にとって実質的な利益を生み出している(382)。その反面、第三世界の船員労働者は、悪徳な船舶所有者、運航者による賃金の不払い、海外からの船員の帰国を困難とする等の賃金搾取の対象として利用されている、との報告もある。このような事例においては、船員が船舶所有者に対して補償を求めることも困難である(383)のが実情である。

しかし経費の削減を切望する船舶所有者は、上記のような実際の数値によって規定された経費以外の要素について見るべき(384)ことを忘れてはならない。単純に規定された経費の背後に、より重要な隠れた出費の要素が存在するからである。

(3) 資本市場へのアクセス　国際資本市場における新造船や中古船取得のための資金の蓄積は、第三世界における運航者のみならず、中国の如く経済が国家の管理下にある国の運航者においても困難な問題となっている。先進国の銀行は、途上国に設立された企業への資金融通について消極的である。その理由として、過去の外国貨幣による貸付金の払い戻しの不履行や、途上国の法制が貸主の保護に障害となっていることが挙げられる(385)。

一定の国にはその法整備により、通常の抵当権によるものと比較して実質的に安全が高められた抵当権を取り扱う金融機関がある(386)。

便宜置籍船の登録は、実質的な船舶所有者の国における経済的、政治的状況と距離を置いている一方、資金調達や船舶部門への立て替えを可能としてい

---

(382) Richard M.F. Coles, *supra* note 68, p.46

(383) *Ibid.*, p.46 途上国船員の雇用契約には、途上国政府が介入してそのような不法行為が行われないように努めている。

(384) 一定の旗国は、船舶や抵当権の登録について船舶所有者に対する過度な課税を行ってきた。必要な申請、提出書類の翻訳料には注意が必要であると共に、船舶所有者が精通していない旗国の管轄権に基づく、より高額な法定料金、特に銀行保護の書類が含まれるものには注意が必要である（Richard M.F. Coles, *supra* note 68, 2002, p.51）。

(385) *Ibid.*, p.47

(386) 1958年、ギリシャの船舶部門において、貸主の信頼を確立する必要から船舶の優先抵当権に関する法令（3899/58）が制定された。この法令は通常の抵当権による申し出と比べて、実質的に保護が高められた抵当権の保全を金融機関に認めた。また追加された権利は、抵当権者が債務不履行に陥った場合に、船舶管理を補償する権利を含む優先抵当権を付与し、また公的競売よりも私法条約による船舶の売却権を優先的に与えた。この条項の効果は、優先抵当権より上位に位置する留置権を大きく制限したことによって生まれたものである（*Ibid.*, p.47）。

第Ⅱ部　便宜置籍船と「真正な関係」

る⁽³⁸⁷⁾。

　上記の経済的要素として求められる内容は、船舶の運航における登録初期及びランニングコストを如何に節約できるか否かに集約されている。これらの経費の節約効果が大きくなれば、その船舶の国際競争力が引き上げられる。例えば経費負担が大きい伝統的海運国の船舶に比べて、便宜置籍船はより低い傭船料や運賃を提示して貨物を引き取れる訳である。これらの要素は船舶所有者に依る旗国選択において、最も明確化された選択基準となり得るのである。何れの内容も伝統的海運国の登録に不利な要素であり、逆に便宜置籍国の登録のセールス・ポイントであるといっても良いと思われる。

4　政治的要素

　船舶の旗国を選択する中で、政治的な要素を考慮に入れることは極めて重要である。その要素の内容如何によっては、登録された船舶の自由な活動が大きく制限を受けることにもなり兼ねないからである。

　以下ではその主要なところについて纏めてみたい[388]。

　(1)　政府の安定性　　この要素は旗国において内戦やクーデターが発生する等、旗国の政情不安が船舶の登録に与える影響を意味している。政府の転覆等によって旗国の政治体制が一変した場合、登録されている船舶への新規課税や接収の他、登録船舶を所有する船舶所有者が不利、損害を被る恐れがある。便宜置籍国の多くが発展途上国であるために、その政府の安定性は伝統的海運国に比べて一般的に低いといって良いだろう。

　しかしこの要素の現実は、旗国の選択に対して、通常、想定されるよりも重大な影響を与えていないようにも思われる。便宜置籍国においては政治的な体制が如何に変わろうとも、その便宜置籍制度の運用によって得られる貴重な外貨収入を失いたいと望む政府はないであろう[389]ことによる。

---

(387)　船舶の抵当権について、貸し手には全く受け入れられない制度を保持している国がある。その抵当権という債権担保の手段を、資金の貸し手に容易に提供できることは重要である。便宜置籍船を利用した裸傭船の制度は、そのような問題の解決法として役立っている（Harvey Williams, Chartering Documents, 1999, 木村宏監修『傭船契約と船荷証券の解説』(2002年) 143頁)。裸傭船については後述する。

(388)　Coles の分類に従う (*supra* note 68, from p.47)。

(389)　かつてのリベリアやパナマの混乱した内政の過程を省みれば、結果的にはこれら

(2) 一定の国への輸送活動の制限　　一定の国へ就航する船舶は、その船舶の旗国を理由とした拿捕、抑留やボイコットを以って対抗を受ける場合がある。ここに示される制限とは、登録船舶が、旗国の有する政治的な問題による制限を受けることなしに国際輸送に従事することができるかについてである。一般には旗国と一定の国とが紛争状態にある、双方が国交のない状態にある場合に発生する事例、または旗国が他国により制裁を受けている場合等がある。その他にも、国際組織による一定の国への経済制裁によって、同様な状態の生ずることがある(390)。この要素は登録船舶の一定の国への寄港を制限するため、船舶の自由な商業活動が阻害されることとなる。

(3) 国旗差別　　一定の旗の下での輸送に従事する船舶に対する差別、所謂、国旗差別という類である。上記の(2)が一定の国への船舶の入港が実力行使を以って制限されるのに対して、この類は船舶の旗国それ自体を要因としてその旗を掲げる船舶を差別する形態である。国旗が差別された旗国の船舶は、差別する国への寄港を制限されるか、または港費等の寄港経費が割高に請求されることとなる。このような旗国への差別は、旗国に対する障害よりも、登録されている船舶が直接的に被る障害として現れる要素である(391)。この要素は上記(2)と並び、貨物の運送上の問題を引き起こす場合がある(392)。

　　の国に登録される船舶やその数に、殆ど影響は表れていないようである。
　　　リベリアの場合、その登録の信頼性は実効的な旗の管理の所在地が米国にあるという事実によって支えられてきた。これにより1980年のSamuel Doeによるリベリア政府のクーデター後も、その登録は通常の方法により、変わらずに商業運用されることができた。そのDoe自身を転覆させ実質的な市民戦争を導いた近時の反乱は、若干の影響を与えていると見ることもできる。多くのリベリアの法律家は、この反乱によるリベリア憲法の事実上の一時的な停止を鑑みて、リベリアの法律がその憲法の下に実効的に運用されているかについて疑問を表明した。しかしそれでも尚、リベリアの旗の下における便宜置籍制度の信頼性には、驚くほどに殆ど影響がなかったように見える（*Ibid.*, p.49〜50）。

(390)　かつてはアパルトヘイトを行う南アフリカへの経済制裁による海上輸送制限、最近ではNATOによるセルビアへの経済制裁による海上輸送の規制がある。

(391)　その例として、台湾による中国寄港船の直接入港の制限、現在でも継続して実施されているアラブ諸国によるイスラエル寄港船の入港制限、等がある。同様に便宜置籍船についての差別もある。自国港湾への便宜置籍船の入港に対しては、便宜置籍国以外の船舶の入港に比べて割高な港費を課す国も少なくない。

(392)　国籍によって船舶がある国の港湾への入港、荷役等を禁止、または制限された場

(4) 徴　用　　紛争時の旗国による徴用からの自由である。既に見た通り、船舶の徴用は当該船舶の旗国の独占的な権限に属する。国際紛争に巻き込まれた国が、自国に登録されている船舶を徴用した例には限りがない。徴用の形態にも拠るが、一般に旗国に召し上げられた船舶は通常の商業活動が制限されるか、全くできなくなる可能性がある。また貨物の輸送に対する運賃収入も、旗国の政策によって一方的に決められることが少なくない[393]。そして何よりも、徴用によって紛争海域に赴き、破損や沈没の被害に遭う可能性も高くなることが指摘できる。

(5) 海軍保護のための移籍　　紛争時、一定の旗国の船舶に対して伝統的海運国が行う、その海軍による保護の対象となるべき国籍の移籍がある。即ちある国家にとって重要な海上輸送路に就航する船舶があり、その船舶が他国を旗国とする場合、当該海上輸送路に頼る国家が自国海軍の護衛を可能とするためにそれらの船舶を自国へ移籍することを意味している。この対処は旗国の海軍力による保護という目的の下、船舶の登録について無視できない融通性を与えてきた[394]。そしてこのような施策は、公海上の船舶の護衛は主として旗国の

合に発生する問題である。もし入港が禁止されている国へ向けての運送品を、本船が引き受けて船積みし、これに対して船荷証券が発行されたとしても、運送契約は成立しない。運送契約の成立しない船荷証券は無効となり、運送人は不成立の運送契約を締結した過失に対して、その責めを負わなければならなくなる（大木一男『船荷証券の実務的解説』(1983年) 103～104頁）。

[393] 例えば英国の例を挙げれば、第二次世界大戦勃発の後、船腹不足がはっきりした段階に至った1940年の初期に商船の徴用計画が施行された。本計画によって全ての英国人の保有船腹は政府が傭船として借り上げ、運賃は各々の船舶毎に協定した船価の5％に相当する利潤と5％の償却とするよう、船舶所有者が認めるように決定された。しかし政府は、この徴用において英国商船隊の全てを直接に管理することを望まなかった。そこで定期船船腹は、海軍の軍務に徴用された場合を除いて、船舶所有者の管理の下に置かれると共に、船舶所有者は平均管理費を基準とした、しかも利潤が与えられることのないような、管理手当の支払いを受けるように取り決められた。そして不定期船の大部分は、政府によって定期船会社の管理下に移されることとなった、とある（S.G. Sturmey，池田知平監訳・前掲注(128)180頁）。

[394] イラン・イラク戦争では、米国海軍の護衛を受け得るためクウェート籍の複数の船舶が米国籍に移籍となった（Margaret G. Wachenfeld, Reflagging Kuwaiti Tankers: A U.S. Response in the Persian Gulf, Duke Law Journal, 1988 Duke L.J.174）。同様に多数の船舶が、英国海軍の護衛を受けるためケイマン諸島のような英連邦の保護領に登録された。

海軍が担うべきであるとする思想から生まれている。内容としては徴用の一種と見て差し支えないと思われる。

(6) 自国貨物の輸送　船舶所有者がその所有船舶の旗国を他国に求めることによって失われる、船舶所有者の属する国における内航輸送や一定の貨物の輸送特権が挙げられる。多くの国では国内間の海上輸送を自国籍船に限定している。同様に国内から海外への貨物の輸出入についても、自国貨自国船主義として自国の登録船舶に優先権を付与している国がある。例えば船舶所有者の属する国がそのような主義を採用している場合、所有船舶を便宜置籍化することによって国内輸送から締め出される場合がある。その一方で、一定の条件によって外国籍の船舶にも国内輸送を認めている国がある[395]が、旗国の選択によっては、そのような利点も失う可能性がある。

以上を一瞥すれば理解できる通り、政治的要素とは旗国による登録船舶への制約、または一定の旗国の選択により、他国や国際組織によって被る恐れのある制約であることが理解できる。これらの制約は船舶の健全な運航を阻害する。このような障害は船舶所有者の経営や、最終的には傭船者の商業活動をも阻害することとなる。そしてそれらの障害の多くが、船舶所有者にとって旗国を変更しない限りは回避が困難であるものである。伝統的海運国、便宜置籍国共、それぞれの項目による影響の程度については、一長一短があるといえる。

5　その他の要素

上記に掲げた以外の要素[396]がある。

(1) 乗組員の労働問題　船員を低賃金で雇用することによって得られる利点は、反面、労働組合による、その労働環境、労働条件についての厳しい監視を誘発することともなる。便宜置籍船に対する国際運輸労働者連盟（International Transport Workers' Federation, ITF）によるキャンペーンは、ITFによって便宜置籍国との刻印を押された全ての登録国の船舶に対して、影響を与え続けている。船舶所有者がその船舶の便宜置籍化によって享受できる船員配乗の利点は、船員への不当労働行為に対する実力行使――ITFの定める雇用水準に達

---

(395) 例えばオーストラリアでは、船舶所有者による手続き等の一定の条件が整えられれば、外国籍船舶による国内輸送への従事が認められる。
(396) 主としてColesの分類に依る（*supra* note 68, p.48〜50）。

第Ⅱ部　便宜置籍船と「真正な関係」

していないとされる船舶に対し、荷役や出港作業のボイコットが為される可能性を排除する程度のもの(397)と認識しなくてはならない(398)。

しかしながらITFによる分類は、便宜置籍国と同様の、または近似した特徴を有する全ての登録制度を一様に対象に加えてはいないのも事実である。例えばマン島のような第二船籍(399)——自国船員の配乗要件を緩和または撤廃した伝統的海運国の登録制度の多くが、ITFによる便宜置籍国としての分類より除かれている(400)。そのような意味より、ITFの基準に恣意的なところがないとは断言できないと思われる。

(2) 乗組員の配乗及び資格　便宜置籍船に配乗される船員の国籍は多数に及ぶと共に、その多くが社会制度の未発達な発展途上国を母体としていることより、国籍国より与えられる船員としての資格要件には格差があった。同様に多くの便宜置籍国はその登録船舶に配乗される乗組員の資格について、国際的な基準に基づいた外国免状の認可制度——国毎に異なる船員資格制度の国際的な統一を受け入れることに消極的であった。配乗船員の資格制限、能力に欠けまた一定の訓練が為されていない等の理由による、資格の統一より洩れた国籍船員の国際的な排除は、船舶所有者の求める船員の国籍選択の自由を侵害することに繋がるためであった。

しかし国際海運に従事する船舶に配乗される乗組員の資格要件は、近年、その厳格さを増している。発生した海難事故の分析によって、基準に適合した資格を有する船員の配乗が、結果的に船舶の海難防止に直結することが明らかとなっていったためであった。国際海運における各国の資格要件の格差を打開するため、1995年のSTCW条約は、条約締約国の船員の資格基準を引き上げた。条約は途上国、便宜置籍国の登録船舶といえども、その配乗船員について伝統的海運国レベルの資格基準を要求している。そしてこの条約は締約国に対して、その船員につき国際標準に基づいた資格の付与を義務付けている(401)。

---

(397) *Ibid.*, p.46
(398) キャンペーンが厳格に実行され、ボイコットが行われ易い地域がある。もしITFの定めた便宜置籍国の登録船舶が、過去、ITFのボイコットキャンペーンが精力的に行われてきたスカジナビアやオーストラリア水域にあったとしたら、当該ボイコットを受ける危険性が高いことについて注意しなければならない（*Ibid.*, p.48）。
(399) 第二船籍制度については、第Ⅳ部に後述する。
(400) Richard M.F. Coles, *supra* note 68, p.50

(3) 傭船者の意向　　個々の国家が様々な政治的理由に基づいて、自国へ入港する船舶に制限を加える政策を採る場合があることは、先に述べた。この問題は主として、傭船者の商業活動に影響を与える。船舶所有者が、その所有船舶に対して長期の定期傭船を貰い受けるような場合には、その所有船舶の旗国選択にあたり、傭船者の意向を無視することはできなくなる。既に述べた如く、現在でも便宜置籍船それ自体を標的にして、制限を課す国が少なくないからである(402)。登録を志す船舶所有者は、所有船舶の就航目的、本船に対する傭船者の意向等に従って、登録国を選択する必要がある(403)。

また傭船中における船舶の国籍の変更にも、傭船契約上、制約がある。船舶の国籍が本船の安全、就航海域に重要な関係を有する場合、傭船者に通知のない本船の国籍の変更は、傭船契約上の違反とされる。傭船契約では一般的に、船舶所有者は傭船者の同意なしに本船の国籍を変更しない、とする黙示条項が認められている(404)。

(4) 船舶建造・修理場所の選択　　旗国の造船所に縛られることなく、世界中のどこでも船舶を建造、修理する権利を有する自由をいう。旗国が登録船舶

---

(401)　もしも旗国が、特に外国人船員をその登録船舶に引き入れる便宜置籍国が、外国人船員に対し資格を与えるに当たっての適切な訓練の手順を確かめずに資格証書を発行したり、同様の手順を欠く他の旗国の証書を容認する等した場合、その旗国の船舶は、本船が入港した寄港国によって、その不具合が是正されるまで留置される可能性がある。

(402)　例えばキプロス籍船は、トルコに寄港できない。多くのアラブの国々が、リベリア籍船に対して同様の措置を採っている（Richard M.F. Coles, *supra* note 68, p.50）。

(403)　傭船者が、船舶の国籍の選択について制限を加えない場合でも、傭船契約上、本船の旗国による影響、例えばITFによる実力行使を被った場合の責任は原則、船舶所有者が負うこととなる。しかしその結果によって船舶の運航に支障が出た場合、傭船者にも悪影響が及ぶことは避けられない。その悪影響とは傭船者が契約に則って船舶を傭船停止（Off-Hire）とすれば済むものてばなく、荷主より受ける傭船者への信頼へも支障を及ぼす性質のものである。

(404)　M. Wilfold, T. Coghlin and J. D. Kimball, Time Charters, 4th Edition, 1995, 郷原資亮『定期傭船契約（第4版）』（2001年）147頁。傭船契約には船舶の仕様が表示されている。この表示とは原則として、傭船契約締結の時点においての本船の仕様である。この表示は英国法上、条件（Conditions）、担保（Warranties）、中間的条件（Intermediate or Innominate Terms）と三種の形式に分類できる。傭船の国籍は中間的条件の範疇に入る。船舶所有者による傭船中の船舶の国籍の詐称や、一方的な国籍の変更等、重要な違反と捉えられる場合には、傭船者に傭船の解約が認められる（松井孝之『設問式　定期傭船契約の解説』（2003年）5頁）。

の修理や定期検査に対して自国造船所の利用を義務付けた場合、船舶所有者は入渠の度に、所有船舶を旗国へ回航する必要性に迫られることとなる。また国際基準に適合した船舶を建造する、修理する自由も重要視される。便宜置籍国に見られたように、旗国がその登録船舶に対して国際基準を課していないことを理由として、便宜置籍船がその遵守を怠るならば、本船は寄港国の検査において指摘され、最悪、出港停止の処分を受ける可能性がある。

⑸　乗組員の国籍に対する規制　　一定の旗国によって、自国籍船に配乗される乗組員の国籍に関する制限を意味する。この制限は、自国籍船員の雇用を目的としたものである。自国籍乗組員の配乗は、自国民に対する信頼を基礎としているのみならず、船舶と登録国との実質的な関係を示す証の一つであると共に、有事の際の徴用において考慮される要素でもある。また自国船員の雇用の創出、海技の伝承等、国家政策上の役割を担ってもいる。従って自国籍船に自国船員を配乗させる政策を堅持している国は少なくない。伝統的海運国の多くは、乗組員の一部にでも自国船員を配乗することに固執している。その一方で、便宜置籍国には制限を設けていないものが多い[405]。便宜置籍国への船舶の登録理由の一つが、正に上記のような国家政策の回避であることに異論はない。

⑹　受容力　　船舶の登録に当たっては、人の行き来に止まらず、通信他のあらゆる手段を用いて常に迅速な登録手続きを可能とすることが重要である。多くの便宜置籍国は、自国に船舶を登録する船舶所有者が多数在住する国に、登録の便宜のための機関を設置している[406]。しかし便宜置籍国の全てが、主たる海事の中心地にその登録機関を提供している訳ではない。例えば船舶所有者の在住場所と旗国との間の時差によって、登録に問題を生ずる場合がある。特に船舶の出帆期限が厳格に定められている、または資金提供者の担保登録が含まれる売買取引においては、出帆前後の他、事前に取り決められた期限までに船舶を登録する能力が旗国にあるか否かが、旗国選択に決定的な重要性を持

---

(405)　一部の便宜置籍国は形式的な制限を設けている。キプロスは最近まで、自国籍船上のキプロス人以外の乗組員に対して月額１ポンドの名目的な料金を徴収していた。マルタも同様に、マルタ人以外の船員について小額の徴収を行っている（Richard M.F. Coles, *supra* note 68, p.50）。

(406)　その多くは領事館である。

つ⁽⁴⁰⁷⁾ことがある。

　この受容力とは、単に登録時の簡易さに止まらない⁽⁴⁰⁸⁾。船舶が登録されて運航に供された後も、必要時は何時でも旗国にアクセスでき、旗国より必要な援助を受けられることが包含されていることを忘れられてはならない⁽⁴⁰⁹⁾。

　(7)　評　判　　多くの便宜置籍国はその管理システムの強化によって、登録船舶の改善を試みてきた。またその旗の下にある船舶自らも、国際標準に適応すべき努力を重ねてきたといえる。その理由として、登録船舶に問題が多いとされた旗国の船舶は、寄港国によって他の旗国の船舶よりもより厳しい検査が行われる傾向があるためである。

　海上の安全や汚染の防止、船舶の状態について本船の国際基準への適合を検査する機構として、寄港国におけるポート・ステート・コントロール（Port State Control）の活動が挙げられる。この組織の展開は、摘発したサブ・スタンダード船の数に比例して、その旗国に属する他の登録船舶に対しても厳格な検査を行う傾向にある⁽⁴¹⁰⁾。特にポート・ステート・コントロールによる船舶

---

(407)　例えば便宜置籍国であるパナマは、横浜、東京、神戸、ホンコン、ロンドン、ニューヨーク、ニューオルリンズ、マイアミ、ロッテルダム、シンガポール、台北他、世界43ヶ国に船舶登録のための事務を取り扱う領事を置いているため、世界の主要都市での船舶のパナマ籍登録が可能である。

(408)　この点は免状の取得についても言及できる。便宜置籍船であるパナマ籍船に乗船しようとする日本人船員が、その有効な日本海技免状に従ってパナマ免状を取得しようとする事務手続きは、わが国に所在するパナマ領事館において行うことができる。

(409)　この要素はタックス・ヘイブンとしても重要である。金融・銀行業務にとり、特に重要な郵便、電報、テレックス等の通信設備が整備されていることは不可欠である。距離の障害はタックス・ヘイブンの選定に影響を与えるものではないが、このような施設の整備は距離の障害を克服できることとなる（大﨑満・前掲注(373)16頁）。

(410)　1982年、大西洋水域沿岸国のポート・ステート・コントロール（Port State Control, PSC）に関する地域的協議会の一つであるパリ MOU（Memorandum of Understanding）に加盟する国は、MOU の管轄水域での留置率を基として安全に不具合を有する旗国を特定し、その船舶の検査を集中する旨、合意した（Richard M.F. Coles, *supra* note 68, p.51）。2004年7月現在において、パリ MOU、東京 MOU の二つのポート・ステート・コントロール協議会に加えた、米国沿岸警備隊の三組織により、入港船舶に不具合が多いとされてブラックリストに挙げられている旗国の中では、便宜置籍国としてホンジュラス、セント・ビンセント、内二つのブラックリスト上に指摘を受けている便宜置籍国としてマルタが挙げられている（IMO Shipping Industry Flag State Performance Table, 2004）。

第Ⅱ部　便宜置籍船と「真正な関係」

の留置は、その旗国の外面的な評価に結び付く[411]。公表される留置率は、船舶所有者による船舶登録の動向へ影響を与え、船舶所有者に旗国選択の再考を促すこととなる。船舶所有者をして、登録船舶の低い留置率を示す旗国に登録させるようになるのである。

　このような国際的な規制の動きはまた主要な傭船者、特に環境破壊に対する重い責任を負う巨大石油企業にとって、傭船として差し出された船舶の適合性を考慮するに当たり、船舶の国籍を最も重要な要素の一つ——どの旗国に登録されているかについて検討させるようになってもいる[412]。

　以上を概観すれば、船舶所有者が旗国選択において考慮する事項とは、船舶の登録によってもたらされる障害を排除して船舶の運航効率を高め、偏にその運航採算を最大限に引き上げるところに集約されていることが理解できる。所有船舶から得る利益を高めるために障害となる、旗国による、または旗国の関わるあらゆる規制を排除することが、船舶所有者がその船舶を運航するに際して唯一、考慮する事項であるといえるだろう。しかしその追求は容易でないともいえる。際限のない運航コスト引き下げのための途上国船員の選択は、資格要件の適合性において問題を残すばかりではなく、世界各地でITFによる労務のボイコットを受ける危険性に曝される。船舶の便宜置籍化によって、伝統的海運の有する恣意的な政策の対象となることを回避できたとしても、便宜置籍船というのみで国旗差別を行う寄港国も少なくない。また便宜置籍国等の旗国によっては、その登録船舶がポート・ステート・コントロール他の公的組織による重点検査対象とされる可能性がある。掲げた要素はそれぞれがリンクして、船舶所有者が旗国を選択する際の問題点となり得るのである。

---

(411)　J. Ashley Roach, Alternatives for Achieving Flag State Implementation and Quality Shipping, Myron H. Nordquist and John Norton Moore edited, Current Maritime Issues and The IMO, 1999, p.153

(412)　例えばかつての（多くが英国籍船で構成されていた）英国商船隊についての、公正な取り扱いや安全において十分な艤装を施した船舶、訓練された乗組員の点での名声は、船舶所有者が旅客、貨物や傭船を確保する際に役立つ等、全ての英国の海運企業を援助した、との指摘がある（S.G.Sturmey、池田知平監訳・前掲注(128)351頁）。

第1章　便宜置籍船

第3節　便宜置籍国の実際の法制

1　便宜置籍国の法制

これまでは旗国の選択について考慮されるべき、一般的な要素について述べてきた。

さて、船舶所有者はその所有船舶を便宜置籍国へ登録しようと定めた場合、数ある便宜置籍国の中より何れを選択するかについて検討しなければならない。次に、これまで概観してきた様々な要素について、実際の便宜置籍国の法制を基に検証してみたい。

一般的な便宜置籍国の特徴として、国土が狭小であり海事に関する政策を最大限に利用しようとしていること、大国と近接しているかまたはその大国と特別な関係にあること、しばしば戦略上の地位を占めていること、政治制度が比較的安定し且つ発展途上にある等の特色が挙げられる[413]。そのような便宜置籍国の中に、主要なものとしてパナマ[414]とリベリア[415]がある[416]。パナマは現在、登録船舶の隻数では世界第一位であり、リベリアは第三位にある[417]。特にわが国海運の支配する便宜置籍船の実態は、パナマ籍船がその殆どを占め、第二位にリベリアがランク・インしている。以下の項目で見る便宜置籍国の法制は、主としてパナマとリベリアとする[418]。

---

[413]　水上千之・前掲注(14)152頁

[414]　パナマ運河のある中米の共和国、面積77,082㎢。

[415]　アフリカ西部大西洋に沿う共和国、面積111,400㎢。

[416]　船舶所有者による便宜置籍国の選択を見ると、船舶所有者の居住国によって開きがあることが知れる。米国、日本、香港、ギリシャ等、極めて多数の船舶所有者にその所有船舶の登録先として選択されるのは、パナマとリベリアである。パナマはわが国を中心としたアジアからの船舶を受け入れる傾向が強く、欧州ではリベリアの他、キプロス、マルタへの移籍が圧倒的に多くなっている（山岸寛「EUにおけるフラッギングアウトの動向と海運助成策」海事交通研究47集（1998年）86頁）。

[417]　1,000総トン以上の船舶を対象とした場合、パナマは8,576隻、リベリアは2,981隻に及ぶ（海事産業研究所『海外海事情報』（2000年）1105号22頁）。

[418]　特にパナマにおけるわが国便宜置籍船の集中度は40.3％に達し、他の便宜置籍国を圧倒している（山岸寛・前掲注(12)82頁）。

123

2　パナマの法制

パナマは南北アメリカ大陸の接続部である地峡部に位置した、1903年にコロンビアより独立した共和国である[419]。この国にあるパナマ運河は、太平洋とカリブ海、強いては太平洋と大西洋を結ぶ世界有数の運河として有名である。2000年の国勢調査に拠れば、パナマの人口は2,800万人、首都であるパナマ・シティに住む国民は100万人を超えている。

この国の船舶登録法制の概要は、以下の通りである[420]。

(1) 船型及び船齢　船舶及び浮上構造物は、パナマに登録できる。また登録船舶に船齢制限はない。そして登録後は1年毎の検査が要求される。但し最初の登録時、商業輸送に従事する20年を超えた船齢を有する船舶は、登録証書発行の必要条件として船舶局による安全検船に服す必要がある[421]。便宜置籍国が老齢船にとっての格好の登録先とされているのは、このような許容が認められている故である。

(2) 所有　パナマの登録船舶はパナマ人、外国法人またはその他の法人によって所有されなければならない。パナマはパナマ籍船の所有権者の国籍に対して、何らの制限も設けていない。個人、法人等、権利の主体となり得るものであればよく、パナマ人及びパナマ法人、外国人及び外国法人のいずれでも構わない。外国法人の株式、持分などが100％外国人に所有されていても、法人の役員が全員外国人であっても良い[422]。この所有の規定が、便宜置籍を自由置籍といわしめる所以である。

(3) 法人の設立　外国の船舶所有者がパナマに登録する船舶の所有者としてパナマ法人[423]を利用しようとする場合、当該法人は二～四日で設立される

---

[419]　Richard M.F. Coles, *supra* note 68, p.237

[420]　Colesの分類整理に依る (*Ibid.*, pp.237～248)。法源はパナマ便宜置籍制度の基礎である National Merchant Marine を規定したパナマ共和国 Law No.8 of 1925 にある。二重登録制度は Law No.83 of 1973 によって修正された Law No.11 of 1973 に拠る。また登録についての法律及び抵当権の有効期間については、Law No.14 of 1980 及び Law No.43 of 1984 によって修正されている (*Ibid.*, pp.237～248)。

[421]　しかし検査の実際は形式的なものとなることがある。

[422]　パナマ共和国株式会社会社法（以下、パナマ会社法という）1条には「二人またはそれ以上の成年者は、国籍の如何を問わず、またたとえパナマ共和国内に住所を有しない者であっても、本法に規定する要件に従って、適法なものであれば如何なる目的のためにも会社を設立することができる。」と規定されている。

ことが可能[424]である。また会社の権利を、法律事務所や法人登録代理店より購入することができる[425]。パナマ国内において商業活動を行わない法人は、パナマにおける非居住者として取り扱われる[426]。

　パナマに設立される法人は、パナマに公式な住所を持たなければならない。

　パナマ法人はその設立に際して、二名の株式の引受人が必要とされるが、実際は一名の株主でも良い。株式は記名株式または無記名株式として発行される。パナマのこのような実情より株主は存在せず、株主の授権を得ようとしても困難な例が多い[427]。また株主の国籍に制限はない[428]。役員及び幹部について

---

[423]　パナマ会社法は米国法系に属し、具体的にはデラウェア州会社法を母法とする。
　　　デラウェア州法は、米国内の会社設立についての法律回避に利用されることが多い。デラウェア州外で営業を行う会社であるにも拘らず、他州の法律に依るよりはデラウェア州法による方が会社の設立が容易である。また会社に対する規制も少なく州に支払う手数料も安価であるという理由により、デラウェア州法によって会社を設立し、定款上の本店をデラウェアに置き、実際の本店を他州に置くという実務が容認されている（溜池良夫・前掲注(76)196頁）。

[424]　会社の設立はその定款の登記によって終了する。逆をいえば、会社の設立は、その定款が登記されるまで第三者に対して効力を生じない（パナマ会社法6条）。要するに定款の作成、その登記のみで第三者に対しての会社が有効に成立することとなる。また定款の変更も極めて簡易であり、特段の制限はない（パナマ会社法7条）。

[425]　実務上の会社設立作業は、商号、会社の事業目的、授権資本の額、取締役の指名他、必要事項を記載したテレックスまたはファックスで依頼先のパナマ弁護士に通知すれば、通常は約1週間前後で設立登記することが可能である。

[426]　日本法では会社の設立は団体の形成として、社員としての株主の確定、機関としての取締役、監査役の選任は定款以外の手続きで為される。また多数の株主の結合を要する場合には社員の確定が一挙に為されない。結果として複雑な手続き、時間的な経過を待たなければならないわが国の実情と併せて比較した場合、極めて対照的であるといえる（馬木昇・前掲注(364) 3頁）。

[427]　わが国の船舶所有者がその船舶の所有、運航を目的としてパナマに会社を設立する場合、株式発行の決議をせず、従って株式を発行していない会社もかなりあるのが実情である。この点、わが会社法37条3項に該当する如く、会社の設立に対して授権資本の4分の1を払い込むこととなっているため、株主の不存在はあり得ないわが国の場合とは大きな相違を見せる。

　　　パナマ会社法68条には、取締役会の決議による会社の財産の一部または全部を売却等する場合には、一定数の株主の授権を要するとの規定がある。これにつき株主からの授権のない取締役会の決議のみでの船舶の売却、抵当権の設定の効力につき見解の相違がある。整理すれば(1)有効である。株主の存在しない以上、保護対象を欠くため株主の

第Ⅱ部　便宜置籍船と「真正な関係」

は最低三名が要求され(429)(社長、会計役、秘書である。それぞれの住所、氏名は定款に記載される場合が多いが、法律上の絶対的な要件とはなっていない。但し、実務上は例外なく役員の氏名、住所が記載されている。)(430)、その国籍や国内居住は問われない(431)。そして発行する株式を無記名式として会社の取締役、役員をパナマ弁護士等に指定すれば、そのパナマ会社を実質的に支配している者が誰であるかを確認する方法がない(432)。

　年次報告書、即ち株式会社が作成して登記所に届け出る書類(433)の提出は求められない。また非居住のパナマ法人は、会計監査の依頼や預金口座を維持する必要はない。

　(4)　裸傭船登録　　パナマは裸傭船登録、即ち二重登録制度として知られる船舶登録を許した最初の国である。二年を超えない期間での傭船契約に服する外国船舶は、パナマに再登録されることができる。加えて原籍の登録を廃止せずに、その更新が可能な限りパナマへの継続的な登録が許可される。当該傭船契約は裸傭船であることを要しない(434)。そのような場合、船舶は船舶所有者

　　　　　授権は不要である。(2)無効である。(3)株主の存在しない株式会社は会社の実体がない法人格否認の適用に当たり、わが国の親会社（実質的な株主）とその子会社のパナマとは同一の法主体となるため、この親会社の同意によって有効となる、等である。パナマ弁護士はこの問題の解決のためには、株式の発行を以って株主の授権を生むべしとするが、多数説は(1)と(3)に集中している（馬木昇・前掲注(364) 91～92頁）。

(428)　パナマ会社法1条
(429)　パナマ会社法49条
(430)　パナマ会社法65条。会社設立の際、当初の取締役及び役員の氏名、住所は定款に記載された後、登記されるのが通例である。以後、その変更についてはその旨、登記しなければ第三者に対して変更があったとの主張ができない。このようにしてパナマでは取締役、役員が誰であるかを公の記録から知ることができ、その記載を信頼して取り引きができる（馬木昇・前掲注(364) 12頁）。
(431)　わが国の船舶所有者が設立した会社の役員には、船舶所有者としての海運企業の役員、社員が指名された日本人役員が多く見られる。
(432)　このような特色は、所謂タックス・ヘブンといわれる国々における会社法の特色であって、パナマに限られたことではない（馬木昇・前掲注(364) 4頁）。加えて旗国法人がペーパー・カンパニーであるが故に株主総会、取締役会も実際には開催されていないことが多く、単にこれらに関する必要書類のみが秘書等の手により作成されている、とする。
(433)　会社の住所、資本の構成、負債の状況、株主名簿に関する記載事項の他、計算書類や監査報告が含まれる。

と傭船者双方の名を以って特別登録簿（Special Register）に登録され、特別航海許可証（Special Navigation License）が発行される。その許可証は原籍としての旗国の船籍港が記載されると共に、元の登録における全ての抵当権やその他に記録された債務の詳細が記載される[435]。元の旗国に記録された抵当権は、パナマでの再登録の際にもその旗国の法に服して残ることとなるものの、原籍としての旗国の抵当権や債務は、特別登記簿以外のパナマの登録に記録される必要はない。

一方、パナマに通常の方法によって登録され、最低二年の期間の傭船契約に服するパナマ籍船は、パナマにおける登録を失うことなく他の旗国への再登録が許される[436]。再登録される他の旗国は、パナマ同様に二重登録を許す旗国でなければならない。パナマから他の旗国へ再登録された船舶が、パナマの財政的、法的義務を失うことはない。所有権や抵当権は、もし違反があればパナマである元の登録の無効を受けるという条件において、他国の登録に記録されなくとも良いこととなっている。

(5) 就航制限　旗国により、一定の水域や一定の国家への就航が完全に、または条件付きで制限を受けることを意味する。パナマ籍船に課される就航制限はない。よって傭船契約や保険契約における制限を除き、旗国による就航水域に関する制限はないこととなる。

(6) 配乗要件　パナマ籍船に配乗される乗組員の資格として、200総トンを超えるパナマ籍船に乗務する職員には、適正な免状の保持が求められる。この免状とは、書面に規定された職位における職務の遂行を、その免状の所有者に認めたものである。

---

(434) 定期傭船でも可能である。

(435) 特別登録簿に登録されるためには、元の傭船契約の証明、船舶所有者の同意、元の旗国当局と全ての抵当権の写しが、元の登録簿における登録を示す証書と共にパナマ・シティにある船舶局にファイルされる必要がある（Richard M.F. Coles, *supra* note 68, p.239）。

(436) パナマ会社法の観点から見れば、定期傭船であれ裸傭船であれ、また船舶の賃貸借であれ、船舶の傭船に関する契約については、たとえその船舶が会社の唯一の財産であっても株主の授権は不要と認められる。会社はそのような船舶傭船のために設立され、その目的に従って現実の事業を営んでいるものである。会社の通常の業務に合致するとの認識より、取締役会の権限事項であると解せられる。従って取締役会にて傭船契約が承認されれば十分である（馬木昇・前掲注(364)86頁）。

登録船舶における船員の国籍に関しては、船舶の乗組員の内、最低その10%はパナマ人でなければならないとの規定がある[437]。パナマ人船員の十分な確保が困難な場合、当該規定は免除される。そして実際にも、パナマ人船員を配乗した外国法人所有の登録船舶は皆無に近いといって良い。またパナマの総人口からして、数あるパナマ籍船にその乗組員の10%を供給すること自体、現行では不可能であるともいい得る。有名無実な規定に過ぎないだろう。裏を返せばこの規定が、パナマ籍便宜置籍船における配乗船員選択の自由を確約しているのである。

パナマ当局は二者択一的に、IMOのホワイト・リストに記載された国に所属する船員に対し、その国の海事機関によって発行された適正な免状の保持者に対して裏書付きの証書を発給している。そしてパナマ籍船舶上の乗務において、当該免状の使用を認めている[438]。即ちホワイト・リストに記載された締約国の発給した資格証書に基づき、無条件で同一職位のパナマ資格免状を発行している。この規定はパナマのような、国内に船員供給機関を有さない旗国にとっては極めて重要である[439]。船舶に乗務する船員の海技免状は、旗国が発給する[440]。しかし自国内に十分な船員が確保できない旗国は、旗国外の船員供給国に自国籍船への配乗を頼る他なく、必然的にその国の海技免状と同等の効力を有する旗国免状を認める必要が生まれるのである。

(7) 課　税　便宜置籍国であるパナマで課税される所得は、パナマ国内の

---

(437)　Panamanian Labour Code, Article 266

(438)　ホワイト・リストとは国名リストである。1995年の船員の訓練及び資格証明並びに当直の基準に関する国際条約（The 1995 Amendments to International Convention on Standards of Training, Certification and Watchkeeping for Seafarers, 1995年STCW条約）に規定された、本条約における最低限の適正な要求に準拠した法制度を維持しているとみなされるIMO加盟国のリストを指す（Richard M.F. Coles, *supra* note 68, p.239）。締約国がその国内の法制度として、自国船員のための海技に関する訓練を、上記条約の他、各種の国際規則に基づいて適正に実施し、適正な認定と手順によって資格を付与していることを認定したリストである。認定されない締約国はブラックリストに掲載され、その船員については実質的に自国籍以外の船舶への配乗が困難となる。本条約の主たる目的は、途上国である船員供給国への規制を図ったものである。

(439)　自国籍船員を全くといって良い程、輩出していない便宜置籍国にとっては、必須の条件といえる。

(440)　STCW条約6条「証明書」

源泉所得に限られ、国際間のパナマ籍船の運航による利益等、パナマ国外の源泉所得には一切課税されない。非居住のパナマ法人は、パナマにおける所得に関する税を含むその他の税を支払う必要はない[441]。またパナマは二重課税条約には加入していない。パナマ通貨としてはバルボア通貨があるが、米ドルも通貨として使用されているため、外貨との関連での為替管理の必要性がなく、この面での制約もない。

(8) 抵当権[442]及び約定担保権　船舶所有者の所有権は、売買証書やその他の文書がパナマ市の公的登録簿に記録されるまでは完全とはならない。過去、船舶所有者の所有権登録が完了するまで抵当権が登録できなかったために困難な問題が発生した。しかし法改正によって、パナマ国外にある主要なパナマ領事館の一つを通すことにより、船舶抵当の予備登録を行うことが認められるようになった[443]。予備登録は六ヵ月の間有効であり、公的登録簿における最終的な抵当権の登録と同様の優先権が付与される。一度、パナマ国外において優先的に登録された抵当権は、最終的な登録が為されるために公的登録簿に登録されるべく、パナマ本国に送付されなければならない。もし最終登録が六ヵ月以内に達成されなかった場合には、優先登録は取り消しとなる[444]。

(9) 国籍証書の取得　船舶が旗国に登録された証として、その船舶は旗国

---

(441) パナマへの登録に要する主たる費用として、(1)登録費（Registration Fee）、(2)年間税（Annual Tax）、(3)領事費（Annual Consular Tax）、(4)年間調査費（Annual Inspection Fee）、(5)事故調査・国際条約その会合運営年間費、等がある。

(442) パナマ会社法が米国はデラウェア州会社法を母法としているのに対して、パナマの船舶抵当に関する法は、スペインの1893年船舶抵当法を基礎としている。加えて当該法には古いイタリア、フランスの大陸法の影響が及んでいる。従って会社法におけるのとは異なり、船舶抵当については英米法の影響は少ない（馬木昇・前掲注(364)192頁）。

(443) Law No.14 of 1980。第三者に対してその効力を主張、または対抗するためには、必ず抵当権の存在が登記等によって公示されなければならないという、公示の原則がある。これは各国の船舶抵当権において一様に遵守されている原則であり、パナマも同様な規定を置いている。

(444) パナマ共和国の正式言語はスペイン語である。多くの船舶抵当権設定契約書はスペイン語以外の言語で作成されるため、抵当権設定契約書はスペイン語に翻訳されて登記されることとなる。ここにそれぞれの言語の契約書に齟齬の発生する可能性が生じ、齟齬が発生した場合には元の言語の契約書が優先するとのパナマ政府の解釈がある（馬木昇・前掲注(364)194頁）。

第Ⅱ部　便宜置籍船と「真正な関係」

から国籍証書を取得しなければならない。国籍証書の発給までには様々な手続きを要するが、パナマでは運用上、仮国籍証書の発給を受けた仮登録が認められている[445]。しかも当該仮登録は申請後の翌日、遅くとも二〜三日の間に取得でき、登録についての極めて簡易な制度として整備されている。このような簡易な登録制度が、パナマ籍便宜置籍船を増加させる一因となっている。

⑽　登録解消手続き　　船舶所有者は主要な抵当権の取り消しや、船舶が外国の船舶所有者によって買船された場合には、その売買証書の複写及び登録の取り消し料の支払いを条件として、パナマにおいて、またはパナマ領事館を通しての船舶登録の取り消しを申請することができる。

3　リベリアの法制

リベリアは西アフリカ沿岸に位置し、人口約310万人を有する独立共和国である。1822年、自由を得たアメリカ奴隷のための植民地となった後、1847年に独立を得た。共和国の歴史は米国との強い繋がりの基に打ち立てられている。七年続いた市民戦争は1995年に終わり、1997年には民主的な大統領選挙、合法的な選挙が執り行われた[446]。

リベリアは1948年から便宜置籍制度を置いている。それより約半世紀が経過した現在、リベリア籍船は世界の中でも最大船腹量を誇る、便宜置籍国の一つとなっている[447]。

登録法制の概要は、以下の通りとなる[448]。

⑴　船型及び船齢　　20純トン数の沿岸船舶、リベリア港間またはリベリアと他の西アフリカ諸国間の貿易に携わる船舶、24mまたはそれ以上の長さのレジャーヨット、及び国際航海に従事する船舶を登録することができる。船齢について、リベリアに登録される年の一月一日、建造より起算して20年以

---

[445]　日本籍船にはこのような仮登録は認められていない。
[446]　通貨はリベリア・ドルである。
[447]　海事及び法人登録双方の管理と運用は、リベリア政府によって2000年1月にその責任を引き継いだ米国法人である、リベリア国際船舶及び法人登録LLCへ委任されている（Richard M.F. Coles, *supra* note 68, p.173）。
[448]　Colesの分類整理に依る（*Ibid.*, pp.173〜187）。法源として、リベリア国旗の下にある登録船舶は、修正されたLiberian Code of Laws of 1956第22編のリベリア海事法によって規制されている。

上を経過した外航船またはレジャーヨットは登録することができない。しかしながら登録局の長またはその代理は、当該船舶がその他すべての適用されなければならない要求に合致し、且つ船齢制限免除のための必要な事項を示すことができれば、船齢制限を免除する自由裁量を有している(449)。このような規定は、結果的には旗国としての厳格な国際基準の遵守の緩和に繋がっている。

(2) 所　有　登録されたリベリア籍船は、外国の海事法人としてリベリアに登録された外国法人による登録と共に、リベリア市民または国民による所有が求められる(450)。リベリアは原則、船舶所有者である個人、法人が船籍と同一国籍であることを要求しているが、この制約は登録監督庁による許可によって回避できる。

(3) 法人の設立　リベリアにおける会社の設立は、二つの異なった登録によって規定されている。一つは米国デラウェア州法をモデルとした商業法人法 (The Business Corporation Act) の規定(451)により、リベリアにおいて商業を営むことを認められた外国法人と同様、登録商業法人を除く、居住または非居住の何れの国内法人にも適用される。別の一つは2002年初めに発効した登録商事会社法 (Registered Business Companies Act) に拠るものであり、英国の会社法と同様の規定を置く(452)。

登録商事会社法は、リベリアの商業法人に比べて公的な透明性を要求している。これらの法による法人及び会社は、世界の主要都市にあるリベリアのための登録機関により設立または購入することが可能であり、その設立にも一商業日を要するのみである。

リベリアにおいて商業活動を行わない全ての法人及び会社は、モンロビアにある登録のための信託会社(453)の住所にその登録事務所を置くことが要求され

---

(449) 免除の申請には、本船が船級協会に所属し且つその船級協会が全ての必要な法的証書を発給する旨の、船級協会による書面の確認書を添付しなければならない。もし船齢制限についての免除が認められた場合、船舶には厳格な安全条件が課されることとなる (*Ibid.*, p.174)。しかしこのような規定は形式的なものとなる場合がある。

(450) 市民または国民の表現には、法人、登録された商業法人、合名会社、合資会社、有限責任会社、外国海事法人及び個々の団体が含まれる (*Ibid.*, p.174)。

(451) The Associations Law, Title 5 of the Liberian Code of Law Revised, 1977

(452) UK Companies Act 1929

(453) 全てのリベリア法人、会社、合名・合資会社及び外国海事法人の登録代理店とし

る。

　株式について、商業法人及び登録商事会社においては単一株主が認められている。株式は持参人書式により、登録された株主に発行される。株主についての国籍の制限はない。また役員は一名で十分とされる。定款に取締役、役員を規定することは要件とされていない。またその後、取締役、役員に変更があっても登記変更の必要はない[454]。役員の居住地、国籍は重要視されない。

　会社の利益について、商業法人は年間利益の通知は求められないが、登録商事会社には求められている。

　(4)　裸傭船登録　　リベリアは、もし船舶の元の旗国たる一方の国が裸傭船登録を認めるのであれば、リベリアへの裸傭船登録または登録の解消を認めている。船舶がリベリアに裸傭船登録される場合、本船の運航、航海及び管理にはリベリア法が適用されることとなる。裸傭船登録の期間、本船は原籍である国籍の旗を掲げることが認められないと共に、船籍港としてモンロビアを表示しなければならない。

　元の登録国の法は、登録されている抵当権に適用される[455]。

　(5)　就航制限　　パナマ同様、旗国による就航制限はない。

　(6)　配乗要件　　船舶の職員は、有効期限五年のリベリア免状を所有しなければならない。当該免状は規定の試験合格者の外、リベリア当局によって同等のものであると認められた外国の免状に対し、経歴証明の提供を条件として発給される。また乗組員の国籍に制限はない。パナマと同様の法制であり、IMOによるホワイト・リストの掲載国がその対象となる。

　(7)　課　税　　商業法人法、登録商事会社法の下に設立され、リベリアに商業活動の場を持たない法人または会社の収入は、当該収入がリベリアで発生したかリベリアに送金されたか、または株式の25％以上がリベリア居住者によって所有されていない限り、リベリアにおける課税が免除される。登録船舶

　　　　　　て活動している（Richard M.F. Coles, *supra* note 68, p.174）。
　(454)　この点、パナマにおける会社よりも秘密性に富み、誰が会社を支配しているかを知る術がないといえる。従ってリベリアでは公の書類から取締役、役員が誰であるかを知ることは困難である（馬木昇・前掲注(364)12頁）。
　(455)　リベリアがその登録船舶の外国への裸傭船登録を認可した場合、リベリアの国籍証書はリベリアの登録機関へ預けなければならない（Richard M.F. Coles, *supra* note 68, p.176）。

がリベリアの沿岸貿易に従事しない限り同様に取り扱われる。

またリベリアは二重課税条約に加盟していると共に、多くの伝統的海運国と租税条約を締結している[456]。

(8) 抵当権及び約定担保権　リベリア海事法は、船舶上の担保登録に関する詳細な規定を含んでいる。法第三章は、優先抵当権の概念について取り扱っている。優先抵当権は他の先取特権に先立ち、貸主に優先権を付与するものである[457]。

(9) 登録解消手続き　リベリア籍船の船舶所有者が、その船舶を他の登録へ移籍、廃船のために売船、またはリベリア以外の登録とする購入者へ売船しようとする場合には、登録取り消しの許可を求める申請について書面を以って提出しなければならない。申請書は登録船舶の新たな購入者の氏名と居住地、移籍先に予定されている旗国が含まれなければならない。そのような申請書と申請料が受領された後、登録機関によって90日または180日の有効期限を持つ移籍許可証が発給される。

第4節　裸傭船登録

1　便宜置籍船と裸傭船登録

船舶の傭船の形態である定期傭船や航海傭船では、傭船契約によって船舶所有者から傭船者へと、船舶と乗組員が一体となって傭船される。一方、裸傭船[458]とは元来、船舶より乗組員を分離させた船体のみが傭船者へ賃貸される傭船形式をいう。定期傭船や航海傭船は、船舶が貨物運送の手配のために長期

---

(456) リベリアはドイツと、1970年11月に収入及び資本における二重課税の回避条約を締結した。1987年10月には、米国との間で同様の外交上、為替取引に関する条約が締結された。またギリシャとは1972年9月、経済協力条約が結ばれている。その第1条には最恵国としての取り扱いが規定され、リベリア財務大臣が署名しギリシャの税務当局が受諾した、条約に基づく対等な免除証書がある（*Ibid.*, p.178）。

(457) リベリア籍船上の優先抵当権は規定された書式で作成され、ニューヨークの海事事務副局長事務所に記録されなければならない。抵当権は、登録の日時、船名、関係者の氏名と抵当証券によって保証される総額を表わす公的登録簿に記録される。抵当権は一度記録されれば、所有や担保権、優先抵当権目録の公認抄録証書の形式で定められた証拠記録となる（*Ibid.*, p.184）。

(458) 日本法では、船舶賃貸借契約という表現で表される。

間、または短期的に傭船者へと貸し出される契約として、船舶には傭船時より乗組員が乗り込み稼動可能な状態で差し出され、また傭船者が必要とした時点で傭船し得るという、船舶利用における簡便性を長所とする傭船形態である。これに対して裸傭船は、船舶所有者より借り受けた傭船者が自ら乗組員を手配、配乗させ、これに船用品や燃料を補給して運航させる必要がある。

　パナマやリベリアの法制において確認できたように、このような裸傭船登録は便宜置籍国を中心として、現在の国際海運において確立された慣行となっている。現在の国際海運においての裸傭船の理解は、一つの旗国の下に登録されている船舶が他の旗国へ再登録される慣行を示す言葉となりつつある。また裸傭船登録は、便宜置籍船の導入の温床ともなっている。裸傭船登録は別名、並行登録または二重登録とも呼ばれている。

　この意味での裸傭船は定期傭船や航海傭船の如き、貨物運送契約のような純粋な商用目的の傭船形態ではないといえよう(459)。

　裸傭船とはもともと、船舶所有者の間で、船舶を乗組員なしで賃貸する傭船形式を指していた。一般に現在の国際海運における裸傭船は、裸傭船登録または二重登録（Dual Registration）として、定められた一定の期間の間、A国に登録された船舶が、通常B国の国民またはB国の法律に基づき設立された会社に対し当該船舶の裸傭船が為され、これをB国で登録することによって行われている。その裸傭船の期間中、A国の船舶登録の（公法上の）効果は一時停止され、B国における登録が失効した場合にA国の船舶登録の効果が自動的に復旧される仕組みとなっている。

　このような制度は、二カ国または数カ国の間で締結された条約によって規定されるものではない。原則、A国とB国の法制度がそれぞれに矛盾を生じないことに依拠している(460)。換言すればA国、B国共に、裸傭船登録を認めていることが前提となっている。

---

(459)　裸傭船契約の傭船者は、引き渡された船舶に対して乗組員を配乗させて占有し、あたかも船舶所有者であるかの如く、自身のために本船を運航する。傭船者が船名を選択し、自社の社旗、ロゴを利用することも珍しくはない（Harvey Williams，木村宏監修・前掲注(387)142頁）。

(460)　裸傭船登録は1986年の船舶登録要件条約（未発効）11条「船舶登録簿」、12条「裸傭船」に規定されている。また1993年の国連海事抵当権条約に、抵当権の状況を保護することを意図した「旗の一時的変換」として規定された。

第 1 章　便宜置籍船

　Churchill と Lowe は、裸傭船登録を「真正な関係」が招いた影響に拠るものとする。旗国と船舶との間にあるべき「真正な関係」について、国際条約が明確な規定を置かなかったために、裸傭船登録の如くの、商用を目的とした定期傭船や航海傭船より離れた慣行が確立されてしまったとの指摘である[(461)]。

　一方で、裸傭船は船舶の実質的な所有者と再登録国に対して、様々な経済的利点を供与する制度であることも指摘されなければならない。正に国際海運における裸傭船登録制度の発展が、便宜置籍船の顕著な増加を招いたといっても過言ではないだろう。

2　裸傭船登録の利用目的

　裸傭船登録制度の最大の目的は、途上国の低賃金船員の雇用にある[(462)]。裸傭船が乗組員を除外した、船舶のみの貸し渡しである性質を利用したものである。例えば、船舶所有者は、所有する便宜置籍船をフィリピンのような低賃金経済国へ裸傭船登録する。これによって、船舶の受け入れ国の賃金指標で、その国の船員の配乗を可能とする。便宜置籍船の実質的な船舶所有者はこのような手段に頼り、所有船舶の便宜置籍国の旗の下での運航をカモフラージュし、ITF によるボイコット等の実力行使を受ける可能性を排除した[(463)]。

　また新興の海運国が、自国商船隊の構築のために、船腹を購入する財政的な負担を覚悟することなく、自国への登録船舶を増やす目的に利用されもしてきた[(464)]。新興海運国は自国への裸傭船登録の促進によって、登録船舶を利用した自国船員の訓練や雇用を果たすと共に、船員賃金や課税による外貨や、船舶の運航に必要な海技技術、専門的知識を獲得し、更には自国船腹の増加を果たすことをも可能とした。裸傭船登録を認める法制を有する国は、他国の登録船

---

(461)　R.R.Churchill and A.V.Lowe, *supra* note 37, p.262
(462)　Harvey Williams, 木村宏監修・前掲注(387) 143 頁
(463)　Richard M.F. Coles, *supra* note 68, p.36。ITF の便宜置籍船としての理解は原則、旗国と乗組員の国籍が異なることであった。従って本船にその旗国の船員が配乗されていた場合、当該船舶は便宜置籍船ではなくなることとなった。しかし 1988 年、ITF 海事政策委員会は、一時的にフィリピンへ登録されている全ての船舶を便宜置籍船として取り扱うこととする等、旗国毎に個別の対応を図ってもいる（*Ibid.*, p.36）。
(464)　フィリピンは、自国に裸傭船登録された船舶に自国船員の配乗を可能として、船舶所有者の目的を実現可能とすると共に、自国の商船隊の拡充をも図ることができた。

第Ⅱ部　便宜置籍船と「真正な関係」

舶のフラッギング・イン及び自国籍船のフラッギング・アウトの双方についての利点を生かしつつ、国際海運に従事しているといって良い[465]。

　裸傭船登録制度は、船舶所有者と傭船者との間にある意図が反映されている。単に船員費の削減を可能とするのみならず、旗国に起因した就航制限や国旗差別の回避、船員の雇用労働に関係する問題の排除を可能とする。他にも船舶所有者による補助金の利用や、裸傭船によって新たに登録される旗国の認めた、輸送に有利な貨物の引き合いを可能とする等、その目的は多岐に渡る[466]。従って裸傭船という船舶の貸し渡しにも拘わらず、裸傭船された船舶は尚も、実質的な船舶所有者の下での運航に服し続けることとなる。裸傭船登録は disponent と称される船舶所有者から、法律上（登録上）の船舶所有者への定期傭船によって実施されてもいる[467]。

---

[465]　その主要な国に、バハマ、キプロス、リベリア、パナマ、セント・ビンセント、バヌアツの便宜置籍国の他、オーストラリア、フランス、ドイツ、イタリア、スペイン、ポーランド、メキシコ、フィリピン、スリランカ、そして英国が挙げられる（Richard M.F. Coles, *supra* note 68, p.35）。わが国は自国籍船、他国籍船の双方について、裸傭船登録を認めていない。

　　英国では1995年の英国商船法及びその他の規定によって、裸傭船登録が定められている。英国における裸傭船登録とは、英国以外の国家において登録され、英国船舶を所有する者を傭船者とし裸傭船契約の条件の下に傭船され、一定の登録資格（9条「英国船舶の登録資格」）を有する条件が、傭船者と船舶との間において満足される状態で傭船されている船舶を指す（英国商船法17条）。

[466]　船舶に設定される抵当権という、国際的に認められている債権担保手段を、資金の貸し手に容易に提供できるか否かも、裸傭船の一つの目的とされている（Harvey Williams, 木村宏監修・前掲注(387)143頁）。

[467]　わが国の判例である「ジャスミン号事件」では、裸傭船に関する傭船契約上の記載が検討された。本件では、本船の船舶所有者と定期傭船者は定期傭船契約を締結し、定期傭船者は本件貨物の運送において訴外の者と航海傭船契約を結んだ。定期傭船者は航海傭船者乃至その積地代理店に対して、「船長のために」船荷証券に署名する権限を与えた。積地であったインドネシアの船舶代理店は、被告である定期傭船者の英語名の印刷された船荷証券に、「船長のために」との表示の下、本件貨物について署名した。そして本船の貨物に発生した損害について、荷主の有する船荷証券所持人の権利を代位した保険会社が、本船の定期傭船者に対して船荷証券で表章される運送契約上の運送人としての債務不履行責任を、船舶所有者に対して同じく運送人としての債務不履行責任及び不法行為責任を追及し、損害賠償金の支払いを求めた。尚、船荷証券の裏面約款には、「本船が定期傭船者により所有または裸傭船されていない場合には、これに反する記載にかかわらず、本件船荷証券は、定期傭船者の代理行為に基づき、本船船主または

第1章　便宜置籍船

何よりもこの制度を、伝統的海運国の船舶所有者が利用していることを指摘しなければならない。伝統的海運国の船舶所有者は建造した船舶に自国籍を付した後、または便宜置籍化した後、当該船舶を途上国に裸傭船に出す。そして裸傭船先の船籍を取得して、低賃金船員を配乗することにより運航費の節減を図っているのである[468]。

3　裸傭船登録の条約実行による問題

(1)　船舶登録要件条約における船舶の二重登録　　国連海洋法条約は船舶の二重国籍（登録）を認めていない[469]。これは公海条約の規定を引き継いだものである[470]。一隻の船舶が、同時に二カ国に登録されることは違法とみなされる[471]こととなる。しかし1986年に採択された船舶登録要件条約[472]では、この二重登録、即ち裸傭船登録を条件付きで認めるに至った。

船舶の二重登録は、船舶登録要件条約に規定として取り入れられる以前より、少なくない国で実施されていた。条約採択以前、既に旧西ドイツやフランス、オーストラリア、フィリピンの他、既に見た便宜置籍国であるパナマやリベリアも、自国籍船の海外登録及び外国籍船の自国籍登録を認めていた[473]。船舶

　裸傭船者を契約当事者としてこの者としての契約としてのみ効力を有し、定期傭船者は、本船主ないし裸傭船者の代理人としてのみ行為し、上記契約に関するいかなる責任も負わない。」とのディマイズ・クローズの記載、及び日本法が準拠法として指定されていた。判例では実質の船舶所有者と裸傭船者を同一な立場にある者と認めている。
　また「カムフェア号事件」においても、判旨では「船名または船長名から船舶所有者を容易に知ることができた時代とは異なり、現代においては本人の具体的な顕名がなければ、船長が誰の代理人であるかを容易に知り得ないことが多いのであるから、代理方式によって船荷証券を発行する場合には（中略）、船主ないし裸傭船者の名称を具体的に顕名する必要が大きいというべきである。」として、「ジャスミン号事件」と同様の解釈を取っている。

(468)　山岸寛・前掲注(15)18頁
(469)　92条「船舶の地位」2項
(470)　6条「船舶の国旗」
(471)　山岸寛・前掲注(15)17頁
(472)　次章参照。
(473)　山岸寛・前掲注(15)19～20頁。受入れ国における二重登録の主たる目的は、船舶金融投資市場の整備と、船腹の拡充による自国商船隊の整備にあるが、外国籍船の二重登録を認める国の多くは、登録期間を定める等の規制を行っている。

登録要件条約に規定された二重登録の規定は、国際海運における慣行に従ったものであったといえよう。

　(2)　二重登録による船舶の国籍国と旗国との分離　　二重登録を経た船舶は船舶の二つの登録国、原籍である国籍国と裸傭船登録先の旗国とが異なる事態を生む。それは船舶を登録する二国間の協定により、主として船舶登録国に属する船舶所有者が他国に属する者に船舶を賃貸した場合に、賃借人の属する国の国旗を掲げ得るようになったことによる(474)。

　船舶登録要件条約上、裸傭船された船舶の国籍に関する原籍国の登録は停止であって、変更や廃止とはされていない(475)。条約の定義上、旗国とは船舶が掲げる旗の属する国をいい(476)、船舶は掲げる権利を認められた旗の属する国の国籍を有するとされる(477)。しかし裸傭船された国に旗が移った場合、旗国は裸傭船された国となるが、国籍は尚も機能の停止の状態にある原籍国のままである。裸傭船登録がされると、原籍国は旗国ではなくなるため、船舶上の物権、担保物権の登録国（国籍国）と旗国との乖離が現れる(478)。条約が認める自国旗掲揚権の許与される裸傭船船舶の登録は、船舶の原籍のある原登録国の国旗掲揚権の停止が条件である。従って原籍国における所有権の登録及び担保権登録（登記）は、原籍国においてそのまま維持されるという構造になっている(479)。船舶の国籍の属する国における登録は、船舶の所有権及び抵当権の公示において意味を持つのみであり、船舶はその他の側面において旗国――再登録国の管轄権とその法規制に服することとなる(480)。

　船舶登録要件条約は、船舶の国籍は掲げる権利を認められた旗の属する国によって決せられるとする(481)。他方で、上記のように船舶の原籍国においてそ

---

(474)　池原季雄・高桑昭・道垣内正人「わが国における海事国際私法の現況」『海法会誌』59号（1986年）13頁
(475)　11条「船舶登録簿」5項
(476)　2条「定義」
(477)　4条「総則」
(478)　11条「船舶登録簿」
(479)　谷川久「旗国法の基礎の変化と海事国際私法(2)」成蹊法学43巻（1996年）43～26頁
(480)　谷川久・前掲注(318)22～15頁
(481)　4条「総則」

の所有権登録と並存する形で裸傭船登録国の旗を掲げることを認めたにも拘わらず[482]、船舶の国籍は掲げる権利を認められた旗の属する国にあるとの原則に変更を加えていない。そして裸傭船登録の要件として、当該船舶の国籍に関する登録の停止を証する証拠の提示を要求して、国旗掲揚権と国籍とのリンクを堅持している[483]とも理解することができる。

　このような船舶登録要件条約の規定には批判がある。公海条約や国連海洋法条約では、船舶の国籍国と旗国の一致が定められている[484]。国連海洋法条約の制定以前より、旗国と船舶の国籍国の一致は国際慣習的に認められてきたものであった。にも拘わらず上記のような規定を置いた船舶登録要件条約上の船舶の「国籍」とは、如何なる概念として把握すれば良いのかと理解不能に陥る[485]という、谷川教授の強い指摘がある。条約は、停止という条件がこの問題を解決するとの解釈を取っているようであるが、実際に公法的規定の要求は停止に及んでも、所有権や抵当権にかかる私法的機能は、債権者保護のために再登録国にも引き継がれるのである。公海条約や国連海洋法条約の精神に従えば、船舶の国籍国は旗国であるとの理解に変更はないと思われる。船舶登録要件条約は、これらの条約の規定との関係を明確にしていない。船舶登録要件条約は未発効である。現在のところ、条約上の裸傭船の規定による旗国の現実的な問題は生じていない[486]。

---

(482)　12条「裸傭船」
(483)　11条「船舶登録簿」
(484)　公海条約5条「船舶の国籍」1項、国連海洋法条約91条「船舶の国籍」1項
(485)　谷川久・前掲注(479)43～26頁。William Tetley も、このような国籍に準じた場合、適用すべき旗国法は不明確であると指摘する（William Tetley, The Law of the Flag, "Flag Shopping" and Choice of Law, Tulane University, the Maritime Lawyer 139, 1992）。
(486)　わが国の判例では、海難救助料にまつわる船舶先取特権の準拠法を船舶の船籍国であるパナマ法としたものにおいて、国籍国ではなく船籍国法を採用したものと評価されたものがある（広島地裁呉支部　昭和45年4月27日判決　下民集21巻3・4号607頁「海難救助料請求権とそれを被担保債権とする船舶先取特権の成否及び効力の準拠法」ジュリスト昭和47年度重要判例解説215頁）。また船舶先取特権の成立及び効力についての準拠法を争ったものの中で、二重登録の船舶において準拠法を旗国法とすると、準拠法を定めることが困難となると指摘するものがある（東京地裁平成4年12月15日判決「船舶先取特権の成立及び効力についての準拠法が、法廷地法である日本法であるとされた事例」判例タイムズ811号229頁）。

本条約の制定時、国際海運における裸傭船登録の慣行、特にその慣行が便宜置籍船を容認する、主として伝統的海運国の主導の下に行われていた事実が、強く影響したことは間違いがないだろう。伝統的海運国は公海条約、国連海洋法条約と船舶登録要件条約との関係の明確化に対して敢えて懈怠したとの指摘である。

(3) 金融的な裸傭船契約　一般的な裸傭船は、船舶の耐用年数と並ぶ程、長期間に渡って継続される契約であることが多い。本船の建造が裸傭船を目的として為されることも稀ではない。これを金融的な裸傭船契約と呼ぶことがある。このような契約では、本船の船舶所有者に金融機関の指名した者があてがわれることが多い。上記の船舶所有者は、本船の管理や運航に直接携わることはない[487]。この慣行は、便宜置籍船の登録船舶所有者同様、形式的な船舶所有者を生み出す要因となっている。

4　自然人の国籍における重国籍と裸傭船登録

国籍唯一の原則に照らして、自然人の重国籍、即自然人が二乃至それ以上の国籍を有することも、つとに問題とされてきた[488]。

船舶とは異なり、自然人の重国籍は、一方の国籍の下にある場合には他方の国籍を停止または閉鎖して一時的にその効力を停止するという、船舶登録要件条約に規定された如くの慣行はない。そのため双方の国籍の請求が重国籍者において抵触するようになる。

自然人の国籍がそれぞれに唯一つであるべきという、国籍唯一の原則が成立した背景には、国家中心的な考え方があった。二乃至それ以上の国籍を有する、所謂、重国籍者にはそれぞれの国籍国からの要請が衝突し、その重国籍をして国家の義務を果たし得ない状況に置くとする理由からであった。特にこの衝突は国家が課す兵役の義務について着目される。重国籍を禁じて国籍を唯一のものとする考え方は、兵役義務を中心とした国家への忠誠義務の衝突の回避が最大の目的とされたのである[489]。しかし自然人への国籍付与の原則の一つであ

---

[487]　Harvey Williams，木村宏監修・前掲注(387) 141頁

[488]　国籍の他方の問題である無国籍については、国籍の消極的な抵触の解消として人権への配慮が考慮されてきた。

[489]　芹田健太郎・前掲注(212) 93頁

る父母両系血統の平等主義が採用されることにより、重国籍の発生は珍しい現象ではなくなる。このような実際に対処するため、一定の条約は兵役義務の執行に当たり、重国籍者の常居所のある国の義務を優先とする規定を置いた(490)。このような「ノッテボーム事件」判決の影響を受けた実効的な国籍の原則を採用することによって、個人が二重に負わなければならない可能性のある問題には、いわば国家の譲歩により解決しようとする傾向を見出すことができる(491)。

　国籍法の基本原則の一つである国籍唯一の原則は、時代の流れと共に変化を来たしている。欧州国籍条約では、欧州諸国における移住労働者の増加や定住、受け入れ国への統合の必要性、国際結婚の増加、欧州連合構成国間の自由移動等が考慮され、重国籍防止の原則は見直されることとなった(492)。唯一の国籍に固執して重国籍の解消を目指すよりも、重国籍を認めてその居住するところをして、最も利益が享受できる国籍を優先しようとする考え方の発展が見られているものと思われる。一般に重国籍者は、何れかの国籍の属する国にある場合には、常にその国籍が他方の国籍に優先されるものとされている。その実行として、国籍国の一つに現実に住所または常居所を有している場合にはその国の国民として扱われ、その国の法律が本国法として優先されるのである。

　国籍の重要な機能の一つである外交的保護の実行において、平等原則(493)と

---

(490)　1930年の「二重国籍のある場合における軍事的義務に関する議定書」では「二以上の国の国籍を有する個人で、その一国の領域に居住し、且つその国に最も緊密な関係を持つ者は、他の国における軍事的義務を全て免除される。」（1条）と定め、また1963年の「重国籍の場合の減少及び重国籍の場合の軍事的義務に関する条約」においても、締約国の国籍を二以上有している者は、何れか一の締約国との関係でのみの軍事的義務の履行が要求される旨、定められている（6条）。

(491)　国際民間航空条約では、航空機の登録やその変更は登録国の法令に従って行われることが定められている（19条「登録に関する国内法」）。但し個人や船舶の国籍とは異なり、「真正な関係」は求められていない。登録の具体的要件は各国の国内法の如何に依ることとなる。その帰結として生じ得る複数国での登録（重国籍）は禁止されている（同18条）。わが国においても航空法4条2項は国内法における要件として、外国国籍の航空機の登録は認めない旨の規定を置いている。

(492)　奥田安弘編訳『国際私法・国籍法・家族法資料集—外国の立法と条約』（2006年）93頁。奇しくも裸傭船登録と同様な国籍の複数化が、国籍の本来の所持者である自然人に対する国際実行についても見られ始めていることは興味深い。何れも国境を越えた活動が、国籍という概念の多様化を招来している現実の表れであろうか。

(493)　国籍法抵触条約4条「重国籍と外交的保護との関係」では平等原則について、「あ

実効的国籍の原則の対立があったが、現在は上記のような国籍を付与している国家の領域での実際の居住等を通した、実効的国籍原則（Principle of effective nationality）に依るのが一般的とされている。この原則は先の「ノッテボーム」事件判決が影響したものである[494]。即ち、重国籍者の常居所や職業活動の本拠等のある本国は、重国籍者の他方の本国に対して外交的保護等の国際請求ができることとなる。しかしその国際請求を行う国家は、自国の国籍が相手国の国籍に対して優位に立っていることを立証する必要がある。立証が困難であれば平等の原則が採用される。その立証には、重国籍者本人の常居所や職業活動の本拠等が、一応の証拠として利用できる[495]。

このような自然人の重国籍における観念と同様に、より実効性の高い国籍が優先するとの判断が船舶における裸傭船登録に援用されるとすれば、実効的な登録とは裸傭船登録された旗国となろう。その実効性とは、再登録先の旗国船員の配乗とその旗国の旗の掲揚である。最も船舶の裸傭船登録では、原籍国の機能は停止されているのであり、実効性云々の検討対象とはなりえない。問題は自然人の重国籍が個人の自由によって現出したものではなく、諸国の法制の不一致が導いたものであることと異なり、船舶の裸傭船登録は船舶所有者による一定の目的の下での恣意的な実行に依拠している事実である。

自然人の不可効力的な複数国籍の取得と、船舶所有者が望むところで得られた再登録との根本的な相違は見逃せない。両者の明確な相違とは、重国籍者に対する国籍の理解が、より実効的な国籍へ集約されるべしとするところにあり、

る国は、自国民がひとしく国民として所属している他の国に対抗して、その自国民のために外交的保護を加えることができない。」と規定する。

(494) 芹田健太郎・前掲注(212)107頁。例えばこの件に関して大きな影響を与えた1955年の「メルジェ事件」は、イタリア人と結婚しイタリア国籍を取得した米国生まれのメルジェ夫人の重国籍を起因として生じた、旅券の発給の問題であった。その中で米国及びイタリアの調停委員会は「二重国籍の場合に外交的保護を排除するという国家の主権の平等を基礎とした原則は、実効的国籍が請求国の国籍である場合には、常に実効的な国籍の原則に譲歩しなければならない。」と判じた（芹田健太郎・前掲111〜116頁）。また国際司法裁判所の裁判官の地位について、裁判所規定3条2項は「二以上の国の国民と認められることのある者は、裁判所における裁判官の地位については私権及び公権を通常行使する国の国民とみなす。」として、裁判官の地位を実効的な国籍の原則の下で捉えながらも、その証となるべき事項に本人の有する権利を置いている。

(495) 芹田健太郎・前掲119頁

二重登録の船舶はもともとの国籍の存在を覆い隠すところである。重国籍者は自然人でありその保護に主眼が置かれているのに対して、裸傭船された船舶は、船舶所有者や傭船者によりその商業的な経済性を高めようとする恣意的な思惑によって支えられている。従って自然人の重国籍と船舶の裸傭船登録、二重登録の問題は単純に比較することはできないだろう。指摘できることは、自然人にはより実効的な国籍を求めて、その国籍国による権利と義務とを明確にするよう求められている一方、船舶はその本来の国籍の規制や不利益より逃れようとすることである。船舶の国籍は自然人の国籍の類推適用であると認識できるにも拘らず、裸傭船の制度は船舶の国籍の意義を自然人の国籍の意義より、より距離を置くよう作用していると表現できると思われる。この裸傭船の実行こそ、船舶の国籍を形式的なものとする便宜置籍制度を支える手段の１つなのである。

第5節　便宜置籍船の功罪

1　便宜置籍船の経済的な貢献

国際海運における便宜置籍船の存在を、その貢献の面から見てみよう。

第二次世界大戦後、世界のエネルギーが石炭から石油へと転換されると共に、重化学工業等の大量資源消費経済が幕開けした。そして産業資本及び海運資本は、海運の用役としての生産手段を利用して、世界を舞台とした資源の最適な配分に貢献した。この世界経済の背景の下、便宜置籍船は海運における多国籍企業として、海運企業による最も経済的合理性にかなった経営行動と、優れた経営能力の発展を可能としたといえる。伝統的海運国の船員の雇用を回避することによる、低廉な労働力と資本の利用を可能とした上、その生産設備たる船舶の建造コストの引き下げを達成した。また船舶所有者の所有船舶が、本来であれば国籍を付与されるべき所属国を離れ、船舶が負担すべき政府の諸税、規制に伴うコストを最小限に押さえることによって、海運用役生産にかかるコストの引き下げにも成功した。そしてこの用役生産コストの引き下げが、海運企業の産業資本の蓄積とその再投資にも大きく貢献したのである[496]。

---

(496)　篠原陽一他・前掲注(50)170 〜 171頁

第Ⅱ部　便宜置籍船と「真正な関係」

　同様に便宜置籍船の活躍は、船舶の建造、運航経費の長期的な回収手段となる運賃を引き下げることにも成功した。結果として船舶によって輸送された原材料価格の引き下げをも実現し、国際社会における最終的な消費財の低廉化を導いたことも特筆しなければならない。便宜置籍船は国際海運のみならず、諸国の消費財に支えられた国内経済にも貢献しているとの指摘である。

　何よりも便宜置籍制度は、その有利な投資環境に基づく積極的な再投資活動によって、海運市場に常時、能率的且つ経済的な船舶の導入を実現してきた。この結果として、世界貿易に経済的且つ潤沢な海上輸送サービスの提供を保証してきた。同時にまた、便宜置籍船の影響を受けた自国商船隊の国際競争力の後退によって、その拡大または維持が困難に追い込まれた伝統的海運国は、国内の船舶所有者による便宜置籍行動を通して、間接的にも内外に渡る一定量の支配船腹の保持と海運業の存続を実現している。

　最小費用による最大効果の実現は経済の基本原理であり、市場経済の建前を取る限り、かけがえのない普遍的真理でもある。この基本原理が忠実に実行された結果としての便宜置籍船は、現在の国際海運市場にとって欠くことのできない存在となっている[497]。このように便宜置籍船は、国際海運においては直接的に、国際社会においては間接的に見逃すことのできない貢献を果たしてきたことが知れる。

2　便宜置籍船による問題

　便宜置籍船はその経済的な貢献を果たす一方で、また多くの問題をもたらしてきた。

　既に見たその歴史の中で、便宜置籍船の問題の所在が明らかになっていたが、第二次世界大戦後の便宜置籍船の趨勢の過程では、捕鯨船において旗国による鯨保護の規制を逃れるための措置として利用された例がある。また、沿岸近くの公海上において、国内で規制されている放送を個人が恣意的に行うことを目的として、国際的なラジオ放送への規制を逃れる手段として利用された。他にも麻薬の密輸のために利用されたりと、不法活動の手段として便宜置籍船が用いられた[498]経緯がある。

---

(497)　織田政夫・前掲注(325)33頁
(498)　David F. Matlin, 榎本喜三郎訳・前掲注(78)22頁

現在の国際海運における便宜置籍船の主たる問題点としては、以下の諸点が挙げられる。

(1) 海運経済への影響　　第二次世界大戦後、英国、ノルウェー、オランダ等、西欧の伝統的海運国は、便宜置籍船が低い税と運航費により有利に立ち回っているため、海運の不当競争を生ぜしめているとして批判を展開した[499]。伝統的海運国は公海条約の検討の際、1959年のIMO創立総会において、便宜置籍船の批判を行った[500]。また実質的な船舶所有者は、その所属する国から所有船舶を移籍することにより、国家により定められた義務の不履行や責任の回避によって不当な利益を上げてきたとされた。そしてそれらの利益は、豊富な蓄積資金となって世界の海上貿易において必要以上の船舶建造に再投資され、世界の商船隊の発展に不均衡な状態、所謂、船腹過剰を引き起こしたと糾弾する説もある[501]。

(2) フラッギング・アウトを受けた国の税収入の喪失　　国家的な利益の観点からすれば、伝統的海運国の実質的な船舶所有者の国は、その所有船舶の便宜置籍国への移籍により、本来得られるべき税収入──登録料、年間登録経費他、自国籍船の運航より得られる課税収入を失うこととなる。伝統的海運国の経済の多くが、多数の船舶による海上輸送に支えられている現状の下、自国籍船の便宜置籍化によって失われる税収入は、決して少ないとはいえない。

(3) 乗組員に関する雇用・労働問題　　伝統的海運国の登録船舶に比べて、便宜置籍船における乗組員の労働環境が劣悪であること、異常な低賃金での雇用が行われていることが指摘されてきた。これらの環境も現在では改善が見られてはいるものの、これも便宜置籍船の特質としての、その雇い入れに制約のない途上国船員の雇用に起因した問題であった。

一方の伝統的海運国はその登録船舶を失うことによって、自国船員の雇用の機会をも喪失することとなった[502]。

(4) 安全運航の阻害　　船舶の便宜置籍化の目的は、第一にその経済性にある。その目的追求の結果として、便宜置籍船の安全措置や乗組員の能力、資格

---

(499) 水上千之・前掲注(14)170頁
(500) 水上千之・前掲170頁
(501) 森久保博・前掲注(136)66頁
(502) 黒田英雄・前掲注(321)17頁

第Ⅱ部　便宜置籍船と「真正な関係」

要件が伝統的海運国の規定する基準を下回り、伝統的海運国の船舶に比べて海難事故が多いものとされてきた[503]。実際にこれまでの間、多くの海難事故が便宜置籍船によってもたらされてきた[504]。また発生した海難の被害の程度も、便宜置籍船のもたらした記録は伝統的海運国における損失よりも特段に高かった事実がある[505]。

⑸　法的処理における問題　便宜置籍船を相手とした海難事故、例えば衝突事故等の法的な処理において、当該便宜置籍船に責任を持つ者の確認、訴訟手続きの煩雑さ、船舶所有者・船舶における有責証拠収集の困難等の諸問題が発生する場合がある[506]。

⑹　安全保障上の問題　便宜置籍国の船舶は一般に多数の船舶所有者の下にあるため、安全保障上の問題が生ずることがある。便宜置籍船の国籍のみではなくその実質的な船舶所有者との関係において、交戦国が当該船舶の中立性について判断を下され得るのかどうか、との問題である[507]。

---

[503]　古賀衞・前掲注（２）50頁、林久茂・前掲注(134)16頁
[504]　主要な海難については第Ⅲ部で述べる。
[505]　その一方で、安全の見地における便宜置籍船に対する批判は不当であるとする意見もある。その批判は、便宜置籍船に関する問題は全ての旗国に対して共通していえるものであるとし、便宜置籍船の事故率が高い理由はその他の旗国の船舶よりも広範囲なトン数、異なった船齢や船種で構成されている故による、との理由が付言されている。また一定の便宜置籍船は世界的な石油企業のような巨大な多国籍企業によって運航される一方、より小さい複数の企業によって動かされている船舶もあるとし、その運航形態の多様性も、便宜置籍船に事故の多い一因であるとされる。何れの理由にしろ、過去、便宜置籍船が多くの海難をもたらした事実に変わるところはないであろう。
[506]　森久保博・前掲注(136)65頁
[507]　第一次世界大戦の進行と共に、船舶の敵性判断に際し国籍主義を採るか、それとも所有者主義を採るか、ということにつき各国の実行が異なってきた先例に照らすと、極めて重要な問題が含まれているように思われる（森久保博・前掲65頁・72頁）。
　　　武力紛争法のためのサンレモ・マニュアルの検討においては、敵国商船の定義に関して、商船の国籍や敵性については中立国旗、便宜置籍国旗を掲げる多くの船舶は、他国の国民や政府によってコントロールされているとして、軍艦によって簡易に確認できない経済的または財政的な側面が関連していると指摘されている。そしてもしそのような船舶が敵国政府によってコントロールされ、敵国経済のために運航されているとしたら、恐らく敵国の戦争支援に含まれていることと判断される、とする（San Remo Manual, 竹本正幸監訳・前掲注(137)115頁）。

3　便宜置籍国法制の特異性

便宜置籍登録誘致のためのパナマとリベリアの法制を見て理解できることは、これらの法制が他国の船舶所有者の所有船舶を誘致するために完備された制度であるということである。旗国への登録の合理性、簡易性、即効性が追求された結果としての法制であるといっても過言ではないだろう。これらの法制に、公海条約制定時の「真正な関係」の概念が入り込む余地は全くない。当該「真正な関係」を構成するものとされる自国法人（船舶所有者）の所有、国内における営業所の存在や自国船員の配乗等、伝統的海運国が要求する登録要件は不問とされているか、または規定されてはいても理由如何によっては任意規定とでき、実効性を有しないものである。このような規定は多くの便宜置籍国に同様に見られるものである。その意味において、パナマやリベリア他、便宜置籍国によって付与される便宜置籍船の国籍は、旗国と実質的な繋がりを持たない形式的なものに過ぎないとみなされ、その国籍は形骸化したものに過ぎないという結論が導かれるものと思われる。

〔小　括〕

現代の国際海運に従事する海運企業の戦略上のポイントは、商行為の手段たる船舶のフラッギング・アウトに基づいた経費の節減である[508]といっても過言ではない。船舶所有者がその船舶を、自己の属する国以外の旗国に登録しようと目論む時、登録の目的の多くが船舶の便宜置籍化にある。海運自由の原則の追求は、船舶所有者による所有船舶の便宜置籍化に一致する。

船舶所有者としての海運企業によるこのような戦略の背景には、海運の環境が変化して企業経営が困窮する度に、その打開のために海運企業の取り得る戦略手段が限られていった現実がある。その結果として、海運企業の戦略は一様に所有船舶の便宜置籍化に集中した。そこにはまた、その方策を用いなければ企業経営の継続が不可能となるという考えが横たわっている[509]。換言すれば、

---

(508)　フラッギング・アウトとは、1960年代半ば頃に現れた海運における技術革新以降、船舶所有者が外国に船舶を移籍することを表す。初めは、主として便宜置籍国だけを対象とする傾向が強く現れてきたが、近年はある目的を以っての他国への船籍の移籍を表すものとなっている（山岸寛・前掲注(12)55頁以降）。

第Ⅱ部　便宜置籍船と「真正な関係」

便宜置籍船を利用した海運経営こそが、海運企業が生き延び得る容易且つ確実な手段であるとの考え方が、国際的にも定着していることを意味している[510]。

　国際海運にある船舶所有者は、その所有船舶を登録すべき旗国の選択に際し、様々な局面より検討を加える必要がある。実際にも所有船舶を便宜置籍化するにおいて、便宜置籍国の選択につき、複数の要素が検討に付されている。その選択にあたって検討されるべき要素とは、国際標準を取り入れた国内法の有効性、登録の簡易性、所有の制限の有無、乗組員の国籍制限の有無、労働条件の強弱、貿易制限の有無、旗国政府の安定性、国際的な評判等である。これらの要素は何れも、海運企業がその業を営むに当たって重要となる事項であることに疑いはない。船舶を所有してその運航による利潤を追求しようとする海運企業にとっては、当然の検討事項であるとも考えられる。そしてこれらの要素を概観すれば、単純に経済性の追求や規制の回避のみで、船舶の便宜置籍化が図られている訳ではないことが判る。旗国の選択には、船舶所有者が商行為を営む上でのリスクや負担を、旗国がどの程度まで軽減できるかが問われているのである。

　本章で検討した、船舶所有者によるその所有船舶の国籍選択のための要素は、実質的な船舶所有者のある本国の国籍をその所有船舶に受けるという、船舶の国籍の基本的な考え方とは距離を置いたものである。船舶所有者がその所在国の国籍を所有船舶に受ける限り、これらの要素の検討は為されることはない。船舶所有者が自国の国籍を受ける場合、自国における上記の要素はその有利不利に拘わらず、無条件に受け入れなければならないのである。逆をいえば、上記の要素は所有船舶の便宜置籍化が図られて初めて検討が可能となる。

　船舶の国籍とは元来、船舶所有者の所在国より登録を通して、一方的に与えられるものなのである[511]。一方的に与えられる前提として、旗国と船舶との間にある実質的な関係が存在していた。この存在は当然のものとされ、特段の意識を以って認識されることのない暗黙的なものであった。かつての船舶所有者はその属する旗国による一方的な国籍の付与を、抵抗なく受け入れていたも

---

(509)　山岸寛・前掲59頁
(510)　山岸寛・前掲59頁
(511)　その反射として、旗国は登録された船舶に対して、有効な規制と管理を行わなければならない義務を負う。

148

のと思われる。便宜置籍船の趨勢によって旗国の選択が可能となった(512)ことは、国籍と船舶との間の実質性が失われることを意味していた。ここに旗国と船舶との間にあるべき法的紐帯としての実質性の欠如、即ち船舶の国籍概念の揺らぎが生じることとなった。このような便宜置籍船の国籍が、船舶の国籍の持つべき意義を持ち合わせないものとして、国際的な批判を浴びてきた。即ち、便宜置籍船の国籍は実体のない形式的な船舶所有者のものであり、その内容自体が形式的、名目的に終始するとの批判が巻き起こされた。

　船舶への国籍付与のための条件の確定は、国内管轄事項である。しかし船舶の設備基準、船員の配乗資格及び定員、損害賠償資力の確保等への規制の内容は、船舶の安全運航や事故の防止、環境損害、事故被害者の補償、船員の生活水準の向上等に直接関係する。船舶に国籍を与える条件として適正な手続きが踏まれて成立した国内法でも、国際基準に満たない規定を含有していれば、国内管轄に属するとしての排他的な抗弁は受け入れられ難い。規制の緩やかな便宜置籍国における便宜置籍船の合法性故を以って、その存在を認めることには問題があるとの主張の拠り所でもある。

　便宜置籍化の一例である裸傭船について見てみれば、旗国がその登録船舶に対して実効性のある規制と管理を行うべしとの条約の規定は、裸傭船登録により旗国が変わる中で厳守できるのか。答えは否と思われる。裸傭船によって可能となる、配乗される乗組員の国籍の恣意的な変更は、主として途上国船員が乗り組むためにその質の低下がもたらされる可能性は少なくない。また航海を重ねるに連れ徐々に、そして確実に疲弊していく本船の船体、機関等、船舶のハードの部分については、地道な船舶管理の継続が必要となる。

　裸傭船によって変更を受ける旗国は、途上国であることが多い。実質的な船舶所有者が、その所有船舶の国際競争力を高めるために旗国を替える裸傭船という海運実務における要請は、船舶を運航する乗組員の質の低下を招く問題として、また船舶が海上を移動する固体として有する危険の排除にとって、見逃せない障害となる可能性が少なくないと思われる。それら船員、船体の管理について、国際条約に準拠した国内法を通して最終的な責任を負うべき旗国の役

（512）　これは本来の国籍自由の原則とは異なるものである。自然人の国籍自由の原則は、複数の国籍の内より一つの国籍を選択するにつき、本人の選択を認めるというものであり、何れの国籍を選択し得るという無制限な自由ではないことに留意しなけばならない。

第Ⅱ部　便宜置籍船と「真正な関係」

割は大きい。

　国際海運は自由な海商の下にあるとはいえ、このような船舶——サブ・スタンダード船が排他的経済水域や領海へ進入して来る国では、これらの船舶によって国益や環境、秩序が常に脅かされることとなるのである。

第2章 「真正な関係」

第1節　国際条約における船舶の国籍の形成

1　船舶の国籍要件の嚆矢

　船舶の国籍という概念は、18世紀末までは十分に発達していなかった。19世紀に入り、特定の国旗を承認するための諸原則は、海上における武力紛争、所謂、海戦に関連して、また貿易のために生じ、取り決められてきた[513]。その諸原則の決定については、それを定める諸国がその裁量権を有していたと思われる。即ちその諸原則の決定に際して、諸国が自由か制限的かの何れかの条件を選択することを妨げることはなかったと思われる。

　やがて19世紀に入り複数の二国間通商航海条約には、締約国が相互の商船を承認する条件が明記されるようになった。掲げる旗の国の法律に従い、船舶の国籍が決定されなければならないことがこれらの条約の一般的な慣行となり、船舶書類が国籍の基準とされるに至った[514]。

　船舶の国籍の要件が国際法上、最初に成文化されたのは1896年、ベニスにおいて開催された万国国際法学会での決議においてであった[515]。

　この決議の内容は、諸国の定める船舶の国籍について制限的な内容の規定が盛り込まれたものであった。それは船舶の所有権についてその半分以上が船舶の登録国の国民、半分以上の責任社員が国民である合名会社と合資会社、または3分の2以上の取締役がその国民である株式会社に属すること、そしてそれらの主たる営業所が登録国にあることを要するとの内容[516]の他、登録船舶の

---

(513)　Economic Consequences of the Existence or lack of a Genuine Link between Vessel and Flag of Registry, United Nations, 1977, 竹本正幸訳・前掲注(335) 9 〜 16 頁

(514)　Economic Consequences of the Existence or lack of a Genuine Link between Vessel and Flag of Registry, United Nations, 1977, 竹本正幸訳・前掲 9 〜 16 頁

(515)　H. Meyers, *supra* note 263, p.207、横田喜三郎・前掲注（3）313 頁

第Ⅱ部　便宜置籍船と「真正な関係」

船長の国籍が旗国にあることを要求する内容であった⁽⁵¹⁷⁾。

　時日が経過し 1951 年及び 1954 年、国連下の国際法委員会では、第二次世界大戦後の国際海運における便宜置籍船の増加に対して、船舶への国籍付与、登録に関して何らかの基準を設けようとする努力が為された⁽⁵¹⁸⁾。ここではその基準の重要な項目として、船舶の所有と所有者の住所に関する規定を取り込む

---

(516)　横田喜三郎・前掲 314 頁
(517)　H. Meyers, *supra* note 263, p.207.
　　　船長は歴史上、運航技術上の指揮者として船舶共同体の責任者たる地位にあった。これは旅客・積荷を積載した船舶が国家や船舶所有者の監督が十分に及ばない海上を航行するものであり、船舶共同体としての秩序と海上の危険の克服が、船長の合理的な判断に委ねられていたからである。これが船長の有する船舶権力である。かつては 18 世紀における絶対専制君主制の政治思想の反映により、船長はあたかも一小国における一君主のような様相を呈していた。しかし 19 世紀の社会思想、第二次世界大戦後の労働法思想はこの船舶権力を民主的な解釈へと導いた。また特に戦後の船舶の運航技術、通信技術の発達が船長の合理的判断を要する裁量の幅を狭めた。現代的な視点からは、船舶権力はあくまでも船舶共同体の安全という公共的な一線において最小限認められるべきものといえよう（重田晴生他『海商法』（1994 年）78 頁）。そのような船長職に対する歴史的視点から、船舶の国籍要件の一つとして船長の国籍が加えられたものと思われる。
　　　船長の船舶権力とは、公法上の権限乃至義務を前提としたものである。わが国の船員法には船舶権力について「船員などを含む船舶共同体の安全確保のため、船舶所有者から独立して行使できる公法上の権限」（7 条）との定めがある。この船舶権力に基づく権限は、船舶の国籍を基礎とした公法上の要求であると解される。このような意味からも、船長の国籍を国籍付与の条件とすることは意義あるものであったと思われる。
　　　船長の資格は、その一定の乗船履歴と職務についての技術の熟練度が国家による認定試験によって確認された後、国家免状として付与される。その免状の付与は船長個人の国籍に拘わらず、乗船する船舶の旗国が発給するものである。このような慣行は各国共共通に実施されている。この国家による認定試験、所謂、海技国家試験は、俗にいう選抜試験ではない。田中賢司教授はその論文の中で「『土』から『水』への移行そのものを選択し、また運命づけられ（義務づけられ）る船員に対し、国家が授与する免状という形を取る、より洗練され、科学的な実証性に裏打ちされ、高度に組織化された一種の儀礼であった。」と、1800 年代後半の英国の国家試験を評している（田中賢治「ジョセフ・コンラッドの船員経験」海技大学校研究報告 49 号（2006 年）25 頁）。田中教授の表現する国家試験とは、純粋に運航技術に関するものであるかも知れない。一つの職業における練達となるためには、本人の努力もさることながら、十分な経験が必要であることはいうまでもない。船長の証として授与される国家免状とはまた、国家が国籍を付与した船舶において、船員としての経験の中で培われた能力と意思が、船舶権力を行使し得るに足るものであることを証するものに他ならないと思われる。このような考え方からも、便宜置籍船における他国籍船員の配乗は合理性のあるものであるとは思われない。

152

べきことが検討された(519)。

その後、先の船長の国籍については多くの国が船員教育機関を欠くため、十分に訓練された船長を供給することは困難であるとして削除された(520)。そして所有権の所在に関する部分のみが国際法委員会に引き継がれて、1955年、委員会が検討、採択した「公海制度に関する暫定規定」5条に表された。その内容は、船舶がある国に登録されその国家の国旗を掲揚する権利を取得するためには、その船舶がその国の財産であるか、あるいはその国の国民、またはその国に住所を持つ居住者、その国に設立され且つその国に登録営業所を有する会社（有限会社、株式会社）によって半分以上の所有権が保持されることが要件とされた(521)。登録して国旗を掲揚する権利を得るためには、その船舶の所有権（者）がその登録国と係わっていることが要件とされたのである。これは先のベニスにおける万国国際法学会による規定が継承されたものの、内容としては緩和されたものとなったといえる。即ち所有権の所有の割合を具体的に規定した内容は、更に緩められたのである(522)。

---

(518) Satya N. Nandan C.B.E. and Shabtai Rosenne, *supra* note 56, p.107
(519) H. Meyers, *supra* note 263, p.207
(520) 海運というサービスの生産は、船舶という労働手段を用いて、船員（労働力）が他人の所有物である輸出入品（労働対象）に働きかけることによって行われる。何万馬力もの機関と何百メートルにも及ぶ船体を制御、管理しなくてはならないところに見られるように、航海士や機関士には高度の技術が必要である（武城正長『海運同盟とアジア海運』（2002年）26頁）。このような熟練した船員の育成は、決して容易ではない。伝統的海運国の例を見ても、若年時から専門の教育機関で教育を受けた後、見習または三等航海士（機関士）として職務を執り始めてより船長（機関長）職に昇り詰めるまでには、最低でも十年以上の経験が必要とされる。
(521) 草案は5条「旗を掲げる権利」と題され、各国がその領域内における船舶の登録のための条件を定めるべきことが示された（H. Meyers, *supra* note 263, p.207）。
(522) 特に条文の2項cの規定は、関係する旗国法の下に設立され、その国の領域内に登録営業所を有する株式会社（Joint Stock Company）を、登録船舶の所有形態の一つとして規定している。この規定の背景には、旗国と船舶との間の十分な繋がりとなるべきとしては規定できないとの指摘があった。1951年の草稿では、登録営業所ではない主たる営業所と規定されていたものの、パナマの反対により変更を受けた（*Ibid.*, pp.207～209）。

第Ⅱ部　便宜置籍船と「真正な関係」

2　海洋法草案における船舶の国籍

上記の登録との係わりを有する所有に関する内容は、更に緩和されることとなる。

国際法委員会は上記の草案を、公海に関する国際法の規則の法典化を目的として検討されていた「公海条約」[523]に条文化することを図った。しかし上記1の案は多くの国々よって反対された。旗国と船舶との関係に具体的な規定を置こうと努力を続けてきた国際法委員会は、諸国の慣行が一つの規則として纏められるにはあまりに拡大している現実を認識せざるを得なかった。変わって条約には、船舶と旗国との間に「真正な関係」(Genuine Link)[524]が存在しなければならないという、指導原則を明言することに留められた[525]。こうして1958年の海洋法会議に提出された草案は、以下の通りとなった。

「各国は、船舶に対する自国の国籍の付与、自国の領域内における船舶の登録および自国の旗を掲げる権利に関する条件を定めるものとする。船舶は、その国旗を掲げる権利を持つ国の国籍を有する。ただし、船舶の国籍が他の国によって承認されるためには、旗国と船舶との間に真正な関係が存在しなければならない[526]。」

この新たな草案に関して国際法委員会は、旗国が船舶にその国旗の掲揚を許

---

(523) 20世紀も後半に入ると、海洋法の伝統的な公海自由の原則は、主として経済上の理由から、自国の領海を拡張しようと願う国々より挑戦を受けるようになる。科学技術の発達により近海の漁業資源のみならず、各国が石油、ガス、鉱物等の他の海洋資源をも支配下に置くことを望むようになったためである。このような背景の下、従来の慣習国際法の規律に任されていた海洋秩序規範を法典化する動きが出てきた。国際法委員会による十年に渡る作業を経て、1958年、海洋法はジュネーブ四条約に法典化された。「公海に関する条約」(Convention on High Seas)、「領海及び接続水域に関する条約」(Convention on Territorial Sea and the Contiguous Zone)、「大陸棚に関する条約」(Convention on the Continental Shelf)、「公海における漁業及び生物資源の保存に関する条約」(Convention on Fishing and Convention on Living Resources of the High Seas)である。公海条約はこの四条約の一つであり、1958年4月29日採択、1962年9月30日に発効した。

(524) 「Genuine Link」の邦訳として「真正な関係」の他、「真正な関連」、「真正な連関」等、様々な言葉が使用されているが、本論文では国連海洋法条約の邦語の正訳に従い「真正な関係」に統一して使用する。

(525) Rene-Jean Dupuy and Daniel Viges, *supra* note 154, pp.402～403

(526) 海洋法草案29条1項

第 2 章 「真正な関係」

す条件を定めるに当たって、その船舶が国有であるかまたは国有会社の所有に属する以外の船舶、即ち商船や外洋漁船等の私有に属する船舶については、いくらかの制限が受諾されなければならないとした。そしてその条件は、人の国籍と同様に、国際法の一部と認められるような大多数の国々によって採用された原則から、あまり遠く離れてはならないとされた。国旗を掲げるに必要な国家的要素については非常に多くの制度が可能であるが、最小限度の国家的要素が存在しなければならないとの注釈が加えたられたのである(527)。

　国際法委員会は、船舶の国籍を人の国籍に例えて、国際法の一部となるような原則として捉えようとした。その手段として「真正な関係」なる言葉が挿入されたと見てよいであろう。船舶の国籍を定める諸条件の決定については旗国が裁量を有するものの、その条件の決定には国際法によって一定の制限が課されたのである。

第 2 節　「真正な関係」

1　「真正な関係」の公海条約への挿入

　国際法委員会は、指導原則として止めるのが最善として定めた「真正な関係」について述べている。この用語の採用は国家に広い裁量を残すものとはなるも、船舶に国旗を許すことは船舶が旗国と真の関係を持つ保証を伴わないような、単純な行政上の形式だけであってはならないことを明白にしたいため、と付言した。また船舶に対する国家の裁判管轄権と管理は、船舶と旗国との間に単純な登録または単純な登録証明書の交付以外の関係が事実において存在する場合にのみ、実効的でありうるとの考えを述べた(528)。

　国際法委員会の採用した船舶と旗国との間の「真正な関係」とは、先の「ノッテボーム事件」における国際司法裁判所の判決で示された「真正結合理論」(Genuine Link Theory) の援用であった(529)。この理論は、国籍許与行為は

---

(527)　Satya N. Nandan C.B.E. and Shabtai Rosenne, *supra* note 56, p.106

(528)　横田喜三郎・前掲注(3)315頁。しかしこの補足もまた抽象的な内容にして、具体的な内容の記載が見られない。

(529)　Churchill と Lowe は、公海条約における「真正な関係」の要求についての国際法委員会の草稿者が、国際司法裁判所のノッテボーム判決に強い影響を受けたとしている

第Ⅱ部　便宜置籍船と「真正な関係」

国内管轄事項であるが、外交保護権の有無を決定するのは国際法であって、当該保護権を行使し得るためには個人と国家との間に強固な結合関係がなければならないとする[(530)]、自然人の国籍理論の援用であった。この判例では、「結合という社会的事実——真の生存・利益・感情上の関連」のない個人に対する国籍の付与は、外交保護権との関連において国際法上有効ではない、とする点が核心となった[(531)]。国籍とは個人と国家との間の真正な関係、即ち事実的な関係の法的反映であるべき[(532)]との主張である。

　海洋法会議における「真正な関係」の概念の導入のための討議では、その用語の持つ抽象的且つ不明確な点について様々な意見が出された。会議に参加した伝統的海運国は、条約にその言葉のより具体的な表現を盛り込むように主導した。一方で参加した便宜置籍国は、その用語と関連する内容の表現の採用に反対の意を示した[(533)]。様々な意見が交錯する中で、船舶所有者の国籍や住所、その主要な営業所、船舶職員やその他の船員の国籍等、それらの要素の一つでも不可欠なものとして選択することは不可能である[(534)]との認識が、会議において一致した。一伝統的海運国[(535)]は国籍を付与する基準について、諸国の慣

　　　(R.R.Churchill and A.V.Lowe, *supra* note 37, p.258)。「真正な関係」は自然人の国籍における理論の援用ではあるが、これまでに自然人の国籍に関する条約にこの表現が取り入れられた例はない。国籍法抵触条約でも、「真正な関係」を意味すると判断される条文はあるも、「真正な関係」の表現が導入された条文はない。

(530)　第Ⅰ部参照。
(531)　栗林忠男・前掲注(77) 6頁
(532)　R.R.Churchill and A.V.Lowe, *supra* note 37, p.258
(533)　伝統的海運国の多くは「真正な関係」の具体的な記載を求めた。旗国と船舶、乗組員、船舶の運航者の間に十分に密接な関係があること、乗組員の安全と社会的状態に関して、国際的に採用された基準において有効な管轄権と実効的な管理を行うこと等の意見が出された。一方の便宜置籍国は、旗国と船舶との関連を強固なものとすることに反対した。パナマは、船舶と旗国との「真正な関係」は旗国の国内法で決定することにするか、あるいはむしろ船舶と旗国との関係に言及するのを完全に削除すべきであると主張した。リベリアは船舶に国籍を与えるについて、国家は立法的制限をされない自由を有する、所有権も適当な基準ではない、船舶に国籍を与える要件は諸国の国内的、経済的、社会的な政策に基づくものであると主張した。尚、便宜置籍国同様に反対した国には伝統的海運国である米国も含まれていた（横田喜三郎・前掲注（3）316〜317頁）。
(534)　ノルウェーの発言であった（横田喜三郎・前掲323頁）。
(535)　イタリアの提案であった（横田喜三郎・前掲318頁）。

第 2 章 「真正な関係」

行（usage）^((536))があまりにも異なっている^((537))ことより、国際社会の全体に受諾できるような共通な分母はないとした。そして国籍を決定するに当たってただ一つの決定的要素は、有効な管轄権と管理であることが強調された。またその他の伝統的海運国の一つ^((538))が、行政上、技術上、社会上の問題についてという、抽象的な言葉を国際法委員会の草案に付け加える提案をし、可決された。諸国間の意見の不一致を調整することは、確固とした法原則を形成するに当たっての最大の難事である^((539))ことが証明された形となった。

こうして船舶の国籍の成立要件である「真正な関係」は、公海条約 5 条に明定されたのである^((540))。

「各国は、船舶に対する国籍の許与、自国の領域内における船舶の登録及び自国の旗を掲げる権利に関する条件を定めるものとする。船舶は、その旗を掲げる権利を有する国の国籍を有する。その国と当該船舶との間には、真正な関係が存在しなければならず、特にその国は、自国の旗を掲げる船舶に対し、行政上、技術上及び社会上の事項について有効に管轄権を行使し、及び有効に規制を行わなければならない^((541))。」

---

(536) Brownlie は慣行について、法的な義務を反映しない一般的な実行を意味するとして海上における儀礼、外交官車両の駐車禁止免除を例示すると共に、慣習とは異なるものであるとしている（Ian Brownlie, *supra* note 26, pp.4〜5）。とすれば諸国の慣行とは、諸国の自由裁量が認められる国家実行でもあるといい得ようか。

(537) 法的な基準を定める諸国の慣行の相違は、単に慣習や規定の内容に止まらない、諸国の法学の相違にも基因していると思われる。その相違の原因は一般的に、第一に、法学という学問がそれぞれの祖国の独自の法体系の下で、法実務と常に関連して発展してきたという事実が、第二に、法学と法実務との相互の関係そのものがまたそれぞれの国で異なった歴史を背景に負うているという事情が挙げられる。そしてこの二点の双方に対して、法系の差異（大陸法系、英米法系）が大きな意味を帯びてくる（碧海純一・伊藤正己・村上純一編『法学史』（1976 年） 4 頁）。

(538) フランスの提案であった（横田喜三郎・前掲注（3）318 頁）。

(539) 清水良三・前掲注(152) 7 頁

(540) 本条文が便宜置籍船の排除を意図していることは明らかである（林久茂『海洋法研究』（1995 年）17 頁）。例えばベルギーは、便宜置籍船による混乱の解消のために、理論としての「真正な関係」の 5 条への導入を強行に主張した（Eric Franckx, Belgium and the Law of the Sea, Tullio Treves Ed., *supra* note 125, pp.64）。

(541) 公海条約 5 条 1 項。条約の英語文は「Each State shall fix the conditions for the grant of its nationality to ships, for the registration of ships in its territory, and for the right to fly its flag. Ships have the nationality of the State whose flag they are entitled to fly.

第Ⅱ部　便宜置籍船と「真正な関係」

　国際法委員会はその草案への「真正な関係」の概念の導入について、委員会内部にもその採用に反対する委員があった旨を述べた。しかし当該概念の問題性は否定できないが、曖昧な基準でも、何も導入しないよりはあった方が良いとの見地から取り入れられたと報告した(542)。そして海洋法会議では「真正な関係」への注釈として、「旗国は行政上、技術上、社会上の問題について、管轄権と管理を実効的に行使しなければならない。単純な行政上の形式だけでなく、単純な登録や登録証明書の付与以外の関係が事実において存在しなければならない」ことが加えられたのである(543)。

　公海条約成立当時の船舶における「真正な関係」とは、船舶が登録される前に当該船舶と登録国との間に存在すべき、この両者を結び付ける何らかの具体的関係（例えば自国民による所有、自国民である乗組員の配乗）を指した(544)。そして登録国がその登録船舶に対して、有効な管轄権と規制を行使し得ることを担保するための手段としてその存在が必要——換言すれば、旗国によるその登録船舶に対する有効な管轄権と規制の行使は、「真正な関係」があって為されるとの目的である(545)と考えられた。

　　There must exsit a genuine link between the State and ships; in particular, the State must effectively exercise its jurisdiction and control in administrative, technical and social matters over ships flying its flag.」である。
(542)　横田喜三郎・前掲注（3）315頁。国際法委員会の1956年の報告では、「この（真正な関係）関連を一層詳細に述べることは不可能である。この規定が正確さを欠くために、それをおくことを望ましくないとする委員もあったが、委員会の多数は漠然とした基準でもまったく基準がないよりはよいと考えた。」とあり、「真正な関係」の成立は、消極的な意見に支えられたものであったことが記録されている（横田喜三郎・前掲314頁）。しかし同様なことは人の国籍についても言及でき、国籍の規定は当該国の伝統、人口政策、経済政策、国防と密接な関係を持つため国際的合意によって統一的な国籍を定めることが望ましいが、実際には容易ではないとされる（横田喜三郎・前掲注(45)199頁）。
(543)　Satya N. Nandan C.B.E. and Shabtai Rosenne, *supra* note 56, p.107
　　飯田教授は、公海に関する法について世界法的な観点より述べている。公海についての法は国家的次元におけるものであってはならない。それは世界的次元において考察され、形成されるものでなければならない。少なくとも、国際連合の会議において成立する結論に基づいて承認され、実現を保障されるものである以上、世界的次元において成立する法として承認されたものとされなければならない。そしてそれがために公海に関する法は世界的次元において形成されていることを要するものである、と（飯田忠雄・前掲注(67)33頁）。
(544)　榎本喜三郎・前掲注(78)186頁

「ノッテボーム事件」における裁判所の判断は、国籍概念が実質的内容を伴うものでなければならないことを示した。「真正な関係」として同様の概念が導入された船舶の国籍に対しても、この判例の趣旨は必然的に類推されるべきものである[546]。このような解釈は、船舶の国籍が単に形式的なものであってはならないとする考慮からなされた努力の大きな成果として考えられるべきであり、船舶の国籍のあるべき一つの方向を示したものとして評価される。また公海条約が多くの国によって批准されて発効している事実も、この条項の有する意義を高めるものと考えてよいであろう[547]。

しかし結局、その「真正な関係」の具体的な内容については規定されなかった。また「真正な関係」が存在しない場合に、如何なる結果が伴うかについても不明確なまま残されることとなった[548]。「行政上、技術上、社会上の問題」という注釈は、この不明確さを解明してはいない。このような「真正な関係」と同様に抽象的な表現の具体化の困難さについて、国際人権規約に対するHigginsの意見を引用する。Higginsは国際人権規約に規定された「経済的社会的及び文化的権利」の文言の不明確性を指摘し、このような要求に従った国家による即時の履行は、不可能であると説いている。人権についての受益者の有する権利の内容の不明確さは、現実には国家に課せられる義務の範囲に関しての不明確さと混同されるものであり、国家の実行に多様な解釈を与えるものである、としている[549]。

2　IMCO海上安全委員会の構成に関する国際司法裁判所判例

公海条約に取り入れられた「真正な関係」についての国際判例[550]がある。

---

(545)　榎本喜三郎・前掲186頁
(546)　山本敬三・前掲注（2）174頁
(547)　山本敬三・前掲161頁。公海条約の発効当時の批准国は62ヶ国であった。
(548)　船舶と旗国との間に「真正な関係」が欠如している場合の法的結果を述べていないことは、公海条約5条の重大な欠陥である。例えばある国が、他国が船舶に付与した国籍に「真正な関係」が存在しないと考えた場合、当該船舶の国籍を承認しない自由を有するか等の問題が残ることとなった（Economic Consequences of the Existence or lack of a Genuine Link between Vessel and Flag of Registry, United Nations, 1977, 竹本正幸訳・前掲注(335)27頁）。
(549)　Rosalyn Higgins, 初川満訳・前掲注(65)155～156頁

第Ⅱ部　便宜置籍船と「真正な関係」

　1959年1月、政府間海事協議機関（Intergovernmental Maritime Consultative Organization, IMCO）[551]の総会において実施された海上安全委員会[552]の構成国の選挙において、当時世界第三位の船舶保有国であったリベリア及び第八位のパナマが落選した。両国はこの選挙結果を IMCO 条約の規定に違反するものとして国際司法裁判所に持ち込み、裁判所の勧告的意見[553]を求めた[554]。

　(1)　事案の概要と判決　　海上安全委員会は IMCO の主要機関の一つである。当該委員会を構成する14の加盟国の内、8ヶ国以上は最大の船腹保有国でなければならない旨、IMCO 条約28条に定められていた[555]。海上安全委員会の

---

(550)　*The Constitution of the Maritime Safety Committee of IMCO case, 1960*
(551)　1948年、ジュネーブで採択され1958年に発効した IMCO 条約に基づいて設立された国際機構であり、1959年に国連の専門機関となった。本部はロンドンにあり、海上の安全と航行の効率化及び海洋汚染の防止のための条約や勧告の作成を、主な活動任務としている。1982年5月、IMO（International Maritime Organization）と名称を変更し今日に至っている（海事法研究会編・前掲注(346)325頁）。
(552)　航海用具、船舶の構造や装備、乗組員管理や安全のための手続きの作成等、重要な義務を負う（Richard M.F. Coles, *supra* note 68, p.11）。
(553)　勧告的意見は、この制度の導入の経緯からも、またその名称からも勧告的な効力を有するにとどまり、判決がもつような法的拘束力を有さない。従ってその効力について特別の付加的な合意がなされないかぎり、この意見はこれを要請した国際機構のみならず、その他いかなる加盟国をも法的に拘束しない。国際司法裁判所規定は判決の効力について特別の規定（59条、60条）を設けているのと異なり、当該意見の効力について何らの規定をもおいていない。規定68条「勧告的意見」は、意見の効力についていかなる影響を与えるものではない（杉原高嶺『国際司法裁判所制度』(1996年) 426頁）。
(554)　ICJ Reports 1960, pp.150～172, 横田洋三「政府間海事協議機関の海上安全委員会の構成」波多野・松田偏・前掲注(61)所収、451～460頁
(555)　条約には「海上安全委員会は、加盟国たる国の政府で海上の安全に重大な利害関係を有するもののうちから総会が選出する14の加盟国で構成する。その内8以上の国は、最大の船腹保有国でなければならず、その他の国は、加盟国たる国の政府で海上の安全に重大な利害関係を有するもの、たとえば、多数の船員の供給につき、または多数の寝床及び無寝床の旅客の輸送について利害関係を有する国及び主要な地理的地域が適当に代表されるように選出されなければならない。」(28条) とあった。英文では「The Maritime Safety Committee shall consist of fourteen Members, elected by the Assembly from the Members, governments of those nations having an important interest in maritime safety of which not less than eight shall be the largest shipowners nations and the remainder shall be elected so as to ensure adequate representation of Members, governments of the other nations with an important interest in maritime safety, such as nations interested in the supply of large numbers of crews or in the carriage of large numbers of berthed and

選挙に当たって、総会に「条約 28 条に基づく海上安全委員会の選挙──1958 年版ロイズ船舶登録統計年鑑による IMCO 加盟国の商船保有数」と題する報告書が提示された。当該報告書には各加盟国の登録総トン数のリストが多い順に掲載され、その中では便宜置籍国であるリベリアが三位、パナマは八位に記載されていた。総会は条約 28 条の規定に従って「最大船腹保有国」を選出したが、リベリアとパナマは落選した。この結果に対してリベリアは異議を申し立て、28 条の解釈に関する法的紛争を解決するために、国際司法裁判所の勧告的意見を求めることを要求した。パナマを始めとする複数の国々がこの申し立てに賛成し、総会は裁判所へ意見を求めた。国際司法裁判所は数回の公開審理及び関係国政府からの意見聴取を行った後、1960 年 6 月 8 日、九対五で「1959 年 1 月 15 日の選挙に基づく IMCO の海上安全委員会は、同機関を設立する条約に合致して構成されていない。」との判断を下した。

　判決は大きく二つの議論に分けることができる。

　一つは条文の「海上の安全に関する重大な利害関係を有する」国と「最大の船腹保有国」との関係についての判断である。この件に関して裁判所は述べている。

　「(条文) を検討すれば、海上安全委員会が『最大の船腹保有国』によってコントロールされるということが条文起草者の意図であったことは明白である。『海上の安全に重大な利害関係を有する』ことは、海上安全委員会の構成国になるための条件であるが、そのことは文脈よりいって、この要件は『八つの最大船腹保有国』ということに含有されている。このことは同条が『その他の国は』といっていることからも推察できる。即ち、八つの『最大の船腹保有国』は勿論『その他の』『海上の安全に重大な利害関係を有する』『国』は、という文章の繋がりを見れば、『最大の船腹保有国』が『海上の安全に重大な利害関係を有する』国であることが包含されていることが容易に推察できる。そして『そのうち八以上の国は、最大の船腹保有国でなければならず』という規定は義務的、命令的であって、条約の起草者が意図した通りに履行されなければならない。」として、海上安全委員会の構成国を選出する総会の権限に自由裁量を与えることを否定した。

---

　　unberthed passengers, and major geographical areas.」と規定されていた。

第Ⅱ部　便宜置籍船と「真正な関係」

　もう一つの議論は「最大の船腹保有国」の意味についてである。
　「最大の船腹保有国を認定するにあたっては、何を基準に『船腹の保有』を計るかという問題が残る。その場合、各国の保有総トン数が一つの合理的な根拠となるが、問題は何をもって国が『保有する』と見るかということである。28条でいう『保有国』が意味するものは、『船の所有者の所属する国』か『船が登録された国』のどちらかということとなる。
　IMCO条約60条は、『この条約は21ヶ国（総トン数100万トン以上の船腹を保有する7ヶ国を含むことを条件とする。）が（中略）この条約の当事国となった日に効力を発生する。』と規定する。その場合に当時の『ロイズ年鑑』に従って各国の保有トン数を計算することについて、どこからも異論は出されなかった。また理事会の構成国に、『ロイズ年鑑』のリストにおいて船腹保有数の多い日本とイタリアが理事国に選出された。
　裁判所の結論は、IMCO条約28条に規定する『最大の船腹保有国』の意味は、『登録トン数』に基づく『最大の船腹登録トン数を有する国』を意味するということである。」として、
　「IMCO総会はリベリアとパナマを、これに二ヶ国が登録トン数によれば『最大の船腹保有国』であるにも拘わらず、海上安全委員会に選出しなかった。そのことによって、総会は条約28条に違反した。」
と結論付けた。
　(2)　判例の評価　　国際司法裁判所の勧告的意見では、IMCO条約28条の文言が通常の意味、文脈、及び起草過程の議論を根拠として解釈された。そして「最大船腹保有国」としての八ヶ国にリベリアとパナマが入らない海上安全委員会の構成は、この条約の規定に合致していないと判示した。当該解釈は条文の記載内容に沿った忠実な解釈を基とした意見であった。このような解釈は、条約の解釈に関する国際法の原則に沿ったものであり、IMCO条約28条の規定

---

(556)　横田洋三・前掲注(554)458～459頁。ウィーン条約法31条1項は「条約は文脈により且つその主旨及び目的に照らして与えられる用語の通常の意味に従い、誠実に解釈するものとする」と規定している。また32条は「解釈の補足的な手段」として「条約の準備作業及び条約の締結の際の事情に依拠することができる」と規定する。裁判所の勧告はこのような国際法基準に従って解釈されたと判断できる（横田洋三・前掲459頁）。Brownlieも判例のこのような解釈を評価する（Ian Brownlie, *supra* note 26, p.430）。

内容から見ても妥当なものといえる⁽⁵⁵⁶⁾。

　しかし伝統的海運国が意図した本判決の争点は、海上安全委員会のメンバーたるべき選出の対象に便宜置籍国が入るか否かの取り扱いにあった。即ち、28条の条文に沿った解釈と離れて、28条の意図するところについての探求が重要とされたのである。伝統的海運国は「最大船腹保有国」が、単にその旗の下での船舶登録においての最大登録トン数を保持する国を意味するか、あるいは船腹量とは旗国の国民によって受益的に所有されなければならない旨を当然に意味する言葉であるか、その実際の意味を捉えることが重要な問題であるとした⁽⁵⁵⁷⁾。もし前者の解釈が認められれば、リベリアやパナマは自動的に選出されることとなった。しかしこのような結果は、伝統的海運国にとって受け入れられ難いものであった。

　裁判所の公開審理や意見聴取において、例えばある関係国は「『最大船腹保有国』の概念は、必ずしも最大船腹量を保持する国の概念に一致しなかった。それどころか国家の登録船腹とは、船舶を所有する国としての現実的な重要性を反映するものではない。」と主張した⁽⁵⁵⁸⁾。また別の国は「リベリアもパナマも現在の時点では、海上の安全に関して重大な貢献をする立場になく、船舶は真にその国に所属していなければならないとの点では、両国は最大船腹保有国ではない。」と主張した⁽⁵⁵⁹⁾。これらの主張の背景には、公海条約5条に規定された「真正な関係」の存在があった。しかしこの判決の時点において、「真正な関係」が条文に取り込まれた公海条約は未発効の段階にあった。

　裁判所はその意見の中で、海上安全委員会の勧告を効果的に実行するために、また多数且つ様々な場合において海上の安全を効果的に促進させるためには、世界にある船腹の大部分に管轄権を行使する国々の協力が重要である、とした⁽⁵⁶⁰⁾。Meyersは本勧告的意見に関するその評釈⁽⁵⁶¹⁾の中で、この判旨より、裁判所は多数且つ様々な場合における海上の安全を促進する高度な重要性が、旗国による有効な管轄権によって達成されると判断したと推測する。非常に重

---

(557)　Richard M.F. Coles, *supra* note 68, p.11
(558)　オランダの主張であった（*Ibid.*, p.11）。
(559)　英国の意見であった（横田洋三・前掲注(554)454頁）。
(560)　ICJ Reports 1960, pp.170 ～ 171
(561)　H. Meyers, *supra* note 263, pp. 227 ～ 239

第Ⅱ部　便宜置籍船と「真正な関係」

要なものとしての有効な管轄権との表現に要約された、旗国の権利と義務に裁判所は注目した。そして裁判所は、旗国が有するべき船舶に関する権利と義務の確立のために登録が重要であり、そのために旗国は船腹量を有するべきとの結論に至ったと推論する。当然ながら、その船腹量は登録を無視しては確立できない。裁判所は、旗国がIMCOによる専門的機関としての勧告を有効にするために、旗国が必要な管轄権を行使することを想定する。しかし旗国によるこの管轄権の行使は、旗国の信義誠実な対応が前提とされているに過ぎない。裁判所による、登録が海上の安全に関わるとの評価の背景には、便宜置籍国に対峙する伝統的海運国が登録に関する明確な代案を提案できなかった事実が見逃せないとして協調されていると、Meyersは指摘している(562)。Meyersは、海上の安全の確保には、一定の船腹を有する国による有効な管轄権の行使が重要と裁判所が指摘したことと並行して、「真正な関係」が不可欠としても、その具体的内容の明文化に至らなかった伝統的海運国の主張を退けたと評しているのである。

裁判所裁判官の投票は9対5と分かれた。Moreno Quintana判事は、「8つの最大船腹保有国」の選択、及び一般的な割り当て（allocation）の双方にとって圧倒的に重要なことは、船舶と旗国との間の経済的関係であると考えた(563)。そして商船の所有は、船舶所有者と掲げられる旗との間に「真正な関係」が存在することによってのみ、満足のいくように確立される国際経済の実際を反映するものであるとの反対意見を述べている(564)。

最終的に裁判所は、伝統的海運国の意志に反して「最大船腹保有国」の決定はもっぱら争点の国において登録された船腹によって決まると結論付けたのである。そして「真正な関係」の概念を基礎とした主張のこれ以上の審理は、IMCO条約のこの条文の意味を決定するためには不適切であり(565)、最大船腹

---

(562) Meyersは、勧告的意見のための前提の導く推定として、もし適切に、適用可能な代案が出されていたら、その上でもし、パナマやリベリアが有効な管轄権を行使することがないと証明されたなら、その代案は受け入れられたか、少なくともこれらの国に対する登録トン数の評価は否定されただろうと述べている（Ibid., p. 232）。

(563) Ibid., p. 232

(564) 加えて公海条約5条に言及し、この条項が国際法の確立した義務によるものであると指摘した（ICJ Reports 1960, p.178）。

(565) ICJ Reports 1960, pp.171。Brownlieは伝統的海運国の主張が正当化される理由は

保有国は便宜置籍国であるか否かを問わずその条項の範囲内にある、と纏められた。このようにして裁判所は、IMCO 内外での便宜置籍船に対する論争を省みるも、「真正な関係」の要求への支持を与えることを拒んだ[566]。

　国際司法裁判所への本意見の請求は、実質的に便宜置籍船が「真正な関係」を有するか否かについて裁判所の判断を仰いだ最初のものとなった。重要な点は、裁判所は提起された問題は単なる条約の解釈の問題であると表明し、船舶の国籍や便宜置籍国の問題には立ち入らなかったことである。従って裁判所は明確に「真正な関係」の論拠を否定せず、また便宜置籍船の存在を認めてもいない。しかし裁判所の述べた意見はその意図が全く別なものであったとしても、その意見が新たに派生的な解釈を生み、ある種の解釈の定着を促進することは十分に考えられたのではないかと思われる[567]。本件でいえば、「真正な関係」と便宜置籍船についての問題に関する派生的な解釈であった。

　周知の如く、国際司法裁判所の勧告的意見は法的拘束力を持たない。従って、IMCO に当該勧告的意見の遵守義務はない。しかし意見が法的拘束力を持たないということは、それが法的価値を持たないということではない。寧ろその意見の持つ高い内在的価値の故に、高い法的権威が認められるとの見解がある[568]。即ち勧告的意見は判決と同様に厳正な手続きで審理され、且つ判決と同じ判断基準が採用されてきたことより、それは不可避的に法の表明としての価値を内包することとなるのである[569]。Higgins は Lauterpacht の言葉を借りて、各国は裁判所が勧告的意見において宣言しているものを受け入れるべきではないかどうかについて、誠意を以って真剣に考慮する義務がある、と述べている[570]。勧告的意見へのこのような評価に従えば、当該勧告的意見が「真正

　　　　殆どなかったという（Ian Brownlie, *supra* note 26, pp.430）。
(566)　R.R.Churchill and A.V.Lowe, *supra* note 37, p.p.259
(567)　横田教授は国際司法裁判所の勧告的意見である *Application for Review of Judgment No.333 pf the UN Administrative Tribunal, ICJ, 1984 〜 1987*「ヤキメッツ事件」を評して、勧告的意見を求められた国際司法裁判所が提出された問題に対して、それについて忠実に法的な判断を下すという役割に徹したとしても批判はできないが、そのことがかえって問題全体に反射的な影響を与え、問題の基礎を崩すことになる場合もあり得ることを指摘している（横田洋三「国際連合行政裁判所判決 333 号の再審請求──ヤキメッツ事件」波多野・尾崎編著・前掲注(52)504 〜 506 頁）。
(568)　杉原高嶺・前掲注(553)427 頁
(569)　杉原高嶺・前掲 427 頁

第Ⅱ部　便宜置籍船と「真正な関係」

な関係」の要求に対して痛烈な打撃を加えたことは間違いがないだろう。登録された後の船舶の国籍は実際に旗国に属するが、第三者は船舶と旗国との間に「真正な関係」が存在するか否かの問題について立ち入ることなしに、この旗国への所属の事実を認めるべきことが明らかにされた[571]。即ち、登録船舶との間に「真正な関係」が存在しない便宜置籍国が、海上における安全のための対策を講ずる委員会において、その委員として認められたのである。

もしこの判決の時点で公海条約が発効されていたならば、「真正な関係」についての裁判所の取り扱いが変わった可能性も残るが、その予想も確からしいものではない。公海条約には、既に効力を有する条約その他の国際協定の当事国間について影響を及ぼさない旨、明示されている[572]。しかしそれ以上に、公海条約の「真正な関係」は導入されて日が浅かった上、その具体的な内容規定の欠如が、国際司法裁判所に対する説得力の欠如ともなったものと思われる。

3　国連海洋法条約における「真正な関係」と現在の解釈

公海条約における「真正な関係」は、結果的にはこの表現の本来の目的である主要海運国船舶の便宜置籍化の防止、即ち便宜置籍船による船舶の国籍の形骸化の防止には大きな効果を及ぼさなかった[573]。

1972年、新たな海洋法の策定を図るべく第3次国連海洋法会議が招集された。当該会議では10年以上の歳月を経て、1982年に国連海洋法条約の成立を見る。

国連海洋法条約においても船舶の国籍に関する規定が置かれた。その規定は公海条約5条の規定を基礎とするものであった。条文は公海条約の規定を一語一句そのままに取り込むことより検討が開始された。そして討議の過程で「特

---

(570)　Rosalyn Higgins, 初川満訳・前掲注(65)304頁。Higgins はまた、勧告的意見とは勧告の権威性についての公の確認の一つであり、多くの勧告的意見の背後には、国連の活動に関連した諸国間の紛争があることを認めている（Rosalyn Higgins, 初川満訳・前掲305頁）。

(571)　G.P.Pamborides, *supra* note 41, p.6

(572)　30条「他の条約、協定との関係」。この条項に、国際司法裁判所の勧告的意見も加えられるかについては定かではない。勧告的意見に認められる高い法的権威が、条約や国際協定と同様の価値が見出されるものであるかであろう。

(573)　水上千之・前掲注(14)226頁

に」以降の条文は削除され、94条として新たに置かれた「旗国の義務」の中に取り込まれた[574]。こうして制定された条文が91条「船舶の国籍」である[575]。同条1項は、どの国にも船舶に国籍を与えるための条件を定めることを要求するものの、より特定の要求は課されず、個々の国の自由裁量に任せた内容となっている。同様にどの国もその領域において船舶の登録のため、及びその旗を掲げる権利のための条件を定める義務の下にあることが謳われている[576]。

このようにして公海条約における「真正な関係」の導入が、その意味するところは何か、及びどのようにして実行されるべきかの双方について世界的な論争を引き起こしたにも拘わらず、また「真正な関係」が船舶の登録の問題を明確にするどころか、曖昧且つ不明確さをもたらしたにも拘わらず、国連海洋法条約では重ねてこの表現が採用された[577]。また公海条約と同様、「真正な関係」の定義や具体化は再び見送られ、依然として明確な解明がなされなかった。その理由としては、公海条約の制定時に国際法委員会が挿入した、諸国の慣行が多岐に及ぶことによって具体的規定を置くことが困難、とする注釈が繰り返された[578]。

94条「旗国の義務」、また217条「旗国の執行」は、公海条約にはない旗国のとるべき義務についての詳細な規定である。94条の内容は、国内法に基づく旗国船舶の有効な規制を定める他、海上の安全の確保における必要な措置、国際規則の制定と旗国による遵守、旗国外の国による船舶への一定の規制や、事故を引き起こして海洋環境や船舶関係者に損害を与えた船舶に対する旗国の調査義務を定めている[579]。これらの旗国の義務は、公海条約の旗国の義

---

(574) Satya N. Nandan C.B.E. and Shabtai Rosenne, *supra* note 56, p.105

(575) 英語の条約文は「Each State shall fix the conditions for the grant of its nationality to ships, for the registration of ships in its territory, and for the right to fly its flag. Ships have the nationality of the State whose flag they are entitled to fly. There must exist a genuine link between the State and the ship.」である。

(576) Satya N. Nandan C.B.E. and Shabtai Rosenne, *supra* note 56, p.106

(577) G.P.Pamborides, *supra* note 41, p.6

(578) Satya N. Nandan C.B.E. and Shabtai Rosenne, *supra* note 56, 107頁

(579) 94条は7項より成る。1項は公海条約5条の後半の条文が分離して規定された。2項は登録船舶のための登録簿の設置、船舶及び乗組員に対する管轄権の行使を義務付

第Ⅱ部　便宜置籍船と「真正な関係」

務[580]よりもより詳細なものである。また217条は旗国が国際的な規則や基準に準じて登録船舶を管理するよう、求めている[581]。このようにして「真正な関係」を残した国連海洋法条約は、一方で旗国の義務の明確化に努めその強化を図っている。国連海洋法条約は、公海条約よりも旗国の義務をより詳細に規定したが、旗国と船舶との法的紐帯として国籍を位置付けようとしている条約の基本的構造には、公海条約と変わるところはない[582]だろう。

しかし公海条約の規定は、国連海洋法条約において二分されることとなった。公海条約において実行の前提であった「真正な関係」は、「有効な管轄権と規制の行使」と区分され、この両者は条文上の繋がりを持たなくなった。この国籍付与の条件と旗国の義務との条約上の関係が、「真正な関係」の要件を媒介とするものであるかには議論がある[583]。厳密にいえば、「真正な関係」につ

けている。3項は海上における船舶の安全を確保するための必要な措置について規定している。4項は3項の船舶の安全確保のための必要な措置を具体的に規定——資格のある検査員による検査の実施、安全航行に必要な船内備品、乗組員の資格や必要な員数、規則への精通と遵守が定められている。5項は3項及び4項に規定した措置を取るに当たって国際的な規則、手続き及び慣行を遵守する旨、規定する。6項は船舶についての管轄権や規制が適切に行われなかった場合の旗国への通報と旗国の対処を規定する。7項は公海における船舶の事故による人の死傷や重大な災害が発生した場合の何れの国の対処、旗国の調査協力について定めている。

(580)　10条「航行の安全」、12条「海難救助の義務」

(581)　217条は8項から成る。1項は旗国に、その登録船舶が海洋環境の汚染防止のために国際的な規則や基準に従うよう、管理を求めている。2項は1項の管理が為されるまでは、旗国に当該登録船舶の航行を禁ずるよう求めている。3項は、旗国に1項の要求が満たされていることを示す証書の発給を求めている。4項は旗国に対し、その登録船舶が国際機関や外交会議を通じて定められる規則や基準に違反する場合の調査他、必要な措置を求めている。5項は4項の旗国による調査に必要な場合、旗国が他国に協力を求め得ることを定めている。6項は他国の書面による要請に従い、旗国に自国船舶の調査を要求している。7項は旗国の取った措置の通報について定めている。そして8項は自国籍船に対する違反の防止のため、旗国の法令が厳格でなければならないと定める。

(582)　栗林忠男・前掲注(77)24頁

(583)　この波紋は例えば、「真正な関係」の要件は国連海洋法条約94条によって具体化されているという解釈と、後説するように91条、94条は別個の事項を規定するもので関連性がないという解釈、また91条は船舶の国籍の登録時の関係を規律し、94条は登録後の国家義務に関する規定である、等の解釈を生む結果をもたらしている（古賀衞・前掲注(2)41頁、林久茂・前掲注(134)17頁）。

いては公海条約におけるよりも更に自由な解釈が可能となった(584)といえるだろう。

現在に至るまで、「真正な関係」の用語についての条約上の定義は為されていない。

その「真正な関係」については現在の国際法上、二つの解釈が存在する(585)。一つは旗国に対して、船舶と船舶所有者または一定の船員との国籍の一致を図るよう、義務付ける意味を表わすとするものである。別の一つは、旗国が自国籍船に対して実効的な管轄、規制を維持する要件は各国の判断に委ね、国籍付与の基準にまで国際法は介入すべきではないとするものである。

前者は旗国の国内法にも干渉して、実効的な意味での管轄・規制を求めるものであり、国際法委員会によって作成された公海条約成立当時の目的を汲むものである。後者は、旗国の裁量的法規制による「真正な関係」の達成を求めるものと理解できよう(586)。

現在の実定国際法上の解釈として妥当なものは、後者の説とされる(587)。「真正な関係」が存在するとは、旗国が自国船舶に対して実効的な管轄権を行使し、有効な規制が行使されているとの趣旨である(588)。この解釈により、旗国は船舶に対する国籍付与に関する国内法をどのように定めようとも、その国際的な対抗力を主張するには旗国と船舶との間に「真正な関係」の存在が要求されるのである(589)。

---

(584) G.P.Pamborides, *supra* note 41, p.7. しかし一方で、旗国の義務を公海条約よりも詳細に定めた国連海洋法条約の目的は、便宜置籍船に代表される自由な関係を規制し、旗国の裁量をより拘束されたものとしようと図った現れであったとの指摘もある（Margaret G. Wachenfeld, *supra* note 394）。

(585) 山本草二・前掲注(38)425頁、落合誠一「船舶登録要件に関する国際連合条約について」『新海洋法制と国内法の対応』2巻（1987年）30頁

(586) 山本草二・前掲注(38)425頁

(587) 山本草二・前掲425頁、水上千之・前掲注(14)299頁、林久茂・前掲注(134)17頁

(588) 海洋基本法研究所『海洋基本法の解説』(1997年) 55頁

(589) 国際海洋法裁判所 *Judgment of The M/V "SAIGA (No.2) Case"* (*Saint Vincent and The Grenadines v. Guinea*) *1st July 1999*,「サイガ号事件」判例では、船舶と旗国との間にある「真正な関係」の必要性に関する国連海洋法条約の規定の目的とは、旗国の義務の効果的な履行が確保されるべきところにあり、その船舶の旗国における登録についての効力を、旗国以外の国が問題とすることのできる基準を定めることではない、

第Ⅱ部　便宜置籍船と「真正な関係」

特に「有効な管轄権と規制の行使」の意味する「有効な規制」の比重は、公海条約成立時の旗国との紐帯を示す概念より大きく拡大した。この拡大によって旗国——国家の責任が増大した。立法管轄の存在を前提とした「事実上の実効的管理」をも含めて、安全基準の確保の義務等に関し、次第にその責任が問われるようになっている[590]。

4　条約の解釈

条約の解釈とは、条約当事国の意思に適合するように、条約の規定の意味と範囲を確定することをいう[591]。

抽象的な表現を使うならば、国際法は絶えず発展している[592]といえる。条約法には条約規定の解釈に、その制定時の事情について考慮することができるとする、一定の原則がある。国際司法裁判所は「アングロ・イラニアン石油会社事件」において、条約を受諾した当時のその意志に対して妥当な考慮を為し、規定の本文が自然的であり、且つ合理的な読み方と調和するような解釈を行うべきとし、規定に用いられたあらゆる文言にその理由と意味が付け加えられるように解釈されるべきであると判じている[593]。しかし法が公布された当時において、これに含まれた意志の再構成を目的とする歴史的方法よりも、法が常に活きている力もしくは意志を有し、法に示された意思を社会的な受容を基礎とした現在の意味において考えることを目的とした前提において、社会の進化の過程に適応するような解釈方法が尊重されてもしかるべき[594]とする意見も無視できない。

とする（para. No.83）。
(590)　村瀬信也・前掲注(175)368 〜 369 頁
(591)　山本草二・前掲注(38)612 頁
(592)　*Barcelona Traction, light and Power Company, Limited, Second Phase-Judgment of 5 February 1970, I.C.J*,「バルセロナ・トラクション電力会社事件」（筒井若水「バルセロナ・トラクション電力会社事件」波多野・尾崎編著・前掲注(52)17 頁）
(593)　山村恒雄「アングロ・イラニアン石油会社事件」波多野・松田編著・前掲注(61)所収、119 〜 137 頁。この裁判所の判示は後のウィーン条約法条約に取り入れられた。同条約 32 条は、条約の「解釈の補足的な手段」として「条約の準備作業及び条約の締結の際の事情に依拠することができる。」との規定を置く。
(594)　井上和彦『1 人会社論（法人格否認の法理の積極的適用）』（1993 年）61 〜 62 頁。しかしこれは原則論である。

第 2 章 「真正な関係」

　条約法条約は、条約解釈の一般原則及び補助的手段について条文化した。これに拠れば、解釈の一般原則として、条約はその文脈において、及びその目的に照らして条約の文言に与えられる通常の意味に従い、誠実に解釈されなければならないとされる[595]。そして解釈の補助的手段として、一般原則に定める解釈方法を用いて得られた意味を確認するため、または一般規則を適用した結果、一定の場合には条約の準備作業、及び条約締結の際における諸事情等の補足手段に依ることができるとするものである。その一定の条件とは、一つに、条約の文言の意味が曖昧であるかまたは不明確な場合、別の一つとして、文言が明らかに荒唐無稽もしくは不合理な結果を導く場合、であるとされる[596]。

　「真正な関係」で問題となるのは、上記の一定の条件の内、前者の部分である。特に多国間条約である場合、条約文の意味が不明確であったり、常識に反して不合理な結果を招いたりする場合には、一般的な解釈の原則に依って、準備作業により解釈を確定することが重要となる[597]。この条約法条約の規定は、具体的な規定の置かれなかった「真正な関係」について、条約制定段階における審議や議事録という準備作業における過程をも、解釈の手段として用いることを許容しているのである[598]。この許容に従えば、公海条約制定のための審議過程における「真正な関係」を定めた目的が、その意味したところの解釈として見出される余地がある。

　従来、条約の解釈では、条約の当事国の意思との整合性を基準とし、上記のように締結交渉の際の諸事情を考慮して確定されるべきとする、主観的解釈が有力であった[599]。条約法条約は、これに用語の通常の意味に従った誠実な解釈という、客観的解釈を加え、更にこの解釈に優先権を与えている[600]。そし

---

[595]　31 条「解釈に関する一般的規則」1 項
[596]　32 条「解釈の補足的手段」、小川芳彦『条約法の理論』（1989 年）22 頁
[597]　村瀬・奥脇・古川・田中・前掲注(91)41 頁
[598]　経塚教授は、条約における文脈の考慮までを原文の確認となし、準備作業及び締約当時の客観的事情の考慮を、当事者意思の確証と考えるべきであるとし、その区分けを試みている（経塚作太郎『続　条約法の研究』（1977 年）256 頁）。
[599]　村瀬・奥脇・古川・田中・前掲注(91)41 頁
[600]　村瀬・奥脇・古川・田中・前掲 41 頁。その理由は、主観的解釈による判断には、恣意的に流され易いという弱点があり、条約文の客観的な存在意義を否定することになりかねない、とされることに拠る（山本草二・前掲注(38)613 頁）。

第Ⅱ部　便宜置籍船と「真正な関係」

てこの客観的解釈には、条約の解釈または適合について、当事国の間で後に為された合意[601]、条約の適用について後に生じた慣行をも考慮すべきことが定められた[602]。この客観的解釈における考慮は、「真正な関係」の後の解釈、例えば国連海洋法条約における「真正な関係」の解釈を肯定するものと思われる。後に生じた慣行の考慮とは、条約が時間の流れの中で、そのとられるべき解釈が変化を受けることを示している。社会構造の変化や法の発展といった、条約を取り巻く状況に大きな変化が生じた場合の条約解釈における「時間」の要素を、どのように解釈に反映させるかという一般的な命題が存在する[603]事実が示されているのである。

　経塚教授は、条約の解釈が法の創造的機能を有していると主張する。条約はその文脈より、条約の文言に与えられた通常の意味に従い誠実に解釈されるべきとの要求は、厳格な原文解釈を出発点とすべきことを規定し、また準備作業及び締結時の諸事情の考慮は、条約原文に忠実にして、条約の当事者意思を求める方法を肯定している、とする。特に準備作業及び締結時の諸事情の考慮、並びに条約目的に照らして解釈すべき要求は、条約解釈における法創造的機能を十分認めているものと考えるべき、と説いている[604]。そして条約の原文が不明瞭であろうとなかろうと、条約の対象及び目的に照らして解釈すべきことの要求は、条約の当事者意思の延長線上にある条約目的の実現方法と一致する、とする[605]。この考え方に依れば、「真正な関係」には事後的な創造的法解釈が認められることとなり、公海条約成立時の解釈にこだわることの意味を薄めることとなるように思われる。具体的な内容が置かれなかった「真正な関係」

---

(601)　31条3項(a)。Brownlieはこの点について、重要視してはいないようである（Ian Brownlie, *supra* note 26, p.635）。

(602)　31条3項(b)

(603)　坂元茂樹『条約法の理論と実際』（2004年）189〜190頁

(604)　経塚作太郎・前掲注(598)276頁。経塚教授は、国際裁判において、条約の解釈に関連する判決が多い事実に注目し、国際立法府の存在しない国際法社会での判例の役割は大であるとし、条約解釈の直接的な効果の意義として、法創造的機能として作用する面が大きい、とする（経塚作太郎・前掲279頁）。

(605)　経塚作太郎・前掲267頁。これは合理主義への変化が、条約の解釈についても見出されていることを示している。固定的な自然法的形式主義より、流動的実定法的合理主義への変化は、同時に法創造的機能の余地をより拡大する（経塚作太郎・前掲272頁）。

は、この法創造的な解釈を許す環境を備えていたといえるとも思われる。法創造的な解釈とは、条約自体にそのような解釈を許す余地が残されていることを示していることに他ならない。その余地とは曖昧な部分とも表現できなくはない。多くの場合、厳格であるはずの条約の条文もまた「曖昧な部分」を宿している(606)という。最も、条約の条文が時として曖昧であることが、国家にとって不都合な訳ではない。条約当事者である国家は、曖昧な条文の場合には自身の目的に適うように条文を解釈することができるからである(607)。

　条約の作成過程で各国の主張が異なったにも拘わらず、各国が条約の採択を優先するような場合、条約の交渉者は締結のために様々な技術を用いるという。その様々な技術として、曖昧な概念を用いるか或いは規定の内容を基本概念の一致に止め、条約はそれ以上の具体的な規定を置かずに当面の対立を回避する方法が挙げられる。そのような場合の概念は、不明確であるか具体性を持たないかの何れかとなる。そしてそのような概念に従い国内法が制定されれば、各国の対応に差が生ずることは避けられない(608)。「真正な関係」は正にその曖昧な概念に相当した規定であり、この規定がもたらしたものは、制定当時から予想が付いたともいえるのではなかろうか。

5　「真正な関係」の問題

　既に述べたように、公海条約中の「真正な関係」の重大な欠陥は、その具体的な規定が定められなかったことである。公海条約の成立時、「真正な関係」は便宜置籍船の存在に対して論争を与えた。便宜置籍国の多くがその旗の下、登録船舶に有効な管轄権と規制を行う立場にないことより、便宜置籍国とその登録船舶の間には「真正な関係」が確立されていない、それ故、便宜置籍国の実行は国際法に対峙するものとされた。しかしながらこのような明白な論争を見ながらも、論争の焦点であった「有効な管轄権と規制の行使」は明確にすることができなかった(609)。

　現に「真正な関係」の不明確性は、様々な解釈を呼ぶ温床となってきた。

---

(606)　坂元茂樹・前掲注(603) 188頁
(607)　坂元茂樹・前掲 188頁
(608)　小森光夫「条約の国内的効力と国内立法」村瀬・奥脇編・前掲注(66)所収、565頁
(609)　G.P.Pamborides, *supra* note 41, p.5

第Ⅱ部　便宜置籍船と「真正な関係」

様々な解釈の最たる例は、旗国が絶対的な裁量権を有するとの意味より、船舶の外国人所有者やその経営と名目的な関係しか有していない、所謂、便宜置籍船を許容する解釈である(610)。別な表現をすれば、公海上において旗国にその船舶への排他的管轄権を認めた(611)一方で、その管轄権の根拠となる「真正な関係」の詳細を定めなかった。このような海事法及び船舶の国籍を統治する法構造においての国際海洋法の「空白」が、サブ・スタンダード船に代表される便宜置籍船に拠る問題の解決を妨げてきたのである(612)。公海上における船舶の国籍の重要性を慣習法という形で認めたにも拘わらず、その国籍の中身の規定を中途半端な形に止めた結果であるとも表現できよう。

「真正な関係」の二つ目の問題は、船舶と旗国との間に当該関係が存在しない場合の結果、例えば罰則等についても規定されていないことである(613)。

船舶の国籍の基本的な機能に準じて、もし仮に旗国と船舶との間に「真正な関係」が全くない場合、旗国以外の国が旗国による外交保護権を拒否しうる場合も想定される(614)。しかし「真正な関係」を欠きながら尚、船舶にその国の国籍を付与する国内法があっても、それは外交保護権の行使、その他の国際法上の効果を発生させないだけである(615)との判断がある。従って、直ちに「真正な関係」を欠く国内法を、国際法上違法且つ無効とは断定しえないと解せられる。例えば米国は、船舶の国籍について如何なる国も船舶と旗国との間に「真正な関係」が存在しない旨、一方的に決定する権利はないと主張する一方で、国籍以外の要素について船舶と米国との結び付きを構成し、それを根拠と

---

(610) Economic Consequences of the Existence or lack of a Genuine Link between Vessel and Flag of Registry, United Nations, 1977, 竹本正幸訳・前掲注(335) 28頁

(611) 国連海洋法条約92条1項「船舶の地位」には「船舶は一の国のみの旗を掲げて航行するものとし、国際条約またはこの条約に明文の規定がある特別の場合をのぞく他、公海においてその国の排他的管轄権に服する。」と規定された。

(612) J. Ashley Roach, *supra* note 411, pp.164〜165

(613) Economic Consequences of the Existence or lack of a Genuine Link between Vessel and Flag of Registry, United Nations, 1977, 竹本正幸訳・前掲注(335) 27頁

(614) 水上千之・前掲注(14) 215頁

(615) 山本草二・前掲注(49) 24頁以降。この点は自然人の国籍についても言及できる。国内法としての国籍法の規程が、条約、慣習国際法、または国籍に関して一般に認められた法の一般原則に反している場合には、他国はその効力を否定し得るものと解されている（宮崎繁樹・前掲注(209) 223〜224頁）。

第 2 章 「真正な関係」

した管轄権を基礎付けている[616]。現在の国際法上、「真正な関係」が存在しない場合でも船舶における旗国の国籍が否定されることはなく、国籍の許与は完全に旗国に委ねられていると解釈されている[617]。このような解釈は国内判例でも確認できる[618]。

　具体的な規定の存在しない「真正な関係」の欠如についての罰則は、定められる筈もなかったと思う。一体、「真正な関係」の内容の何の欠如を以って、

---

[616] 古賀衞・前掲注(33) 222頁。例えば、米国における「1981年の公海上にある違法外国船の停止に関する命令」は、外国国旗を掲げていても米国人が所有する船舶については、外国との「真正な関係」がないものとして沿岸警備隊による臨検を認めている（古賀衞・前掲注(2) 43頁）。

[617] 海洋基本法研究所・前掲注(588) 55頁。
　国際海洋法裁判所による「サイガ号事件」では、以下の判示が為された。判示は、旗国とその登録船舶との間に「真正な関係」が存在しないことを理由に、他国が当該船舶の国籍の承認を拒むことのできる権利を有するか（para. No.79）について、示している。その理由として、公海条約には「真正な関係」の存在が、国籍を承認する前提となるとの規定はなされなかったこと（para. No.80）、国連海洋法条約94条には、旗国がその登録船舶に対して適格な管轄権及び規制を欠いていることの証拠を有する国が、その旗国が当該船舶に対してその旗を掲げる権利を認めないとするような規定はないこと（para. No.82）、が挙げられている。
　例えば、海上武力紛争法のためのサンレモ・マニュアルでは、便宜置籍船の取り扱いについて定めている。便宜置籍船と旗国との間に「真正な関係」が存在していないとしても、船舶が便宜置籍国旗を掲げているという事実はその国籍に何らの影響も与えない。このことは武力紛争時にも該当する。中立国に移転したのでなければ、船舶が便宜置籍国旗を掲げているという事実のみで何らかの嫌疑が生ずるとは考えられないし、たとえ如何なる「真正な関係」が存在しないとしても、敵性の推定を導くとは考えられない、としている（San Remo Manual, 竹本正幸監訳・前掲注(137) 169頁）。

[618] 1986年のオランダの判例である「Magda Maria号事件」（水上千之・前掲注(159) 173～174頁）では、パナマ籍船の本船が、オランダ沿岸の公海上で海賊放送に従事していた嫌疑によってオランダ当局に拿捕され国内の裁判所に訴追された。検察は本船が便宜置籍船故、公海条約5条の「真正な関係」を欠くことを理由に、有効な国籍を有する船舶とはみなしえないと主張した。控訴審において裁判所は、公海条約はそれぞれの旗国に国旗の掲揚と船舶の登録条件を独自に定める権限を付与している、特に国際法は「真正な関係」の概念を旗国であるパナマに対してのみ、その管轄権を有効に行使するよう義務付けたとした上で、本船が合法的にパナマの国籍を有する以上、オランダ当局による拿捕、押収は認められないとした。本件では「真正な関係」について、本理論は旗国に有効な管轄権の行使を義務付けたものであり、これを根拠に他国が国籍の付与を争うことを認めたものではないと判断された。

175

罰則が適用されるのか。「真正な関係」の内容が定められなかった時点で、この具体的内容に依拠するはずであった罰則も消失したといえるだろう。これによって「真正な関係」の法的拘束も弱められ、便宜置籍船の趨勢と共に諸国の慣行の中心から遠ざかっていったといえるように思う。

公海条約に規定された「真正な関係」によって、船舶の国籍に関する法的議論においてはかなり混乱した状況が生まれた。それより約半世紀、国連海洋法条約を生んだ国際法は、継続して船舶と旗国との間に「真正な関係」を要求している一方で、未だに何がそのような関係を構成するかについての明確な同意はない。便宜置籍船等、実際の慣行において船舶とその旗国との間の関係は希薄であることが少なくない。また伝統的海運国等、その他の国はそのような関係を問題とする意欲を失っている[619]かのようでもある[620]。

6 「真正な関係」に関する国家実行

米国は湾岸戦争前の 1986 年、クウェート国籍のタンカー 11 隻を、米国の艦船による護衛を正当化するために一時的に米国籍へと移籍した。

米国は公海条約の締約国[621]であったため、「真正な関係」の意図した適正な管理と規制の実行をその登録船舶に対して示す必要があった。そして移籍したクウェートタンカーが適正に建造されている旨、米国沿岸警備隊の検船によって証明させ、適正数の米国籍の乗組員と職員が配乗され、且つ船舶の所有が米国市民に属する証拠文書の発給で確保することを図った。結果、沿岸警備隊の検船は国際法の規定が遵守されていることを滞りなく確認し、米国の乗組員の配乗は一定の条件の下、免除され、所有は米国内のペーパー・カンパニーに任せて体裁が繕われた[622]。米国はこのようにして、国際法と国内法の双

---

(619) R.R.Churchill and A.V.Lowe, *supra* note 37, p.262

(620) 特に、裁判所の不完備な国際法社会では、条約の当事国の国力が、条約解釈及び条約の適用にも反映し、客観的に公正な解釈原理を確立させなかったといっても過言ではない（経塚作太郎・前掲注(598)282 頁）。

(621) この時点で米国は、国連海洋法条約の締約国ではなかった。

(622) 米国法では米国籍船に対して、職員の全員とその他の乗組員の 75％が米国市民であることを要求していたが、米国沿岸警備隊はクウェートのタンカーが何れも米国諸港に寄港しないことを理由として、それらの規定は免除されるとした。またタンカーをクウェート石油タンカー会社の所有から、デラウェア法に基づき設立されたデラウェア会

方においてクウェートタンカーの自国籍への移籍を正当なものとした。米国の実行は「真正な関係」の不明確性を逆手に取った、政治的恣意性の強い行為であったといえよう。

　上記のような米国の対応は、法の規定に則った対応であったとしても、「真正な関係」の意図した法の精神（the spirit of the law）には適合したものではなかったとする批判がある。この米国の実行当時に制定された、国連海洋法条約の「真正な関係」の意図にも反したものであるともされる。その理由として、移籍されたタンカーにはその所有、乗組員、管理の何れも米国と関わりのないものであったことが挙げられている(623)。このような米国の恣意的な実行は、船舶の登録について「真正な関係」と距離を置いた懐疑的なものを生み出したが、諸国に拒否反応を示す機会を与えなかった。そしてひとたび国家実行に移されたなら、主権という名の下、他国はこのような実行を止めることはできないとの批評を生んだ(624)。換言すれば、船舶の国籍を付与する条件は、国家の実行如何によって左右されるものであるとの証明が為されたものともいえよう。

　この米国の実行は、船舶の国籍の概念に対して大きな影響を与えたように思う。第一に、国家の政治的な恣意(625)によって、自国への船舶の登録に関わる国内法の規定が有名無実化されたことである。国家が船舶に対して自国の国籍を与える法制を如何に定めたところで、例えば「真正な関係」を有する法制を置いたとしても、政治的な実行の前には無実化されるということを米国は証明した。第二に、船舶の国籍の付与が国内管轄事項であることが国際社会で証明された。米国の実行が緩急且つ政治的なものであったことについて、諸国は異論を挟まなかった。第三に、便宜置籍という形態は単に便宜置籍国のみに限ら

　　　社に所有させ、且つ同社よりクウェート石油タンカー会社へ傭船に出すという、所謂、便宜置籍に酷似した傭船形態が米国国内で取られた（Margaret G. Wachenfeld, *supra* note 394）。

(623)　*Ibid.*。Wachenfeld は「真正な関係」の本来の意図に、公海条約成立当時の解釈を採用しているようである。

(624)　*Ibid.*

(625)　「恣意」という言葉について芹田教授は、合法的であることは「恣意的でない」ことの証明にはならないとし、「恣意的に」とは正当な理由、正当な手続きなしにという意味に止まらず、合法的であっても恣意的であることがあり得る、と説く（芹田健太郎・前掲注(212)236頁）。

ず、便宜置籍制度を持たない海運国においても同様に、名目的な置籍が可能であることが明らかにされた、ことが挙げられる。形骸化した国籍は便宜置籍国に特有なものと理解されてきた前提が、伝統的海運国の実行においても認められたのである。何よりもこれらの実行が、正に伝統的海運国によって行われたことに注視しなければならない。加えて本件についていえば、一定の目的の下での国籍の変更は、合法的であれば問われることもないものの、戦時であれば敵性を導く可能性がある点も指摘されている(626)ことを付言しなければならない。

　この実行において最も重要な点は、公海条約成立当時の「真正な関係」が、いとも簡単に反故とされてしまう現実が証明されたことであったように思われる。米国籍へのタンカーの移籍は、戦争という非常時における実行であり、単純に国際海運における実行と比較できない性格のものではあるが、かつてのMuscat Dhows caseで争われた恣意的な旗の変更が、現代においても尚、国家実行によって繰り返されている現実が示されている。

7　国内管轄事項と「真正な関係」

　「ノッテボーム事件」という国際法判例からの原則としての「真正な関係」の引用は、船舶の国籍の概念に新しい指導原則が導入されたものと見ることができる(627)。一方、公海条約の前文には「公海に関する国際法の規則を法典化する」旨が記載され、「国際法の確立した原則を一般的に宣言しているものとして」規定を採択したと謳われている(628)。これに拠れば、条約の規定は既に

---

(626)　敵対行為開始後またはその直前における中立国旗への移転、即ち戦争の影響を考慮した国旗の移転について、軍艦の士官は当該船舶を敵国船舶と同様に扱うことができ、指揮官はその中立国旗に関わらずその船舶を拿捕し得るとされる（San Remo Manual, 竹本正幸監訳・前掲注(137) 174頁）。湾岸戦争時における米国は中立国ではなかったものの、このような旗の変更が戦時においては平時にない解釈を呼ぶ恐れがあることは指摘できよう。

(627)　「ノッテボーム事件」は管轄権に関する判決が1953年11月8日、本案判決は1955年4月6日に出されている。

(628)　公海条約の前文には「この条約の当事国は、公海に関する国際法の規則を法典化することを希望し、1958年2月24日から4月27日までジュネーブで開催された海洋法に関する国際連合の会議が、国際法の確立した原則を一般的に宣言しているものとして次の規定を採択したことを認めて、次のとおり協定した。」とある。海洋法四条約の内、

第 2 章 「真正な関係」

国際法の確立した原則となっているということができると思われる。そうであれば「真正な関係」もまた、国際法の一部となっていると解釈できる。国際法の一部であるならば、「真正な関係」が国際法であるとする根拠が見出せずにはおれないだろう。「ノッテボーム事件」の判例は「外交保護権を行使しようとする国と保護を受けようとする個人の間に『真正な結合』(genuine connection)が存在しない限り（中略）、国籍の効果を他国に認めさせることはできない」と解いた[629]。Brownlie はこのような判決の主旨について、本来、国籍に備わっていた根本的な概念の自然な反映とし[630]、国内法の規則を離れて適用されなければならない諸原則、国際法の一般原則を基礎として作られたものと評している[631]。

Brownlie の解釈に拠れば、「真正な関係」の内容はかねてからの国籍概念の具現化である。公海条約においても、国際法の確立した原則の導入が為されたと見て差し障りはないであろう。同様に Brownlie の解釈に従えば、「真正な関係」は国内法の規則を離れた原則として取り扱われなければならない。「真正な関係」を自由に解する国内管轄事項としての国内法の裁量は、極めて狭められたものとならざるを得ないように思われる。別言すれば、諸国の法制を一定の基準の下に置くためには、国内法の裁量は制限される必要があろう。一定の法規制の国際的実現のためには、考慮されなければならない問題であると思われる[632]。

もとより国際法が、国内管轄権の領域を侵してはならないとするテーゼはない。確かに国家はその国内法を適用する目的を以って国籍を与え、領海の範囲を定め、自衛の行為の必要性を決定できる。しかしこれらの全てにおいて、その権能の行使は法——国際法によって制約を受けるのである[633]。

一般論として、国内管轄権の概念は、国際関係の変化と国際法の規律対象の

  このような前文が置かれたのは公海条約のみであった。
(629) 第 I 部「ノッテボーム事件」判決参照
(630) Ian Brownlie, *supra* note 26, pp.411
(631) *Ibid.*, p.415
(632) 例えば海洋法において、Churchill と Lowe は沿岸国の法制について、外国船舶に対してその執行が効力を持つためには、法制の国際的な統一が必要であると説く (R.R.Churchill and A.V.Lowe, *supra* note 37, p.346)。
(633) Ian Brownlie, *supra* note 26, pp.290

拡大に伴って縮小する、相対的な概念であるとの指摘がある(634)。国内管轄権を保障する国際法における国内管轄事項とは、国家の管轄権が国際法によって規制されない国家活動の領域であり、または一国が、その国内法を以って任意に処理して良いと国際法によって許容されている事項をいう。しかしこのような概念は絶対的なものではなく、国際関係と国際法の発展に伴い変化する流動的且つ相対的な概念である。ある事項が原則として一国の国内管轄事項とされても、それが国際法の規制の対象となり、または条約上の義務が課されることとなれば、その一国が自由に処理し得るとの意味での国内管轄事項ではなくなる。一定の事項が国内管轄事項であるか否かは、その当時の国際法に照らし合わせて判断されるべきであると解される(635)。事実、「チュニス・モロッコ国籍法事件」では自然人の国籍を例示して、国内管轄権に属するか否かの問題とは本来相対的な問題であり国際関係の発展に依存するとして、国内管轄権に属する内容でも他国に対する義務との関係では国際性を有し、その管轄権の外に置かれる場合もあり得るとされた(636)。

一方で、国連憲章は国内事項に対する不干渉規定を置いている(637)。この概念は歴史的に形成されてきた。国際社会が組織される過程において、その権利または自由の制限に対する主権国家の防御概念として形成されてきた抵抗的な概念とも呼べる。この規定は例えば人権問題について、国連指導による義務の導入に対する国家の拒否権として援用されることが少なくない(638)。しかし実際に国連における実行では、国連が国内管轄事項としてその権限の行使を控えた事実を見出すことは困難な状況にある(639)。このようにして見れば、国内管

---

(634) 植木俊哉「国家管轄権と国際機関の権限の配分」村瀬・奥脇編・前掲注(66)所収、95頁

(635) 金東勲『国際人権法とマイノリティの地位』（2003年）7頁

(636) *Nationality Decrees issued in Tunis and Morocco, 1923, PCIJ*, Ole Spiermann, *supra* note 208, pp.149～160「チュニス・モロッコ国籍法事件」

(637) 2条「原則」7項

(638) 金東勲・前掲注(635) 4～6頁。国連の機能が平和維持のみではなく、経済的、社会的な広い分野に渡ることより、これらの分野における問題に関する国家の権利と自由の制限を可能な限り制限したいとする、各国の意図によるものであったと推測される（金東勲・前掲7頁）。

(639) 国連憲章2条7項は、国内管轄にある事項に干渉する権利を国際連合に与えるものではなく、その事項をこの憲章に基づく解決に付託することを加盟国に要求するも

第 2 章 「真正な関係」

轄権の絶対の領域等は存在しないのである。たとえその時点で国内管轄事項の範囲が確定されたとしても、それが将来に渡って固定される保証はない。黙示的権限論の活用や事後の慣行によって、国際組織が当該の国内管轄事項に対する自らの権限を強化することに成功すれば、その分だけ国内管轄事項の範囲は縮小するのである[640]。

「真正な関係」の言葉は、旗国と船舶との間に具体的な結び付きを示す規定を置くことが困難であったことより生まれた。もともと具体的な規定を置いて、諸国が国内法に定める船舶の国籍要件を規律しようとした経緯からすれば、「真正な関係」は船舶に対する国籍付与のための条件の決定に当たり、国家の自由を制限しようとしたことが読み取れる。「真正な関係」は国際法としての規定であり、一般的な意味での国内法の裁量を許す規定、自由に定め得るとする規定ではなかったのである。これに関しては Momtaz も、「真正な関係」の基本的な概念は、旗の機能を管理する条件を定めるに当たって、明白に諸国の自由を制限することを意図した、と述べている[641]。

この解釈に従えば、現在の実定国際法における、旗国が自国籍船に対して実効的な管轄、規制を維持する要件は各国の判断に委ね、国籍付与の基準にまで国際法は介入すべきではないとする「真正な関係」の解釈は、便宜置籍船の趨勢が例証しているが如く、公海条約のための草稿の時と比べて大きな乖離を見せていることとなる。

　　でもない、と規定する。しかし実際の国連の実行は、国連発足後より 1950 年代までの安全保障理事会または総会での事案において、国内管轄権のものであるか否かの議論 25 例の全てがこの条項に示した結論を導かなかった。即ち、懸案となった事項の全てが国内管轄権に属するものとは認められなかったのである（植木俊哉・前掲注(634)100 頁）。

(640)　森川幸一「国内管轄事項とその国際標準化」村瀬・奥脇編・前掲注(66)所収、128 頁。人権問題に関して見れば、国内管轄事項といえる一国内部の問題ではなくなり、国際平和を脅かすものであるという基本的認識に国連が立ち返る時、国際事項としての措置が実行されてきた（金東勲・前掲注(635)18 頁）

(641)　Djamchid Momtaz, *supra* note 154, p.403。Churchill と Lowe も同様に述べている（R.R.Churchill and A.V.Lowe, *supra* note 37, p.258）。自然人の国籍に関する国内管轄事項の原則は、船舶の国籍においても尚、必ずしも踏襲されているとはいえないといえるだろう。

181

8 「真正な関係」を定める旗国の裁量

国内管轄権としての国内管轄事項についての検討は、上記の如くである。では国家の裁量の観点では如何なることとなろうか。

国家の管轄権の範囲を確定するに際して、国際法は国家の広範な裁量を認めている。国際法は、国内における条約の実施のための国内立法の問題について、国内の政治的な動機より生ずる対応を良く吟味することなく、主観的決定の自由という法的な概念によってまとめることにより処理してきた。条約の実施の問題において、政治と法とが完全に切り離されることはありえない[642]とされる。国家の裁量の制限とはいうも、その具体性は必ずしも明らかにされていないようである。しかしその裁量には、国際判例においても制限のあることが必要とされている[643]。

裁量とはその問題の性質上、法律によってその判断基準を具体的に定めることが困難な場合、またはそうすることが適当ではない場合、その判断を裁判官、検察官、大統領や知事等の行政部の長、その分野の行政の責任者、あるいは受託者等に任せた場合、その任せられた者による判断または結論の選択をいうとされる。これは国内法の概念であるものの、その裁量が自由裁量である場合には、その誤った判断に基づく行為も違法とは認められない。その理由として自由裁量が認められている場合には、政府の主観的な判断によって行動して良いと法が定めているため、政府はこの規定に適合すると主観的に判断して行為を為したのであるから、たとえ政府が判断を誤ったとしても何ら法に抵触することはないからとされる[644]。

法が行政権に自由裁量を付与するのは、法が行政権の判断に従うという主旨であり、行政権において公益に適すると判断することが、法が公益に適すると判断することを示していた。しかし国民の意思は全ての権力の究極の源とされ、憲法及び法律において国民の意思が具体化されていく、との過程において、行政部はこれらの法律より独立した権力は持ち得ない。また国民の権利義務の変

---

[642] 小森光夫・前掲注(608)561頁。また小森教授は、政治と法は切り離されなければ、法律的な問題の正確な意味や機能を論じ得ないともいう（小森光夫・前掲561頁）。

[643] 「バルセロナ・トラクション事件」における G. Fitzmaurice の意見である（奥脇直也・前掲注(174)20頁）。

[644] 山田準次郎『自由裁量論』(1960年) 7頁

第 2 章 「真正な関係」

動をもたらす行政は、必ず法規の根拠を必要としなければならない[645]と断じるのは正論であろう。少なくとも国内法の局面において、国家の自由なる裁量が法の拘束を受けないとする理論は、行政権の濫用を導くフィクションであるといって良いであろう。

この裁量が「真正な関係」という国際法によって制限を受けるか否かである。

公海条約5条を基礎とした国連海洋法条約91条の英語原文は、「特に（in paticular）」の前にセミコロンが敷かれていた。これにより「真正な関係」の存在要求と「有効な管轄権と規制の行使」が同格の意味を表わすように読むことができた[646]。この「特に」以降の条文は、旗国と船舶との間の「真正な関係」の概念をより詳しく規定したものとする解釈がある[647]。条約の草稿者は、この部分をして「真正な関係」の最低要件とすることを意図したのである[648]。この「特に」以下について、国連海洋法条約では「真正な関係」と二分されて条文化され、「真正な関係」を構成する「特に」で始まる要件が切断されたことは、既に見た通りである。

公海における船舶の航行の秩序と安全を確保するために、旗国が自国船舶に対して有効な管轄権と規制を行使しなければならないことは、慣習国際法上の争いのない原則である[649]。公海条約5条における「特に」で始まる有効な管轄権と規制の行使は、国際法上の要求であると共に、本条約の義務でもある。公海上の商船に対する有効な管轄権と規制の行使について本条には、行政上、技術上及び社会上の事項についての一定の実質的条件が、その船舶と船舶所有者に関して充足されていることが必要とされる要求がある[650]。即ち、諸国の慣行に差異があり、統一が見送られた船舶所有者の所有、居住、乗組員の国

---

(645) 田村悦一・前掲注(305)178 ～ 179 頁

(646) There must exist a genuine link between the State and the ship; in paticular, the State must effectively exercise its jurisdiction and control in administrative, technical and social matters over ships flying its flag（Satya N. Nandan C.B.E. and Shabtai Rosenne, *supra* note 56, 105 頁）

(647) *Ibid.,* 105 頁

(648) G.P.Pamborides, *supra* note 41, p.7

(649) Economic Consequences of the Existence or lack of a Genuine Link between Vessel and Flag of Registry, United Nations, 1977, 竹本正幸訳・前掲注(335)24 頁

(650) Economic Consequences of the Existence or lack of a Genuine Link between Vessel and Flag of Registry, United Nations, 1977, 竹本正幸訳・前掲 26 頁

183

第Ⅱ部　便宜置籍船と「真正な関係」

籍等の具体的な必要性であろう。このような具体的な必要性を介して、旗国による有効な管轄権と規制の行使が初めて実を結ぶものと判断されたと思われる。そしてそのような必要性が「真正な関係」ということとなろう[651]。このような論旨からすれば、「真正な関係」は旗国による有効な管轄権と規制の行使のための前提条件であるといえると思われる。有効な管轄権と規制の行使が国際法上の原則であり、その解釈と行使についての諸国の自由な裁量が制限を受けるとするならば、その前提となる「真正な関係」もそれが国際法の規定であるなしに拘わらず、旗国の自由な裁量に任され切れるものではないとの解釈も可能と思われる。自由な裁量はあくまでも、先に掲げた船舶所有者の所有や居住、乗組員等、船舶に関わる要素の旗国への所属を前提とした自由でしかないように思われる。

上記のような関係が切断された国連海洋法条約において、「真正な関係」の意味するところは何か。有効な管轄権と規制の行使の前提としての「真正な関係」が、この両者が切断されたことによって、「真正な関係」の新たな解釈の台頭を許すに至る。「真正な関係」の当初の目的との乖離である。

9　伝統的海運国の方針転換と「海運自由の原則」のもたらしたもの

ではその乖離を促した原因とは何か。主たる要因として、伝統的海運国の便宜置籍船に対する方針の転換が挙げられるように思われる。

もともとわが国を含めた伝統的海運国は、船舶の便宜置籍化に強く反対していた。船舶所有者は自らが属する国の規制や支配から逃れ、その所有船舶を便宜置籍国へ登録移管することによって船籍を変更する。伝統的海運国の反対の主たる理由は、船舶所有者がこのような便宜置籍化を通じて、国際市場における有利な競争を目論むことはフェアではない、とするものであった[652]。

公海条約成立当時、便宜置籍船に対して一致して反対の立場にあったこれら

---

(651)　Economic Consequences of the Existence or lack of a Genuine Link between Vessel and Flag of Registry, United Nations, 1977, 竹本正幸訳・前掲 26 頁
(652)　織田政夫・前掲注(325)26頁。但し、米国はその海運政策上、便宜置籍船の必要性を早くから認めていた。1950年、米国政府は米国籍船の売却、移籍を一定の条件に従って認める声明を発表し、1953年にはその移転先としてパナマ、リベリア、ホンジュラスを指定している（黒田英雄・前掲注(321) 9頁）。米国の容認は、その軍事戦略に拠るものであった（武城正長・前掲注(520)27頁）。

の伝統的海運国は、その国の船舶所有者が自国籍船を便宜置籍へと移籍していく事態に直面し、一転して便宜置籍船の容認へとその態度を改めた。また伝統的海運国は1960年代末期以降の船舶の運航諸経費、特に人件費の高騰による登録船舶の国際競争力の後退に見舞われた。伝統的海運国はこの観点からも、自国籍船舶の便宜置籍化を容認する姿勢に転じていった[653]。1970年代半ば以降、わが国を含む伝統的海運国は便宜置籍船の存在を支持するまでにその立場を改めている。特に西側の伝統的海運国は、便宜置籍船が船舶所有者及び運航者の責任上の問題を内在していることは認めつつも、便宜置籍自体は世界各国に存在する賃金格差と各国の主権に基づく税制の差異を利用した、企業利潤の最大化のための行為であるとし、基本的にこれを禁止すべき理由は存在しないとの考え方を取るようになった[654]。また併せて欠陥の多い船舶の代名詞とされていた便宜置籍船が、サブ・スタンダード船との名称に置き換えられていったのもこの時期である。サブ・スタンダード船はその名の通り、国際標準に達していない船舶を意味している[655]。

---

[653] 織田政夫・前掲26頁、水上千之・前掲注(14)236頁、林久茂・前掲注(134)18頁以降

[654] 伊藤松博「UNCTADと便宜置籍船」『海運』677号(1984年)56頁。1950年から1968年までの間に定期船運賃が80％上昇したのに対し、殆どのバルク貨物運賃は逆に20％も値下がりした。このバルク貨物部門における低運賃市況の恒常化は船舶所有者の収益性を圧迫し、厳しいコスト削減を強いるものとなったために、この打開策として高賃金国の船舶所有者を便宜置籍に向かわせた。特に伝統的海運国の船舶所有者の便宜置籍行動が目立つようになったのは、技術革新の導入効果が飽和点に近付き、船舶の大型化、専用化、自動化の波が衰えて、コスト上のハンディキャップを効果的に吸収できなくなった1960年代末期になってからである(織田政夫・前掲注(328)17頁)。但し、伝統的海運国は自国籍船の便宜置籍船化を認めつつも、これを船舶所有者の進むべき最善の方法として積極的に推奨している訳ではない(山岸寛・前掲注(136)11頁)。
　1975年、日本船主協会会長が「わが国海運界が生き残る道としては、便宜置籍、仕組船のような外用船活動が認知される以外にはない」と言明し、1978年には海運造船合理化審議会海運対策部会小委員会が、外国傭船の中の便宜置籍船の存在を「日本船に準ずる性格を有するもの」と認めている(黒田英雄・前掲注(321)10頁)。
　例えば、日本の船舶所有者が便宜置籍国で登録した後、定期傭船として引き戻すことを条件に船舶を新造する場合、日本輸出入銀行から貸し付けを受け得た等、わが国の海運に貢献する便宜置籍船への積極的な容認が見られた(Economic Consequences of the Existence or lack of a Genuine Link between Vessel and Flag of Registry, United Nations, 1977, 竹本正幸訳・前掲注(335)64頁)。

第Ⅱ部　便宜置籍船と「真正な関係」

　国家の利害関係が変動するときには、確立された諸原則も変動の波を受ける。そのような状況下においては国家の慣行のみが法を変えることができる[656]。国際海運を主導するこれらの国の対応は、そのまま国際法の解釈に影響を与えることとなった。多国間条約の締結には、伝統的海運国の如く大国の意志が反映され易い。公海条約成立時、国際法委員会は、その後の「真正な関係」の具体化に努める意思があったものの、そのままにされて現在に至っている。国際海運において主要な立場を堅持した伝統的海運国による、便宜置籍船対策についてのこの方向転換は、国際法や国際条約に大きな影響をもたらすこととなった[657]。

　公海の自由が「海運自由の原則」を通して維持されていることは述べた。公海の自由には、海洋における諸国の経済活動が適正に維持されなければならないという前提がある。この自由は、船舶の国籍に基礎を置く旗国主義によって担保されている。「海運の自由」によって、国際海運は資源の最適な配分の下に、最も効率的な商船隊を維持することが可能となった。また荷主は、自己の貨物輸送のために最も適した船舶を選択することができ、これによって国際貿易活動が発展した。今日までの国際海運は、伝統的海運国を中心とした政府による干渉を極力、排除することによって、目覚しい発展を遂げることができたといえよう[658]。便宜置籍制度は、船舶所有者がその所有船舶を、旗国政府の干渉を受けずに自由に利用することができるという、最大の利点が生かされたものといえる。この制度の発展も「海運自由の原則」に沿った現象であるとい

---

[655]　IMOには多くの便宜置籍国が含まれている。便宜置籍国にとって、便宜置籍船が一方的に国際規制の対象として取り扱われることには大きな抵抗があるのも当然といえるだろう。

[656]　清水良三・前掲注(152)12頁

[657]　斎川教授は述べる。経済こそは人間が生きていく、自然的で自生的な過程である。経済あるいは産業というものは、資源に制約されながら、技術をベースに人間の創意工夫が現れ、展開する場である。経済の変化によって政治のあり方が変わり、それに伴って法律のあり方も変わってきた。経済の変化の速度に緩急はあっても、「経済→政治→法」という変化の基本は昔も今も同じであり、今後も変わることはないだろう。だから政治や法が経済を無理やり統制しようとしても、経済は必ずその統制を無力化しようとするのである、と（斎川眞「古代・中世日本の所有と所有権」山内進編・前掲注(64)所収、108頁）。

[658]　篠原陽一他・前掲注(50)183頁

えるだろう(659)。

　しかし一方で、この自由の原則こそが、便宜置籍船の趨勢に代表される船舶の国籍の形骸化、強いては海洋秩序への脅威をもたらしたことは否定できないと思われる。伝統的海運国が自国海運の発展をある程度犠牲にしても、海運に対する規制を強めていれば現在のような諸問題は発生しなかった、または発生しても伝統的海運国を中心とした便宜置籍船への対処が可能であったのではないかという、推論が成り立つ余地もあるものと思われる。「海運自由の原則」とは元来、何であったのか。国際海運に対する如何なる政府干渉をも排除しつつその安定を図り、旗国船舶による海運利益を旗国に帰順させるという公私双方の利益の追求は、旗国主義の標榜の下に確立された国際慣習であった。この自由とは、旗国と登録船舶との間に実質的な繋がりがあることが前提とされていたものと思われる。その実質的な繋がりとは、登録船舶によるその旗国のための海上輸送活動への従事である。旗国へ帰順する利益とは、登録税や旗国諸港に入港するに当たって支払われる諸経費に止まらない。船舶の運航する貨物や人員の受け入れ、または輸出による物質的、経済的利益の享受も含まれよう。

　便宜置籍船に代表される「真正な関係」の存在しない船舶と旗国との関係は、船舶運航の効率化、経済性を図ることにおいて導入された。便宜置籍船という形態で現れた船舶の国籍の形骸化現象は、正に「海運自由の原則」がもたらしたものであるといえる(660)。その背景には、国際海運における激烈な競争があった。国際海運に国境はない。各国に所在する船舶所有者は、海洋という分け隔てのない土俵の上で、船舶の生む利益を追求しなければならない。同様なことは船舶の登録国についても言及できる。船舶所有者の獲得とその所有船舶の誘致のためには、伝統的海運国、発展途上国、また便宜置籍国も同じ土俵で

---

(659)　伝統的海運国とて、旧態依然とした考え方を擁護してはいない。例えば英国は、競争市場に直面する（英国の）船舶所有者が、より優位に立てるための国外登録（便宜置籍化）の追及を妨害することもなければ、逆に推奨する何れの立場も取っていない。更に英国は規制を緩和して、高水準のサービスを提供する英国海事産業に接した利益を享受できるよう、外国の船舶所有者に対してそのビジネスの拠点を英国に置くよう、推奨してさえもいる（Susan Hodges and Christopher Hill, Principles of Maritime Law, 2001, p.30）。「海運自由の原則」は、時代と共にまた変化しているということができると思われる。

(660)　Margaret G. Wachenfeld, *supra* note 394

戦わなければならない。平等に戦うことが強いられる国際競争に少しでも有利な手段が現れれば、競争する者が採用しない手はない。便宜置籍制度とは正にこの有利な手段であった。

10　慣習国際法

既に見た通り、公海条約前文には「公海に関する国際法の規則を法典化することを希望し（中略）、国際法の確立した原則を一般的に宣言しているものとして（中略）採択した」と記されている。ここでいう「国際法の規則」は、法として認められた一般慣行の証拠としての国際慣習[661]、慣習国際法をいう[662]。では「真正な関係」は公海条約への挿入時、国際慣習としての確立を見たのであろうか。

Brownlie は国際慣習の構成要素として(1)継続期間、(2)実行についての統一性と一貫性、(3)実行の一般性、(4)法的信念、を挙げている[663]。継続期間は一定の時間的な経過が重視されたものではない。統一性や一般性が認められれば、時間の経過は特段に重要ではない。実行の統一性は重要であり、諸国が統一的な実行を果たしていることが必要となる。実行の一般性とは一貫性を補うものであり、国家実行が他国の反対に遭わずに継続できることを意味する。そして法的信念とは、一定の実行が諸国により義務的に認められることとする[664]。このような理解は、「北海大陸棚事件」判決においても述べられている[665]。

---

[661]　国際司法裁判所規定 38 条 1 項 b

[662]　公海条約の多くの規定は、それ以前の国際慣習法を法典化したものである（水上千之「現代海洋法の潮流」栗林・杉原編・前掲注(59)所収、92 頁）。

[663]　Ian Brownlie, *supra* note 26, pp.4～6。Brownlie の見方は厳格な部類であるかも知れない。村瀬教授は、慣習法は一般的慣行と法的確信という客観・主観の二要素が認識されるならば、法としての成立が認められる性質のものである、とする（村瀬信也・前掲注(175) 256 頁）。

[664]　Ian Brownlie, *supra* note 26, pp.4～6

[665]　*North Sea Continental Shelf, Judgment of 20 February 1969, ICJ*, Robert McCorquodale and Martin Dixon, *supra* note 52, pp.29～30。判示は条約の規定が慣習法となる要素として、a）その規定が、法の一般的な規則の基盤を形成するものとみなし得るような根本的な規範創造性を、潜在的にせよ有していること、b）条約上の規則が国際法の一般規則になったとみなし得るためには、自国の利害が特別に影響を受ける国々を含めて、その条約に対して非常に広範で代表的な参加があること、その際、条約の規定が

第 2 章 「真正な関係」

　では「真正な関係」についてはどうであろうか。Brownlie に依れば「ノッテボーム事件」で指摘された「真正な関係」は、慣習国際法として認められたものとされる(666)。船舶の国籍における「真正な関係」は、「ノッテボーム事件」判決より取り入れた内容であり、船舶の国籍の概念における一定の期間の実行に基づいて規定されたものではなく、条約に規定されるまでのその実効的な継続期間は長くはない。実行についての統一性、一貫性については、もともと諸国の慣行に開きがあることにより取り入れられた表現であり、統一性や一貫性が認められて規定されたものとはいえない。実行の一般性は「真正な関係」の意味する具体的な規定が置かれていないため、そもそもその一般性は確認し難いであろう。法的信念に至っては、条約成立の「真正な関係」の内容は義務的に実行されたどころか、その後に概念の変質を招いたことを以って、信念たるには至っていないといえよう。
　このように見れば、公海条約成立当時の船舶の国籍における「真正な関係」は、Brownlie の考える慣習国際法ではないといえるだろう。現に Churchill と Lowe も、公海条約 5 条の規定の背景を見るに、船舶とその船舶に国籍を与える旗国との間の「真正な関係」の要求は、慣習国際法を表わしたものではないと思う、と疑問を述べている。その理由として、実際の慣行においては「真正な関係」の要求が広く認められてこなかったことを挙げている(667)。より厳格

　　　ごく短い期間しか経過していないことは必ずしも障害とはならないが、その短い期間に自国の利害に特別の影響を受ける国々を含む諸国家の実行が、当該規定に照らして頻繁で且つ実質的に一様であること、c ）更にその国家実行が法の規則、または法的義務に関係するものであることについての一般的な承認が示されるような仕方で為されること、を挙げている。また法的信念については、単に行為が定着した実行とならなければならないだけではなく、更にその行為が、この実行を要求する法の規則の存在の故に、それ（実行）が義務的とされるという信念の証拠であるか、もしくはその証拠となるような仕方で為されるのでなければならず、ゆえに関係国は既に法的義務となっているものに服しているという意識を持たなければならないない、とする（尾崎重義「北海大陸棚事件」波多野・尾崎編著・前掲注(61)所収、44 〜 45 頁）。

(666)　第 I 部参照
(667)　R.R.Churchill and A.V.Lowe, *supra* note 37, p.258。Churchill と Lowe が、「真正な関係」が慣習国際法ではないとの断定表現を使用していないところは、大いに示唆に富む。
　　　水上教授は「真正な関係」（5 条）を、公海上の「衝突に関する刑事裁判管轄権」としての刑事上、懲戒上の責任の手続きに関する規定（11 条）、海賊行為に関する規定の

な見方をすれば、条約規定を慣習法の宣言乃至、慣習法創設の契機として論証しようとする場合には、その条約規定や条約の実行を援用するのみでは不十分である。条約の非当事国である国々が、その規定の内容を「慣習法として認めている」ということを証明する等、他の補強となる証拠を提出しなければならない、とする見方もある[668]。

しかしながら「真正な関係」の慣習法としての性格が否定されるのであれば、条約上の新たな問題が生まれる。公海条約の非締約国は、当該条項の遵守義務がなくなる筈である[669]。もしそれが認められるならば、慣習国際法たる他の規定との釣り合いが崩れることともなる。当然ながら、条約条文には慣習国際法であるか否かの記載はない。まずこの点で、条約前文と条文の解釈の間に誤解が生ずるであろう。非締約国は条約中の慣習国際法としての規定には服すこ

　内の航空機による海賊行為の部分（15～21条）等と共に、慣習法の法典化には含まれない条文としている。そしてこのような条約の法典化の姿勢について、法の空白を埋めるために合理的考慮に基づく裁量を含む限り、新たな法の定立が伴われた、とする（水上千之・前掲注（662）93頁）。

　　国連海洋法条約ではその個々の規定について、交渉過程の経緯のみではなく海洋法会議外で特に条約の締結後、各国が採用した立場を検証し、一般慣行の有無を基準として慣習国際法化したか否かを認定すべきであるとして、条約の慣習国際法としての検討に解釈を加えている（山本草二・前掲注（1）41頁）。このような解釈は、その多くの規定を国際慣習法として継受したとする公海条約の立場と異にするものである。この条約では国際規則（international rules）という用語が用いられているが、この言葉は国際法の規則とは同一のものではないという。この規則とは主としてその効力の発生のために必要な最低数の国による批准のみならず、広範な受容を得る程に大多数の国によって批准を受けた場合、規則として成立するものと解釈されたとされるが、条約の成文においては明示されていない。国連海洋法条約はその他にも「国際的に合意された規則」、「世界的な規則」と幾つかの規則を取り込んでいるが、何れもその具体的な内容には触れられいない。結局、これらの規則の意味は国家実行、司法的または学問上の解釈に委ねられるのが望ましいとされる（栗林忠男『注解国連海洋法条約　下巻』（1994年）59～60頁）。
(668)　村瀬信也・前掲注(175)116頁
(669)　条約法条約38条は「(中略) 条約に規定されている規則が、国際法の慣習的規則と認められるものとして第三国を拘束することとなることを妨げるものではない」と規定している。本条は主として「条約規則の慣習法化」の問題を扱ったものである。条約規則が慣習法化した場合には、第三国もその規則に拘束されることとなる旨、定めている（国際法事例研究会『日本の国際法事例研究(5)　条約法』（2001年）161頁）。とすれば、慣習法化していない条約規則は、第三国を拘束しないとの理論が導かれることとなるものと思われる。

とを要求されても、そうではない規定からは開放される[670]。非締約国によって「真正な関係」が無視された場合、その存在を前提とした船舶に対する国籍の許与の条件も適用根拠を失い、当該国がその登録船舶に付与する船舶の国籍は、国際法の根拠を持たないこととともなりかねないだろう。

　既に見た通り、慣習法として規定された他の条項と比較しても、船舶の国籍に関する検討は日の浅いものではない。1896年の万国海法会では検討議題として既に取り上げられていた。また船舶の国籍について判じられ述べられた *Muscat Dhows case* は1905年の判例である。にも拘わらず公海条約成立時にも尚、慣習法として認められない「真正な関係」は、船舶の国籍の考え方についての統一的な規定の導入が困難であるという事実を証明しているように思う。

第3節　船舶登録要件条約

1　発展途上国による便宜置籍船の排除行動

　UNCTAD[671]は早くより便宜置籍船の問題について注視していた。1981年、UNCTADは船舶の登録のための国際システムが規定される必要があるとし、海運界において採用される解決方法として、船舶登録の基礎とされるべき基本原則を掲げた。それは(1)船舶の所有会社と船舶の管理、(2)船舶所有者と船舶運航者の同一化と責任、(3)船舶の所有会社の資本における登録国の等しい参加、(4)船舶への配乗と、その旗を掲げる船舶における旗国の管轄権と規制の適切な行使を確実にするその他の重要な手段、の四項目であった。そしてこれらの策定のため、1984年7月、船舶の登録のための条件を定める国連会議が招集された[672]。即ちUNCTADでは、発展途上国の主張によって船舶の登録のための要件に関する規則が準備され、1984年より国連船舶登録要件会議が開催さ

---

(670)　この問題は一つの条項を適用する際にも生ずる。「真正な関係」同様、慣習国際法の具現ではないとされる公海条約11条「衝突に関する刑事裁判管轄権」の規定は、公海上で公海条約の締約国と非締約国の船舶同士が衝突した場合、締約国船舶には適用され、非締約国船舶には適用されないこととなり、本条項の意図する解決が障害を受けることとなろう。

(671)　United Nations Conference on Trade and Development、国連貿易開発会議。発展途上国の強い要望に応えて1964年に設立された貿易機関であり、国連の常設機関である。

(672)　G.P.Pamborides, *supra* note 41, p.15

れた⁽⁶⁷³⁾。その会議の目的は、船舶登録の内容、手続き及び登録国の義務等の国際的な統一であった⁽⁶⁷⁴⁾。

公海条約及び国連海洋法条約の制定に、便宜置籍船の問題は具体的に取り上げられなかった。これ以降、多くの船舶所有者がその所有船舶の便宜置籍化を進めたのと同時に、便宜置籍制度を運営する旗国の実行も支障を受けずにいた。しかし UNCTAD の海運委員会の会合では、この問題について国際海運界に相克があることが明らかとなった。

UNCTAD は 1970 年代から 1980 年代の間、便宜置籍国に対して複数の異なる調査を実施した結果、便宜置籍船が途上国船舶の発展と競合に悪影響を与えていると結論付けた⁽⁶⁷⁵⁾。また発展途上国自体も UNCTAD を通じ、便宜置籍船の排除を強く主張した。発展途上国は便宜置籍船が主としてタンカー、ばら積み船等の不定期船部門に多く⁽⁶⁷⁶⁾、且つその不定期船は発展途上国の輸出の脚となっていることを指摘した。そして途上国は、自国海運の育成と共に不定期船海運への参入を求めた⁽⁶⁷⁷⁾。途上国は、実質的に伝統的海運国によって運航されている便宜置籍船の排除によって、その船腹の途上国への移転を促進し自国海運の育成を狙ったのである⁽⁶⁷⁸⁾。

委員会には、便宜置籍国の運営を否定する発展途上国、便宜置籍の段階的な廃止を唱える国々、これらの主張に異を唱えると共に、各国の奪われることのできない主権に基づく権利であるとして便宜置籍制度の継続を訴える国が参加していた。そして OECD の国々、即ち伝統的海運国は便宜置籍の段階的な排除の提案を退ける一方で、旗国がその登録船舶に対して規制と管轄権を十分に行使するよう、旗国に強制する解決策を求めた。伝統的海運国は、便宜置籍制

---

(673) 水上千之・前掲注(14)237 頁
(674) 落合誠一・前掲注(585)30 頁。第二次世界大戦後、発展途上国は政治的独立を達成した。しかし経済的独立には及ぶべくもない。経済的独立を伴わない独立は単にみせかけだけの形式的な独立であって、実態は依然として屈辱的な植民地支配の下に置かれているのであると、途上国は理解するに至った（布施勉・前掲注(36) 8 頁）。
(675) G.P.Pamborides, *supra* note 41, p.16
(676) その他の高価格貨物運搬船（例えばコンテナ船や自動車船）は比較的採算性が良好なため、その当時、船籍移籍の対象とはなっていなかった（林久茂・前掲注(134)19 頁）。
(677) 水上千之・前掲注(14)237 頁
(678) 落合誠一・前掲注(585)30 頁

度の招いた船舶登録のシステムに巣食う混乱を取り除くことを、便宜置籍国以外の国々に促したのである(679)。

2　UNCTADにおける「真正な関係」と船舶登録要件条約の成立

伝統的海運国の上記の主張を達成するためには、船舶とその旗国との間における「真正な関係」の明確化が不可欠であると見られた。UNCTADは「真正な関係」の定義が最も重要であるとの認識に達した(680)。

1977年時点でのUNCTADの報告書において、便宜置籍の問題は、船舶と旗国との間の「真正な関係」の欠如の問題として把握されると同時に、「真正な関係」は、海運業が旗国の経済にもつ経済的な結び付きつきを表わすものとされた(681)。報告書では、船舶と旗国との間の「真正な関係」は、「経済的リンク」(economic link)の問題として捉えられたが、それはまた旗国が船舶の所有者、管理者、船員を管理することの重要性としても強調された(682)。この理解はUNCTADの性格上、「真正な関係」を経済的観点から捉えたものであり、公海条約の作成において国際法委員会が考慮した概念とは若干、その解釈を異にするものである。但し、国籍要件のための具体的措置からすれば、1896年の万国国際法学会での決議の内容と大きく異なるところはなかったといえるだろう。

このようにしてUNCTADは、「真正な関係」を「経済的関係」として読み替えた。そして便宜置籍の問題への取り組みとしての最良の方法は、諸国が船舶をその登録に受け入れる条件についての国際的な合意によって為されると結論付けた(683)。

この「真正な関係」の要件が「船舶登録要件に関する国際連合条約」(684)成立の原動力となった。この条約は、船舶の登録のための細目を定めた初めての

---

(679)　G.P.Pamborides, *supra* note 41, p.16

(680)　*Ibid.*, p.16。途上国もまた不公正な競争を排除し、自国の商船隊を拡充・強化するため便宜置籍船を否認する根拠として、「真正な関係」の再考を迫った（山本草二・前掲注（1）110頁）。

(681)　水上千之・前掲注(14)241頁

(682)　G.P.Pamborides, *supra* note 41, p.16

(683)　*Ibid.*, p.16

(684)　United Nations Convention on Conditions for Registration of Ships, 1986

条約である。かつて公海条約において、また国連海洋法条約において「真正な関係」の言を借りるのみで果たせなかった船舶の国籍要件について定めた、画期的な条約と表現しても良いものであった。

UNCTAD によって、本条約は旗国の登録簿における船舶の登録のための国際的な適用条件が取り決められた唯一の条約となった。便宜置籍のシステムの段階的な廃止を徐々に導くものとする「真正な関係」の具体的な意味が、ここに条文化されたのである[685]。本条約は1986年2月9日に採択された[686]。

3 船舶登録要件条約の内容

以下、条約の主たる内容を概観する。

本条約の目的は

「国とその国の旗を掲げる船舶との間の真正な関係を確保し、場合によりその関係を強化するために、かつ、船舶所有者及び運航者の識別及び責任に関し、また、行政上、技術上、経済上及び社会上の事項に関して、かかる船舶上に、その管轄権及び監督権を有効に行使するために、旗国は本条約の規定を適用しなければならない。」(1条「目的」)

であった。即ち、旗国とその登録船舶との関係を強化し、旗国に対して登録船舶についてのあらゆる状況においてのみでなく、これまで複雑且つ故意に会社の探索を困難にしてきた船舶所有者と運航者の実態の確認、及びその責任に関しても、効果的な管轄権と規制を実行させることが図られたのであった[687]。

この目的は公海条約や国連海洋法条約の規定と同様な表現を用いつつも、その内容を一歩、踏み込ませたものとしている。公海条約5条、国連海洋法条約94条に用いられた「行政上、技術上及び社会上」の表現には、「経済上」の文言が加えられた[688]。

5条「国家海事行政機関」は、この条約の中で最も重要な条文である。一般に種々の国際条約は、安全と海洋汚染防止のための適用可能な国際基準を遂行

---

[685] G.P.Pamborides, *supra* note 41, p.16-17
[686] 条約は前文を含む22カ条より成ると共に、「労働供給国の利益保護措置」及び「不利益な経済的効果を最小限にするための措置」の2つの付属書で構成されている。
[687] R.R.Churchill and A.V.Lowe, *supra* note 37, p.260
[688] 条文には「shall」が用いられ、発効時には署名国を拘束する旨、記載されている。

する義務を負う旨、旗国に課している。本条は加盟国に対して、その義務の履行のための組織の設立を規定したものである(689)。

6条「識別及び責任」は、旗国にその登録船舶の管理と運航に責任を有する船舶所有者または関係者の確認を確実なものとする対策を取ることを定めている。但し、本条の目的である船舶所有者や運航者の責任の明確化には、旗国の自由裁量を許している。

8条「船舶の所有」は、登録船舶の所有について旗国またはその国民の参加を規定したものである。しかしその参加の程度については完全に旗国の自由とされている(690)。

旗国の国民または旗国に永住している者の雇用を基礎とする旨、規定された9条「船員配乗」は、長く激しい議論の結果が表れたものであった。伝統的海運国は、乗組員の配乗、船舶の管理、資産持分は「真正な関係」や効果的な規制の中心事項ではなく原則的な事項として、公正な参加とは国際的な合意における考慮のためではなく、個々の旗国による支持のための要素である、と主張した(691)。最終的に発展途上国は妥協し、旗国の服すべき事項として、旗国は本条約に規定された船員の配乗か船舶の所有かのどちらかを選択すべきとすることを受け入れ、7条に規定された。

管理の問題は区別して規定され、何れの加盟国にも適用されるべきとする発展途上国の主張によって、10条「船舶所有会社及び船舶の管理に関する旗国の役割」が制定された(692)。本条は、登録船舶の所有会社またはその主たる営業所が旗国内にあるべきことを定めている。しかしその2項では、代理人または管理の担当者の存在により上記の原則が回避できるものとされた。

---

(689) 本条は船舶登録要件条約の達成方法を示しつつ、旗国に対して条約の実践に取り組む義務を課している。条約の草稿者の企図は、各国における異なる仕組みの発生を防ぎ、条約によって課された義務を達成させる国内組織の設立にあった (G.P.Pamborides, *supra* note 41, p.16)。

(690) UNCTADによって本条及び続く9条、10条は条約の精神であり、船舶と旗国との間の重要な経済的関係であるとされた。発展途上国が会議を通して行った、「真正な関係」は船員配乗、管理と公正に関係した「経済的関係」として構成されなければならないとの主張が規定された部分である (*Ibid.*, p.19)。

(691) *Ibid.*, pp.19-20

(692) *Ibid.*, p.20

第Ⅱ部　便宜置籍船と「真正な関係」

　11条「船舶登録簿」は、旗国の置く船舶の登録簿の記載事項他について定めている。本条は海事に関する詐欺行為への取り組みや、悪意の船舶所有者を取り扱う危険性に対処した条項である。船舶に法的利益を有する人々に対して、登録簿の記載情報を閲覧する権利を与えることにより、上記による被害を最小限に食い止めようとする試みが表れている[693]。

　12条は「裸傭船」について定めている[694]。

　13条「合弁事業」では、発展途上国の海運業の振興のため、複数国の船舶所有者間での合弁事業の促進が規定された。

　14条「労働供給国の利益保護措置」、15条「不利益な経済的効果を最小限にするための措置」は、船員供給を為す発展途上国の利益、本条約の発効によって不利益を被る国に対する利益の確保についての付属書による勧告が規定されている。

4　船舶登録要件条約の制定内容の実際

　1977年、UNCTADの海運部会では「真正な関係」の要件として、(1)一定割合の旗国船員の配乗、(2)旗国に設立され所在する所有会社と管理事務所、または旗国の国民である会社の常駐役員を通じての旗国による運航・管理体制の強化、(3)船舶所有会社に対する適切な水準での旗国資本の参加、(4)旗国による船舶所有者の識別と責任の強化の4項目が掲げられた[695]。

　政府間準備会議では(4)における合意は見られたが、その他の残る、いわゆる経済三要素では発展途上国と伝統的海運国の意見が対立した[696]。途上国は残る三項目を、便宜置籍船排除のために必要なものであるとし、「真正な関係」の基本的要素として、国連海洋法条約の「真正な関係」の空白を国際的合意によって埋めることを主張した。これに対して伝統的海運国は、「真正な関係」の実現は各国の判断に委ねられていることより、何れの項目も旗国が自国籍船に対して実効的に管轄・規制すべきことであると反論した[697]。

---

(693)　*Ibid.*, p.21
(694)　裸傭船登録については前章参照
(695)　山本草二・前掲注（1）110頁
(696)　落合誠一・前掲注(585)31頁
(697)　落合誠一・前掲31頁以降

上記の内容については結果的に途上国の譲歩によって、伝統的海運国側との妥協が図られた。

上記(1)は「尊重」されるべきものとされ[698]て妥協を見、(2)において旗国は船舶の管理主体が国内に存在する義務を負うこと[699]、(3)の所有については旗国が「適当な規則」を定めることとされ[700]、(4)では関係情報の開示体制の整備が定められた[701]。そして(1)と(3)は選択も可とされた[702]。

船舶登録要件条約は、その検討の開始より十年以上の歳月をかけて1986年に採択されたが、現在のところ未発効である。

5　船舶登録要件条約の問題と評価

会議の当初より、参加国は大きく二つに分かれた。社会主義、共産主義国に援助された発展途上国のグループと、便宜置籍国に支持された伝統的海運国のグループであった。発展途上国のグループは、途上国籍船の成長を阻害する主たる問題は、便宜置籍のシステムが存在することにあると考えていた。便宜置籍国に対する国際基準の強制力の欠如が問題であると考えていた伝統的海運国グループは、旗国がその国家行政機関を用いてその旗の下で登録された船舶に「真正な関係」を要求することを確保するために、登録の問題を取り扱おうとした。その一方で伝統的海運国グループは、便宜置籍国の段階的な廃止が全ての問題を解決するとの途上国の主張を受け入れようとはしなかった[703]。

会議は「真正な関係」の定義について終わりのない議論に陥った。そして一方のグループが他方のグループの提案を拒絶する様相を呈した。最終的な草稿は、双方のグループの間の妥協によって構成された。幾つかの場面において、会議が開始された時点で達成が試みられた事項は遂げられずに終わった[704]。その最も顕著な例は7条の制定である。本条は参加国に対して、船舶の所有を

---

(698)　9条「船員配乗」1項
(699)　10条「船舶所有会社及び船舶の管理に関する旗国の役割」
(700)　8条「船舶の所有」
(701)　6条「識別及び責任」
(702)　山本草二・前掲注（1）110頁、7条「船舶の所有における自国民の参加及び／または船員配乗」
(703)　G.P.Pamborides, *supra* note 41, pp.21-22
(704)　*Ibid.*, p.22

第Ⅱ部　便宜置籍船と「真正な関係」

扱う条約規定、船員配乗を定めた条約規定の何れかの選択権を与えた。会議は便宜置籍国の排除を目的としたにも拘わらず、唯一達成されたことは、便宜置籍というシステムは違法なものではないと認めるに至ったことであった[705]。

本条約は最終的に、船舶と旗国との結び付きを極めて弾力的なものとした。そして便宜置籍船排除という発展途上国側の当初の目的は、事実上撤回される形となった[706]。実質的な要件の規定は、便宜置籍船を違法とする程の義務を課すものとはなっていない[707]。このような規定は、船舶と国籍との間に経済的な結合関係が存在しない場合でも、行政や司法の面で受け入れられるものであるのならば、国家間の船舶の移動を認める骨子となったともいえる[708]。結果として本条約は、現在の国際的な海運取引の実態には何らの影響も与えないものとなった[709]のである。只一つ、参加国の共通認識として挙げられたものは、便宜置籍船の弊害として国際的に指摘のあった船舶所有の不明瞭性について、「識別と責任」を通じてこれを除去することであった[710]。

一方で本条約には評価すべき点もある。条約には、国家海事行政機関の導入、旗国と寄港国の双方による国際基準の強制の問題、船舶所有者と船舶管理者の同一性、責任の問題、登録船舶の管理における旗国の問題等、国際海運に寄与するものと思われる新しい要素が取り入れられた。そして最も重要な点は、本条約が、船舶登録は国の行政機関によって運営されるべきことを定めたことである[711]。

本条約において、「真正な関係」の意味が国際的合意の形で明確化されたことは、高く評価されるべきであろう[712]。その意味とは、自国の旗を掲げる船

---

[705]　*Ibid.*, p.22

[706]　南部伸孝「船舶登録要件の国際的統一成る」『海運』1986年4月号所収、76頁。条約の妥協は、便宜置籍国が全て発展途上国グループの所属であった上、フィリピンのように便宜置籍船専門に船員を供給することを重要な国益とみている国もあったためである（三上良造「船舶登録要件条約の採択」『荷主と輸送』143号（1986年）24頁）。

[707]　古賀衛・前掲注（2）55頁

[708]　山岸寛・前掲注（350）101頁

[709]　谷川久「〔資料〕船舶登録要件に関する国際連合条約（試訳）」『成蹊法学』24号（1989年）24-28頁

[710]　南部伸孝・前掲注（706）76頁

[711]　G.P.Pamborides, *supra* note 41, p.22

[712]　落合誠一・前掲注（585）37頁

舶に対してその管轄権及び監督権を有効に行使すべきとの義務が、旗国に存在するということである。そしてその機能を有効に行使するために、登録船舶の管理とその運航に責任を有する者が容易に認識され、且つ責任を取り得ることの確保が旗国に求められたことである。条約は、旗国は船舶に対する自国の国籍の付与、自国の領土内における船舶の登録、及び自国の旗を掲げる権利の要件を定めなければならないことについて、再認識しなければならない、とした(713)のである。裸傭船登録における旗国と船舶の国籍の乖離問題を生じさせたとはいえ、本条約が特に経済三要素を中心として、旗国による実効的支配・監督を国際的原則として承認させたことの意義は大きいといえよう(714)。

第4節　現在の「真正な関係」

1　「サイガ号事件」

公海条約の発効より約半世紀が経過した現在、「真正な関係」は国際海運においてどのような役割を果たしているのだろうか。

「サイガ (M/V Saiga) 号」事件は、船舶の拿捕に関する国際海洋法裁判所の判例である(715)。本判決では、便宜置籍船であったサイガ号の拿捕に関する幾つかの争点において判じられたが、その争点の内の一つとして、本船が旗国との間に「真正な関係」を有しているか否かが争われた。

(1)　事案の概要　1997年10月28日、セントビンセント船籍の給油船であったサイガ号(716)は、荷主の指示によってギニアの沿岸で漁業に従事している漁船への給油作業にあたっていた。本船はギニア共和国の排他的経済水域に入域した際、ギニア警備艇に拿捕され、その後、ギニアの首都であるコナクリへ曳航された後、積荷であった軽油は没収され、乗組員は抑留された(717)。こ

---

(713)　海事法研究会編・前掲注(346) 8頁
(714)　落合誠一・前掲注(585) 37頁
(715)　本判決は海洋法裁判所発足後、初めての判例となった点でも重要である。
(716)　セントビンセントは便宜置籍国である。また本船の所有者はキプロスの海運会社であり、管理は英国の会社、傭船はスイスの海運グループが行っていた。拿捕当時の本船貨物であった軽油の荷主はスイスの会社であった。また船長以下の乗組員はウクライナ人であった（para. No.31「事実背景」）。
(717)　para. No.33. 本事件の背景には、当地での漁船への給油の問題があった。本船の

第Ⅱ部　便宜置籍船と「真正な関係」

の拿捕に対して旗国であったセントビンセントは、本船乗組員と本船の釈放を求め、ギニアを海洋法裁判所に提訴した。

　ギニアはセントビンセントの申し立てに対して、本件拿捕は国連海洋法条約56条[718]に適合する自国の国内法に従ったものと主張した。これによって両国は本船が排他的経済水域の制度に関連して拿捕されたと認めるに至り、裁判所はセントビンセントの請求について、国連海洋法条約292条[719]を適用してその即時の開放を命じた[720]。

　本件では本船の拿捕について、その合法性についても審議された。海洋法裁判所での審議中、ギニアの裁判所では本船の刑事裁判が為された後、本船は有罪となって罰金及び船長の拘留が判決された。セントビンセントはその取消しを求め、海洋法裁判所はこれを認めた[721]。

　合法性についてはまた、セントビンセントの当事者としての適格性について触れられた。ギニアは本船が事件当時、旗国に仮登録されていたに過ぎないと主張した。しかも事件の勃発時、その仮登録は期限が切れていたとした。裁判所は旗国の仮登録の規定が、その有効期限を超えていたとしても、これによって登録を失うとの規定がないことを理由に、旗国の適格性を認めた[722]。

　一方、ギニアは、本船の「真正な関係」についても言及した。即ち本船は便宜置籍船であって、旗国とサイガ号との間には「真正な関係」がないとして、ギニアによってセントビンセントの訴訟適格性が否定されたのである[723]。

　　　荷主は英国系の石油企業であり、漁船の燃料としての軽油はセネガルで積載された後、ギニア沿岸で操業する漁船へ給油された。これによって漁船はギニアに寄港することなく洋上で燃料補給を受けることができ、本来ギニア諸港に入港して給油する際に課される燃料税の支払いを回避することができた。アフリカ西岸ではこのような行為が当然のことのように行われていたため、給油船と沿岸国とは緊張状態にあった。
(718)　「排他的経済水域における沿岸国の権利、管轄権及び義務」について規定する。
(719)　「船舶及び乗組員の速やかな釈放」について規定する。
(720)　古賀衛「国際海洋法裁判所」水上千之編著『現代の海洋法』(2003年)所収、112頁
(721)　para. No.183
(722)　para. No.72。しかしサイガ号がその拿捕時、セントビンセントの国籍を有していなかったとするギニアの主張について、裁判所はギニア自らが立証責任を有するものとした。国籍を付与する旗国の独占的な管轄権の範疇にある事実の証明を課す点において、ギニアに困難を強いたとも考慮され、不当な判決であったと思われる。

第2章 「真正な関係」

(2) 本件における「真正な関係」　ギニアの主張に対して、セントビンセントが示したサイガ号との「真正な関係」の内容は、本船の船舶所有者はセントビンセントに設立された会社であること、本船がIMO諸条約にある規定の履行の有無を調べるため、セントビンセント当局が本船を検査していること、同国が承認した船級協会によって、本船の堪航性を担保する措置が取られてきたこと、同国の国民が本船に対して優先的な配乗を受けること、であった[724]。

海洋法裁判所は上記の判示を表わすに当たり、セントビンセントの主張を援用せず、国連海洋法条約の規定の解釈に終始した。裁判所はサイガ号が旗国との間に「真正な関係」がない、とするギニアの主張に対して、公海条約において「真正な関係」の具体的な規定が置かれなかった背景を根拠として、「真正な関係」を欠く場合においても旗国の当事者適格の有無を争うことはできないとした。また国連海洋法条約の規定を基として、本船に対して旗国による適正な管轄権と規制が為されていないとしても、他国がその船舶による旗国の国籍の所有について異議を唱える根拠はないとした。即ち、国連海洋法条約91条の「真正な関係」は、94条に規定された旗国の義務を要求するものであるが故に、他国がその不存在を理由としたとしても、旗国が適格性を失うこととはならない旨、判じたのである[725]。

(3) 判例の評価　判決の内容は、「真正な関係」の現在の解釈を踏襲したものであった。

ギニアによって挙げられた証拠が、本船とセントビンセントとの間に「真正な関係」が存在しないとの主張を正当化するには十分なものでなかったため、裁判所は「真正な関係」が不存在である場合における法的効果の問題の解決も必要ではないと判断した、との意見もある[726]。ではギニアが十分な証拠を提出した場合、裁判所によって「真正な関係」が判断される道は開かれたのであ

---

(723)　para. No.75

(724)　para. No.78

(725)　para. No.80〜81。旗国がその適格性を失い国籍が否定された場合、本船は無国籍となる。無国籍船は他国の国家権力の介入に対して異を挟む旗国を擁さない。即ち外交的保護を受けることができなくなり、必然的にギニアの行為が正当化される可能性を高めることとなろう。

(726)　Bernard H. Oxman and Vincent Bantz, International Decision, The M/V "Saiga" (No.2), Judgment, The American Journal International Law, January 2000

ろうか。

　このようなアプローチは意味のないものとし、今更に「真正な関係」を追及する必要性に疑問を呈する考え方がある[727]。旗国の概念は便宜置籍国によって複雑化されてはいるものの、IMO は国際的な安全の確保や海洋汚染の防止のための適切な実行を、旗国によって確実にされるよう努力を重ねている。このような流れの中で、裁判所が敢えて「真正な関係」の解釈を問い、登録船舶に対して適正な管理と規制を実施していないことを理由に旗国の国籍の有効性を否定し、旗国としての資格を剥奪する可能性を生むような見解を示せば、返って国際的な混乱を生ずる[728]との考え方である。現在の IMO 条約の多くは旗国に、その登録船舶に対する適正な管理と規制を義務付けている。もし「真正な関係」の問題を根拠として、旗国が船舶に付与した国籍の有効性の否定が認められたならば、国際海運に新たな問題を投げかけることとなる可能性も否定できない。このような観点からすれば、海洋法裁判所の判示は評価されるべきものと思われる[729]。

2　現在の「真正な関係」の評価

　これまでは国際条約における「真正な関係」の誕生と、その推移を検討してきた。

　この「真正な関係」の評価について、例えば、Brownlie は「真正な関係」は貴重であるとしつつ、一方で特別な問題との関係において、その原則は、解決の提供よりはむしろ多くの疑問や問題の提示が求められることとなるかも知れない[730]、と説く。Churchill と Lowe は、この理論の導入は、船舶の国籍の法的な議論にかなり混乱した状態を引き起こしたとしている[731]。Coles は、便宜置籍の成長を抑制する手段として「真正な関係」の概念が取り入れられたにも拘わらず、国際法の効果的な指針としての主義の確立には、殆ど進展を見

---

(727)　*Ibid.*,

(728)　*Ibid.*,

(729)　この判例の評価は、国連海洋法条約の規定の解釈に基づいた「真正な関係」に対してである。公海条約制定当時の解釈の否定とは一致しない。

(730)　Ian Brownlie, *supra* note 26, p.422

(731)　R.R.Churchill and A.V.Lowe, *supra* note 37, p.262

ていない、とし、個人の国家への所属と浮体構造物上への管轄権との間の形だけの連結への依存について、多くは「真正な関係」の理論が悪しき末路（no better fate）としての報いを受けるだろう、といっている(732)。Pamborides は、「真正な関係」の要求を導入した公海条約5条によって現在のパニックと混乱がもたらされ、結果として40年以上に渡る論争を惹起せしめた、という(733)。Beckert と Breuer は、「真正な関係」の詳細は欠落したままであるとの前提を置き、国際法も登録を声高に唱えることのないまま、登録によって国家と登録船舶との結び付きがもたらされ、これによって可能となった人件費や税の節減が海外の船舶所有者にとって刺激を生む旗国――便宜置籍国の国家実行について異論を挟む、如何なる原則をも提示することはなかった、と評してい(734)。

これらの批評が示すところは、「真正な関係」の効力については大方、否定的な見方がされているということである。公海条約制定当時の本来の趣旨であった、実質性を母体とする国際基準に適合した登録の旗国への要求は、「真正な関係」の不明確性故に、達成されてはいないといえよう。

3 「真正な関係」の国内法への影響

公海条約成立時、その規定の多くが慣習法化した国際法を基礎としていたのに対して、「真正な関係」は国際慣習法として認められていなかったことについては既に触れた。では公海条約の制定後、「真正な関係」は国際法における慣習法となったか否かについて検討しなければならない。その検討の指針となるものは、先に掲げた Brownlie の主張である。即ち、実行の統一性として諸国が統一的な実行を果たしていることが必要であり、実行の一般性として一貫性、国家実行が他国の異論を見ずに継続され、また法的信念として一定の実行が諸国により義務的に認められることを基礎とした検証である。簡単にいい換えれば、条約への多数の参加とその代表制があること、諸国家の実行によって受容されることである(735)。公海条約や国連海洋法条約の規定が、締約国の多

---

(732) Richard M.F. Coles, *supra* note 68, p.13
(733) G.P.Pamborides, *supra* note 41, p.23
(734) Erwin Beckert und Gerhard Breuer, *supra* note 135, pp.168
(735) *North Sea Continental Shelf, Judgment of 20 February 1969*, Robert McCorquodale and Martin Dixon, *supra* note 52, pp.29～30, 尾崎重義・前掲注(665)

第Ⅱ部　便宜置籍船と「真正な関係」

数参加による国際海運においての代表性を有していることには異論を見ない。残る検討要素は、「真正な関係」が各国の国内法において摂取されているか否かであると思われる。

　判例においても考慮すべき判示がある。国際海洋法裁判所は先の「サイガ号事件」の中で、国連海洋法条約91条「船舶の国籍」は、船舶に対するその国籍の許与に関し各国に排他的管轄権を許す局面において、一般的な国際法の十分に確立した規則を法典化したものであるとした[736]。しかしこれは「真正な関係」についてではなく、国籍要件についての旗国の配乗的管轄権についての判断であった。「真正な関係」の評価は、依然取り残されたままである。

　「北海大陸棚事件」の判例は、ある条約中の規定は、その条約作成時には（単なる既存の慣習国際法の繰り返しではなくして）目新しいものであるにも拘わらず、慣習国際法がこのような新しい規範を包含するような方向へ進展する可能性について述べている[737]。判示の意味するところは、条約の規定が慣習法の形式を促進する効果をもつといえるか否かについてである。公海条約成立時の「真正な関係」が、上記の可能性を有していたか。

　一方、国際司法裁判所はその1986年の判例である「ニカラグア事件」[738]の中で、慣習国際法が条約法と並んで存在することを示している。上記の国際法における二つの淵源に属する二つの規範が内容として同一のものであるように思われても、これら二つの規範は別個に存在する、とするものである。慣習国際法は内容として同じであっても、条約の法とは別個に存在し適用される、と判例は示している[739]。現在の「真正な関係」が、このような条約法とは別個に規定された慣習国際法としての資格を得ているか。

　上記の二つの判例に従えば、公海条約及び国連海洋法条約に規定された「真正な関係」はその制定当時、慣習国際法化していなくとも、その制定からの時間的な経過において、別に存在する慣習国際法に取り込まれている可能性が示

---

(736)　「サイガ号事件」判決 para. No.63
(737)　Rosalyn Higgins, 初川満訳・前掲注(65)43頁
(738)　*Military and Paramilitary Activities in and against Nicaragua（Nicaragua v. United States of America), 1986, ICJ*, Robert McCorquodale and Martin Dixon, *supra* note 52, pp.30～31
(739)　*Ibid.*, pp.30～31, 広部和也・前掲注(52)267頁

第 2 章 「真正な関係」

唆されている。それを示すものは国家の実行であると思われる。

4　国内法における実行

公海条約において示された「真正な関係」を実際に法定する手段として、旗国と船舶、乗組員、船舶の運航者の間に十分に密接な関係があることが、伝統的海運国によって示唆された。即ち、自国民による所有に係る登録船舶の所有形態、営業所の旗国内での存在等の運航形態、自国乗組員の配乗がその具体例として挙げられた。現在の諸国の慣行は、主として船舶所有者主義として制定されていることは既に述べた。採用されている船舶所有者主義は登録船舶の所有形態と所有者の所在を重視し、これに付帯した自国の乗組員の配乗によって形成されている。

(1) 登録要件の緩和　　以下に掲げる国はその登録要件を緩和している。

英国の登録制度は大きな変遷を見ている。1894 年の商船法（Merchant Shipping Act 1894）では、英国籍船たる登録船舶の所有は、コモンウェルス市民を含む英国市民、または法人と定められていた[740]。この単純な規定は 1988 年、1993 年と改正を経るに従って複雑なものに変容していった。その変容とは登録条件の緩和化を意味し、船舶所有における多くの利益が英国市民や法人にあるか、所有者が英国国内またはコモンウェルス[741]国内にあるか、その営業の本拠地がこれらの領域内にある者の所有にかかる船舶であるか等、様々な条件を複合的に結び付けた規定を置き、それらの条件にかなった船舶に対して、英国籍船としての登録を認めるとするものである。また 1993 年法は登録船舶の所有を EC 市民にまで拡大している[742]。そして何よりも 1993 年法の最大の特

---

(740) この時点での商船法は、世界に冠たる大英帝国とその植民地のための法であった（Susan Hodges and Christopher Hill, *supra* note 659, p.1）。

(741) 1948 年の英国国籍法は「英国臣民（British subject）」または「コモンウェルス市民（Commonwealth citizen）」を設定し、これを連合王国、カナダ、オーストラリア、ニュー・ジーランド、インド、ガーナ、キプロスその他の国民に共通に承認した（松田幹夫『国際法上のコモンウェルス』（1995 年）226～227 頁）。

(742) Vaughan Lowe, The United Kingdom and the Law of the Sea, Tullio Treves Ed., *supra* note 125, p.541。

英国籍船舶の登録やその船舶所有者に関する規定は、至極複雑なものとなっている。1993 年英国商船法（Marchant Shipping Act 1993）1 条 1 項は、英国船舶の要件とし

第Ⅱ部　便宜置籍船と「真正な関係」

色は、裸傭船の登録を認めたことであった。

　ベルギーはかつて、船舶の登録はその所有者の国籍に従っていた。1990年に施行された新法において、「真正な関係」の内容を決定する立法者である国王は、もはや登録に必要な要求を確立することはないとし、その要件を緩和した[743]。

　ドイツにおける国旗を掲げる権利に関する法（Flaggenrechtsgesetz）は、全

て、英国船舶は、a）連合王国において登録される船舶、b）政府の船舶、c）関連した英国の属領の法に基づいて登録される船舶、d）漁船を除く小型船舶、として定めている。これらの条項の中でも、上記a）項の範疇に属する船舶が、本来の意味での英国船舶である。c）項の「関連した英国の属領」とは、マン島、チャネル諸島、及び英国の植民地を指す（313条「定義」）。本項は第二船籍制度（後述）の併設を認めている条項でもあることが知れる。

　また英国船舶の登録では、英国船舶を所有する資格を有する者によって所有されること、及び登録船舶の英国との関係を確保するための、船舶所有者の所有する株式の割合要件を充足すること、の二点が要求されている（9条）。

　登録が認められる船舶所有者については、a）英国市民、または連合王国以外の国の国民であって、連合王国に住むコモンウェルスの国民である者、b）英国の属領にある市民、c）英国の海外市民、d）英国国籍法に基づいた英国臣民、e）香港（英国国籍）令に基づき英国臣民である者、f）コモンウェルスにおいて設立された法人、g）関連する英国の属領において設立された法人であって、連合王国内か英国の属領内に、その営業の本拠地を置いている者、h）EC国民であって連合王国に登録されている者、と定められている（Merchant Shipping (Registration of Ships) Regulations 1993、7条）。

　そして船舶の登録が許される場合として、船舶の登録の資格が、上記a）、b）、e）、f）、h）によって所有されている場合、その者、またはそれらの者達の何れかが連合王国に居住している場合（8条2項）、船舶の大部分の資本（majority interest）を有するc）、d）はその者、またはその者達の何れかが連合王国に居住している場合、またはその条件が満たされない場合には、国務大臣がその船舶の登録に同意するとの宣言を行い、且つ船舶を所有する代表者が指名される場合（同条4項）、a）、g）は、所有法人が連合王国内に営業所を有するか、その条件が満たされない場合にはその船舶の代表者が指名されて登録される。上記の大部分の資本とは、船舶の持分の64分の33、またはそれ以上の法的権限を共に所有しているとして付与されるならば、一人または複数の船舶所有者は、船舶の大部分の資本を所有しているものとして扱われる（同条9項）。また登録船舶の所有法人は、コモンウェルス国家に置いて設立され、連合王国に営業所を有する場合を以って、連合王国に居住しているとみなされる（同条9項）。

　このような煩雑な規定が置かれたのも、英国籍船舶の登録要件を緩和すべく、その資格対象を大幅に拡大したことに他ならない。

[743]　Eric Franckx, *supra* note 540, p.65

ての商船はドイツ人またはドイツにある法人によって所有されると定める。ドイツ国旗を掲げることのできる船舶の所有者はドイツ人ではあるが、ドイツ国内に居住していなくとも良い[744]。そしてドイツは裸傭船登録を認めている。

　ルクセンブルグも内陸国であるが、自国籍船を有している（他にもスイスがある。）。この国の登録制度は、便宜置籍国と、伝統的な登録制度における高額な運航経費を要求する制度との中間的な登録制度を考慮して、規定されているのが特色である[745]。

　これらの諸国の慣行を概観すれば、その船舶登録のための条件は緩和される傾向にあることが判る。諸国の慣行は、国内法における登録船舶の所有形態の規定について、船舶の所有について具体的な数字で示したものが多い。その数字は所有権の過半数以上を確保すべきとされる等、その全てを求めてはいない。これによって外国人または外国法人の所有が許容されている。緩和の傾向が見られる理由の一つとして、便宜置籍国への対抗が挙げられる。即ち、便宜置籍国へ流出する自国籍船舶を防ごうとして、自国の国籍付与のための条件を緩和するのである。そして多くの国で裸傭船登録が許され、便宜置籍国等、同様に裸傭船が許容される国の国籍を有する船舶を一定の条件の下、自国の登録に加えることを可能とする措置を採っている。

　(2)　中間的な登録制度　　登録要件の緩和は為されているが、大幅な緩和は採用されていない部類に属する国がある。

　オーストリアにおいても便宜置籍国への対抗として、規制の緩和が為されている。現在の結果として、裸傭船登録を基礎としたオーストラリア籍船の多く

---

(744)　ドイツは二つの船舶登録制度を設けている。またドイツは裸傭船を認めている。連邦交通大臣はドイツ国旗を掲げる義務を負う船舶（登録船舶）に対して、州法が許す限りにおいて、一時的措置として外国旗を掲げることを認め得る。この措置は船籍離脱の選択肢の一つでもある。その他の選択肢として、船舶所有者の住所の変更、船舶所有者を外国にある自然人や法人に移行する手段が許容されている（Rüdiger Wolfrum, Germany and the Law of the Sea, Tullio Treves Ed., *supra* note 125, p.222）

(745)　ルクセンブルグ市民または会社によって50％が所有されている船舶は、当国に登録することができる。パナマやリベリアのような便宜置籍国と異なり、登録船舶が会社によって所有される以前に、当該会社は実際にルクセンブルグ国内に営業拠点を設立しなければならない。この「妥協的」な登録制度は、船舶所有者が便宜置籍国への登録による悪影響を被らず、より簡易な登録を追及することを可能にしている（H. Edwin Anderson, III, *supra* note 120）

第Ⅱ部　便宜置籍船と「真正な関係」

がその船舶に同国籍を求める外国人によって所有されているため、オーストリア籍船は便宜置籍船に近い存在となっている(746)。

　デンマークは、その登録船舶との間に「真正な関係」がなければならないと定めている。登録の目的として、デンマークとの間に経済的な関係（Economic Link）を有せねばならず、当該船舶はデンマークより運航且つ管理されなければならない(747)。

　⑶　厳格な登録制度の維持　　要件を緩和するのが大勢とはいえ、厳格な登録要件を守っている国もある。この範疇にある国の登録制度は、公海条約制定時の「真正な関係」の意義を止めているといって良いであろう。

　米国は厳格な要件を求めている（Vessel Documentation Act of 1980）。5トン以上の船舶の登録が許される船舶所有者は、米国市民、全ての構成員が米国市民であるか、連邦法または州法の下に船舶に対して所有権を有し得る協会、企業合同、合弁事業他の法主体（企業実体）、一般共同出資者が米国市民であるか、資本管理が米国市民による合名会社、連邦法または州法の下に設立された

---

(746)　1982年に制定された海洋航海における法（Act on Maritime Navigation）では、オーストリア国旗を掲げる権利に必要な事項は、オーストリア国籍、オーストリアでの住所、少なくとも船舶の75％の所有権に求められている。即ち、法人についてはオーストリアに主たる営業所を持つこと、管理者の大多数がオーストリアに居住するオーストリア市民によって構成されること、少なくとも投票権を有する株式の75％がオーストリア人によって所有されること、そして船舶の全所有権の75％がこの法人に属することが条件とされている（Gerhard Hafner, *supra* note 136, p.33）。

(747)　デンマークは厳格な要件を保っている国であるといえる。しかしこの国は厳格な登録制度と並んで緩和された登録制度も有していることに注意しなければならない。デンマークはデンマーク船舶登録制度（Danish Shipping Register）及びデンマーク国際船舶登録制度（Danish International Shipping Register）の二つの登録制度を有している。双方の登録制度での登録は認められず、また自国籍船の裸傭船登録を認めていない。自国籍船の所有はデンマーク国民かEU市民でなければならないとする（Shipping Act 1994）。その要件は具体的にデンマーク市民、デンマーク国家組織または地方自治体、役員がデンマークに常居所を有するデンマーク市民（共有船舶所有者の少なくとも3分の2が同様のデンマーク市民であること）によって構成される財団や協会、少なくとも3分の2の社員がデンマーク市民またはデンマークに常居所を有する者である有限会社、組合員の3分の2がデンマーク市民または国内に常居所を有するその他の会社であることである。船舶を所有するEU市民はEU加盟国の市民または会社でなければならず、このようなEUによる船舶の所有を認めたことは、デンマークの船舶政策にとって画期的な変革である（Kaare Bangert, *supra* note 125, pp.123 〜 125）。

会社であって、その社長または最高経営責任者及び役員会議長が米国市民であり、定足数を構成するために必要な役員数の半数以上が市民であることが要求される。その他、米国政府、州政府も所有が認められる[748]。

(4) わが国の対応　　わが国の登録制度も、厳格な規定を置く範疇の一つである。わが国では船舶所有者主義に基づき、日本船舶たるべき要件を定めている[749]。即ちａ）わが国官庁または公署の所有に属する船舶、ｂ）日本国民の所有に属する船舶、ｃ）わが国の法令に従って設立された会社であり、その代表者の全員及び業務を執行する役員の３分の２以上が、日本国民であるものの所有に属する船舶、ｄ）ｃ）の法人[750]に規定された以外の法人であり、わが国の法令によって設立され、その代表者の全員が日本国民であるものの所有に属する船舶、である。

この規定は日本籍船の日本人または日本法人の所有が強調され、外国人による所有を制限している点で、厳格なものであるといえる。船舶の所有の点について見れば、「真正な関係」の求める内容が堅持されているといって良い。またわが国では日本船舶の裸傭船、他国籍船の裸傭船としての受け入れを認めていない。このような規定のもたらした結果が、100隻を切った日本船舶の現状である。

このような厳格な規定は、例えばわが国刑法の一定の解釈より批判を受けている。船舶法は船舶の国籍、総トン数、登録他、船舶に対する行政的な取締に関する事項を定め、船舶に関する基本法となっている。刑法における日本船舶の解釈も、船舶法の上記の規定に準じている。しかしこのような船舶法の規定が、現在の社会情勢の変化に十分対応していけるか否かについては疑問とする意見がある。現行の船舶法では、傭船や外国人との共有船舶は「日本船舶」と

---

(748)　しかし先に掲げたクウェートタンカーの例にもあるように、本法は脱法が可能であると見ることもできると思われる。

(749)　船舶法１条「日本船舶の範囲」。船舶法は、日本船舶となるための要件を明らかにし、船舶の総トン数等、船舶の個性を識別するために必要な事項の登録、及び船舶国籍証書について規定するとともに、船舶の航行に関する行政上の取締りを定めた船舶に関する基本法規である。また本法は、海事行政上、重要な意義を有するとともに、日本船舶の国籍取得の要件を定めているから、国際法上の意義をも見逃すことはできず、海上企業法である海商法とも密接な関係がある（運輸省海事法規研究会「最新　海事法規の解説」1998年、３頁）。

はみなされない。勿論、便宜置籍船しかりである。このような規定で、現在の国際化社会に対応できるかとの意見である(751)。

(5) 配乗要件　伝統的海運国の多くは、自国籍船の乗組員の一部に自国船員の配乗を義務付けている。その中でも米国は登録制度同様、厳しい配乗要件を求めている(752)。この要件設定の理由は国家経済利益に関わるのと同様、国家の安全保障に関わる事項である故に拠る。しかしこのような要件は登録船舶の運航に係る経費の増大を招来し、米国籍船の著しい減退を招いた(753)。

わが国に外国人船員の配乗を禁じる法律はないが、政府指導や組合との協約によって、外国人の実質的な配乗に制限──わが国の海運企業は、全日本海運組合との協約により、日本籍船への日本人船員配乗を取り決めていた。また1960年に政府は閣議了承事項として、日本国籍の船舶に外国人船員は乗せてはならない旨定め、最近まで効力を有していた(754)。そして1985年のプラザ合意による急激な円高時代の到来によって、それまでの日本人船員全乗主義から日本人船員と外国人船員の混乗主義への転換を迫られた。

伝統的海運国において、自国籍船に対して自国籍船員の全乗を規定する国は、現行、皆無である。

〔小　括〕

1　「真正な関係」の明確化の過程

公海条約制定当時の「真正な関係」の意図したところは、船舶所有者によるその所有船舶への有利な国籍の選択という慣行において、ますます乖離を見せ

---

(750)　本条にいう法人は、民法34条「公益法人の設立」に従う。
(751)　甲斐克則『海上交通犯罪の研究』(2001年) 258～259頁。刑法1条2項には「日本船舶」の規定があるが、この「日本船舶」の根拠については主として二つの説がある。一つは船舶法1条の「日本船舶」に相当するとの説、別の一つはその実質において日本船舶として認められるものを指すとする説である。
(752)　米国に登録される船舶において、職員以外の乗組員に認められている外国人率は25％までである。船長、機関長、航海士、機関士、通信士の職員は米国人でなければならない (Vessel Documentation Act of 1980)。
(753)　H. Edwin Anderson, III, *supra* note 120
(754)　黒田英雄・前掲注(321)10頁

ている。形骸化した国籍を付与する旗国——便宜置籍国に登録された船舶による海難や労働問題の解消のため、国際社会は試行錯誤を重ねてきた。結果として振り返れば、「真正な関係」が規定された公海条約、国連海洋法条約、船舶登録要件三条約の制定の過程は、船舶の国籍の概念規定を定めることの困難性を明確にし、関連した判例はそれを追認する役割を担ってきたと表現できると思われる。

公海条約では、旗国とその登録船舶との関係を「真正な関係」として規定し、国籍付与の要件は旗国の裁量の下にあるとの考え方が採用された。「真正な関係」の不明確な概念については、国連海洋法条約も同様に、具体的に規定することを不可能[755]とした。

その国連海洋法条約は、旗国の義務を強化して海上の安全、海洋汚染の防止を図ろうと対処した。この旗国の義務とは、船舶の登録のための要件ではなく、登録船舶が違反した場合の国家責任の発生について、国際的な義務を規定したものとの解釈が有力と思われる[756]。条約の規定は、便宜置籍船を含むサブ・スタンダード船に対する旗国の有効な管轄権と規制の行使とを求めようとした。これは条約制定当時の国際社会における時代的な反映であった。

船舶登録要件条約では再度、「真正な関係」の明確化が図られ、一定の実績が見られた。しかし条約の制定に携わった伝統的海運国及び便宜置籍国は、この条約がその制定の目的であった便宜置籍船の排除より一転して、その存在を認知したものと評価している[757]。その後、便宜置籍船は世界の船腹量に占める割合を着実に高めていった[758]。

便宜置籍船が条約によって認知された証の一つは、条約が認めた船舶の裸傭船登録——二重登録であった。重要な点は、条件付きではあれ、本条約が船舶の旗国と国籍国の分離を認めたところにある。

自らの認めた船舶の二重登録において、条約は旗国管轄権の行使が閉鎖または停止された船舶の国籍国によるのか、裸傭船として登録された旗国であるのか否かについて、明確にしていない。国連海洋法条約上の旗国であれば、同時

---

(755) 横田喜三郎・前掲注（３）323頁
(756) 古賀衞・前掲注（２）55頁
(757) 古賀衞・前掲55頁
(758) 山岸寛・前掲注(15)12頁

第Ⅱ部　便宜置籍船と「真正な関係」

に船舶の国籍国を示すものと思われる。船舶登録要件条約では裸傭船された旗国が管轄権を行使すべきものとされ、本船のもともとの国籍国にその権利はないと理解できる。もし実質的な船舶所有者の所属国にその所有船舶の旗が移される場合、その所有や責任の所在は明確となる等、本条約の規定は評価に価する。しかしその一方で、二重登録された船舶の国籍国が不明確となることは否めない。

　旗国が有効な管轄権を行使しなければならないという条約の規定に従えば、旗国管轄権は「真正な関係」を基礎とする要素の一つであると思われる。旗国法の母胎国の議論と同様、旗国管轄権の行使が旗国か国籍国の何れに許されるかについての問題は、同時にまた「真正な関係」の問題ともなる。旗国と国籍国の分離は、旗国と船舶との間の実質性にも影響を与えるのである。旗国とその船舶との間の実質性は、その基礎となる旗国の確実性が失われることによってより一層、その実質を損なうこととなろう。

　ここに条約上でも、船舶の国籍概念の揺らぎが見出される現実がある。

　かつての船舶の国籍の意義とは、国籍の付与要件の充実に依存する実質性──船舶所有者主義の下での旗国国民または法人である船舶所有者による所有、旗国における船舶所有者の主たる営業活動の所在、そして旗国船員の配乗であった。国家実行を含めた「真正な関係」の議論の過程を振り返れば、「真正な関係」の理論とは、旗国と船舶との実質的な繋がり、または国籍付与後の旗国管轄権行使の何れにあるのかとの争点にあった。便宜置籍船の趨勢の裏で、船舶の国籍概念が形式的なものへと変質し、いつしか「真正な関係」の意図するところをも変えてしまったのは事実であろう。公海条約に当初、表された「真正な関係」の解釈は、国籍の付与は国内管轄事項として不干渉たるべきとし、国籍付与後の旗国管轄権強化の拠り所であるとするところに落ち着いている。

　しかしこれまでの議論を一瞥すると、国際海運における環境の変化の中において、便宜置籍船による形式化、形骸化した船舶の国籍が趨勢を占める中でも、決してそれが好ましいものとして受け入れられた訳ではないことが判る。伝統的海運国の多くは船舶の登録のための要件を緩和しつつ、自国籍船の確保と維持に懸命な努力を続けていることが知れた。船舶と旗国との間には実質的な関係に基づいた法的紐帯があってしかるべきとする「真正な関係」の本来の趣旨

は尚、国際海運において命脈を保っているものと思う(759)。

2 「真正な関係」のもたらしたもの

　船舶はおおよそ、定期、航海の何れかとして傭船される。特に定期傭船においては二重、三重の傭船、所謂又貸しされることについても海運実務の慣行上、何らの問題もないとされている。また船舶の運航と管理に責任を有する管理会社が、船舶所有者とは別に存在して実質的な船舶管理を行っている慣行も確立されている。形式的な、または実質的な所有、加えて船舶の所有と管理の分離の傾向も見られることにより、本船の実際の運航に密接な関係を有する者が、必ずしも船舶所有者であるとは限らなくなっている。このような実態より、単に所有とはいえ、その確たる所在の識別は困難な場合も少なくない。

　結果的に「真正な関係」は、船舶の国籍概念を形作る模範的規定とはならなかった。端的にいえば、便宜置籍船の台頭を許す等して、船舶の国籍概念を内部的に崩壊せしめる手助けをしたに過ぎない。一方で、国際海運の状況の変化、伝統的海運国による便宜置籍船の暗黙的な受け入れは、「真正な関係」を都合良く利用して果たされたともいえるだろう。それは国籍原則に照らして考慮すれば自明である。

　自然人の国籍の三原則——国籍の自由について、船舶所有者による所有船舶の国籍の選択は、正に国籍自由の原則が具現化されたものである。しかし自然人の国籍選択の自由は、帰化の条件にも見られる如く、何れの国籍をも選択できるとされるものではない。当人の出生や居住によって、その選択は限定されるのである。船舶の国籍選択の自由とは異なるものである。裸傭船登録上、元の国籍の機能は停止され、国籍唯一の原則は外見上、堅持されているとはいえるが、実質的に二重登録であることに変わりはない。船舶における国籍唯一の原則は有名無実化している。国内管轄事項は、「真正な関係」の導入の一つの理由ともなった。諸国の慣行の大きな隔たりの統一が困難とされた国籍要件の制定は、各旗国の裁量に委ねられるべきとされた。これは国際社会の意向の反映であった。しかしこの原則こそ、旗国と船舶との間の実質性が不問とされる

---

(759) HodgessとHillは、便宜置籍制度の基で根本的に欠けているものは、船舶と船舶所有者の、また船舶と旗国との間の「真正な関係」である、と述べている（Susan Hodges and Christopher Hill, *supra* note 659, p.29）。

便宜置籍制度の確立を許したのである。これらの自然人の国籍に関する原則が拡大的に解釈、または反故とされた原因は、何よりも船舶の経済性が追求される、過酷な競争社会でもある国際海運自体にあったと思われる。船舶の国籍における三原則は、船舶の経済性を高める目的のためにその本来の主旨が変えられて利用されたように思われる。

　既に公海の自由への規制により、公海における旗国の排他的な権利が制限されつつあるという、船舶の国籍に対する外部的な規制が進みつつあることは述べた。「真正な関係」が結果としてもたらした脅威とは、船舶の国籍に生まれた内部的な脅威である。

　船舶の国籍の概念は、その内部・外部より変革を迫られつつあるといえるだろう。

第Ⅲ部　便宜置籍船が影響を与える諸問題

　第Ⅰ部では、船舶の国籍の実質的な効果についてまとめた。便宜置籍船の国籍が、これらの効果についてどのような影響を与えているか。(1)国家の基盤造りに利用される商船隊の確立と維持が自国籍船によって構成されるべきとされる限り、便宜置籍船の貢献するところはない。(2)国威の発揚は自国籍船を頼みとし、便宜置籍船によって代用されることはないであろう。(3)安全保障政策の一環である徴用は、原則、自国籍船に対して執行できる性質のものである。同様に、(4)管轄権、(5)国際私法における連結点の他、便宜置籍船の与えている諸影響には無視できないものがある。

　便宜置籍船の最大の特徴である、形式的な船舶所有者に関わる問題がある。その問題の一つが、ペーパー・カンパニーたる旗国法人に対する実質的な船舶所有者の責任である。この問題は第Ⅱ部で触れたように、しばしば実質的船舶所有者の正体が不明確となり、その責任の追及に障害を生むものとして指摘されてきた。またこのような船舶所有者の不明確性は、船舶における私法関係に適用されるべき旗国法の適合性にも問題を生んでいる。

　この部の前半では、法人格否認の法理を用いた便宜置籍船の実質的な船舶所有者の責任を追求する問題、わが国の判例を中心とした国際取引における船舶所有者の実質性の問題、国際私法における旗国法適用の問題について検討したい。

　第Ⅰ部「公海の成り立ちと船舶の国籍の意義」において、公海の自由が管理へと変容しつつあることについて触れた。公海の自由の原則は、諸国家に海洋の自由な使用を保障する、近代国際社会の発展に伴って確立された法制度であった。しかし第一に、続発する海難によって脅威を受けた海洋環境の保護という、優れて現代的な要請を前にして[760]、第二に、海上における犯罪やテロの防止という、国際的な動向によって変容せざるを得ない状況にあるといえる。

---

(760)　富岡仁「海洋環境保護の歴史」栗林・杉原編・前掲注(59)所収、267頁

国家管轄権の一つである旗国主義は、現在の国際海運においても尚、公海の自由とその秩序維持のための重要な手段であることに変わりはない。国連海洋法条約は自国船舶に対する旗国の管轄権を確認しつつ、その義務を詳細に規定して旗国主義の強化を図った[761]。しかし現在の国際海運における便宜置籍船の影響を重く受け止め、既に旗国の役割は終焉を迎えたとする見方も生まれている[762]。

　後半では、海洋環境に影響を及ぼす便宜置籍船の問題に対する取り組み、便宜置籍船の問題に対する国境を越えた法適用の問題、便宜置籍船上の刑事事件を題材として便宜置籍国の消極的な法的対処の問題について、検討を加える。

---

(761)　栗林忠男・前掲注(667)94 頁
(762)　Awni Behnam, *supra* note 344, pp.123 〜 135。Behanam は旗国、特に便宜置籍国の旗国義務の懈怠について鋭く批判し、且つ憂慮を与えている。

第1章　便宜置籍船の船舶所有者と国籍

第1節　便宜置籍船の船舶所有者に対する法的対処

1　多国籍企業としての海運企業

　便宜置籍国の船舶所有者はペーパー・カンパニーであるが故に、便宜置籍船による不法行為や債務の弁済に問題を生む。資産や人的資源を欠く船舶所有者は、当然のことながら第三者へ及ぼした損害の回復に無能力であることが少なくない。便宜置籍船が惹起した損害について旗国の船舶所有者が賠償能力を欠く場合、その責任を果たし得ない問題が生ずるのである。その際、登録船舶所有者の親会社が、子会社に代わってその損害の回復に努めるよう図ることが可能か否かの問題に発展する。親会社とは便宜置籍国外の法人である。従って単に親会社の責任を求めるとはいっても、そのような行為は国境を越えた国際的な係争に発展しなければ処理できない問題である。海運における多国籍企業問題ともいい得ると思われる。

　便宜置籍船の定義が未だ明確でないのと同様に、多国籍企業の定義もまた一様ではない。多国籍企業という概念は多義であることにより、当該企業が実際に直面する領域毎にそれぞれの定義付けができるようである[763]。本論でいう

---

(763)　国連は「二ヶ国以上で財やサービスの生産や販売に従事している企業」とし、米国国務省は「資産（工場、鉱山、販売事務所）を二ヶ国以上の国で有する全ての企業」とする等、定義を定めるそれぞれの組織によって多種多様な定義が導かれている（佐久間信夫編『現代の多国籍企業論』（2002年）2頁）。またその特徴を単純化していえば「意志決定中枢（親会社）の統一的・集権的な意志の下で、国境を越えて所在する拠点（子会社等）を通じて、国際的な事業活動を展開する企業体」とする見方もある（加藤信行「環境損害に関する国家責任」水上千之・西井正弘・臼井知史『国際環境法』（2001年）所収、232頁）。何れも、本国の親会社と海外子会社の組織構成は一様に同様である。Grosfeldはより詳しく「多国籍企業を構成する企業の単位は私有、国有及びこれらの混合形態である。即ちかかる企業はいろいろな国に定住しており、個々の企業構成部分がその他の構成部分の活動に対して本質的な影響を及ぼすことができるように相

第Ⅲ部　便宜置籍船が影響を与える諸問題

多国籍企業は、複数の国において設立された法人を通じて企業活動を行う、本来の意味での多国籍企業ではない。海運企業がその企業活動の中心を一つの国に置き、商行為の手段たる便宜置籍船については、国籍を受ける便宜置籍国に振り分けてそれぞれに形式的な船舶所有者を設立して所有する、現在の海運企業が一般的に採用している経営形態を指す。もとよりこのような海運経営の形態は、複数の国における企業経営を基礎とする多国籍企業に変わりはない。相違は便宜置籍船の登録船舶所有者が、ペーパー・カンパニーに過ぎないという事実のみである(764)。

国境を越えての親会社と子会社との関係がある場合、親会社と子会社との形式的な独立性を離れて、その実質的な一体性に基づき賠償能力を有する親会社の責任を問えるか否かが論点となる。しかし子会社の責任を他国にある親会社の責任として追及するには、それぞれの会社の有する法人格の独立性等に由来した法的障害がある。

周知の通り、一般に子会社はその活動する領域の国内法に基づき設立される。親会社から独立した、別の法人格を有する企業として設立されるのである。この独立性を根拠に、親会社は原則、子会社についての責任とは無関係であるとの論理が導かれる。この理論に従えば、親会社にその子会社との実質的な一体性を軸とした法的な規制を加えることは困難である。子会社の活動につき親会社の責任が認められるためには、障害となるそれぞれの独立性を排除する必要があるのである(765)。

　　互に結合されている。即ちそれらは、共同して複数の知識と財源とを自由に使うことができるのである。それは──簡単にいえば──統一的指揮の下に、相対的に独立した企業構成部分を二つ以上の国に有する企業結合である。」という (Bernhard Grosfeld, Internationales Unternehmensrecht, Das Organisationsreht transnationaler Unternehmen, 1986, 山内惟介訳『国際企業法』(1989年))。また UNCTAD はその性格から「多国籍企業は経済活動の主要な組織者であると同時に、先進国・発展途上国が資本、技術、物的・組織的ノウハウを獲得する上での重要な源泉である。」という (UNCTAD, World Investment Report, Transnational Corporations, Employment and the Workplace, 1994, 江夏健一監修『多国籍企業と雇用問題』(1994年) 13頁)。尚、便宜置籍船に多国企業の名を付したのは木畑と思われる (木畑公一『便宜置籍船』(1974年) 1頁以降)

(764)　勿論、このような企業経営を行う海運企業は、純粋に営業を行うための人員と資産を有する支店や支社を別個に、海外にある現地の独立法人として所有してもいる。

(765)　田中助教授は、関係する文献を引用しつつ述べている。多国籍企業に対する責任

2 便宜置籍法人への法人格否認の法理の適用

便宜置籍船を所有する旗国の法人が実体を有さない存在、所謂、ペーパー・カンパニーであるという事実は、便宜置籍船を旗国においての法人所有とする特異性に起因すると思われる。便宜置籍国の所有法人は、既に見たように様々な目的の下、多国籍企業の有する特性を援用して設立されている。そのような旗国の法人を具体的に規定しようとする困難性は、既に公海条約の草稿作成時より指摘されていた問題であった⁽⁷⁶⁶⁾。

例えば、伝統的海運国の一つであるわが国の海運企業が支配、運航する便宜置籍船は、一般にその資本の100％を所有する旗国の法人によって所有されている。旗国の法人はわが国の海運企業が親会社として所有する。わが国では通説、判例共に、他国の子会社の債務をみるべき親会社の責任は認められない⁽⁷⁶⁷⁾ことより、わが国の親会社が旗国の子会社の債務についてみるべき責任はないと解せられる。このような法律関係は、米国の場合においても同様に存在する⁽⁷⁶⁸⁾。多国籍企業を一つの主体と見越したその問題の処理は、過剰な法的擬制といわざるを得ず、多国籍企業の中でどの部分が責任を負うべきであるのかを公正に見極める必要があろう⁽⁷⁶⁹⁾。

しかしまた、この原則は絶対ではない。子会社に対する親会社の責任が検討

　　追及についての基本的立場としては、多国籍企業の各構成企業の法人格の壁を利用して責任分断を行い、その中枢への責任追及を阻止している状況を踏まえ、多国籍企業全体を一つの主体として責任追及を行おうとする主張が根強く見られる。これは特に企業の不法行為の被害者の如き弱者を犠牲とした企業理念に疑念が呈され、より公正な責任処理が為されるべきとの主張に基づく。他方で会社法上の基本原則たる株主有限責任の原則を厳格に守り、多国籍企業が当該原則に基づき責任分断を行うことを是認する見解も存在する。これは前者の考えが株主有限責任の原則に基づいた企業によるリスク計算を狂わせ、また企業が直接投資を控えることによって、有害な経済的効果を及ぼす恐れがあるとの主張に基づいたものである（田中美穂『多国籍企業の法的規制と責任』（2005年）81頁）。

(766)　H. Meyers, *supra* note 263, p.208
(767)　わが国の親会社連帯責任否定説は、親会社であっても当然にその子会社の責任を負うことはないとし、わが国の通説となっている。一方の肯定説は、100％子会社の場合にはその子会社の債務について親会社も弁済責任を有するとするが、少数説に止まっている（田代有嗣・吉牟田勲・前掲注(79)305頁）。
(768)　馬木昇・前掲注(364)129頁
(769)　田中美穂・前掲注(765)82頁

される法理として、旗国法人の法人格の否認によって親会社の責任が追求されるケース——法人格否認の法理の適用が考えられる。即ち、会社は全て法人とされ独立した法人格を有しているが、一人会社に見られるように、社員と会社の利益が一体化している場合、時によって両者の法人格の形式的独立性を貫くことが正義・公平に反すると認められることがある。法人格否認の法理とはそのような場合に、特定の事案について会社の法人格の独立性を否定し、会社とその背後にある社員とを同一視して事案の衡平な処理を図る法理[770]の適用である。国際間の商取引が活発化する中において多国籍企業が激増した現代、加えて外国の会社への出資、貸付、取引、就職が盛んに行われる中、外国法人とわが国の法人や自然人との間、わが国の法人と外国法人や自然人との間の係争において、法人格否認の法理が適用される可能性は高じている[771]。またこの法理の適用は、国際判例でも認められている[772]。

　法が特定の社団または財団に法人格を認めるのは、それらが社会的な役割を果たしているからである。従って法人の設立が不法な目的を以って為され、または設立された法人の存在が反社会的傾向を示し、公共上その存在を許すべきでないと認められる場合には、当該法人に対する法人格付与の根拠が問い質されることとなる[773]。そのような問題を有する法人格を全面的に否定する規定

---

[770] 江頭憲治郎「法人格の否認」上柳・鴻・竹内編『新版　注釈会社法(1)』(1990年) 所収、70頁。

　この法理を法の技巧的な観点より見れば、私法人とその構成員、あるいは私法人と他の私法人というような法律上別個の人格者が、法人制度の目的に基づき一定の要件の存在する場合に、問題となった当該の具体的法律関係のみにつき、またその当事者のみにつき、その法人格の効力が存在しないとして取り扱われる法的原則である（井上和彦『法人格否認の法理』(1997年) 6頁）といえよう。

[771] 井上和彦・前掲142頁

[772] Barcelona Traction, light and Power Company, Limited, Second Phase-Judgment of 5 February 1970, ICJ,「バルセロナ・トラクション電力会社事件」では、会社の法人格は濫用される可能性があると指摘され、その独立性が侵される危険性があるとされた。そして判示は、会社が特権を以ってその権利の濫用が為されることを回避し、会社に対する債権者や顧客の有する利益を擁護しつつ、会社自体の遵守すべき法的な義務の履行を促し、また株主の利益を保護する目的を以って、会社の法人格が否認されることがあると指摘し、国内法において見られるこの特殊、且つ例外的な措置は、国際法においても認め得るものである、と述べている（筒井若水・前掲注(592)20頁）。

[773] 井上和彦・前掲注(770) 1頁

は存在する⁽⁷⁷⁴⁾。しかし法人格が全面的に否定されて剥奪されれば、その法人に関係する多くの当事者に少なからぬ悪影響が及ぶことも否定できず、返って問題を広げることにもなりかねない。このような法人の全面否定による問題を考慮すれば、特定の法律関係においてその法人格の一部を否定することにより、法人の背後の実体を捉えて法律関係の処理を図ることで必要十分とされる⁽⁷⁷⁵⁾考え方も生まれて当然といえる。これが法人格否認の法理が適用される趣旨である⁽⁷⁷⁶⁾。

3 パナマ子会社の法人格否認

例えば、便宜置籍船の所有法人であるパナマの子会社に債務が生じ、その支払いを求めるために法人格否認の法理を用いた訴が提起された場合を考えてみたい。

法人格の否認の適用についての準拠法が、パナマ法とされた場合を考える⁽⁷⁷⁷⁾。パナマにおいて上記の法理に基づく訴が受け入れられるか否かについては、これを困難とする見方が強い⁽⁷⁷⁸⁾。その理由として、パナマ法には、パ

---

(774) わが国では商法824条「会社の解散命令」1項他の規定

(775) 特定の当事者間の法律関係においてもいえ、当該法理の効果が生ずるに際しての限定の一つとして「当該の特定の当事者間の法律関係についてだけ生ずる」との解釈がある。これは実質的に同一の具体的関係でありながら、他の当事者との関係においては否認されないと解されるものであり、わが国の学説、判例上一致したものであるという（井上和彦・前掲注(770)110頁）。

(776) 法人格否認の法理を採用した最高裁判所の判例（昭和44年2月27日判決 民集23巻2号）では、（問題の法人と）取引をする相手側としては、その取引が果たして会社となされたか、または個人となされたか判然としないことすら多く、相手方の保護を必要とする、とされた。

(777) 江頭教授は、設立された子会社が過少資本であることを実質的な理由として、親会社の有限責任を否定する場合の法人格否認の法理の準拠法は、子会社の法人従属法とすべきであろうと述べている（江頭憲治郎・前掲注(770)91頁）。一方、一律にその従属法によるのではなく、それぞれの問題に即して準拠法を決定すべきであるとする説もある（藤田友敬「会社の従属法の適用範囲」『ジュリスト』1175号10頁）。

(778) 馬木昇・前掲注(364)130〜131頁。パナマ会社には便宜置籍船の所有会社を初めとしてペーパー・カンパニーが多く、かかる会社を利用しつつ、他国の事業主がパナマ以外の地で事業を営んでいる。このようなペーパー・カンパニーを軸としたパナマ国の収益は決して無視できないはずである。もしこのペーパー・カンパニーの法人格が容易に否認されるならば、パナマの国益を損なうこととなると、現地弁護士の一致した見解

第Ⅲ部　便宜置籍船が影響を与える諸問題

ナマ法人に対して法人格否認の法理が適用された場合の有効性を示す規定が存在しないことが挙げられる。また現在のパナマにおいて、当該法理の適用を認めてその法人——船舶所有のためのペーパー・カンパニーを否認した判例が認められていない事実も挙げることができる。要するに、その領域内においてペーパー・カンパニーの設立を公認する国は、その法人格が否定される法理を受け入れる可能性も低いということができると思われる。

法人格否認の目的が法的な妥当性、社会正義の実現を求めるものであるならば、これらの目的の実現は、その法律問題について解決を求められた国、即ち訴を提起された裁判所の所在国の法的な妥当性、正義感に依存することとなると思われる。しかし便宜置籍船所有法人の法人格の否認を目的とした訴が、パナマにおいては達成困難であるとされるならば、その親会社の所在地法に依るべきかが検討されなければならない。

わが国の親会社である海運企業を問題とする場合、その準拠法は日本法となる[779]。

わが国において法人格が否認される要件は、法人格が全くの形骸に過ぎない場合、または法人格が法律の適用を回避するために濫用される場合の二つである[780]。船舶所有者であるパナマ子会社は、法人の設立目的とその法的性質より、前者の形骸に過ぎない存在として考慮できると思われる[781]。

　がある。この見解を理由（馬木昇・前掲131頁）として、パナマにおける裁判での当該法理の適用を類推否定する見方がある。

　　同じような傾向は、パナマ会社法の母法である米国デラウェア州法においても認められ、デラウェア州における判例はその州の規模からして少ないものの、この州の立場は法人格を否認するについて極めて保守的であるとされている（Robert W. Hamilton、山本光太郎訳・前掲注(82)104頁）。

(779)　田代は、海外子会社の支配者であるわが国の親会社が日本の会社であるため、その子会社は実質的にわが国の会社とできるとし、このような海外子会社には日本法を適用することも可能とする（田代有嗣・吉牟田勲・前掲注(79)23頁）。

　　法人格否認の抵触法における処理には議論がある。例えば不法行為事件において、田中助教授は、親会社の責任が追求を受ける場合の法人格否認は、通常、民法上保護されるべき利益が問題となっており、また特定の債権者の保護を図るものである故、使用者責任の拡大を通じた親会社の責任追及と同様、不法行為の準拠法によって判断されるべきとする。一般には、法人格否認の準拠法は一律に決することはできず、場合に応じて考慮されるべきとする見解が有力とされる（田中美穂・前掲注(765)89頁）。

(780)　最高裁判所　昭和44年2月27日判決　民集23巻2号511頁

第1章　便宜置籍船の船舶所有者と国籍

　法人格が形骸化に過ぎないとは、法人とはいうもそれは名前だけであって、実質的には社員の個人営業、あるいは親会社の営業の一部門に過ぎないといった状態を指すものと理解できる[782]。江頭教授は形式的形骸化の徴表として、(1)株式総会（社員総会）・取締役会の不開催、株券の不発行、(2)取締役・監査役の兼任（親子会社・姉妹会社の場合）、(3)業務の混同、(4)財産の混同、(5)会社の当初よりの資金不足・無資産（所謂、過少資本）、を挙げている[783]。

　これらの要件を、これまでに見てきたパナマの船舶所有会社について検討してみれば、(1)わが国を初めとする伝統的海運国の親会社は、パナマ子会社の株式の全てまたはその殆どを所有している。また既に見た通り、パナマ子会社においては株主総会や取締役会が開催されない場合も少なくない。(2)一般に大企業である海運企業が親会社である場合、パナマ子会社の取締役、役員は親会社の役員や部長級の役職者で占められている。厳密にいえば完全な兼任ではないが、これらの部長級の社員は親会社の従業員であることよりその意図は同じであると解し得る。(3)業務の混同とは、一般に契約の相手方が子会社をペーパー・カンパニーと認識せず、または認識したとしても強く意に介さずに契約したことによって不利益を被る場合を指す[784]とされる。これをパナマ子会社

(781)　江頭教授は、法人格濫用の具体例として、(1)法律上または契約上の義務の回避、(2)債権者詐害行為、(3)不当労働行為、(4)社員による保険事故の招致、を挙げている。これらは主観的濫用説、即ち会社の背後にあって法人格を利用する者に「違法または不当な目的」がなければならないとして、その目的の違法・不当を要求する見解を示す。そして主観的濫用の意図が認定できない場合、「法人格の形骸化」という別の要件が認められることとなる、とする（江頭憲治郎・前掲注(770)75～80頁）。
(782)　江頭憲治郎・前掲80頁
(783)　江頭憲治郎・前掲77～86頁。実際の裁判例では、これらの要件の内、せいぜい二つ程度の徴表の存在を認定して形骸化の要件が満たされるとされたものが多い（江頭憲治郎・前掲82頁）。
　米国法における法人格否認の法理の適用では、(a)子会社が不公正に経営されている場合、例えば親会社と子会社の取引条件が、利益は親会社に蓄積され損失は子会社に蓄積されるように決定されている場合、(b)子会社が一貫して子会社としてではなく、部門もしくは現地事務所等のように、親会社の一部として代表されている場合、(c)子会社の独自の正規手続きが遵守されていない場合、(d)子会社と親会社とが基本的に同じ事業体として活動し、且つ子会社の資本化が不適切である場合、(e)ある取り引きが親会社の取り引きであるのか子会社のものであるのかについて、首尾一貫した明確な線引きのない場合、が挙げられる（Robert W. Hamilton, 山本光太郎訳・前掲注(82)100頁）。

第Ⅲ部　便宜置籍船が影響を与える諸問題

についてみた場合、その設立の目的からして具体的な事例は発生し難いであろう。しかし子会社が親会社の一部門としての存在であり、その運営や財政は全て親会社の統制の下にある事実、また子会社がその所有船舶の傭船としての親会社への指し出しという、親会社を相手とした運営しか為していない事実はこの項目に該当するともいえよう。(4)パナマ子会社の資産は船舶であるが、当該船舶は親会社の保証によって建造されたものである。また運用上も親会社へ傭船として出され、その傭船料も子会社を通じて親会社の収入となる。このような状況は、親会社が子会社の資産を独占的に利用していることに他ならない。(5)子会社の資産は船舶のみであり、その船舶も親会社の支配下にある。この事実は子会社の実質的な無資産を意味するものと解釈できると思われる[785]。

以上の検討によれば、パナマ子会社が形骸化した存在であることに疑いの余地はないように思われる。では実際に、パナマ子会社について日本法に基づいて訴訟が引き起こされた場合、法人格否認の法理が適用され親会社である海運企業の責任が問われる可能性があるのであろうか[786]。

4　わが国における法人格否認法理の判例傾向

現在のところわが国の判例において、便宜置籍船の所有法人である、パナマ子会社の法人格の形骸化自体について争われた事案はない。

わが国における判例の動向を概観すれば、法人格否認の法理の適用には法人

---

(784)　江頭憲治郎・前掲注(770)83頁

(785)　田代は、形骸化した法人の存在を会社の登記に求めている。つまり登記はそれ自身、記録として見えるものであるだけに、現に法人の実体が存在する場合には当該法人の実在を確証する役割を果たすものである。しかし同時に、もしその実体が欠如しているような場合には、それが形骸化した法人を作り上げていることともなる。このように登記が形骸化した法人を作り出すとすれば、それは会社の登記制度を有する登記国に特有の現象であるとする（田代有嗣・吉牟田勲・前掲注(79)323頁）。このような登記は登録と読み替えて良いであろう。

(786)　馬木弁護士はパナマ子会社の法人格の否認につき、どのような事例が考慮できるかについて、(1)船舶建造計画、修理契約、船用品の購入契約、船員雇用契約等、パナマ子会社が契約当事者である場合、パナマ子会社が債務不履行を犯した場合のわが国親会社の責任、(2)船舶の利用に関連した人の死傷、物の滅失毀損、油濁を原因とした不法行為責任についての親会社の責任、として列挙している（馬木昇・前掲注(364)138〜141頁）。

格の濫用の場合に重きが置かれている。即ち、法人が形骸に過ぎないのみの場合には、その法理は適用されない傾向がある。適用の対象となる法人について濫用の場合のみが存在するか、または形骸に過ぎず、且つ濫用の場合が伴う場合に、法人格否認の法理の適用が肯定される等、判例における法人格否認については、その濫用が適用の対象とされる傾向がある[787]。この傾向はわが国の国情に照らした場合、個人企業に過ぎない会社が著しく多く存在する実情にその根拠を求めることもできる。もし、全くの形骸に過ぎない事例に対しても法理の適用を認めるとなると、当該法理が適用される事例が増大して法の安定性を害することとなる。また単なる形骸という事実のみでは何ら相手方を害するものではないことも考慮されなければならない。加えて裁判所が訴訟の相手方を勝訴させるためには、法人自身の会社形態を社会観念上、客観的にも容認できない（社会目的に反する）ものとするという事実、即ち濫用の事実があることを要する[788]実務上の要請がある。別に法人格否認の法理の実定法における根拠が、権利濫用の禁止規定[789]の類推適用にあるとの通説も、このような傾向を後押ししている。

　上記のわが国における判例の傾向からすれば、パナマ子会社の形骸化した法的性質のみを以って、法人格否認の法理の適用を推定するには無理があるように思われる[790]。

　では法人格の濫用の要件とは何か。井上教授は法人格の利用者が会社の実質的支配力を有するを要すること、法人格の利用が客観的に社会観念上認容できないこと（社会的目的に反すること）、所謂、客観的濫用の二点を挙げている[791]。

　実質的支配力については、会社の背後にある者がその会社を利用し得る地位にあったという、事実の認定を必要とする。それは法人格の濫用という概念が、その背後にあってこれを利用する者の存在を論理上の当然の前提としているこ

---

(787)　井上和彦・前掲注(770)172頁
(788)　井上和彦・前掲152頁。この濫用は客観的濫用である。
(789)　民法1条「基本原則」3項
(790)　その法人の成立条件のみを考慮し、社会に対して特定された害悪を与えていない法人に対して、当該法理を用いてその存在を否定することは、法の主旨に反するといわざるを得ない。田中助教授はこの理論を広げて、多国籍企業に対する責任の追及自体、形式的形骸化による法人格否認では困難であるとする（田中美穂・前掲注(765)84頁）。
(791)　井上和彦・前掲注(770)104頁

とに依るとする。換言すればその者は、会社を自己の意のままに用いることができる支配的地位になければならないとしている。この濫用の条件を、船舶所有者であるパナマ子会社についてみれば、パナマ子会社の背後にはわが国の船舶所有者、海運企業たる親会社が存在し、パナマ子会社をペーパー・カンパニーとして設立している。その所有船舶は、親会社に裸傭船や長期の定期傭船として貸し出され、親会社によって独占的に利用されている。これらの実情を省みれば、井上教授の挙げる実質的支配力を有する利用者が子会社を支配しているといい得るだろう。

　一方の理論としての法人格の利用が客観的に社会観念上認容できないことは、法人の設立に際した個別具体的な問題が確認される必要があると思われる。便宜置籍船の所有法人は、旗国において合法的に設立されている。その存在が社会的目的に反するとされるためには、例えばその便宜置籍船が大規模な油濁を起こし、その原因が途上国の無能力船員を配乗していたために発生した等、法人による不法行為の存在が立証される場合である。その不法行為とは、法人が無能力船員を配乗する目的を以って設立されたという事実である。

5　米国における法人格否認法理の判例傾向

　米国における法人格否認の法理は、19世紀後半より認められた後、発展、確立された。

　判例では法人格が公共の便益を侵犯し、違法行為を適法とし、詐欺を保護し、または犯罪を弁護するために使用されるときには、この法理によって法人格が否認される。また学説上での法理の解釈はこのような判例の解釈よりも広いとされる。判例上の否認法理について、法人格がその概念を維持する法の政策と一致しない目的のために主張される場合には、当該法人格は何時でも認められないという、一般原則の中の一例に過ぎない、ともされている[792]。

　会社法の通常の法理に依れば、親会社は一般にその子会社の債務や責任からは隔離されている。この点は日本法における理解と同様である。しかし子会社が親会社の分身としてのみ機能しているに過ぎない場合、判断する基準は法域によって異なるものの、裁判所は、子会社の法人格が形骸化していると認めら

---

(792)　井上和彦・前掲7頁

れるならば、親会社がその責任を負担しなければならないという、一般的な法人格否認の法理の解釈を適用する(793)。

　環境損害における訴訟の多くは、不法行為に関するものである。この範疇に入る訴訟においては、親会社が子会社の活動について積極的な関与を持つ場合や、子会社の違法行為（有害廃棄物の放出等）をコントロールしている場合について親会社の責任を認めたものがある。このような判示については伝統的な会社法の解釈を守るべきとの流れがあった(794)が、連邦最高裁判所は親会社の責任につき基準を確立し、子会社の責任を負担する可能性について判じた。これに拠れば、親会社が子会社の施設に対する管理に積極的に参加しコントロールを行った場合、その親会社は施設の管理者としての権限に関して責任を負担するというものである(795)。

　海事管轄を有する裁判所は、法人格を否認する権能を有するとされてきた(796)。傭船契約における紛争では、法人格否認の法理が適用された事例が少なくない(797)。これは傭船契約等の係争においては、契約紛争におけるよりも不法行為事件で法人格を否認する方が一般的に容易であるといえる事実の反映であろう。しかし法人形式を否認するために、会社支配と損害との間にある因果関係を、その賠償を求める請求者が証明しなければならないか否かについての明白な法則がないのも事実である(798)。

---

(793)　山本浩美『アメリカ環境訴訟法』（2002年）53頁

(794)　山本浩美・前掲53頁

(795)　*United States v. Best foods*, 524 U.S. 51, 67-69 1998。被告である化学製品の製造会社は、そのプラントによって製品を製造する際、産業廃棄物を発生させた。環境保護庁が、その製造会社に対して廃物の処理のための費用を負担するよう求めて訴えた事例である。この判決では子会社の行為による責任を、その親会社が法人格の否認に基づき負担すべきと、判じられた。

(796)　M. Wilfold, T. Coghlin and J. D. Kimball, 郷原資亮監訳・前掲注(404)126頁

(797)　例えば、*Maritime Ventures Int'l Inc. v. Caribbean Trading & Fidelity Ltd.*, 689 F. Supp. 1341, 1988では、航海傭船契約の不履行が判じられた。本件では傭船者が資産を有さないペーパー・カンパニーであるとして、船舶所有者がその実体に対して損害賠償を請求した。

(798)　M. Wilfold, T. Coghlin and J. D. Kimball, 郷原資亮監訳・前掲注(404)129頁。Wilfold、CoghlinとKimballは幾つかの判例が、証明の要否について判断を異にしていることを挙げている。

第Ⅲ部　便宜置籍船が影響を与える諸問題

6　アレストにおける議論

船舶の仮差押えについての大陸法系の考え方は、債務者所有の船舶であれば、他の船舶の仮差押えが可能との立場を取っている。これを一般に姉妹船のアレストと呼び、条約にも規定が置かれている(799)。

1999年条約の作成時には、現在の海運実務に照らして便宜置籍船の問題が挙げられた。例えば姉妹船とは同一の船舶所有者に属する他の船舶をいい、もし一隻のみの船舶を所有する会社が主流となった場合、形式上、姉妹船は存在しないこととなる。便宜置籍船の登録船舶所有者が正にこの形式であり、姉妹船アレストの制度は空洞化するとの指摘があった。このような弊害を回避するためには、船舶所有者の概念を実質的に解釈し、場合によっては法人格否認の法理を介在させる手法も検討され得る。条約制定の過程では同一の者、同じ実質的な船舶所有者に支配される船舶もまた、姉妹船として取り扱われるべき規定の採用も検討されたが、「支配」の概念を規定することが困難であるとされ見送られた(800)。

7　法人格否認法理の適用された米国判例「アモコ・カディス号事件」

法人格否認の法理が用いられて、実質的な船舶所有会社の責任が追求された事案がある。

「アモコ・カディス号事件」(801)では、フランス国を含む被害者側が、1969年の油濁損害民事責任条約に規定された裁判管轄国（実際に油濁汚染を受けたフランス）ではなく、本船の実質的な船舶所有者であったスタンダード・オイル社を相手取り、米国の連邦裁判所へ提訴している(802)。

---

(799)　1952年アレスト条約3条1項、1999年同条約3条2項

(800)　高橋美加「船舶先取特権・アレスト」落合誠一・江頭憲治郎編『海法体系』（2003年）所収、130頁

(801)　*Marion Douglas McCullough, Jr. v. Amoco Oil Company, 310 N.C. 452; 312 S.E. 2d 417; 1984 N.C.* 1978年、リベリア籍の便宜置籍船であったタンカー、アモコ・カディス号がフランス領海内で座礁、同国沿岸に大規模な油濁汚染をもたらした事例である。

(802)　イリノイ連邦地裁は1984年の判決（*The "Amoco Cadiz", United States District Court Northern District of Illinois Eastern Division, 1984, Lloyd's Law Reports, 1984 Vol.2, pp.304～339*）でその裁判管轄権を肯定し、親会社の責任を認めると共に、1988年の判決では損害賠償額の決定を行った。

第 1 章　便宜置籍船の船舶所有者と国籍

　本事案では、スタンダード・オイル社は子会社である本船の便宜置籍国における船舶所有会社（アモコ・トランスポート）、及び実際の運航を行っていた船舶管理会社（アモコ・インターナショナル・オイル）について、スタンダード・オイル会社の道具であるに過ぎないような形で支配していたこと、本船の運航について事故当時、本船とスタンダード・オイル社との間に継続的な連絡関係が存在し、スタンダード・オイル社がその運航に深く関わっていたことが認定され、同社の賠償責任が肯定された[803]。

　本件では親会社スタンダード・オイルとその子会社であるアモコ・トランスポート及びアモコ・インターナショナル・オイルとの間に、それぞれ100％、80％の出資という資本上の一体性のみならず、事業活動における経営上の実質的な支配関係が存在したことが注目された[804]。このような前提──登録船舶所有者の法人格が形骸化していたがために、法人格否認の法理が適用され、判例は「（その事業を）系統的に子会社を通じて行うように纏められた多国籍企業であるスタンダード・オイル社は、その子会社の不法行為について責任を負うものとする。」と判じて、多国籍企業であった親会社の責任が認められた[805]。即ち親会社と子会社とが、資本上も経営上も一体的な関係にあったことが指摘されたのである[806]。

　判例ではアモコ・トランスポートが名目上の船舶所有者、アモコ・インターナショナル・オイルについて、及び本船に関する事業を実質的に遂行していた者として直接に責任が認定された。またスタンダード・オイルについては、多国籍企業の親会社としての責任が認定された。判例ではスタンダード・オイルを頂点とした事業形態が、詳細に検討に付されたのである。本件の如き係争で

---

(803)　*Ibid.*, pp.338 〜 339
(804)　*Ibid.*, pp.332 〜 333。スタンダード・オイルはシカゴに本店を有するインディアナ法人、アモコ・インターナショナル・オイルはシカゴに本店を持つデラウェア法人であり且つスタンダード・オイルの完全所有の子会社、アモコ・トランスポートはバミューダに営業活動の拠点を有するリベリア法人であった。
(805)　The "Amoco Cadiz", supra note 802, p.338
(806)　最近は子会社の地位を、その資本の関係で捉えるよりも、実効的な支配の有無を基準として重視する傾向にある。特に環境の損害に関わる企業についてはこの点が指摘できる（村瀬信也・前掲注(175)411頁）。便宜置籍船の運航は、殆ど全てが同様な運航形態の下にあるといって良い。

は、多国籍企業の事業実態を把握することが、真の責任の所在を追及するためには不可欠であるといえる。本件は多国籍企業の一構成企業たる子会社が、自社に課された業務の遂行中に大規模な事故を発生させた場合において、親会社がその子会社にのみ責任を負担させ、自らの責任を回避する方途を究明する事例となった(807)。

そもそも多国籍企業とは、親会社の指示によって各国に配置された子会社が、資本上、経営上、一体的な関係に置かれている企業形態である。これらの子会社は、法律的にはそれぞれの独立現地法人として設置されているため、親会社との法的紐帯は不明確である場合が多い(808)。

上記の判例でも捉えられているように、便宜置籍国の船舶所有者である子会社とその親会社である海運企業を、本国における本社と海外子会社の構成と捉えて多国籍企業と呼ぶことに異論はないであろう。判例は海運企業を多国籍企業の親会社として、その子会社への経営上の実質的な支配関係、あるいは資本上の支配関係という多国籍企業の一体性に基づき、子会社の形骸性を導いた(809)。

---

(807) 田中美穂・前掲注(765)73〜74頁
(808) 村瀬信也・前掲注(175)369頁
(809) 本件を遡り、同様に便宜置籍船による海洋汚染を主題とした事例が「トリー・キャニオン号事件」(*Torry Canyon Case, 409 F.2d 1013; 1969 U.S. App.*)であった。1967年、原油を満載したリベリア船籍のタンカーが、船長の航路選択と操船の誤りによって座礁、英仏両国沿岸を広範囲に渡って汚染した事例である。トリー・キャニオン号のペーパー・カンパニーであったバラキューダ・タンカーはリベリアに設立され、バミューダに本店を置いていた。このペーパー・カンパニーである船舶所有者については、米国のユニオン・オイルが親会社であった。英仏両国はバラキューダ・タンカーをバミューダにて提訴したと同時に、米国においてユニオン・オイルを提訴した。本件は最終的に、英仏両国とユニオン・オイルとの間での示談に終わり、ユニオン・オイルが相当の賠償を行うこととなった。

不法行為などが直接には子会社によって行われたものであっても、その責任については親会社との一体関係を前提として親会社を含めた追求が為されなければ、現状回復、損害賠償等による被害者の救済は不十分に終わる可能性が高い（村瀬信也・前掲369頁）。そのような視点からも、本判例の取り組み方は評価できると思われる。

しかしこのような取り組みは、決して新しいものではない。英国判例である *Mercantile Bank of India v. Netherlands, 1883 10 Q.B.D. 521* では、英国の会社がオランダに会社を設立し、その所有船舶をオランダに登録してオランダ籍とした。控訴審は英国会社がその船舶を運航しているとしてその船舶所有者のベールを剥ぎ、英国会社を実質的所

第 1 章　便宜置籍船の船舶所有者と国籍

　本判例は海洋環境汚染を取り扱う中で、国家の管理についても注目した事案である。それは本来の旗国責任としてリベリアの国家責任を追及すべきところが、その船舶所有者の形骸化に準じて、本船を実際に管理する会社の所在国である米国での裁判管轄が容認されたことである(810)。「アモコ・カディス号事件」は、フランスが被害者側の国家として当事者となった。本件は加害者たる企業の本国、旗国の責任問題に直結するケースではなかった。しかしこのような国家の関与は、紛争の性質を単なる方途上の問題——他国にある親会社の責任を追及するための国家関与という視点のみではなく、国家間の問題となる契機を与えているものとの指摘がある(811)。

　しかし日本法に見られる如く、親会社の責任の追及は容易であるとはいえない。会社法人格の独立の原則やその否認の法理の適用、国内裁判所の国際裁判管轄、国際私法上の規則や不法行為法の内容の解釈、適用等は、各国国内法と国内裁判所の裁量に委ねられている問題であり、一概に他国の親会社の責任が認定されるとはいい難い(812)のである。

　日本法の如きの例は、現在の国際社会が基本的に主権国家の並存体制を維持し、これに対応して個別の活動の法的規制が各国の国家管轄権の行使によって行われていることの現れであるともいえよう。一方で科学技術と自由主義経済体制の進展によって、国民の活動及びその影響が容易に且つ大量に国境を越えるようになっている。この経済的な現実と国際法の現実が矛盾や抵触を生んでいる(813)。このような状況で強調されなければならないのが、資本の支配関係という経済の実態に根差した国際経済における法秩序の形成の必要性(814)と、主権国家の並存という国際法の基礎構造の相克である。領域主権に根差した国

　　有者と断定した。判示は本船の実際の運航者が誰であるかを指摘し、船舶の国籍はその所有にかかり、責任に関しては登録の問題に関わらないとした。そして英国会社は本船が英国船舶ではないことを理由として、英国法における責任より逃れることはできないとした（William Tetley, *supra* note 485）。
(810)　村瀬信也・前掲注(175) 370 ～ 371 頁
(811)　加藤信行「多国籍企業に対する国家の管理」水上・西井・臼井・前掲注(763)所収、238 頁
(812)　加藤信行・前掲注(763) 237 頁
(813)　森田章夫「国家管轄権と国際紛争解決」村瀬・奥脇編・前掲注(66)所収、513 頁
(814)　しかし資本の支配関係にも、確定したところがないのが実際である。

231

第Ⅲ部　便宜置籍船が影響を与える諸問題

際社会の法秩序構造は、全くといって良い程、変化を見ていない。経済の実態が領域主権の概念を超えているのに対して、国際社会の法秩序の基本はあくまでも伝統的な管轄権の概念によって形成されている[815]。本件において見られたようなアプローチを可能とするためにも、国際法秩序の再検討は必要と思われる。

第2節　便宜置籍船所有者の実質性

1　船舶所有者の実質性における問題

　現在、船舶への国籍付与の標準として採用されているものが船舶所有者主義であり、船舶所有者に対する法規制と、船舶自体に対する法規制が一致する最も適切な立法主義として各国で支持されている旨は、既に述べた通りである。便宜置籍船に付きまとう根本的な問題として、この船舶所有者の実質性の如何がある。

　現在のところ、わが国では便宜置籍船の存在、または便宜置籍船の形式的船舶所有者の違法性の立証を目的として起こされた判例は現れていない。

　便宜置籍船が関係する判例としては、裁判における当事者の船舶や、関係する船舶が便宜置籍船であることにより何らかの影響が生じ、内容として便宜置籍船の船舶所有者が形式的存在に過ぎず、原告によってその不法性が指摘されたもの、その実体の不明瞭さが判旨の方向性に影響を及ぼしたものである。

　⑴　「フルムーン号事件」　この事件では、公海上において便宜置籍船に追突され沈没した漁船の乗組員の遺族が、便宜置籍船の定期傭船者に対して損害賠償を提起した。定期傭船者は、衝突という航海過失の責任は傭船された船舶の乗組員の問題であり、定期傭船者は運送契約上の責任に止まるものと反論、当該事故の責任はフルムーン号の船舶所有者が負うべきものとされた。しかし判旨では、フルムーン号はリベリア船籍の便宜置籍船であり、船舶所有者は形式上のものである上、定期傭船者もその所在及び実体を把握していないこと、当該船舶所有者はリベリアに事務所すらないこと等、便宜置籍船の場合、船舶所有者たる会社の実体が明らかでないものが少なくないとして船舶所有者の使

---

[815]　杉山晋輔「先端産業における国家管轄権問題の本質」村瀬・奥脇編・前掲461～462頁

用者性を否定し、商法704条1項を類推適用して定期傭船者の衝突責任を肯定した(816)。しかし判決では、船舶所有者の実態が不明確であるとしながら、実質的な船舶所有者の探索は試みられていない。本件において、船舶所有者が海技事項に関し指揮監督を行使し得る実質がある場合、船舶所有者もまた責任主体たるを免れないということをいわんとしたのであるとすれば、判旨としては首肯し得ない(817)。換言すればフルムーン号の船舶所有者は、その実体が把握され得なかったために衝突責任を免れたと受け取れる。しかも実質的な船舶所有者の探索を行わずに為された判決であった。フルムーン号が便宜置籍船ではなく、伝統的海運国の国籍を持つ船舶であり、船舶所有者も実質性のある確かなものであったならば、定期傭船者の指揮命令権はそのまま生きるとしても、確たる船舶所有者に新たに責任の所在が求められることとなったものと思われる。判旨からすれば、便宜置籍船の船舶所有者は同様な事件の場合、責任から免れ得るものと思われる。

---

(816) 東京地裁昭和49年6月17日判決（判例時報748号77頁）。わが国において初めて便宜置籍船が問題となった判例（別名昭和海運事件。この事件は、公海上における異国籍船舶間の衝突事件の準拠法に関する最初の判決であるが、それ以上に加害船舶が便宜置籍船であるという点において特に注目される（山内惟介「渉外判例研究—公海上における異国籍船舶間の衝突事件の準拠法」『ジュリスト』591号（1975年）132頁）。）である。判旨の主題は、商船と漁船の衝突事件における定期傭船者の法的性質の追求であったが、事故を起こした商船が便宜置籍船であった事実が判決に影響を及ぼすこととなった。

フルムーン号事件の判決では、傭船契約書に基づく傭船者の船長に対する指示命令権が、実質的には船舶所有者のそれに比肩し得る実体を備えていたこと、便宜置籍船である本船船舶所有者の会社の実体が明らかではなく、船舶所有者が海技事項——本船の運航に関して船長・船員を指揮監督し得る立場にあったとはいえず、その使用者性の重視は妥当といえないとの二点が挙げられた。判旨の中では、一旦は定期傭船者の指示命令権が船長や乗組員によって引き起こされる衝突等、いわゆる船舶の運航に関する海技事項に及ばないと認めていたにも係わらず、船舶所有者の実体が明確ではないことを理由に、最終的な衝突責任を定期傭船者の責任に結び付けている。フルムーン号の実際の船舶所有者は香港にあり、船舶保険契約も行っていたとされる（中村真澄中村真澄「便宜置籍船の海難事故と定期傭船者の責任」『ジュリスト』569号（1974年）123頁以降）。船舶の運航や乗組員管理まで行っていたかどうか資料からは判じ得ないが、保険の契約能力があったとされているところより見て、責任を追及し得る実態を備えていたか否かについて検討されるべきであったと判断される。

(817) 谷川久「定期傭船契約と船舶衝突の場合の責任主体」NBL70号17頁

第Ⅲ部　便宜置籍船が影響を与える諸問題

(2) 「ジャスミン号事件」　本件は船舶が定期傭船されている中において、「船長のために」と署名された船荷証券の運送人の確定が争われた損害賠償請求事件であり、平成5年3月27日、最高裁において原審判決を支持する判決がいい渡された。本件は、便宜置籍船ジャスミン号の船舶所有者と定期傭船者との間で締結された定期傭船契約、並びに定期傭船者と訴外の船積み代理店を名義上の傭船者として締結された航海傭船契約の二つの傭船契約が交錯する中で発行された、船荷証券に基づく損害賠償事件であった。主要な争点は、本件船荷証券[818]上の運送人は船舶所有者または定期傭船者の何れかとの点であり、一審、原審共に運送人は船舶所有者とした[819]。原告はまた、ジャスミン号は

---

[818] 船荷証券について見れば、わが国の国際海上物品運送法上、船舶の国籍を船荷証券に記載すべきことが定められている（7条「船荷証券の作成」）。船積み船荷証券では、物品が特定の船舶に積み込まれたという事実の記載であることより、船名は絶対的な記載事項となる。同様に船舶の国籍を記載することも、船舶を特定する方法として必要である。但し、運送品の特定は船名、船積み年月日、運送人、荷送人等の明記によって可能となる。船舶の国籍は絶対に必要な記載事項ということとはならず、記載の省略もある（戸田修三・中村眞澄『注解 国際海上物品運送法』（1997年）162頁）。実務上は船舶の国籍の記載を欠いても、船荷証券の本質を損なう程、重大な問題を生じないのも事実である（大木一男・前掲注(392)103頁）。

[819] ジャスミン号事件（平成5年(オ)第1492号最高裁第二小法廷 平成10年3月27日判決（判例紹介「ジャスミン号最高裁判決」『海事法研究会誌』144号（1998年）52～97頁）。本事件に関する下級審判決は、昭和63年(ワ)第3117号損害賠償請求事件東京地裁 平成3年3月19日判決（『判例時報』1379号137頁、中村真澄「機船ジャスミン号損害賠償請求事件」『海事法研究会誌』104号（1991年）16頁以降）、平成3年(ネ)第1192号損害賠償請求事件東京高裁　平成5年2月24日判決（相原隆「船荷証券上の運送人の確定とデマイズ・クローズの有効性」『海事法研究会誌』118号（1994年）1頁以降））がある。

原審が運送人を船舶所有者とした主たる理由として、船舶所有者は定期傭船した船舶を以って更に第三者と運送契約できること、船長は船舶所有者に代わって船荷証券を発行し得ること、船荷証券上の記載及びその解釈によって運送人は確定されるべきこと、船荷証券上の記載から船舶所有者が特定できることを挙げた。これに対して最高裁での上告における原告の主張は、定期傭船契約の法的性格を「船舶賃貸借契約と労務提供契約との混合契約」として、定期傭船者は運送契約より生ずる一切の責任を負担すべきであり、船舶所有者は運送行為の主体たり得ないこと、船長は定期傭船者の代理人となるものであり、船長が発行した船荷証券は定期傭船者の代理人として発行したものと認められること、船荷証券上の「船長のために」の記載を以って、当該船荷証券が船舶所有者のために発行されたとは断定できないこと等を挙げ、定期傭船契約における船舶所有

第 1 章　便宜置籍船の船舶所有者と国籍

者の運送人としての資格性を否定した。原告は運送人の確定において根拠とした、主たる法解釈——定期傭船契約を「船舶賃貸借契約と労務提供契約の混合契約」と解したのに加えて、定期傭船者の海上企業主体としての実質性、船荷証券上の運送人としての表示、船長の代理権等を考慮している。尚、一審、原審共、ジャスミン号が便宜置籍船であったことについての追求は行われていない（「ジャスミン号最高裁判決」『海事法研究会誌』144 号 1998 年、56 ～ 57 頁)。)。

　別に便宜置籍船が関連し、被告または原告がその実質性を問題にしつつも、当該便宜置籍船に関して法廷では敢えて追求されなかった判例が存在する。東京地裁昭和 61 年 7 月 28 日判決（昭和 61 年(ワ)第 1594 号 判例時報 1275 号 77 頁、判例タイムズ 669 号 219 頁）、パナマの船舶所有者に対する保険金償還債務不存在訴訟において、その国際裁判管轄が争われた債務不存在確認請求事件がある。この事件は、パナマ籍便宜置籍船の傭船者と再傭船者（パナマ法人）が、船舶所有者と再傭船者が保険契約していた保険会社を相手取り、傭船者、再傭船者の船舶所有者に対する償還債務不存在確認及び、再傭船者の保険会社に対する仮払金の精算金支払い債務不存在確認を求め、これに対して船舶所有者が防訴抗弁として管轄権の存在を争った事件である。判決は、被告である船舶所有者に日本に営業所または事務所を有することを認め得ないとして、わが国での裁判管轄権を否認した。この判旨に対しては、船舶所有者が便宜置籍法人でありその不明瞭性は常套的なものであり、船舶所有者に代わって実質的な業務を行っていた日本法人の存在を考慮して、わが国での裁判管轄を認めるべきであるとした意見がある（斎藤彰「パナマ船主に対する保険金償還債務不存在確認訴訟の国際裁判管轄」『ジュリスト』942 号（1989 年）121 ～ 123 頁)。

　船荷証券中の国際裁判管轄に関する事例（東京地裁平成 10 年(ワ)第 17145 号損害賠償請求事件中間判決　平成 11 年 9 月 13 日言渡し（海事法研究会誌 154 号（2000 年）89 ～ 94 頁））では、船荷証券を所持する原告と、被告である船舶所有者とが争っている。双方が締結した海上物品運送契約に基づき、マレーシア国内で被告所有のロッコー号に積み込まれた木材について、船荷証券が発行された。当該船荷証券の裏面約款には、「本件船荷証券の原因関係たる運送契約に関する請求は、すべてマレーシアの裁判所に専属的に管轄権が属する」旨の条項が記載されていた。ロッコー号の船長は日本で木材を荷揚げする際、被告発行の船荷証券所持人以外の第三者に引き渡したという事実関係の下で、本件船舶の船長が発行した船荷証券を所持する原告が船荷を受け取ることができなかったとして、被告らに対して木材の引き渡し、または金銭による損害賠償を求めた。被告である運送人らはマレーシアを国際裁判管轄とする旨、船荷証券に記載された裁判管轄条項に基づいて管轄違いによる却下の申し立てをした。この申し立てに対してなされた本案前の中間判決では、運送契約の履行地または不法行為地が日本であること、被告の会社の主たる営業所在地または事業所が日本であること等から、マレーシアを国際的裁判管轄とする船荷証券記載の裁判管轄条項の効力は否定され、日本での国際裁判管轄が認められるとした。判旨はその理由として、運送した船舶の船舶所有者でもある被告はキプロスに本店を置く会社であり、マレーシアには営業所や本店もなく、マレーシアとの関連性に乏しいこと、船荷証券は他社の様式の使用であって独自に作成されたもので

第Ⅲ部　便宜置籍船が影響を与える諸問題

パナマ船籍の便宜置籍船であり、その船舶所有者としての実質性も問題とした。原告は、本船を含む便宜置籍船が、便宜置籍国におかれたペーパー・カンパニーの所有船であることを前提に、定期傭船に出した実際の船舶所有者とは、船舶の運航の実績及び必要な人的・物的組織をもたない、所謂一杯船主と称する傭船料のみを得る船舶所有者をいうが、実質的な意味での船舶の運航にあたり海上運送企業として企業損益の帰属者となるのは、便宜置籍船を定期傭船する海運企業であることが明らかとした。但し最高裁の判決では、便宜置籍船とその船舶所有者の実質性についての追求は為されなかった。

　これまでの判例の動向は、定期傭船契約は「船舶賃貸借契約と労務提供契約の混合契約」であるとして、定期傭船者を海上運送の企業主体として把握してきた[(820)]。この説によれば、定期傭船契約は裸傭船契約の変形とも解せられ、便宜置籍船の船舶所有者が関係した場合、定期傭船契約における法的な責任の所在を定期傭船者とする判断が導かれ易いものとも思われる。即ち、「フルムーン号事件」同様、便宜置籍船の船舶所有者に対しては、実体のないものとして法的責任の追及が断念されるのかとの危惧が残る。便宜置籍船の直接の船舶所有者が形式的なものであっても、その背後には実質的な船舶所有者の存在がある。便宜置籍船の所有形態も様々であるが、定期傭船契約が包含する積荷

　　はなく、そこにマレーシアを裁判管轄とする記載があったとしても、裁判管轄を専属的にマレーシアとする意思があったとは認め難いこと、等が挙げられた。船長が署名した船荷証券は、被告である船舶所有者が発行したものとも解せられる。その船舶所有者は、自己の船舶にキプロス船籍を取得させるためにキプロスに置かれた便宜置籍法人であるペーパー・カンパニーであった。原告はマレーシアの裁判管轄条項を不合理で公序法に反するとして無効を主張したが、その中で船舶所有者の実体がペーパー・カンパニーであり実質性のないことをも付け加えた。しかし判旨では、船舶所有者の実質性については触れられず、本件運送契約の当事者であり、運送人であり且つ運送船舶の所有者であるとして取り扱われた。

(820)　昭和3年6月28日及び昭和10年9月4日大審院判決。わが国の海運実務は、英米法の解釈を基に、定期傭船契約は船舶所有者が船舶と船長・船員により運送という役務を提供する運送契約であると解してきたのに対し、わが国の判例は昭和3年の大審院判決以来、ドイツ法の強い影響の下に、定期傭船契約は船舶賃貸借と労務供給契約との混合契約であるとし、また学説上も多数説は定期傭船契約を企業の賃貸借的関係と構成すべき旨を主張したため、わが国においては、定期傭船契約の法的性質およびその法的処理の如何が、海商法上の最も重要な問題の一つとして長年に渡り議論されてきた（小林登「定期傭船契約の法的諸問題」『法学教室』120号（1990年）105頁）。

損害、船荷証券、船舶衝突、船主責任制限等の諸問題に対し、それぞれに個別に対処して、船舶所有者の責任の有無を判断することが、定期傭船契約の法的判断に適うものとも思われる。「ジャスミン号事件」判決は、これまでの判例と異なり具体的な問題毎に契約の性質を検討する姿勢の下に判断されたものであり、評価に価するだろう[821]。

本判決では、原告の主張した便宜置籍船であるジャスミン号の船舶所有者の形式性についての論及は見られなかった。ジャスミン号の船舶所有者の実質性を問うこととなれば、実質的所有者を探索する上で、かえって運送人の確定に労力がいることとなったであろう点は否定できない。また船舶所有者の実質性に固執することは、実質的船舶所有者の探求に時間を要し且つその探求が達成されずに終わった場合、結果として船舶所有者が形骸化したものであるとして、定期傭船者に責任を負わせる必要性が発生したとも考えられる。「フルムーン号事件」において、便宜置籍船の船舶所有者の実質性に触れたために、船舶所有者の当事者としての能力に疑問を呼び起こし、定期傭船者に責任が生じてしまったものとも理解される判例と異なって、本件における定期傭船契約と船荷証券の記載に関する法解釈による判決は正当な判断であったように思われる。

中元教授は川又教授の指摘より、海運実務より見た場合、「船長のために」との記載は、船長名または船舶の名称より船舶所有者を容易に知り得た、自己所有の船舶で海上企業を営むのが通例であった時代の名残りであるとし、現在の複雑な海運実務における船舶所有者の不明確性を指摘する意見を紹介している。船荷証券上にも本船の所有関係は記載されていないのであるから、ロイズ船名録や船舶書類より船舶所有者を知ることは不可能ではないにしても、船荷証券を委託しあるいは取得する者に、たとえ彼らがある程度海運実務の知識を有していたとしても、尚、その調査を要求するのは適当ではないと判断される。他船利用形態が格段に発達した現在では、これらのみからでは船舶所有者を特定することは容易ではないとの見解である[822]。

---

(821) 近年、定期傭船契約の法的性質から演繹的に問題を解決するのではなく、具体的な問題毎に契約の性質を検討すればたりるとの見解（小林登「定期傭船契約論(1)」法学協会雑誌105巻（1988年）622頁）が主張されるに至り、本判決はこの立場によるものと解される（弥永真生「定期傭船契約の下で発行された船荷証券上の運送人は、定期傭船者ではないとされた事例」『判例時報』1652号210頁『判例評論』478号48頁）。

第Ⅲ部　便宜置籍船が影響を与える諸問題

(3)　「カムフェア号事件」　判旨の中で、便宜置籍船の船舶所有者の実質性が指摘された事件に「カムフェア号事件」がある。本件は、便宜置籍船であった貨物船の難破により貨物が引き渡されなかった荷主らの権利を、保険代位によって取得した保険会社が定期傭船者に対して損害賠償等を請求した事件であり、定期傭船者が船荷証券上の運送人として責任を負うか否かが争点となった[823]。判旨中、船荷証券上の「船長のために」とした代理店による署名が、船荷証券上の責任者を表示するものであるかの議論において、「船荷証券所持人が船主を特定する場合には、ロイズ船名録等を調査することとなるが、登録上の船主がペーパー・カンパニーであるなど、実質的な船主ではない場合も珍しくない」とし、船荷証券上に船舶所有者の「具体的な顕名」がなければ、「船長が誰の代理人であるかを容易に知り得ないことが多い」として、船舶所

---

[822]　中元啓司「海上物品運送契約と運送契約当事者」落合誠一・江頭憲治郎編「海法体系」(2003年) 所収、264〜265頁。このような見解に対して、中元教授は原茂教授の反論をも掲げている。原茂教授は、このような形式の代理文言によって船舶所有者が本人であると推定されること、特定された運送人本人である船舶所有者を発見する際に、極めて困難を伴う場合があるということは、別問題であるとする。そして当該形式の船荷証券の利用に際して、証券上に船名の記載があれば船名録の閲覧によって、定期傭船者である船会社の運送関係者の手掛かりを掴めば、その者を通じて連鎖的に船舶所有者に辿り着くことができることを挙げ、諸外国の判例においては船舶所有者の発見の困難性は指摘されていないとする（中元啓司・前掲265頁）。確かに登録船舶所有者は、傭船契約のみならず、ロイズ船名録他によって閲覧できる。要は運送人としての船舶所有者が追及できるか否かの問題である。傭船上、単に傭船者に対する船舶所有者 (Owner) をいうのであれば、船舶所有者は複数存在する。これらの船舶所有者の中より、例えば船荷証券の件名等により、運送人たる船舶所有者を確定することができるか否かである。

[823]　東京地裁平成元年(ワ)第16347号　貨物引渡等請求事件『判例タイムズ』959号262頁。判決では、船荷証券の裏面約款が、定期傭船者は運送人としての責任を負わない旨の定義規定及び責任規定を設けている一方で、定期傭船者が運送人であることを前提として運賃請求権及びその担保権を有する旨の規定を置いていることより、当然に運送人としての責任が認められないものではないとし、定期傭船者の運送人としての責任を肯定した（本判決は、定期傭船契約の法的性質を論ずることなく、個々の運送契約の解釈によって判断すべきであるとし、「ジャスミン号事件」同様、このようなアプローチが正当であることについては、多数の学説も賛同している（判例タイムズ前掲263頁）。殊更に法的性質の問題とからめて議論する必要はないとする最近の有力説の傾向にも沿うものであって、アプローチに関しては正当と思われる（庄子良男「定期傭船者が船荷証券所持人に対して運送人の責任を負うとされた事例」『ジュリスト』1156号153頁)）。

有者の不透明性が指摘されている。判旨では「船長のために」との文言は、代理人としての定期傭船者が、船舶所有者を本人――運送人として署名する趣旨であることを認めながら、上記のような海運実務に関する諸事情を勘案した上で、本人である船舶所有者の特定が不十分である以上、寧ろ船舶所有者を容易に知り得ない証券所持人を保護すべきであって、「船長のために」という文言のみでは顕名が認められないとし、定期傭船者や代理店による船舶所有者のための代理署名の効力を否定した。

　本件では、定期傭船者の運賃請求権を基に、定期傭船者の船荷証券外の実質的な運送契約上の責任が認められた。そして実務上、船荷証券上に署名される文言が、船舶所有者の不透明性等によりその代理対象を特定できない状況となっていると判断された。これは、便宜置籍船の船舶所有者が判旨に影響を与えていることに他ならない。判旨は、本来、船舶所有者の代理を表わす「船長のために」の文言が、便宜置籍船の船舶所有者の実体により、必ずしもそのための代理を表象するものとはなっていないとの結論に至っている。即ち、便宜置籍船の存在が、船荷証券上の運送人の確定にまで影響を及ぼしている事実がここにある。

　カムフェア号の判旨には反論もある。このような形式で船舶所有者を運送人と示す実務が存在してきていることや、船長は当然に船荷証券の発行権を有すること、米国法上は、証券上に表示されない本人も代理に基づく責任を負うと認めるのが代理法の原則で、手形法上もこの隠れた本人の法理が復活している。これらのことを考慮すると、有効な代理の枠内にあると認めてよいのではないかとするものである[824]。

　海運実務においては、不定期船運航の殆どが定期傭船契約によって履行されている。定期傭船契約がその形式上、定期傭船者と旗国の登録船舶所有者との間の契約である限り、ひとたび運送上の問題が生ずれば、船舶所有者の実質性が問題とされるのは当然のことと見て良いだろう。本船の運航において、実質的な利益を得る者は誰かとの議論である。本章に例示した判例では、その探求について検討されている。

　米国の実務では、船舶所有者と傭船者が運送人本人の正体の特定について、

---

(824) 庄子良男・前掲155頁

第Ⅲ部　便宜置籍船が影響を与える諸問題

紛らわしい印刷、印字、記載の為された船荷証券の文言により、運送契約当事者の特定を困難とする、または混同させることとなる証券を発行した場合には、船舶所有者と傭船者の両者が運送契約の当事者として、運送人の責任を負担することとなる(825)。所謂、複数運送人説の採用である。従来より、運送人は単数であるとの前提において、真の運送人を特定するための究明が行われてきた。このような場合、船荷証券上の記載より船舶所有者と傭船者の何れかが運送契約上の債務を引き受けたのかが明確ではないことより、双方が運送債務を引き受けた当事者であるとしなければ、運送人のいない船荷証券となることも予想され、証券の所持人の保護が貫徹できないこととなる。これは諸国の立法においても考慮されている(826)。

運送人に登録船舶所有者を以って推定するとした立法例がある。何らかの形で責任主体を推定するというアプローチの現れである。しかしそのような手法を採用するとしても、誰を運送人と推定すべきかの問題は解消しない。裸傭船者や航海傭船者を運送人として推定するならばともかくも、登録船舶所有者を運送人とするのは問題ありとする意見も少なくない(827)。即ち、便宜置籍船の如くの登録船舶所有者はペーパー・カンパニーであり、実体のないものであるからとの指摘であろう。

2　戦時における影響

さて、これまでは傭船契約上における、船舶所有者の不明確性の問題について論じてきた。その船舶所有者の不明確性は、戦時においても問題となる。

船舶の敵性を判断するに際しては、当然ながらその船舶の所有関係が吟味される。船舶の所有の識別に関して考慮されるのは、主として国籍主義と住所地主義である。船舶所有者の国籍またはその住所に基づいた敵性の判断方法であるが、何れを以って決定されるべきかについては、単純な問題であると割り切ることはできない。本来であれば国籍主義が優先されるべきと思われるが、便

---

(825)　中元啓司・前掲注(822) 269頁
(826)　中元啓司・前掲 272頁。各国では立法または解釈によって、みなし運送人や概観上の運送人という責任主体を認定し、船荷証券所持人保護のために努めているとする（中元啓司・前掲 272頁）。
(827)　中元啓司・前掲 274頁

宜置籍船の特性を考えてみた場合、国籍主義は必ずしも適当な判断基準とはいえなくなる。

これまでの国家実行を見れば、敵国領域や敵国の支配領域に居住、または事業を行う敵の国民によって実質的に所有されている船舶は、敵性を有するものと見なされているようである。この判断基準に従えば、敵国の法によって登録されていない法人や、敵国領域または敵国の支配領域で事業を行っていない法人であっても、敵国の国民によって実効的に支配されている船舶であれば敵として取り扱われることとなる。しかしこのような論法を適用するためには、当該所有法人を支配する者が敵国人でなければならないために、所有法人の国籍や住所地によっての判断は困難とならざるを得ない[828]。例えばA国と交戦中のB国軍艦が、公海上において中立国であるパナマに属する船舶に遭遇した場合、パナマと交戦状態にないB国はこのパナマ籍船への攻撃はできないこととなる。しかし本船の実質的所有者がA国に属する場合には、本船はB国軍艦の攻撃の対象となり得る。そのための判断には、洋上を航海する本船の実質的な船舶所有者を知る術をB国軍艦――B国が有しているかの問題を生む。パナマ籍を知り得た段階で、本船が便宜置籍船であるとは容易に判断できるが、その先、B国軍艦が短時間の内に本船の実質的な船舶所有者を知って、攻撃の可否を判断することが可能か否かという指摘である。

便宜置籍船の登録船舶所有者は、その実質的な船舶所有者の探求に支障を来たすことが少なくないといわれるために、このような敵性の判断を困難とする性質をも有していると思われる。船舶所有者の不明確性は、このような様々な問題を引き起こす。

3　法人・航空機の国籍の形骸化と対処

(1)　法　人　　国際海運における船舶所有者の多くは、法人組織によるものである。その法人組織について、一般的な法人の国籍の決定についても、国際法上は各国の機能の専属性が認められている。と同時に、条約の規定により、その自由裁量性が制限されるようになってもいる[829]。

私法上の法人、特に株式会社への国籍付与の基準を分類すれば、法人の設立

---

(828)　San Remo Manual, 竹本正幸監訳・前掲注(137)175～176頁
(829)　山本草二・前掲注(38)509頁

第Ⅲ部　便宜置籍船が影響を与える諸問題

準拠法を基準として国籍を決定する主義、主たる事務所の所在地等、事実上の本拠地法を基準とする主義、多数出資者または会社の実効的支配を確保する者の国籍を基準とする経営支配権主義に大別される[830]。何れの主義も、法人と国籍国との間の実質性をどのように規定するかに視点が置かれているといえると思われる。

法人の国籍の実質性が問われるのは、各国が上記の主義を自由に用いて国籍を付与することより生ずる重国籍の場合や、多国籍企業が関連する場合が挙げられる。

法人に複数の国籍が存在する場合、それぞれの国籍の実質性においての軽重が発生することは否めない。この点、船舶の国籍に関する形式性及び実質性の問題とも、大きな相違はないものと思われる。現在、法人と当該法人に国籍を付与する国の連結関係につき、単に外形的・客観的基準でたりるか、それとも法人の経営に対する実効的な支配等、実質的・主観的基準を考慮すべかについては対立がある。上記二つの基準の何れが、法人に対する外交保護権の行使等、国際法上の対抗力を認められるかについて、国際実行・国際判例上は必ずしも確定していない[831]。但し、具体的基準の適用では見解の対立を見つつも、国家実行と学説は、外交保護権行使のためには少なくとも外形的な基準（設立準拠法）のみではなく、法人と国籍国との間に何らかの実質的且つ実効的な関係の存在が必要であるとする点で、ほぼ一致している[832]。例えば、対象となる法人の生む利益が国籍国等、何れに帰属するかの検討も意味なきものとは思われない[833]。そして関係する条約や国際判例の多くは、自国民が出資者として

---

[830]　山本草二・前掲509～510頁。

[831]　山本草二・前掲207頁。かつて国際司法裁判所は「バルセロナ電力会社事件」判決において、法人に対する外交保護権については、自然人の場合の「真正な関係」の基準の無条件な類推適用を退け、伝統的な国家実行に従い、設立準拠法と登記上の主たる事務所の所在地法の属する基準によるべきものとした（判決では会社の実質的な要因を加えて、「真正な関係」の基準の適用を主張した裁判官も多い。）。しかしこの判例には学説上の批判が多い（山本草二・前掲511頁）。

[832]　山本草二・前掲512頁。

[833]　ある企業の存在、活動を通じ、如何なる者（国民）が経済的またはその他の利益を受けるかという観点からも、企業の国籍を考えることができよう（中里実「国際租税法上の問題」中山信弘・石黒一憲・小寺彰・中里実『多国籍企業の法と政策』（1986年）93頁）。

会社で保持する実質的な利益と、会社の社会的・客観的な要素である所在地・業務中心地等を併用して外交保護権行使のための根拠とする等し、実質的な関係の構成を図っている(834)。

(2) 航空機　航空機に重国籍が認められていないことは述べた。しかし国際社会を舞台とする航空機にも、便宜置籍船に類似した現象が見られている。

国際民間航空条約は、複数の締約国に籍を置く、共同運営組織を認めている(835)。規定に拠れば、当該組織の構成国の何れか一国が登録国となり、条約上の義務を履行する。ここに条約上の責任を負う登録（国際登録）と、関係国内法における管轄権の連結点としての国内登録との間に乖離が生ずることとなる。また条約は、航空機の賃借についての規定も置いている。即ち、登録国は運航国——賃借人の居住国に対して一定の義務の全てまたは一部を移転して、登録国としての責任を解除できることとなっている(836)。

航空の分野における自由化は、航空機の国籍要件の緩和を招来している。一般に二国間における航空協定は、当事国の指定する航空企業の実質的な所有及び支配がその国籍国、またはその国民に帰属すべきことを求めている(837)。しかし近年の航空自由化は、国家とそのような指定航空企業との関係を、その国

---

(834)　山本草二・前掲注(38)512頁。

　　1960年の「会社に関する法律の抵触に関する条約草案」では、「会社の（属人）法は、会社の設立された国の法律である。但し、会社とその設立国との間に実効的な関連が存在しないときには、経営統括の中心地国及び経営統括の中心地法主義をとる国は、設立準拠法のかわりに経営統括の中心地法を適用することができる。」（2条）と規定している。また「外国の会社、社団及び財団の法人格の承認に関する条約」（未発効）では、1条で「会社、社団または財団が、（中略）定款上の本拠の所在する締約国の法律により取得した法人格は当然に承認される」としながら、2条において「前条により取得された法人格も、その法律が現実の本拠を考慮に入れる他の締約国により、その国に本拠が所在するとされるときには、その国により否認されることができる」と規定している（溜池良夫・前掲注(76)284〜285頁）。

(835)　77条「共同運営組織の許可」

(836)　83条の2「一定の任務及び義務の移転」。山本条太教授は、わが国の航空法はこの規定を取り入れていないとし、国際条約の適用において登録国の義務と責任を機能的に分割することが合理的と判断されるとしても、国内法令への連動を考えるに際しては一連の国内法制上の規制の位置付けに不測の影響を及ぼさないこと等、基本的な概念の整理に至るまで検討を尽くす必要があるとしている（山本条太・前掲注(85)162頁）。

(837)　山本条太・前掲162〜163頁

第Ⅲ部　便宜置籍船が影響を与える諸問題

籍国の国民を観念するのではなく、企業の多国籍化よりその事務所の所在地や、協定する相手国の国民に連結点を求めようとする傾向を生んでいる。これはいうまでもなく、国籍という国家管轄権の一般的な根拠となる連結点を離れた現象に他ならない。この背景には、各国が国内法制の問題として、外国人事業者に対しても適切な監督と規制を行うことの困難性、複数の国が同一企業に対して規制を競合、重複させるという事態の惹起、責任の所在の不明確化、そしてこれらの問題が相乗的に影響した航空機の安全、保安の担保の問題への対処がある[838]。

　この事態を踏まえた国際民間航空条約は、締約国に対して、自国において登録された民間航空機のみならず、自国内に主たる営業所または住所を有する運航者によって運航される民間航空機に対する規制を行うことを定めている[839]。この規定の趣旨は、航空機の登録国から離れた航空企業に対し、登録国がその航空企業に対して有効な規制を行うことが困難であることを見越し、当該企業の所在国に対しても規制を図ろうとするところにある。裏を返せば、条約は登録国の形骸化を是認していると表現できると思われる。

　このように航空機においてもその国籍制度については、十分な合理性を有する国籍としての連結を通じた、これまでの規制の在り方が挑戦を受けている現実を見ることができる[840]。国際海運、国際航空業界の何れにしろ、国境を越えての活動が余儀なくされる業種においては、国籍付与の根拠となる登録が形骸化する現象が見出されるのである。

4　船舶の国籍の形骸化と擬制

　船舶の国籍は、自然人と船舶との本質的な類似性を基礎として、その擬制の下に与えられたものとの解釈は既に述べた。もしそのような船舶の国籍が形骸化した場合、その基礎となっている擬制に影響を与えないかとの考えが及ぶ。

　形骸化とは、当初は現実と一致していたものが、やがて現実より乖離してしまっているにも拘わらず、その旨が自覚されていないことを意味する[841]。も

---

(838)　山本条太・前掲163～164頁
(839)　3条の2「要撃及び着陸要求の措置」(c)
(840)　山本条太・前掲注(85)165頁
(841)　笹倉秀夫・前掲注(80)431頁

し擬制とされていたものが形骸化したならば、それは擬制ではなくなっている(842)。擬制としての本質的な類似性を失っているからである。このような理解に従えば、便宜置籍船の国籍は、自然人の国籍の擬制としての要件を失っているとの仮説が成立する。便宜置籍船の国籍は、最早、国籍たり得ない、との仮説である。

　本論でいうところの、旗国と船舶との間の実質的な繋がりのない形骸化についてはどうであろうか。上記の実質的な繋がりが自然人に求められるものと同様、船舶の国籍への類推適用であったならば、便宜置籍船の船舶所有者はその本質的な類似性を失っていると見ることができる。この時点で擬制は成立しなくなる。しかし先に掲げた擬制の分類において指摘した事項、即ち簡便さのため、理解の促進のため、あるいは論理的首尾一貫性は、国籍の機能に着目した理解である。この着目と同様な機能を、便宜置籍船の国籍は有しているといえる。機能の面から見れば、便宜置籍船の国籍は自然人としての擬制の立場を失っているとはいえないだろう。

　実質的な繋がりは、国籍の持つ機能には直接には影響しない。国連海洋法条約は、公海条約成立時の国籍の機能——国籍の有する実質的な繋がりを基礎とした解釈を、実質的な繋がりを分離させてその機能の面を強調させた。換言すれば、船舶の国籍を自然人の国籍の擬制を基礎とした解釈より分離させて、国際海運のための機能として改めて存立させるようにしたとの解釈も可能ではないかと思われる。このように考え得るならば、現在の船舶の国籍の概念は、公海条約の成立時の解釈とは変質したものとなっているといえよう。

第3節　旗　国　法

1　旗国法とその意義

　旗国法とは、船舶の本国法、即ち船舶がその国籍を有している国の法であって、通常、船舶が国旗掲揚の権利を有する国の法である(843)。旗国法は、船舶

---

(842)　笹倉秀夫・前掲431頁
(843)　田中誠二・前掲注(6)65頁。船舶や航空機は、いずれかの国において登録され、これによりその国籍を取得し、その国の国旗を掲げることが認められるので、その国を旗国、その法律を旗国法という。

第Ⅲ部　便宜置籍船が影響を与える諸問題

の国籍によって決定されるのである[844]。そして旗国法主義とは、船舶に関連する渉外的私法関係を規律するにあたり、船舶の特質に基づき、これと最も密接な関係に立つ船舶登録国法を以って準拠法とする考え方をいう[845]。

船舶は、旗国の領域内にある場合のみならず、公海にある場合においても尚、その本国の主権に絶対的に服従し、外国の領域内においても、またその国の公安に関係のない限りは旗国の主権が及ぶものである[846]。従って、その法律関係においてもまた旗国法の支配を受けるべき場合が生じ、特に法律のない地域である公海における法律関係では、旗国法を基準とせざるを得ない場合が多い[847]。実際に旗国法はこれまで、多くの権威によって海事適用法の唯一且つ信頼できる指標（indicator）として用いられてきた[848]。

19世紀、旗国法は通常、船長、乗組員、船舶と第三者との間の関係に適用された。船員の雇用契約、船舶への供給、修理の殆どの契約が船長によって取り決められたことより、それらの契約は旗国法に準ずるものとされたのである[849]。現在でも海事国際私法上、船舶の国籍には準拠法の決定基準として、重要な地位が与えられている[850]。

わが国においては、国際私法に関する一般法としての法例が存在する。この法例には特に海事法律関係に適用することを予定した規定はなく、また、他に海事法律関係を直接適用の対象とする国際私法の規定も存在しない[851]。学説

---

(844)　Ian Brownlie, *supra* note 26, p.320
(845)　山内惟介・前掲注(312) 4 頁。船舶においては登録された国でその物件が公示されているため、船舶登録国の法を、船舶を巡る法律関係の管轄権と準拠法の基準としている国が多い（高桑昭『国際商取引法』（2003 年）92 頁）。
(846)　江川英之「国際海商法における旗国法の地位」『国際法外交雑誌』28 巻（1929 年）875 頁
(847)　江川英之・前掲 875 頁
(848)　William Tetley, *supra* note 485
(849)　*Ibid.*,
(850)　山内惟介・前掲注(312) 4 頁
(851)　池原・高桑・道垣内・前掲注(474) 12 頁。立法担当者は、法例に規定する事項と同一の性質の事項であっても、船舶に関する事項、即ち船舶の所在地法、海損、衝突及び救助に関する国際私法的特別規定は特別法に譲ったと述べているが、現在まで特別法は制定されていない（高桑昭「法例 10 条と海事物権」ジュリスト増刊『国際私法の争点』110 頁）。

上の通説は、原則として海事法律関係においても法例の規定の適用があるとし、旗国法を原則的な準拠法と解してはいないが、船舶の物権関係については、船舶の所在地に依らず船舶の旗国法によるとしている[852]。また法例の適用がある海事法律関係において、公海上における船舶の衝突[853]、海難救助[854]、共同海損における準拠法[855]の他、海上運送契約における準拠法にも、旗国法が適用されるとする説[856]がある。

2　旗国法の準拠法たる根拠

　旗国法が、海事法分野に関して特別な準拠法たり得る根拠としては、海事法分野の法律関係の中心である船舶は、登録により識別される固有の国籍を有し、その本国領域内はもとより公海においても旗国の排他的管轄権に服すことが指摘できる。加えて前述した如く、如何なる国の主権も及ばない公海では、旗国法に依拠せざるを得ない場合のあること[857]、外国の領海においても、当該国の平穏を乱さない限り、旗国法による主権が認められていること[858]、等が挙げられる。また消極的理由として、公海上では法が必要な上、船舶の移動による海域の変更に伴う法の変更は不都合なこと、旗国法に優る法が見出せない[859]、等の理由がある。そして旗国法の持つ特色として、船舶の国籍により決定される旗国法の明確な予知可能性と不変性、単一性のもたらす法的安定性

---

(852)　池原・高桑・道垣内・前掲注(474) 12頁
(853)　田辺信彦「48不法行為—公海上の不法行為」別冊ジュリスト『渉外判例百選』133号（1995年）98～99頁
(854)　佐藤幸夫「44事務管理—海難救助」別冊ジュリスト・前掲90～91頁
(855)　山田鐐一・前掲注(138) 309頁
(856)　重田晴生編・前掲注(517) 116頁
(857)　例えば、1952年のブラッセル条約や公海条約においては、公海上の船舶の衝突事故につき、船舶の乗組員に対する刑法上の手続について、旗国主義を適用する立場を明らかにしている。わが国も公海上の船舶の衝突について、公海条約11条「衝突に関する刑事裁判管轄権」の規定する旗国主義の原則に依拠した処理が行われている（安冨潔「公海上での船舶の衝突」海洋法・海事法判例研究3号1992年、99頁）。
(858)　入港・停泊中の外国私船内で発生した犯罪に対し、沿岸国の刑事裁判権の行使が認められるのは、旗国管轄に基づく船内秩序の維持に優越する沿岸国の特別の法益が存在する場合に限られるのであり、その意味で沿岸国の領域主義の排他性は制限される（山本草二・前掲注（1）119頁）
(859)　栗林忠男・前掲注(77) 22頁

とが確保されること、渉外的法律関係の処理について、船舶所有者その他の利害関係人の期待も旗国法によって規律されること、が挙げられている[860]。

3　便宜置籍船による影響と旗国法主義への批判

　国際海運において便宜置籍船の趨勢が見られる現在、便宜置籍船の実質的船舶所有者の国籍と、船舶の本来の国籍とはいえ形式的な船舶所有者の国籍との相違が、旗国法のあり方について問題を提示している。便宜置籍により国籍を取得した船舶と、その便宜置籍国との間には実質的な連結要素が殆ど存在しない。このため、準拠法の決定の際に旗国法の適用が問題とされた場合、便宜置籍船においては旗国法が基準と成り得るかとの疑問が示されているのである[861]。同様に一定の条件の下、複数の旗国に登録を置く裸傭船登録の問題も浮上している[862]。

　従来、旗国という連結点が重視された背後には、旗国法が明確であり且つ簡明であるというメリット以外に、船舶についてはその国籍の実質性が当然に担保されているという暗黙の前提があったように思われる。具体的には船舶の国籍、当該船舶の掲げる旗の帰属する国、船舶所有者の国籍の三者の一致である[863]。このような概念は便宜置籍船の台頭によって崩れ、船舶の国籍とその旗の一致に対する船舶所有者の乖離、即ち旗国と登録船舶の運航実体との乖離を生んだ。そして裸傭船登録という概念が、船舶とその旗との乖離を生んだという国際海運における現象があった[864]。

---

[860]　谷川久・前掲注(318)22－2頁。例えば不法行為において「旗国法主義に従う時は船舶所有者の責任が確実となり、安全となって、海商法の実際にも適応――即ち船舶所有者の責任は常に確定し、自国の領海、他国の領海または公海等如何なる場所において不法行為が発生しても、船舶所有者の負担すべき責任の範囲及びその場合が一定であって、予めこれを知ることができる（江川英之・前掲注(846)884頁）」とする。

[861]　佐藤幸夫・前掲注(122)27頁。また高橋美加「船舶先取特権・アレスト」落合・江頭編・前掲注(822)122頁

[862]　William Tetley は旗国法の意義について与える問題として、便宜置籍船、裸傭船登録、公海上における船舶の衝突を挙げている（William Tetley, *supra* note 485）。

[863]　藤田友敬「海事国際私法の将来」『国際私法年報』2号（2000年）所収、182頁

[864]　William Tetley は、便宜置籍船や裸傭船登録制度の趨勢化をして、法的係争の論理的な解決手段としての旗国法への弔鐘であると説いている（William Tetley, *supra* note 485）。

第 1 章　便宜置籍船の船舶所有者と国籍

　そのような国際海運における現状を鑑みて、実質的所有者の国籍とは無関係な、形式的な船舶所有者の形骸化した国籍に基づく旗国法を準拠法として選択することなく、船舶の運航の実態と密接な関係にある連結点を求めて準拠法としようとする諸説が現れた。

　その一つに、米国の判例における準拠法の吟味を参考としつつ[865]、便宜置籍船が関与する渉外的海事事件の準拠法として、旗国法に替わり実質的な船舶所有者の営業本拠地法をもって連結点とする説がある[866]。この説は、旗国法の明確な予知可能性と不変性、単一性のもたらす法的安定性とが確保される等、旗国法の持つ手段的側面への着目を批判する。そして便宜置籍船の船舶の海技技術的な問題点を指摘した上、便宜置籍船がその置籍国に寄港することが稀であり、その便宜置籍国も自国籍船を有効に管轄する能力に欠けることを基礎に、便宜置籍船を旗国法による合法的な司法権の枠で縛ることの困難さを理由とする[867]。加えて便宜置籍国の不法行為法等が、伝統的海運国のそれよりも、内容として加害者に対し厳格でない場合においても旗国法主義によるとするならば、便宜置籍船に対する実質的法規制は何ら実効性を上げ得ない、と指摘する[868]。

---

(865)　米国連邦最高裁判所の判例である *Lauritzen v. Larsen*（1953）では、旗国法は、他国の領水でも、領域原則に取って替わるものと認めつつ、不法行為地、旗国、原告の住所地、契約地、法廷地等の連結要素の意義について検討した結果、旗国法を採用した。この判例では、旗国法採用の根拠として、船舶は旗国の領土の一部であるため、船舶における旗国管轄権も排他的に及ぶとする理論である「船舶領土論」や旗国法の持つ排他性に依拠せず、法の選択を連結要素の意義の秤量に求めているところが重要とされている。

(866)　山内惟介・前掲注(312)169頁。営業本拠地法の認定として、船舶所有者法人の株式保有者の国籍や役員の国籍、船舶所有者法人に対する支配の形態、船舶の運航状況、乗組員の国籍等の諸要素についての総合的考慮が挙げられている（山内惟介・前掲169頁）。

(867)　山内惟介・前掲152頁、山本敬三・前掲注(219)171頁

(868)　山内惟介・前掲注(312)153頁。また上記の説を発展させて、便宜置籍船の旗国法の採用による関係者の被る不利益を問題とし、旗国の連結点としての実効性を求め、それが船舶をめぐる法律関係と最も密接な関連性を示すための適格性を維持しているか否かを考慮しつつ、具体的に旗国法に変わるものとして、実質的意義における船籍港ないし母港、これらが明確にならない場合には実質的船舶所有者の営業本拠地を、それも難しい場合は船舶の現実的所在地を連結点とするべきとの説もある（木棚照一「パナマ船

第Ⅲ部　便宜置籍船が影響を与える諸問題

便宜置籍船の旗国法が、実質的船舶所有者の国籍と乖離した旗国法であるとの前提の下に、旗国法概念の一般的普遍妥当性を疑問視し、船舶運航者の営業本拠地法にこそ、船舶運航から生ずる法律関係についてのより実質的且つ密接な関係が見出されるとする営業本拠地法の主張は、一つの見方であるといえる[869]。しかし、営業本拠地法の事案を細別することなく、便宜置籍船の旗国法に代置する適否も吟味されるべきである[870]。そして船舶の実質的所有者、その営業の本拠地を認定することは、必ずしも容易でないことがある[871]事実を深慮すべきであろう。

便宜置籍国法としての旗国法の形骸化により、新たに主張された営業本拠地法に対して出された反論では、従来、旗国法を準拠法概念として採用することを是認してきた立場において、船舶所有者の国籍と、所有船舶の国籍との結合関係が実質的であるかどうかは問題とされていなかった[872]とするものもある。

4　船舶の物権の準拠法としての旗国法

船舶所有権、船舶担保物権についての準拠法としては、旗国法が用いられている[873]。船舶の所有権の準拠法については、法例10条の適用につき、目的物の所在地法決定のための「所在地」の概念として船舶の所属国、即ち旗国を採るものが通説である[874]。また、船舶担保物権上、船舶抵当権等の約定担保権の準拠法については成立・効力共に旗国法に依るとするのが通説であり、船舶先取特権等の法定担保権については被担保債権の準拠法と旗国法との累積適用、効力については旗国法とするのが通説となっている[875]。

物権の準拠法としては、船舶の可動性故、所在地が確定困難であること、所

　　　　に関する担保物権の準拠法」『海事法研究会誌』82号（1988年）1頁）。
- [869]　谷川久・前掲注(318)22－8頁
- [870]　谷川久・前掲22－8～9頁
- [871]　池原・高桑・道垣内・前掲注(474)13頁
- [872]　谷川久・前掲注(318)22－7頁
- [873]　その他、建造された船舶の所有権及び移転、売買の目的物である船舶の所有権の移転、対抗力その他の物権関係についても、船舶の旗国法によるとされる（池原・高桑・道垣内・前掲注(474)18～29頁）。
- [874]　谷川久・前掲注(318)23頁
- [875]　谷川久・前掲23頁

第 1 章　便宜置籍船の船舶所有者と国籍

在地が偶然性に左右されること等、単純に物理的な所在地を連結点とすると物権の準拠法としての安定性を欠くため、船舶登録地を所在地の代替概念として旗国法を準拠法とするのが合理的である、と考えられているためである[876]。

さて、準拠法としての旗国法採用の理由につき、通説上、船舶の国籍の実質性における旗国法の正当性は吟味されず、また通説に従った判例においても同様の傾向が見られてきた[877]。

船舶の物権において旗国法を準拠法とすることへの反対説では、先取特権は登記・登録を要しないから旗国法との密接な結び付きはなく、先取特権が債権発生地に牽連性を有する上、旗国法の内容の証明が困難なことが少なくないことを理由に、船舶先取特権の成立・効力を被担保債権の準拠法のみによって決する見解がある[878]。この内、旗国法の内容証明の困難性については如何なる理由から論じられているかは定かではないが、便宜置籍船の国籍の持つ問題性にも言及し得るものとも思われる[879]。

---

(876)　高橋美加・前掲注(861)122 頁

(877)　船舶所有権の準拠法について、直接判断した判例は見当たらない。船舶担保物権においては、船舶先取特権の優先順位について、船舶の旗国法である米国法を準拠法とした山口地裁柳井支部昭和 42 年 6 月 26 日判決（下民集 18 巻 5 号〜 6 号 711 頁）、船舶先取特権の成否及び効力についての準拠法をパナマ法とした広島地裁呉支部昭和 45 年 4 月 27 日（下民集 21 巻 3 号〜 4 号 607 頁）、同様に準拠法をパナマ法とした秋田地裁昭和 46 年 1 月 23 日判決（下民集 22 巻 1 号〜 2 号 52 頁、秋葉準一「31 旗国（連結素）の変更と既存の物権」別冊ジュリスト 133 号『渉外判例百選』64 〜 65 頁、但し批判として石黒一憲「国際私法」（1990 年）365 〜 366 頁）、船舶先取特権の準拠法を旧旗国法である英国法であるのが相当とした東京地裁昭和 51 年 1 月 29 日判決（下民集 27 巻 1 号〜 4 号 23 頁）、船舶先取特権の準拠法をパナマ法とした高松高裁昭和 60 年 5 月 2 日判決（『判例タイムズ』561 号 150 頁）、船舶先取特権と船舶抵当権の優劣について、旗国法であるパナマ法を準拠法とした広島高裁昭和 62 年 3 月 9 日判決（判例時報 1233 号 83 頁、道垣内正人「船舶先取特権の準拠法」別冊ジュリスト 121 号『商法（保険法・海商法）判例百選』148 〜 149 頁、谷川久「33 船舶先取特権」別冊ジュリスト 133 号『渉外判例百選』68 〜 69 頁、平塚眞「昭和 62 年度主要民事判例解説」『判例タイムズ』677 号 62 頁」）、等がある。

(878)　同様に、わが国において生じた債権につき、日本法上先取特権が認められるが、旗国法の内容の証明が困難という場合、あるいは旗国法上先取特権が認められていない場合、公序則を援用して日本法を適用しようとする見解もある（林田学「外国担保権の実行」澤木・青山『国際民事訴訟法の理論』（1987 年）所収、448 〜 450 頁）。

(879)　この説には通説より、債権者、債務者以外の第三者が、当該船舶につき有する利

第Ⅲ部　便宜置籍船が影響を与える諸問題

　反対説には、便宜置籍船の存在自体をその理由としているものがある[(880)]。この説では、船舶物権関係の旗国は別段、具体的な船舶の運航と必然的に係わるものではなく、また便宜置籍船は、旗国たるパナマやリベリアに一度も立ち寄ることなくその一生を終える船舶も多いと指摘する。またタックス・ヘイブン税制が未確立であった時、国際租税法上のタックス・ヘイブンの問題と基本的には同様の法律的操作によって顕在化するのが、いわゆる便宜置籍船の問題であり、タックス・ヘイブンを利用した国際的な租税回避に対する規制と同様のニュアンスで、便宜置籍船に対する規制の必要が叫ばれ続けているのでもある、との指摘もあった。結論として、船舶物権問題に対して旗国法主義の採用を当然視するかの如き風潮が、強く主張されていることはすこぶる疑問であるとの指摘[(881)]であった。

5　法廷地法の採用

　最近の判例では、船舶先取特権の準拠法として、これまでの旗国法に変わり法廷地法を選択するものが現れている[(882)]。

　判例の一つは、法廷地法を選択した理由として、法廷地法が利害関係人、特に船舶先取特権の負担を受ける船舶所有者及び船舶抵当権者の予測を超えることが少ないとし、また外国法を準拠法としても、船舶先取特権の効力の一つである権利競合時の順位の問題は法廷地において公序と関係するところから、一般的に法廷地法を採用すべきとしている[(883)]。そして最終的には、一つの権利

　　　害についての考慮を欠く、順位問題を債権準拠法で決するとすると、異なる準拠法が互いに逆の優劣関係を定めていた場合に、順位を決定できなくなるとの批判がある（林田学・前掲449頁）。
(880)　石黒一憲「金融取引と国際訴訟」（1983年）339頁
(881)　石黒一憲・前掲339頁。約定担保物権の成立は旗国法、効力は現実の所在地法、法定担保物権の成立は船舶の所在地法、効力は船舶差し押さえ・競売地法によるべきとし、その理由の一つとして旗国は船舶の擬制的所在地に過ぎないと指摘されている。
(882)　東京地裁平成3年8月19日判決（『判例時報』1402号91頁以降）では、船舶先取特権の成立・効力につき、その担保権実行事件の提起された地（法廷地）である日本法により判断されるべきとし、法定地法の採用判決として注目された。また東京地裁平成4年12月15日判決（『判例タイムズ』811号229頁以降、林田学・前掲注(878)138～139頁）においても、船舶先取特権の成立及び効力について、法廷地法である日本法が準拠法とされた。

第 1 章　便宜置籍船の船舶所有者と国籍

の成立及び効力について問題毎に異なる法律によって判定するのは複雑に過ぎる欠点があり、すべての問題について準拠法をまとめる上で法廷地法が適当であるとしている[884]。また判例中には、諸外国の実情が引用されているものもある[885]。

　法廷地法の採用は、主として処理上の簡便性を理由としているものと推察されるが、その裏には旗国法採用の煩雑さが存在するものと思われる。判例では、準拠法を旗国法とすると船舶の国籍が二国にまたがる場合――いわゆる二重登録の場合等、何れの国の法律を適用するかを決定するにあたり、困難な問題を引き起こすと指摘されている。また旗国法の探索・調査について相当な時間がかかるため、本来迅速な処理を要する船舶先取特権の実行に困難な事態を生じさせ、権利の実現を阻害する可能性がある、としている[886]。

　しかし法定地法を準拠法とすることには強い反対もある。法例には明文の規定はないが、手続は法定地法によるとの考え方は広く認められてはいる。しかしこれは公法である手続法が、自国で行われる裁判の手続事項に適用されるということを国際私法と同じ形式で述べたものに過ぎないとし、手続問題は公法である手続法の適用対象であり、私法上の問題を対象とする国際私法の管轄外の問題であるとの指摘がある[887]。

　準拠法としての営業本拠地法等、学説上、便宜置籍船の問題について論じた説は存在するが、現行の判例上、旗国法の選択に当たりその船舶の国籍との実質性が問われたものは見られていない。しかし船舶先取特権における最近の判例において、準拠法の通説である旗国法に変わり法廷地法が採用されている背景には、船舶の二重登録問題や旗国法の探索・調査における煩雑性の指摘がある。この背景に、便宜置籍船の問題が潜んでいる[888]。

---

(883)　東京地裁平成 3 年 8 月 19 日判決　判例時報 1402 号 92 頁
(884)　東京地裁・前掲判決 92 頁
(885)　船舶先取特権の成立の準拠法については、国により規定の差異があり、契約締結法、行為地法、旗国法、原因地法、法廷地法とする国々があるが、法廷地法とする国が最も多く、世界の海運をリードする英米両国では法廷地法によるものとされている（東京地裁平成 4 年 12 月 15 日判決『判例タイムズ』811 号 230 頁）。
(886)　東京地裁平成 4 年 12 月 15 日判決『判例タイムズ』811 号 230 頁
(887)　道垣内正人「海事国際私法」落合・江頭編・前掲注(822)所収、677 頁
(888)　東京地裁平成 3 年 8 月 19 日判決における船舶は、パナマとフィリピンに二重国籍

253

第Ⅲ部　便宜置籍船が影響を与える諸問題

　旗国法の選択を回避して法廷地法に依る最近の判例傾向の原因の一つは、便宜置籍船の影響に依るものである。便宜置籍船の趨勢が、船舶の物権における旗国法主義にも影響を与えていることを示しているといえよう。便宜置籍船の増加により、船舶の国籍が連結点として常に適当なものとはいえなくなっている状況下、船舶が旗国の主権に服し、旗国は明確且つ単一であって、取引の安全、第三者の保護の要請に適合しているとの旗国法選択の理由は、次第にその支持を失いつつある[889]といってよいだろう。

6　公海上における船舶の衝突の準拠法

　海商法上の船舶の衝突とは、二以上の船舶が水上において、直接または間接に接触することをいう。その接触は不可抗力によることがあり、また、船舶の一方もしくは双方の過失によることがある[890]。法律上の問題が生ずるのは後者の場合であり、衝突が公海上の異国籍の船舶間において発生した場合、国際私法上の問題を生ずることとなる。船舶の衝突が公海上で発生した場合には旗国法によらしめる見解が有力であり、衝突船舶の旗国が同一である場合には共通の旗国法によると解されている[891]。

　問題は衝突船舶の旗国が異なる場合であり、何れの旗国法によるべきかの議論がある。諸説として、加害船舶の旗国法説[892]、被害船舶の旗国法説[893]、被害船舶の所有者が選択する何れか一方の旗国法説、加害船舶と被害船舶の旗

　　　を有していた。
- [889]　高桑昭・前掲注(851)110頁
- [890]　山戸嘉一・前掲注(125)788頁
- [891]　田辺信彦・前掲注(853)98頁
- [892]　この説では「不法行為の原因たる事実が複数の国に跨って発生した場合、近時の有力説では過失責任の原則が支配する不法行為については行動地法を、無過失責任の原則の支配する不法行為については結果発生地法を採用すること周知」とし、「公海上の船舶の衝突においては、行動地法を『加害船舶の旗国法』に、結果発生地法を『被害船舶の旗国法』に読み替え、不法行為に故意過失が問題とされる限り、加害船舶の旗国法によるべきである。」とする（田辺信彦・前掲99頁）。
- [893]　行為地法という思想に連結して両船舶をそれぞれの旗国の領土とみなし、しかもその場合、(行動地と結果発生地とが相異なった領土にある) 隔地的不法行為において、不法行為地を定めるのは結果発生地のみであり、それ故、船舶衝突の場合に準拠法は被害船舶の旗の法であるとされる（山内惟介・前掲注(312)181頁）。

国法とを累積的に適用する説、法定地法による説[894]などがあるとされている。

(1) 加害船舶と被害船舶の旗国法とを累積的に適用する説　わが国では、加害船舶と被害船舶の旗国法とを累積的に適用する説が通説とされている[895]。即ち、請求権の成立及び効力、公海上の衝突から発生する損害賠償請求権の内容、範囲、方法等については、両船の国の法律が許容する限度においてのみ「重畳的」に適用される[896]との見解を採っている。

加害船舶または被害船舶の旗国法に限定した準拠法の選択において、船舶所有者の責任を軽くする国の船舶は、その責任を重くする国の船舶に対して常に利益ある地位に立つこととなる。その是正の方法として、加害船舶の衝突上の責任はその旗国法により定めることを原則とする。更に公平上、被害船舶の旗国法の認める範囲にその責任を制限し、加害船舶・被害船舶双方の旗国法の累積適用により相互の法律の共通に認める範囲内において、権利義務を定めるとするのが通説の内容である[897]。この説は完全に法律的であり論理的であるば

---

(894) 三浦教授は法廷地法の採用の理由として——不法行為成立の問題——不法行為地法によって行為の不法性を決定するのは、不法行為が行為地の公益に関するものだからであるが、行為地が公海上の場合、主張されるべき公益がないこと、——旗国法は複数であるから、一律且つ客観的、公平に不法性を決定し得ないが、法廷地法はなし得るとの論拠を挙げている。しかし法廷地法から排除できない法廷地漁りを指摘しつつも、「これに代わる旗国法主義もまた、必ずしも常に適当であるとは言い難いとの結果になる。公海上の船舶衝突の準拠法を決定する問題に関しては理論的に完全に満足すべき解決法は存在しないのではないか」と述べている（三浦正人「公海における船舶衝突の準拠法」『大阪市立大学法学雑誌』12巻35号57頁）。尚、英米法上の準拠法は法廷地法が主流となっている（三浦正人・前掲49頁）。
(895) 田辺信彦・前掲注(853)98頁
(896) 累積的、重畳的という意味は、例えば甲国法では逸失利益を規定しているが乙国法は認めていない場合、裁判所は逸失利益を認めないこととなる。英米法では純経済的損失は原則として回収できないが、日本法では回収できる。さらに日本法の下では衝突時に発生した物損の請求権の時効は一年であり、法定時効が二年やそれ以上の国もあるが、累積的適用においては一方の国の法が長じている部分は認められない（津留崎裕「公海上の衝突に関する日本国際私法上の準拠法」忽那海事法研究会『国際取引法および海商法の諸問題』（1998年）所収、89頁）。
(897) 山戸嘉一・前掲注(125)791～792頁。しかしこの説は、実際の実務には非現実的であるとする意見も強く、その理由として——請求者にとっての、相手方当事者が属する国の法を調査する負担の大きさ、——二つの法の最大公約数を決定する困難性等が挙げられている（津留崎裕・前掲90頁）。またこの困難性につき「加害船舶の旗国法と被

第Ⅲ部　便宜置籍船が影響を与える諸問題

かりでなく、公平の観念に合し、国際間の均衡を維持することができる[898]とされ、判例においても踏襲されている[899]。

実際、公海上での船舶衝突において、法例11条の解釈として、原因事実の発生地という連結点を旗国とする解釈は相当に苦しい。しかし南極や宇宙空間での不法行為では、関係する主体の属する国の法律に依る他はなく、旗国法以上に妥当な連結点というものはないように思われる[900]。

(2)　船舶の衝突に関する準拠法としての旗国法採用への反論　　便宜置籍船の問題を考慮して、加害船舶と被害船舶の旗国法とを累積的に適用する説に関し、旗国法主義を採用する上での反論がある。船舶の衝突とその旗国との間に密接な関連があるとはいえないとし、特に船舶の原登録地国と船舶賃貸登録国（旗国）との形式的乖離現象——二重登録の存在や、便宜置籍船の場合の実質的な法適用の利益の歪み現象を考慮すると、旗国法が不法行為地法に代わり得

　　害船舶の旗国法を累積的に適用すると、法例第11条2項、3項との関係に、法廷地法が更に加わって三つの国の法が累積的に適用されることとなり、法律関係が極めて複雑となって当事者の予測が困難となるほか、不法行為の成立が認められる場合が少なくなり損害賠償額も制限を受ける」とする（田辺信彦・前掲注(853)99頁）。
(898)　山戸嘉一・前掲792頁
(899)　仙台高裁平成6年9月19日判決（高民集47巻3号173頁、判例時報551号86頁、高桑昭「公海上での船舶衝突、船主責任制限等の準拠法について判断した事例」『ジュリスト』1104号1997年、192〜195頁）では、韓国漁船（韓国籍船、船舶所有者は韓国）と日本漁船（日本籍船、船舶所有者は日本）が、北太平洋の公海上で衝突、被害船舶である韓国船は貨物と共に沈没した。韓国の船舶所有者は仙台地方裁判所において、日本の船舶所有者を相手取り訴訟を提起、仙台地裁は両船の旗国法、即ち日本法と韓国法が本衝突事件に「重畳的」に適用されると判断、韓国法上の船主責任制限額はわが国船主責任制限法上の責任額の3分の1であり、仙台地裁は韓国の責任制限法が適用されるとの判断の下、日本の船舶所有者に損害賠償を命じた。韓国の船舶所有者は地裁の判決に対し、被害船舶の法律を適用したとする点に過誤があると主張、仙台高裁へ控訴した。高裁は、公海上における船籍を異にする船舶間の衝突の場合の不法行為請求権の成立と効力については、地裁同様、当事者双方の国の法律が「重畳的」に適用されると判断し、責任制限の準拠法については裁判所の合理性の判断基準より法廷地法——日本法が適用されると判断した。但しこの判例は、便宜置籍船を扱ったものではない。
(900)　道垣内正人・前掲注(887)684頁。道垣内教授は更に、加害船舶・被害船舶という区別自体、準拠実体法の適用結果に依存しており、過失の割合が7対3のようなときにどう処理するかといった問題があるため、両船舶の旗国法の累積的適用という、従来の学説を是とせざるを得ないように思われる、とする（道垣内正人・前掲684頁）。

第 1 章　便宜置籍船の船舶所有者と国籍

る実質的根拠は存在しないとするものである[901]。そして公海上の衝突については、不法行為地法主義が機能しない場合であると考えるのが率直な理解であり、法定地漁り等の問題を包含しつつも最終的に法廷地法に依るとの考え方に赴かざるを得ないと反論する[902]。同様に、船舶の国籍は主として国際法及び公法上の管轄権行使として用いられており、私法に関係することは船舶登録国の公簿に所有権等物権についての公示のあることと指摘して、船舶の衝突に関する準拠法としての旗国法の採用に疑問を提示する意見もある[903]。

　確かに便宜置籍船同士、または衝突船舶の何れかが便宜置籍船である場合、旗国法の累積適用説に対して、法律的に正当か、論理的な解釈が可能かのみばかりでなく、双方当事者にとって公平の観念に合し、且つ国際海運に従事する船舶にとって、その移動の有する危険性の均衡の維持も考慮できるか否かの評価があてはまるか、疑問なしとしない。衝突の問題では、船舶が便宜置籍化される理由において、便宜置籍船の関係者が本来的、また意識的に便宜置籍国法に依拠する可能性は極めて小さいはずであり、その時点で累積適用の意味は大きく揺らぐといっても過言ではないだろう。

　また衝突の相手船舶が、船舶所有者や乗組員の国籍と同じ実質的な旗国籍船舶である場合、当該旗国法は形式的旗国法である便宜置籍国法の機械的な適用によって、いわれなく制限を受ける可能性もあるものと思われる。所謂、便宜置籍国法は便宜置籍船の実質性に基礎を置かず、また便宜置籍船に対して本質的な有為を与えるものではなく、その点で空虚な法律の適用が導かれる可能性があるとも指摘できるように思われる。現行の便宜置籍船の趨勢から見れば、この可能性は決して小さいとはいえないところに累積適用説の問題があるといえよう。

　累積適用説の評価は準拠法となる旗国法の評価、いわゆる実質性の検討にまで踏み込んで初めて効果が出るものと認識する。

7　旗国法の意義

　旗国法を準拠法とする理由は、如何なる国の主権も及ばない公海での法的処

---
(901)　谷川久・前掲注(479)34 頁、佐藤幸夫・前掲注(122)27 頁
(902)　谷川久・前掲 34 頁
(903)　高桑昭・前掲注(899)193 頁

第Ⅲ部　便宜置籍船が影響を与える諸問題

理、旗国法に優る法の不存在、旗国法の明確な予知可能性、不変性、単一性等を主としている。このことからも伺われるように、旗国法の準拠法化では船舶所有者と船舶との間において、国籍を媒体とした実質的な繋がりの有無は論じられなかったものと思われる。各国海事私法規定の衝突は、その法律関係の展開の場が公海で起こることもあり、国際私法に対しては、特殊の補充的原則として、旗国法の援用による処理を要求している[904]。このような論からも、旗国法の実質性の追求は、取り立てて意味のないものとされてきたのであろう。

しかし谷川教授は指摘する。旗国法が準拠法として、海事国際私法の分野で承認されてきた背景には、船舶の国籍の所在とその旗との一体性が前提とされてきたのみならず、船舶の国籍そのものが、その船舶を所有している者の国籍と密接な関係を有しているとの、暗然の前提が存在したのである[905]と。船舶の国籍付与の要件として、自国民所有の政策が一般的に採られていた限りにおいて、船舶の国籍所在国である旗国に実質的所有者の国籍も存在するものとしたことに、殆ど問題を意識させることはなかったといえよう[906]。

便宜置籍船の台頭によってこの前提は大きく揺らぐこととなった。

国際私法のあるべき姿とは、事案と最も密接に関係する地の法を準拠法とすべきところにある。船舶を巡る法律関係にとって旗国法がそのような概念として相応しくないとされるならば、船舶の掲揚する国旗は連結点として相応しいものではないという結論に達する。しかし最も密接な関係地法を準拠法とすべきであるとする命題もまた、絶対的なものではない。現実には、準拠法決定の具体的な妥当性という価値と対抗関係にあるものとして、準拠法決定の明確性（予測可能性）という価値も重視される必要がある[907]。

旗国法についても、主として便宜置籍船の影響によって、その準拠法としての適格性に疑問が呈されている。しかし旗国法に代替される船舶についてのより相応しい準拠法が、一定の明確な基準の下に定まることが示されない限り、

---

(904)　谷川久「海事私法の構造と特殊性」1958年170頁。旗国法を準拠法とする範囲について、旗国法を国際海商法上の準拠法の一般原則とし、国際私法の一般原則により、止むを得ない場合にのみ旗国法とする説に対する反論もある（田中誠二・前掲注（6）66頁）。

(905)　谷川久・前掲注(318)22－4頁

(906)　谷川久・前掲22－5頁

(907)　道垣内正人・前掲注(887)675頁

第 1 章　便宜置籍船の船舶所有者と国籍

旗国法を容易に捨て去ることはできないと考えられる(908)。船舶の便宜置籍化は、法律回避の一つ(909)であるとされる。船舶関係の問題、特に物権上の問題が広く旗国法によらしめられていたこととの関係で、いわゆる便宜置籍船の問題が生じたとする説もある(910)。通常、伝統的海運国の海運企業が自己の所有船舶を便宜置籍化する主たる理由は、税や人件費の回避による経済性にある。一部の違法目的のための便宜置籍化は別として、法的問題の発生時を想定した、有利な旗国法を取得する目的等は殆ど考慮されていないといってよい。このような意味からも、便宜置籍船における旗国法の問題は、船舶の便宜置籍化によって生まれる付随的な現象によるものといって良いと思われる。

一方で、便宜置籍船の影響によって旗国法の適格性が失われた例が多いとしても、依然、準拠法として妥当する例も少なくない(911)。旗国法の採用は、その機能的な側面に期待しての効用もある筈である。旗国法の連結点としての実質性が失われたことによって、旗国法に代わる別の手段の導入を図るのは、短絡的であるともいうべきであろう。

従来、旗国法が適用されるとされてきた法律関係の中では、そもそも旗国概念の形骸化云々に拘わらず、最初より妥当とはいい難いもの、海事に関する多くの事項が旗国法に依るとされていた。しかし旗国という連結点に対して、一度、これまでに述べた疑いの目が向けられたなら、旗国法があまり深く検討されることのないまま、漠然と旗国法が適用されてきたのではないか、と思われる事項もあるのではという疑問も生ずる(912)。この点は、先の谷川教授の指摘

---

(908)　道垣内正人・前掲 675 頁。道垣内教授は併せて、旗国法の適格性の程度は低下しているとしても、今日でも尚、他と比べた最良な準拠法は旗国法であるといって良い、としている（道垣内正人・前掲 675 頁）。

(909)　溜池良夫・前掲注(76)199 頁。わが国おける提訴でも、実質的な船舶所有者がわが国ではなく外国にある場合には、また別の問題が生じる。例えば多国籍企業の場合、親会社も子会社も別個の法人格を持ち、法処理の面では一応国別に論じられ、一国の会社法はあくまでも一国の会社を独立した枠組みの中で捉えているとする。しかし設立された子会社の国の主権行使はその領域内に限られ、外国にある親会社を規制の対象となし得ず、企業の活動が国境を超えると、伝統的な国家単位の法処理の考え方は問題となる（志津田氏治・前掲注(266)27 頁）。この点については後述する。

(910)　石黒一憲・前掲注(877)141 頁

(911)　例えば、船舶に関する約定担保権の準拠法に関して旗国法が適用されるのは、その公示の場所である法であるとする、法例 10 条 1 項の「所在地」の観念が挙げられる。

259

第Ⅲ部　便宜置籍船が影響を与える諸問題

と異なるところである。このような旗国法の適格性の追求は、先の谷川教授による、船舶の国籍そのものがその登録船舶を所有している者と密接な関係を有しているとした、暗然の前提の存在への挑戦であるかも知れない。

便宜置籍船の影響による旗国法の適用の問題から、裁判における適切な適用法を見出すためには、各々の係争において論理的、継続的、首尾一貫した過程や方法論に従うべきである。旗国法の適用も、法選択の一つであるに過ぎない[913]。今後必要と思われることは、形骸化した旗国概念に代わる新たな統一的な連結点の模索ではなく、むしろ旗国法と結び付けられてきた個々の事項について、個別的に最も密接に関連する法は何かという検討を進めていくことであろう[914]と思われる。

〔小　括〕

便宜置籍船の旗国の所有法人は、本船の実質的な所有、運航とは無関係な法人であり、実質的な船舶所有者が旗国外に存在する便宜置籍法制は様々な問題を招いている。それらの問題を、海難を引き起こした便宜置籍船の不法行為責任を追及する上において、国際取引上、運送上の責任を有する者が船舶所有者とされた場合において、また船舶に関わる法選択の重要な要素とされる旗国法の適用においての問題として例示、検討した。

これらの問題に共通した指摘は、第一に、便宜置籍船が招いた、あるいは便宜置籍船上で発生した問題の責任を有するのは誰であるかとの点である。第二に、便宜置籍船に関係する者の中より一義的な責任を、あるいは応分の責任を有する者が確定され、それが船舶所有者とされた場合、その船舶所有者が責任を取り得る能力を有しているかとの点である。このようにして便宜置籍船の船舶所有者が本船の運航上、有する立場を詳解していけば、船舶所有者の担う責

---

(912)　藤田友敬・前掲注(863)184 頁

(913)　William Tetley, *supra* note 485

(914)　藤田友敬・前掲注(863)184 頁。藤田教授はその結果として、旗国という連結点はそう遠くない将来、海事国際私法より消えてなくなるのではないかと推測している（藤田友敬・前掲 184 頁）。便宜置籍船の趨勢と、その影響を捉えての指摘であると思われる。

第 1 章　便宜置籍船の船舶所有者と国籍

任の重要性が明確となってくる。しかし責任を負い得る能力を有した実質的な船舶所有者は、本船運航における外観には現れない。傭船契約等、本船に関係する契約の一方当事者は旗国の船舶所有者であるが、その契約当事者の責任能力の欠如が問題を発生させている。そして第三に、船舶所有者の責任の追及にあたり、船舶所有者を含む関係者にとり有利な法を選択するにあたっての問題——旗国法人である船舶所有者の他、本船の関係者にとって有利な選択法となるべく旗国法の選択の是非という問題をも生じせしめている。例えば船舶所有者の責任を問うにあたり、本来であれば旗国法人にとって予め熟知された有利な法である旗国法が、実際に問題解決のための適切な法であるといい得るかとの指摘である。

　責任能力を欠いた便宜置籍船の旗国法人には、便宜置籍船の管理責任が問えるか否かという問題が生まれる。否であれば、船舶の国籍が置かれた便宜置籍国の法人ではなく、その船舶を実質的に所有して運航する他国の船舶所有者に対して責任が追求されることとなる。時として、所有船舶を便宜置籍化しようとする実質的な船舶所有者の意図は、船舶による債務不履行や不法行為より自らを免れさせようとするところにある。「アモコ・カディス号事件」における原告は、無能力な登録上の旗国の船舶所有者を飛び越え、責任負担能力を有するその実質的な船舶所有者の所在国に提訴したのである。

　国際取引での定期傭船契約において、利益を得るのは定期傭船者のみではない。船舶所有者も定期傭船者より傭船料という収益を得ている。船舶所有者の得る利益は形式的な船舶所有者にではなくして、その背後にある実質的な船舶所有者に帰属する。定期傭船に出された便宜置籍船の恩恵を最大限に受けるのは、所有船舶を便宜置籍化することによって、運航管理の経費節減を尽くした実質的な船舶所有者である。一般的な海運実務において、定期傭船者による便宜置籍船の利用は、運送行為のための用途としての選択の結果であって目的ではない。傭船者による船舶の傭船の多くは、船舶の能力や特性に主眼が置かれているといえる。しかし便宜置籍船を介した定期傭船契約における運送人確定の係争では、本船に対して責任受容能力のある実質的な船舶所有者の存在が前提とされる必要がある。実質的な船舶所有者が簡易に判明すれば、海上企業主体としての定期傭船者に一方的な責任を求める不合理性も排除できるものと思われる。この点は、定期傭船者と運送人の双方に責任を負わせる複数運送人説

261

第Ⅲ部　便宜置籍船が影響を与える諸問題

上においても指摘できるものと思われる。

　海上における船舶の運航をめぐっての法律関係は、多様なものである。その多くの処理の場合に妥当する、有力且つ単純な一個の準拠法概念ともいえる旗国法概念がその基礎において、あるいは船舶に関する国籍要件の形骸化の見地から、また二重登録に見られる船舶の国籍と旗国との乖離の見地から、その普遍的妥当性に疑問が投げかけられている(915)。例えば英米の裁判所の実行では、他国の登録にある船舶についても自国民の所有権関係を重視している。自国民が最終的に全部または一部を所有、支配している船舶であれば、便宜置籍船に乗船している外国人船員であっても、国内法としての法廷地法を適用する等して問題点の是正を図っている。便宜置籍船の実態的な構成要素にまで踏み込んで、規制を及ぼそうとする立場の現れである(916)といって良い。わが国においても、個別の判例に対する評釈において、実体に即した法の適用を唱える学者もいる(917)。これらの動向の意味するところは、旗国法には、基礎とする国籍

---

(915)　谷川久・前掲注(318)22 − 18 頁

(916)　山本草二・前掲注（1）107 頁。William Tetley も、連結点としての船舶の旗が単なる便宜的なものに過ぎない（便宜置籍船）ときには、裁判所によってしばしば放棄されてきたことを指摘している（William Tetley, *supra* note 485）。既に 1929 年、禁酒法に違反して酒類を運搬していたアイム・アローン号を、米国警備船が発砲撃沈した事件（S.S. "I'M ALONE"）において、米国・カナダ両国の最高裁判事を長とする合同調査委員会はその報告書の中で「アイム・アローン号はカナダ登録の英国船舶であったが、同船は共に行動する合衆国市民のグループによって事実上所有・支配・管理されており、同船の積荷も彼らが取り扱ったものであった。（中略）委員会はこの事実に照らして、船舶及び積荷の損失に対し賠償を支払う必要はないと考える。」とした（村上暦造「法執行と実力行使」海洋法・海事法判例研究（1992 年）57 〜 65 頁）。*Bartholomew v. Universe Tankships Inc.*（1959）では、米国の領海中にあったリベリア籍船で負傷した、英国領西インド諸島の国民であり、ニューヨーク州に住所を有する者が、米国連邦裁判所において船舶所有者であるリベリアの会社を相手取り提訴した。判決は米国に対して「実質的接点」があることを認めて、米国の労働法を適用した（Bernhard Grosfeld, 山内惟介訳・前掲注(763)182 頁）。

(917)　仙台高裁平成 6 年 9 月 19 日判決において、石黒教授は「韓宝丸（韓国漁船）は韓国の港をベースとする漁船であり、乗組員全員が韓国人であったことも手伝って、すべて韓国社会と強く結びつくものとなっている。韓宝丸船主は韓国で、韓国法に準拠して設立された会社であり、（中略）本件損害賠償と最も密接な関係を有する韓国の法を、本件船舶衝突の準拠法とすべき」と述べている（石黒一憲「公海上における異国船舶衝突及び船主責任制限の準拠法」『判例評論』451 号 223 頁）。

第 1 章　便宜置籍船の船舶所有者と国籍

が唯一（旗国と国籍国の一致）且つ船舶と国籍国との間に実質的な結び付きがあって、初めて準拠法としての妥当性が見出されるとされるものであろう。国際私法が渉外的生活関係を、これと最も密接な関係に立つ法秩序に連結させる法規の体系である(918)とするならば、海事国際私法の準拠法も、同様な観点から考慮されなければならないだろう。換言すれば、旗国法における観点上、船舶の国籍は旗国と実質的な繋がりが必要であるという主張が明らかにされているように思われる。

---

(918)　山内惟介・前掲注(816)133 頁

第2章　管轄権の問題

第1節　海洋環境の保護と旗国主義

1　旗国主義と旗国管轄権

　海洋環境の保護は、比較的新しい法領域との見方がある。公海条約に比べて、国連海洋法条約は海洋環境の保護について詳細な規定を置いている。しかしこれら二条約の制定に僅か20年強の隔たりしかない事実からは、海洋の環境保護の高まりがそう古くはない、急進的なものであったことが理解できる。その国連海洋法条約は、一般的な義務として何れの国も海洋環境を保護し、及び保全する義務を有すると規定している[919]。

　船舶は可動物であり、その特質からの船舶による危害は、旗国以外の国に直接的な影響を及ぼす場合が少なくない。更に船舶は、原則としては登録されている旗国の権威の下に置かれているが、他国の管轄下の領域を航行することも多い。このような特質より、船舶を発生源とする汚染は旗国と他国との管轄権抵触の問題を引き起こす。

　元来、環境問題の検討については先進国、発展途上国それぞれの利害が錯綜して、鋭い対立を見る傾向がある。しかし国連海洋法条約が、主として海洋環境の保護のために規定した、船舶に起因する汚染の防止については、その制定の過程において海運国対沿岸国の対立が鮮明となった。この対立とは、海運の経済的利益の後退を阻止しようと努力する海運国と、海運活動の名の下にある船舶によって引き起こされる汚染の被害を直接的に受ける沿岸国との対峙であった。このような対立の構図は、単なる経済格差のある国家間の争いではなくして、海運国の主張する旗国主義と、沿岸国の管轄権との対立に置き換える

---

[919]　192条「一般的義務」。海洋法と環境法とを並べてみれば、両者は重なる部分が多い。しかし現在の法体系での両者は、それぞれが分離して扱われている（Lorenzo Schiano di Pepe, *supra* note 190, p.138）。

第Ⅲ部　便宜置籍船が影響を与える諸問題

ことも可能である。

　旗国主義について見れば、便宜置籍船のように形式的な国籍を持つ船舶の国籍は如何なる意味を持つのかという問題が生じている。旗国主義としての実質性が失われた、このような国籍についての帰属の問題が考慮される必要がある[920]との指摘もある。この意味における帰属とは、旗国の有する国際法上の義務の帰属である。旗国とその登録船舶との間に実質的な関係のない便宜置籍船において、旗国主義とはどのような役割を果たすのかという指摘でもある。

　旗国管轄権とは、旗国主義に基づく船舶に対する国家管轄権である。公海が無秩序に陥ることを回避するために、国家はその登録船舶に対して国籍を付与する。一方、国籍が付与された船舶は、その国籍を与えた旗国の管轄権に服さなければならない。この旗国による管轄権とは、船舶に対する管轄権である。船舶のある公海や、その他の海域に有効な管轄権ではない。あくまでも公海等にある船舶、船上にある者、財産や事象を対象とした、旗国の有する管轄権を意味するものである。

　既に見た通り、公海の自由の一つは帰属からの自由である。公海は如何なる国家にも服属するものではない。同様に公海上の外国船舶や外国人については、立法、執行または司法の何れの管轄権を問わず、旗国以外の国家が陸上において適用し得ると同様な管轄権を行使してはならないとされている[921]。公海上の旗国管轄権とは、このように排他的なものなのである。

　公海の自由の原則とは、規範内容としては他国権力の干渉から公海の価値を保護する意味を持っていた。この原則は、実定的には他国権力による不干渉義務を定めたものであった。これより公海おける一般の行為につき、無関心でなければならないという考え方が導き出された[922]。即ち、公海の自由の原則とは、一面においては公海の有する国際社会の価値を他国の権力より保護するものであったのと同時に、他面では非権力的な行為による侵害に対しては無力であることを露呈した。このような公海の秩序は、国際社会の価値の観点より考え直す必要がある[923]と考えられる。非権力的な行為による侵害とは、海洋汚

---

(920)　古賀衞・前掲注(33)222頁。このような国家実行は船舶の国籍についてどのような影響を与えるのであろうか。
(921)　村上暦造・前掲注(113)573頁
(922)　小田滋・前掲注(55)40頁

染の多くが私人、私法人と表現しても良い一般商船等によって侵害されている現実を意味する。海洋環境への脅威の多くは、国家やその他の公の組織的な権力とは無縁の媒体が引き起こしているのである。そして現行、この私人、私法人たる船舶に対する規制は、その旗国が担うべきことが確立されている。

　旗国主義は、他国による旗国の有する権利の侵害や干渉の排除にとっては実効的な理論ではあったが、旗国に合法的に登録された船舶それ自体によって惹起される汚染損害については、欠陥の多い理論であることも判明した。便宜置籍船の趨勢化はその欠点を一層、明瞭とさせた。国際法の発展に伴って、旗国主義の排他的な権利は整理されてきたが、旗国主義の下に旗国がその登録船舶に対して担うべき義務は、必ずしも明確化されてきたとはいえなかったのである。

2　便宜置籍船による海難事故と規制の強化

　便宜置籍船は、これまでの伝統的な旗国主義の考え方に大きな影響を与えている。その影響の原因の一つが、便宜置籍船によって惹起されてきた海難に起因した大規模な海洋汚染である。

　便宜置籍船は通常の国籍を有する船舶に比べて、海難に遭遇する率が高いとされてきた。その便宜置籍船の海難事故率が高い事実は、船舶と船員の質的問題に起因している。

　便宜置籍船の安全性の欠如については、便宜置籍船に配乗される船員の本船運航に関係する技術的な水準が低いこと、便宜置籍船の船齢が古いことが複合的に組み合わされた上、旗国としての便宜置籍国がその登録船舶に対して有効な管轄権を行使する意思も、また能力も持ち合わせていないことが原因であると指摘されてきた[924]。殊に1970年代から頻発した便宜置籍船による大規模な海難事故は、便宜置籍船の運航管理、即ち船舶の設計、構造、設備並びに乗組員の配乗とその教育訓練に原因が内在しているとの批判を受けた[925]。そしてこれらの海難の原因は、便宜置籍船の一般的な特徴とまでいわれるまでになっていた。

---

(923)　小田滋・前掲40頁
(924)　山岸寛・前掲注(12)78頁、水上千之・前掲注(14)169頁
(925)　林久茂・前掲注(134)19頁

第Ⅲ部　便宜置籍船が影響を与える諸問題

　第二次世界大戦後の船舶の建造技術は、飛躍的な進歩を遂げた。その顕著な表れが船舶の大型化であった。殊に原油等の液体、鉄鉱石や石炭等の固体のばら積み貨物船の大型化はすさまじく、1970年代には原油タンカーにおいて50万載貨重量トンという巨大船の出現を見る。一方で海難による汚染被害も、船舶の大型化と比例して甚大化した。それらの海難事故の中でも、特に便宜置籍船に起因した海難による被害は深刻なものであった[926]。1970年のOECDの報告書では、リベリア、パナマ、キプロス等、主要な便宜置籍国の船舶の全損事故[927]率が、OECD加盟国である伝統的海運国における数値よりも際立って高いことが指摘された[928]。また1981年のUNCTADによる報告書でも、海上安全及び社会条件に関する国際基準が便宜置籍船において遵守されていない旨、指摘されている[929]。統計を見れば、1967年から1997年の間、7,000キロリットル以上の油の流出による海洋汚染は89件あり、その内の便宜置籍船による事故は43件（48％）に及んでいる。登録船舶の事故多発の順に具体的な便宜置籍国を挙げれば、リベリア、パナマ、キプロスとなる[930]。大規模な海難事故

---

[926]　便宜置籍国は海洋汚染の防止や船舶の安全性の保持において、その登録船舶の乗組員に要求される資格の認定が厳格ではないこと、登録船舶に為すべき効果的な管轄権の執行が望み得ない、実施し得ないと表されてきた（R.R.Churchill and A.V.Lowe, *supra* note 37, p.259）。

　　便宜置籍船の海難が多い理由として、便宜置籍国に登録される船舶の老朽化が挙げられる。第Ⅱ部で見たように、便宜置籍国には登録船舶の船齢制限を設けていない国、また設けていても現実には適用していない国が多い。1960年代より1980年代にかけ、伝統的海運国の船舶所有者は、その所在国に登録していた船舶が一定の船齢に達すると、便宜置籍化して運航を継続した。必然的に便宜置籍国の船舶には老朽船が多くなり、海難に遭遇する確率を引き上げた経緯があった。しかしこのような傾向は、近年に至っても改善されているとはいえない。最近の大規模な海洋汚染は、船齢が30年に達する如くの便宜置籍船によって引き起こされているからである。

[927]　大破や沈没等、修理復旧が困難とされる規模の事故をいう。

[928]　1980年代初めの段階において、便宜置籍船が世界船腹の25％を占める中、世界の船舶の喪失率に占める便宜置籍船の割合は50％弱であった（山岸寛・前掲注(327)25頁）。

[929]　水上千之・前掲注(14)169頁

[930]　海難は勿論、便宜置籍船にのみ起こるものではない。しかし戦後の海難史の現実として、主たる大規模な海難は便宜置籍船によって引き起こされてきたといえる。
　　海洋汚染を伴った主要な海難について見れば、
　・1967年、英国西岸で座礁したトリー・キャニオン号（リベリア船籍）による原油流出

は、船舶の大型化とその便宜置籍化が進むことによって顕著となった傾向が見

事故
・1968年、南アフリカにおけるワイルド・グローリー号（リベリア船籍）による原油流出
・1970年、英国ワイト島沖でのパシフィック・グローリー号とアレグロ号（両者リベリア船籍）との衝突による乗組員の死傷と原油の流出事故、米国で事故を起こしたクリッシ号（パナマ船籍）
・1971年、ジュリアナ号（リベリア船籍）による新潟沖での原油流出事故、南アフリカにおけるワフラ号による原油流出
・1976年、米国東海岸を原油汚染したアルゴ・マーチャント号（リベリア船籍）による座礁事故
・1977年、ハワイでのハワイアン・パトリオッチ号（リベリア船籍）による原油流出、ニカラグアで事故を発生させたカリビアン・シー号（パナマ船籍）
・1978年、アモコ・カディス号（リベリア船籍）による北フランス沿岸の原油汚染事故
・1985年、イランにおけるノア号（リベリア船籍）による衝突と原油流出、同じくイランでのネプチューン号（リベリア船籍）による原油流出事故
・1991年、アンゴラでのABT・サマー号（リベリア船籍）の火災及び爆発
・1993年、英国はブレア号（リベリア船籍）による座礁と原油流出
・1996年、英国でのシー・エンプレス号（リベリア船籍）の座礁と原油流出
・1997年、東京湾で発生したダイヤモンド・グレイス号（パナマ船籍）座礁による原油流出

　上記の巨大な海難事故についてリベリア籍船の多い理由は、便宜置籍船である大型タンカーの多くがリベリアに集中していたことによる。
　ちなみに上記の海難の発生期間である1967年から1997年の間、伝統的海運国の一員であるわが国について見れば、同類の海難に遭遇した日本籍船は二隻を数えたのみであった（1974年、東京湾で座礁した第十雄洋丸、1987年、インドネシアで事故を起こした多度津丸）。
　上記の統計以降も、
・1999年、スペイン沿岸に汚染をもたらしたエリカ号（マルタ船籍）の沈没汚染事故
・2000年、シンガポールで座礁したナツナ・シー号（パナマ船籍）による原油流失事故
・2002年、スペイン沿岸で損壊、原油汚染を招いたプレステージ号（バハマ船籍）による事故
・2004年、米国はデラウェア川において原油汚染を引き起こしたアトス1号（キプロス船籍）の座礁事故

等の大事故がある。1990年代以降の大規模な海難では、それまでのパナマ、リベリアの他、中小の便宜置籍国に登録された船舶の海難が増加した特長が見出せる。
　これらの事例は大規模な原油汚染を引き起こした事案に限定したものであり、小規模あるいは原油汚染を伴わなかった事例に至っては、この数倍以上に達するものと思われる。

第Ⅲ部　便宜置籍船が影響を与える諸問題

られているのである。

3　旗国主義の優位性と批判

　国際海運に従事する船舶は、その旗国のみならず、航海における目的港の所在する他国沿岸水域へ恒常的に進入する。ここに旗国と寄港国との間に管轄権の抵触が発生する。寄港国水域において外国籍船舶が問題を起こした場合、その問題の処理に旗国、寄港国の何れの管轄権を優先するかの問題を生ずるのである。

　国連海洋法条約以前の海洋環境保護に関する諸条約、または条約の規定において、船舶についての管轄権は慣習国際法の下、旗国に委ねられていた。即ち、伝統的な海洋法では旗国主義の優位性が認められていたのである。海難防止に関する国際法上の取り扱いは、旗国による管轄権行使を統一することによって、海上の安全を確保するというものであった。それは海洋における国際秩序を確保するためにも、最も基本的な国家管轄権の枠組みである旗国主義に基づき、旗国の責任においてその秩序を確保しようとするものであったといえよう。旗国は、国内法令を制定して一定の事象と活動をその適用の対象とした。より具体的に述べれば、合法性の有無を認定する権限を表した立法管轄権[931]に関しては、船舶が世界の何れにあっても、本船に汚染防止のための規制を施すのはその旗国であるとされてきた[932]のである。一方、沿岸国が外国船舶に対して汚染に関する法制を規定するのはその領海においてとされるものの、外国船舶が有する無害通航権の侵害は戒められてきた[933]。伝統的な海洋汚染に関する立法については、外国船舶の旗国主義が優先される結果、寄港国の有する外国船舶に対する管轄権はその港内において認められるに過ぎなかった[934]。

　加えて旗国は、その登録船舶による違反に対する司法管轄権をも有していた。この管轄権とは、国内の司法機関がその裁判管轄の範囲を定め、国内法令を適

---

[931]　山本草二・前掲注(38)232頁。国際法の下ではこの立法管轄権が基礎となる。国家は原則として、立法管轄権を有しない法を執行、適用することはできない。
[932]　例えば、MARPOL条約3条「適用」、4条「違反」は旗国にその義務を課している。
[933]　領海条約19条「刑事裁判管轄権」
[934]　R.R.Churchill and A.V.Lowe, *supra* note 37, pp.344～345

用して具体的な事案の審理と判決の執行を行う権限をいう[935]。旗国は自国の領海や港湾においては勿論のこと、公海においても条約に違反した登録船舶の逮捕権を持っていた。登録船舶が他国の領海や港湾にあった場合には逮捕権の執行は困難であったが、本船やその船長を旗国に帰国させた後、旗国の法廷で司法手続に入ることができた[936]。領海条約、慣習国際法は、沿岸国に対して、その領海や港湾において違反行為を行った外国船舶に対する司法管轄権を与えていたが、その一方で、外国船舶の違反の処罰を旗国に委ねることもできた。伝統的な海洋法の下では、寄港国は自国の領海または港湾においてのみ、汚染防止法令に違反した外国船舶に対する司法管轄権を有していたのである。

度重なる大規模海難を目のあたりにして、このような旗国主義の優位性は、海洋環境の保護のためには不適当であるとの考え方が国際社会において醸成される。その理由は、第一に、一定の旗国、特に便宜置籍国は関連した国際条約の締約国であったにも関わらず、その規定の国内法への取り込みと執行に、消極的であったことである。旗国主義を標榜する便宜置籍国は、旗国にたる役割を果たしていないとした指摘であった。第二に、領海を越えた水域における船舶起因の海洋汚染に対しては、その旗国が執行管轄権を有していた。即ち、逮捕、捜査、強制調査、押収、抑留等の物理的な強制措置によって、汚染を発生させた船舶に対する国内法を執行する権限[937]を有するのは、伝統的な海洋法の下では旗国主義の名の下、旗国のみであった[938]。第三に、慣習国際法と領海条約は、沿岸国がその領海についての汚染防止の規定を設けるに当たっての制限を明確にしていなかった。このため諸国の立法には多くの相違と混乱が生まれ、航行する外国船舶に領域毎の法制を遵守させることが不可能となった[939]、諸事項が挙げられる。

4　海洋汚染防止のための国際条約の制定

1958年の公海条約は、無主地である公海について初めて環境保護のための

---

(935)　山本草二・前掲注(38)232頁
(936)　例えば、MARPOL条約4条1項、6条「違反の発見と条約の実施」
(937)　山本草二・前掲注(38)232頁
(938)　R.R.Churchill and A.V.Lowe, *supra* note 37, p.346
(939)　*Ibid.*, p.346

条項を置いた(940)。国際法の確立した原則を一般的に宣言しているとする公海条約において、環境保護が規定された意義は大きかったといえよう。これまでは公海自由の原則の下で、公海の自由を行使する他国の利益に対する合理的な考慮を唯一の制約要因として、広く国家が享受してきた環境への侵害行為に対する一定の制約が、ここに規定されたこととなる。しかし現実的な対応の面では、本条約は国家が海洋を汚染する権利の存在を前提とした上において、その合意による制約としての性質を有するものであった(941)。従って規定の内容について、具体的にどのような措置を取るかは国家、即ち船舶に起因した汚染に対しては、船舶の登録を許した旗国の大幅な裁量の下に置かれていたということができる。

このような旗国主義の優位性は、頻発する海難事故によって、その堅持が困難な状況に追い込まれていく。国際社会における一般的な環境保護は、公海条約のような多国間条約の制定の他、より実務的な条約の制定によって実現されてきたといって良い。実際、これまでの海洋汚染防止のための国際社会の動向は、大規模な海難事故が発生してその被害が甚大なものとなる度、同様な事故の再発防止のための規制の強化として現れた。

具体例を挙げれば、1967年、英国西岸における大型タンカーの座礁事故である「トリー・キャニオン号事件」(942)は、大規模な原油汚染の端緒となるものであったが、この事故が1969年に「油による汚染損害についての民事責任に関する条約」(油汚染民事責任条約)(943)を成立させる契機となった。

1978年にフランス北西岸に原油汚染をもたらした「アモコ・カディス号事件」は、正に国連海洋法条約制定のための第三次海洋法会議が開催されていた矢先の大規模海難となった。この事件を重大視した米国は、環境保護を唱える議員らによる国内的な圧力を背景に、海洋法会議に対して船舶起因汚染の防止

---

(940) 24条「海水の汚濁の防止」、25条「放射性廃棄物による汚染の防止」

(941) 富岡仁・前掲注(760)251頁

(942) *Torry Canyon Case, 409 F.2d 1013; 1969 U.S. App*。この事故は便宜置籍船の特質が招いたものとして指摘された。便宜置籍国のような船舶の運航管理についての統制が不十分である旗国に対して、海洋汚染の防止への対処は望むべくもないとした沿岸国の立場より、旗国主義による規制の限界が指摘されるに至った。

(943) International Convention on Civil Liability for Oil Pollution Damage, 1969、1975年6月19日発効

の強化を図った条約の修正案を提出した。同様に事故の直接の被害国であったフランスも、汚染防止のために沿岸国の介入権の強化を求めた修正案を提出している[944]。

最近の事例である1999年の「エリカ号事件」では、自国の沿岸が大規模に汚染されたフランスがEUの先頭に立って、域内に就航するタンカーの規制の強化を進めた[945]。

このように大規模な海難事故の招いた海洋汚染によって、海難発生域周辺の沿岸国に多大な犠牲が及んだ場合、国際社会は海洋に関する規制の強化に乗り出すのがこれまでの一般的傾向であったといえる[946]。

これらの制定の内容を概観すれば、船舶による環境汚染の防止のための措置は、第一に、汚染をもたらした船舶の旗国の他、船舶運航に関係する者の有する責任の明確化と、汚染防止のための旗国の義務の強化、第二に、直接的に被害を被った汚染時の被害者への補償制度の充実、そして第三に、優位性を保持してきた旗国主義を修正する目的の下での、旗国と沿岸国、寄港国管轄権の配分の見直しと、大別三点の対応に区分できると思われる。実際の条約の制定でも、上記の三点の対応が複合的に取り込まれていることが指摘できる。

大規模な海難の発生を受けた国際社会による、旗国の責任の明確化とその義務の強化については、汚染時の被害者への補償制度の充実と相乗的に対応されてきたように思われる。その対応もまた、具体的に国際条約の制定という形で現れる。

国際社会はこれまでも、様々な条約の制定に奔走してきた。船舶や海上構築物からの油の流出、排出に起因した損害について、その発生を防止するために制定された国際条約は数多い。MARPOL条約を初めとしたそのような条約の中でも、海難防止のための国際条約の始祖とも呼べるものが、先に挙げた1969年に制定された油汚染民事責任条約である。

---

(944) 栗林忠男・前掲注(667)21頁
(945) 大型タンカーによる海洋汚染の多くは、伝統的海運国の沿岸で発生する傾向がある。多量の原油を輸入、消費するのは先進国諸国であり、原油等の危険物を満載した多くの船舶を受け入れる関係上、必然的に海難の発生率が高まるためである。
(946) 第二次世界大戦後、IMO等の国際機関が海洋環境の保護を目的として制定した多国間条約は、海洋汚染防止に関する条約が六件、海洋汚染損害に対する責任条約が四件、船舶の安全運航に関する条約が三件、船員の資格や労働条件に関するものが二件に及ぶ。

第Ⅲ部　便宜置籍船が影響を与える諸問題

　伝統的な旗国主義の下、海洋汚染の被害への対応は、被害を発生させた船舶の旗国のみに収束してきた。しかし汚染を起こした船舶の取締りが旗国にのみ許されるとする海洋法における旗国主義では、船舶より流出した油によって被害を受ける沿岸国が蚊帳の外に置かれるという、不合理な状態が打破できなかった。本条約では沿岸国が汚染事故より海洋環境、沿岸及び関係利益に対する急迫した危険を防止するために、汚染の被害国が、公海上において汚染を引き起こした外国船舶に必要な措置を取れる旨を、初めて認めたものであった[947]。

　1969年の油汚染民事責任条約の制定過程では、船舶所有者に課されるべき損害賠償責任の如何について、激しい論議があった。当該責任を、国際海事法の伝統に従った過失責任としての処理に付すべきか、損害の深刻さを考慮して厳格責任・危険責任を導入するかについての議論であった。特に旗国主義の持つ排他的な旗国管轄権は、海洋における第三者損害の救済という立場より規制を受けるようになる。第三者損害とは、科学技術の発展に起因した様々な危険とそれに伴う損害が、それまでは予想されなかった管轄権外の領域において、善意、無過失な第三者に損害を与えるというものである。その損害は軽微なものではなく、時として生命、財産、環境に大きな影響を及ぼすものが対象とされる。船舶による第三者損害の代表的なものが、大型タンカーからの油の流出によって引き起こされる海洋汚染である。危険責任の考え方は、原因行為の国際違法性や原因を生じさせた者の故意・過失の有無を問わずに、損害・損失の発生という事実を以って、運用管理者または関係国の無過失損害賠償責任を直接的に問うことができるとするものである[948]。

---

[947]　同じ時期、問題は海難事故のみならず、沿岸沖を航行する外国船舶よりの油の排出を取り締まるために、領海の外側に広大な汚染防止水域を設定し、沿岸国が当該水域を航行する外国船舶に対しても一方的に管轄権を行使しようとする動きが出てきた（高林秀雄・前掲注(53)13頁）。例えば1970年に制定されたカナダの北極海汚染防止法においては、北極海に距岸100マイルの汚染防止水域が設定された。

[948]　山本草二『国際法における危険責任主義』(1982年) 5頁。大規模損害の危険性とその損害の責任を捉える考え方を危険責任主義という。危険責任主義とはもともと、各国の国内法制において、高度の危険を内在させる活動や施設によって引き起こされる第三者損害を救済するために考案された法理である。この主義は、伝統的な国家責任論とは異なった根拠に立った考え方である。（山本草二・前掲5頁）。

実定国際法上の危険責任主義は、高度の危険性を内在させる事業活動やそれらの設備の運営が発生せしめた損害に対して、無過失責任の原則を採用することによって表現される。タンカーが第三者に与える損害について見れば、関係する諸条約は事業者側の過失の存在についての被害者の挙証責任を縮減すると共に、損害の救済という実体法における無過失責任、またはこれに近い厳格責任の原則を採用している[949]。

1969年の油汚染民事責任条約は、船舶からの油の流出・排出に起因する汚染損害のみを対象とし、補償は損害発生地を基準とした。締約国の領域で発生した汚損損害についての補償は、船舶所有者や旗国との関係の如何に関わらず補償されることとなった。公海上で発生した汚染損害については、沿岸国がその領域内への汚染損害をもたらさないよう、その防止のための措置を領海外で行った場合、それらの費用も請求できることとなった。同時に公海上での汚染損害に対しての地理的な適用が拡大された[950]。

5 汚染損害に対する厳格責任と船舶所有者の責任の明確化

1971年には「油による汚染損害の補償のための国際基金の設立に関する条約」[951]が制定された。この国際基金は、1969年の油汚染民事責任条約に基づく保護が不十分である場合に、油汚染損害の被害者に対する十分な補償を確保することにあった。加えて船舶所有者の金銭上での追加負担の軽減も、その目的とされた。結果的にこの基金によって、船舶所有者にとって過失責任の利益が残されると共に、被害者にとっては厳格責任に基づいた利益が与えられた[952]。また船舶所有者と同様に、油の主たる受取人についても、実質的な油損害の責任当事者とみなして基金への拠出金支払いの義務が課された。そして条約の適用条件については、損害を与えた船舶の旗国が締約国であることでは

---

(949) 山本草二・前掲143〜180頁
(950) 油濁の原因について、タンカーの事故についての過失の立証は簡単ではない。タンカーの運航それ自体の特異性よりも、発生した油濁汚染損害の破局的な規模を顧慮すれば、厳格な過失責任原則に固執することは許されないとされた（山本草二・前掲173頁）。
(951) Convention on the Establishment of an International Fund for Compensation for Oil Pollution Damage, 1971、1978年10月16日発効
(952) 山本草二・前掲注(948)174〜175頁

なく、締約国の領域において損害が発生した場合とされた。そのような適用の条件が採用された理由は、汚染損害の発生源となった船舶を識別できない場合があり得ることを考慮したためとされた(953)。

「海底鉱物資源の探索及び開発から生ずる油汚染損害についての民事責任に関する条約」(954)は、1976年に採択された。この条約も同様に、施設の事業者に同様の厳格責任(955)を課している。

先に掲げた油濁汚染防止のための条約の多くは、事業者や運航者、船舶所有者等、一般に事業の運用管理者とみなされる者に対し無過失責任を課した。伝統的な国際法の下では、加害国の側において相当の注意を払ったとの抗弁によって、被害国が加害国の故意または過失を立証し得ない限り、賠償請求が認められなくなる可能性が強かった。船舶、特に大型のタンカー等、高度な専門的技術によって運航され、また社会的な危険性を内在する業務や施設についても同様な主張があった。このような考え方に対して、被害者の立証責任という負担を解消し、被害者の実質的な救済を図る必要性が唱えられるようになる。一連の油濁防止条約は、運航管理者の企業責任に関する国際的な基準となるべく、無過失責任の原則の採用に踏み切った(956)。

---

(953) 山本草二・前掲194頁。例えば入港を待つ錨地において、多数の船舶が停泊する中で汚染が発生し、且つ油等、船舶からの違法な流出が短時間で終了した上、当該違法行為を行った船舶が逃走した場合等、違法船舶の特定が困難となる場合もあり得る。

(954) Convention on Civil Liability for Oil Pollution Damage Resulting from Exploration for and Exploitation of Seabed Mineral Resources、1976年12月17日採択

(955) 危険責任主義の究極の形態とは、無過失責任原則である。このような危険責任主義の採用は、加害行為の発生源となる国家の主権的な権能を著しく規制するものであるといえる。従って今日の国際社会では、危険責任主義そのものの条件の適用の拡大には消極的である。国家がその主権を行使するためには、他の国とその国民の安全について注意を払うために特定の行為の実施を国際法の観点から規制したり、国家の取るべき注意義務の基準を明確とする等しつつ、国家の国際法上の義務を具体化することが今日の傾向であるといえる（山本草二・前掲注(948)64頁）。しかしこのような流れは徐々に修正を余儀なくされるようになる。

(956) 山本草二・前掲154〜156頁。船舶所有者等、高度の危険性を内在させる業務の活動を自らの責任において実施する者は、それらの活動より生ずる可能性と考慮される結果について、自らの行為に拠るものでない場合であったとしても、これを負担するべきであると認められるようになった。これらの者の負うべき賠償責任は、その主観的な事情の如何に関わりなく、客観化されるようになったのである。油濁に関する諸条約では、

上記の経緯を経た現在の国際条約は、油濁事故による被害者の救済の観点より二つの基本的な枠組みを設定している。一つは船舶所有者に対する厳格責任と強制保険制度への加入である。1969年の油汚染民事責任条約は、油をばら積み貨物として輸送中の船舶が油濁損害を発生させた場合、船舶所有者に対して厳格責任を負わせた[957]。二つ目は、国際油濁補償基金の設置による迅速な被害者救済である。基金は荷主の支出によるものであり、1984年の国際油濁補償基金条約によって制定された。これらの条約は、事後救済の一側面として、タンカーからの油の流出・排出事故に起因する汚染損害につき、船舶所有者に無過失・有限の民事責任を集中し、条約の締約国に対してもその履行を確保するために必要な特別の国内措置を取るよう、義務付けたものである[958]。

　さて、1969年の油汚染民事責任条約では、油汚染損害の被害者に対する賠償責任は船舶所有者にあるものとされた[959]。船舶所有者とは、旗国にその登録船舶の所有者として登録されている者である[960]。これに関してはその制定時、船舶の実際の運航を支配する者とされるべきとの案も出されたが、そのような案は第三者による識別が困難となるとの理由によって認められなかった。

　厳格責任の導入には、汚染損害についての責任の強化という現代的な潮流が見られはするものの、登録船舶所有者という必ずしも実質的な事業主体とはいえない者、例えば便宜置籍船の船舶所有者が排他的な責任主体とされた。この

　　企業としての事業者その他の運航管理者に対する損害賠償責任が定められている。船舶の旗国としては、これらの事業者が旗国の批准した条約の関連規定の履行を確保するように指導する義務を負うが、それらの事業者が責めを負う賠償責任そのものについては、間接的な責任を負うに止まっている。一般に厳格責任は、過失の要件が完全に否定される反面、事故を起こした者が当該事故の発生が不可抗力または第三者の行為等、当事者は事故の支配に及ばないとの事由によって発生したものであると立証すれば、責任が免除されるとするものである。更に無過失責任はより厳格化し、このような免責事由を全く認めないか、あるいは限定された特別な事情──戦争や内乱等の特定の場合に限って認められるものである。このように無過失責任は、厳格責任の場合よりも事故発生の当事者にとって厳しい責任が課されるものである。これは正に危険責任主義が現れた考え方でもあり、今日の特定の科学技術に起因した損害に関する国際法規を制定する際にも、その導入が見られるようになっている（山本草二・前掲154～156頁）。

(957)　3条1項
(958)　山本草二・前掲注(38)671頁
(959)　3条1項
(960)　1条3項

措置は、過失を損害の帰責事由とすることの合理性が疑わしくなったことによる[961]。実務上、登録船舶所有者は、実際の海上企業主体ではない可能性があり、本来の事故の抑止に最も適切な立場にある者であるとは限らない。しかし登録船舶所有者を責任主体とする措置は、損害に対する保険の填補が確実に図られることをも目的としている[962]。便宜置籍船の船舶所有者の責任を追及する際、その実質的な船舶所有者の不明確性によって、責任の所在の探求に支障の生ずることを恐れた、国際社会の対応であったともいい得るものと思われる。そして登録船舶所有者の対応責任は、最終的には旗国に及ぶ。一連の条約規定の遵守に責任を有する当事者は、直接には船舶所有者ではなく、条約を批准した旗国である。旗国は条約に批准することによって、自国にある船舶所有者の適正な規制と管理を行わなければならないのである。登録船舶所有者の責任の明確化は、同時に旗国の責任の明確化であったともいえると思われる。

同様な条約の構造は、他の条約にも引き継がれている[963]。

6 国際海運における海洋汚染防止のための措置による負担

条約の制定は一方で、それらを実際の運用に供するに当たり困難な問題をも引き起こす。海洋汚染の防止がその結果として経済的、技術的、政治的な課題を生むのである。

厳格な汚染防止のための基準は、船舶所有者と運航者にその所有船舶の運航経費の増加をもたらす。旗国を含めた国家は、一般的に他国の動向に従い、厳格な汚染防止基準を受け入れる傾向がある。自ら率先して条約の義務を受任しようとはしない。即ち、条約の義務の履行によって生ずる負担によって、自国

---

(961) 藤田友敬「海洋環境汚染」落合・江頭編・前掲注(822)93頁

(962) 藤田友敬・前掲93頁。船舶の汚染損害に対する強制保険制度については、最も形式的に把握できる者へ責任を集中させ、その者による付保を強制すれば、それを港湾当局が形式的に確認する手筈を以って、強制の保険の仕組みを最も実効的にあらしめることができる、との認識がある。

(963) 1996年の「有害危険物質の海上輸送に伴う損害についての責任と補償に関する国際条約」(未発効)では、船舶の登録船舶所有者が第一次的な責任として厳格責任を負い、これを超える損害については荷主によって形成される基金が負担する。船舶所有者の責任には限度額を設け、限度額までの責任を担保するために船舶所有者に保険加入を強制する内容となっている。

の海運産業やその他の産業が国際競争力を失うことを憂慮するに至り、国家がそれらの基準を率先して受け入れることは稀であるといえる。より広くいえば、特に発展途上国は自国経済の妨げとなる可能性のある厳格な国際基準の受入れには消極的なのである[964]。経済的な課題とは、船舶所有者による経費負担の増大を示す。旗国が厳格な基準を自国の登録船舶へ適用することによって、船舶に対する汚染防止のための機器の設置や、船舶自体の構造の変更が義務付けられた結果として発生する。技術的な課題とは、厳格な基準を遵守するために船舶に導入される機器の性能の向上及び乗組員の技量の向上である。そして政治的課題とは、既に他国と締結している条約の内容にも影響を及ぼす可能性が生ずることである。

　便宜置籍国の多くは途上国である。厳格な汚染防止のための基準は、自国への便宜置籍船の誘致に障害とはなっても、誘致のためのセールス・ポイントとはならない。便宜置籍の重要な目的の一つが、上記のような国際規制の回避にあるからである。

　また船舶の運航に要する経費の増加は、新造船舶の建造費の増大や傭船料に跳ね返り、最終的に貨物運賃の上昇を招来する。貨物運賃の上昇は、その貨物の受入国の物価に影響を及ぼす。国際基準の適用が招く経費の支出は、結果的に諸国民の負担に回るという構図ができ上がる。

　船舶による汚染損害をその登録船舶所有者に集中させようとした条約の取り組みは、理論的には合理性のある取り組みであったように思われる。そのような取り組みには、海上保険制度をリードした英国における保険制度理論が背景にあったとの指摘がある[965]。しかし最近の新しい条約では、油濁に対する責任を船舶所有者に集中させることなく分散させる傾向が見られる。例えば2001年の「燃料油による汚染の民事責任に関する国際条約」[966]では、責任主体となる者に従来の登録船舶所有者の他、裸傭船者、船舶管理・運航者を加え

---

(964) R.R.Churchill and A.V.Lowe, *supra* note 37, p.338
(965) 藤田教授は、英国では他人のための保険が認められていなかったことによって、登録船舶所有者を被保険者という責任主体とする必要があったと指摘し、民事責任条約の責任集中は、強制保険のための擬制的な被保険利益を創出することにあったため、とする（藤田友敬・前掲注(961)104頁）。
(966) International Convention on Civil Liability for Bunker Oil Pollution Damage（未発効）。

て定め、これらの責任主体が厳格責任を負う体制を確立している。このような対応は国内法にも見られ[967]、かつての登録船舶所有者に責任を集中する傾向は国際的にも薄れてきているといって良い。

このような国際海運における環境は、登録船舶に対して有効な管理と規制を行うことが求められてきた旗国の義務の履行について、主として便宜置籍国を中心としたサブ・スタンダード船の旗国が放置または消極的な対応に終始してきたことによって現出させたといっても過言ではなかろう。旗国が自国に登録された船舶に対して、環境保護規制を有効に行うことができるとする旗国主義の前提は、旗国主義を執行する資質に欠けた便宜置籍国の台頭と、その配下にある多くの便宜置籍船の横行によって非現実的なものとなってしまったともいえる[968]。1970年代より80年代にかけての頻発した、また2000年代に入っても撲滅できない便宜置籍船に拠る大規模海難が、その証拠として引用されている。そしてそのような国際海運の環境の是正のために、国際社会は種々の多国間条約の制定によって、便宜置籍船を含む国際海運に従事する船舶全体を規制する策に出た。その策が結果として管轄権の規制に及び、旗国主義の排他性が狭められ、他方で諸国の負担コストを増大させる結果を招いたといえるのである[969]。

---

[967] 米国の国内法である1990年の油濁法（Oil Pollution Act 1990）は、汚染損害の責任当事者に厳格責任を課してはいるものの、その対象は船舶所有者、運航者、傭船者の他、陸上施設や海上施設の所有者や賃借人等、広範囲に及ぶ。同様な米国法における責任当事者の拡大は、同じく1980年に立法化された包括的環境対処・補償・責任法（Comprehensive Environmental Response, Compensation and Liability Act of 1980, CERCLA）にも見られ、同法はこれまでおよそ環境法上の責任負担者としては無縁と考えられてきた非製造業を営む企業（特に金融機関）、あるいは直接的な責任主体とは見られていなかった会社経営者、従業員、親会社、株主、土地・施設の賃借人、地役権者、企業の承継者等、潜在的責任当事者を拡大した。吉川教授は、CERCLAは、人々の健康や地域の環境を危険に曝す、過去の不適切な廃棄物の処分を可及的速やかに改善するための経済的基盤を確立する目的を以って立法化されたものであり、他の諸国の環境法に比類なき責任当事者の拡張は、その目的達成に大きく貢献するものである、とする（吉川栄一「企業環境法の基礎」2005年、106頁）。責任当事者の拡張は、原状回復が最優先される環境法の特性に適合した手法といえると思われる。

[968] 富岡仁・前掲注(760)246頁

[969] Oya Özçayirは例示として、国際的な規制の実施にあたり南アフリカが直面している資金、人材不足について言及している（Z. Oya Özçayir, *supra* note 22, p.4）。この負

7　新たな管轄権の設定

　海洋汚染に関して国際公法の観点から問題となったのは、管轄権についてであった。伝統的な国際法の考え方では、船舶に関する管轄権は旗国主義に基づいたものであった。しかしこの原則をそのまま貫くことは、海洋環境の保護保全のためには不十分、不適切であるとの認識が、1960年代以降、多くの海難の勃発によって拡大していく。沿岸国は慣習国際法上、領海内の汚染を規制する権限を有するという認識の下、各国共、自国領海における外国船舶による汚染を規制する国内法令を制定していった。そして更に大規模海難の続発が、公海上における活動に対しても沿岸国の管轄権が拡大されるべきであるとする主張の拡大を促していった。このような動きは最終的に、沿岸国管轄権、寄港国管轄権に関する規定として結実する[970]。

　国連海洋法条約では、旗国主義の欠点を補完するため、伝統的な海洋法の法的枠組みに対して主として二つの立場が擁立された。一つはより環境的な意識の拡大をモットーとして、海運国以外の諸国が沿岸国、寄港国としての執行権限を広げようとするものであった。一方の一つは、海運国は沿岸国法制の統一を図るため、沿岸国の立法についての自由裁量を制限しようとした。海運国は、沿岸国と寄港国の権限の増大によって、船舶の不当な遅延や運航経費の増大が招来されることを警戒したのである[971]。結果的に双方のグループは、適度に妥協を図り、それぞれの主張を国連海洋法条約に反映させた[972]。

　国連海洋法条約では、それまでの旗国主義に基づいた管轄権の他、二つの管轄権、即ち寄港国及び沿岸国にも管轄権を認めて規定した。海洋汚染においては、旗国にとっての義務の下限となる国際基準が、寄港国や沿岸国にとってはその権限が行使できる上限となって現れる[973]。そのような関係において、これら三者の管轄権は海洋環境の保護をその目的の一つとして並立するものである。

　　担増加は、便宜置籍船のもたらした経済的な価値と比較されるべきとも思われる。
(970)　藤田友敬・前掲注(961) 80頁
(971)　R.R.Churchill and A.V.Lowe, *supra* note 37, p.346
(972)　*Ibid.*, p.346
(973)　薬師寺公夫「海洋汚染防止に関する条約制度の展開と国連海洋法条約」国際法学会編『日本と国際法の100年3巻―海』(2001年) 所収220頁

第Ⅲ部　便宜置籍船が影響を与える諸問題

　元来は海洋汚染の防止に際して、領海を越えた海域では船舶の旗国が管轄権を行使し得るとした旗国主義が認められていた。国連海洋法条約では排他的経済水域を設定することによって沿岸国に一定の権限を付与し、伝統的な旗国主義を制限した(974)。このような管轄権の並立とそれぞれの権限の強化と規制は、多元的な執行を図った国連海洋法条約の大きな特色の一つであると認識されている。規則制定の基準については自国船舶につき、その旗国に対して国際規則、基準設定の義務が課された。執行についてはそれぞれの規制原則に基づく管轄権の執行方式が採用された。その執行方式とは、船舶については自国の船舶を対象として何れの海域を問わず旗国によって執行されること、外国船舶による公海上の違反については寄港国によって執行され、更に領海、経済水域内の違反については沿岸国によって執行されるべしというものである。

　(1)　寄港国管轄権　　慣習国際法上、国家は自国の港内や内水にある外国船舶に対して、船舶が遵守すべき法令を領域主権に基づき自由に制定してきた。寄港国は、この法令に反した入港要件に適わない船舶の入港を拒否し、国内法令を執行し、裁判権を行使する一般的な権限を有するものとみなされてきた(975)。しかし実際の国家実行では、自国の領域内にある外国船舶の内部事項について、寄港国はその管轄権の行使を控えるのが国際的な慣行となってきた(976)。最近までの解釈では、入港する外国船舶の設計、構造や証書の備付に至る違反に対してまで、寄港国が規制を及ぼせるか否かについては慣習国際法上も不明確であった。

　このような国際実行つき、1973年と78年のMARPOL条約は、寄港国に外国船舶の保持する証書の検査を義務付けると共に、それらの証書や船舶の構造に不備が認められた場合についてはそれらが改善されるまで、当該船舶の出港停止を命ずる義務を与えた(977)。同様の規定は国連海洋法条約にも引き継がれた上、MARPOL条約はその内容を更に発展させて、汚染の原因たる公海における外国船舶の排出行為に対する寄港国による規制を認めた(978)。近時における

---

(974)　富岡仁・前掲注(760)253頁
(975)　このような慣行は、主として船内犯罪や港湾秩序、船員懲戒や労働関係の問題を対象としてきた。
(976)　薬師寺公夫・前掲注(973)221頁
(977)　5条「証書及び船舶の検査に関する特別規定」2項

第 2 章 管轄権の問題

寄港国管轄権とは、公海上での外国船舶に拠る国際基準に違反した排出に対する調査・処罰権限までをも包括するものである(979)。

(2) 沿岸国管轄権　この管轄権は排他的経済水域以内における沿岸国による汚染規制のための管轄権である。慣習国際法上、沿岸国は領海における汚染の防止のための法令を制定することができる。そしてその領域へと進入する外国船舶にその遵守を要求することができる。これは沿岸国の領域主権に基づく権利である。国連海洋法条約によって採用された汚染防止の規定の種類に関して、沿岸国の立法権は引き下げられた一方、そのような規定が適用される地理的な領域に関しては引き上げられた。しかしこの権利はまた、外国船舶の有する無害通航権によって対抗を受ける。沿岸国はその領海において、無害通航権を行使する外国船舶に対する汚染防止規定を制定することができるようになった(980)。国連海洋法条約では沿岸国の法令制定権の一つとして環境の保護及び汚染の規制を定め、領海における無害通航権を規制した(981)。

既に見たように、旗国主義の概念は、公海の自由と海洋における秩序の維持という目的を同時に達成するための手段として構成された。伝統的な旗国主義の考え方の下では、船舶に起因した海洋汚染が進行して沿岸の諸国が被害を受けるようになっても、尚、旗国以外の国は、その領海の外側において海洋を汚染する外国船舶に対し、管轄権を行使することができなかった。旗国主義の本来の主眼が、領海の外側を航行する船舶に対して、その旗国以外の国家による管轄権の行使を禁じていたことに拠る(982)。当然ながら、寄港国管轄権と沿岸国管轄権の内容は、海運国より批判を受けた。沿岸国がその沖合を航行する外国船舶に対して、自国のための汚染防止の措置を一方的に執行し得るならば、船舶の円滑な海上交通が阻害されるとの指摘であった(983)。

---

(978)　219 条「汚染を回避するための船舶の堪航性に関する措置」
(979)　薬師寺公夫・前掲注(973)222 頁。国連海洋法条約は、寄港国の立法管轄権についての変更は加えなかった。しかし条約は、外国船舶が自国の港湾に入港する条件として特定の要件を定める寄港国は、そのような要件を適切に公表し且つ IMO へ通知しなければならない、と定めている（211 条「船舶からの汚染」3 項）。
(980)　R.R.Churchill and A.V.Lowe, *supra* note 37, p.347
(981)　21 条「無害通航に係る沿岸国の法令」1 項、211 条「船舶からの汚染」4 項
(982)　田中則夫・前掲注(55)61 〜 62 頁
(983)　高林秀雄・前掲注(53)33 〜 34 頁

しかし結果としてこのような公海自由の原則は、更にその後の国際条約によって規制を受ける。特に国連海洋法条約では、領海外の海域における外国船舶の違反行為に関して、旗国の他、当該船舶の寄港国や船舶の航行する至近の沿岸国による管轄権の行使が認められた。その理由は、伝統的な旗国主義を維持し続ける限り、船舶に起因した汚染の防止は徹底して図れないと認識されたからであった。条約上、これまでの旗国主義は批判され、現代の海洋環境の維持のためにはその機能の不十分性が証明されたともいえよう。

このような素地に従い、条約は旗国の義務の強化を図った。即ち国連海洋法条約はこのような批判に応ずるため、船舶に起因した汚染につき、その防止、軽減及び規制のための基準の設定やその執行に関して、船舶の旗国と寄港国との間においてそれぞれの権限の配分を図る原則を定めた(984)。この基本原則は、本条約の採択以降に締結された海洋環境の保護に関する諸条約において、その保護と海上交通の安全との釣り合いを維持するための基本的な枠組みとして引き継がれている。

国連海洋法条約では寄港国管轄権、沿岸国管轄権の何れもそれ以前の条約にはない進展を見ている。自国の港湾にある外国船舶が、海洋汚染の法令や国際基準に対する違反を行った場合につき、当該船舶が排他的経済水域以内の水域にあった場合には沿岸国管轄権を、排他的経済水域以遠の公海で行った場合には寄港国管轄権を、その外国船舶の行為に対して執行できるようになった。しかしこのような法の執行構造においては、船舶の無害通航権を害させまいと外国船舶の航行権の維持を図った伝統的海運国の主張によって、様々な要件と制約が認められてもいる。それは外国船舶が港内に停泊中であるか、通行権を行使中であるかを基準とした制約である(985)。船舶が港内にある場合には上記の管轄権が執行される(986)が、通航中である場合には停泊中と同様、沿岸国の法令に従った規制が可能であるも、無害通航権を害さないようにしなければなら

---

(984) 条約は第7節「保障措置」を置き、沿岸国または入港国が海洋汚染の防止の執行を行う場合、外国船舶の航行を保護するための保障措置を置いている。中でも228条「手続の停止及び手続の開始の制限」は沿岸国や寄港国が外国船舶に対して刑罰を科する前に、旗国が執行権限を行使し義務を遂行する合理的な機会が与えられるべきとの考え方に基づき、海運国にとり重要な規定となっている。

(985) 薬師寺公夫・前掲注(973)224頁

(986) 220条「沿岸国による執行」1項

ないとの条件が付帯する[987]。そのような無害通航権が認められない場合とは、外国船舶によって故意且つ重大な汚染がもたらされた場合である[988]。

8　国連海洋法条約における旗国主義

旗国主義に関わる汚染防止のための慣習的な基準についていえば、国連海洋法条約は、その所在に関わりなく自国の登録船舶に対する法制を規定する旗国の伝統的な権能を替えることはなかった[989]。しかし条約は以前の法制や条約に比べて、旗国に自国籍船に対してより厳格な汚染防止のための規則の採用を義務付けることによって[990]、旗国主義の権利の制限に動いたこととなった。

船舶に基因した海洋汚染の防止のために、国際社会は国際条約という手段を用い、被害者に対する補償の制度を充実させ、旗国の責任を明確化してその義務を強化し、旗国と沿岸国、寄港国の管轄権を見直してその実効性を高めようと努力を重ねてきた。保険制度に基礎を置いた被害者に対する補償は、相次ぐ大規模海難に遭遇した国際社会が、一旦発生した海洋汚染による沿岸国への被害の救済と現状の回復が充実されなければならないと確知した、国際的な要請に基づくものであった。旗国の責任を明らかにすると共に、その義務が強化された背景には、海難を引き起こした船舶の旗国が国際法上の旗国主義の排他性を享受する陰で、その登録船舶に対しては不十分な規制と管理に甘んじていると露呈された現実があった。それらの旗国は主として便宜置籍国であった。旗国の対応には十分な効果を望み難いとした国際社会は、更に旗国主義の排他的な管轄権を制限しようとした。例えば執行管轄権の変革は、国連海洋法条約が旗国にその登録船舶へ適用される汚染防止法に対する違反が為された何れの場所においても、司法管轄権を執行することができるのみではなく、執行しなければならないことを定めた[991]。即ち、寄港国及び沿岸国の管轄権を拡大し、

---

(987)　226条「外国船舶の調査」。このような通航中の船舶の有する無害通航権に準じた取り扱いは、船舶の航行水域が領海中に止まる場合と、排他的経済水域を航行中の場合とでは異なっている。条約は陸岸より離れるに従い、即ち領海航行中よりも排他的経済水域航行中における方が、通行権の権利をより強化して沿岸国権限を規制している。

(988)　19条「無害通航の意味」2項

(989)　R.R.Churchill and A.V.Lowe, *supra* note 37, p.346

(990)　211条「船舶からの汚染」2項

(991)　217条「旗国による執行」

第Ⅲ部　便宜置籍船が影響を与える諸問題

それらの領域に進入する外国船舶に対する規制の実施を可能とする条約の制定に努めてきたのである。これらの対処は現在、海洋汚染を引き起こす危険性の高い、サブ・スタンダード船に対するものとして理解されている。しかし大規模海難が続発していた時期は大要、便宜置籍国の登録船舶に対する規制と管理の不十分さへの対処として採られた実行であったといえる。

　事実、国連海洋法条約は船舶からの汚染を防止するための基本的な規制構造として、従来の旗国主義の排他性を制限してその強化に努めた。条約の制定にあたっては、例えば外国船舶の取締り上の不備を排除するために、当該船舶への沿岸国及び寄港国による管轄権の導入をも許容するに至った。国連海洋法条約はこれまでの消極的な寄港国主義を改め、公海における排出違反につき、寄港国は調査の他、違反の事実が証拠によって裏付けられた場合、違反船舶に対する管轄権執行の手続きを許している。このような寄港国の権利の伸長は、寄港国が一律に行使できる権限とした普遍的寄港国管轄権の現れとされるものの、条約上の実際はこれらの権利も一定の条件の下に認められている[992]ことに注意しなければならない。また寄港国の裁判権に優先順位を認めるべきとする主張もあった。違反船舶を最も直接に管理できる立場にある国が、排出その他の汚染原因の規制に関する国際規則・履行を確保する責任を負うべきであるとする趣旨の下に展開された主張であった[993]。しかしそれでも尚、旗国の国内法制を適用すべき、水域的な適用の範囲についての制限、例えば旗国の排他的な管轄権は領海に及ばないとする等、課すには至らなかった。国連海洋法条約における旗国による執行は「違反の発生地の如何を問わず」、国際規則、国際基準、国内法令の効果的な執行のために必要な措置を取るものとして規定されている[994]。このように、旗国主義の義務の強化と寄港国、沿岸国による外国船舶に対する規制への参入が認められたとはいえ、他国の管轄水域を含めて全ての海域に旗国の法令が及ぶとする、旗国主義の基本的な前提が修正されるには至っていない。

---

(992) 寄港国は関係国からの要請があった場合または自国に被害があった場合にのみ、手続が取れるものとされる（218条「寄港国による執行」2項）。またこれらの手続の開始は義務ではない（同条1項）。
(993) 山本草二・前掲注(68)318頁
(994) 217条「旗国による執行」1項

このことをいい換えれば、旗国は尚も、登録船舶に対する旗国としての義務に重い責任を担っているのである。

第2節　管轄権の域外適用

1　人間環境宣言における国家管理の原則

一般に国家責任とは、国家の国際義務違反の結果として当該国家が負う責任を意味し、具体的には国家の国際違法行為責任をいう。これに依れば国家責任、即ち国家の国際責任は、国家に帰属する国際義務への違反行為によって発生することとなる。そしてこの国家責任は、私人の行為に関連しても成立する場合がある[995]。

1972年の国連人間環境会議で採択された人間環境宣言では、「国は（中略）自国の管轄権内または支配（管理）下の活動が、他国の環境または国家の管轄権の範囲を超えた地域の環境に損害を与えないことを確保する責任を負う。」[996]と規定された。明文化された、この環境損害の防止の義務は、国家が属地的に管轄する領域内の活動のみではなく、広く国家の管理下にある活動をも対象としている。これには自国領域外における自国民や自国の船舶の活動も

---

[995]　国家責任は国際違法行為に基づいて発生する。その国際違法行為には主観的、及び客観的な二つの要因の存在が必要とされる。主観的要因とは、個人が行った行為であっても、その法的な効果が国家に帰属するという連結関係が、行為者個人と国家との間にあることを必要とするものである。国家との間に職務上、組織上の連結関係を持たない通常の私人、私企業が行った行為等は、それらの有するその国の国籍、許認可などに基づき、私人、私企業が属人的な管轄権の下にあるという理由のみでは、この主観的要因の存在を認定することはできない。客観的要因とは、国家が国際法上の義務違反、不履行に該当する行為を行っているとの客観的事情の存在があって、国際違法行為が成立するというものである。上記の私人・私企業の行為によって他国に損害や法益の侵害が及んだ場合には、国家の不作為や相当の注意の欠如を理由として、国際違法行為の存在が認定される。そしてこの客観的な見方、所謂、責任の客観化は、国家が明白に国際法規に違反した場合に限り、その侵害の回復のための責任を負うとする、伝統的な国家責任原則の厳格性を緩和するところにその本来の目的があるといえる。現在の学説では、原則として国家は国際法上の義務違反（国際違法行為）という客観的な要因に基づいた場合にのみ国際責任を負うという考え方が主流となっている（山本草二・前掲注[948] 38～74頁）。

[996]　原則21「環境に対する国の権利と責任」

含むと解釈される。また他国だけでなく、公海等の国家の管轄権が適用される範囲を超えた地域、即ち国際公域に及ぼされる損害をも対象に含まれた[997]。

　人間環境宣言では、国家が負う責任について管轄権を基礎として定めている。その管轄権とは、国家が属地的に管轄する領域内の活動については属地的な管轄権を、領域外の国家の管理下にある活動については属人的な管轄権をいうものと思われる。

　近代国際法は、領域国家を基本として形成された。国家の権力作用、即ち管轄権配分の基準となっているのは、その場所的範囲であり、人的範囲はそれに従属した形でしか認められていない[998]。国家の管轄権の基礎は属地的管轄権[999]にあり、属人的管轄権は属地的管轄権に従属した権利であるとの主張である。しかし国家が管轄権を行使する上において、人的な基準、属人的管轄権が重要な意味を持つ場合は少なくない[1000]。国家による属人的な管轄権は国

---

[997] 加藤信行・前掲注(763)154頁。この原則は慣習国際法の規則として確立していると解釈されている。部分的には、従来の領域使用の管理責任の原則が確認できるものであるが、保護法益の拡大、保護地域の拡大、属人的管理責任への言及において、国家の管理責任が従来よりも強化される内容となっている。環境損害は、他国または国際公域で発生する広い範囲の有害効果を生む。環境損害から保護される地域には他国の環境のみならず、国際公域の環境が含まれる。そして国家は領域外における活動が与える環境損害についても責任を負う。その責任とは、国家の管理下にある船舶等が、他国または国際公域に与える環境損害を防止するための一般的な注意義務を負うとするものである（臼杵知史「国際環境法の形成と発展」水上・西井・臼井・前掲注(763) 8 ～ 9頁）。

[998] 田畑茂二郎・前掲注(198)235頁。国家の領域内にある者は、その国家の国籍を有する国民のみでなく、外国人であっても全てその国家の排他的な管轄権に服することとなる。逆にその国籍を有する自国民であっても、外国の領域内にある限り、国家は原則としてその者に対して権力作用を行うことは認められない（田畑茂二郎・前掲235頁）。

[999] その根拠は、管轄権の及ぶ範囲を確定する、一般国際法上の原則として援用される属地主義である。伝統的な国際法においては、領土、領海、領空という国家領域では、領域主権に基づいて、領域国の国家管轄権が排他的且つ包括的に適用されるとされている（中川淳司「国際企業活動に対する国家管轄権の競合と調整」村瀬・奥脇編・前掲注(66)370頁）。

[1000] 田畑茂二郎・前掲注(198)235頁。国家の領域内においては、外国人も全てその国家の領域主権の下に立ち、国家は外国人に対しても国民に対するのと同じように、原則として排他的な自由な統治を行うことは認められているが、全く自国民と同じであるという訳ではない。外国人についてはその取り扱いに関して、慣習国際法によって一定の制限が設けられている。また条約によっても一定の取り扱いが約束される場合がある

第 2 章　管轄権の問題

籍をリンクとし、属地的な管轄権は領域主権を基礎としている。船舶について言及すれば、属人的管轄権は別名、旗国主義とも表現される如く、船舶の国籍や船舶所有者の国籍に法的な根拠を置いている。また属地的管轄権は、船舶を旗国の領域と仮定することによって設定できると思われる。

2　私人・私企業に対する国家責任

　私人等による国際法益の侵害についていえば、国家に属する機関がその防止や排除のために必要とされる、相当の注意を払わなかった場合が例示できる。国家はそのような自らの不作為を、国家自身の国際義務違反行為として、責任を負わなければならないともいえよう[1001]。現実問題として、環境損害の多くは私人や私企業の活動によって引き起こされている。同様に船舶による海洋汚染は、その多くが私人や私企業の所有による商船、漁船の活動に起因している。環境保護の一部分を占める海洋環境の保護につき、国家の義務と責任が求められるならば、国家、即ち旗国はその管轄権を通して、自国に登録された船舶に対する適正な規制と管理を行わなければならない道理が必然的に醸成される。国家が私人や私企業による環境損害を防止する義務を負うとされるならば、国際法上、国家にもまた、各種の損害と環境における危険を防止するために、高度の注意義務が課されている[1002]こととなる。

　自国内の私人や私企業がもたらした侵害行為について、国家が国際法上の義務違反に基づいた国際責任を負う場合を整理すれば、二点挙げることができる。第一に、それらの対象が国際法上の基準や規定を実現し、これに適合した行動を取るよう国内における措置を行うことである。もう一点は、それら私人や私企業が国際法を遵守しない場合、国家が相当の注意を以って、それらの侵害行為を事前に防止するように努めることである。実際に私人・私企業は、属人法国に対して国内法で定める範囲内での義務を負うに止まり、国際法上の要件を遵守する義務はない。これまでは、このような私人・私企業の活動と国家への責任の帰属という関係が、基本的には維持されてきた[1003]。上記の第一点は、

　　　（田畑茂二郎・前掲注(198) 235 〜 236 頁）。
(1001)　　加藤信行・前掲注(763) 152 頁
(1002)　　山本草二・前掲注(948) 10 頁
(1003)　　山本草二・前掲 72 頁

属地的な管轄権に基づいた国家による対処への要請である。第二点は、属人的な管轄権による対処が主となろうが、私人・私企業が自国領域内にある場合には、属地的な管轄権による指導、監督も考慮することが可能と思われる。両者の意味するところは、国家は自国に属する私人や私企業の国際義務違反の防止のために、単に領域主権に基づいた属地主義による管轄権の行使による規制に止まらず、領域外にある者の行為に対しても、属人主義による対処が求められている事実である。

私人・私企業の行為と国家責任を分離しようとする考え方がある。国際法委員会の定めた「国家責任に関する条文草案」（1975年採択）11条では、私人の行為は原則として、国家の行為とはみなされないとした。この草案では過失責任主義ではなく、客観的責任主義が採用されている。一般的にも、私人の行った行為は事実上の国家機関として行動した場合を除いて、国家の行為であるとはいえない。従って私人の行為と国家との間に、責任の帰属関係は生じないこととなる。しかし私人の行為を契機とした一定の結果や法益の侵害が発生した場合、国家機関がその防止または排除について相当な注意を行ったか否かについての問題は問われざるを得ない。国家は、自国に属する私人・私企業が為した行為に対しての注意義務違反が認定されることにより、それらの不法行為についての責任を負うこととなる。この法理は、既に判例でも示されている[1004]。

3 領域使用の管理責任

国家は、自国の領域の使用についての責任を有している。国家によるその領域についての管理責任は、属地的な管轄権に基づいたものである。国家領域では領域主権に基づき、国際法上、特別な制限のない限り、領域国の国家管轄権が排他的且つ包括的に適用されている。国家が内外人の別なく、他国の介入を排除して管轄権を行使できるのは、原則としてその領域に対してのみである。国際慣習法または条約に基づく別段の許容法規のない限り、国家は国際法上の主要な義務として、他国の領域での権力行使を全て禁止される[1005]。

[1004] *Trail Smelter Arbitration* (US v Canada), 1941,「トレイル溶鉱所事件」。後述する。

[1005] 山本草二・前掲注(38)232〜233頁。その意味で、管轄権は属地的なものと、一

自国領域外の他国の法益について影響を及ぼす越境損害に、適用が可能な一般原則として、領域使用の管理責任の原則が確立されている。この原則は、国家がその管理下にある領域を自ら使用し、または私人に使用させるにあたっては、他国の法益を侵害してはならないというものである。即ち国家は、国家自らの領域使用に対して責任を負うのと同様、私人や私企業にその使用を許す場合にあっても、それらに対する管理責任から免れることはできないとする原則である。国際法の成り立ちより、国家がその領域について属地主義に基づいた管轄権を行使し、且つその使用の責任を負うとする考え方は、管理責任の原則であったともいい得る。国家による管轄権、国家管轄権とは、国家がその国内法を一定の範囲の人、財産または事実に対して具体的に適用し、行使する国際法上の権能をいう[1006]。

条約や制定法において、領域という言葉はその管轄権を意味することがある。領域と管轄権を同一のものと見るのは、理論的に正しい。領域という言葉が法的管轄権の及ぶ特定の範囲を示し、地理的な概念を示すものではないという法的な背景より見れば、船舶や航空機、領海が領域であるか否かに関する抽象的な議論は現実的ではない[1007]。この管轄権について考慮するとき、単なる船舶は平面としての領域ではなくなるのである。この時点で、船舶を場所としての領域と見る考え方とは決別することとなる。

このような国家による領域使用の管理責任は、領域主権の行使によって国家領域を国家、私人、第三者が使用する際に、当該使用行為が他国の国際法上の権利を侵害する結果とならないよう、一般国際法上において特別の注意を払わなければならないことを意味している。領域の使用が人命や環境に与える危険性については、この領域使用の管理責任に基づいて処理が為されるのである。国家はその管轄下にある領域について、属地主義に基づいた排他的な領域主権を有しているのと同時に、領域内で実施された活動が他国の国際法上の権利を

応の推定が為され得る（山本草二・前掲233頁）。

[1006] 山本草二・前掲231頁

[1007] Ian Brownlie, *supra* note 26, pp.113 〜 114。Brownlie は、一定の目的のために、領域は究極的には管轄権と区別できず、領域にしろ管轄権にしろ、どちらも法的な管轄権を指すという（*Ibid.*, p.114）。船舶については、かつての「船舶領土論」に固執した議論は、意味あるものではないとの主張でもある。

害しないよう、注意すべき義務をも負っていると解される。国家が私人による侵害行為にも責任を有するとする理解は、客観的責任主義を超え、且つ国家の過失責任主義の強化またはその変質を図るものでもある(1008)。このような領域使用の管理責任は、環境損害を初めとして、発展を続ける科学技術に起因した多くの損害についての国家責任を捉える上において、重要な基盤を提供するものであると考えられている(1009)。

この原則は、主として以下の判例によって確立された。

(1)　「アラバマ号事件」　「アラバマ号事件」(1010)判決では米国の主張が通り、英国が、その領域にある私人の行為に対して、通常に期待される注意を怠ったとする等、客観的な基準によって英国の国家責任が認められた。

判決の要旨として、各国はその属地的な管轄権の優位性及び排他性を有する結果として、領有する領土と領水が他国を侵害するように利用されないよう、法的な責任の範囲内においてそれを防止する義務を負うとした。この判決は国家の領域外に侵害を生ずる行為について、国家の領域使用の管理責任を認めた最初の事例となった。本件で懸案となった事項は、英国の有した戦時における中立国の義務についてではあったが、判決は社会的な危険性の基準により、国家の行為についての過失概念の客観化を図ったものであった(1011)。

(1008)　過失責任の限界について、山本教授は、(1)特定の産業から生ずる損害を予見または予知し得る科学的な手段が十分には整っていないことにより、予見可能性という伝統的な基準と前提が適用不能となったこと、(2)予見可能性の程度を超えて高度の注意を払ったとしても、未成熟な産業においては損害の発生を防止する適当な安全措置をとることが事実上、困難であること、(3)これらの産業の全体的なシステムは、外部の第三者には窺い知れず、事業者が払うべき注意の程度の判断が困難であること、(4)産業における設備の実験や開発、製造、使用等は機密性が高く、被害者が被害の発生原因となるべき証拠を入手し難いこと、を挙げている（山本草二・前掲注(948)153〜154頁）。

(1009)　山本草二・前掲104頁

(1010)　The Alabama Arbitration, 1872, 米国が南北戦争下にあった時、南軍は英国に軍艦を発注した。竣工後の当該軍艦は北軍に属していた商船の捕獲に従事し、その結果として北軍は多大の損害を被った。戦後、米国は英国に対して損害賠償を要求したが、これを拒否した英国と米国との間で仲裁判断が為され、英国の中立義務違反が認められると同時に、米国への損害賠償も認められた。仲裁では、英国は南北戦争下、中立義務を履行する立場にあったにも拘わらず、国家として取るべき「相当の注意」を怠ったものと判じられた。

(1011)　山本草二・前掲注(948)114〜115頁

(2) 「トレイル溶鉱所事件」　1941年の米国とカナダの仲裁裁判判例である「トレイル溶鉱所事件」[1012]において、領域使用の管理責任が明確化された。

本事案は、私人の行為についての国家の国際責任が認定された最初のケースとなった。この事案においては直接の被害者と加害者が私人であったにも拘わらず、米国とカナダとの間の国家紛争として取り扱われた。この判例を契機として、学説上も国家の領域主権の行使は私人、私企業による事業活動の結果であっても、他国の領域に対して重大な損害を与えることのないよう、制限を受けなければならないとする解釈の方向性が認められるようになっていった[1013]。同様に物理的な侵害行為を伴うものについては、国家がそのような行為の防止のために「相当の注意」を尽くしたか否かについての判定を行う基準として、このような判例の蓄積が重要視された。それは当事国の主観的な過失の有無を意味するものではなく、国際関係における責任当事国の社会的義務、信義誠実、権利の濫用[1014]等の概念を通して、「相当の注意」の客観化を図ろうとする努力の蓄積であったといえる[1015]。

(3) 「コルフ海峡事件」　1949年の「コルフ海峡事件」は、領海通航中の外国の軍艦が機雷によって被った損害につき、沿岸国の領域使用についての管理責任を認めた判例[1016]であった。

(1012) *Trail Smelter Arbitration*（*US v Canada*）, *1941*, Robert McCorquodale and Martin Dixon, *supra* note 52, pp.466～467。カナダ領であったトレイルに建設された溶鉱所の煤煙によって、隣接する米国ワシントン州の農作物や森林に対して被害が加えられた。この事実につき、米国とカナダは本件を仲裁裁判に持ち込み、カナダが米国への損害賠償の責めを負う旨、認められた事案である。カナダ政府には、自国領域内にあった民間会社のトレイル溶鉱所による行為の防止に努めなかったために、領域を管理する国家としての管理責任が問われた。本事案では、私人が国家の領域を使用するにあたっては、その使用が、隣接する領域を管轄する他国の権利を侵害することを防止しなければならない、とする原則が認められた。

(1013) 判決は、如何なる国家も国際法の諸原則に基づき他国の領域、人命、財産について、懸案とされた事態が深刻であり且つ煤煙による被害が明白である上、人を納得させ得る証拠により、その事態の事実が確定される場合では、このような被害をもたらす方法によって自国の領域を使用し、またその使用を認める権利を持つことはない、とした（田畑茂二郎・太寿堂鼎・前掲注(242)44頁）。

(1014) 「トレイル溶鉱所事件」の判例を、国際法における権利濫用の禁止原則を認めたものとする指摘もある（山本草二・前掲注(38)647頁）。

(1015) 山本草二・前掲注（948）106頁

第Ⅲ部　便宜置籍船が影響を与える諸問題

　この事案は、直接に国境を接しない国家間において、国際法で認められている無害通航権の侵害が行われたことにつき、沿岸国の責任が認められたものである。また沿岸国が、事故の発生した海域の状況を事前に知っていたと認定され、当該沿岸国がこれに基づいた損害の防止に必要とされる「相当な注意」の程度について判断されたことが評価を受けている[(1017)]。沿岸国が負う義務としては、沿岸国がその領海を通航する船舶に与える危険性が、領海内に存在する事実を認知している限り、その通報や警告を行わなければならないとすると共に、その実施・方法の義務が特定された[(1018)]。そしてこのような原則は、特定の国家を相互的に拘束するのではなく、海上交通の自由、領海使用の管理責任といった国際法の一般的な原則に基づく、一般的拘束性と客観性を持つものとして確定された[(1019)]。即ち裁判所は、国家は自国の領域が他国の権利を侵害するような状態にあることを知りながら、他国の使用に任せてはならないとする義務が存在すると判示して、従来の国家主権の有する領域管轄権の絶対性に、一定の制約を加える判断を示したのである[(1020)]。

(1016)　*Corfu Channel Case*（*UK v Albania*）, *ICJ, 1949*. Robert McCorquodale and Martin Dixon, *supra* note 52, pp.357〜358, 411〜412。アルバニアの領海に属したコルフ海峡において、航行中の英国軍艦が機雷に触れて死傷者を出す損害を被った。この事件は英国とアルバニアとの間において、折しも無害通行権について交渉されていた矢先の事件となった。英国は海峡の掃海を強行すると共に、事件は両国間の紛争として国際司法裁判所での審理に付された。その結果、裁判所はアルバニアの管理責任を認め、英国に対して損害賠償の義務を負うこと、英国の事故後の掃海行動の強行が、アルバニアの主権を侵害したこと等を認めた。

(1017)　判決はアルバニアに対して、同国の領水内に機雷のあることを一般の船舶に通告し、また機雷に近付きつつあった英国軍艦に、その危険を警告することが義務であったとした。その上で、一般的に確立された原則、即ち人道の原則、海洋交通の自由、自国の領域について、そのことを知りながら他国の権利を侵害するようなかたちでは使用させてはならないことを、全ての国家の義務とした（横田洋三「コルフ海峡事件」波多野・松田編著・前掲注(61)所収、33頁）。

(1018)　このような義務は、1958年に制定された領海条約15条「沿岸国の義務」2項に規定された。

(1019)　山本草二・前掲注(948)131〜132頁

(1020)　横田洋三・前掲注(1017)37頁。本判決は事実上、領域の使用に関する国家の管理責任を認めた前記「トレイル溶鉱所事件」判決を追認するものであった。但し本判決は、その沿岸国の義務の内容が、事情を知りつつ、他国の権利（無害通航権）を侵害する行為のためにその領海が使用されることのないように、「相当の注意」をもってその危険

第 2 章　管轄権の問題

　本判決は後の国際環境法において、領域国の管理責任を明確に認める考え方の定着に貢献することとなる(1021)。
　上記の諸判例によって確立された慣習国際法は、海洋汚染の問題にも対処した幾つかのルールにも取り込まれている(1022)。公海条約では、海洋の汚濁及び放射性廃棄物の防止規定が置かれた(1023)。国連海洋法条約では、本条約に従って各国が主権的権利を行使する水域の内側において海洋汚染が発生した場合に、その区域を越えて汚染が拡散しないように努める管理義務について規定している(1024)。この義務は自国の能力に応じて全ての必要な措置をとるよう求めている点より、「相当の注意」を尽くすべき義務を課しているものと推定できる(1025)。現実に損害が発生した場合には、国家は国際法の原則に従って損害賠償の責任を負う。しかし領海等、沿岸国が主権としての権利を行使できる海域を越えて、その汚染が公海にまで及んだ場合、これについての損害賠償責任を何れの国もが問える包括的なシステムとしての構築は為されていない(1026)。この点で、海洋法に関する国際条約は、海洋全体に対する国家の責任を制定し終えてはいないといえる。また同様に、汚染を引き起こした責任の所在する国家の無過失責任を認める段階には達していない。
　一方、船舶という個別的な単位についての国家責任は、どのように表現されるのであろうか。船舶は、旗国が公海等の領域外において、属人的に管理して

　　　の存在についての通報等、特定の措置・方法を負うに止まることをも示している（山本草二・前掲 132 頁）。
(1021)　横田洋三・前掲 37 頁
(1022)　R.R.Churchill and A.V.Lowe, *supra* note 37, p.332。海洋汚染に関する条約は四種類に区分できる。一般的な多数国間条約、地方条約、二国間条約、そして海洋法条約である。
(1023)　24 条「海水の汚濁の防止」、25 条「放射性廃棄物による汚染の防止」。しかし極めて限定的なものであった。
(1024)　195 条「損害若しくは危険を移転または一の類型の汚染を他の類型の汚染に変えない義務」。この条文は、海洋環境の保護についての一般的な義務を明示したものである。厳密にいえば、汚染を含んだ損害が第三国へ及ぶような方法を採用して領域を使用、または使用を許すことはできないという、国際法上の原則を拡大したものであるといえる。
(1025)　加藤信行・前掲注(763) 156 頁
(1026)　栗林忠男・前掲注(667) 35 頁

いる設備である。国家による領域使用の管理責任は、船舶の活動についても妥当すると思われる(1027)。即ち、船舶に旗国の領域として属地的な管轄権が及ぶとすれば、旗国はその登録船舶による違法、不法行為が公海や他国の領域に被害を及ぼさないよう、その管理責任を有するとの解釈である。国連海洋法条約は、各国がその管轄権または管理下にある活動が、他の国及び海洋環境に対して損害を引き起こしてはならないようにすべきことを規定した(1028)。旗国がその登録船舶に有する責任について、明確にされた規定である。船舶上の旗国による管轄権は、旗国主義として表される。旗国はその旗国主義に基づき、登録船舶による領域外への被害を防止する義務を負うのである。

4 属人的管轄権の拡大

現在の国際環境法の解釈では、自国の領域にある私人・私企業の違法行為が自国の領域外で行われた場合においても、国家にはその国際責任が帰属するとされている(1029)。

私人と私企業の活動が船舶等の移動体を用いて、公海等、何れの国の領域にも属さない水域において行われる場合には、上記の諸判決が示した領域使用の管理責任は適用できない。従ってこのような場合には、施設の構造基準、運用、操作の安全基準、その移動体に従事する技術者の能力水準の維持等、国家の属人的な管轄権に基づいた管理責任――許認可、監督、規制等が問題となる(1030)。

国家が、その領域において有する属人的管轄権の基礎は国籍である。属人的管轄権は別名、国籍主義とも呼ばれる。国家がその領域外において、自国に属する私人や私企業の不法行為について負う責任は、それらの国籍を連結点とした属人的な管轄権を基礎とするものである。国家の管理の範囲については元来、その国民、登録船舶、航空機、その国の国内法に準拠して設立された、領域内

(1027) 山本草二・前掲注(948)138頁。山本教授はこのようにして客観化された領域使用における管理責任が、国際法上の危険責任主義を構成する契機を提供するに至ったとする（山本草二・前掲138頁）。

(1028) 194条「海洋環境の汚染を防止し、軽減し及び規制するための措置」2項

(1029) ストックホルム人間環境宣言原則21「環境に対する国の権利と責任」

(1030) 山本草二・前掲注(948)123頁

に本拠を置く会社等、その国の国籍の取得に基づき、当該国の属人的な管轄権に服する者が行う活動に限るものと理解されていた。船舶が行った不法行為について見れば、一義的にその管理責任は登録船舶所有者にあり、最終的には旗国に帰することとなる。このような責任の所在を求める傾向は近年、富に顕著となっている。特に洋上において発生した海難事故、海洋汚染では、発生せしめた船舶、船舶所有者のみならず、その旗国が指摘されて、旗国としてのその登録船舶に対する管理責任の是非について、議論される事例が少なくない。

しかし現在は、その主体が授かった国籍に限らず、その国の運航支配下にある外国籍の船舶——傭船や便宜置籍船、その国の国民や会社が実質的な支配権を有する外国の子会社等、その国の許認可、監督、規制等、事実上の支配に服するものも含まれるとの理解が為されている[1031]。船舶が旗国の船舶所有者のみに単純に服するものではない、国際海運の現実を見据えた対処であるといっても良い。実質的な船舶所有者に対して、海難や海洋環境の破壊を防止するための公法上の規制の準備を意味するものでもある。具体的には、IMOが制定する各種の国際条約に規定する、船舶の設備や構造要件、船員の資格要件を満たすよう、実質的船舶所有者の所属国が措置を取るべきことである。このように、国家による領域外への管轄権の行使の是非についても検討する価値は否定できない。便宜置籍船に関する形式的な所有者と実質的な所有者との関係は、複数の国に存在する多国籍企業の様相を呈しているからである。

5　国家管轄権の域外適用

領域原則とは属地主義を意味する。この主義の適用によって、原則、属人的関係は遮断される。従って私人、私企業の国籍国の責任は、国籍のリンク上からは問われないこととなる。先の判例には、そのような私企業による領域使用の管理責任について説いたものがあった。「トレイル溶鉱所事件」の判示は、領域内の私企業の重大な不法行為を見逃した国は、国際法上の義務の履行原則に基づき「相当の注意」を欠いた場合に、国際責任を負うとするものである。しかし多国籍企業には、このような原則の適用が困難となってきているといえる。現行の領域原則に従った場合、賠償資力のない多国籍企業の子会社が重大

[1031]　山本草二・前掲24頁

第Ⅲ部　便宜置籍船が影響を与える諸問題

な被害をもたらしても、その領域国は子会社に代わって被害の賠償を為すべき他国にある親会社の責任を追及することはできない[1032]。

多国籍企業に対して法人格否認の法理が適用されるケースについては、「アモコ・カディス号事件」で眺めた通りである。法人格否認の法理は子会社の責任について、会社間の一体的な繋がりを捉えて親会社の責任を追及できる、優れた法理ではある。しかしこのような私法上の処理に止まることなく、親会社の本国が国際法上の国家的な責任によって、企業責任を確保する必要性が指摘されている[1033]。「アモコ・カディス号事件」の判例は、便宜置籍船の実質的な船舶所有者を追求するアプローチであったが、問題の根本的な解決の手法として、実質的な船舶所有者の所属国は、その規制と管理を適正に行う目的の下、自国領域外——実質的な船舶所有者がその船舶を登録する便宜置籍国への管轄権の行使を図る必要性も考慮されなければならないと思われる。

多国籍企業の問題について、その領域を超えた域外に管轄権を及ぼしてきた国家実行が見られる。それは国内企業の海外子会社に対して、一定の規制を目的として行われる国家管轄権の適用である。

米国の裁判所は競争法の分野において、競争法の適用を領域原則に依拠して自国内の行為に限定するという従来の法政策を変更し、効果理論[1034]を採用

[1032]　国家の領域には、当該国家の排他的な権限が存在する関係上、被害国が加害国の領域にある施設や活動についての直接の管理や、加害国の過失の立証が不可能であるという回避できない事情がある。被害国が加害国に対して法的なアプローチを行おうとしても、障害を受ける可能性が存在することを意味している。これらの判決による影響と上記の法的対処に対する障害を鑑みれば、被害国の挙証責任が軽減される方向に向かう等、加害国に対して無過失責任の原則の導入が検討され得ることも否定できないだろう。

　　　わが国の不法行為における考え方では、過失責任主義が原則である。しかしこの原則のみを以って環境汚染問題に対応するのには無理があるとして、「水質汚濁防止法」や「大気汚染防止法」では、明確に故意や過失を要件としないことが確認されている。ここに無過失責任が取り入れられている。無過失責任の採用には、この責任によって損害賠償責任を負う企業が、その負担を予め保険等によって、また一定の損害が生ずれば、損害防止措置を取り得る者に対し、常に責任を負わせることによって、損害抑止の効力が生ずる場合等が考慮される（河村寛治・三浦哲男編『EU環境法と企業責任』（2004年）151頁）。

[1033]　村瀬信也・前掲注(175)407頁。国連人間環境宣言21原則の規定には、私人や私企業による環境宣言を国家責任に帰属させようとする方向性が示されている。

[1034]　効果理論とは、他国で行われた協定の効果が自国に及び、且つその効果が意図さ

した⁽¹⁰³⁵⁾。この理論は、行為の効果が米国内に発生し、且つそのような効果が当事者の意図と合致すれば、国外の行為者に対して管轄権を行使することができるとするものであった⁽¹⁰³⁶⁾。

　国境を越える企業活動の活発化に伴い、企業の競争制限的な行為の効果が複数の国家に及ぶ例は、ますます増えている。現在は、米国、欧州、そしてわが国においてもその必要性から競争法の域外適用を認め、国内法の一般原則として広く承認されるに至っている⁽¹⁰³⁷⁾。この諸国の傾向は、競争法の適用を、厳格な属地主義に基づいて自国の領域内に限定することでは、自国の競争秩序の実効的な維持を図ることが困難となっている現実を示している⁽¹⁰³⁸⁾。

　このような自国管轄権の域外適用の傾向は、輸出管理法令の適用においても見られるものである。例えば、米国は「シベリア・パイプライン事件」において、自国籍の親会社の海外子会社に対して、自国の輸出管理法制を適用した⁽¹⁰³⁹⁾。輸出管理法令に関する域外適用⁽¹⁰⁴⁰⁾は、単なる競争法に関するもの

　　　　れたものである場合には、外国人が外国で締結した協定であっても、自国法の適用の範囲に入るとするものである（中川淳司・前掲注(999)373頁）。
(1035)　*U.S. v. Aluminum Co. of America*, 148F. 2d 416, 1945，所謂、「アルコア事件」では、カナダにあった米国系の企業の子会社によって欧州の複数の企業と締結された輸出のためのカルテルに対して、米国が執行した反トラスト法の適用が、連邦控訴裁判所によって認められた。判示は、外国人が国外で締結した協定であったとしても、その障害が米国内の産業に影響を与えることが意図されていた場合には、その国外企業に対して米国法が適用されるとするものであった（Ian Brownlie, *supra* note 26, pp.310〜311）。
(1036)　小寺彰「国家管轄権の域外適用の概念分類」村瀬・奥脇編・前掲注(66)354頁
(1037)　小寺彰・前掲356頁。小寺教授は、その背景には国際的な相互依存関係の増大が、競争法等の現代型の国家管轄権の域外適用問題を生み出したと指摘する。第一に、国際的な相互依存関係の増大によって、人、財、サービスの越境が頻繁となり、国内法を各国の領域内に限定していては、当該国の法規律が空洞化する可能性が高くなり、これに対して国内法の域外適用によって対応したためである。第二に、国内の多くの分野で渉外的要素が増え、そもそも国内法の効果を国内に限定することが困難となったためである、と説明している（小寺彰・前掲362頁）。このような指摘は、国際海運についてもあてはまるものであると思われる。
(1038)　中川淳司・前掲注(999)382〜382頁
(1039)　1982年の「シベリア・パイプライン事件」
(1040)　その主要なカテゴリーとして、中谷教授は(1)実施国企業の在外子会社から対象国への輸出の禁止、(2)実施国の製品の第三国から対象国への再輸出の禁止、(3)実施国の技術データに基づき第三国で製造された製品の対象国への輸出禁止、(4)第三国の船舶や航

第Ⅲ部　便宜置籍船が影響を与える諸問題

とは異なる側面を持っている。この域外適用は、国家安全保障及び外交政策という、国家の最重要事項と密接に関わるものである。従ってその適用は、第三国に所在する適用実施国の企業の子会社や支店を初めとして、当国に関わる私人とその財産もが一方的措置の対象とされている[1041]。国家と在外子会社との関係は、最早、伝統的な属地主義や属人的な基準を基とせず、企業間の経営支配という非領域的、機能的なリンクを基礎として執行される国家による規制にまで拡大されていると表現できる。

6　域外適用の問題点

しかし上記の競争法、輸出管理法令においての対応は、依然、多くの問題を含んでいる。

属地管轄権の及ばない範囲の対象に対して、一般国際法上、どこまで競争法の規制・強制管轄権が及ぶかについては、現在も尚、諸国間での見解の一致は見られていない。競争法における米国による実行は、効果理論に基づいた競争法の域外適用であり、米国の管轄権行使が正当な権限を欠くとした、他国の批判を浴びた[1042]。その批判は、米国の国内法が、適用される国の主権を侵害するというものであった。これらの主張の根拠は、一般国際法上、管轄権の適用に関しては厳格な属地主義が妥当するという考え方に拠る[1043]。また少なくない国が、自国の属地的な管轄下の企業の行為に対する外国競争法の規制、強制管轄権の行使を阻止するための国内法上の措置（対抗立法）を講じている[1044]。

同様な批判は、輸出管理法令の実施においても見られている。当該法令の域外適用が為される第三国による、国家管轄権の侵害であるとする批判である。親会社と子会社の資本関係について見れば、既存の国際経済法秩序は資本の支

　　　空機による対象国への貨物輸送の禁止、を挙げる（中谷和弘「輸出管理法令の域外適用と国際法」村瀬・奥脇編・前掲注(66)403頁）。
(1041)　中谷和弘・前掲393頁
(1042)　米国の対応は、英国を初めとした欧州諸国より強い批判を浴びた。
(1043)　中川淳司・前掲注(999)374頁
(1044)　中川淳司・前掲383頁。対抗立法は、属人主義に依拠する国家が立法管轄権のみを有するのに対して、領域国は人に対する強制管轄権及び属地主義に対する立法管轄権を有する、という事実をより強調するものである（広部和也・前掲注(297)169頁）。

配関係に基礎を置き、一般的に主権国家による管轄権の外縁の延長を認めていない(1045)。

このように親会社の国籍主義に準じたその国籍国による属人主義の域外適用は、適用対象となる国の属地主義との抵触、また親会社と子会社のそれぞれの国籍が、子会社を対象としてあたかも二重国籍による管轄権の抵触が引き起こされるかのような現象を引き起こし易い。従って多くの国が、この主義の適用には制限を課している(1046)のも事実である。

また別に、何が「子会社」に該当するかの問題も指摘されなければならない。「子会社」の概念について国際的に統一的な、且つ明確な基準が確立されていない以上、会社の国籍主義を優位とする根拠も明確となってはいない。最も確からしいと考えられる最大株主の所在国を国籍国と定めたとしても、株式の保有変動は一般に激しいものがある現状、優先的な立法管轄権を行使する国家がしばしば変わることも否定はできず、法的安定性が保たれない。一般論として、子会社に対する管轄権の行使について、国籍主義に基づいたその親会社の本国によるべきものとする主張には、確たる対抗力を付与し難いということができる(1047)。

7 域外適用における属地主義の緩和

先に例示した何れの域外適用も、属人主義に対抗する、国際法の一般的原則である領域使用における属地主義を緩和せしめ、あるいは排除した対応である。

Brownlieは、属地主義に対して二つの論点を示している。第一に、領域的な理論は法のための最良の基礎を堅持してはいるものの、一定の現代的な管轄権の抵触に適した解決策を提供できないこと、第二に、管轄権の内容、領域的な基礎、そして管轄権の理にかなった利益の間にある、実質的且つ真正な関係の原則が遵守されるべきであること、である(1048)。域外適用に立ちはだかるのは、属地主義に基礎をおいた領域国の管轄権ではあるが、古典的な国際法秩序である属地主義は、属人主義が招く現代的な管轄権の抵触を解決する完璧な

(1045) 杉山晋輔・前掲注(815)432頁
(1046) Ian Brownlie, *supra* note 26, p.306
(1047) 中谷和弘・前掲注(1040)405頁
(1048) Ian Brownlie, *supra* note 26, p.301

手段たりえない。またそれらの抵触を解決する方策として、何れの管轄権が優先されるべきかにつき、属地主義、属人主義の何れの管轄権との間に実質性を有し、同時に真正な関係を有する事項の有無についても吟味されるべきと、Brownlie は指摘しているのである。域外の行為に対する管轄権の適用では、この実質的な関係がつとに重要である[1049]。このような考え方に従えば、国家管轄権の属地性の優位が推定されるとはいえ、国家は常にその管轄権の適用を、自国の領域に限定すべき理由はない。むしろ国家は、その領域外にある者、財産または行為についても、その国内法令と管轄権の適用の対象と為し得る広範な自由をも持つという[1050]。先に見た米国に代表される国家実行は、その例である。そのような国家による実行が行われる時、複数の国家管轄権の適用が競合する。その場合、何れの国の管轄権が優位するかの決定に際しては、必ずしも領域国の属地的管轄権の適用に有利な推定が与えられる訳ではない。属地主義、あるいは属人主義のいずれに優位性が認められるかについては、管轄権を行使しようとする各関係国と、管轄権の対象とされる事項との間の「実質的且つ真正な関係」の存在の有無や、各国の正当な利益の比較衡量等、国際法上の基準に依るとされる[1051]。

　国際司法裁判所の勧告的意見であった「ナミビア事件」では、国家によるその領域に対する事実上の管理こそが、これらの行為に関する国家責任の基礎となるべきものであるとされた[1052]。国家はこの基礎を前提として、その領域にある親会社の在外子会社に対して「実効的な管理」を及ぼすようになってきているのである。この考え方を採用すれば、多国籍企業における親会社の本国の国家責任について、本国は事実上、在外子会社にも、実効的な管理を施す能力や手段を有していることとなる[1053]。このような実効的な管理こそ、国家責任の基礎となる[1054]べきものと思われる。「実効的な管理」との事実上の概

(1049)　*Ibid.*, p.313

(1050)　山本草二・前掲注(38)233頁。但し山本教授は、その現実の行使は自国領域内に限られる、とする（山本草二・前掲233頁）。

(1051)　山本草二・前掲233頁。Ian Brownlie, *supra* note 26, p.312

(1052)　*Namibia Case, ICJ, 1971*, Robert McCorquodale and Martin Dixon, *supra* note 52, pp.100～101, pp.216～217

(1053)　加藤信行・前掲注(763)242頁

(1054)　村瀬信也・前掲注(175)417～418頁。また村瀬教授はこのような考え方について、

念が、国家への責任帰属の根拠となり得るのであれば、多国籍企業の子会社の活動についても、親会親の所属国の責任を肯定することが可能となる。もしその肯定において、親会社、子会社の関係が資本の上より特定できないとするならば、属地主義や属人的な基準に拘らず、企業間の経営支配という非領域的、機能的なリンクに注目した国家実行が参考となるものと思われる。

　国際海運においては、特にこのような対処が重要であると思われる。便宜置籍船の如く、旗国とその登録船舶所有者の背後に、他国の実質的な船舶所有者がある仕組みに対処するとなると、従来の属地的な管轄権の行使のみで対応できないことは明白となっている。旗国とその登録船舶との間の関係を、客観的責任主義によって捉えようとすることも困難となっているものと思われる。便宜置籍国の登録船舶所有者に対する、実質的船舶所有者の所属国による管轄権の域外適用は、実質的な船舶所有者による登録船舶所有者の本質的な支配を拠り所とし、その登録国の国籍を超えて実行される余地があるのである。

8　便宜置籍国に対する域外適用

　便宜置籍船に因る国際的な問題、例えば大規模な海洋汚染の防止のための対処として、実質的な船舶所有者の所属国が、便宜置籍国の有する属地主義の壁を越えて国家責任を果たす必要性の存在は、否定できないと思われる[1055]。競争法、輸出管理法令の何れの域外適用にしろ、国家が自国の利益への障害を防止するとの前提において採用される法理である。この効果理論に基づいた法理を援用して、便宜置籍船の実質的な船舶所有者の国籍国が、便宜置籍国の登録船舶所有者に対する規制と管理の実現を図ることが可能であるか。

　第一に、実質的な船舶所有者による、便宜置籍国での登録船舶所有者の設立とその運営自体、直接には実質的所有者の所属国の利益を害さないものであり、また意図されてもいない[1056]。効果理論に表現されるが如く、便宜置籍国に

従来の領域原則を離れた管理の実効性を基礎として、非領域的な機能的リンクを媒介とした責任レジームへの転換とも称している（村瀬信也・前掲418頁）。

[1055]　中谷教授は、域外適用が対抗力を有する前提として、「当該輸出禁止措置をとって対抗する方が、とらないで違反を放置するよりも、最重要の国際法規範の防衛という見地から望ましいばかりか、措置の主体的範囲の拡大である域外適用も実効性を高めるため同様に望ましい」との論理が、国際社会において確立されていることが必要である、と説く（中谷和弘・前掲注(1040)409頁）。

第Ⅲ部　便宜置籍船が影響を与える諸問題

おける効果は障害として、実質的船舶所有者の所属国に及ぶ性格のものではない。この点よりして、その実際の援用は困難であると思われる。第二に、実質的な所有者と登録船舶所有者との間には、二重登録に代表されるが如く複数の他国法人が介在して、実際の船舶所有者を解明することが困難であることが少なくない。域外適用を及ぼすべき客体が不明確となる傾向が否定できない便宜置籍船の特性より、その実効的な効果には困難が生ずるとも思われる[1057]。第三に、多くの便宜置籍国は国際社会の要請より、主要な国際条約を批准している。少なくとも国際法の国内法への享受において、主要な便宜置籍国に齟齬はない。ここに域外適用を図る国が、その適用の正当性を明確にできない問題が生ずる。

以上の点において、実質的な船舶所有者の所属国が、その管轄権を効果理論に基づき域外適用する根拠は乏しいものとなる。これまでの国際条約の制定や便宜置籍船に対する国際社会による対処が、実際の海難の発生を以って施されてきた事実が、その困難性を物語っているともいえよう。

では、効果理論を離れた域外適用の可能性はあるのであろうか。例えば、実際の大規模海難の発生を待つまでもなく、ポート・ステート・コントロールは日々、寄港国において便宜置籍船を含めたサブ・スタンダード船の問題の指摘を行っている[1058]。その指摘の中でも、寄港国によって留置を受ける程の重大な摘発の為された船舶について、当該船舶の実質的な船舶所有者の所属国が、その船舶所有者の海外子会社たる登録船舶所有者、または自国や他国の船舶管理会社による対応の不備、不作為を理由として、その国内法の域外適用を行う余地はあるものと思われる。この場合の域外適用の根拠は、寄港国によって指摘された船舶の欠陥に起因して発生する海難が及ぼす恐れのある、実質的な船

[1056]　課税等の租税回避、公法、私法規制の法律回避の点よりすれば、実質的な船舶の所有国の利益を害するといえるが、既に指摘した通り、対抗的な域外適用を実行する根拠とはならないであろう。

[1057]　第Ⅳ部に後述するISMコード（International Safety Management Code）では、船舶による不法行為責任を、船舶所有者以外の者、例えば船舶管理会社にも負わせている。その根拠は、当該管理会社が船舶の実質的な運航に直接に関わっているとの海運慣行にある。ではその管理会社の所属国が同様に国家責任を担えるかと問えば、現状は困難といわざるを得ない。ISMコードはそのような責任負担を想定していないのである。

[1058]　ポート・ステート・コントロールについては、第Ⅳ部で述べる。

舶所有者の属する国への社会的、経済的な障害の恐れである。

9 海洋環境の保護に対する旗国の義務

既に統計にて掲げたように、海難を主体とする船舶に起因した大規模汚染の発生は、数こそ減少しつつあるとはいえ、決して撲滅を期待し得る状況にない現実がある。そのような増大する危険性に対する究極的な手段とは、船舶に国籍を付与する旗国の役割ではないかとの基本的な考え方に逆戻りする。船舶の固有の危険は、旗国の管理による防止が重要である。もし旗国の役割を重視するのであれば、便宜置籍船の問題を含めた旗国の義務を誠実に履行させる必要性の検討は避けられない。

国連海洋法条約の制定過程では、現代の海洋環境の保護に対して伝統的な旗国主義が有する欠陥を是正する努力が払われた。旗国管轄権の強化と共に、沿岸国及び寄港国管轄権を確立させることによって、船舶に起因した汚染の防止が図られている。旗国管轄権の強化とそれへの沿岸国、寄港国の管轄権による補完という体制の発展は、海洋環境の抱える問題に対する現実的、実効的対処ではある。その一方で、国連海洋法条約では初めて排他的経済水域という広大な沿岸水域が設定された。それまでの領水に加えて、この水域における汚染防止のための十分な管理について、沿岸国や寄港国に過度に期待をかけることは酷であるといわざるを得まい。入港する全ての外国船舶を寄港国が取り締まるべきとする国際的な意向とは裏腹に、寄港国はそのための予算や人的資源について十分に確保していると断言し難い現実がある。このような国際海運を取り巻く環境を見れば、現状、旗国の担うべく役割は、いささかも軽減されていないことが理解できる。上記のポート・ステート・コントロールによる指摘を根拠とした、実質的な船舶所有者の所属国による国内法の域外適用についても、登録船舶所有者はペーパー・カンパニーであるが故に、結果的には旗国の対応への批判に帰結するのである。

一方で旗国に対する域外適用のアプローチは、便宜置籍船についてその所有、運航に関わる複数の国を跨いだ構造に対する、止むを得ない措置であることを忘れてはならないと思われる。登録船舶所有者の形骸性が、便宜置籍船に対する船舶所有者としての責任能力を失わせ、その責務に対する旗国たる便宜置籍国の消極性を招いている現実に対する、直接的な対処としての考慮である。そ

してその問題への対処——国境を越えての管轄権適用の根拠として、実質的な船舶所有者との「実質的且つ真正な関係」や、当該船舶所有者による「実効的な管理」が挙げられていることに注目すべきである。

　Churchill と Lowe は、海洋汚染の防止に重要なことは、現在ある規則の有する欠陥が何であるか、また今後要請される国際法制とは何であるかを念頭に置き、規則の効果を継続して測ることであると述べている(1059)。一度定めた規則や法制は、定められた時点において海洋環境保全のための最善策とされるものであろう。しかしそれらは未来永劫のものではあり得ない。国際法制の不断の発展に終焉はないのである。その発展のために重要なことは、船舶に対して責任を有する旗国による、その批准した条約の不断且つ忠実な遵守にあるといって良い(1060)。

第3節　刑事法と旗国管轄権

1　旗国主義と属地主義

　船舶における刑法の適用根拠としては、旗国主義と属地主義との争いがある。
　旗国主義は別名、登録国主義ともいう(1061)。旗国は自国に登録された船舶や航空機にその国籍を与える。当該旗国はその国籍の付与という行為によって、それら移動体の内部における安全と秩序について排他的な責任を負うこととなる。このような考え方を旗国主義という。この旗国主義の基礎にあるものが船舶の国籍である。旗国主義が排他的な権能を表わすためには、その権能を与える旗国が当該船舶に国籍を付与することが前提となる。
　船舶の最大の特徴は、航空機と同様、移動する物体であるということである。当然のことながら、船舶、特に国際航海に従事する船舶は旗国の領域外に出る。旗国に登録された船舶は旗国の領域の外にあっても、原則、旗国主義に基づき

(1059)　R.R.Churchill and A.V.Lowe, *supra* note 26, p.396

(1060)　J. Ashley Roach は、国際条約の規定や国際基準を遵守しない旗国への最大の制裁は、旗国の権利の奪取であるとする。「旗の否定」は現在のところ、何ら法的根拠を有さない措置であるが、今後の国際海運の推移によっては IMO で検討される余地もあり得る、と述べている（J. Ashley Roach, *supra* note 411, p.170）。

(1061)　刑法において、狭義には、国外を航行中の内国船舶または航空機の中で犯された犯罪について、内国刑法の適用を認める原則をいう（森下忠・前掲注(144‐1)35頁）。

他国の属地的な管轄(1062)には服さない。属地主義は犯罪その他の違法行為が自国の領域内において行われた場合、それを理由として実行者の国籍の如何に関わりなく、その行為や事実に対して自国の国内法令と管轄権を及ぼそうとする原則をいう(1063)が、公海自由の原則を建前とした旗国主義は、これと異なる考え方である。例えば、旗国外にある当該旗国の船舶上での犯罪には、旗国の法律である旗国法の内、その刑法が適用されることとなるが、その適用は旗国主義に基づく。このような旗国法の執行は、旗国刑法が適用される基準として国際法においても認められている。

　かつての旗国の刑法の適用についての考え方は、船舶を旗国の領域の一部としてみなすとの擬制に基づいていた。常設国際司法裁判所の判例である「ローチェス号事件」においても海洋が自由であるという原則は、公海にある船舶がその旗を掲げる国家の領土と見越され、その結果として公海上の船舶において発生した事件が、その旗を掲げた国家の領域において発生したものとみなされるべきである旨、判示された(1064)。しかし現在では、他国にある自国の船舶への自国刑法の適用は、船舶を旗国の領域として擬制したものではないとの考え方が通説となっている(1065)。現在の解釈は、属地主義、所謂、自国の領域

(1062)　わが国刑法はその1条「国内犯」2項においてこれを採用し、日本国内または日本国外にある日本船舶、日本航空機において罪を犯した者には、犯人の国籍を問わず刑法を適用するものとされている。

(1063)　山本草二・前掲注(38)232頁

(1064)　*Case of the SS Lotus, PCIJ Series A. No.10, 1927, No.9*, Ole Spiermann, *supra* note 208, pp.247～263。このような考え方は一時の判例でも踏襲された。米国の判例である1933年の「米国対フローレス事件」(連邦巡回裁判所判例)では、コンゴに停泊中の米国籍船上で発生した殺人事件について判示され、商船は刑事裁判権の適用において旗国の領土の一部とみなされるとされた。そして旗国外の港においてその登録船舶が停泊している間に発生した船内犯罪については、船舶領土説の適用が妥当とされた。

(1065)　かつての「船舶領土論」なる考え方は認められなくなった旨、既に述べた通りである。飯田教授はその否定的な解釈を明快に述べている。船舶が国家の領土の部分を構成したり、領土の延長であったりすることを認める国際法は存在しない、何れの国家も自国の領域水面上にある外国船舶内を外国の領土として承認していないとし、その理由として追跡継続権が認められていること、自国の港内にある外国商船には治外法権の特典を認めないことで各国の制度が一致していること、更に一般的にいって外国の港または領海に入った船舶について、何れの国家も船舶の領土性を主張することは国際法上否定され支持されないこと、また船舶が領土性を有するならば沿岸国にその領海における

内で犯された犯罪に対しては被疑者の国籍を問わず、自国の刑罰法規を適用する考え方とは分離された基準とみなされている[1066]。既に見た米国の判例である *Lauritzen v. Larsen*[1067] では、船舶はその航行する水域が常に変わるという性質を有し、船上で発生する事実や行為については特定の法律、旗国法が一元的に適用されることが望ましいと示され、実務としての慣行の面からも旗国主義が唱えられた。このような旗国主義は、旗国の刑法を域外適用する解釈を取る。わが国の刑法の理解も、旗国主義がわが国の法秩序を維持するために「正当な理由」乃至は「密接な関連」を有するものであることを前提として、その立法管轄権及び司法管轄権が認められている[1068]。

これに対して属地主義をその根拠とする説は、わが国刑法の通説となっている。例えば森下教授は、旗国主義を属地主義の特別な場合と解するのを通説とし、これを保護主義の特別な場合とするのは少数説に止まるとする。その理由として、内国の船舶や航空機をその内国と同一に扱うことは、刑法の効力においてのみ意義を持つものに過ぎないことを挙げている[1069]。団藤教授も日本国外にある日本船舶、日本航空機内における刑法の適用は属地主義を原則とする、とする[1070]。このような考え方は、判例にも表れている[1071]。その属地

    外国船舶に対する裁判権の行使は許されないであろうこと等を挙げている（飯田忠雄「国外海域における船舶による行為への刑罰法規適用の限界(1)」『判例時報』674号3〜5頁）。

(1066) 山本草二・前掲注(68)173頁。西原教授も、国外にある日本船舶内における犯罪の行為場所は日本船舶内であるとともに、船舶の所在する国外の海域であることを妨げず、このような意味において国外にある日本船舶内における犯罪は、本来的には国外犯と解すべきとして、旗国主義と属地主義とを切り離している（西原春夫「刑法総論」(1977年) 44頁）。

(1067) *Lauritzen v. Larsen*, 345U.S. 571; 73S. Ct. 921; 97L. Ed. 1254; 1953 U.S.

(1068) 伊藤寧・前掲注(121)97頁

(1069) 森下忠・前掲注(144-1)36頁

(1070) 団藤重光「刑法綱要総論」(2000年) 87頁。同様に大塚教授も、旗国主義を属地主義の延長であるとする（大塚仁「刑法概説（総論）」(1986年) 73頁）。わが国の刑法学者の間では、日本船舶へのわが国刑法の適用は、属地主義によるとするのが刑法の通説として理解されているものと思われる。

(1071) 旗国主義を、属地主義の一つとして理解しようとする判例も存在する。わが国の判例である「テキサダ号事件」では、船舶の衝突した海域がわが国の内水として確定できない場合であっても、本船の国籍がわが国にあることによりその船上における刑法犯

主義は領域主権に基づき、例えば刑法上、自国内の犯罪に対しては訴追、処罰が容易であるという利点を有し、多くの国で基本原則として用いられている(1072)。即ち属地主義とは、領土主義乃至は領域主義を意味するのである(1073)。

　旗国主義は自国の国籍を有する船舶を自国の法令に従わせる主義であって、法令の場所的な適用範囲に属する主義ではないとの主張がある(1074)。旗国主義の別の一面は、別名が国籍主義という名の下、大洋を跨ぎつつ国家の経済活動に従事する船舶に対する旗国政策の保護にある。経済活動は国家の安全保障にも例えられる如く、国家にとって重要な要素である。そのような経済活動への従事が旗国以外の第三国によって干渉や障害を受けないためにも、旗国主義は排他的であらねばならないと理解されている。旗国主義のもう一つの特色は、この主義が船舶への旗国外権力の侵入を極端に嫌う性格を有することである。旗国以外の国による公海上での外国船舶への接近は国際法上、近接権として、乗船は臨検として行われるが、これらの権利の執行は必要な条件が満たされない限り許容されることはない(1075)。特に商船や漁船の場合には軍艦と異なり、侵入する外部権力を拒み、これに対抗し得る法的に認められた物理的な手段を擁さない。いわば旗国の領域外でのこれらの船舶への強制措置に対しては遮られるものはなく容易に執行され得るという特質より、旗国主義という厳格な排他的管轄権が醸成されたとも思われる。このように旗国主義とは海洋上、特に公海上における管轄権の確保のための合理性に基づいて培われたものである。初めに領域があって、その上に確立される領域主権を母胎とした、当然の根拠としての属地主義とは成り立ちが異なるものである。

2　領域主権と旗国主義との交錯

　刑事法に関する旗国管轄権を考えた場合、船舶の所在を分けて考える必要が

　　を国内犯として解釈し、刑法（1条2項）が適用される、とされた（大阪高等裁判所昭和51年11月19日判決　刑事裁判月報8巻11・12号465頁）。
(1072)　大塚仁・前掲注(1070)76頁
(1073)　森下忠・前掲注(144-2)6頁。但し、わが国刑法では、日本人が加害者であった場合には、わが国刑法が適用される属人主義が採用されている。
(1074)　飯田忠雄・前掲注(1065)5頁
(1075)　国連海洋法条約110条「臨検の権利」

第Ⅲ部　便宜置籍船が影響を与える諸問題

あると思われる。これは公法の一つである刑法が、一般に属地主義に基づいてその法の執行が行われているためである。その所在とは旗国の排他的な管轄権が認められている公海と、沿岸国の主権が及ぶ公海以外の水域、即ち領水[1076]である。

　船舶が公海にある場合には、旗国主義の適用によって原則、問題の生ずることはない。公海上にある船舶で発生した刑事事件に対しては、公海における各国主権の消失をカバーすることを目的として、旗国刑法及び刑事訴訟法の適用が国際上、認められている[1077]。しかし船舶が領海や内水等、旗国外の他国の領域にある場合には、旗国主義と当該領域国の主権との間に交錯が生ずる。

　例えば、船舶が他国の領海や内水にある場合、本船上において発生した刑事事件に対しては、領海や内水に対する領域国の属地主義に照らして沿岸国の刑法が適用されることがある。このような外国船舶への沿岸国法の適用に対しては、当該船舶の旗国の刑法と領域国の刑法との調整が必要となる。しかし一般的な国際法における慣行では、領海や内水において発生した外国船舶における刑事事件に対しても、一応は国際礼譲に基づいた旗国主義の適用が考慮されている[1078]。

　国際法においては、他国の領海を航行する外国船舶には、その領海を支配する沿岸国の権益を犯すことはしないとの条件の下、当該船舶に対して無害通航権が認められている[1079]。そして上記のように、また内水に入港中や停泊中

[1076]　国家領域は領土、領水及び領空より構成されている。この内、領水とはその領域の内の水域から成る国家領域である。従来、領水とは内水と領海という二つの水域に分離されて考えられてきた。このような解釈は国連海洋法条約の採択により、これらに排他的経済水域を加えた三つの水域より構成される国家管轄水域として認識されるようになった。

[1077]　伊藤寧・前掲注(121)97頁

[1078]　このような当事国相互間における裁判権の競合については、内国の裁判権を行使するか、外国の裁判権を行使するかを巡る、外国における多くの判例や学説を見ることができる。最近では一定の場合について、国際条約等によって解決を図ろうとする対応も見られる。この問題の適切な解決を図ることの重要性は、一事不再理の原則の国際的な適用を拡大しようとする近時の国際的動向によっても理解できる（森下忠・前掲注(146)13頁）。

[1079]　国連海洋法条約17条「無害通航権」。この権利については、全ての国の船舶はこの条約に従うこととの条件が付加されている。

の外国船舶において発生した船内犯罪の処理についても、慣習国際法上、旗国主義を尊重し、その犯罪の処理を旗国の管轄権に服さしめるという考え方が認められてきた。ここに沿岸国と旗国主義との管轄権の抵触が生ずることとなる。この対処には、領域を有する国家の主権や当該国への影響の観点より、沿岸国の刑事管轄権によって処理されるべきとの主張も強い。このような場合、旗国の属地主義による処理を貫こうとすれば、旗国法である旗国の刑法と寄港国の管轄権の下に適用される寄港国刑法とが拮抗し、それらの抵触を解消するには困難を伴うことも考慮される。そのような事態の回避のために、旗国主義という特別な処理に委ねることが問題の解決には妥当であるとされる考え方がある(1080)。旗国主義とは、属地主義の有する絶対性の如く、到底、法の例外が認められ難い主義に替わる、法適用の柔軟性を可能とした考え方であるともいえるように思われる。旗国主義を属地主義の特別な場合とする解釈は、このような法適用の優柔性に基づいているともいえる。属地主義が、刑法という国家的な色彩の強い公法を適用するにあたって、国家領域における主権を基礎とすべきとすれば、旗国主義は移動という船舶の特徴がもたらす他国領域での管轄権の抵触に柔軟に対応する考え方である。その意味よりすれば、旗国主義とは属地主義の考え方とは異なるものであるといえると思われる。

(1080) 山本草二・前掲注(68)174頁。旗国主義が属地主義の特別な場合との解釈が採られる場合には、双方の管轄権の抵触が問題となるものと思われるが、森下教授はこの点についても、どちらかの国が優先的に管轄権を行使するかの問題であるに尽きるとし、国際実務としては船舶より、例えば船長から領域国の警察に協力要請が求められた場合に、領域国の管轄権が適用されるとし、通常は旗国の管轄権が優先することを認めている（森下忠・前掲注(144‐1)36頁）。

既に見たように、民間航空機も登録国より国籍を受け、国際飛行業務に臨んでいる。航空機の内部で発生した行為は、船舶と同様、その航空機の登録国の管轄権に服することが定められている。飛行中の航空機は登録国、公海の上空では登録国の排他的管轄権に服する一方、他国の領域上空では、その領域主権に基づく規制を受ける。各国の有する領空における管轄権も排他的なものであり、外国航空機のその上空の飛行や当該国への着陸については、その国の事前の許可や同意が必要とされている（国際民間航空条約1条、5条、16条）。このように、航空機には船舶に認められている、他国の領海上空における無害通航（飛行）権という概念は適用されない。

311

第Ⅲ部　便宜置籍船が影響を与える諸問題

3　わが国における便宜置籍船上での犯罪

上記に見た通り、海上犯罪、特に公海上における犯罪では、その対処について慣習国際法に基づいた一定の制限がある。

公海にある船舶が国際慣習法上、その旗国の管轄権にのみ服することは既に見た。同様にして公海における海上犯罪に対しては、旗国主義を基として刑事裁判権が適用される。この裁判権は旗国の排他的な権利である。強制措置を伴う国家管轄権の行使は、原則として船舶の旗国に留保されている[1081]。即ち、公海上における犯罪は旗国の管轄権にあるとする、所謂、旗国主義は依然として国際法上の原則となっているのである。公海上では原則として、国家管轄権の内、裁判権と警察権の行使が旗国主義によって規律される。公海にある船舶に対して旗国外の警察権、警察作用が発動される例として、一般国際法または個別の条約に基づくものとしての国旗の濫用、海賊、公海漁業、海底電線の破壊、奴隷売買についての各取締りがある[1082]。しかし一般殺人については、旗国主義の例外として認められていない。

領海条約は、領海における刑事管轄権について定めた。これに依れば、領海における外国船舶の法令違反による結果が、沿岸国に及ぶかまたは領海の秩序を乱す性質を有する場合、沿岸国は当該違反を為した外国船舶の捜査、抑留等の措置を取ることができる[1083]。しかしこの管轄権は、外国船舶が領海に入る前に行った違反について執行することは認められていない[1084]。

このような原則の下で発生した、便宜置籍船における刑事事件である「タジマ号事件」を取り上げる。

(1)　事案の概要と経緯　　タジマ号は便宜置籍国であるパナマ船籍の原油タンカーであり、わが国の海運企業の支配下にあるパナマ所在の子会社の所有にあった。2002年4月、公海上である台湾沖を日本向け航行中であった本船上において、フィリピン人乗組員二名が日本人の二等航海士を暴行した後、海中

[1081]　山本草二・前掲注(948)244頁。公海上の外国船舶に対して、各国が内国刑法の適用を図ることは許容されるものの、強制管轄権は旗国の排他的なものである（山本草二・前掲244頁）。

[1082]　村上暦造「海上保安官権限論序説」片山・甲斐編・前掲注(121)229頁・257頁

[1083]　領海条約19条「刑事裁判管轄権」

[1084]　Ian Brownlie, *supra* note 26, p.322

へ遺棄して殺害するという事件が発生した。

　タジマ号のわが国への帰港後、海上保安庁が事件の捜査を行った。しかし公海上にあった外国籍船上での外国人の犯した事件として、わが国に刑事管轄権がないことを理由に容疑者の逮捕、拘留ができなかった。その後、本件についての裁判権を有する本船旗国、パナマ共和国からの犯人引渡し請求を受けた海上保安庁は、容疑者二名を仮拘禁した後、パナマへ送還して裁判に服さしめた。わが国に入港してより被疑者の下船引渡し、最終的な出港までの約一ヶ月の間、本船は入港地における停泊を余儀なくされた[1085]。

　容疑者の引渡しに時間を要したのは、本船の旗国であるパナマ政府の対応とわが国の法制上の手続きに時間を要したためであった。被疑者の下船、仮拘禁を行うためにはパナマ政府による逮捕状の発布が要件とされていたため[1086]、国際捜査共助法に基づく容疑者より聴取、検分された証拠の整理、それらの証拠を法務省、外務省を経てパナマへ送付するという一連の手続きが行われた[1087]。2002年9月、被疑者はパナマに送致された後、パナマにて裁判に付

[1085]　本船における容疑者の身柄の拘束は、日本人であった本船の船長が、パナマ法の下での警察権限に則っとり（パナマ商法1122条3項）執行にあたった。本船に乗船して容疑者の調査や本船乗組員への援助を行った海上保安庁職員の根拠法は、海上保安庁法5条2号の内の「天変事変その他救済を必要とする場合における援助」または7号「海上運送に従事する者に対する海上における保安のための必要な監督に関すること」と推察される（阪田祐一・池山明義「Tajima号事件が惹起した法的諸問題」『海事法研究会誌』171号（2002年）3頁）。

　　　筆者が一船員の立場よりこの状況を考えると、本船乗組員の精神的、肉体的な負担はかなりのものであったと慮れる。船舶の運航にとって、容疑者を船内に監禁、看視すること自体、異常な事態である。乗組員は通例、そのような異常事態に対する対処法の周知や訓練を受けていない。容疑者看視、それらへの供食や最低限の生活への協力等、乗組員の手間と心労はかなりのものであったように思われる（実際、港内の停泊中は、陸より看視に付く者が派遣されたと聞き及ぶ。）。そしてそれ以上に、つい数日前まで仲間として乗務していた容疑者を監禁するという、乗組員に与えた衝撃は如何ばかりであったものかと、思うのである。

[1086]　逃亡犯罪人引渡法23条1項

[1087]　捜査によって得られた証拠は、捜査機関より法務大臣を経由して外務大臣へ送付された（国際捜査共助等に関する法律3条、13条）。外務大臣は在日パナマ大使館へ手交、大使館がその内容をパナマの公用語であるスペイン語に翻訳してパナマに送付した。この資料を送致されたパナマ政府が実際に逮捕状を発給するまでには、これよりまた二週間を要した。即ち本船入港が4月12日、捜査終了が4月14日、上記の経路を経てパ

第Ⅲ部　便宜置籍船が影響を与える諸問題

された。

2005 年 5 月 18 日より 20 日の間、パナマ第二高等裁判所において公判が行われ、被告人は陪審により無罪を宣告され[1088]、本件は結審した。

(2)　法的問題　本件は殺人事件という極めて重大な犯罪であったものの、公海上にある外国船舶において外国人が犯した刑事事件につき、属地主義に依っていた事件当時のわが国の刑法は適用されなかった[1089]。公海上の外国船内の犯罪については、たとえその被害者が自国民であったとしても、犯罪が刑法上の国外犯として処罰できる場合ではない限り、自国には刑事裁判管轄権がなかったことによる。これは本件のような犯罪において、犯人である外国人を処罰するためには、属人主義という手法を用いなければならなかったことに

ナマ政府に資料が届いたのが 4 月 30 日、パナマが逮捕状を出したのは 5 月 14 日であった。一方、民間レベルでは本船の船舶管理会社、日本船主協会、全日本海員組合がパナマ政府に対して早期の逮捕状の発給を求めた。被疑者が下船、拘禁され、東京高等裁判所による審査を経て、最終的にパナマへ送還されたのは 9 月 6 日であった（阪田祐一・池山明義・前掲注(1085) 3 頁）。

(1088)　パナマの陪審制度上、表決理由を明らかとすることは求められておらず、また陪審員の協議についても一切公表されないこととなっている。そしてパナマの裁判制度上、陪審の評決に対する上級審への控訴はできないため、今般の判決によって被告の無罪は確定することとなった（日本外務省中米課「Tajima 号事件公判概要」(2005 年) 6 月 6 日）。

(1089)　刑法 3 条「国民の国外犯」。これはわが国刑法が属地主義を採用していたことに他ならない。刑法適用法の伝統的な基本原則としては普通、属地主義、属人主義、保護主義及び世界主義の四種があるといわれている。今日、世界の大多数の国は属地主義を基本としているが、若干の国では属人主義を基本としている。属地主義を基本とする国でも属人主義を制限的且つ補充的に採用し、また属人主義を基本とする国でも属地主義を併せて採用しているため、それらの差異は属人主義を制限的に認めるか、あるいは無制限に認めるかに帰着する。これらの国家実行を外観すれば、国際刑法の問題を論ずる際の中核的要素としては、犯罪地と行為者の国籍とが最も重要なものとして意義を持つこととなる（森下忠・前掲注(146) 132 〜 133 頁）。

諸外国の関連法制について述べれば、本件同様の公海上の外国籍船における自国民に対する外国人による殺人事件等の犯罪について、自国の刑事管轄権が認められるか否か、即ち消極的属人主義の採用につき、伝統的海運国では英国及びオランダが認められないとするが、米国、フランス、ドイツ、イタリア、ノルウェー、カナダ、そして韓国が認めるとしている。一方、船員供給国における自国民による殺人等の犯罪に関する国外犯処罰規定の有無、即ち積極的属人主義の適用については、フィリピン及びミャンマーがなしとするのに対して、中国、インドネシア、ベトナムはありとした（日本船主協会編

第 2 章　管轄権の問題

よるためである$^{(1090)}$。

　(3)　**法改正による対処**　　上記の刑法の規定は、本件のような事案に対して限界を示したことにより、その改正が検討された。その後、わが国刑法は改正され$^{(1091)}$、所謂、消極的属人主義に基づく規定が取り入れられた。この改正によって、本件のようなわが国刑法がその属地性によって適用されない領域のみならず、日本人が被害者となった場合の刑事事件の双方においてもわが国刑法が適用できるものとした$^{(1092)}$。消極的属人主義において、国外犯と内国刑法の適用との連結点は、被害者の国籍または住居（被害者が内国の国民であること、または内国に居住すること。）である$^{(1093)}$。

「せんきょう」2002 年 8 月号 3 頁）。
(1090)　属人主義は大別して能動的（積極的）属人主義と受動的（消極的）属人主義とに分けられる。前者は犯罪地の如何を問わず、自国民（または自国内の外国人居住者）が罪を犯したときに内国刑法の適用を認めるものである。後者は国外で自国民が被害者とされた一定の犯罪につき、自国民を保護するために内国刑法の適用を認めるものをいう。また後者は別名を国民保護主義ともいい、保護主義の範疇に入る考え方である（森下忠・前掲注 (144‐1) 41 頁）。このような意味からも、属人主義とは国際化の現在、刑法の保護的な機能を世界的に拡大せしむる極めて重要な役割を担っているといえよう。伝統的な考え方を修正して、世界法の考え方に通じ、守るべき人権や法益に対して侵害を働く犯罪は、自国民が外国で犯せば内国刑法を適用すべきという国家の義務より導き出すのが、現代的な理解である（山岸秀『国際犯罪と国際刑法』(2003 年) 64 頁）といえると思われる。
(1091)　2003 年 2 月 21 日、第 156 回通常国会に提出され、同年 7 月 18 日の参議院本会議において全会一致にて可決、成立し、2003 年 8 月 7 日に施行された。
(1092)　法務大臣も本事件発生より時を置かずして、個人的意見としつつ現行刑法の不備と、かつての条項である昭和 22 年に廃止された、国家主義的な色彩が濃厚とされた刑法 3 条 2 項を改めて復活させるべきとの意見を述べている（第 154 回国会衆議院法務委員会議事録第 12 号（平成 14 年 4 月 23 日））。
　　昭和 22 年に改正された刑法 3 条 2 項は「帝国外ニオイテ帝国臣民に対シ前項ノ罪ヲ犯シタル外国人ニ付キ亦同シ」と規定されていた。この規定は外国の刑事司法制度に対する不信感を前提とするものであることより、採用している国は少ない（堀川信夫「ソ連客船『バイカル号』船内殺人事件」海上保安大学校海上保安事件研究会編・前掲注 (264) 333 頁）。今回の刑法改正はこの条項の実質的な復活を意味した。
(1093)　これにより消極的属人主義は、属地主義に対して補充的性質を持つといえる。消極的属人主義は、犯罪地国において属地主義に基づいて犯人に対する裁判が行われない場合に、内国の裁判権を行使することによって、被害者である自国民（または自国内に居住する外国人）を保護しようとする考え方である（森下忠・前掲注 (144‐1) 57 頁）。

315

第Ⅲ部　便宜置籍船が影響を与える諸問題

(4)　本船運航関係者の問題　　被疑者の処罰にいたずらに時間と労力を要した本件には、もう一つの大きな問題が含まれている。本船は被疑者を軟禁した状態で、約一ヶ月以上の間、わが国港湾に事実上、抑留状態に置かれた。一般にタンカーである本船の利用は、わが国の石油企業との長期定期傭船契約の下にわが国の海運企業が実質的に所有、運航している。定期傭船という契約の性質上、海運企業は石油企業より一日あたりの定額傭船料を受ける。この事件によって停泊を余儀なくされ、長期の運航停止に追い込まれた本船はその抑留期間、石油企業より傭船料の支払い停止を受ける（オフ・ハイヤー）。このように、本事案は船舶の傭船料収入を停止させる一方、長期の定期傭船契約に従い本船の利用によって、わが国への原油の輸送計画を企図していた石油企業の目論見をも狂わせる。また石油企業は本船の不稼動期間中、本船で輸送する予定であった原油を別の長期傭船、または一般市場より調達した短期傭船によって輸送する必要にも迫られたであろう。もしもその傭船料が「タジマ号」の本来の定期傭船料を上回った場合、石油企業は本船の傭船を停止して支出を防いだ傭船料と、新たに調達した傭船料との差額を損失として受けることとなった(1094)であろう。

(5)　外国人船員同士の問題　　また別に、上記の法改正によっては解消できない問題がある。本船上における同様の刑事事件が、フィリピン人乗組員同士のように日本人が加わらない、外国人船員の間で発生した場合である。そのような場合には改正刑法の条項は適用にならない。本件同様、本船の留置という全く同じ状況が再現されることとなる。

　上記に列挙した如く、便宜置籍船であった本船で発生した殺人事件は、国際航海に従事する船舶の有する事情より、様々な問題を有していたといえる。

(6)　本件との類似事件　　公海上にある外国船舶における旗国外管轄権の執行という観点より、「タジマ号事件」との類似事件として、「EBキャリア号事件」を挙げる。

　本件は1989年8月、沖縄沖を韓国から豪州に向け航行していた鉱石運搬船EBキャリア号（パナマ籍船）において、フィリピン人乗組員が食事等の待遇改善を求めて、船長以下の英国人士官を脅迫した事件であった。本件は公海上

(1094)　但しこのような問題は、便宜置籍船に関係することなく、公海上における外国籍船上の同様の事件において常に想定される問題であろう。

にあった外国籍船で起きた、英国人乗組員とフィリピン人乗組員との間の事件であった。本船の英国人乗組員より救援要請を受けたわが国の海上保安庁は、英国大使館、パナマ国大使館、フィリピン国名誉総領事に事件を照会し、それぞれより本船の停止と臨検への許諾を受けた後、職務の執行に及んでいる[1095]。外国船内の外国人による外国人に対する公海上の事件であったために、わが国の国内法である刑法、刑事訴訟法の適用は不可能であった。本船から救援要請を受けた海上保安庁は、関係国の口上書の形を受け、海上保安庁法を根拠として事件に介入、船内暴動を鎮圧した[1096]。公海上にある外国船舶への管轄権の執行には、慎重な対処が必要とされた事例である。

4　海上における規制の手段

「タジマ号事件」では、公海上の海上犯罪における国内法適用の限界が明らかになった。

過去、国際社会は公海における海上犯罪の対処として、公海の自由を担保する旗国主義を規制する方法の模索に尽くしてきた。旗国主義は船舶の国籍の有する機能の一つであり、国家的な政策の一局面の表れでもあったために、その

(1095)　急迫した事態に困惑した英国人士官は、日本の海上保安庁に事態の収拾を要請、海上保安庁はパナマ国大使館、英国大使館、在邦フィリピン国名誉総領事に事件の発生を連絡した。パナマ国及び英国は本件に関する海上保安庁の介入を要請したため、同庁職員がEBキャリア号に乗船して事態の収拾に努めた。海上保安庁に対して、旗国であるパナマ大使館は口上書に「パナマ法の下に登録されたEBキャリア号の予備調査の実施に、日本当局の協力を要請する。」と謳い、英国大使館は「EBキャリア号はパナマ船籍の船舶であることから、国際刑事事件の捜査協力協定に基づく調査の要請はパナマ共和国大使館の問題であることを確認したい。」と口上書に記載した（松島史典「パナマ貨物船『EBキャリア号』船内暴動事件」海上保安大学校海上保安事件研究会編・前掲注(264)373～380頁、村上暦造「外国商船に対する干渉」海事法事例研究1巻所収（1993年）120～127頁）。

(1096)　その他にも、1996年、公海上のホンジュラス籍の便宜置籍漁船内において中国人船員が韓国人船員を殺害した後、燃料切れで漂流、わが国領海に入ったところで海上保安庁が介入し、本船を乗組員共々韓国へ引き渡した「ペスカマー号事件」がある。この事件では外務省が、わが国に捜査管轄権がないため、韓国政府が本船の旗国であるホンジュラス政府からの同意を取り付けることを前提条件として、公海上において海上保安庁の巡視船より韓国当局の巡視船に引き継ぐと表明、実行に移されて処理された（日本船主協会編・前掲注(1089)6頁）。

規制への取り組みは困難を極めてきたといって良いであろう。そのような海上犯罪の特異性と、その特異性の打開に向けて取られてきた国際的な対処について見てみたい。

公海上における船舶に対する規制としての直接の手段として、臨検と追跡権が挙げられる。何れも旗国主義の権限を侵す性質のものであり、その実行には様々な議論が為されてきた。

(1) 臨　検　　臨検とは、船舶または航空機が、他の船舶、航空機を取り締まる際に、その取締りの理由の存否について、臨検される船舶、航空機に備付される書類を以って検査することを本来の主旨とするものである。この行為は旗国主義の排他性の侵害に当たり、その実行の是非には多くの議論が重ねられてきた。

公海上における船舶の臨検は、元々、軍艦の権利として戦時国際法に基づき交戦国にのみ認められていた権限であった。平時に実施されるに際しては、条約の明文や航行の安全の維持についての慣習国際法がある場合に限られるとする厳格なものであった(1097)。しかし現在は、公海上の船舶が旗国以外の国旗を掲げているか、実際には近接している軍艦と同一の国籍を持つと疑うに十分な理由のある場合には、臨検を行うことが可能となっている(1098)。

いうまでもなく、臨検は旗国主義の原則を著しく害する行為である。その適用は特権として位置付けられているものであり、国連海洋法条約では臨検を受けた船舶が嫌疑を裏付ける行為を行っていなかったと判明した場合の措置として、軍艦の本国に対してその損害の補償を行うべきことが定められている(1099)。

(2) 追跡権　　沿岸国には、その国の法令に違反したことについて十分な理由を有する外国船舶を公海上まで継続して追跡する権利、追跡権が認められている。この権利も旗国主義の重要な例外を為すものである。理論としては、沿岸国の管轄権を追跡という手段を以って公海にまで延長するものと解せられる。この権利が旗国主義の例外と認められるのは、沿岸国の属地的な管轄権が及ぶ

(1097)　山本草二・前掲注(68)247頁
(1098)　公海条約22条「臨検、国旗の確認」3項、国連海洋法条約110条「臨検の権利」
　　　（これは公海条約22条「臨検・国旗の確認」3項を引き継いだものである。）
(1099)　110条「臨検の権利」3項

範囲内で、または追跡される船舶が外海へ出ない内に、既に開始された管轄権行使の継続とみなされるからである。これは追跡国の管轄権の実効性を確保するためのものに他ならない[1100]。

慣習国際法上においては、追跡権を経て船舶を拿捕した国の裁判管轄が認められている。但し必要であれば、拿捕された船舶の旗国による外交保護権の行使の余地も残され、旗国主義の機能の留保が為されている[1101]。

行政権力の側面より見れば、わが国における海上保安庁等の行政的海上権力が領海内における権力である場合には、海上の法秩序は特定の主権の下に統一されるため、その行使にあたっての矛盾は生じない。しかし公海における権力活動となる場合には、公海自由の原則との関係より沿岸国と各旗国の保護利益とが錯綜し、管轄権の抵触によって解決困難な問題が多発し兼ねない。この問題を放置すれば、公海における各国船舶の利害衝突の解決、例えば公海における衝突事故の実質的放任状態の解決は救済されることが困難となる。また公海での船舶の保護、人命財産の保護についても旗国の力のみに頼ることは危険であり、国際的な協調が必要となる[1102]ことは否めない。このような意味からも、臨検や追跡権の必要性が説かれているものと思われる。

5　海上犯罪に対する多数国間条約の原型と近時の条約実行

旗国主義に対する具体的な規制は、国際条約の締結という合意に基づいて実施されてきた。

1880年代より1900年までの間には、特に欧州地域において、海上犯罪の防止のための様々な多数国間条約が締結された。これらの国際実行によって、海上犯罪に対する規制の原型が形成されるに至った。締結された条約では、旗国主義の取り扱いについて検討された。何れも旗国主義を制限する方向で、条約の対象となる海上犯罪に対処しようと試みられたのである。しかしこれらの条約の最終的な締結に共通して言及できることは、旗国主義の原則が堅持されたことである[1103]。

(1100)　山本草二・前掲注(68)252～253頁
(1101)　山本草二・前掲255頁
(1102)　飯田忠雄・前掲注(67)13頁
(1103)　その条約の例示として、1882年の「北海における漁業警察に関する条約」では、

第Ⅲ部　便宜置籍船が影響を与える諸問題

　この時期の条約は、公海における船舶相互の妨害行為や、船舶による違法行為を防止するため原因行為の違法性を設定し、船舶の操業活動に国際基準を置こうとする努力が払われた。その性格は海上犯罪に対する規制措置と裁判権について、旗国主義を厳格に確保、継続する共通性が見られた。容疑船舶に対する国旗や国籍の確認、犯罪証拠の証明は、慣習国際法上において確立された近接権によって確認される程度の範囲に止まっているのが最大の特色であるといえよう。また裁判権においても、容疑船舶の旗国の裁判所に専属することが原則として確認され、旗国管轄の優位性が明文化されている。

　このような条約制定の動向の陰には、当時の公海利用において海上通商を確保するための航行の自由が重視されたこと、奴隷の取引の防止においては軍艦を用いた臨検が必要との英国の主張が却って世界の海上貿易を脅かす等と、英国の海軍力、海運力を脅威と捉えていた締約国によって強く反対された、時代的な背景があった[1104]。

　　北海における公海での漁業について、その操業活動の規制と監視を行うことにつき取り決められた。この条約において、締約国は公海上での容疑をかけられた船舶に対する国籍の確認の他、臨検の権利や港へ引致した上、拘留する等の強制措置が認められた。本条約では、刑事裁判権は容疑船舶の旗国に専属するものとして、旗国主義が維持された（山本草二・前掲注(68)258～259頁）。
　　1884年の「海底電信線保護万国連合条約」では、公海における海底電信線に対する損壊行為を、海上犯罪として捉えて規制しようと試みられた。本条約では、海上犯罪についての海賊概念の類推適用や国内刑法の統一化他が図られたものの、最終的に旗国主義の原則は留められた。そして容疑船舶の裁判権は、その旗国の国内裁判所にあるとされた。その理由として、公海上の船舶は各国の刑法の適用上、その旗国の領域の一部とみなされ、公海に所在する船舶で犯された犯罪については、その旗国が犯罪を為した者の国籍の如何に拘らず裁判権を持つとされた（山本草二・前掲276頁）。
　　1887年の「北海における漁民間の酒精飲料売買の弊害の是正に関する条約」は、北海での操業に従事する漁船に洋上で酒類を販売した結果、事故や傷害、殺人他の事件が多発したことにより、その売買を取り締まるものであった。外国船舶の国籍証書や販売許可証の提示を求める権限は認められたが、臨検の権利は否認され、旗国主義の例外が認められるには至らなかった。また裁判権については漁船の旗国の裁判所にあるものとされた（山本草二・前掲260頁）。
　　1890年の「反奴隷制度に関するブラッセル会議議定書」でも、特定の公海海域において船舶の書類を介した国籍調査の権限が認められる程度に止まり、当初検討に挙がった臨検の権利は否定された。
　[1104]　山本草二・前掲279・281頁

時代を経るに従って、海上犯罪の規模も大きくなると共に、その凶悪化もエスカレートしていく。このような海上犯罪の傾向に対抗し、それまでの複数国間の条約に替わり国際組織が中心となって締結される多国間条約が主流となる。

19 世紀の諸条約では、海上犯罪に関する規制措置について伝統的な旗国主義の原則が適用された。しかし 20 世紀に入れば、このような考え方には修正が加えられることとなった。実質的には沿岸国の安全上の必要性という動機に基づいた、内国警察の延長としての対応であった⁽¹¹⁰⁵⁾。

IMO は 1988 年、海上犯罪の防止を目的として、「海上航行の安全を害する不法行為の防止に関する条約」を採択した。この条約は国際海上輸送業務とその施設の不法な奪取や阻害等、従来の海賊行為の要件に該当しないテロ行為を国際法上の犯罪と定め、普遍主義に基づいた裁判権の設定を整えたものである⁽¹¹⁰⁶⁾。条約は対象とする犯罪について、私人が違法且つ故意に行う船舶の安全航行を害する行為としている。

しかし本条約では、犯罪が行われた船舶の旗国が持つべき利益と責任について、妥当な考慮が払われるべきものと定められ、最終的に旗国管轄に優位を認めている。それは実際においても有益な効果を生むのみでなく、国家の実行上も、公海における船舶に対する管轄権について、船舶の国籍という連結素により、旗国に対し原則として優先的、専属的な地位を認めている⁽¹¹⁰⁷⁾。現在でも尚、旗国主義は堅持されているのである。

6 わが国における追跡権の拡大

国際組織が中心となった国際的な条約の締結を尻目に、公海上の海上犯罪に対する国家実行はより進展を見せる。

上記の追跡権については公海条約⁽¹¹⁰⁸⁾、国連海洋法条約⁽¹¹⁰⁹⁾共、条文の内容に変化がない。従って、少なくとも両条約の間において、国際法におけるそ

(1105)　山本草二・前掲 287 頁

(1106)　山本草二・前掲 332 頁。本条約の制定は、「アキレ・ラウロ号事件」が契機となっている。

(1107)　山本草二・前掲 336 頁

(1108)　23 条「外国船の追跡」

(1109)　111 条「追跡権」1 項は、国連海洋法条約に新たに定められた群島水域の文言を除けば、公海条約 23 条 1 項と同文である。

の概念に変化のなかったことが伺える。例えば先の追跡権について、両条約は追跡権の行使の条件として、被追跡船舶が追跡を行う国の内水、領海または接続水域にある場合に開始しなければならないことが定められている。

　わが国の判例である「フェニックス号事件」[(1110)]は、この追跡権の行使が問題とされた判例であった。本件は、わが国より旅券の発給が認められなかった米国人夫妻が、事件の当時、わが国と国交のなかった中華人民共和国へ米国籍のヨットでの渡航を試みた際、海上保安庁によって追跡、逮捕された事件である[(1111)]。本件では、海上保安庁によるヨットへの追跡権の行使が領海または接続水域において開始されたことにつき疑義が生じ、原告側は結果として保安庁巡視艇の行為は当時、わが国が批准していた公海条約に抵触する違法行為であると主張、その是非が問われた。判示は追跡権を行使した巡視艇がヨットに対して停船を命じた地点が領海内であったことを認め難いとしつつも、巡視艇の継続した勧告の実施等の慎重さ、及び領海を出た後、初めて出国という犯罪行為への逮捕を行使したとしてその違法性を阻却した[(1112)]。

　本件は、巡視艇の取った追跡行為が国際法上無効であるとほぼ認めながら、併せて国内法における違法性について論じている。国際法と国内法との関係を巡る学説や実行よりすれば、国際法上違法な行為であっても、その事実がすぐさま国内法の効力の否定に直結するとはいえない[(1113)]。本件の構造は、国際法上の問題である追跡権をその具体的な行使において、単なる国内法の手続の問題として転化した。そして更に、国内裁判所にとって主要な問題である具体的な国内法令違反の問題との関係においては、国際法の規定は無視できるとする判断を示した[(1114)]。追跡権について定めたわが国の法令はない。従って追跡権の行使にあっては、わが国が批准していた公海条約の規定が適用されなければならなかった。判例はその点についての明確な判断を回避している。ヨッ

(1110)　長崎地裁　昭和45年4月30日判決　出入国管理令違反、同幇助、各被告事件　昭43㈹267（判例時報599号8〜13頁）

(1111)　夫妻の内、夫は米国人、妻は日本人であり日本国籍を有していた。

(1112)　判示は、（巡視艇は）結果的には却って違法の疑ある措置に出ざるを得なかったと見られるのであって、状況下になされた本件逮捕が公海自由の原則を蹂躙する程明白な違法不当なものであるとまでは到底、断じ難い、とした。

(1113)　明石欽司・前掲注(192)229頁

(1114)　明石欽司・前掲229頁

トがわが国領海を出た後の追跡と逮捕は、出入国管理令に基づいた対処であって、公海条約における追跡権の条件については判示上、殆ど不問とされているといって良いと思われる。明石教授はこの点について Gidel の言葉を借りて、追跡権を沿岸国法令の実行性の担保の為の制度として理解し、それを解釈の指針とすれば、国際法・国内法の両面における法の理論的整合性の貫徹よりも、法乃至政策目的への考慮が優先されることになるのはある種の必然であろう、としている[1115]。そしてこのような国際法を超越した国家実行が、多くの国で繰り返されている現実がある。船舶の国籍が旗国と船舶との間に密接な結び付きを持たない場合、旗国以外の国が管轄権を行使することが合理的と認められる場合が存在する。

公海制度に従った場合、公海上の外国船舶が違法行為を行ったとしても、旗国以外の国は当該外国船舶の拿捕が困難である。米国の実行を例示すれば、1970年代の当初、米国官憲が密輸船を公海上で拿捕したとしても、有罪にまで持ち込むことには困難な場合が多かった[1116]。1970年代以降、米国はこのような密輸船の多くが、旗国との間に国籍上の実質性が欠如した状況にある事実を逆手に取り、麻薬密輸の船舶に対して様々な取締りを通して実行を重ねてきた。即ち、カリブ海の麻薬密輸船に米国市民が出資した便宜置籍船が多くあったため、国内法において米国船舶の定義を広く――一部でも合衆国市民または法人の所有にある船舶は米国船舶として取締りの対象とした。米国に麻薬を違法に持ち込む意図をもって所持している者は、公海上にある外国船舶上の外国人であっても、処罰の対象としたのである[1117]。

7　公海上の外国船内犯罪における限界

以上の例を見ても、公海上における犯罪に対して、国家によって様々な打開のための努力が重ねられてきたことが理解できる。

今日、諸国の刑法で採用されている消極的属人主義は、国外における内国人の保護を目的とするものである。その限りでは、保護主義の特殊な形態と解することも可能である。しかし消極的属人主義は、国外にいる自国民に必要な保

(1115)　明石欽司・前掲230頁
(1116)　古賀衛・前掲注(33)209頁
(1117)　古賀衛・前掲218～219頁

第Ⅲ部　便宜置籍船が影響を与える諸問題

護を保証するためのものであるため、犯罪地国で犯人に対する訴追が実施される場合には、被害者の本国が介入する余地はなくなる。つまり犯罪地法が優先するのである⁽¹¹¹⁸⁾。このように消極的属人主義には限界がある。「タジマ号事件」を契機とした法改正によって消極的属人主義が採用されたとしても、その実行は第一に、船舶に施行されている旗国の属地主義に準じなければならない。属人主義は一般的に、自国民の国外犯の内、特定された犯罪に限って適用される。また犯罪の行為地である旗国の属地主義を補完するための副次的な原則として、適用されるべきものとの認識がある。即ち、もしも船舶の旗国が本船上の犯罪をその刑法上、処罰すべきところを処罰しない場合、または宣告した有罪判決を執行しない等の不作為を犯した場合等について、犯人引渡しを請求する等の段階を踏んでの適用が必要とされている⁽¹¹¹⁹⁾。このような意味からも、消極的属人主義の適用は謙抑性を有したものなのである。公海上における船舶の有する旗国主義の排他性の優越は、尚も厳格なものとして維持されている。発生した犯罪の性質によっては、旗国外権力によるその超越には困難を伴うものであると理解できる⁽¹¹²⁰⁾。

また「タジマ号事件」において、本船の旗国が、属人主義に基づく執行及び司法管轄権をわが国に認めたとしても、本船がわが国に寄港せず、他国間の航海にのみ従事していたとするならば、やはりわが国の刑法は適用できないこととなった。公海上にある外国船舶に対して、わが国の海上保安庁は捜査権限を持たない。本船または被疑者がわが国の内水、領域に入った場合にその権限の行使が認められるに過ぎない⁽¹¹²¹⁾。もしもタジマ号がわが国に寄港しなかっ

(1118)　森下忠・前掲注(144‑2) 9 〜 10頁。刑罰の重さも、犯罪地法の重さに止まるべきであり、消極的属人主義を行う国の刑罰は、犯罪地法よりも重いものであってはならない（森下忠・前掲10頁）。

(1119)　山本草二・前掲注(68) 150頁

(1120)　海上における国際犯罪について、現在の諸国の政府は、有効な法的手段を欠く状況にあるとしても良い（Awni Behnam, *supra* note 344, p.128）

(1121)　領海条約19条「刑事裁判管轄権」5項。その理論的な根拠とは、一国の刑事管轄権が立法管轄権と執行管轄権に区分されることに拠る。国家が国外で行われた犯罪について管轄権を行使する場合、犯罪者の捜査、起訴、逮捕、処罰等の具体的な権力を執行できるのは、原則として犯罪実行者がその領域に入った場合に限られる。犯罪に対する管轄権が認められるからといって、他国の同意や承諾のないまま、他国の領域において自国の国内法に基づく強制措置をとることは原則として許されないとされる（広瀬肇

た場合、本件の解決は全く別の様相を呈していたに違いない[1122]。

　裁判権の競合が生ずるのは、刑法適用法をどのように規定するかが、各国の立法者に委ねられている上、刑法適用法において各国が属地主義を初めとする複数の原則を採用していることにも拠る[1123]。属地主義にあっては犯罪地の決定がその核心とされるが、近時、犯罪地の決定については拡大傾向も見られている。例えば属地主義に保護主義的な見地が取り入れられている等である[1124]。一方で犯罪者の社会復帰を促進する見地より、属地主義の優位性を修正し、犯罪者の母国または居住地国で訴追、または外国事件判決の執行を可能とする試みが取られている例もある[1125]。

　さて、本件の如く、寄港国がその管轄権を行使できない国際法の規制の下で、法の要請する正義の実現のために、法のけん欠を補う大義名分としての超法規的な対処を唱える意見もある。

　廣瀬教授は「タジマ号事件」のような重大事件について、超法規的な行動が執られても良かったのではないかとの意見を述べている[1126]。

　「タジマ号事件」は殺人罪という重大性を有する犯罪であった。わが国刑法において採用されている、加害者である自国民をその行為地の如何に拘わらず罰する積極的属人主義では、その処罰の対象を重大犯罪に限定している[1127]。

　「船舶内で犯された犯罪に対する管轄権について」『海上保安大学校研究報告』28巻1号5～12頁）。

(1122)　本船がわが国に入港したのと同様、他国に入港した場合において、入港後は旗国と入港国の刑事管轄権が競合することとなる。内水は沿岸国の領域の一部となり、領土と同じく沿岸国の完全な領域主権に服している。他国の内水にある自国船舶への令状の送達、捜査、逮捕等の執行措置（執行・司法管轄権の行使）について各国は、国際法上の特段の許容法規、または相手国の同意のない限り行えない（藤井俊樹「リベリア船『ワールドガード号』船内殺人事件」海上保安大学校海上保安事件研究会編・前掲注(264)367頁）。

(1123)　例えば属地主義同士でも抵触がある。国際的な離隔犯にあっては、「犯罪地」の決定基準として偏在説を採る以上、狭義の行為国であるA国の属地主義と、結果地国であるB国の属地主義とが競合することがある（森下忠・前掲注(146)125頁）。

(1124)　森下忠・前掲13頁

(1125)　1972年の欧州刑事訴追の移管条約（1978年3月30日発効）8条（森下忠・前掲14頁）

(1126)　廣瀬肇「海上警察の法理―海上警察の事例判例その16 便宜置籍船『TAJIMA』事件」2～15頁

第Ⅲ部　便宜置籍船が影響を与える諸問題

これらは社会的法益及び個人的法益を侵害する犯罪の内、比較的重大な犯罪が処罰の対象とされている。当然ながら殺人も含まれる。過去に改訂された消極的属人主義は外国人についても同様に解釈する旨、規定されており、消極的属人主義においても殺人はその処罰対象とされるものと思われる。

　本件は公海上の事件であったが、これが内水等、一定の国の領域内で発生した場合、旗国と領域国との間の裁判権の競合が生ずる。この競合が発生した場合において、従来よりわが国は自国の刑事裁判権の及ぶ範囲として、港の平和を害する犯罪、日本国民または一般の乗客が関係する犯罪等に特定している[1128]。当然に殺人事件はその対象となろう。重大な犯罪とは、その犯罪行為を処罰しなければ、領域主権と裁判権を毀損することとなる場合、つまり法秩序の維持のため、どのような文明国においてもそれが自己の管轄権の内で生じたときには重罪を以ってのぞむべき犯罪を意味するとされる[1129]。「タジマ号事件」は殺人罪という重大性と、日本人が被害者となった事案より上記の重大な犯罪の解釈に適合することは明らかであり、旗国であるパナマの対応における消極性も考慮に入れて、超法規的な対応にも採用の余地があったのではなかったかと思われる、とする。廣瀬教授は「タジマ号事件」についていえば、被疑者の人権、人道的待遇も考慮に入れて、一時的に上陸させて仮収容する等の措置を取り、その上でパナマとの交渉を行ったとしても、国際責任を問われることはなかったのではないか[1130]、と説いている[1131]。

(1127)　刑法3条「国民の国外犯」では放火、強姦、重婚、殺人、傷害、強盗、窃盗、誘拐、詐欺等を列挙している。

(1128)　山本草二・前掲注(38)309頁、領海条約19条「刑事裁判管轄権」1項

(1129)　米国判例「テンペスト号事件」(廣瀬肇・前掲注(1126)11～12頁)

(1130)　林司宣「タンカー『たじま』船内の船員殺害事件への対応は適切であったか」Ship & Ocean News Letter No.49, 20th August 2002. 廣瀬教授は「実行として広い意味での救難、あるいは人道的介入として理論構成できるのではないか。日本人が殺害され、日本人を殺害した容疑者が現に乗船していることがわかっており、しかも日本の内水・港湾内に存在するのに、全く何の手出しもできないとは一体どういうことかという、法理論外の感情論、強いていえば、つまりは自然法的に措置が取れるという理論構成はできないか。関係条約を精査・解釈すれば対応の根拠が読み込めるのではないか。日本の安全に関連して、内水、正に我が国の領土内に殺人者が存在することは、我が国の安寧秩序を犯しているのではないか。であるなら、国内法で裁判が不可能だとしても、少なくとも強制送還して憂いを絶つという措置が執れたのではないか。」としている（廣瀬

このような解釈の提示は、現行の国際条約法制及び事件当時のわが国の国内法での厳格な対処では、本件の解決は困難であったことが改めて示されたものともいえる[(1132)]。そしてこのような意見は、先の「フェニックス号事件」の判決の如く、国家が自国の批准した国際法の規定を超え、あるいは慣習国際法を超えた国家実行を果たしたとしても、それが許容される方向が閉ざされてはいない国際社会の現実を示すものとなるようにも思われる。

8　航空機における実行

これまで見てきた船舶の場合と異なり、航空機における対応は一歩、先んじたものである。

1969年の「航空機内で行われた犯罪その他のある種の行為に関する条約（東京条約）」では、航空機内における犯罪者を、当該航空機の機長が着陸国の当局へ引き渡すことを望んだ場合、条約の締約国に対してその犯罪者を受け入れる旨、定めている。本条約はまた、航空機の登録国の裁判権を規定している。

1970年の「航空機の不法な奪取の防止に関する条約（ハーグ条約）」は、航空機上で発生した犯罪に対する裁判権について、航空機の登録国、着陸国、賃貸航空機（リース機）の運航国がそれを設定する措置を執るべきことが規定されている。

航空機に関しては、続発するハイジャックを防止するために上記の条約にお

　　肇・前掲11〜12頁）。
(1131)　栗林教授は航空犯罪を基に、国際性を有する犯罪への対処について述べている。犯罪の「国際性」は、航空活動における「安全」の概念自体が当該犯罪による直接的被害にのみかかわるものではなくて、国際・国内の航空交通全体の中で波及的効果を及ぼすものとして認識されるとき、そしてまた、航空利用者の一層の大衆化と多国籍化の方向を考えるとき、犯人の国籍、犯行の場所、被害者または被害航空機のいかんに拘りなく、すべての国に普遍主義の原則に基づく刑事管轄権が帰属され、しかもそれが一次的に行使されるべき立法論的根拠を示唆する、とする（栗林忠男「航空犯罪と国際法」(1978年) 157頁）。
(1132)　廣瀬教授はまた、海上保安庁の不作為が本件の問題の悪化を招いたものとせず、事件の発生した船舶の旗国政府の反応が鈍感であったり、そもそもやる気や能力に欠けて如何ともしようがなくとも、それは仕方のないことと割り切って考えるしかなく、最終的には国外犯処罰のための規定の拡充という立法論に委ねる他、解決方法はない、とする（廣瀬肇・前掲注(1126)12頁）。

ける規定が定められた。規定の内、注目しなければならないのは着陸国という、船舶における寄港国もまた、同様に犯人の受入れとその裁判の執行について義務付けられている点である。旗国主義が、尚も主たる管轄権を握る船舶に対して相違を見せているといえよう。

9 便宜置籍船と旗国主義

　旗国主義は、船舶の登録国が船舶内の安全と秩序について責任を担うべきことが一般的に認められている故に、国際的な承認を受けているといって良い。しかし便宜置籍船の存在はその建前を崩している。このような現実への対処として、実質的な船舶所有者である海運企業の登録されている国にも船上犯罪に対する裁判権を認めること（属地主義の拡大）、乗組員の法益が侵害されたときには乗組員の国籍国の国内刑法の効力が及ぶとされる消極的属人主義、即ち国民保護主義の採用の検討が必要となるように思われる[1133]。

　わが国においての日本船舶たる要件は、厳格な船舶所有者主義に基づいている[1134]。属地主義の下、公海上の船舶にわが国刑法が適用されるためには、当該船舶が日本船舶の要件を満たし、わが国の国籍が付与された船舶であることが必要であった。その根拠となった刑法は「タジマ号事件」を契機として改正され、消極的属人主義が導入されている[1135]。しかし今回の事件を経験する以前より、便宜置籍船の台頭によって生じた属地主義の弊害が指摘されてきた。

　例えば、船舶が日本人の所有に非ずとも、その占有権を有して所有者と同様、乃至はそれに準ずる状態によって利用されている場合、従ってチャーター船は

[1133]　森下忠・前掲注(144-1)35～36頁。消極的属人主義を裁判管轄権の根拠とすることについては、かつて英米を中心とした強い反対があり、国外の外国人の行為に対する管轄権としては一般に受け入れられてこなかった。しかし例えば、最近のテロに携わる犯人は多くの国を移動し、属地主義または属人主義に基づく処罰の可能性が極めて少ないこと、また特定の国の国民をテロの対象とする傾向にあることより、米国では国内法によって消極的属人主義に基づいた自国の裁判管轄権を設定する例が増えているという（村上暦造「アキレ・ラウロ号事件に関する一考察」池田英治・廣瀬肇編『海上保安の諸問題』（1990年）所収29頁）。

[1134]　船舶法1条

[1135]　刑法3条2項「国民以外の者の国外犯」

第 2 章 管轄権の問題

もとより、日本人がその所有権を法的にではなく実力によって取得したような場合についても、本船を日本船舶と認めて差し支えない、との意見があった(1136)。占有権とは、日本法人がその船舶に日本人船員を配乗して運航している如くの場合を指すものと思われる。また刑法が船舶の概念として引用しているとされる船舶法の規定する「日本船舶」に従えば、法に準じた所有に該当しない船舶に対してわが国刑法は適用できないものの、元来、刑法を適用するかどうかの判断は、その場所が日本国内におけると同様に、刑法を適用してその内部における生活秩序を維持する必要性を認め得るだけの実態を具備しているか否かに関わっている、との指摘もある。この指摘は更に、刑法の適用されるべき日本船舶を、船舶法の定義より離れて単に社会通念上の船舶としてその適用対象とすべき、ともしている(1137)。

　これらの考え方は、第一に、旗国とその登録船舶との間の実質性の如何のみに拘わらず、傭船者等、その船舶の運航により密接な関係を有する者や、旗国以外の国民であっても、実際に船舶を占有している者に視点を置き、旗国外刑法の適用を可能としている。第二に、刑法の有する社会正義の実現を見据え、船舶に内在した刑事事件の解決のために旗国と船舶の法的な繋がりを超えた適用が主張されている。そしてわが国の国籍を有する船舶について、わが国刑法における日本船舶の要件に縛られることなく、社会通念上の船舶として再定義した上、当該船舶に刑法を適用する正当性を見出そうと試みている、と理解できる(1138)。

　欧州では 1964 年以降、外国刑事判決の執行及び刑事訴追の移管について、各種の条約によって次第にその適用領域が拡大されている。そして刑事訴追の移管について、代理主義という刑法適用法における新しい原則も生まれている。代理主義が重要な点は、外国刑事判決の執行と刑事訴追移管に関する条約は、主権のある程度の放棄を含むものであり重要であるとされる(1139)ところにあ

(1136)　河上和雄『捜査官のための実務刑事手続法』(1978 年) 298 頁
(1137)　中野佳博「船舶法」平野隆一他編『注解特別刑法 2』(1983 年) 所収Ｖ 8 頁
(1138)　甲斐教授はこれらの説を実質説と呼ぶべきとする（甲斐克則・前掲注(751)258〜259 頁）。
(1139)　森下忠・前掲注(146)17〜18 頁。このような事態は、古典的形態の刑事司法共助、即ち犯罪人引渡しと狭義の司法共助にあっては、刑事裁判所は自国法のみを適用するとの古典的命題に対する重大な修正をもたらしており、とりわけ新しい形態の刑事司法共

329

第Ⅲ部　便宜置籍船が影響を与える諸問題

る。そして代理主義に見られる如くの新しい形態の刑事司法共助にあっては、「刑事裁判所は自国法のみを適用する」という命題は消滅すると説く[1140]。これは重大な変革であるといえる。

　刑法は国家主権の表れであって、伝統的に「刑法の国家性の原則」が妥当するものとされてきた。この原則を厳格に貫徹する限り、刑事裁判における外国刑法の適用もまた、厳格に排除されることとなる。しかし地球が狭くなり国際交流が進み、犯罪の防止の領域においても諸国家の連帯性の思想が高まるに至る。森下教授はそのような国際環境の変化が、刑法の国家性を薄めていると説く[1141]。

　このような考え方に依れば、「タジマ号事件」においては、わが国の裁判所が本船の旗国であるパナマの旗国法を用いて被疑者を罰するという構図も浮上する。勿論、わが国裁判所の執行の前提としては、パナマの容認がなくてはならない。その容認には、このような事件の解決に対して便宜置籍船の旗国の対処が消極的であるためという事実も加えられないかとの、一つのアプローチを考慮しても良いのではないかと思われる。

　別に刑法適用法の一つとして純代理処罰主義がある。この考え方は、国外犯の犯人である外国人が内国にいる場合において、その行為の種類または特性による以外の理由によって外国に引き渡されないときに、内国刑法の適用を認める原則であって、基本的には世界主義の系譜に属する。しかしこの主義に基づいた犯人の処遇は、常に引渡しが実施不可能にあるところに依存していることに注意されなければならない。その意味からも、純代理処罰主義は、犯罪人の引渡しを補充する役割を果たす限定的な原則であるといえよう[1142]。

10　便宜置籍国による対応の消極性と旗国主義

「タジマ号事件」の結果が、被疑者に対する旗国パナマにおける裁判での無

　助、外国刑事判決の執行と刑事訴追移管に関する条約は、主権のある程度の放棄を含むものであるとする（森下忠・前掲18頁）。
- [1140]　森下忠・前掲19頁
- [1141]　森下忠・前掲63頁
- [1142]　森下忠・前掲174頁。「タジマ号事件」についていえば、被疑者を旗国パナマへ引き渡せない何らかの事情がある場合、またはパナマがわが国での裁判に付することに同意する場合が考えられる。

第 2 章　管轄権の問題

罪判決であったことは、わが国の関係者に衝撃を与えた。本件のような重大事件に対する便宜置籍国の対応の消極性は、しばしば指摘されるところである。例えば1982年、公海上のリベリア籍船で発生した「ワールドガード号事件」では、日本人乗組員の中で発生した殺人事件について、旗国リベリアは逸早く本件に対する裁判権を放棄している(1143)。このような便宜置籍船による消極的な対応は事例に事欠かない(1144)。

　国外犯の処罰に関する立法管轄権及び司法管轄権は、国際法上、正当な理由乃至は根拠の存在する場合において認められる。旗国主義については国外にある自国船舶内における犯罪に対して、自国刑法を適用して処罰することを自国の法的秩序維持の課題と結び付けるための結合点の存在が求められる(1145)。旗国主義は本来、国家と船舶の関係につき、単に旗国の法秩序に対する関係を示すものである。この関係は、船舶が国旗掲揚の義務より生ずる船舶の国家所

(1143)　リベリア政府はわが国との友好関係のため、日本政府が本事件につき裁判権を行使することに異議はなく、被疑者が殺人罪で起訴されること、リベリア政府が最終判決につき通報を受けることを条件として、裁判権を放棄した（藤井俊樹・前掲注(1122) 363頁）。

　また同じくリベリア籍船であった「ドーズベイ号事件」では、乗組員のドイツ人を同じく乗組員であったフィリピン人が殺害した事件であったが、日本の海上保安庁の捜査照会にあたって旗国リベリア政府は、自国民が関与していないとして本件に関与しないとの態度を取った（五十畑健雄「リベリア貨物船『ドーズベイ号』船内殺人捜査共助事件」海上保安大学校海上保安事件研究会編・前掲注(264)所収、131頁）。「ドーズベイ号事件」のリベリアの対応は極めて問題である。リベリアに登録されている外国法人所有の便宜置籍船において、リベリア人船員が配乗されている船舶は皆無に近い。リベリアは旗国としての刑事管轄権の執行を、その検討の前に放棄したこととなるからである。

　2003年の国際刑事警察機構会議においては、英国より、カリブ海で発生した便宜置籍船での殺人事件について、旗国が積極的に動かなかったとの報告があった（廣瀬肇・前掲注(1126) 8頁）。

(1144)　最も森下教授は、犯罪地国の捜査当局は、加害者と被害者が外国人である場合や、過失犯を仮装した場合等には捜査に不熱心であり、そのため真実の究明が十分でないことがあるという（森下忠・前掲注(146)126頁）。このような主張を便宜置籍船に置き換えれば、便宜置籍船の旗国はその船上における犯罪については恒常的に消極性を示すこととなろう。また森下教授は、発展途上国や政治経済の安定していない国では、必ずしも徹底した捜査や厳正な裁判が実施されるとは限らないとも指摘している（森下忠・前掲注(146)126頁）。

(1145)　伊藤寧・前掲注(121)100～101頁

属性の担い手と見なされることによって生ずる⁽¹¹⁴⁶⁾。

　伊藤教授は、国外にある船舶上での犯罪に対する旗国刑法の適用の前提として、旗国と当該船舶との間とに密接な関係、乃至は正当な利益が存在しなければならない、と説く。船舶は旗国によって人的及び物的、技術的に装備され、また国旗及び国家所属性の下に運航されることにより、旗国は船舶内の秩序の維持について有責であることを自覚する必要がある。同様に船舶内の人々が、旗国の法秩序による保護を信頼して良いということに重大な関心を持たなければ成らない。更に船舶は何れの場所にあっても、船舶内の全ての人々に及ぶ船長の統率権の下で、旗国法によって統治されている解き難い活動単位、乃至生活共同体を形成している点を指摘する⁽¹¹⁴⁷⁾。旗国主義は旗国の排他性を認めたものであるが故に、旗国はその排他性に準じた対処を積極的に行わなければならないとするのは至当であろう。旗国に対する積極的な対処の要求には、旗国がその登録船舶を人的にも物的にも管理し、国旗を掲揚する権利を与えている事実より当然に導かれるべきことが、指摘されているのである。旗国主義のこのような主張が容認されれば、便宜置籍国によって示される、旗国が負うべき責任に対する消極性は最早、旗国主義の放棄とみなされても良いように思われる。

〔小　括〕

　国際海運と表される文言の通り、その国際性は様々な管轄権の抵触の問題を包括している。本章では、その管轄権の問題を取り上げた。

　公海自由の原則の礎である旗国主義は、早くよりその排他性の問題が指摘されてきた。殊に海洋環境の保護の名において、旗国主義の有する欠陥の改善としてその排他的な権利の是正が指摘された。その旗国主義への対処は、国連海

(1146)　伊藤教授は国家所属性について、船舶に対する旗国の主権を承認することによって、国家領域の存在しない場所における法と秩序を確保する必要性を考慮したものであるとする。そしてこの国家所属性は船舶が公海を航行中に現れ、これによって船舶は旗国の排他的な統治権の下に入り、旗国の法秩序は船舶内の全ての事象に及ぶとする（伊藤寧・前掲103頁）。

(1147)　伊藤寧・前掲104頁

洋法条約が総括している。この条約の全体像を見れば、条約上に規定された環境の保護、保全のための内容は、環境保護のための一般的な枠を越えない程度のものであったともいえる。そこには、この条約の制定が基本的に海洋環境の保全を図ることを目的とした反面、海洋資源の採取や通常の船舶の航行等、海洋の経済的、政治的または軍事的な利用としての動機に由来した、国家間の利害対立の中で調整が進められたという、制定過程における流れがあった[1148]。総合的な条約において初めて、国連海洋法条約が環境保護についての一般的且つ広範な規定をおいたのは事実である。特に船舶に基因した汚染に関する管轄権については、詳細な規定を置いている。但し、主たる内容は協力義務に関するものであり、汚染防止措置は他の協定・国際会議において制定される規則、基準、手続きに委任された形となっている。また従来の旗国主義に加えて寄港国主義、沿岸国主義を認めるに至ったが、旗国による裁判権の優先も取り込まれている。そのようなところより、国連海洋法条約は依然として旗国中心主義の条約であるということができる[1149]。

　しかし便宜置籍国を中心とした国際法遵守における旗国の懈怠が見出される限り、旗国主義を捨てきれない国連海洋法条約の対応は、何らかの形で補完されるべきものとなる。その対応の一つとして、域外適用の可能性を探った。旗国としてその登録船舶に果たすべき役割に不足する旗国——主として便宜置籍国に対して、その登録船舶の実質的船舶所有者の所属国が執り得る法理としての検討である。競争法や輸出管理法制における実行としての域外適用の理論は、単純に国際海運にも適用できるものではないだろう。有効に国際条約の規定の取り込みを為し、また国内自治の裁量を有する主たる便宜置籍国に対し、域外適用の法理の適用を正当化する根拠は見出し難い。しかし一方で、例えばポート・ステート・コントロールによって便宜置籍船を含むサブ・スタンダード船の不堪航が指摘されると共に、その抑留は現実に行われている。この事実より、

(1148)　栗林忠男・前掲注(667)28頁

(1149)　220条「沿岸国による執行」1項は、沿岸国に対して甚大な汚染のある場合における船舶の情報収集、物理的検査についての規程であるが、それらの沿岸国の執行は「できる」として結ばれている。これにより当該執行は沿岸国の裁量に委ねられ、汚染防止のための沿岸国の積極的義務を強化するものではないと解釈される。国連海洋法条約が旗国主義の強化を中心とし、沿岸国の役割が依然としてその補完性にあることを示している一例である（栗林忠男・前掲114頁）。

第Ⅲ部　便宜置籍船が影響を与える諸問題

それらの便宜置籍船の影響を被る実質的な船舶所有者の所属国が、何らかの方策を執るべき道理は失われるものではないだろう。可能ならば、これらの船舶による海洋汚染等の実際の事故が防止され、「アモコ・カディス号事件」の如き過程に至らない何らかの対処が望まれる。域外適用とは、そのようなリスクを軽減するための、実質的な便宜置籍船保有国による対処の手段としての検討でもある。

最後に述べた便宜置籍船に対する旗国外刑法の適用は、より対処の困難な問題であるように思われる。それは自国民の関わらない事案に対する便宜置籍国の消極的な対応に加えて、刑事法の有する国家的、属地的な性格に起因したものである。その問題とは、具体的には旗国主義の有する排他的な性質にある。社会正義の実現のための止むを得ない超法規的な対応は別としても、そこでは刑法の適用の前提として、旗国とその登録船舶との間の実質的な関係の必要性が議論されている。自然人の人権の尊重と深く結び付いた刑事法とは元々、そのような実質性に依拠した法体系であることを示すものと理解できるように思われる。たとえ実質性の如何を問うことが困難であるとしても、登録船舶上の刑事事件に対する旗国としての対処は、単純にその国内法に依拠するのみにあらず、国際社会からも適正な対処であると評されなければならない。国際海運に従事する船舶は、時間的にも地理的にもその多くは旗国の領域外にあるという性質を有している。「タジマ号事件」が示す通り、その船上での刑事問題の影響は単に本船と旗国のみに止まるものではない。本船乗組員の国籍をも考慮し、属地的、属人的に妥当と評価される対処が旗国に求められるのである。

掲げた検討の何れにも共通する内容は、旗国の対応如何に関わるものであり、特に便宜置籍国の問題に対する具体的な対応としての検討であった。問題の主因は、旗国——主として便宜置籍国がその重要な役割を全うしていないという現実にある。何れの検討においても旗国の担う役割の重要性が指摘されているのである。

第Ⅳ部　国際社会における対応・総括

　現在の便宜置籍船問題は、資質の劣る船員と劣悪な設備を抱える船舶である、いわゆるサブ・スタンダード船の問題として対処されている。

　ではこれらのサブ・スタンダード船に対して、国際社会は実際にどのような対処を講じているのであろうか。この部の前半では、国際社会がサブ・スタンダード船に対抗するために実行に移してきた、公私にわたる様々な取り組みを概観する。

　船舶に起因した海洋汚染の多くは、船舶による事故の結果である。それらは油類、危険貨物を積載した船舶の船体や機関に内在した欠陥、船齢に拠る経年劣化等のハードに関する原因、そして船舶の衝突や座礁事故、本船機器の誤操作を招く、安全運航に必要な能力に欠けた乗組員、所謂、ソフトの問題に拠るものである。

　国際社会は第一に、これらの海難事故の発生率を引き下げる努力を重ねてきた。その努力とは、ハードについては主として船舶に固有な欠陥の排除による堪航性の改善を、ソフトの面に関しては乗組員の有すべき乗務に必要な能力、知識の向上と船舶の運航に適した資格の取得について、他に海難の間接的な原因となり得る船舶交通やシステムに関して、例えば船舶の輻輳する海域における海上交通の規制や改善として続けられてきた。その具体的な対処とは、IMO等の国際組織による条約の制定による対応、制定された条約への便宜置籍国、伝統的海運国他の旗国による批准とその遵守、入港する外国船舶に対する寄港国の公的な対処である。第二に私的な対処として、荷主、傭船者、船舶所有者他、船舶の運航に関係する私企業、団体が、本船の運航による利益を享受する立場より、海難防止に対する社会的な責任の遂行としての取り組みが挙げられる。

　サブ・スタンダード船へのこれらの対処は、本船の関係者による一部または個別的な対応ではない。公私に渡る国際的、複合的な対処であるといえる。その対処は実効的なものではあるが、同様の規制はサブ・スタンダードにあるな

しに拘わらず、国際海運に従事する全ての船舶とその関係者に影響を与えるものでもある。国際社会によるこのような対処は、果たして唯一実効的な対処であるか否かについては議論の必要がある。

　本部の後半、終章では、本書を総括する。船舶の国籍の意義は「公海自由の原則」に依拠したものではあったが、この原則はまた諸国家の恣意性、政治性に支えられた脆弱なものであった。便宜置籍船は、そのような特異な原則の落とし子であったようにも思われる。総括は、伝統的海運国の考える自国籍船隊の意義から、容認される現代の便宜置籍船の評価へと進む。しかし旗国のその登録船舶への規制と管理はいささかも軽減されていない旨を挙げ、登録における船舶所有者主義を批判しつつ、船舶の国籍には実質性が必要であることを説明する。そして最後に、その実質性を担保する実体について言及したい。

第1章　国際社会における対応

第1節　国際海運における対応

1　IMO（国際海事機関）の働き

　国際海運に対応する国際組織とは、第一に国際連合の一機関であるIMOが挙げられる。IMOは国際海運の分野において、政府間の協力と促進を図る技術的な国際組織である。IMOはその設立以来、国際海運のための様々な条約の制定とその実践に取り組んできた。1970年代より80年代に多発した国際的な海難がその後、減少に転じたことにも、IMOによる貢献は見逃せない。

　国際連合の一機関であるIMOの目的は、政府の規則及び慣行の分野において、国際貿易に従事する海運に影響のある全ての種類の技術的な事項に関する、政府間の協力のための機構となることである。そして海上の安全及び航行の能率に関する事項についての実行可能な最高の水準が、一般に採用されることの奨励にある[1150]。

　IMOが創設された主たる目的は、全ての加盟国が海運産業の問題への取り組みとして議論できる討論の場が提供されることにあった。加盟国はIMOを通じ、共同して国際海運のための国際基準を制定すると共に、その実現に協力してきた。実際にIMOは、その設立当初より積極的に活動し、海上安全の確保や海洋汚染防止のための、主要な全ての領域を包括する国際会議の開催に努めてきた。IMOの制定した諸条約は、その国際会議における検討の結果が国

[1150]　IMCO条約1条。IMCO条約の発効にはその制定より10年を費やした。その理由は国連加盟国がこの国際組織の行動に疑念を挟んだからであった。各国はこの組織が伝統的に自由に運営されてきた国際海運を規制しようとしていることについて反意を抱いていた。最終的には、IMCOが海運の商業的な分野に干渉しないこと、また技術的分野への干渉も自制することの認識が確立され、その設立が認められた（G.P.Pamborides, *supra* note 41, p.83）。

際条約として結実したものである(1151)。

　IMO はその誕生から最初の 20 年の間、多くの条約を採択した。これらの条約は、IMO がその業務として、国際海運のための国際的な基準の導入に取り組んできたことを示している。1979 年までの間、採択された IMO 条約の多くが、それらの重要な主題を強行法として規定していた。また多くの加盟国が従っていることからも理解できるように、IMO は加盟国に対して、海上における安全や汚染の防止についての国際基準の導入を強く求めると共に、締約国に対して例外なく適用してきた。IMO はこのような姿勢の下に、例えば意識的にも SOLAS 条約(1152)のような特に重要な条約の発効に当たっては、高度な要求を置いてきた。SOLAS 条約が制定された初期の段階より、条約が国際基準としてみなされるために十分な数の加盟国によって承認されるべきことが図られたのである(1153)。SOLAS 条約はその発効後、純然たる国際基準の反映された条約として認められるに至っている(1154)。このような例を見ても、IMO による条約制定の特色は、当該条約が国際海運にとって重要な役割を果たすものであれば、国際海運に対して十分な実効性を発揮できるよう図られていることが指摘できる。

　1965 年から 1985 年の間、IMO では海上における安全や汚染防止に関する国際海運のための新しい制度が形作られてきた。これらの制度は、IMO が目指した目標の達成が大きく遅延することのない時間的な枠内において、掲げられた目標が達成されること、より安全な船舶やより美しい海洋を維持するための

(1151)　*Ibid.*, p.84。IMO はその条約の制定において、異なる三つの手段である「決議（Resolution）」、「規則（Code）」、「条約（Conventions）」を行使する。中でも加盟国を拘束する最たる手段は「条約」である。「決議」は公式には単に助言的な性格、加盟国に対する勧告として認められている。しかし実際の「決議」は IMO 加盟国の共通の意思として捉えられ、多くの加盟国は一定の「決議」を自国の国内法への関連規定として導入してきた。残る「規則」はこれら「条約」と「決議」の中間に位置するものである。通常、IMO に提案された政策は、最初に「決議」、続いて「規則」、最終的に「条約」として確立される手順が踏まれている。このように IMO による政策の実現は、最終的に最も効果的な手段となる「条約」を通して行われるのである。

(1152)　SOLAS 条約については後述する。

(1153)　G.P.Pamborides, *supra* note 41, pp.83～84. 結果的にはこれらの条約の批准は遅滞することとなった。

(1154)　*Ibid.*, p.84

方法の導入を認めるための必要な要素を含んでいた。例えば、その制度の新しい手段としてのポート・ステート・コントロール（Port State Control）の概念は、サブ・スタンダード船にIMOの主要な条約に即して国際基準を達成する義務を果たすよう、求めたものである[(1155)]。別の手段として、IMO条約が「暗黙の改正手続き」条項によって極めて短期間に改正され、「如何なる有利な取り扱いをさせない」条項[(1156)]を以ってサブ・スタンダード船への条約の適用を促す等、法の遵守を回避する余地を与えない施策が取られている。IMOは確立したこの新しい制度を通じて、国際海運に従事する船舶に対し、制定した条約の規定を無差別に適用するという、厳格な強制手段を採用した。そして国際基準の効果的且つ迅速な法制化のメカニズムを維持しつつ、その実施が確実に行われるように管理しているのである[(1157)]。

2　主たるIMO条約

IMOは船舶の安全性や海洋汚染の防止のための国際的な条約の統一を図り、多くの条約を制定してきた。それらの中の主たる条約として、以下の三条約が挙げられる[(1158)]。

(1155)　ポート・ステート・コントロールについては後述する。

(1156)　これら2つの条項については後述する。

(1157)　G.P.Pamborides, *supra* note 41, p.112。しかしIMOの活動は一元的に評価を受けているとはいえない。国連海洋法条約には「権限のある国際機関」が登場（例えば211条「船舶からの汚染」）する。この国際機関が何であるかについての条約の規定はない。本条約に規定された船舶起因汚染に関してはIMOが法律的、技術的に中心的な役割を果たしてきたこと、締約した主要な海運国が条約の制定後もIMOの中心的な役割を期待していたこと等により、当該国際的機関がIMOであるとの推定を可能ならしめている。しかしそのような解釈に全ての加盟国が一致した訳ではなく、開発途上国はIMOの従来の活動には不信感を抱いてきた——IMOでは伝統的海運国偏重の運用が為されてきたと表明した、とする（栗林忠男・前掲注(667)76〜77頁）。

(1158)　その他の重要な条約として、LL条約（International Convention on Load Lines, 1966, 1966年の満載喫水線に関する国際条約）、COLREG条約（Convention on the International Regulations for Preventing Collisions at Sea, 1972, 1972年の海上における衝突の予防のための国際規則に関する国際条約）、DUMPING条約（Convention on the Prevention of Marine Pollution by Dumping of Wastes and other Matter, 1972, 廃棄物その他のものの投棄による海洋汚染の防止に関する条約）等がある。これらを含めたIMOの諸条約は、数々の改正を重ねて現在に至っている。

(1) SOLAS条約[1159]　船舶の堪航性を扱う主要な条約であり、現行のIMO条約の中では最も重要な条約として位置付けられている。

本条約には、船舶の構造、救命設備、無線電信等に関する多くの複雑多岐な規則が含まれている[1160]。本条約に批准した旗国は、その登録船舶に対して条約の要求する規定を遵守させると共に、条約遵守の証明として条約の規定する必要な証書を本船へ発給する義務を負うこととなる。

本条約の始祖は1914年にまで遡る。そして1958年にIMCOが誕生するまで、本条約は人命の安全に関する限りIMOの活動の基礎となる条約としてみなされていた。

IMCO発足後、本条約は頻繁に改定が試みられた[1161]。しかしながらこれらの改定は締約国の3分2以上の承認を得る必要があったため、実際にその効力が発効することはなかった。このような締約国の賛同に依存しなければならないことによって生ずる未発効という不作為は、IMOに新たな対策を講じさせた。IMOは1973年、SOLAS条約の改定草稿の作成に当たり、それまでに合意された改正のみならず、IMO条約全体の有効性を高める手段として、加盟国による暗黙的な受け入れのための規定を包括させた[1162]。

現行の1974年条約は1980年5月に発効した。これ以降、条約には技術的な発達に追随すべき努力が重ねられた。安全のための領域に存在する欠陥の克服のために、継続的に改正が加えられてきた。そして現在、商船の安全性に関する国際条約の中では、概して最も重要な条約とみなされるようになっている。

本条約には、後述するポート・ステート・コントロール、ISMコードについての規定も含まれている。

[1159] International Convention for the Safety of Life at Sea, 1974,「1974年の海上における人命の安全のための国際条約」

[1160] 条約は本文と付属書から成り、付属書には船舶の構造に関する規定の他、救命設備、無線通信、航行の安全、貨物の運送、危険物の運送、原子力船、船舶の安全運航の管理、高速船の安全措置、海上の安全性を高めるための特別措置が盛り込まれている。

[1161] G.P.Pamborides, *supra* note 41, p.85。IMCO発足後、最初の見直しは1960年に行われ、1965年に発効した。その後も特に技術面における主たる改定作業は1966年から1969年の間、毎年連続して行われた後、1971年、1973年にも実施された。現在のSOLAS条約は1974年の改定を基礎とするものである。本条約はその後も1978年、1981年、1983年、1988年、1991年、1994年、そして現在も継続的な改定が行われている。

[1162] *Ibid.*, p.85

第 1 章　国際社会における対応

(2)　MARPOL 条約[1163]　　船舶からの汚染物質の排出による海洋汚染を防止するための条約である。船舶からの全ての汚染物質についての厳格な排出基準、船舶の構造設備基準を規定している[1164]。

1960 年代、化学物質の海上輸送が増加し、その結果として海洋環境に対する脅威が拡大した。1969 年、IMO は求められる国際合意を企図して国際会議の招集を決定、1973 年の MARPOL 条約が採択された。

本条約には、船舶からの汚染を防止するための全ての技術的側面に関する規定が包括されている。そして軍艦や海軍の補助艦艇、国の所有またはその運航の支配下にある船舶を除いた全ての種類の船舶に適用される。条約の適用を受ける船舶は、旗国によって発給される証書を保持しなければならない[1165]。また本条約は、締約国の 3 分 1 以上、または世界の総トン数の 50％を下回らない商船隊を保有する締約国グループが反対しない場合、修正案が一定の期日の内に自動的に発効するとの、暗黙の受け入れ手順によって改正されることも認められている[1166]。

1976 年から 1977 年に発生した原油タンカーを含む深刻な海難事故は、1973 年の MARPOL 条約の改正を促した。1978 年にはタンカーの安全と汚染の防止のための国際会議が開催された。この会議の決議は 1978 年の議定書となり、1973 年の MARPOL 条約を吸収した。条約はその後も様々な改正を経て、現在に至っている。

本条約もまた、ポート・ステート・コントロールによる検査の規定を擁している。

(3)　STCW[1167]条約　　締約国が海上における人命及び財産の安全並びに海

(1163)　Protocol of 1978 relating to the International Convention for the Prevention of Pollution from Ships, 1973,「1973 年の船舶による汚染の防止のための国際条約に関する 1978 年の議定書」

(1164)　条約は本文と付属書、議定書から成り、本文では「一般的義務、適用、条約の改正手続及び発効要件」等を定め、付属書及び議定書には油による汚染の防止、ばら積みの有害液体物質による汚染防止、個品輸送される有害物質、汚水による汚染の防止、廃物による汚染の防止、有害物質に係る事件の通報、紛争解決のための仲裁に関する諸規則が定められている。

(1165)　International Oil Pollution Prevention Certificate, IOPP 証書

(1166)　G.P.Pamborides, *supra* note 41, p.91

(1167)　The 1995 Amendments to International Convention on Standards of Training, Certi-

341

洋環境の保護の見地から、船舶に乗り組む船員が任務を遂行するために必要な能力を備えることを確保するため、必要な法令の制定と、その措置を取るべきことを定めた条約である[(1168)]。

IMO はその設立後、時を経ずして船舶の安全や海洋汚染の防止のためには船舶の乗組員の訓練が重要である旨、主張した。1964 年、IMO は ILO（International Labour Organisation、国際労働機関）と共に船員の訓練に関する委員会を設立した。この委員会では、本船の船長、航海士や一般の船員の教育と訓練における情報を含む、規則の枠組みを形作るための指導が策定された。しかし当該規則は加盟国に対して条約同様の有効性を発揮しなかった。IMO は、船員の訓練に関する法制を導入することなく、この件に関する国際海運における改善を期待することは困難であると判断した。このような IMO の判断に対して、産業を支える労働力に必要な技術が欠如しているとしたら、その産業における技術的な発展は期待できないとの認識も後押しした[(1169)]。1971 年、IMO の総会はこの問題を主題とした条約の採択のための会議を招集した。こうして 1978 年の STCW 条約が採択され、1984 年 4 月に発効を見たのである。

条約の規定に従えば、国際海運に従事する船舶に配乗される何れの職員[(1170)]も、その資力についての適切な証書を保持しなければならないとされている。

本条約は SOLAS 条約、MARPOL 条約と同様、ポート・ステート・コントロールに関する条項を含むと共に、「暗黙の改正手続き」、「有利な取り扱いをしない」条項をも取り込んでいる。

SOLAS 条約は船舶の安全についての技術的な規定を包括し、MARPOL 条約は船舶による汚染の防止をその目的とする等、両者は船舶の資質の低下や海難事故、海洋汚染の防止等、主として船舶の技術的側面、ハードの部分に重点が置かれた条約であった。その一方で STCW 条約は乗組員の質的向上の問題へ

---

　　　fication and Watchkeeping for Seafarers，1995 年 STCW 条約,「1995年の船員の訓練及び資格証明並びに当直の基準に関する国際条約」

(1168)　STCW 条約 1 条「この条約に基づく一般的義務」2 項
(1169)　G.P.Pamborides, *supra* note 41, p.97
(1170)　船舶の乗組員は、職員と部員で構成されている。職員は船長、機関長の他の航海士、機関士、通信士をいい、その他を部員という。

の規制、ソフトの部分に対する規制が定められた条約であった。そして何れの条約も、その最初の制定より幾度となく改定が繰り返されて現在に至っている。IMO はこれらの主要三条約を通じて、主として国際海運における商船に対してハード、ソフトの両面からの規制を実施し、効果を上げてきたといえるだろう。

　これらの条約の共通の特色は、何れも旗国による自国籍船舶への管轄義務を強化した点に求めることができる。同時に、船舶の寄港する国、即ち寄港国においてサブ・スタンダード船に対するその旗国への改善勧告を定め、更に条約に定める要件を欠くと認められた入港船舶によって、人命、財産、環境が脅かされる危険が存在すると判断された場合、寄港国は当該船舶の出航停止を含む規制が採用できる体制──寄港国管轄権が確立されたことである[1171]。

3　IMO 条約の特色

　清らか且つ安全な海洋のための戦いの中で、IMO はサブ・スタンダード船に抗するべく三つの手段を確立した。それは「暗黙の改正手続き（Tacit Amendment Procedure）」及び「如何なる有利な取り扱いも行わない（No More Favourable Treatment）」手続きの条項と、ポート・ステート・コントロール制度であった[1172]。

　IMO の活動における最も重要な時期は、1970 年代より 80 年代の間であった。この時期は便宜置籍船による大規模な海難が頻発した時期と一致する。この期間において、IMO がその組織の維持と目標の達成を通して組織の骨格形成に寄与させた、前述した最も重要な条約が採択された。これらの条約は、当時は

(1171)　SOLAS 条約 1 章 19 規則「監督」、MARPOL 条約 5 条「証書及び船舶の検査に関する特別規定」、STCW 条約 10 条「監督」等。MARPOL 条約では海洋環境を保全するために、船舶の設備構造を規制の対象とし、旗国政府は自国船舶がこの設備構造の要件に適合していることを確保するために船舶検査を行い、これに証書を発給する責務を負うこととされている。この証書及び船舶の設備構造に対する条約上の要件を確保する方法として、入港国による検査の規定──有効な条約証書の確認、船舶の検査及び航行の差し止めを設けた。これは船舶の設備構造の問題を船内事項として船舶の旗国のみに委ねるのではなく、海洋環境の保護、保全の観点から、入港国による執行権行使を定めたものである（村上暦造「入港国管轄権と国内法の適用」『海洋法関係国内法制の比較研究』（1989 年）115 〜 116 頁）。

(1172)　G.P.Pamborides, *supra* note 41, p.100

その重要性が明らかにならなかった下記の二つの手続き的な要素を取り込んだ。

(1)「暗黙の改正手続き」条項　IMO の制定する条約は、船舶の運航に関連して生ずる問題を処理するために、船舶の運航に関する高度な技術が規定された条約となる傾向がある。国際法や国際規則の導入のために確立された、条約制定の一般的な手法は、いたずらに時間を浪費する過程でもあった[1173]。一方の海事技術の分野における発展は、如何なる条約の改正とその発効の過程よりも迅速であった。一般的な条約の改正とその発効にかかる手法は、IMO の実効的な活動を無為に導く脅威ともなっていると認識された。技術的な規定が、確立されている改正手続きを経ずして、条約における公式な改正として明確に認められる解決策が導入されるべきであるとの全体的な合意が生まれた。その合意には、どのような改正も効力を発揮する前に、相当数の締約国による承諾通知が要求された。このような議論の過程が「暗黙の改正手続き」の導入に繋がった。この手続きによって、条約の改正は一定の締約国による反対を受けたとしても、確定された日付に発効することが定められた。締約国の示す「沈黙」が賛成であると推定され、承諾の明示は不要となった。この改正手続きは 1970 年代の主要な IMO 条約の原典に導入された[1174]。例えば、COLREG 条約、「1972 年の海上における衝突の防止のための国際規則に関する条約」6 条は、結果的に如何なる改正でも、もし定められた日までに締約国の 3 分の 1 に届く反対が IMO に届けられない場合には、自動的に発効する、と規定する。

一方で条約の改正には慎重な対応も見られている。MARPOL 条約の草稿者は、たとえ技術的な新規定であっても、その条約への特別な手段を用いての導入を受け入れなかった。新しい付属書の導入はそれ自体が条約の改正とみなされ、既に確立された改正の手続きに服すること、即ち、締約国の 3 分の 2 による明確な改正の受け入れ、世界の商船船腹量の 50％以上を有した締約国の集

[1173]　海洋汚染に関係する重要な問題において、慣習国際法は国家の立法及び執行管轄権の拡大を規定してきた。しかし管轄権における慣習的な規則の確立のためには、多くの国がその規則を受け入れることが必要となる。このような対応手順では、環境汚染に対する効果的な実行を支える迅速な科学技術の発展に追随できないことが察知された（R.R.Churchill and A.V.Lowe, *supra* note 37, p.332）。

[1174]　G.P.Pamborides, *supra* note 41, p.101

1978年、STCW条約が採択された時、IMOはMARPOL条約、SOLAS条約の双方に取り入れられ、その構成及び趣旨において類似した改正を取り扱う共通の規定を採用した(1176)。1978年のSTCW条約においても、技術的、非技術的規定の区別は明確である。同様に本条約の草稿者の意思は、「暗黙の改正手続き」をもっぱら条約の付属書を改正する目的にのみ適用するように図った。従って条約の主要部分は、上記の条項によっては改正されないこととなる(1177)。

　(2)　「如何なる有利な取り扱いも行わない」条項　　本条項もIMOによって、主たる条約の効果的な発効のために策定された。条約の発効は時間を要するものではあるが、本条項は一度、必要な批准が得られたならば、条約は忠実に国際標準を反映することを意味している(1178)。現在、IMOはこの条項を含む多

(1175)　MARPOL条約の16条「改正」には二つの異なった改正条項が規定されている。(1)機関における審議を経た改正、及び(2)会議による改正である。G.P.Pamboridesによれば、条約そのものは「暗黙の改正条項」による改正は受けず、ただ条約についての付属書がその付属書のための付録と同様に改正条項の対象となる、付属書と付録は、MARPOL条約の技術的な部分を構成している、条約の草稿者の意図が、改正条項の適用を単に技術的な改正の場合に限定したかったことが明確に判る、という (G.P.Pamborides, *supra* note 41, p.103)。

　　同様な事情はSOLAS条約にも当てはまる。条約の草稿者は「暗黙の改正手続き」条項を付属書の技術的な章の部分にのみ適用することを欲した（8条(b)(vi)(1)及び(2)）。しかしながら厳密にいえば、SOLAS条約はMARPOL条約のような付属規定の構成を取っていないために、「暗黙の改正手続き」条項は条約の一部の主要な部分を除いた多くの部分に適用されるようになっている。

(1176)　1978年のSTCW条約XII「改正」(vii)には「この条約の何れのかの改正は、締約国の3分の2が受諾した日に受諾されたものとみなす。」と規定されている。また(vii)には付属書改正の受諾についての経過日の規定、及び締約国の3分の2以上の多数により定められた期間以外の期間の決定についての定めがある。

(1177)　1978年STCW条約はSOLAS条約の如く、MARPOL条約の置く改正条項（16条5項）と同様な条項を含んでいない。G.P.Pamboridesは、そのため条約の付属書を改正する概念は、新しい章を導入する可能性、または付属書それ自体を差し換え得る可能性を含んでいる、結果的に本条約は、IMOの中での検討の後の改正と、会議による改正の双方の規定を置いた、とする (G.P.Pamborides, *supra* note 41, p.106)。

(1178)　単に少数の締約国を拘束するに過ぎない新しい条約の導入に際しては、国際標準の反映が困難であるために、本条項の取り込みは考慮されない (*Ibid.*, p.106)。

数の条約によって、国際標準の明確化に成功を収めている[1179]。MARPOL条約もその締約国に対して、この条項の適用を義務付けている[1180]。その実行は締約国ではない国の船舶が締約国の港湾に入った時、締約国である寄港国が入港した船舶に対して、条約の規定の執行を確実に行うことを目的としている[1181]。

　この条項の制定の背景には、IMO条約の各々が多くの国によって批准を受けているにも拘らず、少なくない国がその登録船舶への条約規定の適用の回避を求め、条約の署名または批准をしなかった事実があった。それらの旗国の動向が、国際標準の遵守に支障を来たすことは明白であった。この事態は条約導入の目的を困難にするのみではなく、これらの条約の署名や批准を為した締約国の登録船舶を、非締約国の船舶よりも不利且つ国際競争力を失する状況に追い込むこととなった。この問題の解決のために新しい秘策が必要となり、「如何なる有利な取り扱いも行わない」条項が導入されたのである[1182]。本条項の導入は、一定の条約の遵守を回避したいがために単に参加するだけの政府にとっての選択の余地を排除することとなった。この条項によって、条約への不参加は決してその不遵守を意味するものではなくなった。事実、ある条約が発効すると同時に、その条約の条項は適正な国際標準の確立を意味した。IMOの主要な条約の発効は、現実に不参加国を締約国とするように作用した[1183]。「有利な取り扱いをしない」との規定は、条約の締約国の旗の下にある船舶よりも、非締約国の船舶に対して適用されるものと理解されているのである。

　(3)　二つの条項の作用　　「暗黙の改正手続き」条項及び「如何なる有利な

[1179]　*Ibid.*, p.106

[1180]　5条「証書及び船舶の検査に関する特別規定」4項

[1181]　R.R.Churchill and A.V.Lowe, *supra* note 37, p.345

[1182]　*Ibid.*, pp.106〜107。MARPOL条約5条4項は「締約国は、この条約の非締約国の船舶に対し有利な取扱が行われることのないようにするために必要なこの条約の規定を適用するべきである。」と規定する。SOLAS条約1978年の議定書Ⅱ条3項には「この議定書の締約国は、条約及びこの議定書の双方の締約国である国以外の国の船舶に対し、一層有利な取り扱いがそれらの船舶に与えられないことを確保するため、必要に応じて条約及びこの議定書の規定を適用する。」、同様にSTCW X条5項には「締約国でない国を旗国とする船舶が、締約国を旗国とする船舶よりいかなる有利な取り扱いも受けることのないよう、必要な場合にはこの条約の規定を準用する。」との規定がある。

[1183]　*Ibid.*, p.108

第 1 章　国際社会における対応

取り扱いも行わない」条項の主たる IMO 条約への導入は、条約の目的を達成しようとする IMO を支えた。これら二つの条項は単に IMO の条約制定作業を早めるのみならず、その作業の効果を押し上げたのも事実である。現実にこれらの条項はそれぞれが連携しつつ、IMO をして順応性を有した効果的な組織にしていった[1184]。

　しかしながら「暗黙の改正手続き」の効果は、当初考えられていたよりも広く、そしてより深く影響を与えることとなった。この条項の採択時においては、当該改正条項は単に技術的な問題にのみ適用されるとすることに疑いはなかった。しかし一定の加盟国はその将来的に効力を有するであろう改正条項の採択に同意せず、条約の制定自体より脱退する意志を示し始めた。主要な条約には、実際にこのような加盟国の態度を許容する内容の条項も制定されている。それは特定の条件の下、条約の改正の延期を許す条項である[1185]。しかしながら条約は「如何なる有利な取り扱いも行わない」条項をも含んでいることにより、既存の国際標準を全ての加盟国に対して反映させると共に、その定義化を支援することとなった。これによって全ての船舶は締約国の旗の下にあるか否かに拘わらず、制定された条約の規定に完全に従わなければならなくなった。もし船舶が条約規定の遵守を怠るならば、当該船舶は入港国の強制管轄に服すこととなる[1186]。

　理論上、「暗黙の改正手続き」条項は、条約を船舶の不具合を質す技術的な発展に追随させるために導入された。これによって条約は常時、最新の技術情報を取り入れまた効果的な影響を行使するレベルを保つことが可能となっている。全ての条約が包含する適正な改正のための条項の文言は、条約の草稿者に

[1184]　*Ibid.*, p.108

[1185]　*Ibid.*, p.108。1978 年 STCW 条約 12 条「改正」(1)(a)(ix)には「当該改正に反対し且つその反対を撤回しなかった締約国を除く全ての締約国について、当該改正が受諾されたとみなされる日の後、六ヵ月で効力を生ずる。当該改正が効力を生ずべき日前においては、締約国はその効力発生の日から一年以内の期間または当該改正の採択の際に拡大海上安全委員会に出席し且つ投票する締約国の 3 分の 2 以上の多数により決定する一層長い期間、自国について当該改正の実施を延期する旨を事務局長に通告することができる。」との規定がある。MARPOL 条約 16 条(2)(g)(ii)、SOLAS 条約Ⅷ条(b)(vii)(2)にもほぼ同様の規定がある。

[1186]　*Ibid.*, p.110

347

よって、条約に厳格に取り入れられるべき技術的な問題についてのみ、その内容と効果が良く理解され、利用されるものと見なされた。実際に1980年代の半ば以降、IMOは「暗黙の改正手続き」条項を規範としつつ、条約の制定に継続して使用してきた。

現在、この慣習的な改正条項は、暗黙の手続きの利用が可能な場合にのみ利用されている[1187]。

(4) 国際法における第三国の拘束　国際法には同意原則がある。この同意原則とは、条約が国家間の合意を基礎として成立するという性質を有していることにより、国家がその合意から離れた場合、即ち条約を批准しない場合には当該条約による拘束を受けることはないという原則である[1188]。この同意原則は、国際法における厳格な規定であるといえる[1189]。この原則に照らせば、上記の二つの「暗黙の改正手続き」条項及び「如何なる有利な取り扱いも行わない」条項の効力は、限定されたものとなる筈である。

しかし一方で、条約の規定が国際法の慣習的規則と認められるのであれば、第三国を拘束する可能性も否定されてはいない[1190]。ある条約中に規定された条項は、一定の状況においてその条約の締約国でない国をすら拘束することが起こり得る。これは条約の条項が既に慣習国際法であるものを条文化するときに起こる[1191]のである。第三国を拘束する条件とは、国際法の慣習的な規則であることである。上記の二つのIMOの規定がこの慣習的な規則であるならば、条約への合意の有無に拘わらず、第三国である旗国の下にある船舶を拘束することが認容されるのである。

G.P.Pamboridesは「暗黙の改正手続き」条項及び「如何なる有利な取り扱いも行わない」条項の双方が、IMOにとって慣習的（habit）な存在となって

(1187)　*Ibid.*, p.110

(1188)　ウィーン条約法条約34条「第三国に関する一般的な規則」は、「条約は、第三国の義務または権利を、当該第三国の同意なしに創設することはない。」と定める。

(1189)　村瀬信也・前掲注(175)113頁

(1190)　ウィーン条約法条約38条「国際慣習となることにより第三国を拘束することとなる条約の規則」では「（省略）条約に規定されている規則が国際法の慣習的規則と認められるものとして第三国を拘束することとなることを妨げるものではない。」と定めている。

(1191)　Rosalyn Higgins, 初川満訳・前掲注(65)42頁

いると指摘する⁽¹¹⁹²⁾。この意味でのこれらの条項は、慣習国際法としての地位まで昇華していることを示すものではないと思われる。しかしIMOが、これらの条項をその制定する条約の殆どに採用した場合、条約の適用を受ける立場にある者はこれらの条項もまた必然的に適用されることより、両者が慣習化されたものであるとの理解に及ぶことは難くないであろう。現実にSOLAS条約、MARPOL条約、STCW条約というIMOの主要条約では、これらの条項が慣習規則であるかの如く利用され、国際海運に従事する船舶に対して、その旗国が締約国であるか否かを問わず適用されているといえよう。

4　IMO条約への批判

「暗黙の改正手続き」条項は、国際海運とその周辺に大きな影響を与えている。

本条項のもたらした最大の不利益の一つは、本条項が単に名目的な技術の導入を目的とした条約の改正に利用される時、多くの条約に批准した締約国同様、海運産業、より広くは保険業界、船級協会や金融界にとって、その新しい改正を調査する、またはその意味するところを評価するための十分な時間が与えられていないことである。例えば、海洋汚染の防止を目的としたMARPOL条約は、その制定から発効までの時間が拙速に過ぎ、迅速過ぎるとの批判を浴びている⁽¹¹⁹³⁾。

いうまでもなく、海運産業は世界に必要不可欠なサービスを提供している。同時に業界の有する国際性のために、円滑な海運企業運営のために安定した環境が求められている。ISMコードや1995年のSTCW条約の導入に至るまで、

(1192)　G.P.Pamborides, *supra* note 41, p.108

(1193)　R.R.Churchill and A.V.Lowe, *supra* note 37, p.340。例えばMARPOL条約の付属書は不断に改正、補正されている。付属書Ⅰ（油とばら積み有害液体物質）は1983年発効、付属書Ⅱは1987年、付属書Ⅲ（容器等収納された有害物質）は1992年、付属書Ⅳ（汚水）は2003年、付属書Ⅴ（廃物）は1988年、付属書Ⅵ（排気）は2005年にそれぞれ発効している。それぞれの付属書は適用される規制の対象を厳格に規定している。このような付属書の相次ぐ制定と発効を見ても、MARPOL条約について1973年及び1978年に主たる改訂が行われたとするのは、条約の一側面を見た言及であるに過ぎないことが判る。油による海洋汚染の防止に端を発したMARPOL条約は、今や海洋におけるあらゆる媒体を通した汚染防止のための総合的な条約となっている。

第Ⅳ部　国際社会における対応・総括

条約の改正が厳格に為されることによって、国際海運の安定も図られてきた。結果として、IMO 条約が国際海運及び海洋環境に良い影響を与えている⁽¹¹⁹⁴⁾ことは否めない。しかしながら上記の改正条項は、条約の改正をいたずらに加速させることによって、新たな問題を生んでいるとの指摘を受けている⁽¹¹⁹⁵⁾。

5　ISM コードの制定

ISM コード⁽¹¹⁹⁶⁾とは、海上における安全、傷害または人命の損失並びに環境、特に海洋環境及び財産の損害の回避を確実にすることを目的⁽¹¹⁹⁷⁾として、1993 年 11 月に IMO において採択された「船舶の安全航行及び海洋汚染防止のための国際管理コード」、国際安全管理規則をいう。

このコードは、過去 15 年程度の主要な海難事故⁽¹¹⁹⁸⁾の 80％が人的要因によ

(1194)　国際海運における海難に拠る油の排出は、海難事故の記録に拠れば 1973 年の 213 万トンより、1989 年には 57 万トンまで減少している（R.R.Churchill and A.V.Lowe, *supra* note 37, p.341）。

(1195)　G.P.Pamborides, *supra* note 41, p.111

(1196)　International Management Code for the Safe Operation of Ship and for Pollution Prevention（International Safety Management（ISM）Code）。ISM コードは Total Quality Management の手法に沿った機能要求であり、安全水準を維持するための具体的実施方法は「会社」に任せられている。「会社」は良好に整備した船舶を用意し、船舶管理の方針に基づき原則、個々の船舶について安全管理のためのシステムを整備し、その方針通りに管理が行われていることについて責任を持つ（小山健夫「船舶管理制度の意義」『海事産業研究所報』368 号（1997 年）3 頁）。
　本コードの適用範囲は SOLAS 条約、STCW 条約、MARPOL 条約、ILO 条約他の IMO 条約を初めとする他、これらの国際条約を取り入れた国内法にまで及んでいる。上記他の条約には、ISM コードに関係する条項が取り入れられている。会社やその支配下にある船舶が、ISM コードに則り安全管理のシステムを策定する上において、必然的に条約の主要な遵守事項が取り入れられる。また加えて、条約を具体化した国内法の諸事項も包含されることとなる。

(1197)　ISM コード 1.2.1。本コードは 1994 年 5 月、SOLAS 条約の付属書に取り入れられて強制化され、1998 年 7 月からタンカー、ガス、ばら積貨物船に、2002 年 7 月よりその他の外航船舶に適用されている（SOLAS 条約付属書Ⅸ章第 2 規則「適用」1 項）。

(1198)　主要な海難事故として、1984 年、ベルギー沖での荒天の中、閉鎖不良であった本船前部の水密扉より浸水を受けて転覆沈没、188 名が犠牲となった英国籍船のフェリーボート「ヘラルド・オブ・フリー・エンタープライズ号事件」、1989 年、アラスカにおいて不適切な見張りによって座礁、原油汚染をもたらした米国籍のタンカー「エクソン・バルディス号事件」、1990 年、北海においての火災発生時、乗組員と乗客の言語の

350

第1章　国際社会における対応

り発生しているとの前提において、海難防止のためには船舶の安全運航を確保する体制を構築することが重要であり、このためには船舶のみではなく陸上の船舶管理部門も含めた全社的な取り組み、即ち安全管理システムが必要であると判断されたことによる[1199]。

ISM コードの具体的な目的は、海難事故の多くが自己の船舶を適切に管理していない「会社（Company）」の誘引によるものとの認識に基づき、船舶の管理を強制化するための船舶管理の国際基準を制定、海難事故を防止・減少させることにあった。

このコードの特色は、従来の船舶運航の慣習であった、船長に全責任を負わしめることによる安全運航の担保が困難であり、「会社」とその管理船舶を一体と捉えて法の網を被せたことである。「会社」とは単に船舶所有者に限らず、船舶管理者（会社）、裸傭船者その他の組織の者と定義されている[1200]。即ち船舶の運航管理において絶対的な責任を有していた船舶所有者に加え、船員配乗や保守整備を行って船舶を管理する者、船舶を裸傭船して実質的な船舶所有者となる者を責任主体となる「会社」とした。そして一旦、船舶に問題が生じた場合には、これらの責任主体の中から最終的な責任者を定めて当該船舶の運航管理に関する責任の所在を明らかにする形態を採用した[1201]。但し、「会

　相違により避難誘導不良を越こして 158 名の死者を出したバハマ籍の旅客船「スカンジナビア・スター号事件」を含めた 30 隻以上の海難事故を基としている。
(1199)　国土交通省 ISM 研究会編『新訂 ISM コードの解説と検査の実際』（2001 年）2 頁
(1200)　ISM コード 1.1.2
(1201)　ISM コードの実施方法として、会社は ISM コードの要件を満たすように安全管理システムをマニュアルや手順書として構築しなければならない。そして旗国による検査に合格した後、適合証書（Document of Certificate, IMO Resolution A. 788(19)3.1）の発給を受け、会社及び船舶に備え置くことが義務付けられている。同時に会社が運航管理する船舶においても、同様のシステムを確立して旗国による検査を受けた後、安全管理証書（Safety Management Certificate, IMO Resolution A. 788(19)3.2）と呼ばれる条約証書の発給を受ける。これらのシステムは、旗国により一定期間毎（一年毎（IMO Resolution A. 788(19)3.1.6））の検査を受けなければならず、その結果によって証書も更新される。上記証書は、船舶の寄港地のポート・ステート・コントロールによる検査対象となっている（国土交通省ＩＳＭ研究会編・前掲注(1199) 3〜4 頁）。適合証書及び安全管理証書の不備がポート・ステート・コントロールによって指摘された船舶は、その時点で出港停止等の措置を取られ本船運航が阻害される。従って本証書の完備は船舶の傭船契約においても求められ、船舶への有効証書の備え付けが傭船のための条件の一つと

社」には定期傭船者は含まれない(1202)。また便宜置籍船の船舶所有者のような、旗国における形式的な登録船舶所有者も責任受容能力に欠けるとされ、その対象外となっている(1203)。これにより殊、船舶の運航管理から生ずる問題に対して責任を持つ者が一律に登録船舶所有者であるとして、形骸化した便宜置籍船の船舶所有者に代わる実質的な船舶所有者の探索という、法的追求における障害は、基本的に排除されることとなった(1204)。

ポート・ステート・コントロールが、IMO 条約の規定の実行を確実にするための寄港国の担う義務の実行と捉えられるならば、本コードは船舶所有者の義務を明確化するために制定された制度であるといえる。そして ISM コードの施行と船舶による遵守は、最終的にその旗国の責任とされている(1205)しかしコードの施行の実務は旗国より委託を受けた、船舶を管理する民間組織としての船級協会（Class）によって執り行われているのが実情である(1206)。伝統的海運国は、それぞれが国内に独自の船級協会を有している。船級協会とはもともと、船級協会の所在国の登録船舶に対して法定検査を行い、その安全性、

されている。

(1202) 小山智之「ISM コードの法的影響について」『船長』117 号（2000 年）125 頁。これにより、船舶の運航管理上に生じる事故や海難等の法的論争から、定期傭船者は開放されることとなった。しかし積荷の問題や定期傭船者と船舶所有者との契約上の齟齬から発生した問題において、定期傭船者は無条件に無関係とされるものではないであろう。

(1203) 会社、船舶のそれぞれに対して船舶の運航管理に関する広範囲な項目を包含した安全管理マニュアル、手順書の作成、会社の管理責任者の明確化とそれらの検証方法の策定、証書を与える旗国主管官庁による定期的な検査及び改善指示への対処等、ISMコード確立のためには会社による組織立った対応が求められる。従って船舶を管理、運航するための人的、物的、経済的資源を欠く便宜置籍国の形式的な登録船舶所有者による対応は、根本的に難しいと考えられる。

(1204) 例えば、日本の船舶所有者が、その所有する日本籍船を海外の法人に裸傭船に出し、再び当該船舶所有者が定期傭船するとする。船舶管理は外国法人である裸傭船者が、日本国内の船舶管理会社に委託する。ISM コード上、この船舶管理会社は「会社」として機能し、公法上も私法上も船舶所有者業務は船舶管理会社が負うこととなる。この船舶が油濁事故を起こせば、油濁賠償条約に基づく賠償責任は登録船舶所有者にあるが（実務上は保険処理）、船舶所有者は船舶管理会社に対して求償が可能となる（小山智之・前掲注(1202)131 頁）。

(1205) ISM コード 13「証書、検証及び監督」

(1206) IMO Resolution A. 788(19)には、「ISM コード認証組織に関する基準」として、主管庁の代行組織としての基準が定められている。

堪航性を保証する認定を行う組織であった。これより発展して、現在は本来の所在国以外の旗国より認定を受ければ、その登録船舶の船級取り扱い業務ができることとなっている[1207]。しかし船級協会への登録契約は、船舶所有者の裁量に任されている。船舶所有者にとっては厳格な協会を避けた登録が可能であり[1208]、厳格な規制管理を行う船級協会も、登録船舶数の減少の憂き目に遭う傾向がある。この現実からも、船級協会による旗国業務の代行には、限界があることも指摘されている[1209]。

6 便宜置籍船の労働条件

かつての便宜置籍船船員の労働は、最も劣悪な国外移住労働といわれてきた。

[1207] 例えば、わが国の船級協会である日本海事協会は、わが国以外の伝統的海運国、パナマやリベリア他の便宜置籍国等、多数の国より条約上の旗国業務の委託認定を受け、それらの登録船舶の船級業務を取り扱っている。旗国が主として伝統的海運国の船級協会にその業務を委託している背景には、世界に散らばる登録船舶の効果的な管理には、人的資源と組織の確立が必要となるが、既に伝統的海運国の主要な船級協会はそれらのシステムを整えていることが挙げられる。また旗国による公的業務の民間委託は、IMOの国際組織を初めとして、国際海運において認められた慣行となっていることも指摘できる。

[1208] 例えば、パナマの認定を受けた、パナマ籍船が登録可能な船級協会は、American Bureau of Shipping, Bureau Veritas, China Corporation Register of Shipping, Det Norske Veritas, Germanischer Lloyd, Hellenic Register of Shipping, Lloyd's Register, Croatian Register of Shipping, Korean Register of Shipping, Registro Itariano Navale (RINA), Polishi Rejister Staatkow, 日本海事協会、である。認定された船級協会には、ABSやLloyd's、日本海事協会等、世界の有数の協会が含まれている反面、技術レベルとして一流とはいえない協会も認定を受けていることが理解できる。

[1209] Z. Oya Özçayir, *supra* note 22, pp.4～5。1999年にスペイン沖で沈没したマルタ船籍の便宜置籍船であったエリカ号を契機に、船級協会にかかる商業的な圧力のために協会の持つべき理性が低下していることが指摘された。現状、海技的な専門知識とプロ意識を有さずに運営している船級協会が増加しているため、国際海運における船級協会への信頼は、過去10年において失墜しているとの報告がある（欧州連合の海上安全政策に関するセミナー資料「『エリカ号』の沈没事故と政策との密接な関係についての調査報告」(2000年))。

IMOでは旗国の管海官庁の代行機関を認定する際の最低条件として、執行能力基準を定めている (IMO Resolution A.739 (18), A.789 (19))。現在、国際海運には約60の船級協会があり、旗国より認定を受けてはいるが、その中には、代行機関としての業務を執行する技能と資質を持たない協会が少なくないのも事実である。

第Ⅳ部　国際社会における対応・総括

便宜置籍船の船舶所有者は、その所有船舶に配乗される船員の労働供給国を自己の選択に基づき変更できる。配乗船員の労働組合や船員の本国の政府でさえ、便宜置籍船における労働条件の改善のための直接的な行動に出ることは困難であるといわれてきた(1210)。

多くの海運国において、船員は合法的な組合の下、労働者としての権利を与えられていると共に労働法上の保護を受けている。例えば、わが国の海運企業所属の船員の多くはユニオンショップの下、産業別組合である全日本海員組合に所属する。毎年、会社と組合が労働協約を更改し、雇用と労働条件の安定が図られている(1211)。伝統的海運国の海運会社はそれぞれの国の同様な組合と、ほぼ同様な協調体制を採っているといえるだろう(1212)。

しかし当然のことながら、組合の影響は被組合員には及ばない。船舶が便宜置籍化され完全に他国の船員が配乗された場合、当該船員が受け得るのは便宜置籍国の法的保護のみとなる。その便宜置籍国の規制が緩ければ、船員の労働上の保護も後退して労働条件の悪化が招来される。

(1210)　水上千之・前掲注(14)170 頁

(1211)　海運企業の自国籍の所有船舶や実質的に所有する傭船の配乗においても、一般に企業と船員組合との間での協定が定められている。海運企業は船員組合の同意を得られなければ配乗船員の国籍や乗組員数の変更ができない他、新造船や中古船購入においても組合からの配乗条件の要求を受ける。このような組合による拘束は、所有船舶の便宜置籍化によって回避が望まれる、船舶所有者の便宜置籍行動の一因となっている。

(1212)　伝統的海運国の登録船舶のフラッギング・アウトが加速するに従い、組合は労使交渉の結果に従って、その配乗要件の緩和を図ってきた。自らが主張する配乗要件を厳格なままに堅持することが、自国籍船の便宜置籍化の一要因に繋がるとの理解があったためであったと思われる。組合は自国籍船の配乗要件の緩和を認める一方で、伝統的海運国の船舶所有者が実質的に所有する便宜置籍船の配乗に対しても、乗組員の労働条件の改善を図ろうと努めた。例えば、わが国の船舶所有者支配の便宜置籍船に配乗されるフィリピン人船員の多くは、フィリピン国の船員組合の所属であるが、同時にまた現地組合は全日本海員組合とも提携し、その配乗要件を定めている。

　香川教授は、労働組合の国際協力活動の活発化についてまとめている。第一に、日本企業が 1960 年代より海外に進出することにより、多国籍企業となっていったこと、第二に、日本の経済的地位の向上によって、国際的労働組合組織のアジア地域を取りまとめる役割が日本の労働組合に期待されてきたこと、第三に、先進国の労働組合としての社会的責任を果たす意識が高まったこと、第四に、労働組合自身の活性化という目的があったこと、第五に、労働組合の枠を超えて組合活動家の交流が増えたこと、を挙げている（香川孝三『アジアの労働と法』(2000 年) 213 ～ 215 頁)。

第 1 章　国際社会における対応

(1)　ILO による対応　　ILO では早くから便宜置籍船船員の労働条件が低劣であること、並びに低賃金船員の増加が伝統的海運国の船員の雇用条件に悪影響を及ぼすとの問題が取り上げられていた(1213)。そして便宜置籍船を念頭に置いた船員の雇用、社会的条件及び安全についての国際的基準——伝統的海運国により受諾されている労働基準を尊重するよう、旗国に要請する勧告を行った(1214)。

1976 年には ILO147 号条約「商船の最低基準に関する条約」が採択された(1215)。この条約は締約国に対して、旗国が船舶内の安全基準、社会保障、労働条件及び居住施設に関して法令を制定し、自国籍船についてこれらの法令に基づいた有効な管轄と規制を行使するよう、義務付けたものである(1216)。この条約の有する特色として、寄港国通報制度がある。この制度は、締約国である寄港国が、自国に入港した船舶が本条約の基準を満たしていないと苦情を受けた時、寄港国は必要な措置を取ることができると定めた。IMO の主要な条約同様、寄港国の一方的な措置が非締約国の船舶を含む、全ての寄港船舶に適用されるとした(1217)。従って便宜置籍国が本条約の締約国でなくとも、その登録船舶は寄港国の措置の対象となるものであり、この点で旗国主義が制限されている(1218)といえる。

(2)　ITF(1219)による便宜置籍船排除　　ITF は運航に供されている船舶に配

(1213)　古賀衞・前掲注（2）50 頁
(1214)　1958 年の 107 号（船員雇入（外国船）勧告）、108 号（社会条件及び安全（船員）勧告）がある。
(1215)　古賀衞・前掲注（2）50 頁
(1216)　ILO147 条約 2 条
(1217)　古賀衞・前掲注（2）51 頁
(1218)　古賀衞・前掲 51 頁
(1219)　International Transport Workers' Federation, 国際運輸労働者連盟。本組織は当初、パナマ籍船へ移籍された入港中の船舶のボイコットを手段として、労働問題の解決を図ろうとするものであった（Richard M.F. Coles, *supra* note 68, p.24）。1896 年、ソシアリスト・インターナショナルのロンドン会議に出席したドイツ労働者及び船員の代表による国際船舶、トラック及び河川労働者連合会によって設立された組織が原型である。現在の ITF は、鉄道、道路運送、内航船員、民間航空、漁船船員、外航船員、造船所要員、旅行業界の各組合によって構成されている。1995 年の ITF の規模は、113 カ国 420 組合に及び、そのメンバーは 450 万人に及ぶとされている（下山田聡明・前掲注(24)148〜150 頁）。

355

乗される船員の立場、即ち船員の雇用や労働条件の立場から、便宜置籍船であるか否かを判断している。その活動は、第一に船員の質的向上を目指し、第二に実質的な船舶所有者の国に属する船員——多くは伝統的海運国船員の雇用を確保し、第三に資質の劣る発展途上国船員を排除し、第四に航海の安全性の確保を目指したものである(1220)。

現在のITFの源は、1930年代の米国において、禁酒法の規制を逃れるためにパナマやホンジュラスへ米国籍船が移籍された結果として、それらの便宜置籍船に対する労働運動が組織化されたことに端を発する。その労働運動は第二次大戦後の1948年、ITFの結成として結実した(1221)。

ITFの活動は、便宜置籍船の排除運動としては最も先鋭的なものである(1222)。具体的には、便宜置籍船の停泊する港において、その荷役や出港作業を拒否するボイコットによる行動に依拠したものである。ITFが便宜置籍船として認定した船舶に対して、ITFの定める労働条件を網羅した労働協約の締結を求め、これに応じない船舶に対してその荷役をボイコットする等し、かかる協約の締結を迫るというものである。この活動は例年、便宜置籍船へのボイコット・キャンペーンとして実施されている。

現在のITF活動は、便宜置籍船の労働条件の改善という基本的な目的に加えて、船舶の安全及び堪航性の検査と指摘に傾注していると指摘されている(1223)。その理由として、ボイコット・キャンペーンをそれまでの便宜置籍

(1220) 山岸寛・前掲注(15)19頁。伝統的海運国の船舶の便宜置籍化と、それらの自国船員数の増減は反比例の状態にある。わが国同様、英国船員も1980年から1988年の間に、職員数が40%減少し部員は半減した（山岸寛・前掲注(350)99頁）。

(1221) Richard M.F. Coles, *supra* note 68, p.24

(1222) ITFのボイコットは、その対象となる便宜置籍船が、主としてITFからBlue Certificateという証書の発給を受けているか否かによる。この証書の受有は、当該便宜置籍船が船員の賃金や待遇等の労働条件において、ITFの要求を満たしていることを示す証拠となる。便宜置籍船の実質的所有者がITF傘下の海員組合か、ITFと直接協約を締結すればこの証書が入手できる（山岸寛・前掲注(15)14頁）。ITFは1958年にパナマ、リベリア、ホンジュラスの船舶を対象に世界の各港において、最初のボイコットを行った。

(1223) 水上千之・前掲注(14)174頁。海運界では、便宜置籍船の傭船において、殆どの場合、ITFの発行するBlue Certificateを所持する船舶が対象とされている。これはBlue Certificateを所持していない便宜置籍船の入港を認めないとする国があることによ

船のみを対象とした活動より、実質的な船舶所有者の所属国に国籍を有する船舶にまで拡大していることが挙げられる。そしてそれらの船舶にも、ITF 加盟組合によって締結された労働協約が適用されなければならないことが取り決められ、キャンペーンとして実施に移されている[1224]。現在の ITF の活動は、国際海運に従事した全ての船舶に及んでいるといって良い。

このキャンペーンは、船舶所有者に乗組員賃金や労働条件の改善を迫る手段として、ITF 傘下の組合員が本船荷役や出航作業をボイコットする性質のものである故、船舶所有者の他、本船に関わる複数の関係者を巻き込む欠点をも有している。そのためボイコットによって損害を被った関係者より、多くの損害賠償訴訟が提起されている現実がある[1225]。

この ITF の活動の中での重要な項目が、乗組員の賃金交渉である。ITF は例年、国際的な船員賃金の最低基準を定めて、所属する組合の交渉基準とするよう指導している。しかしこの基準は ITF 本部のある欧州船員における賃金が指標となって更改されているために、ITF の基準に従うアジア等、途上国船員の賃金の高騰を招来し、それらの船員の国際競争力を弱める事態を招いているとの批判も強い[1226]。

る。

(1224) 1998 年のニューデリーにおける ITF 総会の決議による。

(1225) わが国の判例では東海商船事件がある（東京地裁昭和 62 年(ワ)第 1752 号損害賠償請求事件、東京地裁昭和 62 年(ワ)第 11554 号損害賠償請求事件、東京高裁平成 10 年(ネ)第 1296 号損害賠償控訴事件）。地裁 1752 号事件の控訴審は組合の主張を認めた一方、地裁 1296 号事件の控訴審は東海商船の主張を認め、本船ボイコットによって東海商船が被った損害に対して、全日本海員組合の賠償を認めている。

　ITF による便宜置籍船ボイコット活動に対しては、多くの国において法や判例による規制が強化されている。そして当該活動が労働争議といえるか否か、労働争議であっても正当性、社会的相当性があるか否かが検討され、社会通念上、相当と認められる限りにおいて、その正当性が認められる等の判断が下されている（下山田聡明・前掲注(24) 255 頁）。実際のボイコット・キャンペーンは、その実施が困難となる方向に向かっているといえると思われる。

(1226) 例えばフィリピン海員組合より要請を受けた全日本海員組合は、ITF と交渉を重ねて、アジア船員の賃金についてはその地域経済に準じた基準を採用する旨、指導するとした。現在は受益船舶所有者の組合が乗組員賃金の優先交渉権を有し、関係する国際団体による交渉によって取り決められるようになっている。

7　寄港国による規制

　主たる IMO 条約の多くの骨格が定まった 1980 年代から今日までの間、最も発展、強化された部門が、入港する船舶に対する寄港国による対応であるといって良い。この対応は、寄港国が国際条約に規定された権限の下、入港する外国船舶に対して行う検査を意味する。実際の検査を実施するのは、ポート・ステート・コントロールと称する寄港国の公的機関である(1227)。

　船舶やそれらの船員による IMO 条約の遵守を確保するために、これまで見てきた IMO の主要条約である SOLAS 条約、MARPOL 条約、STCW 条約等では、旗国にとって必要とされる法律や規則が公布された。自国籍船の構造や設備の検査、船員の資格証明を確認する等、条約の規定を十分且つ完全に実施するために、旗国は必要とされる全ての手段を講じなければならない旨、これらの国際条約によって義務付けられている。しかし旗国に寄港する機会の殆どない便宜置籍船や、旗国の統括能力に欠ける途上国籍の船舶では、条約上の旗国の責任が果たされていない場合も多い。このような実態は、国際海運の性格に拠るところが大きい。

　便宜置籍船に限定せずとも、国際航海に従事する船舶は、長期間に渡って旗国に帰港しないことも稀ではない。これは国際海運における需要と供給のルールが、船舶に旗国と隔絶された活動を強いることも珍しくないという、国際海運の特質の現れである。このような海運実務は、登録船舶に対する旗国の国内法の適用に問題を生ずることがある。特に便宜置籍国のような小国である旗国にとっては、その管理能力を超えた過剰な登録船舶の管理が課されることとなり、登録船舶に対する国際基準の徹底に困難を生ずることも少なくない。

　IMO 他の組織によって主導される国際社会は、この海運産業の性格に起因した旗国の直面する困難について検討を重ね、旗国の問題への援助を図った。そして寄港国がこの問題の解決の役割を担うものとして、注目されるに至った。その思想は寄港国が旗国の agent として作用し、寄港国港湾に入港する船舶に対して必要な管理を行うとするものである(1228)。

(1227)　検査官は寄港国政府の機関に所属し、寄港国港湾に入港した船舶を訪船、IMO 条約の諸規定に基づいて船体、機関のハード、乗組員の資格等、ソフトの面の双方からの検査を実施する。わが国の検査官は、国土交通省に所属した船舶検査官の地位に属する。

(1228)　G.P.Pamborides, *supra* note 41, pp.53 ～ 54

第1章　国際社会における対応

（1）　ポート・ステート・コントロール　　入港船舶が旗国主義の優位性の下にあることにより、寄港国の管轄権の執行は限られていた。伝統的な慣習国際法では、自国の港湾または領海において、国際条約に従った自国の規定に違反した外国船舶にのみその執行が許されていた。このような国際的な慣習を打破したのは MARPOL 条約であった。本条約は寄港国の不十分な執行権限を見直し、寄港国が自国の港湾に入港する外国船舶を検査し、本船の状態が条約の規定に抵触するものであったなら、その出港を差し止める権限を寄港国に与えた(1229)。

条約の締約国は、外国籍のサブ・スタンダード船によって引き起こされるかもしれない危険から自国民の生命、財産、環境を守るために、自国の港に入港する外国籍船に対する条約の規定に準じた監督権の行使が可能となった。寄港国により実施されるこのような監督制度が、ポート・ステート・コントロール（Port State Control）(1230)である。この制度が確立された結果、関連条約の求める基準を入港船が満たしていない場合、ポート・ステート・コントロールの検査官はその欠陥の是正を求めることができるようになった。また本船が欠陥を有することについて明確な理由があり、その欠陥が海上における人命、財産または海洋環境に危険を及ぼすと判断される場合には、それらの危険がなくなる程度に欠陥が是正されるまでの間、その船舶を寄港国港湾に抑留することも可能となった(1231)。

(1229)　5条「証書及び船舶の検査に関する特別規定」2項。同時に寄港国は、本船の旗国に対してもその検査結果を通知し、適切に対応するよう要請することができるものとした（5条3項、6条「違反の発見と条約の実施」）。

(1230)　ポート・ステート・コントロールは、MOU（Memorandum of Understanding on Port State Control）によって統制、運営されている。ポート・ステート・コントロール活動は国際条約に基づく締約国の権利であり、その取り組みは締約国が単独で実施することを原則としている。しかし締約国の取り組みに差が生ずれば、その効果的な活動に支障を生む恐れも予想される。そのため一定の水域毎に、締約国が連携しつつ活動が取れるよう、協力体制が確立された。その体制はパリ、ヴィニャデルマール（中南米）、東京、カリブ海、地中海、インド洋、アブジャ（西・中央アフリカ）、黒海、リヤド（ペルシャ湾）の九組織で確立されている。東京 MOU は 1993 年 12 月、「アジア太平洋地域におけるポート・ステート・コントロールの協力体制に関する覚書」として合意成立、活動が開始された。

(1231)　日本海技協会編『Port State Control の実体について』（1998年）1頁

第Ⅳ部　国際社会における対応・総括

　このポート・ステート・コントロールとは第一に、関連条約の規定の遵守という、第一義的責任を負う旗国の条約履行を促進させる補助手段である。第二に、海上における人命、財産の安全及び海洋環境の保護を目指す、条約規定の確実な遵守を図るための、旗国管轄義務の支援となるものである[1232]。

　旗国に代わって外国籍の船舶を検査する寄港国の実行は、港湾当局が外国船舶の内部事項について係わり合いを持たないという、心理的な障壁を打破することとなった。また寄港国では、入港する外国船舶に対する上記施策のための立法と、その法制の執行の双方についての管轄権が確立された。多くの旗国によって示される、登録船舶に対する効果的な管理の欠如を見れば、ポート・ステート・コントロールは国際標準の実行のための新しい慣行として利用できることが明白となっていった[1233]。

　ポート・ステート・コントロールの活動根拠となる MOU の合意は、行政レベル、国家の海事当局間の合意であって条約ではない。従ってこの制度は、例えば国連海洋法条約に規定する寄港国の監督、即ち公海上の違法排出に対する寄港国による執行手続[1234]とは相違するものである。ポート・ステート・コントロールは、いわば非拘束的合意による条約の実施という性格を持つ。国際海運における本制度は、IMO による個別的な条約の具体的な実施を促す方法として、有効な役割を担っているといっても過言ではない[1235]。

　新しい管理体制の制度としてのポート・ステート・コントロールの導入は、その独創的な制度による旗国への補助的な組織として、また新しい実施慣行として IMO に取り入れられて育成された。ポート・ステート・コントロールの活動を規定した条項は、IMO 条約の多くに見出すことができる[1236]。IMO のような国際組織にとって、その制度の導入には長く且つ精緻な検討期間が置かれたが、未だこの新しい慣行が法的な制度であるか否かを決定するには至って

(1232)　日本海技協会編・前掲 1 頁
(1233)　G.P.Pamborides, *supra* note 41, p.54
(1234)　218 条「寄港国による執行」
(1235)　富岡仁・前掲注(760)265 頁
(1236)　例えば 1974 年 SOLAS 条約、1973 年及び 1978 年 MARPOL 条約、1978 年及び 1995 年 STCW 条約、1966 年の満載喫水線条約、1972 年の海上衝突予防条約がある。また ILO はその 1976 年の 147 号条約の実施にあたって、IMO の採用したポート・ステート・コントロールの制度を利用した。

いない。

(2) 寄港国のために確立された制度の評価　伝統的に説明されてきた如く、寄港国は外国船舶に対してその執行管轄権の実施を控えてきた。慣習国際法は、内水である港内における立法及び執行管轄権の双方を沿岸国、寄港国の特権として認めている。一方で寄港国の執行管轄権は、港内にある外国船舶の内部経済を超えて広がる影響にのみ対処するとする、相互礼譲による制限を受け入れてきた。このように国際海運における実行は、自国の平和と秩序に影響を及ぼすことのない問題に、寄港国は干渉できても原則、行わないとの微妙なバランス感覚の下に運営されてきたといえる。裏を返せば国際社会は事実上、船舶への旗国の絶対的な管轄権、旗国主義を許容してきたのである[1237]。

ポート・ステート・コントロールの概念の導入は、そのような国際社会の様相を一変させた。幸いにもこの変革は25年の長きに渡って実施され、海運界もその変革に追従するための十分な時間を得ることができた[1238]。現在、ポート・ステート・コントロールによる検査は、便宜置籍船、伝統的海運国の船舶の区別なく実施されるものであり、多くの船舶について指摘がなされ、抑留が勧告されている[1239]。MOUを中心とした国際的な協力は、ポート・ステート・コントロール実践のための唯一効果的なシステムであるといえる。多数国間の港湾当局の間における情報交換は、単一国家の港湾当局の作業量を最小化すると共に、外国船舶へのより効果的な検査を実現する手助けともなる。

しかし一方で、ポート・ステート・コントロール検査の具体的な実施は寄港国に委ねられ、その検査の細目は寄港国の裁量に任されている上、検査官個人による恣意的、偏重的な指摘も少なくない[1240]。寄港国における入港船の抑留の理由やその厳格性についても、寄港国によって差があるのが実情である[1241]。そして寄港国においてはその制度の確立と維持のための人的、経費

[1237]　G.P.Pamborides, *supra* note 41, pp.75～76
[1238]　*Ibid.*, p.76
[1239]　しかしながらこれらの不統一な検査の実態は、船舶所有者や傭船者に船舶の運航予定を狂わせ、円滑な海運活動を阻害する要因ともなっている。
[1240]　Z. Oya Özçayir, *supra* note 22, p.2。Oya Özçayirに拠れば、検査で指摘された事項の違反金として、不当な金銭を要求するPSCもあるとのことである。
[1241]　入港船舶に対するポート・ステート・コントロールの過剰反応は、つとに指摘されている。J. Ashley Roachはこの実態について、国際社会がサブ・スタンダード船への

的資源を確保、維持しなければならない負担を生んでいる⁽¹²⁴²⁾。寄港国の自国港湾に対する管轄権は、その主権に由来した特権として認められている。この管轄権を根拠としても、国際海運は、その海運活動に従事する船舶に対して機械的に適用されるポート・ステート・コントロールの実行におけるような制度の成立を支持するものではない。同様に多くの港湾が、この制度に準じた急進的な国内法の改正に手を付けることを意味してもいない⁽¹²⁴³⁾。

第2節　便宜置籍国・伝統的海運国・船舶所有者による対応

1　便宜置籍国による対応

便宜置籍国も国際社会の対応に順応すべく、努力を重ねてきた。その便宜置籍国の対策とは、自ら進んで立案、実施に至ったものではない。自らも旗国として生き残るために、強化され行く国際的な規制を受け入れたもの、主として伝統的海運国が中心となって制定を推し進めた、IMOによる一連の国際条約への批准であった。この批准の本来の目的とは、自らの登録船舶が寄港する国々で遭遇する、寄港国管轄権に基づいた規制に対応するためであった。

上記の便宜置籍国による対応は、自らの特性——伝統的海運国における規制

　　取り組みに抜本的な解決策を提示できない現実が影響している、と説いている（J. Ashley Roach, *supra* note 411, p.164）。

(1242)　Z. Oya Özçayir, *supra* note 22, p.2。特に年々高められるMOUの基準を満足するための検査官の確保には、多くの寄港国が苦慮している現実がある。Oya Özçayirは南アフリカの現状について記述している。その他にも例えばカナダやオーストラリア等、元来自国海運の規模が大きくなく、海技に長けた自国船員の数が限られた国は、途上国より移住した船長、機関長経験者等の熟練船員を検査官として雇用している。また途上国である寄港国では、検査官の知識や能力に差が生じている実態も指摘されている。そのような実情を尻目に、ポート・ステート・コントロールの活動は益々活発化する傾向にある。2004年11月、第2回パリMOU・東京MOU合同閣僚会議が開催され加盟国が一同に参集、ポート・ステート・コントロールに関する地域間の連携強化を更に推進すべしと合意した。その会議ではサブ・スタンダード船の排除に向けた決意表明として「責任の輪の強化に向けて（Strengthen the Circle of Responsibility）」と題する閣僚宣言が採択された（日本海技協会編『ポート・ステート・コントロールの実態について』（2005年））。例えば東京MOUが2004年度に実施、本船の欠陥箇所を指摘した件数は8万4千件に上り、約1,400隻が出港停止処分を受けた。

(1243)　G.P.Pamborides, *supra* note 41, p.54

から逃れ、便宜置籍国の緩やかな法制度に期待して登録した、船舶所有者の目的に反するものではあった。しかし便宜置籍国にとっては、生き残るために回避できない選択として突き付けられた国際的な規制への協調であった。便宜置籍国が従前の船舶の登録誘致を継続するためには、自らの登録船舶からサブ・スタンダード船を排除、即ち、国際基準に見合う船舶の登録と、配乗される船員の質及び労働条件の向上のため国内規制の強化を図ることが急務となった。

(1) 便宜置籍国による安全性確保への努力　パナマは1977年にパナマ籍船の検査を目的とする海事安全局を設立し、自国籍船を年に一度、各国の港において検査する技術協力協定をIMOと結んでいる。またパナマは自国籍船に乗船する船員についての資格試験制度を導入している[1244]。

リベリアは1970年代初め以来、安全、汚染、労働の三部門に渡る国際規制の問題に対して積極的に取り組んできた。その結果としてリベリアに登録している船舶所有者を加盟させたリベリア海運協議会を結成し、リベリア籍船のイメージ・アップとリベリア海事業務局での船員保険の導入、検査基準の強化の促進を図っている[1245]。同様な便宜置籍国による自助努力は、キプロス他の国にも見られるものである。しかしこれらの措置による登録船舶の質の向上も、伝統的海運国に属した船舶所有者の登録に依るところが大きい。便宜置籍船の問題がクローズアップされ出した1970年代以降、伝統的海運国の多数の新造船が便宜置籍国に登録された結果、便宜置籍船の質は必然的に、1960年代のものより改善された事実が特記されるべきであろう[1246]。

(2) 便宜置籍国によるIMO・ILOへの加盟または条約批准　便宜置籍国にとって国際的な信用を高めるため、また便宜置籍国が海運活動を通して世界経済に貢献するための前提条件は、IMOやILOへの加盟国となるか、国際基準遵守の立場から、それらの国際機関の制定した船舶の運航に関する技術、環境、労働等についての条約に批准するかであった[1247]。便宜置籍国はこれらの措置を講ずることによって、登録船舶の実質的船舶所有者からの信頼や船舶の安

[1244]　山岸寛・前掲注(15)16頁
[1245]　山岸寛・前掲16頁以降
[1246]　山岸寛・前掲注(136)8頁
[1247]　便宜置籍国の加盟を見れば、リベリア、パナマ、キプロス、バハマ他の主要な便宜置籍国はIMO及びILOに加盟している（山岸寛・前掲注(12)65頁）。

全運航、並びに環境の保護に対する最低限の条件を満たすことができる[1248]。現在、主要な便宜置籍国に登録されている便宜置籍船の水準は、海難の頻発したかつての状況よりも向上していると評価されている。

2　伝統的海運国による第二船籍制度の創設

便宜置籍船の増加に反比例して、伝統的海運国の船腹量は減少の一途を辿ってきた。

伝統的海運国は、国際海運における便宜置籍船の存在を容認する一方で、一貫して自国籍船の便宜置籍化の防止に取り組んできた。採用されてきたその手段として償却制度上の優遇措置[1249]、船舶の買い替えの特例[1250]、船員所得

[1248] 山岸寛・前掲65頁。例えば2004年現在、パナマの批准している国際条約は、1974年及び1978年SOLAS条約、1972年及び1981年改正国際海上衝突予防規則、1973年及び1978年MARPOL条約、1966年、1971年、1975年及び1979年改正の国際満載喫水線条約、1969年国際トン数条約、1978年STCW条約、1969CLC、1969 Intervention Convention、LDC Convention、1976年海事衛星条約、ILOの1920年8号船舶の滅失または沈没の場合における失業を保証する条約（Unemployment Indemnity（Shipwreck）1920年採択）、1920年9号海員に対する職業紹介所設置に関する条約（Placing of Seaman 1920年採択）、1920年16号海上に使用せらるる児童及び年少者の強制体格検査に関する条約（Medical Examination of Young Person（Sea）1921年採択）、1926年22号海員の雇い入れ契約に関する条約（Seamen's Article of Agreement 1926年採択）、1926年23号海員の送還に関する条約（Repatriation of Seamen 1926年採択）、1936年55号海員の疾病、傷病または死亡の場合における船舶所有者の責任に関する条約（Shipowner's Liability（Sick & Injured Seamen）1936年採択）、1936年58号海上で使用することができる児童の最低年齢を定める条約（Minimum Age（Sea）（Revised）1936年採択）、1946年68号船舶乗組員に対する食料及び賄いに関する条約（Food and Catering Ship's Crew 1946年採択）、1946年69号船舶料理士の資格証明に関する条約（Certification of Ship's Cooks 1946年採択）、1946年71号船員の年金に関する条約（Seafarer's Pension 1946年採択）、1946年72号船員の有給休暇に関する条約（Paid Vacations（Seafarers）1946年採択、未発効）、73号船員の健康に関する条約（Medical Examination（Seafarers）1946年採択）、1946年74号有能船員の証明に関する条約（Certification of Able Seaman 1946年採択）、1946年76号賃金、船内労働時間及び定員に関する条約（Wages, Hours of Work and Manning（Sea）1946年採択、未発効）、1949年79号／92号船内船員設備に関する条約（Accommodation of Crew（Revised）1949年採択）、1958年108号船員の身分証明書に関する条約（Seafarer's Identity Documents 1958年採択）の各条約である。リベリアやキプロス等、主要な便宜置籍国は同様な条約への批准を果たしている。尚、これまでの一連のILO条約は統合され、2006年海事労働条約として新たに採択された。

税の免除・軽減、船員の社会保険料の軽減[1251]、船員の乗船のための海外派遣・下船した後の帰国費の補助、船員の訓練費の補助、船舶の運航補助、船舶所有者の法人税削減のための制度、そして有利な船籍制度の確立が挙げられる。

これらの国家的対策の第一義は、自国籍船のフラッギング・アウトの防止もさることながら、自国籍船の国際競争力を強化することにある[1252]。また便宜置籍化された、またされる可能性のある船舶が伝統的海運国の支配下に戻ることによって、便宜置籍船に代表されるサブ・スタンダード船を減少させる利点を見込むことも可能となる[1253]。

[1249] 特に欧州の主要国において積極的に促された施策である。その種類として、通常より償却年数を短縮した加速度的な償却、船舶の取得年度以前よりの償却を可能とした事前償却、通常の償却に加えて船舶の取得年度に一定の償却率を上乗せした初期償却、及び償却可能限度額を100%とする等の、船舶の取得にかかる償却率の優遇措置がある。これらの制度を取り入れている国には米国、フランス、イタリア、ベルギー、デンマーク、フィンランドがある（日本船主協会編・前掲注(350)20頁）。

[1250] 船舶の売船益にかかる税金を繰り延べすることを可能とする等、船舶の買い替え時の特例措置を指す。わが国の他、英国、ドイツ、イタリア、スペイン、デンマークにおいて採用されている。

[1251] 自国籍船に配乗される船員の社会保険料の一部、または全額を、船舶所有者や船員に還付する制度である。英国、フランスの他、欧州の殆どの国が採用している。

[1252] 例えば英国は、(1)マン島に船籍を置く第二船籍制度の他、(2) 1995年より英国籍船への乗組員配乗要件の緩和を実施、船長のみの要件を英国、英連邦、EU、NATO加盟国の国籍に限定し、その他の要件の一切を廃止、(3)売船益への課税を六年間繰り延べる圧縮記帳制度（Roll-Over Relief）を導入、(4)船員の所得税の免除（UK Foreign Earning Deduction）、(5) 1988年より船員の派遣、帰国費の補助（Crew Relief Costs Scheme, CRCS）、(6) 1998年より船員の訓練補助費（Support for Maritime Training, SMarT）、(7)外形標準による法人税課税であるトン数税（Tonnage Tax）を導入、実施している（日本船主協会編・前掲注(350)21頁）。しかしこれらの優遇措置が導入されるまでには、長期にわたる官公労使間の交渉と調整があった。

その他の欧州国でも、内容の程度に差こそあれ、自国籍船に対する同じような優遇措置を実施している。

[1253] 自国の支配下にある便宜置籍船を自国籍としようとする努力は、伝統的海運国に限られた施策ではない。例えば自国海運の整備を狙った台湾は、1982年に奨励華僑懸掛国旗処理弁法を交付し、所有船舶の台湾籍化を実施した船舶所有者には、営業税の免除、営利所得税の減免、徴用の免除を供与した。また船籍登録法の緩和を行うと共に、転籍・購入にかかる海外送金をも自由とした。この一連の施策によって、台湾の船舶所有者の有した便宜置籍船は300万重量トン減少した（武城正長・前掲注(520)91頁）。

第Ⅳ部　国際社会における対応・総括

　欧州の伝統的海運国の幾つかは、自国籍船による商船隊が、便宜置籍国への流出により縮小する様相を目の前にして、経済上の安全保障や国防、その他の国家的利害の見地より不安を強めるに至った[(1254)]。そして自国籍船の海外流出を阻止し、非常時に本国が支配し規制を及ぼし得る自国登録船隊、乃至はこれに準ずる船隊を維持または拡大することを目指し、1980年代後半に「第二船籍制度」の創設に向かった[(1255)]。

　第二船籍制度とは、自国船舶が便宜置籍国の登録に移転されるのを防止する目的の下、伝統的海運国が自国における従来からの船舶登録制度の他、自国領域内に緩和された要件による新しい登録制度を創設したものである。便宜置籍国は外貨の獲得手段として外国船舶の登録を誘致しているが、第二船籍制度は自国船隊の保持のために設立されたものであり、自国籍船の増加と自国海運の維持及び育成をその目的とする[(1256)]。

　伝統的海運国においてこの制度が創設された背景には、自国商船隊が便宜置籍船の低コスト船隊に対抗し得るコスト競争力を取り戻さない限り、自国籍船のフラッギング・アウトは阻止できないとの認識があった。そして自国籍船のコスト競争力の回復のためには、各国の有する既存の登録制度や船員配乗要件、労働条件、労働慣行等にとらわれずに、自国籍船での外国人船員をその母国の賃金水準において雇用する必要があった。更に、税制や社会保障の面でも、特

(1254) 欧州籍船の減少は著しく、1980年から1990年の10年間に、英国で15.2％、フランスで67.9％、その他の国でも30％から50％の減少を見た（山岸寛「EUにおけるフラッギングアウトの動向と海運助成策」海事交通研究47集（1998年）82頁）。EU加盟国に登録された商船隊をみても、1988年までの間に船腹量が半減し、世界船腹に占める割合も29.7％から15.4％に低下した（織田政夫「EU船籍（EUROS）の設立に関するパッケージ案の概要」『海事交通研究』34集（1989年）4頁）。

　　　同様な現象は米国においても示され得るところであり、1951年1,283隻を占めていた民間所有の米国船籍は、2000年に114隻を残すところまで減少している（日本船主協会編「せんきょう」2000年9月号）。

(1255) 織田政夫・前掲注(328)23頁。第二船籍制度はオフショア船籍、国際船籍、国際船舶登録とも呼ばれ、制度を持つ各国の法制によりその内容も異なっている。そのため一律に同じ意味で統一することは難しく、且つ異なる定義によって、制度を持つ国の分類も様々である。

(1256) 山岸寛「第二船籍制度と国際海運の構造転換(下)」『海事産業研究所報』315号（1992年）41頁

第1章　国際社会における対応

典を与える船舶登録制度を設ける以外に方策がないとの、基本的な認識があった[1257]。

(1)　第二船籍制度の実際　　現在の第二船籍制度の主たる保有国には、英国、ドイツ、フランス、デンマーク、フィンランド、イタリア、オランダ、ノルウェー、ポルトガル、スペイン、韓国がある。主たる保有国は欧州に集中している[1258]。

英国はマン島に、第二船籍制度（Isle of Man International Ship Register）を置いている。英国は、これまでも自治領や植民地に船舶を移籍して、自国海運の維持または自国船舶の海外流出の防止を目指してきた[1259]が、自国内にあるマン島を本格的な第二船籍の登録地と定め、1983年に船舶の登録に関する法整備を行った[1260]。

(1257)　織田政夫・前掲注(328)23頁

(1258)　後述する国際船舶制度を発足させているわが国も、広義の意味ではこの制度の保有国に属する。

(1259)　バミューダ、ジブラルタル、香港、ケイマン諸島等であり、これらの登録地は英国本土の登録条件より規制が緩和されると共に、登録船舶は英国国旗を掲げて航行できるものとされている（山岸寛・前掲注(342)107～115頁）。

(1260)　日本海運振興会編「ヨーロッパにおける新船舶登録制度に関する調査報告書その1」（1990年）41頁。

　　マン島は、大ブリテン島とアイルランドとの間に位置する小島である。ここでは英国王の任命する総督の下、航空、国防、外交等を除いた統治において広範な自治が認められている。原則として英国議会で制定された法律はマン島には適用されない。

　　マン島での船舶登録の条件として、本船の大多数の資本がマン島、英国本土または英国の植民地で設立された英国人によって所有されることが条件となっている。また船舶管理の主たる機能がマン島所在の船舶管理会社によって行われることが必要とされているため、本島籍船は便宜置籍船とはみなされていない（海事産業研究所編『海運先進国における海運産業・海運政策の実態調査報告書』（2003年）55頁）。

　　税務面におけるマン島登録の特色は、登録料が本来の英国籍登録よりも低額であり、登録方法が簡易であること、税制上の優遇が大きくトン税の徴税がない上、税免除を目的として登録された会社は、マン島以外で得た利益につき非課税となり、自由償却の恩典を受け得る。船員の雇用についてマン島では職員の規定が英国、英連邦、EC、NATO諸国の免状受有が課されるのみであり、その他の乗組員についての規制のないこと、そしてマン島が主たる国際条約を批准しているため、ITFによるボイコットを受ける可能性が小さいことが挙げられる（日本海運振興会編・前掲41～70頁、山岸寛・前掲注(12)73頁）。

　　このようなマン島登録船は、英国商船旗を掲げて航海できる。英国における第二船籍

第Ⅳ部　国際社会における対応・総括

　フランスは 1987 年、南極に近いフランス保護領のケルゲレン諸島に、フランス本土の船舶登録制度とは別の登録制度を設けた[1261]。その目的は、国際競争の下でのフランスの海運企業を支援するためであった。本制度では登録できる船舶が、フランス商船隊の中で最も国際競争力を弱めていたばら積貨物船に限定されていたが、1993 年から全ての外航船舶に拡大された（1999 年 12 月現在の登録船腹量は、101 隻 295.1 万トンである[1262]）。

　ノルウェーは 1987 年に、ノルウェー国際船舶登録制度（Norwegian International Ship Register）を導入した。この制度も自国籍船の外国へのフラッギング・アウトを防止するために開設され、ノルウェーにおける通常の船舶登録制度に併置されたものである[1263]。

　　制度設立の目的の一つに、非常時における一定数の英国籍船の確保があった（Richard M.F. Coles, *supra* note 68, p.28）。最もその国防上の問題として、英国の自治領や植民地籍船は英国政府によって徴用できるため、本制度に基づく国防上の問題は発生しないこととなる（山岸寛・前掲注(350)127 頁）。
　　英国海運において便宜置籍船が与えた物理的、経済的影響は計り知れないものがあり、戦後長期に渡って英国の船舶所有者の海外置籍は便宜置籍船を動因として推進されてきた。その中でのマン島の開設は、英国国旗を掲げることを重視する英国の船舶所有者から、従来の英国籍船のコスト削減と共に、コストには表れない便益を享受し得ると評価された（山岸寛・前掲注(136)92 頁）。

(1261)　日本海運振興会編・前掲 71 頁、山岸寛・前掲注(15)56 頁
(1262)　海事産業研究所報・前掲注(21)11 〜 13 頁。
　　登録資格は船舶所有者がフランス国籍を有し、フランスに居住していることが条件となっている。所有者が個人の場合、少なくとも船舶の半分はフランス、EU または EEA（欧州経済領域）国籍の者に所有されていなければならない。所有者が一社または複数の企業の場合、当該企業は同様にフランス、EU または EEA 国籍であり、何れの場合も船舶の運航と使用はフランスに恒久的に置かれた組織によって管理されなければならないとされている（海事産業研究所編・前掲注(1260)76 頁）。
　　税制や外国での収益に対する取り扱いはフランス本国と同様なものであるが、船員については EU 国籍の船員二名を配乗させる義務が課せられている。また 2002 年 3 月、自国の労働規則や労使協定が適用されるフランス本国の登録制度に対して、それまで定められていた船長をフランス人、75％までの船員の外国人化を可能とする規定を廃止し、配乗要員については、船舶所有者と船員組合との間の協定による決定を可能とした。また登録に当たっての船齢、トン数の制限はない（海事産業研究所編・前掲注 76 頁）。2005 年、これらの政策を発展・統合させた国際登録制度が導入された。
(1263)　施策として、船舶所有要件が緩和され、外国人船員をその本国の低賃金レベルで雇用できると共に、税金及び社会保障の支払いが免除され、また外国人船員配乗に対す

第 1 章　国際社会における対応

　この他、ドイツやデンマーク、また欧州以外の地域でもその設立が見られている(1264)。

　る制限規定も存在しない（日本海運振興会編・前掲注(1260) 5 ～ 36 頁）。その船長とて、一定の条件の下に外国人化が認められている（Richard M.F. Coles, *supra* note 68, p.27）。即ち船員配乗について何らの制限のないところが、本制度の最大の利点であるといえる。
　特にこの制度が英国やフランスの制度と異なる点は、ノルウェーからフラッギングアウトした船舶に加えて、純粋な外国船舶も登録可能としたところにある。外国人所有の船舶を登録する場合には、ノルウェー本国に会社を設立する必要はなく、船舶所有者がノルウェーで権限を有する代表者を任命すれば足りる（外国の船舶所有者は、税法に基づくノルウェーの税金を免除される。このため ITF は、この制度の導入の際に、ノルウェー以外の船舶所有者に対して当制度に登録しないように警告し、登録された外国船舶は便宜置籍船とみなされ、ITF の活動の対象となる可能性のあることを示唆した（水上千之・前掲注(14)274 ～ 279 頁））。しかし本制度が便宜置籍法制と異なるところは、外国資本によって登録された船舶は、その船舶代理店をノルウェー国内に置かなければならないのみではなく、船舶管理をも同国に設立された管理会社に委託しなければならないところにある（Richard M.F. Coles, *supra* note 68, p.27）。
(1264)　デンマークは 1988 年に、自国商船隊の維持のために国際船舶登録法（International Shipping Act 1988）を制定した。その主たる目的は、自国籍船の船籍離脱（Outflagging）の加速を押さえることにあった。1988 年初期には、自国籍船を脱して外国籍に移行した船舶が、それまで自国籍にあった登録船舶の 50％を数えるに至った。デンマーク船舶に国際競争力を持たせると共に、デンマーク国旗の下に運航される船舶を維持するため、この新制度が制定された。本制度はそれより早く設立されたノルウェーの制度に触発されたものであった。この登録を利用し得るのは一定のデンマーク市民、官庁や団体と EU 加盟国である。本制度の下に船舶を所有する者は、デンマーク国内法に服さなければならない。しかしそれらの船舶は、従来の登録制度の下にあるデンマーク籍船舶と同様、デンマーク国内水域、諸港への航行が許される（国内航海の許容）。加えて外国船舶も登録が可能であるが、外国船舶に対してデンマーク市民や会社が経営同様に相当な経済関係を有していること、外国会社は船舶登録に責任を有する船舶所有者たる法的な代理人（Legal Agent）をデンマークに置かなければならない、と定められている（Kaare Bangert, *supra* note 125, pp.123 ～ 125）。この点において、デンマークの制度には「真正な関係」を維持しようとする努力が払われているといえよう。
　登録船舶は、デンマーク国内法での税や賃金に関する規則が免除される。また賃金に関する一般的な契約は適用されない。賃金は乗組員の国家との契約に準じ、実質的に税を免除される（*Ibid.*, pp.123 ～ 125）。本制度は裸傭船登録を認めている（Richard M.F. Coles, *supra* note 68, p.28）。
　ドイツは西ドイツ時代の 1989 年、第二船籍制度である国際船舶登録制度（International Ships Register）を発足させている。その目的は乗組員に対して、ドイツ国内の賃金体系の適用を免除することによって、ドイツ籍船の船籍離脱を防止することにあった

第Ⅳ部　国際社会における対応・総括

(2)　第二船籍制度の評価　　導入から 10 年余の実績における欧州の第二船籍制度は、ノルウェーやデンマーク等の一部の国を除き、所期の目的を達成してはいない[1265]。これらの制度では、船舶の所有権や管理に関する規制が設けられ、荷主の信頼を維持できると共に、船員の雇用に対する規制も緩やかである反面、船員には ITF からの批判や抗議を回避すべく、適切な資格要件を課している。しかし税制においては、便宜置籍国の如く殆どないに等しいものとはなっていない[1266]。また船舶所有者や船員に対する税制上の優遇措置を講じてはいるものの、便宜置籍国に比べて全般にコスト節減のメリットは少ないといわざるを得ない[1267]。この現実は、自国船員と外国人船員との大幅な混乗を容認したのみでは足りず、自国船員の乗り組みで尚も残り続ける船員費の割高分をカバーする補完的な助成措置の必要性を示唆している。国家助成がなければ、自国の船舶所有者を魅力付け、フラッギング・アウトに歯止めをかけて自国籍船隊を維持、または回復することは不可能であるという、現実が示されているのである[1268]。ノルウェーやデンマークの第二船籍制度は、外国人船員の雇用を大幅に緩和した上に、財政支援や税制優遇の援助があって初め

　　　（Rüdiger Wolfrum, *supra* note 744, p.222）。本制度は西ドイツ籍船舶のみをその対象としている。1999 年までに西ドイツ籍船舶の内の 40％が国際船舶登録制度に鞍替えしている（Richard M.F. Coles, *supra* note 68, p.28）。

　　　この他にもポルトガルがマデイラ島に、スペインがカナリー諸島に第二船籍制度を確立し、ルクセンブルグが 1990 年に国際船舶登録を設立している（Richard M.F. Coles, *supra* note 68, p.28）。

　　　欧州以外の国では、韓国が自国籍船の減少を食い止めるために導入している。ブラジルは 1997 年にその運用を開始した。そして米国と同様の制度が、マーシャル諸島に置かれている。マーシャル諸島籍船は、米国領事制度のサービスを受けることができる（Richard M.F. Coles, *supra* note 68, p.28）。

(1265)　織田政夫・前掲注(328)24 〜 25 頁。1992 年の段階で、既にマン島やドイツの成果はノルウェーやデンマークに比べ見劣りしたものとなっている。マン島籍船はその導入直後には船腹量が増加したものの、その後ほぼ一定の枠内で推移しており、新たな政策手段の導入が要求される。またドイツでは、その制度の目的がノルウェーやデンマークほど明確なものとなっていないことや、政治的な優先権がノルウェー、デンマークほど高い地位に置かれていないこと等の理由により、登録船舶の延びが極めて緩慢なものとなった（山岸寛・前掲注(1256)45 頁）。

(1266)　山岸寛・前掲注(12)61 頁

(1267)　山岸寛・前掲 61 〜 63 頁

(1268)　織田政夫・前掲注(328)24 〜 25 頁

て成功したのである⁽¹²⁶⁹⁾。

ノルウェー等を除く第二船籍制度の導入国では、その性格上、自国籍船と自国支配の外国籍船が登録されることが多く、原則、外国の船舶所有者の船舶が登録されることはない⁽¹²⁷⁰⁾。また第二船籍制度を利用する国が、便宜置籍国を利用する国に比べてかなり少数であると共に、船舶の絶対量も便宜置籍国に多く、第二船籍制度導入国に登録した船舶数は少数に止まっている⁽¹²⁷¹⁾。両者を比較してみても、便宜置籍国には第二船籍制度導入国に比べて、他国の船舶所有者に対しより魅力をもたらす要因——船員の雇用や税制における優遇措置が潜んでいることが挙げられる⁽¹²⁷²⁾。

(3) 便宜置籍国の対抗　伝統的海運国による第二船籍制度の創設に、最も危惧を抱いたのは便宜置籍国であった。

第二船籍制度の台頭以来、便宜置籍国ではリベリアとパナマを中心に登録料の大幅な引き下げが着手され、この制度への対抗意識を強めた⁽¹²⁷³⁾。その結果、第二船籍制度の不振を他所に便宜置籍国は増加し、世界船腹量に占める便

(1269) 織田政夫・前掲24〜25頁。ノルウェー、デンマーク等の諸国では、マンニングの面で大胆な対策が講じられ、また船員所得等の税制においても積極的に海運業を支援しているため、1990年代、当該国の船腹量に大きな変化は見られなかった。また自国船員の数においても急激な変化は見られなかった。

　ノルウェーが他国の第二船籍制度に比べてより抜本的な制度を作った背景には、同国においての海運は、北海油田に次ぐ第二の基幹産業であり、外貨獲得率は国全体の17%に及び、海運の衰退による国民経済社会に与える影響が計り知れないことに加えて、国防上の観点からも必要との理解があったためである（野尻豊「オフショアレジストリーと船員問題」運輸省海上技術安全局編『海上労働』54〜55頁）。

　かなり積極的な対策を講じているドイツでは、運航補助等の大胆な措置を通じて自国船腹量や自国船員の数の減少を防止することに努力してきた。しかし、マンニングの面で労使間の合意が得られなかったことより、外国人船員の配乗率を大幅に引き上げることができなかったという経緯がある（山岸寛「わが国海運の再建と国際船舶制度の創設」『海事交通研究』(1997年) 94頁）。

　一方、英国では政府が市場原理の重視と国民負担の軽減によって海運活動の独自性を目指しているため、海運に対する助成強化の動きは鈍い状況にある（山岸寛・前掲注(350)129頁）。

(1270) 山岸寛・前掲注(342)89頁

(1271) 山岸寛・前掲89頁

(1272) 山岸寛・前掲89頁

(1273) 山岸寛・前掲注(1256)45頁

宜置籍船の構成比もますます高まる傾向を見せ、一時的には第二船籍制度の劣勢は否めない情勢(1274)にあった。その原因として、便宜置籍国では税制やマンニングの面で伝統的海運国より遥かに有利な措置が講じられていることが挙げられる。第二船籍制度が如何にコストの節減主義を重視しても、国際海運市場における便宜置籍制度との互角な競争は困難を極めるのが実際のところであったことによる(1275)。

3　わが国のフラッギング・アウト防止策

　欧州同様、日本籍船の減少傾向を食い止めなければならない状況に直面したわが国は、1987年末からその対策の検討に入った(1276)。そして1988年末の海運造船合理化審議会の答申「フラッギング・アウトの防止策について」に従い、それまで日本人船員の乗船しか認められていなかった日本籍船について、新造船においてのみ且つ9名までの減員を限度として、他の乗組員を外国人船員としても良いとする方式が導入された(1277)。しかしこの方式も、自国籍船減少の防止には実効的な効果を挙げ得なかった。日本籍船の隻数維持のためには、更に新たな施策の決定が望まれたのである。

　(1)　国際船舶制度の創設　政府は1996年10月に、欧州の第二船籍制度を手本とした国際船舶制度を創設した。1998年5月、日本籍船における日本人船員を、原則として船長・機関長のみとすることが承認され、実施に移された(1278)。この国際船舶制度は、日本籍船と日本人船員を確保するための施策である。外航海運・船員問題懇談会(1279)が1995年にまとめた報告書によって

(1274)　山岸寛・前掲45頁

(1275)　山岸寛・前掲45頁

(1276)　二度の石油危機を通じて厳しいコスト削減努力を強いられる過程にあって、1985年以降の急激且つ大幅な円高の進行で、日本籍船の国際競争力は完膚なきまでに抹殺されてしまった。この結果、日本商船隊はそれまでの減少傾向を一段と加速させ、1989年半ばまでの過去5年間に隻数で半分近く、トン数で3分の1余り、日本人船員も一万人余りに減少した（織田政夫・前掲注(328)23頁）。日本人の外航船員数について見れば、1982年には32,674名、1995年には8,384名、そして2003年には3,336名を数えるまでに減少している（日本船主協会・前掲注(350)28頁）。

(1277)　織田政夫・前掲23頁

(1278)　織田政夫・前掲23～24頁

(1279)　わが国外航海運の国際競争力強化のために設置された、当時の運輸省海上交通局

第 1 章　国際社会における対応

確立されたこの制度の内容は、国際船舶特別税制、日本人船員特別税制、国際船舶における日本人船員と外国人船員のコスト差補填等の国家負担措置（税制措置と抱き合わせての実施）、国際船舶配乗の日本人船員を船長・機関長とし、外国人船員確保のためのわが国海技資格試験の実施等、日本籍船維持のために必要と判断された施策から成り立っている[1280]。政府は 1996 年 4 月より、国際船舶に対する税制上の優遇措置として、固定資産税や登録免許税の軽減措置を実施した[1281]。

(2)　国際船舶制度の効果　　しかし本制度が実施された 1998 年度以降も、わが国船舶は減少の一途を辿り、昨年 2004 年度の統計において、日本籍船の総数は 100 隻を切るに至っている[1282]。当初見込まれた制度の効果は、未だに示されていないといって良い[1283]。

　　長の私的懇談会。
[1280]　日本籍船、日本人船員の意義及び必要性については、貿易物資の安定輸送手段の確保、海上運送の安全及び環境保全の確保、船舶運航等に係わるノウハウの維持、緊急時における対応、海運及び海事関連産業の重要性、海事関係国際基準の設定等に関する発言力の確保（西村光徳「国際船舶制度について」『海事産業研究所報』408 号（2000 年）37 頁）等、主として海運の安定化と環境保護に重点が置かれた。欧州や米国のように、国防や安全保障に関する事項のないことが特色である。
[1281]　西村光徳・前掲 37 頁。1999 年 5 月には、船舶職員法の改正を実施、国際船舶に配乗される日本人船員は、船長と機関長の二名で足りるとされ、2000 年 1 月にはフィリピンにおいて初の外国人船員承認試験が行われ、日本の海技免状を有する 48 名の外国人職員が誕生した（西村光徳・前掲 37 頁）。そして 2 月、わが国海運企業と全日本海員組合との間において、日本籍船に乗り組む日本人船員として船長、機関長二名体制での雇用・労働条件の合意を経て、3 月に至り一部海運企業での国際船舶の運航が開始された（西村光徳・前掲 37 頁）。
[1282]　国土交通省海事局編・前掲注(16)76 頁
[1283]　東アジアでは、韓国も同様の制度を導入した。韓国は 1997 年、国際船舶登録制度法を施行し、自国の船舶所有者がその登録船舶に対して、外国人船員をその出身国の賃金で雇用できることとした。韓国の施策の背景には、韓国船員の賃金上昇、陸上賃金の上昇に伴う海上労働忌避現象が挙げられている。特に転職が可能な若年船員の陸上への流出が著しく、韓国船員の国際競争力は失われていないにも拘らず、自国船員が不足するとの危機感が、同じく船員費の節減と並んで法制度導入の原動力となった（武城正長・前掲注(520)215 頁）。

4　欧州におけるトン数標準課税方式の採用

1990年代後半から、欧州では新しい税制としてトン数標準課税方式が採用され始めた。

トン数標準課税方式は、船舶のトン数を基準とした法人所得税の外形標準課税である。この方式の適用を受ける海運企業は、通常の法人税に代えて、運航船舶のトン数に基づいて算出した税額を納付することができる[1284]。トン数標準課税方式が欧州の海運企業に支持される理由の一つとしては、予め税額が確定するため資金計画が立て易い点が挙げられる。

トン数標準課税方式は、1996年にオランダでの適用が開始されたのを皮切りに、1996会計年度よりノルウェー、1999年にドイツ、2000年に英国、2002年にデンマーク、2003年にフランスと、欧州の伝統的海運国が導入した[1285]。

(1)　トン数標準課税方式導入の目的　　トン数標準課税方式の導入国の目的における共通項は、自国籍船のフラッギング・アウトの防止とその増加、及びこれに伴う海運業及び海運関連企業の活性化である。

ノルウェーでは、海運産業を発展させ雇用を維持することが導入の主たる目的であった。オランダでは、自国の船舶所有者が便宜置籍国に船籍を変更する傾向に歯止めをかけ、海運ビジネスの場所としてオランダが吸引力を持ち、海運業がオランダの経済に寄与するようにとの期待があった。ドイツでは、先行して導入した隣国オランダへの自国籍船の移転防止が主たる目的であり、また英国では自国籍船や自国船員数の減少に対する危機感がその背景にあった[1286]。

(2)　トン数標準課税方式の評価　　本課税方式の採用より、最も早く導入し

[1284]　通常の法人税は所得に応じて税額が計算されるため、税額はその年度の業績に左右されるが、赤字になれば納付義務はない。一方、トン税では業績に拘わらずトン数に基づき税額が計算されるので、予め納税額が確定できるが、赤字となってもトン税を納めなくてはならない（日本船主協会編「せんきょう」2000年2月号7頁）。

[1285]　日本船主協会編・前掲注(350)24頁。例えばドイツの方式では、課税対象船舶が1,000トンまでは100トン当たり1.8マルク、10,000トンまでは1.35マルク、25,000トンまでは0.9マルク、25,001トン以上は0.45マルクと、トン数が増加するに連れて税額が引き下げられる（海事産業研究所編「海外海事情報」1094号（2000年）31頁）。オランダ、英国はドイツと同様の課税方式を採用している（日本船主協会編・前掲注(1284)7頁）。

[1286]　日本船主協会編・前掲注(1284)8頁

第 1 章　国際社会における対応

たオランダでも 10 年を経過していない。各国共、その効果については尚も経過観察する必要があるとしながらも、大方は効果があったものと評価している。特にその恩恵を受けているとされるのが英国である[1287]。

5　船舶所有者による国際標準規格の取得

　船舶所有者（Owner）と傭船者（Charterer）は、国際海運の実務上、完全には区分できない存在である。一般に船舶所有者とはその名の通り船舶を所有する者、傭船者とはその船舶を船舶所有者より借り受け、または船舶所有者に貨物の運送を依頼する者と捉えられがちである。しかし実務上、傭船者がその傭船船舶を更に傭船に出す場合には、第二の傭船者に対比して第一の傭船者は船舶所有者との位置付けとなる。また便宜置籍国の船舶所有者よりその便宜置籍船を裸傭船する傭船者は、実質的な船舶所有者である。このような実務慣行からすれば、サブ・スタンダード船の排除の目的は、単に船舶所有者による対処によるべきものとするのみでは到底、達成できないであろうことが理解できるのである。上記の目的の達成に対して最も重要な点は、船舶の所有者やその傭船者ら、船舶の運航に関わる複数関係者による取り組みが必要であるといっても過言ではないだろう。

　1992 年、リオデジャネイロで「環境と開発に関する国際会議」（地球サミット）が開催された。この国際会議における合意[1288]に基づき、製品や製造工程、サービスによる環境破壊を食い止め、環境に与える影響を最小限に抑えるためには国際規格の開発が有効な手段であるとされた。これらの主張に従って国際規格の策定の要請を受けた ISO（International Organization for Standardization）

(1287)　英国の船腹量は 1990 年代半ば以来、その減少に歯止めがかかり、2000 年以降は比較的順調に増加している。特に 2000 年に導入されたトン数標準課税は、英国海運の再生に向けての、最大の武器となったといえる。この課税方式を導入して 4 年の後、英国籍船隊は 250％の増加を見、英国の所有船隊も 100％の増加を記録した（山岸寛「発展めざましい欧州海運」日本海運集会所編『海運』2004 年 7 月号所収、31 頁）。

(1288)　地球サミットにおいて採択された、人類に共通の未来を確保するために、各国政府及び国民がとるべき一連の行動原則（リオ宣言）を実施するための具体的な行動計画をいう。その内容は貿易と環境、国際経済、貧困、人口、人間居住における各種の問題をまとめた第一部、分野別の環境保全施策をまとめた第二部、社会構成員の役割の強化についての第三部、実施手段としての第四部より成る（河村寛治・三浦哲男編・前掲注（1032）9 頁）。

375

第Ⅳ部　国際社会における対応・総括

では、環境に関する国際標準化が検討された。その結果、1996年に環境マネジメント・システムがISO14001として標準化されると共に、1997年にライフサイクル・アセスメントがISO14040として確立される等、環境マネジメント・システムの国際標準規格がISO14000シリーズとして導入されるに至った(1289)。本企画は企業の方針、計画、行動等の企業マネジメントを定めた規格である。企業は単に利益の追求のみに邁進するのではなく、地球環境に対して企業として果たすべき社会的な責任を実行させるべく、全従業員を参加させた経営システムの確立が目指されなければならないとするものであるといえよう(1290)。

海運企業は船舶所有者として、あるいは傭船者、また船舶管理会社として等、国際海運に携わる企業としてこの国際標準規格の積極的な導入を図っている。

海運企業の環境保全の取り組みは、主として海洋環境に与える本船上の貨物や燃料の漏洩による影響の排除、船舶が大気へ放出する船舶機関の排ガスや、原油、化学貨物の放出ガスによる大気汚染の防止が挙げられる。企業による環境マネジメント・システムISO14001の取得は、環境問題への対処のみではなく、環境保全を図るための経営の仕組みの雛型を受け入れている証であるともいえる(1291)。海運企業は、国際的な批判を受け易い便宜置籍船の所有と傭船を介してその企業活動を行う一方、上記の国際標準規格を取得することにより、

(1289)　河村寛治・三浦哲男編・前掲9頁。地球環境の保全に関する国際規格としてのISO14000シリーズは、環境マネジメント・システム、環境監査、エコラベル、環境パフォーマンス評価、ライフサイクル・アセスメント及び用語の定義という内容に分かれている。この内、環境マネジメント・システムがISO14001であり、企業が環境保全に取り組むべき社内体制等の「環境に関する経営システム」の仕様及び利用の手引きを定めている。

(1290)　ISO14001への参加には何ら法的強制を伴うものではないが、市場の影響力を利用しようとする新たな法的手段に依存するものであり、環境分野における国際商法としての性格を有するものである（吉川栄一・前掲注(967)29頁）。

(1291)　河村寛治・三浦哲男編・前掲注(1032)234～235頁。具体的には企業・事務所等の組織が経営活動の一環として、法令等の規制基準を遵守することに止まらず、企業がどのような環境方針を持ち、自主的、積極的に目的・目標を定め、どのような組織でどのような項目をチェックしているか、そしてチェックした結果がどうであったか、どこをどのように直したら良いかを確認するものである（河村寛治・三浦哲男編・前掲234～235頁）。わが国の現状を見れば、中核・中堅海運企業は自ら、または関連企業を通してこのISO14001の積極的な取得を進めている。

自身が国際的なコンセンサスを享受して関連法令を遵守し、船舶による環境問題への影響の防止に努力している旨、アピールしているといえるだろう[(1292)]。

また海運企業は、これらの国際標準規格を取得するに当たり、海洋及びこれに付随する環境保護のための社内規定を置いている。それらは船舶の安全運航及び船舶による環境保護のための企業方針であり、企業が活動を続けて行くに当たり国際的な義務を果たすことを誓約した旨を、内外に示すものである[(1293)]。これらの規定は ISM または EMM（Environmental Management Manual）の規定として定められ、ISO14001 と同様に、一定の期間において船級協会や傭船者による検証を受けるようにシステム化されている。

しかし一方で、ISO14001 という具体的な手法による環境リスク管理に傾斜した環境対応は、ISO14001 が強制化されていないという特質より、企業利益と直接・間接的に結び付けて捉えられ、経済状況や企業の実績による影響を受け易いという欠点も指摘されている[(1294)]。

6　企業による検船

ポート・ステート・コントロールや旗国政府による船舶の検査は、公的機関による検査、船級協会によって行われる検査は私的機関に依るものとはいえ法に則って行われる公的検査であるが、私企業自らがその利用する船舶について、自らの目的と基準の下に検査を行っている例がある。そのような検査には、船

(1292)　その裏には、企業にとっての ISO14001 の認証取得が、市場を確保する上において最重要課題となってきている現実がある。例えば国際取引において、製造業を営む企業には ISO14001 の認証取得を取引の条件とする事実上の強制が行われ、この取得を無視し続ければ国際マーケットを失う危険に曝される可能性がある（吉川栄一・前掲注(967)44 頁）。国際海運もゆくゆくは同様な状況に置かれる可能性も否定できない。

(1293)　その内容として、環境マネジメント、安全運航の推進、法令の遵守、環境保護の目的・目標の設定、社員の環境問題に対する意識の向上、情報の開示等を挙げることができる。

(1294)　吉川栄一・前掲注(967) 8 頁。実際に ISO14001 を認証取得している大企業の中には、工場排水を浄化せずに河川へ放流するといった環境法令違反行為を行っていた事例、高圧ガス保安法で定められた設備の定期自主点検を実施せずに、過去の数値を検査記録に書き込み、虚偽報告をしていた事例等、環境管理、災害防止のあり方について、社会に不信感を与える企業による不祥事があとを絶たない実情がある（吉川栄一・前掲 62 頁）。

第IV部　国際社会における対応・総括

舶所有者による検船や傭船者検船として幾つかの例(1295)が見られるが、国際海運において最も大規模且つ組織的に実施されているものに、オイル・メジャー企業による検船（Oil Major Vetting Inspection System）がある。

　この検査は多国籍企業として石油の採掘、輸送、販売まで多角的に手懸ける石油資本が、その所有船舶、傭船に対して本船の堪航性、安全性を定期的に検査するために確立したシステムに基づいたものである。メジャー各社はその所有船舶や傭船、または自己の貨物の輸送に従事するタンカー等、危険物の運搬船に対して半年から1年の期間で検査を実施する(1296)。当該検査で指摘された事項については一定期間、その改善を条件として運航に付され、尚も改善に至らない場合、メジャーはその船舶の安全性、堪航性への影響が排除できないとみなして傭船、運航に供しない対応を採るものである。メジャー各社はそのような検査のための統括組織（SIRE）を共同で作り、共通の準則(1297)の下、その検査の実施を統括させている。そして各社の検査結果をこの統括組織に登録させ、その情報を各社で共有して船舶の検査基準、指導基準の整合を図ると共に、検査結果によって一定のメジャーの傭船拒否に遭いつつも、他のメジャー

（1295）　一般に商業検船といわれる傭船者の行う船舶検査、船舶所有者または船舶管理会社が自ら所有、管理する船舶に対して行う内部的な検査（検船）がある。検査の内容は本船の堪航性、安全性、遵法性、乗組員の資格、資質や環境保全措置他、船舶の運航に関わるあらゆる項目に及ぶ。傭船者による検査の結果は、傭船者より本船及び船舶所有者または管理会社へ通知される。船舶所有者、船舶管理会社による検査を含めて、これらの検査の被検査者は船長である。何れの検査結果も直接的には船長以下、乗組員の評価に繋がり、傭船者検査の結果は最終的に船舶所有者、管理会社の評価となる。
　　　　　傭船者による検査は傭船契約に取り込まれる場合も少なくなく、結果の重大性によっては傭船の停止等の措置に至る場合がある。船舶所有者や管理会社の検査は、ISMコードによって社内規定に包括されると共に、船級協会等、外部監査における社内システムの評価の対象とされているのが一般的である。船舶及びその運航は常時、本船運航の関係者によるチェック下にあるべきとされるのが、国際海運における常識となりつつあることが知れる。
（1296）　検査実務を行う検船員は、各国における一定の要件を満たした船員経験者（原則として船長・機関長経験者）である。検船員は定められた資格、経歴を有し、試験に合格した後、本システム専門の検船員として検査実務に携わる。
（1297）　SIREは Vessel Inspection Questionnaire、通称 VIQ を定めている。その内容は船舶の運航に関する細目に分かれ、それぞれが具体的な評価項目を持つ。項目の総数は300以上に及んでいる。本システムは、船舶に適用されるISMコードに類似した機能を有しているといえる。

による傭船を受けるべく渡り歩くサブ・スタンダード船の排除に力を注いでいる。

タンカーの中でも特に原油タンカーに拠る海難は、海洋汚染という甚大且つ深刻な環境破壊を引き起こす可能性を秘めている。タンカーを運航、統括するメジャー企業のこのような対応は、単に船舶や乗組員の安全性の向上のためのみではなく、環境保全の面からも高く評価されているといえよう[1298]。

〔小　括〕

1980年代後半まで、便宜置籍船の事故率は伝統的海運国に比べて高い率で推移した[1299]。しかし現在、船舶の安全性の軽視、不十分な堪航性等の問題は、便宜置籍船に顕著に指摘できるものとはいえなくなった[1300]。これは主として、便宜置籍船に対する国際世論を受けてのIMO、ILOによる条約の制定と遵守の促進、寄港国、沿岸国による管轄権の執行、便宜置籍船を利用する伝統的海運国、そして便宜置籍国自らによる諸条約の批准と登録船舶の安全性や労働条件改善のための努力の結果と評価できよう。

趨勢化する便宜置籍船の排除、規制が困難となる状況の下、IMOは旗国と船舶との間にあるべき「真正な関係」の存在——船舶の所有、管理、配乗等の条件の明確化による便宜置籍船の規制を断念した。そして船舶の構造、設備、配乗等についての国際基準を設定、強化し、それらを網羅した国際条約に従って旗国がサブ・スタンダード船の排除に尽くすよう指導することにより、船舶航行の安全、海洋環境の保全、乗組員の労働条件の改善を図ってきたのである。これらの措置は、公海条約5条、国連海洋法条約94条に示された旗国管轄権の強化に加えて、IMO及びILOの諸条約が船舶の安全性、汚染並びに乗組員の取り扱い基準に関し、旗国の主たる義務と責任を定めることにより施行され

(1298) メジャー検船に類似した検査として、2006年より、豪州で算出される鉄鉱石の売買契約において、貨物の国際輸送に供される船舶は予め堪航性が確保されていることが確認されるべきとの条項が加えられたことにより、新たな検船システムが確立され実行に移されている。

(1299) 山岸寛・前掲注(15)28頁

(1300) 例えば1989年、米国アラスカ州で座礁、原油汚染を引き起こしたエクソン・バルディーズ号は、米国の船舶所有者の有する米国籍船であった。

た。並行して船舶の寄港国にも規制の権限を与え、旗国の義務の履行を補助することにより、より実践的なものとした。

初期においては便宜置籍船に対する規制として、1980年代以降はサブ・スタンダード船の規制という形で表された上記の国際的な流れは、実効的な効果を挙げているといえるだろう。しかしこれらの措置は、度重なる船舶による事故や海洋汚染への対策としての旗国の義務、寄港国の権利を規定して実行に移した即効的な対処であった。当初の「真正な関係」に表わされた船舶の国籍の概念は、尚も不明確なまま置き去りにされている。現在の国際海運における船舶への国際的な規制において、船舶の国籍を明確化してその国籍を基礎に旗国管轄権を強化、船舶を規制するという段階的な施策は試みられていない。そしてまた、実行されている様々な対症療法に完全なものはなく、それぞれが何らかの問題を包含していることも忘れてはならないだろう[1301]。国際社会における基本的な問題として、旗国が担うべき国際的な義務と責任を確実にするためのメカニズムが、未だに確立されていない旨が示されているに他ならないのである[1302]。

一方で1980年代後半から始まった、主として欧州の伝統的海運国における新しい船籍制度や最近のわが国の国際船舶制度の確立は、尚も自国籍船の確保を捨て切れないという、伝統的海運国の意思の表れでもあろう[1303]。伝統的

[1301] サブ・スタンダード船に対するIMOを含めた国際社会の対応は、必然的に船舶所有者に様々な煩雑化した手続きを強い、最終的には所有船舶の建造、運航コストを高める結果を招いている。G.P.Pamboridesは、このような国際社会の対応について、中小の船舶所有者が自ら海運ビジネスを継続していくことを困難としている、と指摘している（G.P.Pamborides, *supra* note 41, p.184）。上記の船舶所有者は、その所有船舶を外部の船舶管理会社へと委託するようになり、自らは単に所有するのみの存在と化すようになる。このような傾向は更に船舶所有者の不明確性を招くと共に、船舶所有者とその所有船舶の実質性を薄める結果に繋がるように思われる。

[1302] J. Ashley Roach, *supra* note 411, p.155

[1303] 米国では新規運航補助制度（Maritime Security Program）により、有事における国防の一旦を担う目的で、国際海運に従事する民間所有の米国籍且つ米国人船員を配乗する定期船の維持が可能となっている。この制度は、1996年 Maritime Security Act の下に確立された10年間の時限計画であり、外国籍船より割高である米国籍船の運航コストに対して、年間約1億ドルを最高47隻の船舶に支給するものであった。またこの制度は、米国商船隊のみではなく、米国政府所有の戦略的海上輸送船隊に配乗可能な技術と忠誠心を有する米国人船員の労働力を、平時と有事の両方において維持することに役

海運国は自国籍船の便宜置籍化を容認しつつも、経済や国防における安全保障上、自国の海運が全て他国籍船に委ねられることへの危機感より解放され難いことが理解できる。

　第二船籍制度とは、伝統的海運国による利潤追求のためにのみ導入されたものではない。海運活動の質的改善をモットーとして導入されたものであり、自国の外貨獲得のための利潤追求を目指す便宜置籍制度とは、本質的に異なるものである(1304)。第二船籍制度の手法は、旧来の登録制度と比較したコストの節減を念頭に、登録船舶の国際競争力の強化を図るために自国籍船の自国民所有や自国船員配乗の条件を緩和し、旗国と登録船舶との関係を緩める施策にある。厳格な船舶登録制度を緩めて第二船籍制度を設置した政策の中身は、自国船舶の登録の要件を便宜置籍国の登録要件に近似させることに他ならない。そして便宜置籍制度にまで近付け得ない施策の内容を、助成という形で補填しているに過ぎない(1305)。現在の国際海運における自国籍船の便宜置籍化の防止のためには、結果的に便宜置籍国同様の施策の道を辿る他ないといっても過言ではない。

　　　立つとの評価を受けた（日本船主協会編「せんきょう」2000 年 6 月号 17 〜 18 頁）。
　　　米国政府はこの補助制度の評価を受け、2005 年 10 月より新しい補助制度（New Maritime Security Program）を発足、施行に移した。毎年 1.56 億ドル、一隻当たり 260 万ドルを支給するという内容であり、前制度より継続して補助を受けている支給対象商船の登録隻数は、60 隻に達している（日本船主協会編・前掲注(350)）。
(1304)　山岸寛・前掲注(342)86 頁
(1305)　船舶所有者が所有船舶を自国籍船として運航するか、それとも外国籍船として運航するかの選択基準の一つは、自国海運を取り巻く環境を十分に把握した海運助成が採られているか否かについてであると考えられる（山岸寛・前掲注(12)77 頁）。政府が補助を強化するという動きがみられると、企業は直ちに船腹量の増加を目指す等、極めて敏感に反応する傾向がある反面、政府が助成をカットするという動きが見られると、企業は直ちにフラッギング・アウトに向けて行動する傾向がある（山岸寛・前掲注(1269)95 頁）。従って政府の積極的な支援体制があって、初めて第二船籍制度の成果が現れることとなる（山岸寛・前掲注(1256)45 頁）。特に国際船舶制度の導入国では、海運に対して財政、金融及び税制の三つの側面から援助を続けており、政府がかなり積極的に関与しなければ、自国海運の維持及び育成が十分に果たされない状況となっている（山岸寛・前掲注(1256)45 頁）。
　　　政府が、将来の自国海運をどのように形成するかということについての意思表示をすることは、極めて重要なことである。わが国の国際船舶制度の実施の成否は、政府がど

第Ⅳ部　国際社会における対応・総括

　第二船籍制度、便宜置籍制度を見れば、現在の国際社会における船舶の登録の現実を知ることが可能である。「海運自由の原則」の下、旗国が船舶所有者による所有船舶の登録の誘致を如何にして図るかの条件は、旗国が船舶の登録、運航に関わるコストをどの程度まで圧縮できるか否かに懸かっている。現在ある船舶の登録の動向を是認しつつ、船舶に起因した国際社会に対する問題を是正する方策は、本来の「真正な関係」を顧みることなく、現在、公私に渡って実施されている諸策に頼るしか術がないのであろうか。

の程度まで助成措置を講じることができるかに係っている（日本籍船と日本人船員確保のためには、財政手段や金融手段の他に、税制上の優遇措置を講じて手広く海運業を支援する必要があり、自国海運の維持及び育成を目指すには、自国の海運業を特別扱いにするかのような機運が国内で醸成されなければならない（山岸寛・前掲注(1269) 95〜96頁))。しかしこのような機運の醸成が如何に困難なものであるかを、日本海運のこれまでの道程が教えている。

終章 総 括

第1節　便宜置籍船と自国籍船

1　「公海自由の原則」の脆弱性

　これまでの議論を概観して思うことは、海洋法の歴史とは、海洋における諸国家の権利への侵食の歴史であったのではないか、ということである。

　中世の欧州では、航海術の発達によって人間が広大な海洋を自由に行き来できるようになったと同時に、当時の列強国は、海洋を分割して自国の領土に取り込むようにもなった。この時点での領有は、海洋における領域主権の主張であり、それ自体が排他的なものであった。その後、グロティウスの学説に見出された海洋の自由の原則が確立した。陸地に近い水域は沿岸国に属するものとして処理され、残る外洋の部分が公海となり、海洋の自由な公域としての概念が確立した。この段に至り、海洋の大部分を占める公海を領域として統治することが困難となった海運国（海軍国と呼んでも良い）は、公海に対して影響を及ぼす手段を模索した。この模索の結果としての海運国の実行とは、表向きは自然人に固有の国籍を船舶に類推適用して、海洋の秩序維持を図ることであった。海運国はこの大義名分を掲げる一方で、自国籍船を通じて海洋に排他的な管轄権を維持しようとした。自由なる公海とはいえども、国家がその国力を背景に数百という旗国船舶を世界の海に繰り出せば、多数の船舶を通じた公海の間接的な支配が可能となったといえよう。その証拠に、船舶の国籍の概念には国家の意向が強く反映されていることが判明した。自然人にしろ船舶にしろ、国籍とは元来、国家にとって都合の良い所有の証であったようにも思われる。

　公海条約で成文化された公海自由の原則の本意は、近代以降、技術革新と共に活発化した伝統的海運国の海運活動に対する障害の排除であった。公海自由の原則が、国家の経済活動を優先するための国家による恣意性、政治性を排除できないという自らの根源的な性格は、反面においてこの原則の弱さを露呈さ

第Ⅳ部　国際社会における対応・総括

せてきた。事実、諸国が黙認した公海における一定の国家実行は、そう困難な道程を歩むことなく国際法の規範として確立している。また便宜置籍船による違法行為の排除や、国家の緊急、安全保障、国民生活の保護の名の下に、少なくない国が他国籍にある船舶の権利を侵害している現実がある。これらは正に公海自由の原則を反故とするものである。

　現在の公海自由の原則は、単に船舶の国籍に由来した伝統的な旗国主義に基づく排他的な管轄権に支えられたものではなく、国際組織や複数国間での条約に依拠した規制や管理を受忍するという、前提の下での自由であることが認識されている。加えて国家による実行によってもその自由が制限される事実を見るに、この原則は脆弱なものであることが知れるのである。伝統的海運国の恣意性、政治性に支えられた原則であったが故に、その恣意性や政治性に変化や変更が見られた場合、公海自由の原則も危ういものとなるのは当然の成り行きであった。そして便宜置籍船とは、船舶の国籍にその拠り所を置いた公海自由の原則と、これを基礎とした海運自由の原則の生んだ落とし子であったとも表現できると思われる。

2　現在の便宜置籍船の評価

　1970年代の二度のオイルショックを経験して以来より今日までの間、わが国を初めとする伝統的海運国の船舶所有者は、一様に国際海運市場における生き残りを賭けて悪戦苦闘してきた[1306]。この過程において、伝統的海運国に属する船舶所有者はその命脈を保つために、所有船舶にかかる経費の節減や規制の回避を模索した。そして自己の所有船舶を本来であればその所属する国に置くべきところ、上記の目的のために敢えて便宜置籍化する道を選択してきた。便宜置籍化は、彼らが国際海運において生き残るための手段の一つであった。

　第二次世界大戦後、国際海運は好不況を繰り返しながらも世界的な経済の発展と共に過去に例を見ない躍進を遂げる。その発展を支えた要素の一つが、商行為の手段となる船舶の運航コストを引き下げることによって、海運の発展に寄与した便宜置籍船であった。その便宜置籍船とは、戦後に誕生した新種の方途ではなかった。現代の便宜置籍船を利用する同じような目的での運航が、古

[1306]　織田政夫・前掲注(328) 3 頁

終章総括

い時代より見られていたことは既に述べている。古く便宜置籍船とは、その時代毎の列強国が自己に都合の良い様々な目的の下に、違法行為をも辞さずに採用する手段の一つであった。実質的な繋がりを欠く旗国の旗を掲げる行為は、古来より繰り返されてきたのである。その目的に相違はあっても、同様な手法が戦後の国際海運における発展の波を推し進める大きな力となったところに、現代の便宜置籍船の特色があった。現在、伝統的海運国の支配船腹の多くが、また国際海運全体に視点を移してもその半数近くの船舶が便宜置籍船である。船舶所有者による所有船舶の便宜置籍化は、国際海運の中での大きな潮流となっている。伝統的海運国の自国海運は勿論のこと、国際海運自体も便宜置籍船なくしては成り立ち得ない。その便宜置籍船のもたらした具体的な恩恵とは、船舶の建造費や運航経費の長期的な回収手段たる貨物や旅客運賃の引き下げとして現れ、最終的に諸国民のための消費財の低廉化を促した。端的にいえば、便宜置籍船による恩恵とは、諸国民の普段の生活へ寄与する経済効果であるといっても良いであろう。

　1970年代より90年代に至るまでの間に、大規模な海洋汚染という局面において、便宜置籍船の問題が指摘された。この問題に対処すべく、国際条約による規制の厳格化とその遵守を求められた伝統的海運国を初めとした旗国、便宜置籍国、そしてこれを地域的な側面より支えた寄港国、沿岸国によって払われた努力によって、その問題の解消に実効が見られつつある。現在、尚も絶えない船舶に起因した環境汚染、労働等に関する問題は、便宜置籍船のみに特定化されるものとはいい難いまでになっている。自国にある船舶所有者の下、自国船員を配乗する船舶を登録する発展途上にある新興海運国——乗組員の有する技術や設備の劣る登録船舶を抱える国が、かつての便宜置籍国と同様の問題を生んでいる。皮肉にも、これらの国の船舶は、公海条約成立時の「真正な関係」を有している。これに中小の便宜置籍国の後進性を体現した船舶や、違法行為を目的として登録された一部の意図的な便宜置籍船を加えた、所謂、サブ・スタンダード船に対する規制と対処が、現在の国際社会に託された課題である[1307]。

[1307]　2003年10月から2004年9月までの一年間に、欧州、米国、アジアにおいて、ポート・ステート・コントロールにより不適合を理由として抑留措置を受けた船舶につ

第Ⅳ部　国際社会における対応・総括

3　自国商船隊の構成要素としての便宜置籍船

　船舶の国籍の有する意義の一つに、国家の有する商船隊の構成が挙げられる。自国商船隊の維持の目的とその効果については、既に述べた。

　国際海運においては、自国の商船隊を構成する規模を、自国籍船の数に求める考え方が支配的であるといって良い。この考え方は、自国民を構成するのは自国の国籍を有する者であるとする考え方と一致する。しかしこのような論理で商船隊を捉えようとすれば、現在の伝統的海運国の商船隊は極めて小規模なものとならざるを得ない。

　一国の海運産業の成長、あるいは存続に関する評価基準を定めるにおいて、自国籍船の規模を基準とするか、それともこれに便宜置籍化された海外置籍船を加えての実質的な支配船腹に基づくかによって、導かれる結論も大きく異なってくる(1308)。登録という法的な証拠に基づいた自国籍船を商船隊の構成要素とするか、自国の輸出入に現れた実際の貨物の移動にかかる長期傭船の総数を要素とするかの相違である。

　伝統的海運国の支配船舶の多くは、便宜置籍船としてその国籍と船舶の実質的な所有が乖離した状態にある。加えて船舶の管理、運航、その船舶への販売集荷についても、船舶の登録された旗国とは直接には無関係な、それぞれに独立した企業体の間で、それも国際的に分割して経営されているのが常態となっている。国境のない自由な競争原理に支えられている国際海運において、便宜置籍船こそ船舶所有者の実利を導き、果ては海運のグローバル化を実現した原動力となったともいえよう。

　上記のような観点よりすれば、国家的な視点で尚も自国の船舶所有者による海外置籍化、即ち所有船舶の便宜置籍化を問題視し、自国籍船の規模にこだわ

　き、旗国毎の検査総数に占める割合を多い順に10位までを表わすと、パナマ（便宜置籍国）17.1%、カンボジア7.9%、北朝鮮6.2%、ベリーズ（便宜置籍国）5.5%、セントビンセント（便宜置籍国）5.3%、マルタ（便宜置籍国）5.2%、キプロス（便宜置籍国）4.2%、ロシア3.8%、トルコ3.0%、アンティグア（便宜置籍国）2.8%と、10位までの内6ヶ国が便宜置籍国であった。また少ない順に挙げれば韓国0.3%、ドイツ0.3%、ブルガリア0.3%、ブラジル0.3%であった。その他の主要な便宜置籍国であるリベリア、バハマ、マーシャル諸島、ホンジュラスが30位までにランクインされている（日本海技協会編・前掲注(1242)86頁）。

(1308)　織田政夫・前掲注(328)27頁

り続けることの合理性を疑問視する意見[1309]がある。事実、船舶の国籍を船腹量の観点から見た場合、便宜置籍船を利用する多くの国は伝統的海運国に集中している。伝統的海運国に登録されている自国籍船に自国の海運を支えている便宜置籍船等、伝統的海運国によって実質的に支配されている海外置籍船を加えた支配船腹量を見れば、これらの海運国としての相対的地位は、第二次世界大戦の前後を通じて大きく変わってはいない[1310]。自国籍船のみを自国の商船隊の構成要素とする考え方は、現在の国際海運の現実からは離れたものであるといえると思われる。

海洋が国威の発揚の場であるとする考え方は、第二次世界大戦という世界的な戦争の終焉によって衰退する。戦後、これに代わって登場したのが国際貿易の基盤となる海運自由の原則である。伝統的海運国の支配船腹の内訳から見ても、伝統的海運国はこの原則の実現と維持のために、便宜置籍船を大いに利用していることが明確に理解できる。法制度の観点からすれば、少なくない国で施行されている裸傭船登録制度は、この制度に法としての引導を渡したものであるといえるであろう。便宜置籍国もまた、伝統的海運国を初めとした世界の船舶所有者からその所有船舶の登録を誘致するため、船舶所有者のニーズに合わせた極めて簡易で合理的な便宜置籍制度を確立している。

4　伝統的海運国の自国籍船についての考え方

現在の国際海運の現状を考慮した欧州の伝統的海運国において、自国籍船確保のための目的として挙げられる主たる要素は、(1)海事関係の国際基準の設定等についての、国際発言力の確保と維持、(2)海上運送上の安全性及び環境保全の確保、(3)国家の安全保障、(4)自国貨物の安定的な輸送手段の確保、(5)船舶の運航に係わる海技の維持、(6)海運及び海事関連産業の重要性、である[1311]。

上記において、(1)は IMO に代表される国際機関での発言力、EU における海事に関する取り決めに対する影響力が考慮されていると思われる。(2)の環境保全の確保は、近年特に唱えられている項目である[1312]。(5)の海運経営を維持

[1309]　織田政夫・前掲 27 頁
[1310]　織田政夫・前掲 27 頁
[1311]　その他の要素として、海事事業の自由性、国際競争力の確保、が挙げられている（海事産業研究所編・前掲注(1260) 11 〜 78 頁）。

するための技術的継承としての海技の維持は、直接には自国船員の育成と保護に直結する。そして(6)は造船、保険、融資等の海運関係の金融業界、研究機関の育成を指している(1313)。

　米国の自国籍船確保のための目的も、欧州諸国と大きく異ならない。挙げられているのは安全保障、自国貨物の安定輸送、海技の維持、海事関連産業の維持・育成である(1314)。

　欧州、米国の掲げる自国籍船の維持のための方策を見ると、貨物の安定輸送等、船舶保有のための実質的な意義の他、自国海運を維持することによる海運産業の育成に主眼が置かれていることが理解できる(1315)。そこには、便宜置籍船に侵食される以前のスケール・メリットによる、国威の発揚としての海運を復古するような方針は見られない。第二船籍制度の運用目的も、自国籍船の限りない縮小化に対する不安の解消にあり、かつての大海運の復活を求めるものではない。伝統的海運国が確保に期待を賭ける登録船舶数としては、上記の自国籍船を確保する目的の実現に必要な、自国海運が存続し得る程度のものが期待されているに過ぎないことが判る。今後は、それらの目的の実現を可能とするのは自国籍船のみであるのか、実質的な支配下にある便宜置籍船に依ることは困難であるのかとの議論も為されなければならないだろう。

5　安全保障の問題

　既に見た通り、船舶の国籍について論ずる時、国家における経済的、軍事的な用途として一定数の自国籍船の確保が重要視される等、安全保障上の要素は無視できない。

(1312)　英国では現在の自国籍船の必要性の根拠として、国防、安全保障よりも海洋の安全や環境問題を重視するとの見解も述べられている（海事産業研究所編・前掲49頁）。
(1313)　英国、オランダ、ドイツが主張する（海事産業研究所編・前掲11 〜 78頁）。
(1314)　海事産業研究所編・前掲80頁
(1315)　英国の海事産業の中心であるマリタイム・ロンドンの存在は、海運産業よりも大きい経済的な波及効果を及ぼしているとして、海運政策の目的はこのような海事産業の拡大・育成であり、自国籍船の増加が主眼ではないとする見解も表明されている。ドイツにおいても海運業の付加価値は海上よりも陸上で生み出されるとの研究成果によって、「旗」の政策より「企業立地」の政策が重要であるとする見解がある（海事産業研究所編・前掲49頁）。

船舶をこの目的に専従させるための主たる手段は、国家による商船の徴用である。近代に入ってより今日にいたるまで、国家実行による徴用の例は数知れない。また現在でも、非常時の商船の利用について、明確に示されているものが少なくない。それは伝統的な国家における安全保障という観点により、また複数の国家による統一的な観点により指摘されている[(1316)]。

　一般に、船舶の徴用は戦時等、非常時の措置に属するものであり、国によっては一般法の取り扱いより除外された法体系に属する。国際法上は戦時国際法の適用域となり、別個の法体系の下に執行される制度を置いている国[(1317)]がある。船舶の国籍についての他の要素は平時の運用を基礎として置かれ、通常の公法、私法が適用される。これに比べて、徴用に関する法制は異質なものであるといえる。かつては各国共、商船の徴用を可能とするため、自国の船舶所有者に対する最低限の要求として、自国籍船舶の所有、支配に自国民性を求めた。第二次世界大戦後においても、伝統的海運国での外国人所有や外国人取締役の排除、制限は特異なものではなかった。わが国の船舶法の規定に見られた如く、外国資本の導入は制度的に制限を受けてきたのである[(1318)]。

(1316)　ドイツは船舶の運航政策について、ドイツ連邦の旗の下、輸入需要に応えるための商船隊は、国家が危機に瀕してこそ必要との基本的な考え方を堅持している（Erwin Beckert und Gerhard Breuer, *supra* note 135, p.457）。

　一方、欧州は NATO（北大西洋条約機構）において、NATO とその加盟国の運命は、商船隊の業務の遂行能力にかかっていると考えている。NATO 諸国の補給について、一部の商船は共同体の運航に委ねられ、残る部分は各国の裁量に任される、とする（*Ibid.*, pp.458）。また Beckert と Breuer は、第二次世界大戦の海上護衛戦の例を挙げ、非常時の商船が護衛の下に効率的な運航が為される重要性について論じている（*Ibid.*, pp.459～460）。

(1317)　徴用には軍事目的と民生目的がある。前者は海軍と共に武器・弾薬・兵員の輸送にあたる。後者は直接の戦争に携わらないものの、緊急の物資輸送等を通して間接的な戦争遂行に従事するものである。

　英国では 1920 年に制定された緊急権能法（Emergency Powers Act）に民生目的の船舶徴用が規定されている。緊急権能法は所定の要件について、女王または国王が緊急事態宣言を行うことができるとするものである。本法に従って布告された宣言は創設的効果を有し、その前提条件は裁判所によって審査されない。その授権は「食料、水、燃料もしくは灯火の流通または輸送手段に支障が生じて地域の全体または一部に生活必需品の供給を困難にする恐れのある行為が、なんらかの人物もしくは人の共同行為によって企てられたか、または正に行われそうである、と国王が認めるとき」とされる（Helmut Rumpf, 竹内重年訳・前掲注(254)213・215頁）。

第Ⅳ部　国際社会における対応・総括

　しかし実際の海運実務における国家の安全保障政策について見れば、近時の国家実行は必ずしも徴用という手段が取られていないことが判る[1319]。特に最近の紛争は中東、ロシア近辺等、伝統的海運国とは距離を置いた地域で発生し、また比較的に短期に終息する傾向にある[1320]。戦争当事国にとっては、世界に拡散している自国籍船に徴用を掛けて遠距離航海させるよりも、紛争地域至近の海域において必要な船舶を傭船した方が簡便であることは否定できない。また傭船の船舶所有者にとっても、所有船舶の商業ベースでの運航が継続できる利点がある。

　このような実務慣行からすれば、船舶の国籍の検討要素としての徴用についての意義は失われていないものの、安全保障に名を借りた徴用の目的の下に、一定規模以上の自国籍船の確保を明確化する必要性は薄れているように思われる[1321]。

　　軍事徴用についての具体的な法令はないものの、本徴用は女王の大権に属するとの理解がある。
(1318)　武城正長・前掲注(520)27頁
(1319)　第一次湾岸戦争において、米国はクウェート侵攻のための船舶徴用は実施せず、通常の海運市場より傭船を行った。しかしこのような傭船は最近の紛争ばかりではない。第二次大戦中、英国は自国籍船の徴用以外にも、オランダ籍船、ノルウェー籍船を傭船して戦争遂行の用途とした（S.G.Sturmey, 池田知平監訳・前掲注(128)190～192頁）。
(1320)　現代の武力衝突はその展開が著しく早い。先制攻撃が全てを決するといっても過言ではない。兵器や起動力の進歩に合わせ、電子機器を駆使した情報把握の迅速化等がそれに拍車をかけている（浜谷英博・前掲注(288)21～22頁）。
(1321)　Sturmeyは国防と商船隊との関係について、第一に経済的に最適なものと考えられる船隊規模、船舶所有者が保有することを欲する船隊と、国防目的に必要とされる船隊の間に必然的な関係はないこと、第二に国防上の必要な船腹量が、船舶所有者が補助金を受けずに準備する船隊の規模以上である場合に、その不足分は船舶所有者に補助金を与えずに予備船隊を以って埋め合わせるべきこと、第三に世界の船腹量は国家がそれぞれの船腹を運航することによって決定されるのではなく、戦時に英国船の利用が不可能である場合には外国の船腹を利用できる、と指摘する。そして局地的な戦争の場合には、船舶を傭船できるような中立国が初めよりある筈であるとする（S.G.Sturmey, 池田知平監訳・前掲注(128)518頁）。
　　伝統的海運国の中にも、従来の徴用方式が採用されることについて疑問視する見方がある。例えば英国国防省は、有事の際における船舶の手配は国際市場より傭船し、船員も傭船船舶の乗組員を利用する計画を有している。実際のところ、英国はフォークランド紛争を最後に徴用を行っていない。ノルウェーも一般的な見解として、政府は市場よ

終 章 総 括

第2節　旗国の責任と役割

1　便宜置籍船による旗国主義への影響

　便宜置籍船による国際海運への貢献の一方で、国際社会は便宜置籍船のもたらした新しい問題に直面した。便宜置籍船の経済的な利点に基づく原理は、その形骸化した船舶の国籍の有する法的な問題についての議論に至れば、別次元のものとならざるを得ない。20世紀後半に見られた、便宜置籍船による破局的な海難の発生に代表される問題は、国際社会の努力によって是正される方向にあるとはいえる。しかし今世紀に入って後も、便宜置籍船による大規模海難の撲滅には至っていない現実がある。

　1970年代から頻発した便宜置籍船による大規模な海難事故は、便宜置籍船の形骸化した国籍が、その旗国による規制と管理における実効性を失わせたことによるものとみなされた。加えて配乗される途上国船員の人命軽視や、海洋環境を破壊する根本的な原因であるともされるようになった。形骸化した船舶の国籍とは、世界的な経済、貿易の発展に尽くす便宜置籍船のもたらしたものであり、船舶の国籍の概念がその内部から変質を受けたものと表現しても良い。

　便宜置籍船の問題とは、その特質である船舶の国籍に基礎を置く旗国主義に内在した問題でもあった。その旗国主義には、国際法において公海上の船舶に対しては原則、他国水域にあっても国際礼譲によって、他国による干渉を排除する排他性が認められてきた。旗国主義に守られた便宜置籍船の問題の解決は単純なものではなかったが、国際社会は国際条約を柱として、人命の尊重、環

　　り商業ベースでの傭船を行うであろうとしている。フランスはこのような傭船による徴用を法（国家に係わる海上輸送に関する1969年5月20日法）で定めている（海事産業研究所編・前掲注(1260)31・49頁）。
　　1989年、英国はバヌアツ、リベリア、バハマと条約を締結し、これらの便宜置籍国に登録されている船舶の内、所有権の多くが英国市民や法人によって占められている船舶については、戦時またはその恐れのある限りにおいて、登録国がこれらの船舶に対する主権の行使を放棄する旨の合意が為された。この条約の効果は、英国市民や法人によって受益的に所有されているこれらの便宜置籍国の旗を掲げる船舶が、当該便宜置籍国によって英国政府による緩急時の利用——徴用を妨げられないことであった（Vaughan Lowe, *supra* note 742, p.542）。

境保護の号令一下、海洋の利用や海運の自由に規制をかけていく。この規制は旗国主義としての船舶の国籍に由来した原則、即ち排他的な旗国の管轄権が制限されていくことを意味した。

便宜置籍船の問題が顕在化する以前にも、広大且つ無限の様相を呈していた海洋が、科学技術や経済の発展に伴う資源の活用の場となる過程において、また遠大な時間的空間が交通の発達によって狭められていく過程においての規制は見出されていた。しかしこれらの規制の過程は、科学技術の進歩に同調した当然の流れともいえるものであった。便宜置籍船の問題に対処するための過程は、上記のものとは赴きを異にする。

現在の海洋の自由に対する規制は、一定の条件の下ではあれ、公海の水域においても、国籍の如何に関わらず船舶に対する臨検を可能とし、場合によってはその拿捕をも許容するまでになっている。公海におけるこれら旗国管轄権への重大な侵害は、無国籍船や海賊への対処として等、国際法の歴史の過程において正当に認められた権限として確立されてきた。現在の解釈はこれらの伝統的な解釈に加えて、海洋汚染等、環境損害の防止と責任の追及手段としても認められるに至っている。これは万民の共有物としての公海における海洋環境の保護が、国際社会に帰属する保護法益であるとの認識が確立されたことにも拠る。特に第二次大戦後に制定された多くの国際条約による対処は、実質的に便宜置籍船が招いた環境問題の解消に集中した。これらは国際社会による船舶の安全運航への配慮の表れであるといえるが、国際社会より与えられていた旗国への信頼が徐々に失われていった証であったとも表現できよう。

旗国外権力を阻む、登録船舶が有する排他的な不可侵の権利は、国際法の名の下に当然に旗国の有するものとみなされた。この考え方は、旗国がその登録船舶に対して有効な管理と規制を行うとの義務を前提としてきた。このような船舶の国籍の排他的な権利を容認する理解は、失われつつあるといって良い。便宜置籍船の形骸化した国籍は、旗国と船舶との運航とに最も関係する主体――船舶所有者との間に実質性を伴わない現実が、国際海運において便宜置籍船の関わる様々な問題の原因となった。そのような便宜置籍船の存在が、船舶の国籍が有すべき国際社会からの信頼を喪失するきっかけを作った事実は否定し得ない。便宜置籍船が趨勢を極める国際海運において、旗国がその船舶の国籍を根拠に適正な規制と管理を実行してその認識を高めることにつき、国際社

会は信頼を持てなくなっていったものと思われる。

2 便宜置籍国の旗国としての消極性

国際社会の旗国への信頼を失わせしめた原因の一つとして、便宜置籍国の消極性が挙げられる。その消極性の事例については既に幾つか例示した。何れも船員としての旗国の国民が本船上に配乗されていない、本船が旗国から極めて遠距離にあることを理由とするかの旗国の消極的対処等は、その好例であるといって良い[(1322)]。

2004年より発効したISPSコード（The International Ship and Port Facility Securitycode）[(1323)]の実行にも、便宜置籍国の消極性を示す事例が見出せる。本コードの目的は、国際海運に従事する船舶やそれらの寄港地へ向けられた、最近の

(1322) 便宜置籍制度を設立してより年数を経ていない若い便宜置籍国の多くは、その登録船舶に対して国際標準を課する国際的な義務の実行を可能とするための経済基盤も、また必要な専門技術をも有していなかった。このような規制と管理の欠落は、旗国より遠く離れた水域での運航に多くの時間を割く登録船舶に対して、国際条約による何らの効果も与えていない。加えて一定の旗国は、単に登録船舶に対する規制と管理の行使を行わないのみではなかった。寄港国が旗国へ提出する、入港した登録船舶に関する国際基準に基づく是正事項を掲げた報告書についても、何らの対処を取ることもなかった（G.P.Pamborides, *supra* note 41, p.54）。

便宜置籍国の消極性については、便宜置籍船上の刑事事件の中で繰り返し例示したが、その他にも便宜置籍船の拿捕に関する旗国の態度についての指摘がある。青木教授は国際海洋法裁判所の懸案となったカモコ号（パナマ船籍）、モンテコンフルコ号（セイシェル船籍）の二隻の漁船がフランスの海外領土において拿捕された事件（2000年）について、現実の漁業もしくは航行の利益が帰属するものと旗国との間の関係は希薄であったとし、旗国は寧ろ自国への船舶登録に伴うサービィスの一環として弁護士に授権証明を発給していることを窺わせると指摘する。そしてこの実態からは、紛争またはその解決手続きの当事者としての国（旗国）の存在が形骸化し、船舶釈放手続きを伝統的意味における「国際紛争」解決手続きとは異なるものとして扱う必要が示唆されているようだ、と唱えている（青木隆「海洋紛争の解決」国際法学会編・前掲注(973)所収、259頁）

(1323) 米国における9.11テロ事件を契機として、2002年12月、ロンドンで開催された海事保安に関する外交会議は、国際海運における海事に関する保安を高めるために、SOLAS条約中の新規則として「船舶と港湾施設のための国際保安コード（ISPS Code）」を採択した。この規則の要件は、海事運送における保安に脅威を与える行動を検知、阻止するために、船舶と港湾施設が協調して対処するための国際的な枠組みを形成するものである（ISPS Code Part A, SOLAS Conf.5/34, February 2003）。

第Ⅳ部　国際社会における対応・総括

世界的なテロ事件の続発に伴うテロ行為や武力行為の排除である。コード上では、船舶所有者が個々の船舶に対応した保安計画を立案し、実行することが要求される。保安計画の立案指導と公的認証は、旗国によってその権限を委託された本船所属の船級協会によって行われる[1324]。しかしコード上、登録船舶についての最終的な責任の所在は旗国にあることが定められている[1325]。もしも航海中または停泊中の船舶が、何らかの武力攻撃によって損害を受けた、または拿捕された場合、伝統的海運国はその登録船舶に対して、その事実を即座に旗国へ通報すべきことを定めている[1326]。しかしパナマ他の便宜置籍国の多くはそのような規定を置かず、伝統的海運国の登録船舶と同様の旗国への通報を求めていない[1327]。

またパナマやリベリアは、テロリストの密航やテロ支援物資の密輸を事前に阻むことを目的とした米国の要請によって、公海上を航行中の自国籍船舶に対する米国官憲の臨検を認めている。過去にも麻薬や酒類の密輸防止のために、二国間条約が締結される事例はあったが、国際海運の活性化とグローバル化が進んだ最近の事例としては極めて珍しいものである。このような旗国の対応は、国際海運における自由な活動に支障を生む可能性がある。しかしそれ以上の問題は、登録船舶の殆どが外国の船舶所有者の手にある便宜置籍国が、自国船舶の有する旗国主義の排他性への侵害を認めさせる一部の国家の要請を、いとも簡単に受け入れていることである。

[1324]　Part B「締約政府の責任」1.7

[1325]　Part B「締約政府の責任」1.6。締約国は船舶保安計画書、及び過去に承認された計画に関連した改訂を承認することが定められている。

[1326]　わが国に籍を置く船舶には、特定の非常通信設備（SSAS, Ship Security Alert System）の設置が義務付けられている。登録船舶が武力攻撃を受けた非常時の際には、本船より緊急信号が船舶所有者または船舶管理会社、及び国土交通省、海上保安庁へ送信されることとなっている。当該信号を受信した船舶所有者は本船への対処を執ると共に、海上保安庁は本船航海水域至近の沿岸国の警察当局へ連絡、救援を要請する。

[1327]　便宜置籍船の場合、緊急時の非常通信は船舶所有者または船舶管理会社へ送信されるのみである。わが国の国土交通省はこのような便宜置籍国の対処に危機感を覚え、わが国の登録船舶ではなくとも実質的にわが国の船舶所有者が所有する便宜置籍船に対しては、日本籍船と同様の装置の設置と非常時の通報を義務付けるよう、検討を行っている（国土交通省海事局外航課「マラッカ・シンガポール海峡を通航する日本関係船舶の海賊対策について」2005年）。

終　章　総　括

3　現代における国際海運の時代反映

19世紀は伝統的海運国によって国際海運が治められた時代であった。

当時は発展途上国がその船員の質、航海術、船舶の建造能力に事欠くことより、大洋を航海できる船舶の所有は不可能といってもよかった。そして伝統的海運国の中でも、その圧倒的な登録船舶の数に後押しされた英国の影響力には絶大なものがあった。本論の中で例示した如く、当時の国際条約の制定過程には、新たな条約の制定によって英国の覇権の拡大を押さえようとした、他の伝統的海運国の努力が見られもした。

しかしそのような様相は20世紀に入り、足早に変容していった。二度の大戦で国際海運における英国の勢力は衰え、他の伝統的海運国との勢力差は縮小の一途を辿った。そして戦後は便宜置籍国の台頭が顕著であり、比較的近時に至って新興した途上国海運国の登録船舶の増加も目立つようになった。

国連海洋法条約の採択時に比べて、IMOの構成国にも大きな変化が生じている。新しい主要な海運国は、伝統的海運国に代わって便宜置籍国や発展途上国海運国が占めるようになっている。この影響によって、IMOの意義が加盟国の数の論理に支配されるようになってもいる。

海運の利益を優先するのは、伝統的海運国も便宜置籍国も変わらない。しかし海洋環境問題等、IMOが検討課題としている現実的な問題に対しては、伝統的海運国とサブ・スタンダード船を抱える便宜置籍国や途上国海運国との間に確執がある場合も少なくない。対して環境保護問題等への国際協調が消極的になることを恐れ、伝統的海運国による主導としての一方的な措置が必要との意見もある[1328]。このような主張が噴出する背景には、旗国の義務の履行がIMOでの継続的なテーマとなっているにも拘らず、便宜置籍国の影響力が無視できない程に拡大し、真に実効的な対策を講ずることに困難が伴うようになっている現実がある[1329]。

また旗国、寄港国、沿岸国も具体的な国名を以って表わせなくなっている。寄港国と沿岸国は海洋に面した国家として共通項を見出すのは容易であったろ

[1328] Joseph J. Angelo, The International Maritime Organization and Protection of the Marine Environment, Myron H. Nordquist and John Norton Moore edited, *supra* note 411, pp.105 ～ 111

[1329] 島田征夫・林司宣編『海洋法テキストブック』(2005年) 101頁

うが、現在は旗国であって寄港国、また沿岸国であるという図式も容易に見出せる。寧ろ何れか一つの部類に止まる国は少ないといってよかろう。ということは、何れの国も旗国であり寄港国であり、また沿岸国であることによって、それぞれの立場での利害を有していることを意味している。これは国際海運における利害を、関係国が海運のもたらす利益を享受する上で経済的に、寄港国、沿岸国であって自国籍船を他国へ差し向ける旗国でもあるとして地理的に、そして国際条約上、それぞれの立場を主張する寄港国、沿岸国、旗国が複合して存在する現実より法的に共有していることに他ならない。

4　旗国による規制と管理の重要性

上記のような国際海運に利害を有する関係国の多様性からすれば、船舶の規制と管理を旗国に一任する国際法の伝統的な方針を転換して国際的な規制の主導に任せるという、これまで取られてきた国際社会の方針も理解できる。

しかし既に見た国際的な規制、それも止まるところを知らない数々の規制を概観した中で受ける印象は、旗国の義務には細別されてより厳しい規制と管理が求められてはいるものの、旗国が本来担うべき役割は、国際的な規制の中では取り残され続けているのではないかということである[1330]。

例えば、ポート・ステート・コントロールに代表される入港国による検査が如何に先鋭化を極めても、船舶に内在する潜在的な脅威までを排除するには限界があることを知らねばならない。船舶の入港時に行われるポート・ステート・コントロールによる精査には、その検査自体が船舶の短い停泊中に行われる性格のものである限り限界がある。検査は証書や法定書類、居住区内や船体の外観的な検査に終始している。本船の運航や荷役の都合上、本船の堪航性に直接影響を与える機関の開放や、船体のタンク、貨物倉の内部検査は困難であ

[1330] J. Ashley Roach はその論文の結論として概要、次のように述べている。より安全な海運、清浄な海、質の高い船舶は、全ての者に共通した利益の内にある。それを念頭に置いて、全ての国が国際条約の遵守のための積極性を保ち続けること、旗国は厳格にその責任を果たし、競争的な便宜のためにその責任を疎かにしないこと、全ての非政府組織（船級協会、保険者、業界団体等を意味する）が共にその責任を果たすことが、より重要である、と（J. Ashley Roach, *supra* note 411, p.171）。同感である。しかしその中で旗国が J. Ashley Roach の求めるところを実行しているかについては、疑問を抱かざるを得ない。

る場合が多い(1331)。そして船舶が海難に遭遇する危険性は、このような普段の運航における検査が困難である個所に潜む場合が少なくない(1332)。

　船舶所有者、船舶管理会社を離れて実際に船舶の安全性を図るのは、準公的機関としての船級協会である。その船級協会には、旗国から登録船舶に関する堪航性の有無についての検査と承認を付与する権限が与えられている。伝統的海運国はその他にも、その登録船舶に対して、特に乗組員や乗客の人命に関わる設備については独自に検査を行うことが少なくない。便宜置籍国は登録船舶の船体、機関の堪航性に関わる事項について、船級協会に全てを依存している。その船級協会は、入会した船舶からの検査料でまかなわれる営利団体である。船級協会による監督・検査の内容は、国際船級協会によって統一化、平準化が図られてはいる。しかしこのような船級協会の体質を見れば、船舶の堪航性に対する最終的な責任を旗国が担う役割の重要性を見逃すことはできないと思われる。国際航海に従事する船舶は、最終的に国際条約を遵守する旗国の責任の下で、地道にその堪航性の維持が図られる必要がある。そして実務上は、実質的な船舶所有者により丹念に継続して整備されることが、それらが海難を回避する最も実効的な道であると思われる(1333)。

(1331)　一般に荷役中は、本船や岸壁火災等、一旦緩急の場合の出港に備え、機関の解放点検は禁じられている。たとえ特別に許容されたとしても、荷役終了までの停泊という時間的な制限を受ける。また船内のタンクには燃料や清水が貯蔵、またはバラストとして海水が満たされ、貨物倉では貨物の積み下ろしが行われているため、実務上、検査には困難が伴う。

(1332)　その多くは、機関の有する慢性的な不具合、船体を構成する内部鋼材や鉄板に生ずる大小の亀裂の存在である。比較的、船齢の若い船体にも、機関の初期故障や造船時の応力計算の不備、部材の欠落、強度不足によって発生する亀裂を見ることがある。これらの不具合は放置すれば慢性化、拡大化し、最悪、沿岸航海中の機関故障による座礁事故を引き起こし、荒天下の航海時に発生する過大な応力が船体外板に亀裂を発生せしめ浸水、または船体切断に至って本船を沈没させる場合がある。特に高齢船には機関の不具合、船体には微小な亀裂が見出されるものである。これらが原因となって発生した大規模海難の例が、近年の日本海において遭難したナホトカ号、欧州で発生したエリカ号、プレステージ号の遭難である。

(1333)　di Pepe は、ポート・ステート・コントロールによる活動の重要性を説きながらも、旗国の役割の重要性をも指摘する（Lorenzo Schiano di Pepe, *supra* note 190, p.156）。筆者の海技者としての実務経験よりすれば、船舶の建造・保守整備は、就航後の本船の堪航性の維持に極めて重要であると思われる。船舶にとって、俗にいう生みの親が造船

第Ⅳ部　国際社会における対応・総括

　旗国に対する IMO 条約に代表される規制は進む。その規制は伝統的海運国、便宜置籍国、途上国海運国の区別なく、またサブ・スタンダード船、非サブ・スタンダード船の全てに適用される。例えば、一隻の便宜置籍船の起こした海難事故であっても、その再発防止のために強化された規制は、国際海運に従事する全ての船舶にも及ぶのである(1334)。このような分け隔てのない国際規制は、否応なしに船舶の運航コストの上昇を招く。ついには船舶による運送貨物の運賃の引き上げが為されて、諸国民の生活にも影響が及ぶこととなる。

　そのような国際的規制の背景には、事故に遭遇する可能性の高い便宜置籍国が、自国の人的、技術的な規模をはるかに凌ぐ登録船舶数、及び世界水域に散らばる登録船舶に対して、実効的な規制と管理を施していない現実がある(1335)。単刀直入に表現すれば、施しえない現状が依然として続いている。海洋における秩序維持に対する、国際社会全般の立場からの要請——例えば海洋汚染の防止のための規制等は、今後共強まると予想される。便宜置籍や傭船形態の多様化、船員の雇用関係の複雑化に加えて、海洋の利用自体が益々分化しつつある現状下にあっては、便宜置籍船に対して最も有効な管轄権と規制を行い得る立場にある国家との結び付きを重要視する必要が生じよう(1336)。

　特に便宜置籍船という船舶の形態が今後も長く利用され続けるのであれば、旗国の登録法人の親会社たる他国の実質的な船舶所有者へのアプローチが重要である。このような考え方は、国籍を媒介とした旗国の役割を不当に評価しようとするものではない。もしも不必要に国籍の意義を否定するのならば、いたずらに管轄権の競合や法的安定性の破壊をもたらすであろう(1337)ことに異論

　　所であるならば、育ての親は船舶所有者である。双方の親がそれぞれの責務を果たしてこそ、船舶の安全性が保たれるものと確信する。船舶は正に生き物なのである。
(1334)　1989年の米国アラスカにおいて、座礁したタンカーより大量の油が流出した「エクソン・バルディース号事件」を契機として、IMO では MARPOL 条約の付属書Ⅰを1992年に改正、それまで外板一枚構造が一般的であったタンカーに二重船殻構造（ダブル・ハル）が要求されることとなった。また1999年にフランス沖で沈没、沿岸に油汚染を発生させた「エリカ号事件」を手掛かりとして、二重船殻構造が義務付けられる以前に建造された一重構造船（シングルハル）タンカーの排除を網羅した、段階的な排除の政策が実行に移されることとなった。何れも大規模な海洋汚染事故とはいえ、一つの事故による被害が国際海運における全てのタンカーに規制を及ぼす傾向が読み取れる。
(1335)　Awni Behnam, *supra* note 344, p.132
(1336)　栗林忠男・前掲注(77)24頁

はない。原油や危険物質を大量に運び得るように大型化、専用化された船舶による海洋や沿岸国の秩序の破壊は、一国における私人間の法的係争では処理し難いものとなっている。この現実への対処としては、「アモコ・カディス号事件」で見られたような対処が不可欠となるものと思われる。しかし国際社会の現実を見れば、国家管轄権の域外適用の困難性に見られた如く、国境を越えた規制には障害が少なくない。船舶に対する責任をその登録国である旗国レベルで担う重要性は、ますます高まっているといえるだろう。その責任とは第一に、船舶の登録された旗国によって担保されるべきものと思われる。またこの主張は、途上国海運国の船舶についても妥当する。途上国である海運国の登録船舶は、本来的な「真正な関係」を有する船舶であり、便宜置籍船の如く形骸化した国籍に起因した問題はない。唯々、旗国がその登録船舶の有効な規制と管理を怠っているために問題を引き起こしている存在である。換言すれば、現在の国際社会は、旗国との間に本来の解釈であった「真正な関係」を堅持した船舶からの挑戦をも受けているといえよう。

第3節　船舶の国籍の実質性

1　船舶への国籍付与要件としての船舶所有者主義に対する疑問

「真正な関係」について見れば、便宜置籍船の趨勢に手を貸したとの批判も多い。本来の「真正な関係」とは、国籍を付与する国がその付与対象との実質的な関係を有するべきであるという、国籍を与える前提としての原則であった。

船舶への国籍の付与は旗国の内国管轄事項であり、原則として各国の自由とされている。船舶所有者の国籍が所有船舶の国籍ともなることは、今日ほぼ疑いのないところであり、実務上も踏襲されている。従って、船舶所有者の国籍が形骸化すれば、船舶の国籍もまた形式的なものに過ぎなくなることは当然の帰結であったといえるだろう。

しかし一般的な法人にあっても、その国籍の実質性については国際的な法的論争を経ていることが明解となった。法人における国籍では、その実質性の重要性が認識され、形式性を排除または並存させつつも、法人と国籍国との間の

(1337)　栗林忠男・前掲24頁

実質性を維持させる努力が払われている。船舶同様、国籍を付与された対象についてのこのような実行を見れば、船舶の国籍付与の主要な条件である、現行の船舶所有者主義のあり方への疑問が浮上する。即ち、国際海運において慣行となっている所有者主義を基準として、便宜置籍船に国籍を付与することの是非である[1338]。

　船舶所有者主義自体、各国の法制、例えば伝統的海運国と便宜置籍国では、その内容に差があるため、同じ船舶所有者主義を取りつつも、それぞれが付与する国籍は実質的なものと形骸化したものとに乖離してしまう。そして現在の国際海運における船舶所有者主義の問題は、実質的な国籍が減少し形式的な国籍が増加するという、本来の船舶所有者主義の意図するところとは、大きく異なる方向に進んでしまったことである。

　船舶の登録は、外交保護権の一応の証拠とは考えられるが、もし船舶が動産と考えられるならば、国籍を与えている国が保護し得る財産として、他の動産と同様に保護されることとなる。その際には、所有が船舶の保護権に対する適当な基準となり得るであろう[1339]。便宜置籍国を除く海運国の実行は、当該所有の実質的基準を、船舶の保護の正当な根拠として確認している——登録が「善意の所有」と結合されない限り、船舶の保護は認められないと考えられている[1340]。「善意の所有」とは即ち、厳格な船舶所有者主義ではなく且つ便宜置籍船の形式的な船舶所有者でもなくして、海商を営んで営利を得ようとする者がその営みの手段として船舶を所有しつつ、営利の享受の反射として所有船舶の運航上の責任をも負う[1341]とする、船舶所有者の実質性を指すものと思

[1338]　田中利幸「船舶の国籍」海洋法・海事法判例研究3号（1992年）44頁。既に見た如く、日本船舶の定義を置くわが船舶法1条も、船舶の所有を念頭に置いて規定されている。しかし船舶所有者主義は、便宜置籍船や定期傭船といった今日的問題に対して不十分な点のあることは否めない。

[1339]　山本敬三・前掲注（2）165頁。船舶登録要件条約において、船舶の所有につき踏み込んだ規定を残そうと試みられたのも、既に所有の重要性について国際的な認識が生じていたためと判断される。

[1340]　山本敬三・前掲165頁。しかしこの「善意の所有」も、第二船籍制度に見られる登録要件の緩和によって、便宜置籍制度の要件に近付きつつあることが指摘されなければならないだろう。

[1341]　Alan Ryan は Nozick の著書より引用しつつ述べる。「強制執行の対象となるという地位は、所有権の一部そのものである。所有権に結びついているものは、加害的行為

われる。

　このような現実を直視すれば、法人が保有する便宜置籍船の国籍の認定に当たっては、法人支配の実質的状況、つまり株式の保有率や指揮命令系統の所在の如何を通して十分考慮されるべきとし、船舶の国籍の形式性と実質性との関係において、実質的な船舶所有者の法的な地位を吟味すべしとする意見[1342]が生まれるのも当然と思われる。実質的な関連となるべき「真正な関係」によって、各国間の管轄権を調整するのが国際法の現在の立場とすれば、船舶所有者による船舶の所有に生じた隙間を埋めることは、国際法に対する不可欠な要請でもある[1343]と思われる。

　実質的な船舶所有者とは、他国である便宜置籍国に船舶を所有するため、便宜置籍国に形式的な船舶所有法人を作った者である。その実質的な所有者を特定することは、国際取引におけるこれまでのわが国判例にも見られた通り容易でない場合も多い。便宜置籍船が関係する日本の判例では、当事者としての便宜置籍船の船舶所有者について、敢えてその実質性の如何を問わない傾向が見られている。便宜置籍船の背後に存在する実質的な船舶所有者を見据えて、当事者としての責任能力を認めれば足り、いたずらにその実質性に惑わされることにおいての訴訟経済上の浪費と、相手方当事者への不利益を考えれば、当を得た処置が為されていると評価できるものと思われる。

　このような対処は、便宜置籍船が闊歩する国際海運において、船舶所有者の実質性を正すことが困難な道程を課するものであるとの表れでもあろう。便宜

　の禁止というよりは、不法行為者の介在なく私の財産が引き起こした損害に対する責任である——もし私の家からスレートがはがれ落ちてあなたに当たったならば、あなたが賠償を求めるべき相手は私である。自らの所有物に対する支配権の代価は、その物がしでかした不始末への責任であるともいえよう。」と（Alan Ryan, Property, 1987, 森村進・桜井徹共訳「所有」（1993年）75頁）。

　　所有船舶の運航上の責任とは、所有権という権利の制限とも解釈できると思われる。我妻教授は、物権法における所有権制限の態様として、(1)他人の侵害を忍容すべき義務、(2)権能を自由に行使しない義務、(3)積極的な行為をする義務、と分類している（我妻栄「新訂物権法（民法講義Ⅱ）」（1983年）272〜277頁）。本船運航における責任とは、本船が犯した違法、不法行為に対する責任をいうが、そのような行為を予め防止すべき措置が、本船を所有する者の権能の制限に結び付くと解釈できると思われる。

(1342)　志津田氏治・前掲注(266) 33頁
(1343)　田中利幸・前掲注(1338) 44頁

置籍国の法制は、船舶所有者の実質性が突き詰められない点に、その活路の一つがあるのである。また第二船籍制度の如く、伝統的海運国、即ち実質的な船舶所有国の現在の法制自体に、その船舶の所有要件を緩和する傾向が見られてもいる。その理由は、主として所有要件の緩和による自国籍の船舶数の増加・維持・確保という目的にある[1344]。

船舶の国籍認定に当たっての所有の重要性は認識されつつも、国籍付与の根拠となる船舶の所有に対する現実的な対応は、一層混迷を深めていると思われる。

2 船舶の国籍概念の解釈

便宜的な国籍を得るための船舶登録に実体が伴わない以上、便宜船籍はもはや実質的な連結点たり得ない。船舶と国家との関係を見るには、便宜船籍のような形式的基準によるべきではなく、実質的基準──「実質的船舶所有者の国籍所属国」でなければならない[1345]との意見は、現在も説得力を欠いてはいないであろう。しかし船舶所有者主義は結局、内国管轄事項の名の下に多種多様な船舶所有者主義が横行し、形式的な船舶所有者の背後に実質的所有者が潜む様態を露呈させ、船舶の国籍の形骸化をもたらしたと言及できる。ISMコードにも見られるように、船舶の国籍の実質性は判明し難い実質的な船舶所有者から、その責任の所在としての船舶の運航と管理に責任を有する者によって補われようとしている。但し、船舶に与えられるISMコードの認証を担保するのは国籍国であることが明定され、改めて旗国管轄権が鮮明化されている。しからば船舶の国籍の実質性は、旗国による管轄権の行使にあるのであろうか。

旗国による管轄権の執行とその義務の履行は、船舶に起因する問題の是正の観点からすれば、最も実効的な解釈であり措置であると思われる。自然人の国籍における原則──国内管轄、国籍唯一の原則が船舶の国籍についてもあてはめられ、且つ公海や沿岸国水域の秩序の維持も図られるためには、国籍取得後の船舶が当該旗国の厳格な管轄下に置かれ得るべきと思われる。

しかし今日、伝統的海運国が一方で便宜置籍船の存在を認めつつ、他方で自国籍船の維持と増加を図るのは大なり小なり、主として自国経済や海運産業の

(1344) 水上千之・前掲注(14)122頁
(1345) 佐藤幸夫・前掲注(122)27頁

質の維持、安全保障を目的としている。深慮すれば伝統的海運国では、国籍の付与要件という法の実質性は緩和されつつも、国籍を与える大義においては、尚も実質性が保持されるべきとされているといい得るだろう。

　これらの実質性は元来、旗国管轄権とは異質なものではないか。旗国管轄権は国際協調の下で制定された権利と義務であるが、現在は船舶による問題の是正義務の色彩が濃く、いわば手続き的なものとして国家の性格は具現され難いと思われる。船舶に対する管轄権は、国籍の付与と共に国家に自動的に与えられる権能である。反面、政治経済や国防、産業の問題は、各国の個別の問題であり実体的なものである。後者こそ、各国毎の性格を表出させる国籍の実質性に一致するものだろう。その実体的なもの、船舶と旗国の実質性を表現する手段として、船舶製造地主義や乗組員主義、現行の船舶所有者主義が生まれ、船舶登録要件条約での所有の具体的な検討がなされたのではないか。

3　旗国とその登録船舶との間の実質性

　単に形骸化した船舶の国籍に実質性の復活を求めるとしても、現在の国際海運においてのその実現は容易ではない。船舶所有者はその所有船舶の経費の節減を図り、本船の国際競争力を高めようと便宜置籍化を図っている。この国際海運における経済性を第一とした慣行は、最早阻止できる状況にはない。船舶の実効的な支配について見ても、伝統的海運国が維持し続けている登録船舶に対する自国民、自国法人による支配は緩和される傾向が見られると共に、何を以って支配とするかの議論は成熟してはいない。そのような国際海運においても、たとえ便宜置籍国とはいえ、旗国と登録船舶との間における実質性については、その育成が可能と思われる。但しその実質性とは、旗国とその登録船舶の所在水域との距離の如何に関わらず、旗国による有効な規制と管理が可能な性格を有することが不可欠である。

　公海条約における「真正な関係」の意味するところは、旗国と登録船舶との間の実質性であった。その実質性とは具体的に、登録船舶の自国民による所有形態、旗国内での営業所の存在等の運航形態、そして自国乗組員の配乗であった。便宜置籍船の特質を考えた場合、登録船舶の自国民による所有についての考慮は無為に等しいであろう。営業所の旗国内での存在については、荷主や傭船者と経済的な結び付きの薄い便宜置籍国での営業活動は実効性がないと思わ

れ、採用される可能性は少ないと思われる。しかし残る一点、自国乗組員の配乗は、便宜置籍国でも確立できる可能性は少なくないと思う。

この自国民としての船員の育成について、これまでその可能性を生かそうとしなかった伝統的海運国の責任を記しておかなければならない。

4　伝統的海運国の便宜置籍国に対する責任

既に見た通り、便宜置籍船の問題は便宜置籍国のみに依拠したものではない。何よりもその利用を、伝統的海運国が黙認した事実が指摘されなければならない。その事実は、伝統的海運国が国際条約の制定にあたって、便宜置籍船の排除から容認にその態度を変えたこと、同様に自国海運の活動を担保するために、海運自由の原則の維持を図り、国際的な旗国主義への規制を妨げてきた過程において概観した。

別に指摘しなければならないのは、伝統的海運国が便宜置籍国に、海運国となる機会を与えてこなかったことである。旗国がその登録船舶に対して有効な規制と管理を行うためには、国内において海運産業を支える技術を育成して維持する必要がある。現状、便宜置籍国は海運産業たるものを有していない。便宜置籍船の技術的な管理は、実質的船舶所有者や他国の船舶管理会社によって肩代わりされている[1346]。先の船舶管理会社に代表される登録船舶の運航管理のためには、特定の海技技術が必要となる。海技技術とは通例、船舶の運航経験を有する自国船員によって維持、育成されるものである。自国船員育成のためには、第一に船員教育のための機関が必要であり、これを整備、指導するのは国家の役目とみなされる。伝統的海運国は長期的に自国船員の総数を減少させ続けているものの、その海運産業における技術的な側面は、自国船員を母体とした人的資源によって支えられているといって良い。この意味からも、自国船員の存在は重要である。現実にわが国を初め欧州、米国等の伝統的海運国は共通して、自国籍船の維持確保の目的の一つに、自国船員がその海技技術を育成する場となるべきことを挙げている[1347]。

（1346）　便宜置籍国は旗国として、その旗国組織や国内にある法人を通した便宜置籍船への実際の技術管理を行っていない。自国籍船の維持管理のための人材も組織も持たない便宜置籍国の登録船舶は、他国に籍のある実質的な船舶所有者や船舶管理会社の下にある。

終章総括

　既に述べたように、過去、便宜置籍船に拠るものを含む多くの海難が、人為的な問題に基因して発生した。この事実は、IMOによるISMコードの制定を促した。その人為的な問題とは、短期と長期に渡るものがある。一般的な人為的問題とは、船舶の乗組員によって短時間、あるいは一瞬の内に発生せしめられる沈没、座礁、衝突の如き海難を誘発するものである。その海難の原因とは、運航技術の行使についての乗組員による誤判、錯誤、過失、あるいは知識不足、経験不足に拠る稚拙な対処である。長期的な人為的問題とは、数年あるいはそれ以上に及ぶ本船上での保守整備の欠落であり、海難を惹起する潜在的な原因を呼び起こす。これらの人為的問題の解決策は、何よりも本船の運航に十分な能力と資質を持ち合わせた船員の配乗にあると思われる。

　主たる便宜置籍国はその誕生より、既に年月を経ている(1348)。便宜置籍国が早い時期より船員教育に着手していれば、現在、少なくないその登録船舶で船務に就く自国船員を輩出していた筈である。上記の人為的な問題の解決の他にも、自国船員の配乗によって、ITFからの一方的な非難やボイコットを受ける可能性も少なくなったであろうと予想される。登録船舶上での刑事事件に対する管轄権の行使にも、旗国としての積極性が期待できたものと思われる。そして自国が自国船員を指導、監督することによって、国際基準の適用を基とした登録船舶への有効な規制と管理が図れたことには疑いがないだろう。この実現は、ポート・ステート・コントロール等、寄港国の執る一方的な公的規制の先鋭化を抑え、登録船舶への規制と管理に責任を有する旗国の権威を維持することにも繋がったのではないかと思われる。加えて有効な規制と管理は、船舶と旗国の地理的な距離に左右されないことが重要である。旗国による登録船舶への規制と管理における距離の隔たりを不問とする手段が、自国籍船での座乗とその責任の重大性を自覚する自国船員の採用である。その船員教育の創設と発展のためには、船員教育に歴史と経験を有し、技術を蓄積してきた伝統的海

(1347)　しかしいうは易し、行うは難しである。伝統的海運国はその重要性を悟りながら、その自国籍船隊を縮小させてきた。その理由は、実際の実務を担う海技者の育成は私人である船舶所有者、海運企業に委ねられていること、それら船舶所有者、海運企業はビジネスの採算性を第一に考え、自国籍船の便宜置籍化に邁進し、これに伴う配乗船の減少に従って自国船員の新たな採用、確保を手控えてきた現実が挙げられる。

(1348)　パナマ、リベリアに便宜置籍制度が制定されて半世紀以上が経過している。

第Ⅳ部　国際社会における対応・総括

運国の指導が重要であることはいうまでもない。

　伝統的海運国がこれまで、フィリピンやインドネシア等の船員供給国に行ってきた船員教育指導[1349]を、パナマやリベリア等の便宜置籍国に対して全く実施していない現状は、現在の便宜置籍船問題が解決されない原因の一つとなっていると思われる。伝統的海運国が、自国海運に船舶を提供する船舶所有者の便宜置籍動向を黙認するのみで、便宜置籍国の存在をその受け皿としてしか求めなかった結果でもあった[1350]。

5　実質性の養成

　自国籍船員の自国船舶への配乗については、既に船舶登録要件条約に具体的な規定がある。

　船舶登録要件条約には9条に「船員配乗」の規定が置かれている。その規定の1項には「本条約を履行する場合において、登録国は自国民の旗を掲げる船舶の職員及び部員から成る定員のうち十分な部分は、自国民または自国に定住している者もしくは自国に合法的に永住所を有する旨の原則を尊重しなければならない。」と定められている。

　旗国の国民または旗国に永住している者の雇用を基礎とする旨、規定されたこの条項は、長く激しい議論を経た難産の末、誕生したことは既に述べている。その議論において、伝統的海運国は乗組員の配乗、船舶の管理、厚生は「真正な関係」や効果的な規制の中心事項ではなく原則的な事項と主張した[1351]。そして最終的に発展途上国は伝統的海運国に妥協し、旗国の服すべき事項とし

[1349]　わが国の途上国への船員教育援助としては、政府開発援助による教育施設の充実、わが国船員教官の派遣、独立行政法人所有練習船上での実習教育等がある。別に民間企業による現地教育施設の設置と育成された船員の自社運航船舶への配乗等があり、その援助は多岐に及ぶ。しかしパナマやリベリア等の便宜置籍国には全く為されていない。

[1350]　伝統的海運国のこれまでの国際的な指導を顧みれば、船員供給国と船舶の置籍国とを巧みに分けて利用してきた経緯が見て取れる。例えば船員供給国となっているフィリピンやインドネシア、インド等は、便宜置籍船のような自由置籍制度を有していない（裸傭船登録を除く）。パナマやリベリアは便宜置籍国であっても船員供給国ではない。即ち、船員の供給のためのソースとして、特定の国に国際協力を行ってきた一方で、海運自由の標榜として、自国の船舶所有者による便宜置籍制度の利用を黙認し、その両者を以って自国海運の活性化と自国商船隊の国際競争力の維持を図っていることが知れる。

[1351]　G.P.Pamborides, *supra* note 41, pp.19〜20

て旗国は配乗か所有かの問題のどちらかを選択すべきとすることを受け入れ、7条に規定された。即ち本条は、第一に、8条「船舶の所有」と二者択一の選択の条項として置かれ、第二に、条文内容を原則として尊重されるべきとされたことによって、その強制力としての効力は殆ど失われたものとなっている。伝統的海運国が、自国船員の配乗によって自国籍船が国際競争力を失い、登録船舶の更なる便宜置籍化が進展すること、便宜置籍船への船員配乗に規制が及び、便宜置籍国がその制度の利点を失うこと、自国船員を欠く旗国に登録制度の崩壊を招くこと等、国際海運の現状への影響を恐れた規定の変更と見ることもできると思われる。

しかし条約の規定には、船員配乗に考慮されるべき問題点が把握されている。

条約9条の条項について見れば、2項は自国船員の配乗について、旗国がその実現の可否を判断する条件が列挙され、旗国が自国船員の確保と配乗に責任と自覚を有するべきことが説かれている。即ち有資格船員の国内調達の可能性、多数国または複数国条約の締結事項に従った実現の可能性、そして配乗が可能な登録船舶数への配慮が掲げられている。本項は旗国による登録船舶への自国船員の配乗が、単純な配乗を意味するものではないことを示している。配乗される船員の知識や能力が適正であるべきこと、旗国本意に終始しない国際条約の規定に適合した配乗であること、そして配乗の受容力たる適正な登録船隊が維持されるべきことが考慮されなければならない旨、定められているのである[1352]。

4項では他国の船員の配乗も可能として、所謂、混乗を認めている点で注目される。一国の船員による乗組員の全乗という、現在の国際海運においては既に非現実的となっている配乗形態が排除されている[1353]。

5項では自国船員の教育、訓練の促進を定め、適正な自国船員が育成されるべき重要性が強調されている。この規定の内容はSTCW条約に引き継がれて、詳細に定められるに至っている。

[1352] このような規定が厳守されれば、時間を要するが、現在の便宜置籍国の如くの存在は消失するであろう。そしてそれらの便宜置籍国が自国籍船を有効に規制しまた管理する、一海運国として生まれ変わる可能性を、この規定の実現は秘めているのである。

[1353] 9条1項には「十分な部分」の自国船員の配乗が説かれている。この十分な部分をどの程度の数とすべきかには議論が必要であろう。

そして6項では、配乗船員への国際水準の適用とその能力、雇用の安定、雇用における民事紛争、雇用契約についての条項が置かれている。

このような2項以降の規定を見れば、本条は自国船員配乗のための条件の基準を合理的に定めたものとして評価できる。しかし実際の条約では、それらの規定も強制力の喪失によって、殆ど無為なものとなっているといわざるを得ない。条約の制定当時、高度成長を続けていた便宜置籍国にとって、本9条の規定に準ずることは不可能であることが国際的に認識された結果でもあった。しかし旗国における自国船員の育成と、登録船舶への配乗が実際に義務付けられるとすれば、本条の規定の内容は極めて有効なものとなると思われる。現行の条文の内容に加えて必要と思われる事項は、便宜置籍国のように自国船員の育成のための人的資源、施設を持たない旗国に対する、既に自国船員の教育、育成に長い歴史を有する伝統的海運国による指導とその促進に関する規定であろう[1354]。

既に述べた通り、本条約は未だ発効を見ず、且つ今後もその目処は立っていない。しかし船員配乗に関する規定の内容は、旗国とその登録船舶とを結ぶ実質性の確立のために、自国船員の配乗を求める基礎が定められているものと思われる。

自国船員の配乗については、公海条約の制定時より懸案とされてきた。登録船舶と旗国との間に実質性を養うこの正当な対処は、国際海運における現実的な問題と諸国の政策との不一致によって、見送られ続けたといって良いであろう。

旗国による船舶の規制と管理を充実したものとすべき実質性の内容を、旗国と船舶との地理的な隔たりを解消する条件をも付帯させて考慮した場合、船舶の運航に携わる自国船員の配乗は、その効果が最も期待できる対処となるものと思われる[1355]。

将来、旗国運営の国際基準が定められるとすれば、自国籍船員の育成と配乗はその基準の一つとされるべきであろう。

[1354] 伝統的海運国に期待される途上国旗国への援助は、単に船員育成のためのみに止まらない（J. Ashley Roach, *supra* note 411, p.164）。

[1355] J. Ashley Roach も同様に、船舶職員を育成しない限りは、旗国となる権限が付与されるべきでない、とする（*Ibid*., p.160）。

ではその自国船員による実質性を支えるものとは、具体的に如何なるものであろうか。

6 　旗国に対する愛着

Brownlieが「ノッテボーム事件」判決について、法の理論的な解釈より離れた個人の生活と国家の国民と社会、そして愛着という社会的な事実との間における関係より、実効的な国籍の原則の提示に及んでいる、と指摘していることは述べた。この愛着とは、国籍を受ける国に居住し、生活することによって培われるその国への特別な思いであると思われる。そして上記の判例では、その愛着が、国籍を実効的なものとする要素ともなることが示されているようにも思われる。

国内における普段の生活では、国家に対する愛着等、思うに及ばない。同様に海上にある船舶にあっても、本船に国籍を付与する旗国に対する特別な意識を持つことは少ないだろう。それが感じられるのは、ひとたび外洋に出て国籍を付与された旗国と距離を起き、その国籍国の助け、外交保護が求められる場合であるように思われる。旗国を離れて大洋にある船舶における国籍の意義については述べている。様々な意義があるも、国籍を連結点とした旗国による保護は重要である。その保護とは外交保護や安全保障上の保護に止まらない。船舶上での刑事事件に対する旗国の対処や、乗組員の負った傷害や疾病に対する旗国の医療機関による援助の他、寄港国での自国領事館による法的な援助も含まれる。そのような援助を受ける機会に接すれば、乗組員には自ずと、旗国が本船にとっての国籍国であるとの自覚が醸成される。大海孤高にある本船には、本船を適正に規制、管理し保護する旗国が存在するとの自覚である。もし本船乗組員の国籍が旗国に一致するならば、乗組員には旗国国民としての自覚が生まれるだろう。この自覚こそが、旗国への愛着であるとの意識として置き換えられないであろうか。

旗国への愛着は、その国籍に基礎を置いた精神的な支えであるといっても良いと思われる。旗国によって良く教育と訓練を受けた旗国船員は、国際条約を基礎として定められた法を遵守しつつ、その乗務する船舶の運航実務にも精励するものと思われる。これらの船員の配乗は、自国籍を有した船員の形式的な養成と配乗を意味しはしない。他国の優秀な船員の配乗でもない。必要に迫ら

れて他国からの移住として受け入れた船員の配乗でもない。船舶と同じ国籍を有し、旗国の国民として生来、あるいは長期に渡って生活し、十分な教育を受け、海上経験を有する船員である(1356)。また自国籍船で技術と経験を習得した船員は、陸上からの船舶の運航と管理を任されたとしても、有為な能力を発揮することが期待できる。一定の資質と能力を身に付けた船員は、船舶上にあるなしに拘わらず、法の遵守を基礎とした船舶の安全運航に誠意を持って臨むことと思われる(1357)。

但し、このような船員の養成には、時間と労力を要することを覚悟しなければならない(1358)。

(1356) 自国船員の配乗に伝統的海運国が如何に苦悩してきたか、また未だにその解決策を模索し続けているかについては、既に見た通りである。国際条約により、旗国が自国船員を乗組員として、その内の一部でも自国籍船に配乗する義務を負えば、伝統的海運国は再び、自国籍船隊の維持・確保に課題を負うこととなろう。しかし自国籍船を有する旗国は、併せてそれに配乗すべき自国船員をも有すべしとの筆者の考えに従えば、自国船員の育成とその確保が困難な旗国は、自国船隊をも喪失せざるを得ず、旗国としての役割を終えることとなる。自国船員の供給が困難な国は、旗国たりえないとの考えである。旗国によって有効な規制と管理が行われる基礎としての国籍の実質性が、自国籍船員の養生と配乗という手段によって確保されることが目指されるならば、伝統的海運国の旗国たる窮地が招来されることもまた、止むを得ないことと思われる。例えば J. Ashley Roach は経済的な側面より捉え、何れの国も旗国となり得る現状に問題があるとし、一定の経済基盤を持たない国家に旗国たる資格はない、と主張する (*Ibid.*, p.162)。

(1357) 伝統的海運国が自国船員を維持する目的の一つが、このような自国船員による海技の伝承に他ならない。そしてこのような考え方が認められるならば、ポート・ステート・コントロールや船級協会等、国際航海に従事する船舶に対する国際的規制の諸種、鋭意な手段は、実効的ではあっても旗国による有効な規制と管理の補完的な存在に過ぎないように思われる。

(1358) 多くが途上国である便宜置籍国において、簡単に自国民としての船員の養成が容易であるとはいえない。国際海運において、種々の条約が規定する規制に合致した船員を養成するためには、専門の養成機関を設置する以前に、その国民が上記の養成に応え得るレベルにあるかの問題を有する。それは国民性から国の有する教育制度、社会情勢等に始まり、果ては離家庭性という船上での職務環境に絶え得る特性までをも包含する。伝統的海運国はこれまでも、新しい船員資源の発掘のための調査と研究を重ねてきた（わが国では(財)日本海運振興会が度々、船員調査団を海外へ派遣する等し、数次に渡って船員関係調査報告を行っている）。現在、国際海運で活躍する船員資源の一つであるフィリピン人についていえば、これらの要求を満たした存在であるといえる。単に便宜置籍国が自国民としての船員の養成を試みるとしても、その前途は遼遠なるもので

終　章　総　括

　グローバル化が顕著に進んだ現代の国際海運において、旗国と登録船舶との間の実質性を担保するものは、旗国によって適正な教育を受け且つ実務に精通した旗国の船員の配乗であると判断するのが、一船の船長としての職務を奉ずる者の結論である。

あるといわざるを得ないかも知れない。
　わが国が近代航海術の導入に着手するには、明治の開花を待たなければならなかった。商船教育の始祖は、明治8年の三菱商船学校の設立に遡る。しかし明治政府が助成に力を入れて整備した商船隊は、暫くの間、外国人船長に頼る他に策がなかった。わが国商船隊における外国航路の最初の日本人船長は、商船学校の開校より20年以上が経過した明治29年（1896年）に誕生した（日本郵船の島津五三郎、日本郵船株式会社編「7つの海で一世紀」1985年、22～23頁）。そして最後の外国人船長が去ったのは、大正13年（1924年）であった（但し、わが国船舶における外国人船長の終焉に時間を要したのは、ロイズに代表される外国の海上保険業界が、日本人船長の海技技術を認めなかった故である、とされる（萩原正彦・前掲注(322)189頁））。船員育成の基盤のない国においての船員養成が単純なものではないことを示す、歴史的な例証であるように思われる。
　しかし明治、大正の両時代に比べて、現在の国際海運は社会、経済、技術のあらゆる面で進歩を見ている。単純に過去の事例のみを挙げて、同様の繰り返しが不可避と危惧することは早計といわなければならないだろう。加えて途上国船員の育成は、単純に国内の船員教育施設で実施されるのみではない。OJT（On the Job Training）である船舶上での訓練も、その重要な柱とされるべきである。武城教授に依れば、例えば1970年から80年代、日本の船員の技術は名目共に世界一であったという。その日本人船員との混乗を共にした韓国人船員は、多くの高度技術、技能を修得し得た。後の韓国海運の発展には、日本人船員による韓国人船員の技術力の育成が大きな役割を果たした（武城正長・前掲注(520)182頁）。この経験に従えば、現在の便宜置籍国は既に、その登録船舶に経験豊富な外国人船員が配され、自国船員育成のための環境を備えているとも表現できる。

あとがき

　本書では、便宜置籍船の問題を議論しつつ、船舶の国籍の実質性の必要性について論じた。本書の結語としての主張は、船舶の国籍には、実質性があってしかるべきであるということである。それは国籍が形骸化し、旗国と船舶との間に実質性の欠如した便宜置籍船が、国際海運において様々な問題を提起していることから得られた結論である。そしてその実質性を補う具体性として、旗国船員の配乗を掲げた。

　しかし一方で、自国船員の配乗のみでは解決できない問題も残っている。便宜置籍船の実質的な所有者の所在やその責任の追及、裸傭船といわれる二重登録制度[1359]、船舶に関連した準拠法の選択における旗国法に内在した問題等である。これらの問題は国際海運の要請に基づいた、船舶の便宜置籍化の目的に付随した問題でもあり、便宜置籍国や便宜置籍船における対応のみでは改善できない問題であるといえる。

　また旗国船員の配乗とはいえ、その数の問題は明確にできてはいない。乗組員の半数、あるいは幹部職員、伝統的海運国の現行制度に見られる船長・機関長のみの配乗でも実質性が保たれるといえるのかを明確にするには、国際条約や国家実行の動向に照らした、今後の継続した研究が必要であろう[1360]。

　残された問題を含めて、今後も研究を続けていきたいと思う。

　さて、ここで謝辞を述べなければならない。
　修士時代より六年の間、ご指導頂いた筑波大学名誉教授、現早稲田大学大学

(1359)　裸傭船登録は、自国船員配乗のカモフラージュを構成する可能性がある。便宜置籍船を旗国より船員配乗国（例えばフィリピン等）へ裸傭船登録した場合、本船は、表向きは旗国と同様の国籍を有する船員を配乗していることとなり、旗国と配乗船員の国籍の一致を呈することとなる。

(1360)　方向性としては単なる数の論理ではなくして、船舶の有する権利と義務の履行の問題、安全性の維持のために必要な船員数の検討として扱われるべきと思われる。

あとがき

院教授であられる庄子良男先生のご指導に深く感謝したい。社会人学生として、自らが携わる業務に依拠した研究を続けてきたが、これは庄子先生のご専攻領域とは少しく異とするところであった。加えて法学の勉強を本格的に始めて日の浅い筆者に対して、辛抱強くご指導頂いたご恩は、生涯忘れることはないであろう。ここで改めて御礼申し上げたい。

冒頭にも記した通り、便宜置籍船の問題は複合的なものであると同時に、扱う立場によって正当化される等、多面的である。一海技者として、海運企業に身を置く立場より便宜置籍船問題を論考するに際しては、微妙な筆致を取らざるを得なかった個所も少なくない。しかし筆者を本書執筆の環境に置いてくれた会社にはまず感謝しなければならない。同時に本書は、純粋に筆者の個人的な見解を反映したものであり、筆者の属する企業、組織とは一切、関係のないものであることを、念の為、お断りしておく。

本書の内容には、筆者の曲解、誤解の脈絡も少なくないと思われる。ご指摘を頂ければ、幸いこれに過ぎるものはない。

また筆者の稚拙な論文の出版を快諾頂いた、信山社の袖山様にも、この場をお借りして御礼申し上げる次第である。

最後に、家族に何の利益をももたらすことのない筆者のわがままを許して見守ってくれた妻、幸子に感謝する。

引用文献・論文・条約・法令・判例

A 邦文献

碧海純一・伊藤正己・村上純一編『法学史』(1976年)
浅原丈平『日本海運発達史』(1978年・潮流社)
飯田忠雄『海上警察権論』(1961年・成山堂書店)
池田英治・廣瀬肇編『海上保安の諸問題』(1990年・中央法規出版)
石黒一憲『金融取引と国際訴訟』(1983年・有斐閣)
石黒一憲『国際私法』(1990年・有斐閣)
稲垣純男『海運業会計』(1991年・中央経済社)
井上和彦『一人会社論(法人格否認の法理の積極的適用)』(1993年・中央経済社)
井上和彦『法人格否認の法理』(1997年・千倉書房)
上柳克郎・鴻常夫・竹内昭夫編『新版 注釈会社法(1)』(1990年・有斐閣)
馬木昇『パナマ便宜置籍船の法律実務』(1993年・成山堂書店)
海事産業研究所編『日本海運戦後助成史』(1967年・運輸省)
運輸省海上交通局編『平成12年度版 日本海運の現況』(2000年・日本海事広報協会)
運輸省海事法規研究会『最新 海事法規の解説』(1998年・成山堂書店)
江川英文・山田鐐一・早川芳郎『国籍法』(1997年・有斐閣)
榎本喜三郎『船舶登録要件の史的研究』(1988年・近藤記念海事財団)
榎本喜三郎「『便宜置籍船』問題論叢」(1993年・近藤記念海事財団)
小川芳彦『条約法の理論』(1989年・東信堂)
大木一男『船荷証券の実務的解説』(1983年・成山堂書店)
大木一男『用船契約の実務的解説』(1993年・成山堂書店)
大木雅夫『比較法講義』(2001年・東京大学出版会)
奥田安弘『国籍法と国際親子法』(2004年・有斐閣)
奥田安弘編訳『国際私法・国籍法・家族法資料集―外国の立法と条約』(中央大学出版部・2006年)
大國仁先生退官記念論集『海上犯罪の理論と実務』(1993年・中央法規出版)
大﨑満『国際的租税回避―その対応策を中心として』(大蔵省印刷局・1990年)

415

引用文献・論文・条約・法令・判例

小田滋『海洋法の源流を探る』(1989年・有信堂高文社)
小田滋『注解　国連海洋法条約　上巻』(1985年・有斐閣)
織田政夫『海運要論』(1996年・海文堂)
大塚仁『刑法概説（総論）』(1986年・有斐閣)
大塚・河上・佐藤編著『大コンメンタール刑法　第1巻』(1992年)
落合誠一・江頭憲治郎編『海法体系』(2003年・商事法務)
折茂豊『属人法論』(1982年・有斐閣)
甲斐克則『海上交通犯罪の研究』(2001年・成文堂)
香川孝三『アジアの労働と法』(2000年・信山社出版)
川上博夫・中橋誠『外航海運の営業実務』(1994年・成山堂書店)
河上和雄『捜査官のための実務刑事手続法』(1978年・東京法令出版)
海事法研究会編『海事法』(1999年・海文堂)
海事産業研究所編『諸外国における戦後海運助成史』(1972年・海事産業研究所)
海洋基本法研究所編『海洋基本法の解説』(1997年・国政情報センター)
海事産業研究所編『海外海事情報』(2000年1094号・海事産業研究所)
海事産業研究所編『海外海事情報』(2000年1105号・海事産業研究所)
海事産業研究所編『海外海事情報』(2000年1107号・海事産業研究所)
海事産業研究所編『海運先進国における海運産業・海運政策の実態調査報告書』(2003年・海事産業研究所)
海事産業研究所編『1984年米国海運法の解説』(1984年・成山堂書店)
海上保安大学校海上保安事件研究会編『海上保安事件の研究―国際捜査編』(1992年・中央法規出版)
片山信弘・甲斐克則編『海上犯罪の理論と実務』(1993年・中央法規出版)
金子宏他編『法律学小辞典』(1999年・有斐閣)
河村寛治・三浦哲男編『EU環境法と企業責任』(2004年・信山社出版)
木棚照一『逐条詳解　国籍法』(2003年・日本加除出版)
北正巳『近代スコットランド鉄道・海運業史』(1999年・御茶の水書房)
木畑公一『便宜置籍船　―海の多国籍企業―』(1974年・成山堂書店)
金東勲『国際人権法とマイノリティの地位』(2003年・東信堂)
忽那海事法研究会編『国際取引法および海商法の諸問題』(1998年)
栗林忠男『航空犯罪と国際法』(1978年・三一書房)
栗林忠男『現代国際法』(2000年・慶応義塾大学出版会)
栗林忠男『注解国連海洋法条約　下巻』(1994年・有斐閣)
栗林忠男・杉原高嶺編『海洋法の歴史的展開　第1巻―現代海洋法の潮流』(2004年・有信堂高文社)

黒木忠正・細川清『外事法・国籍法』(1988 年・ぎょうせい)
黒田英雄『世界海運史』(1979 年・成山堂書店)
経塚作太郎『続　条約法の研究』(1977 年・中央大学出版部)
小風秀雄『帝国主義下の日本海運』(1995 年・山川出版社)
小松香織『オスマン帝国の海運と海軍』(2002 年・山川出版社)
国際法学会編『日本と国際法の 100 年─陸・空・宇宙』2 巻(2001 年・三省堂)
国際法学会編『日本と国際法の 100 年─海』3 巻(2001 年・三省堂)
国際法事例研究会『日本の国際法事例研究（5）条約法』(2001 年・慶応義塾大学出版部)
国際私法年報 2 号(2000 年・信山社出版)
古賀幸久『イスラム国家の国際法規範』(1996 年・勁草書房)
国土交通省海事局編『平成 17 年度版　海事レポート』(2005 年)
国土交通省 ISM 研究会編　『新訂 ISM コードの解説と検査の実際』(2001 年・成山堂書店)
坂本昭雄・三好晋『新国際航空法』(1999 年・有信堂高文社)
佐久間信夫編『現代の多国籍企業論』(2002 年・学文社)
笹倉秀夫『法哲学講義』(2002 年・東京大学出版会)
坂元茂樹『条約法の理論と実際』(2004 年・東信堂)
重田晴生編『海商法』(1994 年・青林書院)
志津田氏治編　『多国籍企業の法と経済』(1984 年・法律文化社)
志津田氏治『現代海商法の諸問題』(1994 年・成文堂)
志水巌『船舶と債権者』(1988 年・日本海運集会所)
清水良三『現代国際法諸説』(1990 年・酒井書店)
篠原陽一他『現代の海運』(1985 年・税務経理協会)
島田征夫『国際法』(1993 年・弘文堂)
島田征夫・林司宣編『海洋法テキストブック』(2005 年・有信堂高文社)
下山田聡明『自由置籍と国際運輸労働者連盟』(2003 年・日本海運集会所)
原高嶺『国際司法裁判所制度』(1996 年・有斐閣)
杉原高嶺・水上千之他『現代国際法講義　第 3 版』(2003 年・有斐閣)
芹田健太郎『永住者の権利』(1991 年・信山社出版)
高桑昭『国際商取引法』(2003 年・有斐閣)
高林秀雄『国連海洋法条約の成果と課題』(1996 年・東信堂)
田代有嗣・吉牟田勲『海外子会社の法律と税務』(1988 年・商事法務研究会)
田中誠二『海商法詳論　増補版』(1985 年・勁草書房)

417

田中英夫他編『英米法辞典』(1999年・東京大学出版会)
田中美穂『多国籍企業の法的規制と責任』(2005年・大阪大学出版会)
田畑茂二郎『国際法新講　上』(2001年・東信堂)
田畑茂二郎・太寿堂鼎『ケースブック国際法』(1988年・有信堂高文社)
田村悦一『自由裁量とその限界』(1967年・有斐閣)
溜池良夫『国際私法講義（第2版)』(1999年・有斐閣)
谷川久『海事私法の構造と特殊性』(1958年)
団藤重光『刑法綱要総論』(2000年・創文社)
手塚和彰『外国人と法』(1999年・有斐閣)
東京海上火災保険株式会社編『損害保険実務講座3　船舶保険』(1983年・有斐閣)
戸田修三『海商法』(1990年・文眞堂)
戸田修三・中村眞澄『注解　国際海上物品運送法』(1997年・青林書院)
時岡泰・谷川久・相良朋紀共著『逐条　船主責任制限法・油濁損害賠償保障法』(1979年・商事法務研究会)
豊原治郎『アメリカ海運通商史研究』(1967年・未来社)
中村真澄『海商法』(1990年・成文堂)
中川敬一郎編『両大戦間の日本海事産業』(1985年・中央大学出版部)
中山信弘・石黒一憲・小寺彰・中里実『多国籍企業の法と政策』(1986年・三省堂)
西原春夫『刑法総論』(1977年・成文堂)
日本外務省中米課『Tajima号事件公判概要』(2005年・外務省)
日本海運振興会編『ヨーロッパにおける新船舶登録制度に関する調査報告書　その1』(1990年)
日本海技協会編『Port State Controlの実態について』(1998年)
日本海技協会編『Port State Controlの実態について』(2005年)
日本船主協会編『せんきょう』(2000年2月号・日本船主協会)
日本船主協会編『せんきょう』(2000年6月号・日本船主協会)
日本船主協会編『せんきょう』(2000年9月号・日本船主協会)
日本船主協会編『せんきょう』(2002年8月号・日本船主協会)
日本船主協会編『日本海運の現状』(2005年・日本船主協会)
日本郵船株式会社編『七つの海で一世紀』(1985年)
布井敬治郎『米国における出入国及び国籍法　上巻』(1985年・有斐閣)
野中俊彦・中村睦男・高橋和之・高見勝利『憲法Ｉ』(2003年・有斐閣)
萩野芳夫『国籍・出入国と憲法　アメリカと日本の比較』(1982年・勁草書房)

萩原正彦『傭船契約論』（1982年・海文堂）
林久茂『海洋法研究』（1995年・日本評論社）
林久茂・山手治之・香西茂編『海洋法の新秩序』（1993年・東信堂）
波多野里望・松田幹夫編著『国際司法裁判所　判決と意見　第一巻（1948～63年）』（1999年・国際書院）
波多野里望・尾崎重義編著『国際司法裁判所　判決と意見　第二巻（1964～93年）』（1996年・国際書院）
浜谷英博『米国戦争権限法の研究』（1990年・成文堂）
平野隆一他編『注解特別刑法2』（1983年）
藤田久一『国際法講義Ⅱ』（1996年・東京大学出版会）
布施勉『国際海洋法序説』（1988年・酒井書店）
武城正長『海運同盟とアジア海運』（2002年・御茶の水書房）
松井孝之『設問式　定期傭船契約の解説』（2003年・成山堂書店）
松田幹夫『国際法上のコモンウェルス』（1995年・北樹出版）
三ケ月章『法学入門』（1982年・弘文堂）
水上千之『海洋法―展開と現在』（2005年・有信堂高文社）
水上千之『船舶の国籍と便宜置籍』（1994年・有信堂高文社）
水上千之・西井正弘・臼井知史『国際環境法』（2001年・有信堂高文社）
水上千之編著『現代の海洋法』（2003年・有信堂高文社）
宮崎繁樹『国際法綱要』（1998年・成文堂）
宮武敏夫『国際租税法』（1993年・有斐閣）
村瀬信也・奥脇直也・古川照美・田中忠『現代国際法の指標』（2000年・有斐閣）
村瀬信也『国際立法』（2002年・東信堂）
村瀬信也・奥脇直也編『山本草二先生古稀記念　国家管轄権―国際法と国内法』（1998年・勁草書房）
森下忠『国際刑法の基本問題』（1996年・成文堂）
森下忠『新しい国際刑法』（2002年・信山社出版）
森下忠『国際刑法の潮流』（1985年・成文堂）
山内惟介『海事国際私法の研究』（1988年・中央大学出版部）
山内進編『混沌のなかの所有』（2000年・国際書院）
山岸秀『国際犯罪と国際刑法』（2003年・早稲田出版）
山崎真秀・中山研一・宮崎繁樹『現代の国家権力と法』（1978年・筑摩書房）
山田準次郎『自由裁量論』（1960年・有斐閣）
山田鐐一『国際私法』（1982年・有斐閣）

引用文献・論文・条約・法令・判例

山本敬三『国籍』(1979 年・三省堂)
山本草二『海洋法』(1997 年・三省堂)
山本草二『新版　国際法』(2000 年・有斐閣)
山本草二『海洋法と国内法制』(1988 年)
山本草二『国際法における危険責任主義』(1982 年・東京大学出版会)
山本草二『国際刑事法』(1991 年・三省堂)
山本浩美『アメリカ環境訴訟法』(2002 年・弘文堂)
柳井健一『イギリス近代国籍法史研究』(2004 年 63 頁・日本評論社)
横田喜三郎『国際法Ⅰ・Ⅱ』(1990 年・有斐閣)
横田喜三郎『海の国際法(上)』(1959 年・有斐閣)
吉川栄一『企業環境法の基礎』(2005 年)
我妻栄『新訂　民法総則』(1965 年・岩波書店)
我妻栄『新訂　物権法(民法講義Ⅱ)』(1983 年・岩波書店)
和達清夫『海洋大辞典』(1987 年・東京堂出版)

B　邦論文他

明石欽司「海洋法前史」栗林忠男・杉原高嶺編『海洋法の歴史的展開』
(2004 年)所収
明石欽司「日本の国際法実行における管轄権拡大の態様」片山信弘・甲斐克則編『海上犯罪の理論と実務』(1993 年)所収
相原隆「船荷証券上の運送人の確定とデマイズ・クローズの有効性」海事法研究会誌 118 号(1994 年)所収
秋葉準一「31 旗国(連結素)の変更と既存の物権」別冊ジュリスト 133 号『渉外判例百選』所収
東寿太郎「陸地、島及び海の境界紛争に関する事件」波多野里望・尾崎重義編著『国際司法裁判所　判決と意見　第一巻(1948～63 年)』(1999 年)所収
青木隆「海洋紛争の解決」国際法学会編『日本と国際法の 100 年—海』3 巻(2001 年)所収
飯田忠雄「国外海域における船舶による行為への刑罰法規適用の限界(1)」判例時報 674 号所収
池原季雄・高桑昭・道垣内正人「わが国における海事国際私法の現況」海法会誌 59 号(1986 年)所収
伊藤松博「UNCTAD と便宜置籍船」海運 677 号(1984 年)所収
伊藤寧「海上犯罪と旗国主義に関する若干の考察」片山信弘・甲斐克則編『海上犯罪の理論と実務』(1993 年)所収

石黒一憲「公海上における異国船舶衝突及び船主責任制限の準拠法」判例評論451号所収

五十畑健雄「リベリア貨物船『ドーズベイ号』船内殺人捜査共助事件」海上保安大学校海上保安事件研究会編『海上保安事件の研究—国際捜査編』(1992年)所収

植木俊哉「国家管轄権と国際機関の権限の配分」村瀬信也・奥脇直也編『山本草二先生古稀記念　国家管轄権—国際法と国内法』(1998年)所収

臼杵知史「国際環境法の形成と発展」水上千之・西井正弘・臼井知史『国際環境法』(2001年)所収

宇多一二「UNCTADにおける便宜置籍船の排除問題について」海事産業研究所報199号 (1983年)所収

江頭憲治郎「法人格の否認」上柳・鴻・竹内編『新版　注釈会社法 (1)』(1990年)所収

江川英之「国際海商法における旗国法の地位」国際法外交雑誌28巻 (1929年)所収

奥脇直也「国家管轄権概念の形成と変容」村瀬信也・奥脇直也編『山本草二先生古稀記念　国家管轄権—国際法と国内法』(1998年)所収

尾崎重義「北海大陸棚事件」波多野里望・尾崎重義編著『国際司法裁判所　判決と意見　第2巻 (1964〜93年)』(1996年)所収

尾崎重義「漁業事件」波多野里望・尾崎重義編著『国際司法裁判所　判決と意見　第1巻 (1948〜63年)』(1999年)所収

織田政夫「EU船籍 (EUROS) の設立に関するパッケージ案の概要」海事交通研究34集 (1989年)所収

織田政夫「海運産業の成長と存続の条件」海事交通研究47集 (1998年)所収

落合誠一「船舶登録要件に関する国際連合条約について」新海洋法制と国内法の対応2巻 (1987年)所収

落合誠一「公海上の無国籍船に対する刑事管轄権」新海洋法制と国内法の対応3巻 (1988年)所収

加藤信行「環境損害に関する国家責任」水上千之・西井正弘・臼井知史『国際環境法』(2001年)所収

加藤信行「多国籍企業に対する国家の管理」水上千之・西井正弘・臼井知史『国際環境法』(2001年)所収

嘉納孔「便宜船籍と『ジェヌイン・リンク』」神戸法学雑誌14巻15号 (1965年)所収

川名一徳「漁船『第68大安丸』禁止区域内操業事件」海上保安大学校海上

引用文献・論文・条約・法令・判例

保安事件研究会編『海上保安事件の研究—国際捜査編』（1992 年）所収

木棚照一「パナマ船に関する担保物権の準拠法」海事法研究会誌 82 号（1988 年）所収

栗林忠男「船舶の国籍付与とその法的効果」船舶の通航権をめぐる海事紛争と新海洋法秩序 2 巻所収

黒田英雄「便宜置籍船の諸問題」海事産業研究所報 255 号（1987 年）所収

合田浩之「船舶起因の油濁による環境汚染に対する現状回復」筑波大学審査学位論文（博士）（2003 年）

古賀衛「公海制度と船舶の地位」林久茂・山手治之・香西茂『海洋法の新秩序』（1993 年）所収

古賀衛「旗国主義の周辺的問題」西南学院大学法学論集 21 巻 4 号（1989 年）所収

古賀衛「国際海洋法裁判所」水上千之編著『現代の海洋法』（2003 年）所収

小寺彰「国家管轄権の域外適用の概念分類」村瀬信也・奥脇直也編『山本草二先生古稀記念　国家管轄権—国際法と国内法』（1998 年）所収

小林登「定期傭船契約の法的諸問題」法学教室 120 号（1990 年）所収

小林登「定期傭船契約論（1）」法学協会雑誌 105 巻（1988 年）所収

小森光夫「条約の国内的効力と国内立法」村瀬信也・奥脇直也編『山本草二先生古稀記念　国家管轄権—国際法と国内法』（1998 年）所収

小松一郎「公海漁業の規制と国家管轄権」村瀬信也・奥脇直也編『山本草二先生古稀記念　国家管轄権—国際法と国内法』（1998 年）所収

小山健夫「船舶管理制度の意義」海事産業研究所報 368 号（1997 年）所収

小山智之「ISM コードの法的影響について」船長 117 号（2000 年）所収

斎川眞「古代・中世日本の所有と所有権」山内進編『混沌のなかの所有』（2000 年）所収

斎藤彰「パナマ船主に対する保険金償還債務不存在確認訴訟の国際裁判管轄」ジュリスト 942 号（1989 年）所収

阪田祐一・池山明義「Tajima 号事件が惹起した法的諸問題」海事法研究会誌 171 号（2002 年）所収

佐藤幸夫「船舶の国籍」海洋法・海事法判例研究 2 巻（1991 年）所収

佐藤幸夫「44 事務管理—海難救助」別冊ジュリスト『渉外判例百選』133 号所収

庄子良男「定期傭船者が船荷証券所持人に対して運送人の責任を負うとされた事例」ジュリスト 1156 号所収

杉原高嶺「外国船舶に対する刑事・民事裁判権」海洋法・海事法判例研究 1 巻（1990 年）所収

杉原高嶺「海洋法の発展の軌跡と展望」栗林忠男・杉原高嶺編『海洋法の歴史的展開　第1巻—現代海洋法の潮流』（2004年）所収

杉山晋輔「端産業における国家管轄権問題の本質」村瀬信也・奥脇直也編『山本草二先生古稀記念　国家管轄権—国際法と国内法』（1998年）所収

関野昭一「シシリー電子工業会社（ELSI）事件」波多野里望・尾崎重義編著『国際司法裁判所　判決と意見　第2巻（1964〜93年）』（1996年）所収

高桑昭「法例10条と海事物権」ジュリスト増刊『国際私法の争点』所収

高桑昭「公海上での船舶衝突、船主責任制限等の準拠法について判断した事例」ジュリスト1104号（1997年）所収

高橋美加「船舶先取特権・アレスト」落合誠一・江頭憲治郎編『海法体系』（2003年）所収

田中賢治「ジョセフ・コンラッドの船員経験」海技大学校研究報告49号（2006年）所収

田中則夫「国連海洋法条約にみられる海洋法思想の新展開」林久茂・山手治之・香西茂編『海洋法の新秩序』（1993年）所収

田中利幸「船舶の国籍」海洋法・海事法判例研究3号（1992年）所収

田辺信彦「48 不法行為—公海上の不法行為」別冊ジュリスト『渉外判例百選』133号（1995年）所収

谷川久「定期傭船契約と船舶衝突の場合の責任主体」NBL70号所収

谷川久「旗国の基礎の変化と海事国際私法（1）」成蹊法学22号（1984年）所収

谷川久「旗国法の基礎の変化と海事国際私法（2）」成蹊法学43号（1998年）所収

谷川久「〔資料〕船舶登録要件に関する国際連合条約（試訳）」成蹊法学24号（1989年）所収

谷川久「33 船舶先取特権」別冊ジュリスト133号『渉外判例百選』所収

筒井若水「バルセロナ・トラクション電力会社事件」波多野里望・尾崎重義編著『国際司法裁判所　判決と意見　第二巻（1964〜93年）』（1996年）所収

津留崎裕「公海上の衝突に関する日本国際私法上の準拠法」忽那海事法研究会『国際取引法および海商法の諸問題』（1998年）所収

道垣内正人「海事国際私法」落合誠一・江頭憲治郎編『海法体系』（2003年）所収

道垣内正人「船舶先取特権の準拠法」別冊ジュリスト121号『商法（保険法・海商法）判例百選』所収

引用文献・論文・条約・法令・判例

富岡仁「海洋環境保護の歴史」栗林忠男・杉原高嶺編『海洋法の歴史的展開　第1巻―現代海洋法の潮流』(2004年) 所収
中川淳司「国際企業活動に対する国家管轄権の競合と調整」村瀬信也・奥脇直也編『山本草二先生古稀記念　国家管轄権―国際法と国内法』(1998年) 所収
中川敬一郎「両大戦間の日本海運業」中川敬一郎編『両大戦間の日本海事産業』(1985年) 所収
中里実「国際租税法上の問題」中山信弘・石黒一憲・小寺彰・中里実『多国籍企業の法と政策』(1986年) 所収
中谷和弘「輸出管理法令の域外適用と国際法」村瀬信也・奥脇直也編『山本草二先生古稀記念　国家管轄権―国際法と国内法』(1998年) 所収
中野佳博「船舶法」平野隆一他編『注解特別刑法 2』(1983年) 所収
中村真澄「便宜置籍船の海難事故と定期傭船者の責任」ジュリスト 569 号 (1974年) 所収
中村真澄「機船ジャスミン号損害賠償請求事件」海事法研究会誌 104 号 (1991年) 所収
中元啓司「海上物品運送契約と運送契約当事者」落合誠一・江頭憲治郎編『海法体系』(2003年) 所収
長田祐卓「領空制度と航空協定」国際法学会編『日本と国際法の 100 年』2巻 (2001年) 所収
南部伸孝「船舶登録要件の国際的統一成る」海運 (1986年) 4月号所収
西村光徳「国際船舶制度について」海事産業研究所報 408 号 (2000年) 所収
野尻豊「オフショアレジストリーと船員問題」運輸省海上技術安全局編『海上労働』所収
波多野里望「ノッテボーム事件」波多野里望・松田幹夫編著『国際司法裁判所判決と意見・第1巻 (1948年～63年)』(1999年) 所収
林司宣「タンカー『たじま』船内の船員殺害事件への対応は適切であったか」Ship & Ocean News Letter No. 49, 20th August 2002
林田学「外国担保権の実行」澤木・青山『国際民事訴訟法の理論』(1987年) 所収
林田学「船舶先取特権の成立及び効力の準拠法が法廷地法とされた事例」ジュリスト 1001 号所収
平塚眞「昭和 62 年度主要民事判例解説」判例タイムズ 677 号所収
廣瀬肇「船舶内で犯された犯罪に対する管轄権について」海上保安大学校研究報告 28 巻 1 号所収
廣瀬肇「海上警察の法理―海上警察の事例判例その 16　便宜置籍船『TA-

JIMA』事件」

広部和也「ニカラグア事件」波多野里望・尾崎重義編著『国際司法裁判所判決と意見　第二巻（1964〜93年）』（1996年）所収

広部和也「国家管轄権の競合と配分」村瀬信也・奥脇直也編『山本草二先生古稀記念　国家管轄権—国際法と国内法』（1998年）所収

藤井俊樹「リベリア船『ワールドガード号』船内殺人事件」海上保安大学校海上保安事件研究会編『海上保安事件の研究—国際捜査編』（1992年）所収

藤田友敬「会社の従属法の適用範囲」ジュリスト1175号所収

藤田友敬「海事国際私法の将来」国際私法年報2号（2000年）所収

藤田友敬「海洋環境汚染」落合誠一・江頭憲治郎編『海法体系』（2003年）所収

堀川信夫「ソ連客船『バイカル号』船内殺人事件」海上保安大学校海上保安事件研究会編『海上保安事件の研究—国際捜査編』（1992年）所収

松井芳郎「国家管轄権の制約における相互主義の変容」村瀬信也・奥脇直也編『山本草二先生古稀記念　国家管轄権—国際法と国内法』（1998年）所収

松島史典「パナマ貨物船『EBキャリア号事件』船内暴動事件」海上保安大学校海上保安事件研究会編『海上保安事件の研究—国際捜査編』（1992年）所収

松村勝二郎「1995年英国商船法要説」海事法研究会誌181号所収

三上良造「船舶登録要件条約の採択」荷主と輸送143号（1986年）所収

水上千之「領海基線について」大國仁先生退官記念論集『海上犯罪の理論と実務』（1993年）所収

水上千之「現代海洋法の潮流」栗林忠男・杉原高嶺編『海洋法の歴史的展開　第1巻—現代海洋法の潮流』（2004年）所収

三浦正人「公海における船舶衝突の準拠法」大阪市立大学法学雑誌12巻35号所収

宮崎繁樹「外国人」山崎・中山・宮崎著『現代の国家権力と法』（1978年）所収

宮脇哲也「過剰船腹と便宜置籍船」海運（1985年）4月号所収

村上暦造「アキレ・ラウロ号事件に関する一考察」池田英治・廣瀬肇編『海上保安の諸問題』（1990年）所収

村上暦造「外国商船に対する干渉」海事法事例研究1巻所収（1993年）所収

村上暦造「海上執行措置と旗国管轄権」村瀬信他・奥脇直弥編『山本草二先

生古稀記念　国家管轄権—国際法と国内法』（1998年）所収
村上暦造「海上保安官権限論序説」片山信弘・甲斐克則編『海上犯罪の理論と実務』（1993年）所収
村上暦造「入港国管轄権と国内法の適用」海洋法関係国内法制の比較研究（1989年）所収
村上暦造「法執行と実力行使」海洋法・海事法判例研究（1992年）所収
村瀬信也「国家管轄権の一方的行使と対抗力」村瀬信也・奥脇直也編『山本草二先生古稀記念　国家管轄権—国際法と国内法』（1998年）所収
森久保博「アメリカ系便宜置籍船と国際法」杏林社会科学研究1巻1号（1984年）所収
森田章夫「国家管轄権と国際紛争解決」村瀬信也・奥脇直也編『山本草二先生古稀記念　国家管轄権—国際法と国内法』（1998年）所収
森川幸一「国内管轄事項とその国際標準化」村瀬信也・奥脇直也編『山本草二先生古稀記念　国家管轄権—国際法と国内法』（1998年）所収
薬師寺公夫「海洋汚染防止に関する条約制度の展開と国連海洋法条約」国際法学会編『日本と国際法の100年』1巻（2001年）所収
薬師寺公夫「公海上犯罪取締りの史的展開」栗林忠男・杉原高嶺編『海洋法の歴史的展開　第1巻—現代海洋法の潮流』（2004年）所収
安冨潔「公海上での船舶の衝突」海洋法・海事法判例研究3号（1992年）所収
弥永真生「定期傭船契約の下で発行された船荷証券上の運送人は、定期傭船者ではないとされた事例」判例時報1652号210頁『判例評論』478号所収
山内惟介「渉外判例研究—公海上における異国籍船舶間の衝突事件の準拠法」ジュリスト591号（1975年）所収
山内進「ヨーロッパ法史における所有と力」山内進編『混沌のなかの所有』（2000年）所収
山戸嘉一「海商」西賢他『国際私法講座　第三巻』（1964年）所収
山戸嘉一「便宜置籍と『ジェヌイン・リンク』」神戸法学雑誌14巻4号（1965年）所収
山岸寛「発展目覚しい欧州海運」日本海運集会所編『海運』（2004年）7月号所収
山岸寛「便宜置籍船と英国海運（上）」海事産業研究所報243号（1986年）所収
山岸寛「便宜置籍船の船腹の動向と登録の誘致（上）」海外海事研究97号（1987年）所収
山岸寛「オープン登録の意義と検証」海事交通研究43号（1994年）所収

山岸寛「1980年代初頭の便宜置籍船（下）」海外海事研究77号（1982年）所収

山岸寛「EUにおけるフラッギングアウトの動向と海運助成策」海事交通研究47集（1998年）所収

山岸寛「海運の構造転換とフラッギング・アウト対策」海事交通研究34号（1989年）所収

山岸寛「フラッギングアウトの構造とその受入れ国の経済的役割」海事交通研究37号（1991年）所収

山岸寛「第二船籍制度と国際海運の構造転換（下）」海事産業研究所報315号（1992年）所収

山岸寛「わが国海運の再建と国際船舶制度の創設」海事交通研究46号（1997年）所収

山村恒雄「アングロ・イラニアン石油会社事件」波多野里望・松田幹夫編著『国際司法裁判所　判決と意見　第一巻（1948～63年）』（1999年）所収

山村恒雄「漁業管轄事件」波多野里望・尾崎重義編著『国際司法裁判所　判決と意見　第2巻（1964～93年）』（1996年）所収

山本敬三「船舶の国籍に関する一考察」広島大学政経論叢26巻5号（1977年）所収

山本条太「民間航空機の諸側面を巡る国際法上の枠組み」国際法学会編『日本と国際法の100年』2巻（2001年）所収

山本草二「海の国際法における船舶の地位」国際問題97号所収

山本草二「国家管轄権の域外適用」ジュリスト781号所収

山本草二「一方的国内措置の国際法形成機能」上智法学論集33巻2・3合併号（1993年）所収

横田洋三「コルフ海峡事件」波多野里望・松田幹夫編著『国際司法裁判所　判決と意見　第1巻（1948～63年)』（1999年）所収

横田洋三「政府間海事協議機関の海上安全委員会の構成」波多野里望・松田幹夫編著『国際司法裁判所　判決と意見　第一巻（1948～63年)』（1999年）所収

横田洋三「国際連合行政裁判所判決333号の再審請求——ヤキメッツ事件」波多野里望・尾崎重義編著『国際司法裁判所　判決と意見　第2巻（1964～93年)』（1996年）所収

脇村義太郎「両大戦間の油槽船」中川敬一郎編『両大戦間の日本海事産業』（1985年）所収

引用文献・論文・条約・法令・判例

邦文その他

運輸政策審議会総合安全保障部会議事録　1983年2月
第154回国会衆議院法務委員会議事録第12号　平成14年4月23日
国土交通省海事局外航課「マラッカ・シンガポール海峡を通航する日本関係船舶の海賊対策について」2005年

C 外国文献

Nigel Meeson, Admiralty Jurisdiction and Practice, 2nd edition, 2000

Djamchid Momtaz, The High Seas, in Rene-Jean Dupuy and Daniel Viges, A Handbook on the New Law of the Sea, Vol. 1, 1991

Ronald Fope, A History of British Shipping, 1990

Robert McCorquodale and Martin Dixon, Cases and Materials on International Law, 2003

Harvey Williams, Chartering Documents, 1999，木村宏監修・西澤與志英・東通生訳『傭船契約と船荷証券の解説』（2002年）海文堂

Myron H. Nordquist and John Norton Moore edited, Current Maritime Issues and The IMO, 1999

Economic Consequences of the Existence or lack of a Genuine Link between Vessel and Flag of Registry, United Nations, 1977，竹本正幸訳『便宜置籍船と多国籍企業（UNCTAD報告書『船舶と登録国間の真正な関係の存在又は欠如の経済的影響』）』（1979年）ミネルヴァ書房

R. W. Findley and Daniel A. Farber, Environment Law in a nutshell, 1988，稲田仁士訳『アメリカ環境法』（1992年）木鐸社

The International Transport Workers Federation "FLAG OF CONVENIENCE CAMPAIGN REPORT 1997"

Paul Heinrich Neuhaus, Die Grundbegriffe des internationalen Privatrechts.-2., 1976，櫻田嘉章訳『国際私法の基礎理論』（2000年）成文堂

伊藤不二男『グロティウスの自由海論』（1984年）有斐閣

Akehurst's Modern Introduction to International Law, 7th revised edition edited by p. Malanczuk，長谷川正国訳　エイクハースト＝マランチェク『現代国際法入門』（2000年）成文堂

Malcom N. Shaw, International Law, 4th edition, 1997

Burdick H. Brittin, International Law for Seagoing Officers, 4th edition, 1980

Ole Spiermann, International Legal Argument in the Permanent Court of International Justice, 2005

Bernhard Grosfeld, Internationales Unternehmensrecht, Das Organisationsreht Transnationaler Unternehmen, 1986, 山内惟介訳『国際企業法』(1989年) 中央大学出版部

G. P. Pamborides, International Shipping Law, Legislation and Enforcement, 1999

Antonio Cassese, International Criminal Law, 2002

William Tetley, International Maritime and Admiralty Law, 2002

Andree Kircher edited, International Marine Environmental Law, 2003

ICJ Report, 1960

Lloyd's Law Report 1984, Vol. 2

Lloyd's Law Report 1992, Vol. 2

Lloyd's Law Report 1998, Vol. 2

Aengus Richard Martyn Fogarty, Marchant Shipping Legislation, 2nd edition, 2004

Erwin Beckert und Gerhard Breuer, Öffentliches Seerecht, 1991

Z. Oya Özçayir, Port State Control, 2nd Edition, 2004

Susan Hodges and Christopher Hill, Principles of Maritime Law, 2001

Ian Brownlie, Principles of Public International Law, 5th edition, 1998

Rosalyn Higgins, Problems and Process International Law and How we use it, 1994, 初川満訳『ヒギンズ 国際法』(2003年) 信山社出版

Alan Ryan, Property, 1987, 森村進・桜井徹共訳『所有』(1993年) 昭和堂

Helmut Rumpf, Regierungsakte Im Rechtsstaat, 1955, 竹内重年訳『法治国における統治行為 (改訂版)』(2002年) 木鐸社

Richard M. F. Coles, Ship Registration; Law and Practice, 2002

S. G. Sturmey, British Shipping and World Competition, 1962, 池田知平監訳『英国海運と国際競争』(1965年) 東洋経済新報社

IMO, Shipping Industry Flag State Performance Table, 2004

San Remo Manual on International Law Appricable to Armed Conflict at Sea 竹本正幸監訳『海上武力紛争法 サンレモ・マニュアル解説書』(1997年) 東信堂

Robert W. Hamilton, The Law of Corporations, 1991, 山本光太郎訳『アメリカ会社法』(1999年) 木鐸社

R. R. Churchill and A. V. Lowe, The law of the sea, 3rd edition, 1999

Tullio Treves Ed., The Law of the Sea, The European Union and Its Member States, 1997

H. Meyers, The Nationality of Ships, 1967

Nicholas M. Poulantzas, The Right of Hot Pursuit in International Law, 2nd edition, 2002

M. Wilfold, T. Coghlin and J. D. Kimball, Time Charters, 4th Edition, 1995, 郷原資亮監訳『定期傭船契約（第 4 版)』(2001 年）信山社

Tullio Treves, The Law of the Sea, The European Union and its Member States, 1997

Satya N. Nandan C. B. E. and Shabtai Rosenne, United Nations Convention on the Law of the Sea 1982 A Commentary Vol. 3, 1995

UNCTAD, World Investment Report, Transnational Corporations, Employment and the Workplace, 1994, 江夏健一監修『多国籍企業と雇用問題』(1994 年) 国際書院

D 外国論文

Gerhard Hafner, Austria and the Law of the Sea, Tullio Treves, The Law of the Sea, The European Union and its Member States, 1997

J. Ashley Roach, Alternatives for Achieving Flag State Implementation and Quality Shipping, Myron H. Nordquist and John Norton Moore edited, Current Maritime Issues and The IMO, 1999

Eric Franckx, Belgium and the Law of the Sea, Tullio Treves Ed., The Law of the Sea, The European Union and Its Member States, 1997

Kaare Bangert, Denmark and the Law of the Sea, Tullio Treves Ed., The Law of the Sea, The European Union and Its Member States, 1997

Awni Behnam, Ending Flag State Control, Andree Kircher edited, International Marine Environmental Law, 2003

Rüdiger Wolfrum, Germany and the Law of the Sea, The Law of the Sea, The European Union and Its Member States, 1997

Bernard H. Oxman and Vincent Bantz, International Decision, The M/V "Saiga" (No. 2), Judgment, The American Journal International Law, January 2000

Joseph J. Angelo, The International Maritime Organization and Protection of the Marine Environment, Myron H. Nordquist and John Norton Moore edited, Current Maritime Issues and The IMO, 1999

Lorenzo Schiano di Pepe, Port State Control as an Instrument to Ensure Compliance with International Marine Environmental Obligations, Andree Kircher edited, International Marine Environmental Law, 2003

Margaret G. Wachenfeld, Re-flagging Kuwaiti Tankers: A U. S. Response in the Persian Gulf, Duke Law Journal, 1988 Duke L. J. 174

David F. Matlin, "Re-evaluating the Status of Flags of Convenience under International Law" 1991, 榎本喜三郎訳　海事産業研究所報356号（1995年）

William Tetley, The Law of the Flag, "Flag Shopping" and Choice of Law, Tulane University, the Maritime Lawyer 139, 1992

Vaughan Lowe, The United Kingdom and the Law of the Sea, Tullio Treves Ed., The Law of the Sea, The European Union and Its Member States, 1997

H. Edwin Anderson, III, The Nationality of Ships and Flags of Convenience: Economics, Politics and Alternatives, 1996, 21 Nar. Law. 139, Tulane University, The Maritime Lawyer

欧州連合の海上安全政策に関するセミナー資料「『エリカ号』の沈没事故と政策との密接な関係についての調査報告」（2000年）

E　国際条約

The 1995 Amendments to International Convention on Standards of Training, Certification and Watchkeeping for Seafarers, 1995年STCW条約,「1995年の船員の訓練及び資格証明並びに当直の基準に関する国際条約」

Charter of the United Nations,「国際連合憲章」

Convention on Civil Liability for Oil Pollution Damage Resulting from Exploration for and Exploitation of Seabed Mineral Resources,「海底鉱物資源の探索及び開発から生ずる油汚染損害についての民事責任に関する条約」

Convention on High Seas,「公海に関する条約」

Convention on Territorial Sea and the Contiguous Zone,「領海及び接続水域に関する条約」

Convention on the Continental Shelf,「大陸棚に関する条約」

Convention on the Establishment of an International Fund for Compensation for Oil Pollution Damage,「油による汚染損害の補償のための国際基金の設立に関する条約」

Convention on Fishing and Convention on Living Resources of the High Seas,「公海における漁業及び生物資源の保存に関する条約」

Convention on the Intergovernmental Maritime Consultative Organization, IMCO,「政府間海事協議機関条約」

Convention on Certain Questions relating to the Conflict of Nationality Laws「国籍法の抵触についてのある種の問題に関する条約（国籍法抵触条約）」

Convention on International Civil Aviation,「国際民間航空条約」

Convention on the Prevention of Marine Pollution by Dumping of Wastes and other Matter, 1972,「廃棄物その他のものの投機による海洋汚染の防止に

関する条約」

Convention on Reduction of Statelessness,「無国籍の減少に関する条約」

European Convention on Nationality, 1997「国籍に関する欧州条約」

International Convention on Civil Liability for Oil Pollution Damage, 1969,「油による汚染損害についての民事責任に関する条約」

International Convention for the Safety of List at Sea, SOLAS 条約, 1974 年「海上における人命の安全のための国際条約」

International Convention on Arrest of Ships, 1952, 1999, 1952 年／1999 年「アレスト条約」

International Convention on Civil Liability for Bunker Oil Pollution Damage, 2001 年「燃料油による汚染の民事責任に関する国際条約」

International Convention for the Unification of Certain Rules of Law Relating to Bill of Lading and Protocol of Signature "Hague Rules", 1924, 1924 年「船荷証券統一条約改正議定書」

International Convention on Load Lines, 1966,「1966 年の満載喫水線に関する国際条約」

International Management Code for The Safe Operation of Ship and for Pollution Prevention (International Safety Management (ISM) Code),「ISM コード」

The 1972 Convention on the International Regulations for Preventing Collisions at Sea,「1972 年の海上における衝突の防止のための国際規則に関する条約」

The International Convention for the Prevention of Pollution from Ships (MARPOL 1973/1978), 1978 年「1973 年の船舶による汚染の防止のための国際条約に関する 1978 年の議定書」

The International Ship and Port Facility Security (ISPS) Code,「船舶と港湾施設のための国際保安コード」

Protocol relating to Military Obligations in Certain Cases of Double Nationality,「二重国籍のある場合における軍事的義務に関する議定書」

United Nations Convention on Conditions for Registration of Ships,「船舶登録要件に関する国際連合条約」

United Nations Convention on the Law of the Sea,「海洋法に関する国際連合条約」

Universal, Declaration of Human Rights,「世界人権宣言」

Vienna Convention on the Law of Treaties,「条約法に関するウィーン条約」

1882 年「北海における漁業警察に関する条約」

1884 年「海底電信線保護万国連合条約」
1887 年「北海における漁民間の酒精飲料売買の弊害の是正に関する条約」
1889 年「国際刑法条約」
1890 年「反奴隷制度に関するブラッセル会議議定書」
1929 年「酒類輸送取締ニ関スル条約」
1957 年「海上航行船の所有者の責任の制限に関する国際条約」
1972 年「欧州刑事訴追の移管条約」
1972 年「ストックホルム国連人間環境宣言」
1988 年「麻薬及び向精神薬の不法取引に対する国連によるウィーン条約」
1993 年「国連海事抵当権条約」
1996 年「有害危険物質の海上輸送に伴う損害についての責任と補償に関する国際条約」

F 外国法令

英国法　Emergency Powers Act 1920
　　　　Merchant Shipping Act 1993, 1995
　　　　Merchant Shipping（Registration of Ships）Regulations 1993
　　　　UK Companies Act
　　　　Act for the Encouragement of the Trade to America 1707,『米国への貿易を奨励する法律』

米国法　The Shipping Act of 1984
　　　　Comprehensive Environmental Response, Compensation and Liability Act of 1980, CERCLA
　　　　Oil Pollution Act 1990
　　　　Maritime Security Act 1996
　　　　Immigration and Nationality Act
　　　　Vessel Documentation Act of 1980
　　　　Rules of Construction of Federal Statutes, sect. 3, 1U. S. C.

ドイツ法　Flaggenrechtsgesetz

オーストリア法　Seeflaggengesetz BGBl. No.187/1957
　　　　　　　　Act on Maritime Navigation 1982

デンマーク法　International Shipping Act 1988
　　　　　　　Shipping Act 1994

パナマ法　Panamanian Company Act
　　　　　Panamanian Labour Code

リベリア法　Maritime Law

The Associations Law
The Business Corporation Act

その他　国際司法裁判所規定

G　邦法令

海上交通安全法（昭和47年7月3日　法律第115号）
海上衝突予防法（昭和52年6月1日　法律第62号）
海洋汚染及び海上災害の防止に関する法律（昭和45年12月25日　法律第136号）
刑法（明治40年4月24日　法律第45号）
国際海上物品運送法（昭和32年6月13日　法律第72号）
航空法（昭和27年7月15日　法律第231号）
商法（明治32年3月9日　法律第48号）
水質汚濁防止法（昭和45年12月25日　法律第138号）
船員法（昭和22年9月1日　法律第100号）
船舶法（明治32年3月8日　法律第46号）
船舶設備規定（昭和9年2月1日　通信省令第6号）
船舶登記規則（明治32年6月12日　通信省令第24号）
船舶の所有者等の責任の制限に関する法律（昭和50年12月27日　法律第94号）
大日本帝国憲法（明治22年2月11日布告）
日本国憲法（昭和21年11月3日公布）
法例（明治31年6月21日　法律第10号）
民法（明治29年4月27日　法律第89号）
民事訴訟法（平成8年6月26日　法律第109号）

H　国際判例

Application for Review of Judgment No. 333 pf the UN Administrative Tribunal, ICJ, 1984〜1987「ヤキメッツ事件」
Anglo-Norwegian Fisheries case, ICJ 116, 1951「漁業事件」
Barcelona Traction, light and Power Company, Limited, Second Phase-Judgment of 5 February 1970, ICJ,「バルセロナ・トラクション電力会社事件」
Corfu Channel Case（UK v Albania）, ICJ, 1949,「コルフ海峡事件」
Elettronica Sicula SpA（ELSI）Case（United States v Italy）ICJ, 1989, 1989年の「シシリー電子工業会社事件」
El Salvador v Honduras, Land, Island and Maritime Frontier Dispute Case, ICJ,

1992「陸地，島及び海の境界紛争に関する事件」

Fisheries Jurisdiction Federal Republic of Germany v. Iceland, ICJ, 1972～1974,「漁業管轄事件」

Case of the SS Lotus, PCIJ Series A. No. 10, 1927, No. 9,「ローチェス号事件」

Military and Paramilitary Activities in and against Nicaragua (Nicaragua v. United States of America), 1986, ICJ,「ニカラグア事件」

Namibia Case, ICJ, 1971,「ナミビア事件」

Nottebohm (Liechtenstein v. Guatemala), Judgment of 18 November 1955, ICJ,「ノッテボーム事件」

North Sea Continental Shelf, Judgment of 20 February 1969, ICJ,「北海大陸棚事件」

Nationality Decrees issued in Tunis and Morocco, 1923, PCIJ,「チュニス・モロッコ国籍法事件」

Panevezys - Saldutiskis Railway Case, PCIJ, Series A/B No.76, 1939,

Judgment of The M/V "SAIGA (No. 2) Case"(Saint Vincent and The Grenadines v. Guinea) 1st July 1999,「サイガ号事件」

The Constitution of the Maritime Safety Committee of IMCO case IMCO, ICJ,「政府間海事協議機関の海上安全委員会の構成」

Anglo-Iranian Oil Case (United Kingdom v. Iran),「アングロ・イラニアン石油会社事件」

I 外国判例

The Alabama Arbitration, 1872

The Antelope case, 1819, USA

The "Amoco Cadiz", United States District Court Northern District of Illinois Eastern Division, 1984「アモコ・カディス号事件」

Bartholomew v. Universe Tankships Inc. (1959)

Chung Chi Cheung v. The King (1939)

Cunard SS. Co v. Mellon, 262U. S. 100. 124 (1923)

Ervin v. Quintanilla et ai.

Loggerhead v. Turtle v. Volusia Country Council, USA, 1995

Lauritzen v. Larsen, 345U. S. 571; 73S. Ct. 921; 97L. Ed. 1254; 1953 U. S.

Marion Douglas McCullough, Jr. v. Amoco Oil Company, 310N. C. 452; 312 S. E. 2d 417; 1984 N. C.「アモコ・カディス号事件」

Case of the Muscat Dhows: Great Britain v. France, 1916, Hauge Court

Mercantile Bank of India v. Netherlands, 1883 10 Q. B. D. 521

435

The Marianna Flora, The vice Counsel of Portugal Supreme Court of The U. S., 24U. S. 1; 6L. ED. 405; 1826 U. S.

Maritime Ventures Int'l Inc. v. Caribbean Trading & Fidelity Ltd., 689 F. Supp. 1341, 1988

Naim Molvan v. Attorney General for Palestine（1948 A. C. 351）

S. S. "I'M ALONE", 1923,「アイム・アローン号事件」

Steedman v. Scofield

Trail Smelter Arbitration（U.S. v Canada）「トレイル溶鉱所事件」

Torry Canyon Case, 409 F.2d 1013; 1969 U.S. App.「トリー・キャニオン号事件」

United States v. Marino-Garcia 679 F.2d 1373, 1378 n. 4（11th Cir. 1982）

United States v. Bestfoods, 1998 524 U.S. 51, 67-69 1998

United States v. Aluminium Co. of America, 148F. 2d 416, 1945,「アルコア事件」

Virginius 号事件

The "Winnie Rigg", July 9 1998 Q. B.

1893 年　米国判例「米国対ロジャーズ事件」

1933 年　米国判例「米国対フローレンス事件」

1955 年　米国判例「メルジェ事件」

1982 年「シベリア・パイプライン事件」

1986 年　オランダ判例「マグダ・マレア号事件」

J　邦判例

大審院　昭和 3 年 6 月 28 日及び昭和 10 年 9 月 4 日判決
最高裁　昭和 44 年 2 月 27 日判決
最高裁　昭和 49 年 2 月 7 日「選挙無効請求上告事件」
最高裁　昭和 58 年 10 月 26 日判決
最高裁　平成 10 年 3 月 27 日判決「ジャスミン号事件」
東京高裁　平成 5 年 2 月 24 日「ジャスミン号事件」
東京高裁　平成 8 年 4 月 23 日判決
東京高裁　平成 11 年 6 月 23 日判決「東海商船事件」
大阪高裁　昭和 51 年 11 月 19 日判決「テキサダ号事件」
広島高裁　昭和 62 年 3 月 9 日判決
仙台高裁　平成 6 年 9 月 19 日判決
東京地裁　昭和 49 年 6 月 17 日判決「フルムーン号事件」
東京地裁　昭和 51 年 1 月 29 日判決

東京地裁　昭和 61 年 7 月 28 日判決
東京地裁　平成元年「貨物引渡等請求事件」
東京地裁　平成 3 年 3 月 19 日判決「ジャスミン号事件」
東京地裁　平成 3 年 8 月 19 日判決
東京地裁　平成 4 年 12 月 15 日判決
東京地裁　平成 11 年 9 月 13 日判決「損害賠償請求事件」
秋田地裁　昭和 46 年 1 月 23 日判決
高松高裁　昭和 60 年 5 月 2 日判決
長崎地裁　昭和 45 年 4 月 30 日判決「フェニックス号事件」
広島地裁呉支部　昭和 45 年 4 月 27 日判決
山口地裁柳井支部　昭和 42 年 6 月 26 日判決

事項索引

あ 行

ISM コード …………………… *8, 350*
油汚染民事責任条約 ……………… *272*
アモコ・カディス号事件 …*228, 272, 298*
アラバマ号事件 ………………… *292*
アングロ・イラニアン石油会社事件
　……………………………………… *170*
安全保障 ……………… *32, 81, 146, 388*
アンテロープ事件 ………………… *37*
暗黙の改正手続き条項 ……… *339, 344*
如何なる有利な取り扱いも行わない
　条項 ……………………… *339, 345*
域外適用 …………………… *287, 297*
イスラム教 ………………………… *53*
EB キャリア号事件 ……………… *316*
ウィーン条約法条約 ……………… *162*
運航管理 ………………………… *101*
運航経費 ………………………… *111*
運航受託船 ………………………… *vii*
営業本拠地法 ……………… *249, 253*
英国帰化立法 ……………………… *69*
英国商船法 ………………… *39, 206*
英国船舶 …………………………… *14*
STCW 条約 ……………… *118, 128*
エドワードⅢ世 …………………… *5*
FOC キャンペーン ………………… *x*
MARPOL 条約 …………… *273, 282*
エリカ号 …………………………… *xi*
エリカ号事件 …………………… *273*
沿岸国管轄権 …………………… *283*
オイル・メジャー ……………… *377*

欧州国籍条約 ……………… *56, 141*
オーストラリア …………………… *208*
オープン登録 ……………………… *vii*
オスマン帝国 ……………………… *15*
親会社連帯責任否定説 …………… *219*

か 行

海運企業 ………………………… *vii*
海運自由の原則 ……… *8, 20, 184, 381*
海運助成 ………………………… *29*
海　技 …………………………… *101*
海技免状 ………………………… *128*
外航海運政策 …………………… *29*
外交的保護 ……………………… *23*
外交保護権 ………………… *64, 75, 79*
海上安全委員会 …………… *160, 163*
海上運送契約 …………………… *247*
海上衝突予防法 ………………… *70*
海上生命線 ……………………… *33*
海上保安庁 ……………………… *312*
海賊行為 ………………………… *35*
海難救助 ………………………… *247*
海洋環境の保護 ………………… *265*
海洋主権 ………………………… *6*
株式会社 ………………………… *97*
カボタージュ …………………… *23*
カムフェア号事件 ……………… *238*
仮船舶国籍証書 ………………… *93*
管轄権 …………………………… *55*
環境マネジメント・システム
　（ISO 14001）…………………… *375*
勧告的意見 ………………… *160, 163*

事項索引

慣習国際法…13, 20, 43, 63, 183, 188, 204, 271, 283
帰　化……………………………………58
企業による検船………………………377
危険責任………………………………274
寄港国…………………………………121
寄港国管轄権…………………………282
旗　国………………………v, 9, 21, 149, 352
旗国管轄権………………………26, 265
旗国主義……xii, 9, 75, 265, 281, 306, 307, 318, 332, 391
旗国の裁量……………………………182
旗国法………………………xiii, 10, 245, 255
旗国法主義………………………245, 254
擬　制……………………………………73
基　線……………………………………3
帰属からの自由………………………7, 46
ギニア…………………………………200
機能的国籍………………………………59
キプロス…………………236, 268, 363
競争法…………………………………299
共同海損………………………………247
漁業管轄事件……………………………45
漁業事件…………………………………11
近接権………………………………25, 35
グァテマラ………………………………59
クウェート……………………………176
グロティウス…………………6, 8, 383
群島水域…………………………………4
計画造船…………………………………30
経済協力開発機構（OECD）…………vii
経済三要素……………………………199
経済的リンク…………………………193
刑事管轄権……………………………312
形式的国籍………………………………17
血統主義…………………………………58

ケルゲレン諸島………………………368
厳格責任………………………………274
権利の濫用……………………………293
権利濫用の禁止………………………223
公　海……………………………………3
公海4条約……………………………154
公海漁業…………………………………45
公海自由の原則…………44, 266, 283, 383
公海条約……4, 7, 137, 154, 183, 201, 265, 272, 318, 379
航海条例…………………………………21
公海の自由…………………………8, 25
航海傭船………………………………133
航海傭船契約…………………………100
効果理論………………………………298
航空機の国籍……………………………18
航行の自由…………………………8, 46
合名会社…………………………………97
子会社…………………………………301
国威の発揚………………………………23
国際運輸労働者連盟（ITF）………x, 117
国際海運…………………………………vi
国際海洋法裁判所……………………199
国際環境法……………………………295
国際競争力………………………………vi
国際裁判管轄…………………………235
国際私法……………………34, 83, 104
国際司法裁判所……………………62, 160
国際人権規約…………………………159
国際正義…………………………………13
国際船舶制度…………………………372
国際法の一般原則………………………62
国際民間航空条約…………19, 141, 243
国際油濁補償基金条約………………275
国　籍……………………………………v
国籍国…………………………………138

440

事項索引

国籍三原則 ……………………66, 213
国籍自由の原則 ………………57, 80
国籍主義 ………………………242
国籍の機能 ……………………29
国籍の実効性 …………………63, 85
国籍不明船 ……………………39
国籍法 …………………………51
国籍法抵触条約 ………………54
国籍唯一の原則 ………56, 79, 141
国籍要件 ………………………151
国内管轄 ………………………v
国内管轄権 ……………………179
国内管轄事項 …………………22, 149
国内管轄の原則 ………………54, 80
国連海洋法条約 ………12, 14, 36
国連海事抵当権条約 …………134
国連海洋法条約……v, 137, 166, 166, 183, 200, 265, 295, 318, 281, 379
国連憲章 ………………………180
国連人間環境会議 ……………287
国連貿易開発会議（UNCTAD）…vii, 191
国家管轄権 ……………………290
国家責任 ………………………287
国　旗 …………………………v, 14
国旗掲揚権 ……………………138
国旗差別 ………………………115
コルフ海峡事件 ………………293

さ　行

サイガ号事件 …………72, 169, 199
最恵国待遇 ……………………34, 82
罪刑法定主義 …………………36
最大船腹保有国 ………………160
サブ・スタンダード船…x, 186, 286, 304, 333, 378, 385
GPS ……………………………4

仕組船 …………………………viii
自国貨自国船主義 ……………117
自己推進性 ……………………108
自社保有船 ……………………vii
シシリー電子工業会社事件……82
自然人の国籍 …………………51
執行管轄権 ……………………41, 271
実効的な国籍 …………………142
実質的国籍 ……………………17
実質的船舶所有者 ……249, 298, 401
シベリア・パイプライン事件 …299
司法管轄権 ……………………271
姉妹船のアレスト ……………228
ジャスミン号事件 ……136, 234, 237
自由置籍 ………………………91
自由海論 ………………………6
就航制限 ………………………127, 132
重国籍 …………………………141
自由裁量 ………………………182
住所地主義 ……………………242
自由登録 ………………………vii
受益船舶所有者 ………………99
純代理処罰主義 ………………330
準拠法 …………………139, 247, 34
消極的属人主義 ………………315, 323
常居所 …………………………141
常設仲裁裁判所 ………………21
常設国際司法裁判所 …………55
使用の自由 ……………………7, 46
条約の解釈 ……………………170
昭和海運事件 …………………233
所有権 …………………………153
所有法人 ………………………106
ジョン・セルデン ……………6
深海底 …………………………45
真正結合理論 …………………155

441

事項索引

真正な関係 ……… *xiv, 14, 20, 61, 63, 135,*
　147, 154, 163, 176, 179, 196, 201, 209,
　381, 399
製造地主義 ………………………………… *96*
生地主義 …………………………………… *58*
西南戦争 …………………………………… *33*
政府間海事協議機関（IMCO）……… *160*
世界人権宣言 ……………………………… *77*
石油企業 …………………………………… *122*
接続水域 …………………………………… *41*
設立準拠法 ………………………………… *17*
船舶所有者 ………………………………… *24*
船員管理 …………………………………… *101*
船員費 ……………………………………… *111*
船級協会 ……………………… *131, 352, 397*
船型 …………………………………… *124, 130*
船体管理 …………………………………… *101*
船長 ………………………………………… *152*
セントビンセント ………………………… *199*
船舶 ………………………………………… *v*
船舶運営会 ………………………………… *33*
船舶管理 …………………………………… *101*
船舶管理会社 ……………………………… *101*
船舶国籍証書 ……………………………… *129*
船舶先取特権 ……………………………… *251*
船舶所有権 ………………………………… *250*
船舶所有者 ………………… *vi, 136, 217, 261*
船舶所有者主義 ………………… *96, 105, 399*
船舶所有者の実質性 ……………………… *232*
船舶担保物権 ……………………………… *250*
船舶徴用 …………………………………… *32*
船舶賃貸借契約 …………………………… *236*
船舶抵当権 ………………………………… *250*
船舶登記規則 ……………………………… *vi*
船舶登録要件条約 … *v, 21, 137, 191, 196,*
　406

船舶の大型化 ……………………………… *267*
船舶の擬人化 ……………………………… *70*
船舶の国籍 ………………………………… *14*
船舶の衝突 …………………… *247, 254, 255*
船舶乗組員主義 …………………………… *96*
船舶法 ………………………………… *vi, 14*
船舶領土論 ……………………………… *27, 307*
船腹過剰 …………………………………… *145*
船齢 …………………………………… *124, 130*
相当の注意 ………………………………… *297*
属人主義 …………………………………… *67*
属人的管轄権 ……………………… *288, 296*
属地主義 ……………………… *39, 301, 306*
属地的管轄権 ……………………………… *288*

た 行

第二船籍 …………………………………… *118*
第二船籍制度 ………………………… *364, 381*
対物訴訟理論 ……………………………… *70*
太平洋戦争 ………………………………… *33*
多国籍企業 ………………………………… *217*
タジマ号事件 ……………………………… *312*
タックス・ヘイブン ……… *110, 121, 252*
拿捕 …………………………………………… *200*
忠誠義務 ……………………… *66, 81, 140*
チュニス・モロッコ国籍法事件 … *55, 75,*
　180
朝鮮戦争 …………………………………… *33*
徴用 …………………………………… *116, 389*
直線基線 …………………………………… *11*
追跡権 …………………………………… *40, 318*
通商条約 …………………………………… *82*
定期傭船 …………………………………… *133*
定期傭船契約 ……… *vii, 100, 119, 234, 315*
定期傭船者 ………………… *239, 261, 232*
低潮線 ……………………………………… *3*

事項索引

抵当権 ………………… 127, 129, 133
敵性の認定 …………………………… 34
デラウェア州 ……………………… 222
デラウェア州会社法 ……… 125, 131
伝統的海運国 …… vi, 97, 107, 137, 163
デンマーク ………………………… 208
ドイツ ……………………………… 207
同意原則 …………………………… 348
登　記 ……………………………… vi
当事者能力 ………………………… 70
統治行為 …………………………… 77
伝統的海運国 ……… 184, 363, 380, 385
登　録 ………………………… vi, 91
登録国主義 ………………………… 19
登録船舶所有者 ……… 240, 277, 303
登録の法的機能 …………………… 23
登録簿 ……………………………… 22
登録料 ……………………………… 109
特別航海許可証 …………………… 127
特別登録簿 ………………………… 127
トリー・キャニオン号事件 … 43, 230, 272
奴隷輸送 …………………………… 37
トレイル溶鉱所事件 ……………… 292
トン税（年間）…………………… 109
トン数標準課税方式 ……………… 373

な 行

内　水 ………………………………… 3
ナミビア事件 ……………………… 302
ニカラグア事件 ……………… 9, 204
二重課税条約 ……………………… 129
日露戦争 …………………………… 33
日清戦争 …………………………… 33
日本船舶 ……………………… 14, 209
人間環境宣言 ……………………… 287
ノッテボーム事件 … 59, 142, 178, 189, 409

ノルウェー国際船舶登録制度 …… 368

は 行

配乗要件 …………………… 127, 132
排他的管轄権 ……………………… 25
排他的経済水域 …………… 4, 45, 284
裸傭船登録 ………………………… 132
裸傭船 ………………… 149, 196, 206
裸傭船登録 ………………… 133, 248, 126
裸傭船契約 ………………………… vii
パナマ …… vii, 94, 123, 161, 251, 268, 312, 363, 394
パナマ会社法 ……………………… 124
パナマ子会社 ……………………… 223
パナマ法人 ………………………… 124
バルセロナ・トラクション電力会社事件 ……………… 79, 170, 220
万国国際法学会 …………………… 151
比較法 ……………………………… 51
平等原則 …………………………… 141
フィリピン人乗組員 ……………… 312
フェニックス号事件 ……………… 321
フォークランド紛争 ……………… 32
複数運送人説 ……………… 240, 261
不定期船海運 ……………………… 192
船荷証券 ……………………… 234, 238
不法行為 …………………………… 229
不法行為地 ………………………… 28
不法行為地法 ……………………… 254
フラッギング・アウト …… 109, 136, 365, 370
フラッギング・イン ……… 109, 136
フルムーン号事件 ………… 232, 237
ブレステージ号 …………………… xi
米　国 ……………………………… 208
米国移民国籍法 …………………… 67

443

事項索引

米国海運法 …………………………… *33*
米国新規運航補助制度 ……………… *380*
米国包括的環境対処・補償・責任法
　　　　　　　　　　　　　　…… *280*
米国油濁法 …………………………… *280*
閉鎖海論 ………………………………… *6*
ペーパー・カンパニー… *viii, 99, 217, 238*
ペスカマー号事件 …………………… *317*
便宜置籍国 ………………… *viii, 47, 106, 362*
便宜置籍船 ………………………… *vii, 91*
ボイコット・キャンペーン ………… *355*
封建時代 ……………………………… *66*
法人格の独立性 ……………………… *218*
法人格否認の法理 ……………… *219, 298*
法人の国籍 …………………………… *16*
法定地法 …………………………… *252, 255*
法律回避 …………………………… *104, 259*
法　例 ………………………………… *246*
ポート・ステート・コントロール… *121, 304, 333, 359, 396, 405*
保護主義 ……………………………… *31*
北海大陸棚事件 …………………… *188, 204*
ホワイト・リスト ……………… *128, 132*
本質的類似性 ………………………… *17*

ま 行

麻薬の不正取引 ……………………… *38*
マヤゲス号事件 ……………………… *79*
マン島 ………………………………… *367*
民族性 ………………………………… *53*
無害通航権 ………… *9, 270, 283, 284, 294*
無過失損害賠償責任 ………………… *274*

無許可放送 …………………………… *36*
無国籍 …………………………… *26, 80*
無国籍船 ………………………… *38, 38*
メルジェ事件 ………………………… *142*
モンロビア …………………………… *131*

や 行

約定担保権 …………………… *129, 133*
有限会社 ……………………………… *97*
輸出管理法令 ………………………… *300*
傭　船 ………………………………… *vii*

ら 行

陸地、島及び海の境界紛争に関する
　事件 ………………………………… *12*
立法管轄権 …………………………… *270*
リヒテンシュタイン ………………… *59*
リベリア …… *95, 123, 130, 161, 252, 268, 363, 394*
留　置 ………………………………… *122*
領　海 ………………………………… *3*
領海条約 ……………………………… *271*
領事館 ………………………………… *121*
臨　検 …………………………… *37, 318*
累積適用説 …………………………… *255*
ルクセンブルク ……………………… *207*
連結点 …………………………… *34, 83*
ロイズ船名録 ………………………… *238*
ローチェス号事件 ……………… *27, 307*

わ 行

湾岸戦争 ……………………………… *176*

欧文索引

allegiance ···66
Beneficial Owner ·····························99
Blue Certificate ····························356
British Ship ····································15
British subject ······························205
Charterer ·······································374
Class ···352
Closed Registry ······························91
Code ···338
COLREG ·································339, 344
Commonwealth citizen ················205
Company ··351
Convention ·····································338
Document of Certificate··············351
Dual Registration ························134
DUMPING··339
Economic Link ······························193
EMM ···376
Exclusive Economic Zone, EEZ ········4
Flag of Convenience（FOC）········x, 91
Flag of Necessity ··························91
flag state ······································v, 9
flagging in···································109
flagging out ·································109
Floating Territory ·························27
genuine connection ·······················61
Genuine Connection ····················179
Genuine Link Theory ··················155
Global Positioning System, GPS ········4
High Seas ···4
ILO ·································342, 355, 379
IMCO（Intergovernmental Maritime
　Consultative）·····················159, 337
IMO（International Maritime
　Organization）···128, 160, 337, 346, 379,
　387
Internal Water ·································4
IOPP ···341
ISM Code ····························8, 350, 402
ISO ···375
ISPS Code ·····································393
ITF（International Transport Workers'
　Federation）···x, 92, 100, 117, 122, 135,
　355
LL ··341
Maritime Cecurity Program ············380
Maritime Sovereignty ······················6
MARPOL ···························341, 344, 398
MOU（Memorandum of Understanding）
　···121, 359
nationality ································14, 53
NATO ··115
No More Favourable Treatment ······343
OECD ·································vii, 95, 193
Oil Major Vetting Inspection System　377
OJT ···411
Open Registry ···························vii, 91
Owner ···374
Port State Control ······················339
Principle of Effective Nationality ······142
PSC（Port State Control）·············121
Resolution ······································338
Safety Management Certificate ······351
Self-Containing Unit ··························v

445

欧文索引

SIRE ················378
SOLAS ············338, 340, 345
Special Navigation License ········127
STCW ············128, 341, 345, 408
Tacit Amendment Procedure ········343
Territorial Sea ················3
Traditional Maritime Nations ········vi
UNCTAD ············vii, 95, 191, 193, 193
VIQ ················378

〈著者紹介〉

逸見　真（へんみ　しん）

1960年5月14日生れ
1985年3月　東京商船大学商船学部航海学科卒業
2001年3月　筑波大学大学院経営政策科学研究科企業法学専攻課程修了
2006年3月　筑波大学大学院ビジネス科学研究科（博士後期課程）
　　　　　　企業科学専攻課程（企業法コース）修了
現　　在　新和海運株式会社　船長
　　　　　船舶管理業務に従事

　　　　　博士（法学）
　　　　　一級海技士（航海）

便宜置籍船論

2006年12月26日　第1版第1刷発行　1033-01010：p14800
pp480

著　者　逸見　真
発行者　今井　貴
発行所　株式会社　信山社

〒113-0033　東京都文京区本郷6-2-9-101
Tel 03-3818-1019　Fax 03-3818-0344
henshu@shinzansha.co.jp

笠間支店　〒309-1625　茨城県笠間市来栖2345-1
Tel 0296-71-0215　Fax 0296-72-5410

出版契約No.1033-01010　　　Printed in Japan

©逸見真, 2006. 印刷・製本／松澤印刷・大三製本
ISBN4-7972-1033-8 C3332　分類328.701
1033-0101：012-040-015

力の行使と国際法	広瀬　善男	12000 円
＊国連の平和維持活動	広瀬　善男	3010 円
新しい国際秩序を求めて	黒澤　満	6311 円
永住者の権利	芹田　健太郎	3689 円
国際法講義案Ｉ	稲原　泰平	2000 円
＊ヒギンズ国際法	ヒギンズ, R.　初川　満	6000 円
国際社会の組織化と法	柳原　正治　植木　俊哉	14000 円
ＥＵ法・ヨーロッパ法の諸問題	櫻井　雅夫　籾山　錚吾	15000 円

国際人権・刑事法概論	尾崎　久仁子		3100 円
海洋国際法入門	桑原　輝路		3000 円
軍縮国際法	黒澤　満		5000 円
大量破壊兵器の軍縮論	黒澤　満	小川　伸一	8500 円
主権国家と新世界秩序	広瀬　善男		4200 円
日本の安全保障と新世界秩序	広瀬　善男		4200 円
ファンダメンタル法学講座　国際法	水上　千之	臼杵　知史	2800 円
現代国際関係法の諸問題	高野　幹久		3500 円

国際人権法概論	初川　満	6000 円
入門国際人権法（訂正）	久保田　洋＊	3000 円
ヨーロッパ人権裁判所の判例	初川　満	3800 円
テキスト国際刑事人権法総論	五十嵐　二葉	1500 円
テキスト国際刑事人権法各論（上）	五十嵐　二葉	2900 円
ヨーロッパ人権裁判所の判例	初川　満	3800 円
みぢかな国際法入門	松田　幹夫　鈴木　淳一	2400 円
ＥＵ法の現状と発展	石川　明　入稲福智	12000 円

ブリッジブック国際法	植木 俊哉	尾崎 久仁子	2000円
祖川武夫論文集　国際法と戦争違法化	小田 滋	石本 泰雄	9600円
導入対話による国際法講義[第2版]	廣部 和也	荒木 教夫	3200円
マイノリティの国際法	窪 誠		8000円
国家・政府の承認と内戦　上	広瀬 善男		10000円
国家・政府の承認と内戦　下	広瀬 善男		12000円
国際宇宙法	ボガード，ER	栗林 忠男	12000円
国際公務員法の研究	黒神 直純		6800円

グローバル経済と法	石黒　一憲	4600 円
講義国際組織入門	家　正治	2900 円
国内避難民と国際法	島田　征夫	3200 円
国際人権法と憲法［講座国際人権法1］	芹田　健太郎　薬師寺　公夫 棟居　快行　　坂元　茂樹	11000 円
国際人権規範の形成と展開［講座国際人権2］	芹田　健太郎　薬師寺　公夫 棟居　快行　　坂元　茂樹	12800 円
国際人権法の展開	初川　満	12000 円
攻撃戦争論	新田　邦夫	9000 円